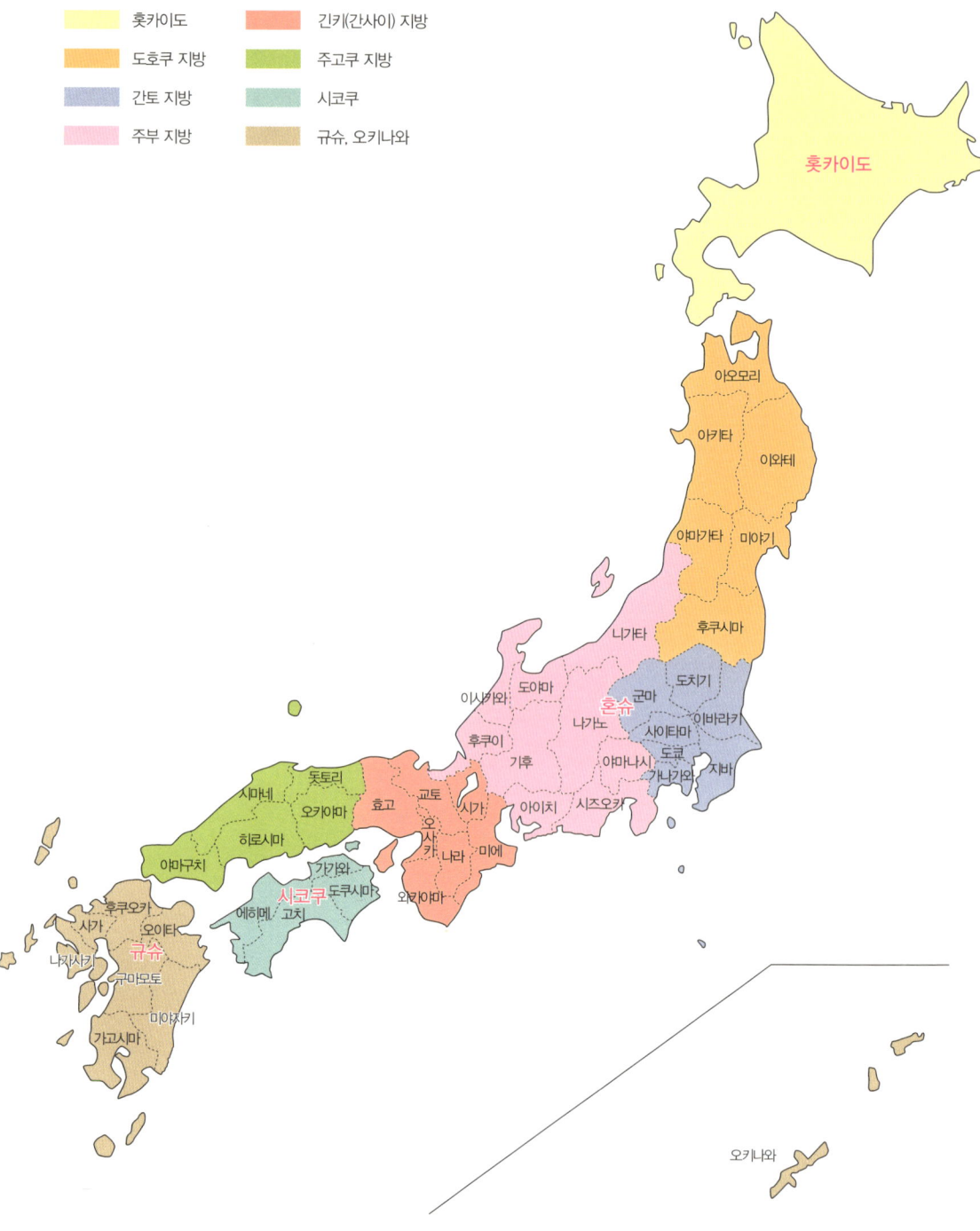

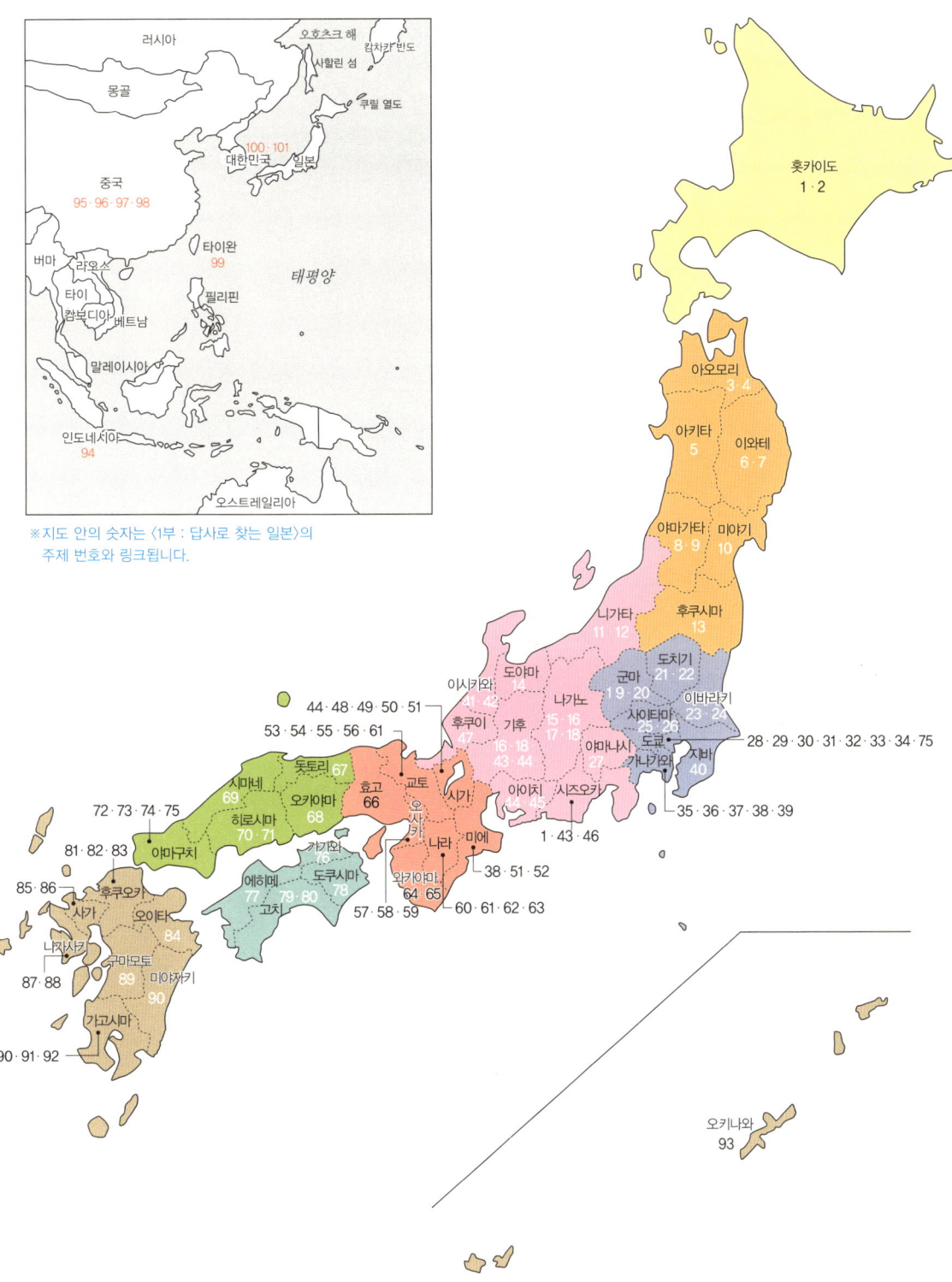

일러두기

1. 천황이나 쇼군은 재위 기간으로 표시하고, 그 밖의 사람들은 생몰년을 밝혀 놓았다.
   (예) 지토持統(690~697) 천황
   　　아시카가 요시미쓰足利義満(1368~1394)
   　　이토 히로부미伊藤博文(1841~1909)
2. 일본어와 외국어의 한글 표기는 국립국어원의 규칙을 따랐다.
3. 일본사 속의 고유명사는 가급적 일본어 발음으로 표기했으나, 이해를 돕는다고 판단되는 경우에는 우리 한자음을 살려서 표기했다.
   (예) 御家人 → 고케닌
   　　德政一揆 → 덕정 잇키
4. 연월일은 전근대를 포함하여 전부 양력으로 통일하여 표시했다.
5. 앞에 제시된 지도 안의 숫자는 '1부 | 답사로 찾는 일본'의 주제 번호와 링크되며, 1부와 2부는 서로 관련된 내용끼리 상호 참조할 수 있도록 해당 주제 번호를 밝혀 놓았다.

일본사 여행

역사기행으로 읽는 일본사

일본사 여행 – 역사기행으로 읽는 일본사

초판 7쇄 인쇄 2022년 1월 24일
초판 1쇄 발행 2014년 5월 12일

지은이 하종문
펴낸이 정순구
책임편집 조수정
기획편집 정윤경 조원식
마케팅 황주영

출력 한국커뮤니케이션
용지 한서지업사
인쇄 영신사
제본 영신사

펴낸곳 (주) 역사비평사
등록 제300-2007-139호 (2007.9.20)
주소 110-260 서울시 종로구 북촌로 46-2, 3층 (구주소: 가회동 173번지)
전화 02-741-6123~5
팩스 02-741-6126
홈페이지 www.yukbi.com
이메일 yukbi@chol.com

ⓒ 하종문, 2014
ISBN 978-89-7696-284-3 03910

책값은 표지 뒷면에 표시되어 있습니다.
잘못 만들어진 책은 구입하신 서점에서 바꾸어 드립니다.

일본사 여행

역사기행으로 읽는 일본사

하종문 지음

역사비평사

일본사 여행 _역사기행으로 읽는 일본사

책을 펴내며 | 일본사 여행에 앞서 10

1부 | 답사로 찾는 일본

홋카이도	001 아이누의 봉기와 근세의 북방 교역	14
	002 하코다테와 무진전쟁	15
아오모리 현	003 산나이마루야마 유적과 조몬 문화	16
	004 혼슈 북단의 구 육해군 시설	17
아키타 현	005 패전으로 살아난 아키타 개	18
이와테 현	006 아테루이의 고향	19
	007 고대 제2의 도시 히라이즈미	20
야마가타 현	008 민중 사상의 메카, 데와산잔	21
	009 만주사변의 기획자, 이시하라 간지	22
미야기 현	010 데모크라시 여행	23
니가타 현	011 유배지 니가타에 꽃핀 불심	24
	012 농지개혁의 단상	25
후쿠시마 현	013 아이즈 번의 시련	26
도야마 현	014 쌀 소동의 진원지	27
나가노 현	015 시민운동으로 성사된 노지리 호 발굴	28
	016 수령의 탐욕과 미사카 고개	29
	017 가와나카지마의 싸움	30
	018 여공과 노무기 고개	32
군마 현	019 닛타 장원과 오타 시	33
	020 결혼으로 구축된 보수 왕국	34
도치기 현	021 아시카가 시와 아사카가 씨	35
	022 발전과 생명의 충돌, 아시오 광산	36
이바라키 현	023 에도보다 더 에도스러운 미토 시	37
	024 혈맹단의 아지트, 오아라이	38
사이타마 현	025 고마 신사와 도래인	39
	026 자유민권의 꽃, 지치부 순례	40
야마나시 현	027 다케다 신겐이 살아 있는 고후	41
도쿄 도	028 도쿄 도심의 '목 무덤'의 저주	42
	029 에도 시대의 이름난 정원 둘러보기	43
	030 국회의사당	44
	031 대역 사건 따라 걷기	45

	032 롯폰기와 2·26 사건	46
	033 정당 당사 순례	47
	034 야스쿠니 신사와 지도리가후치 묘원	48
가나가와 현	035 막부의 원점, 가마쿠라	50
	036 무가의 묵향, 가나자와 문고	51
	037 개국의 관문, 우라가	52
	038 헌정의 신, 오자키 유키오	53
	039 요시다 시게루의 저택	54
지바 현	040 나리타 국제공항의 그늘	55
이시카와 현	041 속세적인 도다이 사와 하쿠산 시	56
	042 가가 번과 가나자와 시	57
기후 현	043 세키가하라, 슨푸와 이에야스	58
아이치 현	044 오다 노부나가의 웅비를 좇아서	59
	045 재일 코리안과 조선학교	60
시즈오카 현	046 가마쿠라의 실권자 호조 씨와 이즈	61
후쿠이 현	047 발해 교류의 관문, 후쿠이 남부	62
시가 현	048 비와 호에 산재한 백제의 흔적	63
	049 나가하마에 꽃핀 조·일 우호	64
	050 오쓰 시와 삼권분립	65
미에 현	051 닌자의 쌍두마차 도시, 이가와 고카	66
	052 스즈카 시의 표류민기념관	67
교토 부	053 교토의 보물 창고, 요메이 문고	68
	054 교토에 감춰진 무가의 정취	69
	055 왕정복고 쿠데타의 현장	70
	056 좌경 온건파 야마모토 센지	71
오사카 부	057 자치도시 사카이	72
	058 오사카 내의 오시오 헤이하치로	73
	059 한국전쟁의 그늘, 스이타·히라카타 사건	74
나라 현	060 율령제가 극대화된 도읍, 헤이조쿄	75
	061 나라와 교토의 승병	76
	062 남조가 웅거했던 요시노	77
	063 부락해방운동의 발상지	78
	064 불교의 성지, 고야 산	79
와카야마 현	065 명군을 배출한 와카야마 시	80
효고 현	066 아코 시와 47인의 사무라이	82

돗토리 현	067	돗토리의 조닌 마을 ｜ 83
오카야마 현	068	미야모토 무사시의 고향 ｜ 84
시마네 현	069	고대 제3의 세력, 이즈모 ｜ 85
히로시마 현	070	이쓰쿠시마 신사와 헤이 씨 ｜ 86
	071	동양의 폼페이, 구사도센겐 ｜ 87
야마구치 현	072	결전의 무대, 단노우라 ｜ 88
	073	백제계 무사 오우치 씨 ｜ 89
	074	존왕양이를 훈육한 하기 ｜ 90
	075	보수·우익 네트워크의 단면도 ｜ 91
가가와 현	076	소설가가 목격한 시베리아 출병 ｜ 93
에히메 현	077	에도 시대의 의민을 찾아서 ｜ 94
도쿠시마 현	078	아와오도리의 본산 ｜ 95
고치 현	079	역사적 전환기를 누빈 풍운아, 사카모토 료마 ｜ 96
	080	자유민권의 산실 ｜ 98
후쿠오카 현	081	사키모리의 애환이 깃든 다자이후 ｜ 99
	082	원의 침공과 후쿠오카 ｜ 100
	083	대륙 침략의 선봉대, 현양사 ｜ 102
오이타 현	084	군국주의 파시즘의 전야 ｜ 103
사가 현	085	야요이 시대가 숨 쉬는 요시노가리 ｜ 104
	086	사가 시는 메이지 유신의 조역 ｜ 105
나가사키 현	087	왜구의 본고장 마쓰우라 ｜ 106
	088	일본 속의 이국, 데지마 ｜ 107
구마모토 현	089	몽골과 싸운 무사의 삶 ｜ 108
미야자키 현	090	천손강림의 땅, 휴가 ｜ 110
가고시마 현	091	가고시마의 대표 인물, 사이고 다카모리 ｜ 111
	092	도공의 후예이면서 A급 전범인 도고 시게노리 ｜ 112
오키나와 현	093	평화와 미군 기지 ｜ 113
인도네시아	094	동남아시아의 일본군 유적 ｜ 115
중국	095	중국 대륙에 몸을 뉘인 일본 유학생 ｜ 116
	096	청일·러일전쟁의 현장 ｜ 117
	097	만철의 본산 ｜ 118
	098	만주 침략과 장쯔린 일가 ｜ 119
타이완	099	동북아의 첫 식민지 ｜ 120
한국	100	한반도에 산재한 왜성 ｜ 121
	101	서울에 남아 있는 국치의 흔적 ｜ 122

2부 | 역사로 읽는 일본

1장 고대

고대사 개관 | 126

역사의 시작
001 행상 청년과 고고학의 혁명 | 128
002 조몬 시대와 문명의 시작 | 131
003 야요이 시대의 도래 | 134

통합되는 일본 열도
004 일본의 건국신화 | 137
005 고대사 최대의 난제 야마타이 국 | 140
006 최초의 통일 세력 야마토 정권 | 143

고대국가 만들기
007 아스카 시대와 쇼토쿠 태자 | 146
008 다이카 개신과 고대국가 | 149
009 율령제의 골격과 실상 | 152

나라에서 헤이안으로
010 나라 시대의 정치와 경제 | 155
011 덴표 문화와 불교, 대외 관계 | 159
012 천년의 도읍 헤이안쿄, 헤이안 시대의 출발 | 162

귀족의 시대
013 섭관 정치의 도래 | 166
014 귀족 문화와 불교 | 169

흔들리는 율령제
015 토지제도의 변질 | 173
016 고쿠시 권력의 강화와 지방의 실태 | 176
017 지방의 반란과 무사 | 179
018 장원의 확산 | 182

원정과 헤이 씨 정권
019 무사의 성장 | 185
020 원정의 개시 | 188
021 헤이 씨 정권의 성립 | 191

2장 중세

중세사 개관 | 196

무사 정권의 출범
022 가마쿠라 막부의 탄생 | 198
023 슈고와 지토 | 202
024 호조 씨의 대두 | 205
025 고케닌 중심의 정치 | 209

가마쿠라 막부의 붕괴
026 원의 내습 | 212
027 도쿠소 전제와 고케닌의 몰락 | 215
028 가마쿠라 문화 | 218

무로마치 막부의 탄생
029 가마쿠라 막부의 멸망 | 221
030 무로마치 막부와 남북조 시대 | 224
031 슈고 다이묘와 쇼군 | 227

무로마치 시대의 안과 밖
032 무로마치 시대의 촌락 | 230

센고쿠 시대	033 대외 관계 ｜233
	034 무로마치 시대의 문화와 사회 ｜236
	035 오닌의 난 ｜240
	036 센고쿠 다이묘의 탄생 ｜243
	037 센고쿠 다이묘 지배의 내실 ｜246

3장 근세

근세사 개관 ｜250

승자는 도쿠가와 이에야스
038 오다 노부나가의 부상과 좌절 ｜252
039 도요토미 히데요시와 조선 침략 ｜256
040 도쿠가와 이에야스와 에도 막부 ｜259

에도 막부의 새로움
041 막부와 번 ｜262
042 농민과 농촌 ｜266
043 무사와 무사도 ｜269
044 막번제와 유학 ｜272

막번 체제의 전개
045 조선통신사 ｜275
046 쇄국 ｜278
047 무사는 샐러리맨 ｜281
048 개를 사랑한 전제 쇼군 ｜284

에도 시대를 산다는 것
049 도시와 상업 ｜287
050 겐로쿠 문화 ｜290
051 에도 시대의 화재와 일상 ｜293

재건의 몸부림
052 명군(?) 요시무네 ｜296
053 민초의 반란 ｜299
054 중상주의냐 중농주의냐 ｜302

내우외환의 사상과 현실
055 요동치는 대외 관계 ｜305
056 존왕양이 사상의 대두 ｜308
057 오시오 헤이하치로의 난 ｜311
058 덴포 개혁과 웅번 ｜314

4장 근대

근대사 개관 ｜318

개국과 막부의 붕괴
059 M. 페리와 개국 ｜320
060 메이지 유신의 주역들 ｜323
061 공무합체와 존왕양이의 경합 ｜327

메이지 유신과 근대화
062 존왕양이에서 토막으로 ｜330
063 내전과 새 나라 건설 ｜333
064 신정부의 분열과 정한론 ｜337

자유민권의 향배
065 자유민권운동의 고양 ｜340
066 갈림길에 선 민권 ｜343

헌법과 의회
067 헌법의 탄생 ｜346

제국 일본	068 조약 개정의 정치학 │349
	069 초기 의회의 실태 │352
	070 청일전쟁 │355
	071 민당의 종언 │358
	072 러일전쟁 │361
	073 한국 강점의 관계자들 │365
산업혁명과 사회운동	074 산업혁명과 노동자 │368
	075 사회운동과 대역 사건 │371
다이쇼 데모크라시의 서막	076 민중의 분노와 다이쇼 정변 │374
	077 제1차 세계대전과 쌀 소동 │377
	078 워싱턴 체제와 협조 외교 │380
다이쇼 데모크라시의 빛과 어둠	079 사회운동과 사회주의 │383
	080 보통선거법과 치안유지법 │386
	081 보선 후의 정국과 사회 │389
다시 침략 전쟁으로	082 중국 침략의 서곡 │392
	083 대공황과 협조 외교의 명암 │395
	084 만주사변 │398
엇나가는 정치와 사회	085 테러와 전향 │401
	086 천황기관설 사건 │404
	087 2·26 사건 │407
아시아·태평양전쟁과 패전	088 중일전쟁 │410
	089 아시아·태평양전쟁 │413
	090 패전과 천황제 │417

5장 현대

	현대사 개관 │422
대일본제국에서 일본국으로	091 막카사 겐스이와 덴노헤이카 │423
	092 전후 개혁과 일본국헌법 │427
	093 냉전의 개시와 국내 정치 │431
	094 샌프란시스코 강화조약 │435
일본호의 정치와 경제	095 55년 체제의 출범 │438
	096 안보 투쟁의 격랑 │441
	097 고도 경제성장과 신좌익 │444
	098 55년 체제의 종언 │447
원근법으로 본 일본	099 오키나와 일본의 엇갈림 │450
	100 재일 코리안의 현대사 │453
	101 동아시아 속의 일본 │456

찾아보기 │460

【책을 펴내며】

일본사 여행에 앞서

    이제부터 우리는 '가깝고도 먼 이웃' 일본으로 역사 여행을 떠날 것이다. 역사 여행은 일차적으로 시간의 축을 따라 오르락내리락 하는 작업이지만, 거기에는 두 가지 요소가 더 첨가된다. 하나는 역사의 주체, 즉 어떤 사람이 관여하는가의 차원이요, 다른 하나는 그런 사람들의 행위가 어우러지는 공간의 변동이다. 인간 삶의 총체가 곧 역사라고 한다면, 역사의 이해는 시간과 공간의 변화와 밀접하게 연결되기 때문이다. 그런 면에서 일본사 여행은 일본이라는 공간에서 벌어졌던 사람의 행위가 시간의 축을 따라 어떻게 펼쳐져왔는가를 살피는 일이 된다. 따라서 앞으로 닥칠 여정에서 길라잡이가 되고자 여기에서는 일본이라는 공간과 거기에 사는 사람에 관해 간략히 예습을 해두자.

    먼저 책의 앞에 제시된 지도를 봐주시길 바란다. 21세기 현재 '일본국'은 홋카이도北海道, 혼슈本州, 시코쿠四國, 규슈九州의 4개 섬(흔히 본토)과 7,000여 개의 부속 도서로 구성된다. 일본 열도라 불리는 연유를 여기서 찾을 수 있다. 지정학적으로 서쪽은 한반도와 중국, 러시아와 접해 있고, 동쪽 해안에 서면 태평양이 장대하게 펼쳐진다. 홋카이도가 러시아의 사할린 및 쿠릴 열도와 맞닿아 있다면, 규슈는 쓰시마對馬를 경계로 한반도와 연결되며, 오키나와沖繩 서쪽 끝자락에 서면 타이완이 바로 코앞이다.

    하지만 이런 지리적 모습은 과거로 올라갈수록 전혀 딴판으로 바뀐다. 홋카이도와 오키나와가 완전히 일본의 강역으로 편입된 것은 19세기 후반이고, 천 년 전에는 혼슈의 북부조차 '야만인'(=아이누)이 사는 미개의 땅으로 치부되었다. 일본의 최남단 오키노토리沖の鳥 섬은 1920년에야 위임통치령이 실시된 곳이며, 1945년의 패전으로 일본은 쿠릴 열도 전부를 러시아에 넘겨줘야 했다. 요컨대 근대 이전에는 홋카이도를 제외한 혼슈, 시코쿠, 규슈가 일본사의 실제 무대인 셈이다.

    또 현재 일본에는 47개의 도도부현都道府県이 있는데, 정확히는 1도都 1도道 2부府 43현県이다. 수도인 도쿄는 23구와 부속 시군으로 구성된 도쿄 도都를 지칭하며, 교토京都·오사카大阪에는 같은 이름의 시 외에 부속 지역을 묶은 부府가 설치되어 있고, 북쪽에는 홋카이도가 있다. 하지만 17세기부터 메이지明治 유신에 이를 때까지는 300여 개의 번으로 나뉘어 있었을 뿐이며, 더 거슬러 올라가면 8세기 이후에는 율령제에 따라 70여 개의 국國으로 구분되어 있었다. 이에 따라 일본인의 지역 감각 혹은 지방색도 일차적으로는 위의 세 가지 틀에서 연원한다고 볼 수 있다.

한편, 우리 귀에 익은 지역 구분으로는 관서關西와 관동關東이 있다. 1923년 9월의 관동대지진은 6,000여 명의 무고한 조선인 목숨을 앗아갔는데, 그때의 관동은 도쿄 부근의 1도 6현을 가리킨다. 관서는 교토·오사카 외에 고베神戶를 포함한 인근의 2부 4현을 가리키는 것이 보통이며, 긴키近畿라고도 불린다. 그런데 이 관서와 관동의 구분은 일본사의 주무대 변화와 밀접한 관련이 있다. 즉 메이지 유신 이후 교토에서 도쿄로 수도가 옮아간 데서 알 수 있듯이, 전근대 시기의 역사는 지역의 관점에서 볼 때 교토와 도쿄의 각축전이었다고 봐도 무방하다. 교토를 중심으로 천황과 귀족이 전통적인 지배 세력을 형성했다면, 관동 일원에서 성장한 무사 계급은 쇼군將軍의 통솔하에 교토 세력과 대립각을 세웠던 것이다. 미국이 서부 개척을 통해 발전했다면, 일본사는 동진에 동진을 거듭하며 지금까지 이어져 온 셈이다(좀 더 큰 범위의 명칭으로는 서일본과 동일본이 일반적이며, 역사에서는 서국과 동국으로 불리기도 했다).

따라서 전근대, 특히 고대사에서는 기나이畿內라는 지명이 정치·경제의 중심지로서 매우 중요하다. 기나이는 현재에 비춰보면 교토와 오사카, 그리고 나라奈良 현을 아우르는데, 역대 천황의 처소와 수도는 거의 다 기나이 지역에 자리했으며, 9세기부터는 교토 한 곳으로 고정되었다. 당연한 말이지만 고대에 한반도와 일본 열도가 교류했던 발자취도 대부분 기나이 지역에 집중된다.

지역에서 또 하나 빼놓지 말아야 하는 곳이 북北규슈이다. 지금의 후쿠오카福岡 인근은 일본 열도를 한반도 및 대륙과 연결시켜주는 지정학적 위치로 말미암아 일찍부터 문물 교류의 거점으로 번성했다. 한반도를 포함한 대륙의 사절은 하카타博多에서 배를 정박한 뒤 다자이후大宰府에서 일본 측 관리와 접촉했다. 이런 까닭에 북규슈 지역은 대륙에서 건너온 최첨단의 수도작 농경이 시작되었고, 그와 동시에 대륙과 군사적 긴장이 높아지면 최전방의 위치로 탈바꿈했다. 13세기 후반 여·원 연합군과 첫 격돌이 벌어진 전장이 바로 하카타 만이었으며, 임진왜란에 참가한 일본군의 전진기지는 후쿠오카 왼쪽의 사가佐賀 현 가라쓰唐津 시에 세워졌다.

다음으로 일본 열도에 사는 사람을 간단히 정리해두자. 지금까지 연구된 바에 따르면 일본인의 뿌리는 다음과 같이 비정된다. 인골이나 치아의 형태적 특징, DNA 연구 등의 성과를 참작하면, 약 3만 년 전부터 일본 열도에 정착하게 된 동북아의 후기 구석기인들이 일본인의 조상이라고 한다. 물론 한반도에서 서일본으로, 혹은 오키나와를 거쳐 규슈 남부에 정착한 집단의 영향력도 전통적인 견해로서 여전히 유효하다. 따라서 본토의 일본인은 B.C. 5~B.C. 4세기 이후 대륙에서 건너온 집단이 이들 선주 집단과 혼혈을 반복하면서 형성된 것으로 정리된다. 일본인도 결코 단일민족이 아니며, 임진왜란 때 끌려간 조선의 도공이 그러하듯이 다양한 경로를 거쳐 일본 열도에 정착한 이주민의 흔적을 찾아보는 것도 일본사 여행의 묘미를 더해줄 것이다.

이 책은 1998년에 저술했던 『일본사 101장면』(가람기획)을 구성과 내용의 측면에서 전면적으로 혁신한 끝에 완성되었다. 새롭고도 알기 쉬운 일본사를 다시금 구상하면서 염두에 둔 것은 다음의 세 가지 원칙이었다.

먼저 일본사에 대한 구조적 이해를 증진시키고자 노력했다. 나열식 또는 연표식의 기술을 지양하고 시대의 이미지를 포착해낼 수 있는 구조적 서술에 힘을 쏟았다. 고대는 토지, 중세는 무사, 근세는 신분제, 근현대는 민주주의라는 핵심어를 뼈대로 삼아 다양하고 역동적이며 유기적인 변화의 살을 붙여 시대의 생생한 느낌이 전달될 수 있도록 유의했다.

두 번째는 지역과 소수자의 관점에 관심을 쏟았다. 중앙과 지배자의 관점에서 벗어나 지역과 소수 피지배자의 존재와 활동에 주목함으로써 일본사의 흐름이 지니는 역동성과 입체성을 부각하고자 애를 썼다. 어느 시대이든 인간의 삶에 초점을 맞춘다면 '공생共生'이야말로 최고의 가치로 지목받아 마땅하다.

세 번째로 비교사적 관점의 기술을 도입하고 강화하는 데 진력했다. 한국과 중국을 비롯하여 일본사와 연계되는 해당 시기의 다른 나라 역사를 생각해볼 수 있는 서술을 시도함으로써 일본사의 지평을 넓히고 친밀도와 이해도를 높이고자 했다. 이는 일본사를 바탕으로 동아시아사를 궁구하겠다는 향후 목표와도 불가분의 관계에 있다.

이 책은 첫 구상부터 완성까지 5년의 세월이 걸렸다. 역사비평사의 조원식 실장님께 제안을 받고 3년이라는 시간을 들여 초고 집필을 완료한 것이 2012년이었다. 그 뒤 다시 2년의 세월을 더해 1부 「답사로 찾는 일본」과 2부 「역사로 읽는 일본」과 같은 지금의 체제로 새롭게 단장했다. 게으른 필자의 더딘 작업을 묵묵히 참으며 번득이는 아이디어로 책의 내실과 모양새를 다잡아준 조수정 님께 진심으로 감사하다는 말씀을 드린다.

몇 년 전부터 연구자의 작업은 지극히 '패밀리 비즈니스'라는 점을 절감하고 있다. 가족과의 어우러짐 속에서 출간이라는 결승점을 향해 달리는 에너지를 얻을 수 있었다. 결혼 24주년을 맞은 아내와 두 딸 시은, 유진에게 이 책을 바친다. 사랑한다는 말과 더불어.

2014년 4월
하종문

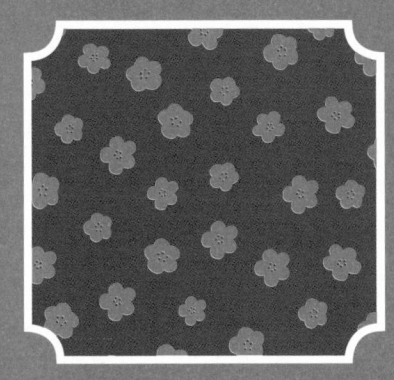

1부 | 답사로 찾는 일본

홋카이도 히다카 지청,
시즈오카 현 마키노하라 시

홋카이도, 혼슈 - 주부 | 18세기 후반~19세기 초 ▶ 2부 054

001
아이누의 봉기와 근세의 북방 교역

홋카이도 남단의 히다카日高 군에는 신히다카초新ひだか町가 있다. 작고 평범한 농어촌이지만 과거 아이누의 일족인 메나시쿠르(동방의 사람이라는 뜻)의 보금자리였다. 중심지 마우타真歌 공원에는 막대기를 쥐고 궐기를 촉구하는 샤크샤인의 동상이 서 있다. 이 공원은 샤크샤인이 생활하던 성채 터를 이용해서 조성되었다. 공원 외에 샤크샤인 기념관, 아이누 민속자료관 등도 있으니, 아이누를 주제로 홋카이도를 답사하는 것도 좋을 듯하다.

샤크샤인은 메나시쿠르의 족장으로, 1669년 홋카이도에서 세력을 뻗치던 마쓰마에松前 번과 전투를 벌였다. 불평등한 교역과 사금 채취를 강제한 것이 봉기의 불씨였다. 마쓰마에 군은 막부의 지원을 업고 철포로 무장하여 진압에 나섰지만, 완전한 승기를 잡지는 못했다. 이에 마쓰마에 군은 화평을 청하는 척하면서 샤크샤인을 유인해 살해했다. 이후 마쓰마에 번은 교역의 주도권을 잡았지만, 아이누의 저항은 수그러들지 않았다. 그들은 강제 노역을 견디다 못해 1789년 다시 칼을 들었다. 홋카이도 동부 지역을 무대로 전개된 구나시리·메나시의 싸움이다. 습격을 주도했던 아이누는 투항했지만 끝내 처형되고 말았다.

아이누의 봉기가 진압된 홋카이도에서는 이제 러시아의 발걸음 소리가 커져갔다. 1793년에는 러시아 사절 라스크만이 홋카이도 동쪽 끝의 네무로根室에 와서 통상을 요구했다. 그러나 상업 입국을 부르짖던 전임자 다누마 오키쓰구田沼意次(1719~1788)와 달리 농업 본위의 마쓰다이라 사다노부松平定信(1759~1829)는 거부 의사를 표명했다.

다누마의 북방 교역이 결실을 맺었더라면 아이누의 운명도 나아졌을까? 아마 아닐 것이다. 아이누가 그랬듯 다누마는 역사의 패자였고, 시즈오카 현 마키노하라牧之原 시에 세워진 사가라相良 번도 주인 다누마처럼 몰락했다. 하지만 오늘날 마키노하라 시는 다누마를 곧잘 활용한다. 와이로모나카ワイロ最라는 특산품에는 와이로(뇌물)가 성행하던 다누마 시대를 빗댄 상혼이 번득인다. 이름과 내용물에도 재치가 묻어난다. 직역하면 '뇌물 한창'이지만, 모나카는 과자의 일종이기도 하다. 뚜껑을 열면 금화 모양의 모나카, 흑심(したごころ)이라는 글자가 새겨진 선물용 띠와 티백이 들어 있다. 예나 지금이나 뇌물의 첫맛은 달다.

왼쪽 : 마우타 공원의 샤크샤인 동상
오른쪽 : 와이로모나카

홋카이도 하코다테 시

홋카이도 | 1860년대 말~1870년대 중반 ▶ 2부 063

002
하코다테와 무진전쟁

홋카이도 하면 삿포로札幌가 가장 크고 잘 알려진 관광지이다. 하지만 역사적으로는 남쪽 끝의 하코다테函館 쪽이 혼슈를 잇는 최단의 항구이자 중계지로서 훨씬 비중이 컸다. 약 150년 전으로 눈을 돌리면, 무너져가던 막부의 마지막 애환이 깃든 곳이기도 하다. 무진戊辰전쟁(1868~1869)에서 패주를 거듭하던 에노모토 다케아키榎本武揚(1836~1908) 휘하의 해군과 신센구미新選組(1863년에 조직된 무사대로 원래 쇼군의 경호를 맡았으나 나중에는 교토의 치안 유지와 막부 반대파를 공격함)를 포함한 육군은 바다를 건너 에조(=홋카이도)에서 신정부군에 항전을 계속했다. 막부 잔존 세력은 그곳에서 독자적인 선거(당시 용어로는 入札)를 실시했고, 에노모토가 총재로서 속칭 '에조 공화국'을 이끌었다. 그들은 하코다테의 고료카쿠五稜郭를 본거지로 삼아 반년 넘게 '하코다테 전쟁'을 치렀다.

고료카쿠는 다섯 개의 모서리, 즉 별 모양을 한 성곽이다. 1866년에 완성된 서양식 성곽이기에 유럽의 성을 연상케 한다. 1857년 하코다테 개항에 즈음해서 방어력 강화를 위해 축조하기 시작했으나, 예산 부족으로 인해 원래보다 작은 규모로 10년 만에 완공되었다.

1871년 고료카쿠 내의 건물들이 해체되고 1914년부터는 공원으로 바뀌어 일반에게 공개되었다. 1964년에는 관광객 유치를 위해 60m 높이의 고료카쿠 타워가 세워졌다. 2006년에 들어선 새 타워에서는 하코다테 시의 야경(나폴리, 홍콩과 함께 세계 3대 야경으로 꼽힘)과 고료카쿠를 한눈에 볼 수 있다. 하코다테 부교쇼奉行所(관청)의 복원도 완료되어 관람이 가능하다.

신센구미의 지도자 중 '독종부장(鬼の副長)'이라 일컬어지는 히지카타 도시조土方歳三(1835~1869)는 무진전쟁 당시 하코다테까지 와서 전사했다. 농민의 아들 히지카타는 격동기를 틈타 막부에 출사하여 일약 사무라이로 출세했고, 무진전쟁의 막바지까지 활약했다. 배에 총탄을 맞고 절명한 곳에는 비석이 세워져 있는데, 언제나 헌화가 끊이지 않는다.

무진전쟁에서 이어진 하코다테 전쟁의 전적지를 둘러보는 것도 괜찮지만, 근대 초기의 건물이 늘어선 시내를 거니는 것도 색다른 즐거움을 선사할 것이다. 시영 전철을 타고 스에히로초末広町에 내리면 19세기 말의 일본, 멋스런 하코다테를 만날 수 있다.

고료카쿠 고료카쿠 중앙에 있는 작은 건물이 하코다테 부교쇼이다.

아오모리 현 아오모리 시

혼슈 - 도호쿠 | 1만 2천 년 전~기원전 4세기 ▶ 2부 002

003
산나이마루야마 유적과 조몬 문화

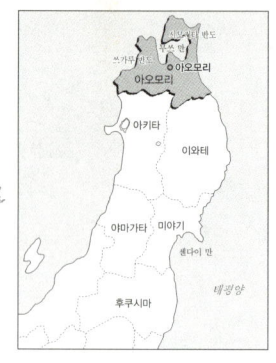

산나이마루야마山內丸山 유적은 혼슈 최북단인 아오모리青森 현 아오모리 시 교외에서 발견된 조몬繩文 시대의 거대한 취락이다. 지금으로부터 5,500년 전 무렵부터 약 1,500년 동안 번성했으며, 다소의 논란은 있으나 전성기에는 약 500명이 취락을 형성하며 함께 거주했을 것이라 추측된다. 그 이전에는 취락을 이루는 인구가 기껏해야 100명쯤이라고 여겨졌으니, 산나이마루야마의 발굴은 조몬 시대의 이미지 전체를 뒤바꿀 정도의 충격이었다.

기록에 따르면 이 지역에서는 에도 시대인 17세기 초반부터 많은 유물이 출토되었다고 한다. 18세기 말 산나이마루야마를 찾았던 사람의 일기에는 원통형 토기와 토우土偶(흙으로 만든 사람이나 동물의 상) 조각에 관한 글이 스케치와 더불어 실려 있다. 물론 그 사람은 그 토기 조각들이 반만 년 전의 유물이라고는 꿈에도 생각지 못했을 것이다.

1992년 이곳에 새 야구장을 건설하기에 앞서 실시된 사전 조사가 산나이마루야마의 베일을 열어젖혔다. 사전 조사만으로도 대규모 취락의 흔적이 드러났고, 1994년에는 지름 1m의 밤나무 기둥이 6개가 나와 대형 건물의 존재까지 확인되었다. 그 건물은 망루나 천문대로 추측된다. 이에 따라 현에서는 이미 착공한 야구장 건설을 중지하고 본격적인 발굴과 보존에 들어갔다. 그리고 2000년에는 이곳이 국가의 특별사적으로 지정되었다.

산나이마루야마는 일본 열도 각지의 특산품이 교역된 흔적이 남아 있다는 면에서도 주목을 끌었다. 구슬의 원석인 비취는 니가타新潟 현의 이토이가와糸魚川가 대표적 산지이며, 흑요석으로 만든 화살촉은 홋카이도와 나가노에서 들여왔을 것이다. 훨씬 남쪽의 류큐琉球 열도에서 서식하는 조개를 본떠 흙으로 만든 물건까지 발견되기도 했다. 조몬 시대의 삶은 소박하지만 폐쇄적이지는 않았다. 한편 이곳에서 출토된 동물 뼈의 70%는 토끼와 날다람쥐인데, 아마도 동물성 단백질의 공급원이었을 것이다.

산나이마루야마는 전체 39ha에 이를 정도로 방대하며, 입구에 건립된 '조몬 시유관時遊館'이 자료관 역할을 하고 있다. 2006년 개관한 아오모리 현립미술관도 인접해 있다.

왼쪽 : 망루 또는 천문대로 추정되는 건조물
오른쪽 : 아오모리 현에서 발견된 토우

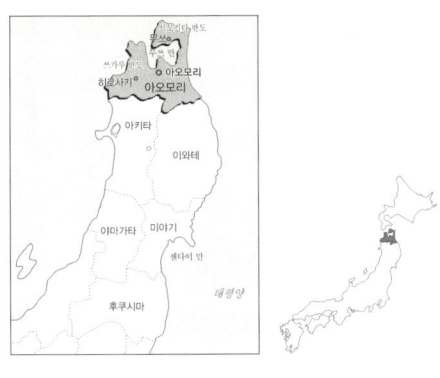

아오모리 현 히로사키·무쓰 시

혼슈 – 도호쿠 | 1932~1936년 ▶ 2부 086

004
혼슈 북단의 구 육해군 시설

군국주의 일본의 손발이 된 것으로 재향군인회가 있다. 현역에서 은퇴한 군인들이 모여 재향군인회를 창설한 것은 1910년이었다. 육군성 군비과장이던 다나카 기이치田中義一(1864~1929)가 독일을 본떠 만들었으며, 1914년에는 해군도 가세하여 단일 조직이 되었으나 가입률은 높지 않았다. 각 부현 단위의 지부, 시정촌市町村과 회사 단위의 분회가 그물망처럼 일본 열도에 퍼져 있었다(본부는 육군성 내). 본토와 식민지를 합쳐 육군은 14,443개(1931년), 해군은 558개(1932년)였고, 회원은 육군이 2,581,109명, 해군이 62,624명이었다(1931년).

이들은 성지聖旨, 즉 천황의 뜻을 받들고 군인 정신을 진작하며 군사 지식의 증진을 도모한다는 목적을 내걸었지만, 군부 파시즘의 득세에 발맞춰 움직였다. 특히 1935년 천황기관설 사건이 큰 파장을 일으킨 이면에는 재향군인회의 활동이 지대했다고 평가된다.

은퇴한 군인들에게 재향군인회가 있었다면, 육해군 장교는 해행사偕行社와 수교사水交社라는 친목 조직을 보유했다. 재단법인이지만 숙박 시설과 유흥장을 거느린 유수의 기업이기도 했다. 육군은 사단사령부 소재지에, 해군은 주요 기지에 이 조직의 시설을 두었으며, 공습을 모면한 시설은 점령 통치기에 미군 클럽으로 사용되었다.

1907년 제8사단이 창설되면서 히로사키弘前 시에 장교들의 집회소와 사교장으로 해행사가 세워졌다. 히로사키 성 동남쪽의 사단사령부 인근에 터를 잡았고, 다이쇼大正 천황의 행차 시 숙소로 사용되기도 했다. 패전 뒤 학교 건물로 사용되다가 1980년부터 기념관으로 수리·보존되면서 일반에도 공개되었다. 2001년 국가의 중요문화재로 지정되었다. 오미나토大湊 수교사는 1902년 개설된 오미나토 요항부要港部(1941년부터 경비부)의 장교 집회소 겸 사교장으로, 1915년 무쓰むつ 시에 완성되었다. 패전 뒤 연합군이 사용하다가 1953년 해상자위대 시설로 사용되었고, 1981년부터는 전시자료관 북양관北洋館으로 변신했다.

해행사와 수교사는 사라지지 않았다. 현재 육상자위대는 해행사를, 해상자위대는 수교회를 두고 있다. 재향군인회에 해당하는 대우회隊友會는 1960년에 창립되었다.

구 히로사키 해행사

아키타 현 오다테 시
혼슈 – 도호쿠 | 1945~1946년 ▶ 2부 091

005
패전으로 살아난 아키타 개

도쿄 시부야 역 앞에 있는 하치코ハチ公라는 개 동상은 만남의 장소로 유명하다. 충견 하치는 1925년 주인이 죽은 뒤에도 시부야 역 앞에서 서성이는 모습이 신문에 소개되면서 널리 알려졌고, 이후 동상이 세워지고 하치 이야기가 교과서에까지 실렸다(2009년에는 리처드 기어 주연의 영화로도 만들어짐). 하치는 동북 지방의 아키타秋田 현이 원산인 아키타 개였다.

전쟁이 인간의 생명을 앗아갔다면, 패전은 죽음의 공포에서 벗어난다는 의미이기도 했다. 아키타 개의 처지도 다르지 않아서 패전 직후 겨우 10여 마리만 살아남았을 지경이었다. 전쟁 말기에 식량난이 극심해진 탓에 대형견인 아키타 개에게 먹이를 줬다가는 '국적國賊'이라는 비난이 쇄도했으며, 군용 방한 의류 제조를 위해 대량으로 도살되기까지 했다. 그런데 점령군으로 진주한 미군이 애완동물로 아키타 개를 선호했다. 1937년 일본을 방문했던 헬렌 켈러(1880~1968, 시각·청각 중복 장애인의 사회사업가)에게 선물로 전해졌다는 보도와 함께 몸집이 크다는 것이 이유라고 얘기된다. 어쨌든 수많은 아키타 개가 귀환하는 미군 병사와 같이 태평양을 건넜고, 미국 내에서도 선풍적인 인기를 끌었다.(사실 미국의 아키타 개는 전쟁 중에 독일산 셰퍼드와 교배시킨 종이 대부분이며, 이 개를 아메리칸 아키타라 부른다.)

순종 검증과 번식을 위해 일찍이 1927년 오다테大館 시에 설립되었던 아키타개보존회가 패전 이후 활동을 재개했고, 곧 일본 내에서 잡종도 거의 사라졌다. 1977년 보존회 50주년을 기념하여 오다테 시내에 아키타개회관을 세우고 3층에는 박물관까지 만들었다.

오다테 시가 고향인 역사적 인물로는 한국에도 출간된 『게공선蟹工船』의 작가 고바야시 다키지小林多喜二(1903~1933)가 있다. 1931년 공산당에 입당한 고바야시는 1933년 지하활동 중 밀정의 꾐에 빠져 체포되자마자 공안 전담인 특고特高(특별고등경찰)의 무자비한 몽둥이세례 끝에 살해되었다. 그의 사인은 심장마비로 발표되었는데, 특고의 서슬에 눌려 어느 병원도 통통 부은 멍투성이 사체의 해부를 거절했다. 이제는 역무원이 없는 시모가와조이下川沿 역 앞에는 그의 탄생비가 서 있다. 네 살 이후로 생의 대부분을 보낸 홋카이도 오타루小樽 시의 오타루문학관은 고바야시 다키지 문학의 향기를 잘 간직하고 있다.

아키타개회관

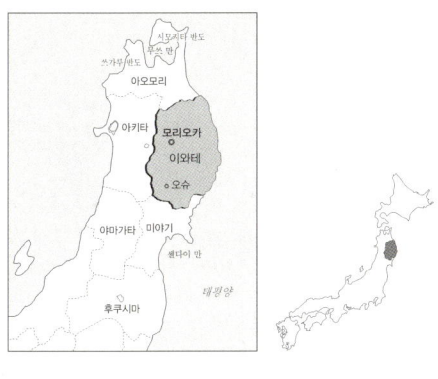

이와테 현 오슈 시

혼슈 - 도호쿠 | 8세기 말~9세기 전반 ▶ 2부 012

006
아테루이의 고향

8세기 말까지 혼슈 북부의 이와테岩手와 아키타 이북은 오랑캐, 즉 에미시蝦夷의 땅이었다. 그들 중 몇몇은 사서에 이름을 남겼다. 조정에 투항한 에미시로서 관직까지 받았다가 반란을 일으킨 고레하리 아자마로伊治呰麻呂의 경우는 문헌에 등장하기는 하지만 진압당한 뒤 완전히 사라졌다. 이에 비해 중과부적의 열세에도 불구하고 헤이안쿄(조정)의 군대에 맞서 대승을 거두었던 에미시의 족장 아테루이阿弖流爲(?~802)의 드라마는 최근까지 이어진다.

802년 힘에 부친 아테루이는 모레母礼와 함께 사카노우에 다무라마로坂上田村麻呂(758-811)에게 무릎을 꿇은 뒤 헤이안쿄로 이송되었다. 다른 에미시 무리의 항복에 활용하자는 다무라마로의 간청에도 불구하고 헤이안쿄 귀족들은 이구동성으로 '야만인'의 사형을 외쳤다. 결국 9월 17일 오사카 인근에서 두 사람은 참수형에 처해졌다. 그 뒤에도 계속된 에미시 토벌은 다무라마로를 영웅으로 격상시켰다. 이와테에 가면 지금도 정복자의 흔적이 산재해 있다. 이에 비해 아테루이는 조정에 반기를 든 역적이니, 기록인들 변변할 리 없었다.

하지만 1980년대 후반의 시대 상황은 아테루이와 모레에 대한 평가를 180도 뒤바꿨다. 일본사에서 주류가 아닌 비주류, 중심 대신 주변의 역사와 인물이 주목받기 시작했는데 지방자치와 자립의 기운은 이런 분위기에 힘을 실어주었다. 아테루이는 일약 고대 동북의 저항을 대변하는 영웅으로 떠올랐다.

아테루이와 모레의 몸통과 목이 묻힌 무덤이 있다고 전해지는(몸통 무덤은 고분으로 판정) 오사카 부 히라카타枚方 시에는 1995년 무렵부터 이와테 출신자 모임의 주최로 매년 위령제가 열리고 있으며, 다무라마로가 건립에 깊이 관여한 교토의 기요미즈淸水 사에도 1994년 두 사람의 비가 세워졌다. 2005년 9월 17일 두 사람의 기일에 맞춰 이와테 현 오슈奧州 시에서는 두 사람의 위령비가 제막되었다. 지역 사람들은 기부를 아끼지 않았고, 전년의 위령제에서 가져온 목 무덤의 흙이 같이 합장되었다. 에미시의 전사 아테루이는 이제 소설, 뮤지컬, 만화, 애니메이션에까지 부활의 날갯짓을 펄럭이고 있다. 2013년 초에 방영된 NHK의 드라마는 그를 '북방의 영웅'으로 묘사했다. 역사에서 영원한 승자는 없다.

아테루이의 고향에 세워진 아테루이 상

이와테 현 히라이즈미

혼슈 – 도호쿠 | 10세기 후반~12세기 전반 ▶ 2부 019

007
고대 제2의 도시 히라이즈미

11세기 중·후반 동북 지방에서는 지역의 패권을 다투는 긴 전란이 벌어졌다. '전 9년의 역'(1051~1062)과 '후 3년의 역'(1083~1087)이다. 최종 승자는 기요하라 기요히라清原清衡(1056~1128)였다. 원래 후지와라藤原 씨였던 기요히라는 전 9년의 역에서 아버지를 잃고, 기요하라 씨와 재혼한 어머니를 따라 그 집안의 양자가 되었다. 후 3년의 역에서 기요히라는 일족 간의 내분을 평정한 뒤 자신의 본래 성姓인 후지와라로 돌아갔다. 오슈奧州 후지와라 씨가 여기서 비롯되며, 1189년 미나모토 요리토모源頼朝(1147~1199)에게 멸망당할 때까지 4대에 걸쳐 번창했다.

오슈 후지와라 씨가 이와테 현 남단의 히라이즈미平泉에 마련한 본거지는 헤이안쿄에 버금가는 10만 이상의 인구를 포용한 일본 제2의 도시였다. 북방의 강자에 걸맞게 화려하게 꽃을 피운 문화는 풍부한 사금 및 북송과 연해주를 잇는 북방 무역을 통한 경제력으로 구축되었다. 기요히라는 사금과 말 등을 조정과 섭관가에 바치고 수도의 문물을 열심히 수입하며, 중앙에서 파견된 고쿠시國司와 원만한 관계를 유지함으로써 12세기 내내 영화를 누렸다. 전란이 꼬리를 물던 12세기 열도의 진정한 헤이안쿄는 히라이즈미였을 듯싶다.

히라이즈미 문화의 정수를 엿보려면 먼저 주손中尊 사에 가야 한다. 1105년 기요히라가 재건하면서 면모를 일신한 주손 사는 국보와 중요문화재로 가득 찬, 그야말로 '동북의 국보'라 칭해질 정도다. 그중에서도 압권은 1124년에 건립된 금색당金色堂이다. 옻칠을 한 나무 위에 안팎은 물론 바닥까지 금박을 입힌 금색당에는 오슈 후지와라 3대의 미라와 더불어 부하의 배신으로 참수당한 마지막 당주의 수급이 안치되어 있다. 1950년 금색당에 대한 학술 조사가 실시되었다. 사체의 존재 자체는 근세 때부터 알려졌지만, 안팎에 금박을 입힌 목관에 안치된 세 당주의 모습은 다시금 오슈 후지와라 씨의 위세를 실감케 했다.

모쓰毛越 사도 들러볼 만하다. 원래는 주손 사를 능가할 정도의 가람을 자랑했다지만, 화재와 병란이 모든 것을 앗아갔다. 지금의 가람은 에도 시대에 세워졌다. 그래도 모쓰 사의 상징 '정토 정원'을 바라보노라면 후지와라 4대가 꿈꿨던 불국정토가 느껴질지도 모른다.

주손 사 금색당

야마가타 현 쓰루오카 시
(갓 산, 하구로 산, 유도노 산)

혼슈 - 도호쿠 | 16세기 말~18세기 초 ▶ 2부 044

008
민중 사상의 메카, 데와산잔

　야마가타 현 중앙부에 위치한 데와산잔出羽三山은 북쪽에서부터 시계 방향으로 하구로羽黑 산(414m), 갓月 산(1,984m), 유도노湯殿 산(1,500m)을 가리키며, 행정구역상으로는 쓰루오카鶴岡 시에 속한다. 각각의 산꼭대기에는 이데하出羽 신사, 갓산 신사, 유도노산 신사가 있어 '데와산잔 신사'라 총칭된다. 전통적 산악신앙인 슈겐도修驗道의 본고장이다.

　신사가 세워진 것은 6세기 후반이다. 고대에 오랑캐의 땅이던 이곳에 소가蘇我 씨에게 시해당한 스슌 천황崇峻(587~592)의 셋째 아들이 난을 피해 왔다. 그는 다리 셋 달린 새의 안내를 받으며 하구로 산에 올라 관음보살의 화신인 하구로 곤겐權現의 영험을 만나서 신사를 열었다고 한다. 데와산잔 신사는 태양의 신 아마테라스오미카미天照大御神의 동생인 쓰쿠요미를 비롯한 여러 신들과 아미타여래, 관음보살, 대일여래를 같이 모시는 신불습합神佛習合(신토와 불교의 융합)을 공유하며, 불교의 8대 종파 교의를 같이 배우는 것도 특징적이다. 삼라만상에는 영靈이 깃들어 있으며 일본의 신과 불교의 부처는 한 몸이라 여긴다. 전근대 일본의 주요 종교가 데와산잔 신사에 응축되어 있는 것이다.

　데와산잔은 에도 시대에 전성기를 구가했다. 봉우리마다 사원이 세워지고 참배객과 승려가 묵는 숙방宿坊이 즐비했다. 참배객을 위해 통행증을 발급했으며, 참배로는 인근 지역을 잇는 물류 통로로도 기능했다. 하지만 메이지 유신 이후 실시된 신불 분리 정책은 데와산잔에게 날벼락이나 다름없었다. 세 곳 모두 신사로 지정되면서 불교 관련 가람과 시설은 철저히 파괴되었다. 지금은 국보로 지정된 하구로 산 오층탑과 몇몇 중요문화재, 천연기념물로 보호되는 삼나무가 찾는 이의 발길을 멈추게 할 따름이다.

　한편 데와산잔 지역은 에도 시대에 사카이酒井 씨가 다스리던 쇼나이庄內 번의 강역이었다. 그러나 메이지 유신 이후 쓰루오카鶴岡 시내에 소재했던 쓰루가오카鶴ヶ岡 성은 폐허로 변했다. 현재 중심부는 공원으로 꾸며져 있다. 벚꽃 명소 100곳에 들 정도로 이곳의 벚꽃은 아름답다. 또, 국보로 지정된 일본도를 비롯하여 사카이 가의 미술품을 모아놓은 지도致道 박물관에 들어가보면 에도 시대로 되돌아간 것 같은 착각마저 자아낸다.

하구로 산 삼나무 숲에 우뚝 솟은 5층탑

야마가타 현 쓰루오카 시, 아쿠미 군
혼슈 – 도호쿠 | 1933~1940년 ▶ 2부 088

009
만주사변의 기획자, 이시하라 간지

이시하라 간지石原莞爾(1889~1949)는 만주사변(1931)의 주모자인데도 전범 소추를 면했다. 병중이라는 점도 영향을 미쳤지만, 아시아·태평양전쟁의 도화선에 불을 댕긴 도조 히데키東條英機(1884~1948)와 대립했다는 사실이 참작된 결과였다. 그에겐 '세계 최종전쟁'의 구상을 품은 사상가라는 평가가 가미되어 지금도 추종자가 끊이지 않는다.

일본과 미국 간의 최후의 결전, 즉 최종전쟁은 이시하라가 전쟁사 연구와 일련종 교리를 바탕으로 풀어낸 구상으로, 그에 따르면 만주사변은 최종전쟁에 대비하는 기지 구축을 위해 감행되었다. 그는 아시아 각 민족이 동아연맹으로 결집해야 한다고 주장했다. 그 연장선에서 중일전쟁의 확전에 소극적이었으며, 성급한 대미 개전에도 반대했다. 도조가 출세가도를 달리는 것과 대조적으로 이시하라는 좌천을 반복하다가 1941년 퇴역했다. 이 때문에 이시하라를 추앙하던 유도 선수와 군인이 1944년 도조 암살을 기도하기도 했다.

이시하라가 민간에서 벌인 활동은 국방의 공동, 경제 일원화, 정치의 독립을 기치로 내건 동아연맹의 구축으로 집약되며, 1939년 동아연맹협회를 결성하기에 이르렀다. 특히 정치의 독립은 민족협화民族協和의 구호와 연결되며, 내선일체가 아니라 '자치'를 내세웠기에 조선인 사이에서도 많은 지지자를 모았다. 교토대학을 퇴학당한 가라테空手(일본의 전통 무술) 유단자 조영주曺寧柱(1908~1995)는 이시하라와 동아연맹에 심취했으며, 해방 후 재일대한민국민단 단장이 되었다. 조영주는 패전 후 가라테의 일파 교쿠신極眞 회관을 창시한 오야마 마스타쓰大山倍達(1923~1994, 1964년 일본 국적 취득, 한국명 최영의 혹은 최배달)를 가르친 적이 있다. 최영의가 동아연맹에서 활동했듯이 식민지 청년들은 가라테(=힘力)와 이시하라(=유력자)에게 기댔다. 하지만 그들의 민족의식은 '뒤틀리고 굴절'될 수밖에 없었다. 이시하라는 조선 독립을 거론한 바 없으며, 한일 병합은 결코 '제국주의적 조치'가 아니라고 밝혔기 때문이다.

'제국 육군의 이단아' 이시하라 간지의 고향은 쓰루오카 시이지만, 묻힌 곳은 패전 후 지지자들과 함께 공동생활을 했던 아쿠미 군鮑海郡(遊佐町菅里字菅野)이다. 동아연맹의 간부가 토지와 집을 제공했다. 1994년 도로 공사로 인해 인근에 묘소가 새로 조성되었다.

이시하라 간지 무덤 옆의 석비 영구평화(永久平和), 도시해체(都市解体), 농공일체(農工一体), 간소생활(簡素生活)이라고 쓰여 있는데, 글씨는 이시하라 본인이 쓴 것을 석비에 옮긴 것이다.

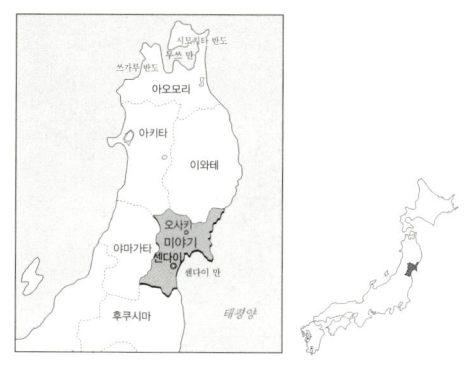

미야기 현 오사키 시
혼슈 – 도호쿠 | 1920년대 중반 ▶ 2부 080

010
데모크라시 여행

다이쇼 데모크라시의 기수, 민주주의의 아버지. 모두 요시노 사쿠조吉野作造(1878~1933)에게 헌정된 수식어다. 사실 그 의미는 요시노 개인에게만 국한될 수 없다. 거기에는 근대 일본이 식민 지배와 침략 전쟁을 배격하고 나아갔어야 할 바람직한 길이 녹아 있기 때문이다.

도쿄대학 정치학과를 졸업할 때 메이지 천황으로부터 은시계를 하사받은 수재 요시노는 제국헌법에 규정된 군주 주권을 건드리지 않으면서도 제대로 된 운용을 통해 민권의 실질적 확대를 지향할 수 있다는 자세를 평생 견지했다. 또한 자유민권운동과 민당民党의 원초적 한계였던 '안으로 데모크라시, 밖으로는 제국주의'의 굴레를 극복하는 데도 적극적이었다. 그의 민본주의는 피압박 민족의 내셔널리즘을 향한 시선을 외면하지 않았던 것이다. 3·1운동이 일어나자 "내가 지금 절규하지 않을 수 없는 이유는 국민의 대외적 양심이 너무나 마비되었다는 점" 때문이라며 민심의 반성을 촉구했다. 1919년 11월 도쿄를 방문한 여운형에 대해서는 "조선 독립은 일본의 국법에 대한 반역 행위"라고 하면서도 "드물게 보는, 존경할 만한 인격을 그에게서 발견했다"고 칭찬을 아끼지 않았다. 물론, 조선 독립이 반역 행위라는 언설에 대한 비판 또한 우리가 짊어져야 할 과제이다.

요시노는 책상물림 민본주의자로만 머물지 않았다. 보통선거 실시를 겨냥한 무산정당 설립의 움직임이 가속화되자, 1926년 사회민중당(우파)의 발기인으로 나서는 동시에 초당파의 입장에서 무산정당의 의의에 대해서도 적극적으로 발언했다.

요시노가 태어난 곳은 미야기 현 오사키大崎 시 후루카와古川이다. 2011년 지진과 쓰나미로 큰 피해를 입었던 연안은 아니고 내륙 쪽에 위치한다. JR 후루카와 역에 내려 찾을 곳은 그의 이름을 내건 기념관이다. 건물 안에 발을 들이면 거대한 스크린에서 그의 일생이 펼쳐지는 것을 볼 수 있다. 기념관에는 학자이자 실천가로서 걸어간 삶의 흔적이 묻어나는 유품들이 전시되고 있다. 그의 생가 터는 작은 공원으로 꾸며졌고, 비석이 세워져 있다.

여행의 피로를 씻으려면 후루카와 역에서 전철로 40분 떨어진 나루코鳴子 온천이 괜찮다. 주위는 계곡이 많으니 단풍 구경을 덤으로 즐길 수 있는 가을 여행을 권한다.

요시노 사쿠조 기념관

니가타 현 조에쓰 시, 사도 섬

혼슈 - 주부 | 12~13세기 ▶ 2부 028

011
유배지 니가타에 꽃핀 불심

　가마쿠라 불교의 양대 거성 신란親鸞(1173-1262)과 니치렌日蓮(1222~1282)은 불법을 전파했다는 이유로 니가타新潟 현에 유배되었다는 공통점이 있다. 신란은 지금의 조에쓰上越 시와 니가타 시에서 5년을 보냈고, 니치렌은 유배지로 유명한 사도佐渡 섬에서 3년을 지냈다.
　신란은 유배 중에도 에치고越後(니가타 현) 지역을 돌아다니며 불법을 펼쳤다. 포교 과정에서 신란이 일으켰다는 신묘한 기적을 묶어 '에치고의 7대 불가사의'라고 하는데, 그중 세 개는 천연기념물로 지정되었다. 먼저 고지마小島의 벚꽃은 신란이 나무에 염주를 걸었더니 매년 꽃이 염주처럼 이어져 피었다. 도야노鳥屋野에서는 불법에 의심의 눈초리를 보내는 사람들 앞에서 신란이 지니고 있던 죽장을 땅에 꽂고 싹이 틀 것이라 예언했더니, 줄기와 잎이 거꾸로 난 대나무가 숲을 이루었다고 한다. 또, 농민이 연공 대신 바친 비자나무 열매 묶음을 마당에 심었는데, 역시나 싹을 틔워 지금까지 이어진다고 한다. 게다가 그 나무의 열매에는 염주처럼 꿰어진 자국이 있다고 한다.
　니치렌은 남의 험담을 했다는 이유로 가마쿠라 막부의 법령 고세이바이시키모쿠御成敗式目 12조에 의거하여 1271년부터 3년간 유배에 처해졌다. 사도 섬에 밤늦게 도착하여 노숙했던 느티나무는 일련종의 성지로 지금도 위용을 자랑한다. 그 느티나무 밑에서 남루한 모습으로 법화경을 읊었더니 마을의 노파가 죽을 주었다고 한다. 보답으로 니치렌이 건넸다는 냄비는 그 집안에서 계속 보관해오고 있다. 니치렌이 사도 섬에 처음 상륙했던 위치에는 혼교本行 사가, 머물렀던 곳에는 곤폰根本 사가 각각 세워졌는데, 경내에서 그와 관련된 기념물들을 찾는 재미도 쏠쏠하다. 니치렌은 가마쿠라로 돌아가기 전까지 2년을 지냈던 곳에 제자를 시켜 묘쇼妙照 사를 건립했다. 묘쇼 사는 일련종의 세 본산 중 하나이다.
　사도 섬은 교토의 유력자들이 많이 유배되어 온 까닭에 독특한 언어와 전통 예능을 보유한다. 특히 중세를 대표하는 가면극인 노能의 대가 제아미世阿弥(1363?~1443?)가 72세에 입도하여 만년을 보냈다. 궁벽한 섬이지만 노를 공연하는 무대 수는 전국 제일이다.

줄기와 잎이 거꾸로 나는 대나무

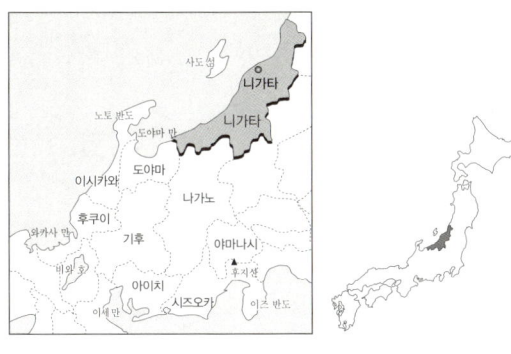

니가타 현 니가타 시
혼슈 – 주부 | 1945~1947년 ▶ 2부 092

012
농지개혁의 단상

　패전국 일본은 미국의 손에 의해 비군사화와 민주화의 세례를 받게 된다. 이른바 '전후 개혁'의 여러 조치 중 특히 농지개혁은 맥아더는 물론 그의 반대자들까지 가장 성공적 작품으로 손꼽는다. 일본의 전근대적 지주–소작 관계는 뒤처진 민주화와 군국주의의 온상으로 지목되었기 때문이다. 니가타 현에서 농지개혁에 대응한 한 호농의 모습을 알아보자.

　에도 시대부터 메이지 유신에 이르는 과정에서 니가타에는 호농豪農이라 불리는 대지주가 형성되었다. 근대 일본에서 홋카이도를 제외하고 1,000ha(30만 평)의 경지를 보유한 지주가 11명 있었는데, 그중 5명이 니가타 북동부의 가에쓰下越(교토에서 거리 순에 따라 조에쓰上越, 주에쓰中越, 가에쓰로 나뉨. 가에쓰의 중심은 니가타 시) 지방에 있었다. 농지개혁의 태풍은 이들 대지주도 비껴가지 않았다. 재산을 잃은 경우가 대부분이지만 예외도 있기 마련. 이토 분키치伊藤文吉의 경우 18세기 중반 초대 당주가 13,000㎡(약 4,000평)의 전답으로 터전을 닦은 이래 8대까지 250년 남짓 이름과 재력을 성공리에 이어갔다. 이토 분키치 가의 전성기는 6대에 이르러 달성되었는데, 1908년 보유 토지가 무려 1,372ha에 달했다. 패전 후 농지개혁 대상에서 피하고자 땅을 처분해야 하는 상황에서 7대 당주는 저택과 부지를 활용한 박물관 구상을 가다듬었고, 1958년 정원 조성이 마무리됨으로써 북방문화박물관의 면모를 갖추었다.

　북방문화박물관은 니가타 시의 남부 내륙 쪽인 소미沢海에 위치한다. 현재 8대 당주가 관장이며, 북방은 도쿄의 북쪽이라는 뜻을 갖고 있다. 1885년부터 20년에 걸쳐 지어진 이토 분키치의 저택은 8,800평의 부지에 건평 1,200평, 65개의 방이 있었다.

　관광객은 70평이나 되는 부엌을 통해 건물 안으로 들어가게 된다. 매일 아침 쌀 한 가마니 분량의 밥을 지었다는 곳이다. 50평 규모의 응접실에서는 아름다운 정원이 눈앞에 펼쳐진다. 사계절이 그득한 정원을 바라보고 있노라면, 옛 호농의 기분이 느껴질지도 모르겠다. '논을 사려면 애써 악전惡田을 사고, 악전을 미전美田으로 만들어 소작인에게 돌려줘야 한다'는 가훈을 접하니 문득 심술이 솟는다. 북방문화박물관은 과연 악전일까 미전일까?

북방문화박물관의 응접실 옆 복도

후쿠시마 현 아이즈와카마쓰 시

혼슈 – 도호쿠 | 17세기, 19세기 ▶ 2부 041, 063

013
아이즈 번의 시련

근세 내내 각 번의 다이묘大名는 결코 느긋한 자리가 아니었다. 걸핏하면 이삿짐을 꾸리거나 무일푼으로 전락하기도 했다. 지금의 후쿠시마 현 아이즈와카마쓰会津若松 시에 터를 잡았던 아이즈 번의 번주도 그중 하나였다. 아이즈 지역은 센고쿠 시대부터 주인이 자주 바뀌었고, 1600년의 세키가하라關ケ原 결전 이후에도 두 명의 영주가 가이에키改易(영지 몰수)에 처해졌다. 첫 번째는 후손의 단절, 두 번째는 가신의 내분이 원인이었다. 1643년 도쿠가와 히데타다德川秀忠(1605~1623)의 서자가 이곳에 들어와서야 비로소 안정기를 맞았으며, 마쓰다이라松平로 성을 바꿔 도쿠가와 일족이자 신판親藩(최상위 번)의 반열로 근세를 이어갔다.

19세기 중엽 아이즈 번은 소용돌이치는 정국 속으로 휘말려 들어갔다. 당시 9대 번주 마쓰다이라 가타모리松平容保(1836~1893)는 교토 치안을 맡아 막부 수호에 진력했다. 유명한 용병 집단인 신센구미新選組가 그의 휘하에서 활약했다. 무진戊辰전쟁(1868~1869)에서도 아이즈 번은 막부를 지지하며 신정부군에 맞서 싸웠다. 1868년 10월, 와카마쓰 성은 포위되고 결국 메이지 신정부군에게 함락되었다. 16~17세의 소년 343명으로 편성된 백호대白虎隊도 정부군과 싸우다가 하나둘씩 쓰러져갔고, 남은 20명은 할복으로 생을 마감했다(1명만 생존). 이들의 비극은 에도 막부 멸망의 단면으로 여겨져 드라마 등의 단골 소재로 등장한다.

오늘날 아이즈와카마쓰 시는 역사 테마 관광지로 권토중래를 꿈꾸고 있다. 시의 상징인 와카마쓰 성은 전후戰後에 재건되었으며 천수각 안에는 박물관이 조성되었다. 성터는 공원으로 꾸며져 있다. 부근에는 조카마치城下町(구 성곽 도시)의 흔적이 많이 남아 있어 산책 삼아 다녀도 좋다. 시 동쪽의 이모리飯盛 산에는 자결한 백호대 19명의 묘를 비롯하여 기념비와 유적이 산재한다. 백호대의 역사와 유물은 '백호대 기념관'에서 볼 수 있다.

아이즈 번보다 더 빈번하게 주인이 바뀐 곳도 있다. 야마가타山形 현 야마가타 시의 야마가타 번은 세키가하라 결전 이후 모가미最上 씨가 다스렸으나 내부 다툼으로 쫓겨났다. 그 뒤에는 막부의 요직에서 밀려난 중진이 좌천당하는 곳으로 치부되어 총 12명의 신판과 후다이譜代(도쿠가와 씨의 가신인 다이묘)가 거쳐 갔다.

겨울의 아이즈와카마쓰 성 눈옷을 입어 흰 학과 같은 모습인데, 현지에서 쓰루가(鶴ケ) 성이라 불리는 이유를 알 수 있다.

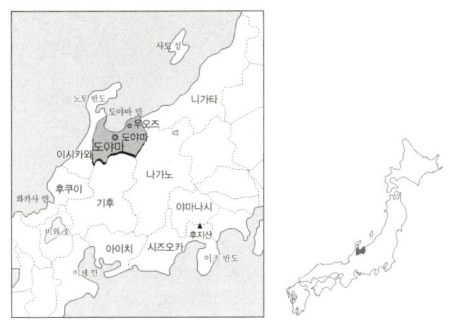

도야마 현 우오즈 시

혼슈 – 주부 | 1910년대 중반~1920년대 초 ▶ 2부 077

014
쌀 소동의 진원지

1918년 7월 22일 밤, 도야마富山 현 우오즈魚津 시의 항구에 홋카이도행 쌀을 실을 화물선이 도착했다. 쌀의 주인은 지역의 12은행이었다. 은행 소유의 창고 앞에서 여성 노동자들이 쌀 선적을 중지하고 주민에게 팔 것을 애원했으나, 경찰의 제지로 해산되었다. 하지만 8월 3일 인근 동네에서 쌀 도매상과 유지에게 쌀 판매를 요구하며 일어난 소동은 점차 주변 지역으로 확대되었다. 이 일련의 소식이 지역 신문 〈다카오카高岡 신보〉를 통해 보도되면서 '쌀 소동'은 순식간에 전국적 현상으로 번져 나갔다(이로 인해 〈다카오카 신보〉는 일시 발매금지에 처해짐). 이윽고 데라우치 마사타케寺内正毅(1852~1919)의 내각이 무너졌다.

쌀 소동의 첫 봉화가 오른 12은행의 창고는 최근까지 수산회사가 사용했다. 노후화에 따라 보수가 시급해지자 지역의 NPO(Non-Profit Organization 비영리 민간단체)법인(米蔵の会) 등이 보존을 요구했고, 시의 예산 지원을 받아 2009년 공사가 시작되어 이듬해 마무리되었다. 창고 앞에는 기념비가 1998년에 세워졌다. 우오즈 시 외에 쌀 소동 관련 유적은 거의 남아 있지 않다. 자연 발생적으로 일어난 데다 통일 조직이 결여되었던 탓이라 여겨진다.

사실 데라우치 내각을 퇴출시킨 결정타는 우오즈 여성들의 성난 주먹이 아니라 전국 각지에서 잇달아 터진 다양한 시위였다. 고베神戸에서는 1918년 8월 12일 성난 2만여 명의 군중이 스즈키鈴木 상점의 본사가 입주해 있는 미카도 호텔을 습격하여 잿더미로 만들었다. 〈오사카아사히大阪朝日신문〉에서 스즈키 상점이 쌀을 매점매석했다고 보도한 것이 원인을 제공했다. 이와 관련해 쌀의 매점매석은 사실이 아니며 스즈키 상점과 대립했던 재벌 미쓰이三井와 〈오사카아사히신문〉의 공동 모의라는 설을 담은 논픽션이 발표되기도 했다.

8월 중순을 지나면서 시위는 광산 노동자 중심의 봉기로까지 격화되었다. 야마구치山口 현이나 규슈 북부의 탄광이 무대였고, 광부들은 임금 인상을 요구했다. 야마구치 현 우베宇部 시의 오키노야마沖ノ山 탄광에서는 주민까지 가세한 수천 명 규모의 폭동으로 비화되었다. 급기야 군의 발포로 노동자 13명이 즉사하는 참사가 벌어졌다.

우오즈 시에 세워진 쌀 소동 기념비

나가노 현 노지리 호

혼슈 - 주부 | 신석기 시대 ▶ 2부 001

015
시민운동으로 성사된 노지리 호 발굴

　나가노長野 현 북쪽 끝의 노지리野尻 호는 해발 645m의 고원에 위치하며 둘레는 16km에 이른다. 산 하면 가루이자와軽井沢(나가노 현), 바다 하면 다카야마高山(미야기宮城 현, 일본 3경 중 하나인 마쓰시마松島를 가리킴)와 더불어 호수로서는 노지리 호가 외국인들이 좋아하는 3대 피서지로 꼽힌다. 노지리 호는 오랫동안 주변 농지의 물 공급원으로 기능하다가 1934년에 일본 최초의 양수 발전소가 만들어진 곳이다. 또한 고고학 최대의 성과로 손꼽히는 나우만 코끼리 화석과 뗀석기가 발굴된 신비로운 호수이기도 하다.

　1948년 한 주민이 멸종된 나우만 코끼리의 이빨을 발견한 것이 계기가 되어 1962년 70명이 참가한 1차 발굴 이래 4반세기에 걸쳐 조사가 이루어졌다. 2008년의 17차 발굴까지 총 2만 명 이상의 사람이 참여했고, 7만 점에 가까운 화석 유물이 햇빛을 보았다. 출토품의 대부분은 호반에 세워진 '노지리 호 나우만 코끼리 박물관'에서 보관하고 있으며, 일부는 전시되고 있다.

　발굴 작업은 노지리 호의 서쪽 기슭과 바닥을 중심으로 진행되었는데, 마침내 석기와 나우만 코끼리 화석이 동일 지층에서 발견되었다. 이를 통해 2만 년 전에 인간과 나우만 코끼리가 공존했다는 점, 호수 서안은 사냥해서 들고 온 큰 짐승을 해체했던 곳이라는 점이 밝혀졌다. 발전소의 취수를 위해 수위가 낮아지는 3월, 3년에 한 번꼴로 발굴이 진행된 결과 나우만 코끼리는 물론 사슴 뼈, 나이프 형 석기와 골각기도 같이 출토되었다.

　노지리 호 유적은 학문적 의의에 못지않게 발굴 방식에서도 신기원을 열었다. 일명 '노지리 호 방식'이라 불리는 독자적 조직과 운영 체계는 이른바 학문 분야의 시민운동으로 자리매김되었다. 무보수의 자원봉사로 이루어지는 발굴, 지역 주민과 함께하는 '대중 발굴' 운동 등이다. 이를 뒷받침한 것이 전국적으로 조직된 27개의 '노지리 호 동호회'와 11개의 전문 동아리이다. '동호회' 회원은 각각의 전문 동아리에 들어가지만 종으로 횡으로 연대한다. 이렇게 4,000명이 넘는 회원을 포함하여 1만여 명에 이르는 비전문 고고학자들의 손에 의해 세기적인 발굴이 성사되었다.

박물관 안의 나우만 코끼리 모형

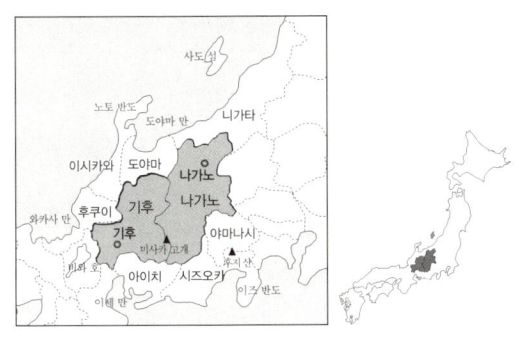

나가노·기후 현 미사카 고개

혼슈 - 주부 | 10세기 ▶ 2부 016

016
수령의 탐욕과 미사카 고개

　10세기에 접어들면서 율령제의 해체를 막고자 중앙정부는 지방장관 격인 고쿠시國司의 권한을 강화했다. 그런 시류에 편승하여 일부 고쿠시는 사리사욕을 채우는 데만 급급했다. 당연히 그들의 가렴주구를 비판하는 목소리가 높아졌다. 사실 어떤 부정부패에도 구조적인 문제점이 있으므로, 기능을 상실해버린 율령제야말로 수령(고쿠시)의 탐욕을 낳은 핵심 요인 중 하나일 것이다. 이 시기에 타락한 수령을 고발하는 사료는 너무 많고 자극적이다.

　나가노 현과 기후岐阜 현은 남북으로 길게 인접해 있는데, 남쪽 경계선 중에 미사카神坂 고개가 있다. 해발 1,569m의 고개를 건너면 교토로 이어지며, 주위에는 2,000m 높이의 산들이 즐비하다.

　10세기 말 시나노信濃(나가노 현) 국에서 고쿠시 임기를 마친 후지와라 노부타다藤原陳忠도 이 고개를 넘어 교토로 귀환하는 중이었다. 나무다리를 건너던 노부타다는 자신을 태운 말이 발을 헛디디는 바람에 그만 골짜기로 떨어지고 말았다. 놀란 수행원들이 어찌할 바를 모르고 웅성거리는데, 아래에서 고함이 들려왔다. 말 먹이를 넣는 바구니를 밧줄에 묶어 내리라는 얘기였다. 한참 있다 올라온 바구니는 의외로 가벼웠다. 바구니에 느타리버섯만 가득했던 것이다. 다시 바구니를 내려 보냈더니 이번에 올라온 바구니는 꽤 무거웠다. 한 손에 느타리버섯을 잔뜩 움켜쥔 노부타다가 바구니에 타고 올라왔다. 올라와서 하는 말인즉, 말은 골짜기에 떨어지고 자신은 나무가 우거진 곳에 떨어졌는데, 마침 느타리버섯이 많기에 닥치는 대로 캤다는 거다. 마지막 말은 더 걸작이었다. '수령은 자빠져도 그 땅을 움켜쥔다'고 하는데, 보물섬에 들어갔다가 빈손으로 돌아온 느낌 같다는 것이다. 이것을 듣고 부하는 "생사의 갈림길에서도 느타리버섯을 캐듯 국정도 잘되었으면 합니다"라며 맞장구를 쳤다. 속으로는 분명 혀를 끌끌 차며 비웃었을 터다.

　미사카 고개와 가까운 나가노 현 아치阿智 촌에는 노부타다의 비가 세워져 있는데, 문헌에 소개된 내용으로만 그쳐 그에 관한 악평은 전혀 찾아 볼 수 없다. 그곳에서 주위를 둘러보면 폭포가 한눈에 들어오는 절경이며, 고전문학과 연관되는 석비들도 볼 수 있다.

미사카 고개(나가노 현 쪽)

나가노 현 가와나카지마

혼슈 – 주부 | 15세기 후반~16세기 중반 ▶ 2부 036

017
가와나카지마의 싸움

나가노 현 나가노 시 남쪽 교외에는 가와나카지마川中島가 있다. 니가타 현으로 흐르는 지쿠마千曲(정식 명칭은 시나노 강) 강과 나가노 현의 사이犀 강이 합류하는 곳에 있는 삼각형 모양의 평지이며, 섬은 아니다.

여기에서 1553년부터 1564년까지 12년에 걸쳐 야마나시山梨를 장악한 다케다 신겐武田信玄(1521~1573)과 에치고越後(니가타 현)의 신성 우에스기 겐신上杉謙信(1530~1578)이 대전투만 다섯 차례나 치렀다. 12년간의 모든 전투가 가와나카지마에서 벌어진 것은 아니지만, 어디선가 센고쿠 시대 최대 라이벌의 가쁜 숨이 들려올 것 같은 역사의 현장임은 분명하다.

센고쿠 시대를 상징하는 이 오랜 전쟁은 나가노 현 일대를 장악하고자 북진하는 신겐 군과 이를 저지하려는 겐신 군의 응전으로 빚어졌으며, 1561년 가을의 4차 전투가 가장 유명하다. 신겐이 2만 군사를 동원하자 겐신도 1만 3천의 병력으로 맞섰다. 신출귀몰하는 작전과 용병술이 비교적 상세하게 남아 있어 오늘날 호사가들의 흥미를 더해주지만, 결과는 양측 각각 3,000~4,000명이 죽었을 정도로 치열한 혈전이었고 승패도 분명치 않다.

격전의 흔적은 지금도 생생하다. 무엇보다 4차 전투에서 신겐이 본진을 설치했던 곳에 조성된 하치만바라八幡原 사적 공원을 찾아가길 권한다. 여기에는 역사 기록을 토대로 겐신이 휘두른 칼을 신겐이 부채로 막는 장면이 조각상으로 제작되어 있다. 공원이 조성된 것도 동상 기증이 계기였다. 공원 안에 자리한 하치만 신사에서 당시 신겐 군이 얻은 겐신 측 수급의 점검이 이루어졌다고 하며, 이를 묻은 목 무덤 2기도 볼 수 있다. 봄날에는 공원을 포위하듯 피는 벚꽃이 장관을 이룬다. 인근에는 양군의 격전에 관한 유적이 산재하지만, 특히 신겐과 겐신의 위패가 안치된 젠코善光 사가 관광객의 발길을 끈다.

인터넷에 넘쳐나는 블로그만으로도 확인되는 가와나카지마 붐, 아니 센고쿠 붐은 영화와 드라마에 의해 촉발되고 지속되었다. 고도성장 시절부터 '풍림화산風林火山' '하늘과 땅과(天と地と)'라는 제목의 영화와 드라마가 식상할 정도로 많이 만들어졌다. 이 시기를 그린 소설도 넘쳐난다. 센고쿠 시대는 끊임없이 '현재'로 맴돌이하고 있다. 한국의 관심도 상당한 듯 보인다.

가와나카지마 ①에서 왼쪽에 흐르는 강이 지쿠마 강, 오른쪽이 사이 강이다. 두 강이 합류하는 곳의 삼각형 모양 땅이 가와나카지마이다.

제4차 가와나카지마 전투 ②는 1561년 가을의 치열했던 4차 전투를 묘사한 그림이고, ③은 이 그림과 기록을 토대로 제작된 동상이다. 그림의 ○표시한 부분이다. 왼쪽의 부채를 들고 있는 이가 다케다 신겐, 말 위에서 칼을 휘두르고 있는 이가 우에스기 겐신이다.

젠코 사

나가노·기후 현 노무기 고개

혼슈 – 주부 | 1880~1900년대 ▶ 2부 074

018
여공과 노무기 고개

노무기野麦 고개는 나가노 현과 기후 현의 경계에 있는 해발 1,672m의 험준한 산길이다. 그렇고 그런 이 고개는 1968년 출간된 논픽션 『아, 노무기 고개』를 시발점으로 1979년 개봉된 동명의 영화, 이듬해 전파를 탄 TV 드라마 등으로 유명해졌다. 산업혁명의 본격화와 더불어 시작된 제사 공장 여공의 고달픈 삶은 일본 열도의 심금을 울렸다.

『아, 노무기 고개』의 작가는 10년 이상 기후 현의 히다飛驒와 나가노 현 일대의 여공 및 공장 관계자와 나눈 인터뷰를 토대로 펜을 움직였다. 부제 '어느 제사 공녀工女 애사'는 방적 공장의 여성 노동자를 기록한 르포 『여공애사女工哀史』(1924년 발표)를 연상시킨다. 동시대의 '리얼한' 『여공애사』보다 '옛날이야기'로서의 『아, 노무기 고개』가 사회적으로 큰 반향을 불러일으킨 데서는 까닭 모를 씁쓸함이 인다. 어쨌든 '여공애사'는 책 이름의 차원을 넘어서 암울한 노동자의 처지를 상징하는 단어로 널리 회자되었다.

1880년대 초부터 1930년대까지 제사 공장에서 청춘을 보냈던 여공들의 애환이 서린 노무기 가도였건만, 지금은 주로 하이킹 코스로 활용된다. 고개 정상의 쉼터(お助け小屋) 옆을 돌아가면 『아, 노무기 고개』의 주인공 마사이 미네正井みね(1888~1909)의 이름이 새겨진 비를 볼 수 있다. 미네는 1년에 100엔을 벌 정도로(이른바 100엔 공녀) 열심히 일했지만, 복막염으로 인해 귀가하던 도중 오빠의 지게 위에서 숨을 거뒀다. 그런 오누이의 애틋한 모습을 새긴 조각상이 역시 고개에 세워졌다. 미네의 묘는 고향인 기후 현 히다 시 가와이초河合町의 센쇼專勝 사에 남아 있다.

한편 1872년 관영 공장으로 조업을 개시한 군마 현 도미오카富岡 제사장製絲場의 풍경은 여공애사와 사뭇 달랐다. 그곳은 외국인 기술자와 최신 기계 설비를 갖춘 제사 공장이었다. 각지에서 모여든 여공 중에는 사족 출신도 적지 않았고, 대우는 최상급이었다. 설과 추석만 휴일이던 시절에 도미오카의 여공들은 일요 휴무, 1일 8시간 노동, 한낮의 휴식 시간에다 매일 목욕과 양질의 식사를 제공받았다. 잘 보존된 도미오카 시설은 공원처럼 꾸며져 세계유산 등록이 추진되고 있다. 거기에 여공애사의 자리는 없는 듯하다.

노무기 고개에 세워진 마사이 미네 오누이 동상

군마 현 오타 시

혼슈 - 간토 | 10세기~12세기 전반 ▶ 2부 018

019
닛타 장원과 오타 시

군마群馬 현 오타太田 시는 사륜구동 세단 스바루SUBARU의 산실, 후지富士중공업이 있는 도시로 유명하다. 또한 이 도시에는 고대 말엽에 존재했던 닛타新田 장원을 특화하여 다룬 시립 역사자료관이 있다. 우리가 관심 가질 곳은 바로 이 역사자료관이다.

닛타 씨는 세이와清和(850~881) 천황을 시조로 삼는 무사단인 세이와 겐源 씨의 일파에서 갈라져 나와 세력을 키웠다. 닛타 장원은 그 기원이 12세기 중반까지 거슬러 올라가는 중세 장원인데, 이 토지를 발판으로 뒷날 가마쿠라 막부를 무너뜨리는 데 앞장선 사람이 바로 닛타 요시사다新田義貞(1301?~1338)이다. 가마쿠라 막부가 멸망한 뒤 요시사다는 무로마치 막부의 창시자 아시카가 다카우지足利尊氏(1305~1358)와 대립한 끝에 전사하고 집안도 몰락하고 말았다. 닛타 장원에 가면 무사의 시대, 중세의 숨결이 오롯이 느껴질지도 모른다.

닛타 장원의 설정은 닛타 씨의 시조인 닛타 요시시게新田義重(1114?~1202)로부터 시작되며, 그의 동생 요시야스義康(1127~1157)는 도치기栃木 현의 아시카가 장원을 물려받아 아시카가 가문의 개조가 된다. 즉 닛타와 아시카가는 원래 한 핏줄인데도 서로 칼을 겨눴던 것이다.

1108년 군마 현과 나가노 현에 걸쳐 있는 아사마浅間 산은 30cm 두께의 화산재를 흩뿌리는 엄청난 폭발을 일으켰다(지금도 활화산임). 관동 전역의 전답이 초토화되는 대재앙이었다. 얼마 뒤 지역의 유력 농민과 무사는 황폐해진 땅을 재개발했고, 개간된 땅은 장원으로 바뀌어 권문세가에 기진되었다. 닛타 장원도 마찬가지였다. 1157년 후지와라 씨의 유력자와 도바鳥羽 상황이 아끼던 사찰을 각각 영가領家(중간 영주)와 본가本家(최상위 영주)로 영입하는 데 성공했으며, 1170년에는 닛타 군 전역을 장원으로 확보하여 근거지로 삼았다. 그 뒤 가마쿠라 막부의 설립자 미나모토 요리토모源頼朝의 휘하에 들어간 것은 탁월한 선택이었다.

닛타 장원은 동국의 장원 중에서 장원의 설정과 변화가 관련 문서를 통해 자세히 확인되는 드문 예로, 장원과 연결된 사원들과 저택 터, 용수지 등 11곳의 유적은 2000년 국가 사적으로 지정되었다. 넓은 범위에 산재한 중세 유적을 장원이라는 고리로 통합하여 하나의 사적으로 만든 것으로, 1998년 오사카 부의 장원 유적에 이어 두 번째 사례다.

닛타 장원 유적지

군마 현

혼슈 - 간토 | 1970년대~1990년대 중반 ▶ 2부 098

020
결혼으로 구축된 보수 왕국

군마 현은 자민당의 세력이 강고한 '보수 왕국'이다. 유력 의원이 당선 횟수를 늘려 각료가 되고 수상에까지 오르는 55년 체제의 이면이 충실하게 재현된 곳이기도 하다.

군마 현은 후쿠다 다케오福田赳夫(1905~1995)·야스오康夫(1936~) 부자, 나카소네 야스히로中曾根康弘(1918~2019), 오부치 게이조小渕惠三(1937~2000) 등 4명의 수상을 배출했다. 후쿠다 다케오는 1952~1990년(1976~78년 수상)까지, 나카소네는 1947~2003년(1982~87년 수상)까지, 오부치는 1963~2000년(1998~2000년 수상)까지, 모두 40~50년 이상 국회의원을 지냈다. 아버지의 선거구를 이은 후쿠다 야스오는 1990년부터 국회의원을 지냈다(2007~2008년에는 수상). 그런 면에서 2009년 군마의 중의원 선거 때 자민당이 5석 중 3석을 민주당에게 빼앗긴 것은 뒤이은 하토야마 유키오鳩山由紀夫 민주당 내각으로 정권이 교체되는 상징처럼 회자되기도 했다.

위 정치가들의 기반은 탄탄하다. 2대째인 후쿠다 야스오는 수상이 되자 아들 다쓰오達夫(1967~)를 정무비서관으로 기용했다. 언젠가는 부친의 선거구에서 출마하여 의사당에 입성할 것이라는 게 중평이었는데, 2012년 11월 실제로 증명되었다. 나카소네 야스히로의 경우도 아들 히로후미弘文(1945~)가 1986년부터 지금까지 군마 현 참의원 의원으로 외상까지 역임했다. 역시 아버지가 중의원 의원이었던 오부치 게이조는 수상이 되자 차녀를 사설 비서로 채용했고, 그녀는 오부치의 급서를 계기로 실시된 보궐선거에서 당선되어 지금까지 의원 배지를 달고 있다. 세 가문의 3대, 4대 세습은 거의 흔들림이 없어 보인다.

선거의 차원을 벗어나 보수 왕국을 좀 더 들여다보자. 후쿠다 다케오의 차남 이쿠오征夫는 한때 아버지의 비서관을 하다가 친척이 경영하는 여관에 양자로 보내졌다. 이쿠오가 양자로 간 곳은 시부카와渋川 시의 이카호伊香保 온천에서 300년의 역사를 자랑하는 여관이다. 이쿠오는 이 여관을 다시 자신의 차남에게 물려줬는데, 그 아들은 나카소네 야스히로 형의 손녀와 결혼했다. 후쿠다와 나카소네는 정치적으로 '조슈上州(군마의 옛 이름) 전쟁'이라 비유될 정도로 치열하게 대립한 사이였지만, 결국 결혼으로 집안이 연결된다. 이런 결혼 동맹이야말로 보수 왕국을 유지하는 비책이 아닐까.

맨 왼쪽: 군마 현의 이카호 온천
후쿠다 다케오와 그의 아들 야스오

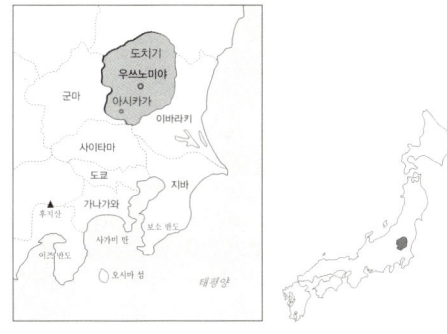

도치기 현 아시카가 시
혼슈 – 간토 | 14세기 중·후반 ▶ 2부 030

021
아시카가 시와 아시카가 씨

도치기栃木 현 남서부의 아시카가足利 시에는 무로마치 막부를 창업하고 일본 열도의 패자를 꿈꿨던 아시카가 집안의 흔적이 남아 있다. 가마쿠라 막부의 후계자를 다투던 라이벌 아시카가 다카우지足利尊氏와 닛타 요시사다新田義貞는 일찍이 겐 씨에서 갈라진 방계였다(←1부 019 참조). 아시카가 장원에 정착한 요시야스義康가 아시카가 가문을 창시했고, 그 아들 요시카네義兼(1154?~1199)는 미나모토 요리토모 편에 가담하여 큰 공을 세웠다. 요시카네는 요리토모의 부인인 호조 마사코北条政子의 여동생을 아내로 맞이하여 가마쿠라 막부 내내 유력 고케닌의 지위를 누렸으며, 6대손 다카우지는 무로마치 막부를 열어 열도의 주인이 되었다. 그런 면에서 무로마치 막부는 혈연적으로도 가마쿠라 막부와 깊이 연결된다.

아시카가 시의 자랑거리는 단연 아시카가 학교이다. 창건 시기에 대해서는 여러 설이 있지만, 15세기에 들어 재정비되었다. 16세기 초에는 3,000명의 학생이 다녔고, 선교사에 의해 유럽에까지 소개되었다. 아시카가 씨의 우지데라氏寺인 반나鑁阿 사도 유명하다. 요시야스가 처소 안에 세운 불당에서 출발했는데, 차츰 가람을 늘려 지금의 규모에 이르렀다. 경내는 토담과 해자로 둘러싸여 있고 사방에 문이 있어 가마쿠라 시대의 풍치를 자아낸다.

무로마치 막부가 세워지면서 아시카가 장원의 중요도가 높아졌지만, 막부가 교토에 자리했기 때문에 장원 관리를 가마쿠라에서 맡았다. 하지만 센고쿠 시대에 이르러 호조 씨가 세력을 떨치니, 아시카가 장원도 막을 내리게 된다.

근세 이후 아시카가 지역은 군마 현 북부와 더불어 직물업의 본고장으로 활기에 넘쳤다. 그런 역사를 간직한 곳이 오리히메織姫 산 중턱에 있는 오리히메 신사이며, 최근에는 1,200년 직물업의 역사를 앞세운 각종 이벤트가 실시되고 있다. 참고로 이곳은 삶은 감자를 넣은 야키소바(볶음면)가 유명하다.

원래 아시카가 씨는 하나가 아니라 둘이었다. 다이라 마사카도平将門의 난(939~940)을 진압한 후지와라 히데사토藤原秀郷의 후예는 헤이平 씨 쪽에 붙었다가 멸문지화를 당했다. 결국 요시카네의 후손이 아시카가 성姓을 독차지했고, 무로마치 막부의 창업으로 이어졌다.

아시카가 학교

도치기 현 닛코 시

혼슈 – 간토 | 1890년대 후반~1900년대 초 ▶ 2부 071

022
발전과 생명의 충돌, 아시오 광산

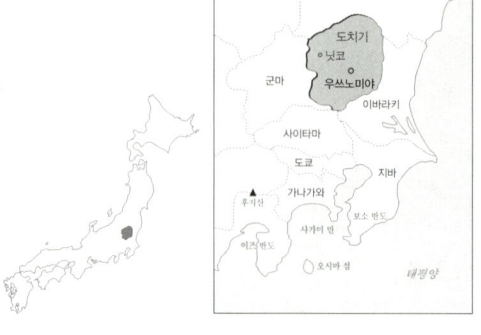

닛코日光는 도쿄 북부에 자리한 도치기 현을, 아니 일본을 대표하는 지명이다. 도쿠가와 이에야스德川家康(1543~1616)를 모신 도쇼구東照宮를 비롯하여 역사와 자연이 어우러진 천혜의 관광지이기 때문이다. 하지만 그런 밝은 면과는 대조적으로 닛코의 오지인 아시오足尾 지구는 발전이냐 생명이냐의 문제를 놓고 근대 일본의 '모순'이 집약된 곳이기도 하다. 일본 최초의 공해 문제인 아시오 광독 사건의 현장인 것이다.

아시오 광산의 구리는 20세기 초반 주요 수출품이자 일본 전체 산출량의 25%를 점할 정도로 활황을 누렸다. 그러나 와타라세渡良瀬 강 하류 쪽에는 제련 과정에서 배출되는 아황산가스와 금속이온 등의 광독 때문에 막대한 피해를 입고 있었다. 산성비는 민둥산과 산사태, 경작지의 황폐화를 초래했으며, 주민들은 각종 공해병에 신음했다.

현지에서는 1880년대부터 심각성을 인지했으나, 중앙 정계에 그런 사실이 알려진 것은 1890년대 초반이다. 초대 국회의원으로 입성한 다나카 쇼조田中正造(1841~1913)는 처음부터 공해 문제를 고발하고 대책을 촉구하는 활동을 헌신적으로 벌였다. 농민들도 상경하여 거듭 하소연했다. 1900년 2월 중의원에서 다나카는 정부가 문제의 심각성을 모른다면 그것이야말로 '망국'이라는 명연설을 했지만, 야마가타 아리토모山縣有朋(1838~1922) 수상은 냉소적인 태도로 일관했다. 다나카는 소속 정당을 탈당하고 이듬해 10월에는 의원직마저 내던졌다. 그리고 두 달이 지난 12월 고토쿠 슈스이幸德秋水(1871~1911)가 기초한 직소장을 천황에게 제출했다. 마침내 정부가 내놓은 대책은 광산의 폐쇄가 아니라 유수지의 건설에 그쳤지만, 발전이라는 미명 아래 죽어가던 인간과 자연의 비명이 처음으로 열도 전역에 메아리쳤다. 나중에 때늦은 미봉책이 이어졌으나, 정작 광산은 1973년이 되어서야 문을 닫았다.

다나카 쇼조의 고향인 사노佐野 시의 향토박물관은 그의 일기와 편지 등 1만 점의 유품을 보관하고 있다. 전 재산을 활동에 쓴 탓에 무일푼으로 세상을 떠난 그의 묘는 쇼주惣宗 사 외에 5곳이 더 있으며, 생가도 복원되었다. 인접한 다테바야시館林 시의 운료雲龍 사에는 당시 대책사무소가 있었고, 현재는 그의 묘와 관련 기념비를 간직하고 있다.

아시오 광산 지금은 국가 사적으로 지정되어 있다.

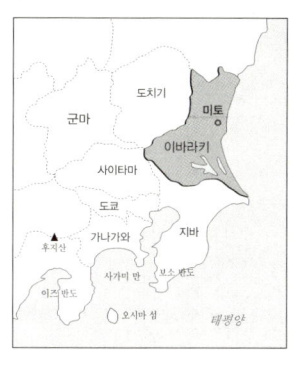

이바라키 현 미토 시

혼슈 – 간토 | 18세기 후반~19세기 전반 ▶ 2부 056

023
에도보다 더 에도스러운 미토 시

고산케御三家(도쿠가와 성을 잇는 최고위 다이묘로, 오와리·기슈·미토 번을 가리킴) 중의 하나인 미토水戶 번의 본고장 미토 시에는 지금도 에도 시대가 그득하다. 미토 역 인근은 과거 미토 성이 있던 조카마치城下町에 해당한다. 북쪽 출입구를 나와 조금 걸으면 원래 터에서 옮겨 와 복원한 성문 야쿠이몬藥醫門이 있다. 과거 번의 학교로 1841년 문을 열었던 고도칸弘道館도 그 안에 있다. 거리 곳곳에서 역대 번주의 동상과 더불어 아이자와 세이시사이会沢正志斎(1782~1863)의 작은 동상도 볼 수 있다. 존왕양이尊王攘夷 사상의 선구자 격인 아이자와는 고도칸의 교단에서 제자를 양성했다.

다시 북쪽 출입구 쪽으로 돌아가 버스를 타고 15분 정도 가면 가나자와의 겐로쿠엔兼六園, 오카야마의 고라쿠엔後楽園과 더불어 일본 3대 정원으로 불리는 가이라쿠엔偕楽園에 닿는다(2011년의 동일본 대지진 피해는 복구됨). 13ha의 공원 안에는 매화가 가득하여 2월 하순부터 3월 말까지 매화 마쓰리(축제)가 성황리에 열린다. 가이라쿠엔과 인접한 도쿠가와 뮤지엄도 반드시 들러야 할 곳이다. 1977년 개관했으며, 미토 도쿠가와 가문의 유물과 『대일본사』 사료 등을 망라하고 있다. 인근에 있는 현립역사관의 전시물과 비교해 보는 것도 좋겠다.

도쿠가와의 이름을 단 자료관은 두 곳이 더 있다. 도쿄의 도쿠가와 기념재단은 도쿠가와 종가, 즉 쇼군가에 전해진 고문서와 회화 등을 간직하고 있는데 전시 공간이 없어서 닛코 시의 사찰 린노輪王 사와 시즈오카 시의 신사 구노잔토쇼구久能山東照宮에서 기획전 형식으로 번갈아 소장품 일부를 공개하고 있다. 나고야 시의 도쿠가와 미술관은 8대 쇼군 도쿠가와 요시무네德川吉宗와 이후 쇼군을 배출한 고산케의 영화를 자랑하듯 국보 9점을 비롯한 문화재와 미술품을 소장하고 있다. 도쿠가와 뮤지엄과 도쿠가와 미술관 모두 비싼 돈을 지불하고 관람할 값어치는 있는 듯하다(2014년 현재 개인 기준으로 각각 1,155엔, 1,200엔).

여름의 미토에서는 미토코몬水戶黃門 마쓰리가 볼 만하다. 미토코몬은 2대 번주 도쿠가와 미쓰쿠니德川光圀(1628~1701)의 별칭인데, 각지를 다니며 악인을 벌준다는 그의 이야기는 도쿠가와 요시무네와 더불어 TV 시대극의 양대 산맥을 이룬다.

아이자와 세이시사이와 고도칸

이바라키 현 오아라이초

혼슈 - 간토 | 1920년대~1930년대 중반 ▶ 2부 085

024
혈맹단의 아지트, 오아라이

오아라이초大洗町는 '바다의 리조트'라는 홍보 문구에서 알 수 있듯이, 태평양에 면한 이바라키茨城 현 굴지의 휴양지다. 하지만 관광지의 한구석에는 1932년 일본을 충격의 도가니에 빠뜨렸던 테러 집단 혈맹단의 근거지가 현존한다. 일련종 승려이면서도 혈맹단을 창시한 이노우에 닛쇼井上日召(1886~1967)의 릿쇼고코쿠도立正護国堂이다. 1928년 봄 이노우에는 아담한 불당을 세워 니치렌의 가르침을 공부하다가 이듬해 지역의 철도 회사가 세운 릿쇼고코쿠도의 주지로 영입된다. 거기서 그는 20여 명의 청년들에게 '일인일살一人一殺'을 통해 국가를 '개조'해야 한다고 역설했다. 1932년 오누마 쇼小沼正(1911~1978)는 대장성 장관을 지낸 이노우에 준노스케井上準之助(1869~1932)를 암살했고, 히시누마 고로菱沼五郎(1912~1990)는 미쓰이 재벌의 단 다쿠마團琢磨(1858~1932)를 살해했다. 이 테러로 이노우에 닛쇼는 검거되어 무기징역을 받지만 1940년 특사로 풀려났고, 패전 뒤에는 우익 단체 활동을 재개했다.

테러의 아지트는 현재 고코쿠護国 사로 이름이 바뀌었지만 위치는 그대로이며, 일본 프로골프 경기가 열린다는 명문 오아라이 골프클럽과 붙어 있다. 경내에 들어서면 먼저 이노우에의 동상이 눈에 들어온다. 1989년 한 우익 단체(蒼風社日本義塾, 1983년 결성)가 세운 것이다. 여기에는 '쇼와유신열사지묘昭和維新烈士之墓'라는 무덤도 있다. 이노우에가 묻힌 곳이며, 비문의 글씨는 요쓰모토 요시타카四元義隆(1908~2004)가 썼다. 요쓰모토는 도쿄대 출신으로 혈맹단에 가입했고, 패전 후에는 건설사를 경영하며 정계의 흑막으로 위세를 떨쳤다.

오아라이초는 미토 시에서 동쪽으로 약 10km 정도 떨어진 곳이며, 오누마와 히시누마는 인근에서 나고 자랐다. 한 연구자는 그 두 사람에게서 메이지 유신 전야의 미토 번처럼 존왕양이 사상의 잔혼이 감지된다고 분석한다. 이노우에 닛쇼는 쇼와 공황으로 곤경에 처한 지역의 젊은이들을 불경으로 다독이면서 국가를 뒤엎는 총칼을 쥐어줬던 것이다.

히시누마는 패전 후 자민당 소속의 이바라키 현 의원으로서 핵 재처리 시설인 도카이무라東海村 유치에 앞장섰다. 2005년 오아라이초는 역사 왜곡으로 논란을 빚은 후소샤扶桑社 역사교과서를 채택하려다가 무산되기도 했다.

쇼와유신열사지묘 요쓰모토 요시타카(四元義隆)의 이름도 보인다.

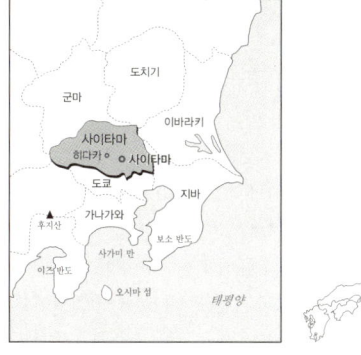

사이타마 현 히다카 시

혼슈 - 간토 | 3세기 말~6세기 초 ▶ 2부 006

025
고마 신사와 도래인

고마高麗 신사는 이름에서부터 한반도와의 연관이 감지된다. 실제로 신사에 모셔진 고마 잣코高麗若光는 고구려 왕족 출신이다. 『일본서기』에 따르면 고마 잣코는 666년 사신으로 일본에 왔다가 고구려가 멸망하자 귀국을 단념했고, 716년 고마 군이 설치되자 각지에 살던 고구려인 1,799명과 더불어 정착했다. 사후에 그를 기념하여 세워진 것이 고마 신사이다. 고마 씨는 계속 혈통을 이어갔고, 현재 신사를 책임지는 60대째 궁사宮司도 그 후손이다. 고구려 계통의 다른 도래인으로는 광개토왕의 후손이라 하는 세나背奈 씨도 있다.

이렇듯 한반도의 삼국 시대 정세 변화는 일본 열도 이주 증대로 이어지기도 했다. 그 주류는 왜와 관계 깊은 백제였다. 5세기 초반에 확인되는 첫 대규모 도래는 광개토왕 시기 삼국 간에 빈번했던 전투와 맞물린다. 백제의 학자로 유명한 왕인王仁(일본식은 와니)과 왕족 아치노오미阿知使主 등이 대표적이며, 야마토 정권에서 중앙의 귀족이자 관료로 진출했던 야마토노아야東漢 씨는 아치노오미의 후손이다. 의자왕의 후손도 일본 열도에 뿌리를 내렸다. 풍豊과 함께 도일한 동생 선광善光은 귀국하지 않고 정착하여 백제왕이라는 성을 하사받았으며, 오사카 히라카타枚方 시에는 이들을 기리는 구다라오百濟王 신사와 햐쿠사이百濟 사가 각각 세워졌다(신사만 현존). 『일본서기』에 백제가 자주 언급되고 신라를 폄하하는 기술이 많은 것은 백제계 도래인이 편찬에 깊이 관여했기 때문이라 여겨진다.

신라계 도래인으로는 하타秦 씨가 대표적이다. 왕인과 비슷한 시기에 바다를 건넌 유즈키노키미弓月君의 후손이며, 야마토를 중심으로 각지에서 토목, 양잠, 직조 등의 기술을 바탕으로 세력을 구축했다. 일본의 국보 제1호 미륵반가사유상이 안치된 고찰로 유명한 교토의 고류廣隆 사는 원래 하타 씨 일족이 세운 우지데라氏寺였다.

도래인을 지칭하는 용어로는 오랫동안 '귀화인'이 사용되었다. 하지만 1970년대에 들어와 재일 코리안 지식인 김달수金達壽(1919~1997)와 역사학자 우에다 마사아키上田正昭(1927~2016) 등이 '귀화인'이라 부르는 것은 제국주의의 잔재이자 일본 중심적 사고라는 비판을 제기했다. 이에 따라 대체 개념으로 내놓은 '도래인'이라는 용어가 널리 사용되고 있다.

고마 신사 도리이

사이타마 현 지치부

혼슈 - 간토 | 1880년 전후 ▶ 2부 066

026
자유민권의 꽃, 지치부 순례

사이타마埼玉 현 서쪽의 지치부秩父는 도쿄 인근을 흐르는 아라카와荒川 강이 발원하는 산악 지대이다. 이곳은 1880년대 전반에 정치적으로 가장 '위험한' 곳이었다.

1884년 11월 1일부터 11월 10일, 지치부의 농민들은 곤민당困民黨이라는 조직을 주축으로 들고일어났다. 중심인물은 지역의 자유당(1880년 이타가키 다이스케 등이 설립한 최초의 근대 정당) 관계자였고, 인근의 나가노 현까지 가세한 광역의 조직적 봉기였다. 봉기한 직후부터 나흘 내내 이들은 자신들의 연호인 '자유자치 원년'을 외치며 지치부를 '해방'시켰다. 최초의 궐기 장소는 시모요시다下吉田의 유서 깊은 무쿠椋 신사. 약 3,000명이 화승총과 죽창을 들고 관공서와 고리대금업자를 습격하며 기세를 올렸으나, '4일 천하'는 헌병대와 군대에 의해 마감했다. 지도부도 재판에 회부되었고, 7명에게 사형 판결이 내려졌다(2명은 궐석재판).

지치부 역 동쪽의 히쓰지야마羊山 공원에는 오자키 유키오尾崎行雄(1858~1954)가 붓을 든 '지치부 사건 기념비'가 있다. 곤민당의 어느 발기인 아들이 1965년에 세운 것이다. 조금 북쪽의 시립 민속박물관에는 '혁명 본부'의 영수증 등 관련 사료가 전시되어 있다. 역 서쪽으로는 지치부 사건의 '주모자' 다시로 에이스케田代栄助(1834~1885)의 묘가 곤센金仙 사에 자리한다. 인정 많고 신망이 두터웠던 한 부농의 자제는 시대의 격랑에 온 몸을 내던졌다. 과거에는 자유롭게 참배할 수 있었으나 해코지가 잦은 탓에 접근이 금지된 상태다.

1910년 이타가키 다이스케板垣退助가 감수한 『자유당사』에서 지치부 사건은 "실로 일종의 경악스러운 사회주의적 성격을 띤" "사이타마의 폭동"으로 기술되었다. 불운한 혁명가 다시로가 몸을 뉘인 자리마저 홀대하는 역사 인식의 원류이다. 하지만 패전 후 지치부 사건을 재평가하는 연구뿐 아니라 영화와 드라마가 줄을 이었다. 2004년에는 120주년을 기념한 영화(草の乱)가 제작되어 각지에서 자주적으로 상영되었다. 무쿠 신사 근처에는 영화 세트로 사용되었던 류세이龍勢 회관이 있어 자료관의 역할을 겸하며, 봉기 지도자(井上伝蔵)의 집도 재현되어 있다. 지치부 사건 100주년에 즈음하여 결성된 '지치부사건연구현창협의회'는 이 모든 작업을 물심양면 도왔다. 폭동은 조금씩 '지치부의 자랑'으로 변모하고 있다.

무쿠 신사 경내에 세워진 지치부 사건 100주년 기념비

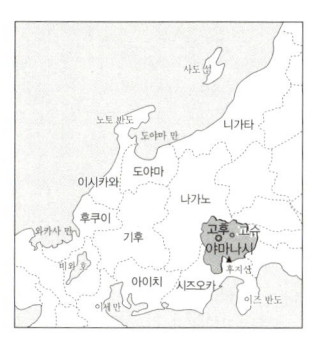

야마나시 현 고후·고슈 시

혼슈 - 주부 | 15세기 중·후반 ▶ 2부 035, 036

027
다케다 신겐이 살아 있는 고후

역사 속의 고후甲府는 '풍림화산風林火山(중국 병법서에서 유래한 말인데 '바람처럼 빠르게, 숲처럼 고요하게, 불길처럼 맹렬하게, 산처럼 묵직하게'라는 뜻)'이란 글자를 새긴 군기를 휘두르며 센고쿠 시대 최강의 기마 군단을 거느렸던 다케다 신겐武田信玄(1521~1573)의 본거지였다. 고후라는 지명은 신겐의 아버지가 지었다.

다케다 씨도 아시카가足利 씨나 닛타新田 씨와 마찬가지로 겐源 씨에서 갈라진 방계인데, 전 9년의 역(1051~1062)의 주인공 미나모토 요리요시源賴義(988~1075)의 셋째 아들 요시미쓰義光(1045~1127)가 시조이다. 미나모토 요리토모에 앞서 헤이 씨 타도의 선봉에 섰던 다케다 노부요시武田信義(1128~1186?)가 4대 당주이며, 남북조 시대를 거치면서 야마나시에 정착했다. 다케다 씨의 명성을 드높인 군신 신겐은 19대 당주였다.

오닌応仁의 난(1467~1477)에 돌입하기 전, 16대 당주 다케다 노부마사武田信昌(1447~1505)는 대대로 슈고다이守護代(국의 지배자인 슈고의 대리인)로 군림해온 아토베跡部 씨와 맞서야 했다. 10여 년에 이르는 싸움 끝에 아토베 씨를 굴복시키고 나서야 비로소 슈고로서 입지를 다질 수 있었다. 하지만 오닌의 난은 물론 이후에도 주위의 유력 고쿠진国人과 크고 작은 싸움을 계속 벌여야 했다. 노부마사는 자신이 창건한 사찰 에쇼인永昌院(야마나시 시 소재)에 묻혔다.

시의 로고까지 다케다 씨의 가문에서 땄을 정도로, 고후 시는 온통 다케다 씨와 신겐으로 도배되다시피 해 있다. 고후 역에는 신겐의 기일에 맞춰 1969년 4월 12일에 세운 동상이 있다. 해마다 기일 전주의 토요일과 일요일 양일에는 신겐과 휘하 장수 24명의 가장행렬을 주축으로 하는 마쓰리가 열린다.

야마나시 현 북동부의 고슈甲州 시에는 다케다 씨의 시조 요시미쓰로부터 유래한다는 가보 2점이 보존되어 있다. 간다텐菅田天 신사에 비장된 갑옷 다테나시楯無, 그리고 운포雲峰 사에 있는 현존 최고의 일장기이다. 갑옷은 국보로서 일반인에게 공개되지 않지만, 일장기는 운포 사에서 관람할 수 있다.

고후 역 앞에 세워진 다케다 신겐의 동상

도쿄 도

혼슈 – 간토 | 10세기 ▶ 2부 017

028
도쿄 도심의 '목 무덤'의 저주

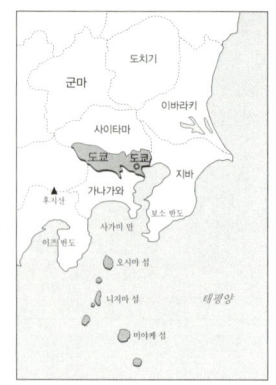

도쿄 도심인 오테마치大手町의 빌딩 숲 사이에서 홀연 빈 공터가 나타난다. 도쿄 도의 사적史跡인 '다이라 마사카도 수총平将門首塚'이다. 관동 인근의 무사를 규합하여 교토 조정에 반기를 든 다이라 마사카도는 스스로 '신황新皇'을 칭했지만, 940년 전투 중 날아온 화살에 이마를 맞고 숨을 거두었다(다이라 마사카도의 난, 939-940). 그의 목은 본보기로 수도인 헤이안쿄, 즉 교토 시내에 내걸렸다(역사상 확인되는 첫 효수형). 전설에 따르면 주인을 잃은 목은 수일간 계속 웃더니 급기야 공중을 날아 고향으로 향했다. 하지만 도중에 화살을 맞고 힘이 떨어지는 바람에 몇 곳에 분리되어 떨어졌고, 그곳에는 모두 무덤이 세워졌다. 그중 제일 유명한 곳이 도쿄의 오테마치 수총이다.

무덤 가까이에 사는 사람들은 오랫동안 마사카도의 원혼에 시달렸다고 한다. 그래서 가마쿠라 막부 시절인 1307년 한 승려가 무덤을 보수했고, 2년 뒤에는 부근의 간다神田 신사에서 마사카도를 제신祭神으로 모셨다. 무사가 호령하던 에도 시대에는 막부의 후원 아래 마사카도가 서민들의 숭앙 대상이 되었다.

하지만 메이지 유신은 마사카도에 대한 홀대의 시작이었다. 황실과 조정에 칼을 든 역적이라 하여 간다 신사의 제신에서 삭제되기까지 했다. 도쿄가 수도가 된 뒤 수총은 대장성大蔵省(재정 담당) 부지로 편입되었다. 관동대지진(1923)이 휩쓸고 지나간 뒤 그 복구 작업을 하면서 무덤은 흔적조차 없어졌고, 그 위에는 대장성 임시 청사가 들어섰다. 이때부터 이변이 일어났다. 1926년 9월 당시 대장성 장관이 돌연 병으로 죽고, 이어 14명이나 되는 관료가 세상을 떴다. 마사카도의 저주가 내렸다는 소문이 퍼지자, 정부도 그대로 둘 수만 없어 청사를 부수고 수총을 복원하고는 1927년 진혼제까지 지냈다. 패전 후 미군이 이곳에 주차장을 만들려 했을 때도 갑자기 불도저가 전복되어 공사가 중지되기도 했다.

패전 이후 마사카도는 조정의 횡포에 맞선 영웅으로 탈바꿈했고, NHK 드라마의 주인공이 되기도 했다. 그리고 1984년, 100년 만에 간다 신사에 다시 합사되었다.

왼쪽 : 도쿄 도심에 있는 다이라 마사카도 수총의 입구
오른쪽 : 효수당한 다이라 마사카도를 그린 그림

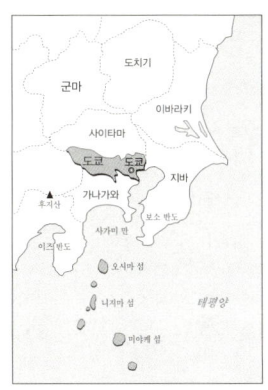

도쿄 도

혼슈 – 간토 | 17세기 말~18세기 초 ▶ 2부 048

029
에도 시대의 이름난 정원 둘러보기

도쿄 북쪽의 혼코마고메本駒込에는 리쿠기엔六義園이라는 훌륭한 정원이 있다. 넓이가 9만 m^2에 달하기에, 정원이라 부르기에는 너무 방대하다. 이곳은 근세의 초반이 끝나갈 무렵 에도 막부의 5대 쇼군 도쿠가와 쓰나요시德川綱吉(1680~1709)의 '요시吉'를 이름의 한 글자로 받을 정도로 총애를 차지한 야나기사와 요시야스柳澤吉保(1658~1714)의 저택에 딸린 정원이었다. 원래는 가가加賀 번의 저택이 자리한 평탄한 곳이었는데, 흙을 쌓아 올려 구릉을 만들고 연못을 파서 강물을 끌어오는 등 7년의 세월을 들여 멋진 풍광을 완성했다.

리쿠기엔이라는 말은 고대의 가집 『고킨와카슈古今和歌集』 서문에 등장하며, 와카의 여섯 가지 틀이라는 뜻을 갖고 있다. 와카에 조예가 깊은 야나기사와였기에 와카의 정취를 만끽할 수 있는 정원의 재현이 목표였으며, 설계도 손수 했다고 전해진다.

1702년 리쿠기엔이 모습을 드러내자 쓰나요시는 사서에 기록된 것만 해도 58차례에 이를 정도로 자주 방문했다. 하지만 권력도 영화도 무상한 법. 세월이 흘러 리쿠기엔은 풍파에 시달리고 잇단 화재로 황폐해진 채 근대를 맞는다. 메이지 유신 이후 리쿠기엔은 미쓰비시三菱 재벌의 창업자 이와사키 야타로岩崎弥太郎(1835~1885)의 손에 넘어갔다. 야타로는 리쿠기엔 정비에 힘을 쏟아 붉은 벽돌로 둘러친 지금의 모습으로 바꾸어 놓았으며, 1938년 도쿄에 기증된 뒤 일반에 공개되었다. 관동대지진은 물론 도쿄 공습 때도 거의 손상을 입지 않아 화려한 겐로쿠 시대의 흔적을 느낄 수 있다. 봄에 피는 철쭉은 가히 압권이다.

미토 번주의 정원이었던 고이시카와고라쿠엔小石川後楽園을 찾는 것도 좋겠다. 미토는 오와리, 기슈와 더불어 도쿠가와 성姓을 잇는 고산케의 하나이다. 프로야구의 최고 명문 요미우리 자이언츠의 홈구장인 도쿄돔과 부근의 테마마크까지 합친 일대는 1936년까지 도쿄포병공창이 자리하고 있었는데, 공장 부지는 원래 에도 시대 미토 번주의 저택이었다.

내친 김에 다이묘나 황족·공가의 저택에서 연원한 도쿄 시내의 정원을 답사해보는 것도 좋은 공부와 관광이 될 것이다. 도심에서 쉽게 전철로 갈 수 있는 곳만 해도 하마리큐浜離宮 정원, 시바리큐芝離宮 정원 등이 있다. 모두 국가 지정의 명승지이다.

리쿠기엔

도쿄 도

혼슈 – 간토 | 1890년대 전반 ▶ 2부 069

030
국회의사당

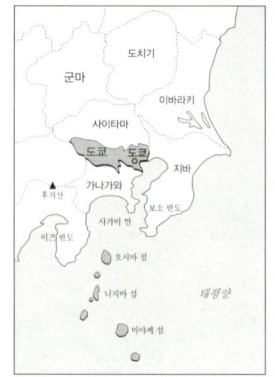

일본에서는 흔히 정치를 나가타초永田町에 빗대어 부른다. 한국의 여의도와 마찬가지로 나가타초에 일본 국회의사당이 있기 때문이다. 근대 이후 지금껏 의원내각제를 채택하고 있는 일본에서 국회는 정치의 핵이다. 행정 부처도 나가타초 부근의 가스미가세키霞が関에 몰려 있다. 이 때문에 가스미가세키는 관료의 대명사로 통용된다.

현재의 국회의사당은 1920년에 착공하여 약 17년이 걸려 완공되었다. 당연히 초기 의회는 다른 건물에서 열렸다. 국회 개설 3년 전인 1887년, 현 위치에 국회의사당을 짓는다는 방침은 정해졌지만 막대한 비용 때문에 실행에는 이르지 못했다. 임시방편으로 서양식 목조 2층 건물이 가스미가세키의 현 경제산업성 자리에 세워졌다. 하지만 회기 중이던 1891년 1월 누전으로 인한 화재로 건물이 전소되었다. 부득이하게 귀족원은 로쿠메이칸鹿鳴館(1883년 완공된 국립 사교장)에서, 중의원은 가스미가세키의 도쿄여학원에서 각각 더부살이를 했다. 밤낮을 가리지 않는 공사 끝에 같은 해 10월, 2차 임시 의사당이 재건되었으나 이마저도 1925년에 소실되어 3개월 만에 다시 짓는 소동이 일어났다.

그러던 와중에 몇 번에 걸쳐 국회의사당 건립이 본격적으로 논의되었으나 실행에 옮겨진 것은 1920년 1월이 되어서였다. 1936년 11월 2,800명의 내빈이 참석한 준공식은 화려해 보였으나, 이미 의회정치의 내실은 빈껍데기로 전락한 뒤였다. 만주사변(1931)을 감행한 군부의 기세 앞에 국회의사당의 입지는 한없이 좁아 보였으며, 준공식 9개월 전인 1936년 2월 26일에는 군부의 쿠데타인 2·26 사건(☞ 2부 087 참조)이 터졌다.

좌우 대칭인 의사당의 오른쪽이 중의원, 왼쪽이 참의원이다. 중앙 현관을 들어가 마주치는 넓은 공간에는 1938년 2월에 헌법 발포 50주년을 기념해서 제작된 세 개의 동상이 서 있다. 메이지 유신의 주역이기도 한 이타가키 다이스케板垣退助(1837~1919), 오쿠마 시게노부大隈重信(1838~1922), 그리고 이토 히로부미伊藤博文(1841~1909)이다.

참고로 한국과 달리 일본은 국회의사당 경비를 경찰에 맡기지 않고 독자적으로 운용한다(의원경찰권). 삼권분립의 원칙 때문이라고 한다.

국회의사당

도쿄 도

혼슈 - 간토 | 1880년대~1910년대 초 ▶ 2부 075

031
대역 사건 따라 걷기

2011년 10월 8일 '한일 병합과 대역 사건 100년 필드워크'라는 작은 모임이 도쿄에서 개최되었다. 연구자와 시민들이 자발적으로 1910년의 강제 병합과 고토쿠 슈스이幸德秋水를 비롯하여 반체제 인사를 법살法殺한 대역 사건 간의 연관성을 탐구하는 역사 배움터이다. 그 모임의 자료를 길라잡이로 삼아 대역 사건의 흔적을 따라 걸어보자.

출발점은 대역 사건의 유일한 여성 사형수 간노 스가管野スガ(1881~1911)의 묘다. 전철 오에도大江戸 선 도초마에都庁前 역에서 내려 요요기代々木 방면으로 10분 정도 걸어 쇼슌正春 사에 가면 된다. 본당 뒤에 그녀의 노래가 새겨진 기념비(1971년 세워짐)와 같이 있다.

다음은 12명의 사형이 집행된 이치가야市ヶ谷 형무소의 사형장 터다. 신주쿠新宿 선을 타고 아케보노바시曙橋 역에 내려 요초마치余丁町 아동공원을 찾아가면 된다. 한쪽 구석에 '형사자위령탑刑死者慰靈塔'이 있다. 일본변호사협회가 1964년에 세웠다고 한다.

러일전쟁 반대의 선봉대 평민사는 1903년 11월부터 1905년 10월까지 존속하면서 주간지 〈평민신문〉을 64호까지 발행했다. 결성 당시 평민사는 오쓰카大塚 역 북쪽 출입구 광장 쪽의 집을 임대해서 사용했다(지금은 日米빌딩). 고토쿠의 거처도 평민사와 같이 있었다. 이후 평민사는 유라쿠초有楽町, 오쿠보大久保, 가시와기柏木, 센다가야千駄ヶ谷 등지를 전전하며 활동을 이어 나갔다. 하지만 그 어느 곳에도 평민사 터였음을 알려주는 표석조차 없다.

대역 사건의 광풍 속에서도 이미 투옥되어 있던 사회주의자는 살아남았다. 역설적으로 감옥이 알리바이를 증명한 것이다. 1910년 12월 31일 사카이 도시히코堺利彦(1871~1933), 아라하타 간손荒畑寒村(1887~1981) 등은 생계와 최소한의 활동을 위해 문필을 대행하는 매문사売文社를 세워 1919년까지 운영했다. 매문, 곧 글을 판다는 회사 이름에 자괴감과 비장함이 묻어난다. 1913년 4월 매문사는 사무실을 긴자銀座로 이전했다. 그 즈음 매문사의 사회주의자들, 특히 아라하타는 동년 12월에 개점한 카페 파우리스타カフェーパウリスタ를 애용했다고 한다. 긴자 핫초메8丁目의 나가사키센터 빌딩 1층에 앉아 '역사적인' 커피 향기와 더불어 걷기를 마무리하는 것도 좋겠다. JR 야마노테山手 선의 신바시新橋 역이 가깝다.

간노 스가 묘비(왼쪽)와 형사자위령탑

도쿄 도

혼슈 - 간토 | 1920년대~1937년 ▶ 2부 087

032
롯폰기와 2·26 사건

도쿄의 중심지 롯폰기六本木가 이국적 정취가 그득한 공간으로 부각된 것은 1960년대부터인데, 그 이면에는 군대와 기지촌으로 묶인 전전戰前·전후戰後의 연속성이 자리한다.

1936년의 2·26 사건 당시 수도 방어를 위해 배치된 부대는 근위사단과 제1사단이며, 근위사단 예하 보병 1·2연대는 궁성 안에 주둔했다. 그리고 쿠데타에 동원된 근위보병 3연대와 1사단 휘하의 1·3연대는 롯폰기 인근에 자리 잡았다. 부근에는 헌병대 본부와 육군대학교 등이 모여 있어, 작은 군사도시였다. 2·26 사건 이후 며칠 동안은 아침저녁으로 울려 퍼지던 병영의 나팔소리도 멈췄다.

태평양전쟁 말기에 롯폰기 일대는 공습으로 초토화되었다. 뒤이어 점령군으로 진주한 미군은 현지의 구 일본군 시설 대부분을 접수해서 활용했다. 근위보병연대 시설은 미군 제1사단 사령부로, 1사단의 시설은 미군 병사의 숙사로 각각 바뀌었다. 롯폰기 부근에는 미군 관계자가 입주했고, 이들을 위한 '기지촌'이 형성되었다. 바와 클럽, 레스토랑이 번창하여 패전의 여운이 짙은 주위와 묘한 대조를 이루었다고 한다. 1960년 전후로 군사시설이 일본 정부에 반환되기까지 1950년대의 롯폰기는 기지촌을 매개로 한 '리틀 아메리카'였다.

기지촌 롯폰기에는 '롯폰기족'이라 불리던 젊은 층이 몰려들어 적에서 동맹으로 표변한 미국 문화를 향유했다. 반환 이후에는 방송 관계자와 연예인, 이들을 따르는 팬들이 몰려들었고, 이런 소비자를 겨냥하여 바와 클럽도 변신을 도모해 오늘날과 같이 첨단 유행이 넘치는 밤의 거리로 탈바꿈되었다.

도쿄 도심에서 카키색의 잔영을 찾기란 쉽지 않다. 황거에 인접한 국립근대미술관 공예관은 근위사단 사령부의 원형을 잘 보존하고 있으며, 3연대 병영은 일부만 롯폰기의 국립신미술관 별관으로 살아남았다. 한편 2·26 사건으로 사형된 19명을 포함하여 22명이 모셔진 22사士의 묘는 1952년 아자부주반麻布十番에 있는 겐소賢崇 사 안에 건립되었다(한국대사관도 인근에 위치). 19명의 사형이 집행되었던 구 도쿄육군형무소에는 현재 시부야渋谷 구의 건물이 차지하고 있는데, 부지 한구석에는 1965년 건립된 2·26 사건 위령비가 서 있다.

근위사단 사령부의 원형을 보존하고 있는 국립근대미술관 공예관

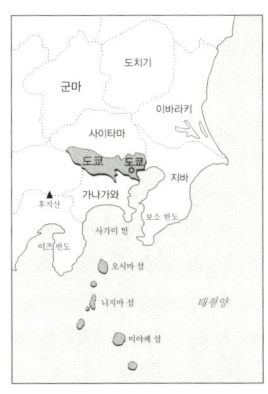

도쿄 도

혼슈 – 간토 | 1950~1955년 ▶ 2부 095

033
정당 당사 순례

일본에서 주요 정당의 당사는 도쿄 도심에 둥지를 틀고 있다. 먼저 자유민주당, 즉 자민당 본부는 국회의사당과 양원 의원회관이 코앞인 아주 값비싼 땅에 위치한다. 원래부터 있던 장소는 아니며, 1964년 도쿄올림픽 개최에 즈음하여 246번 국도의 확장 공사에 따라 현재의 당사를 신축하여 이전했다(그때 사회당도 함께 옮김). 현재의 당사는 재단법인 자유민주회관이 소유한 9층 빌딩이며, 이름도 자유민주회관이다. 약 3,300m²의 금싸라기 땅은 국유지이며, 자민당은 연간 1억 엔을 밑도는 임대료를 지불할 뿐이다.

사회민주당, 즉 사민당은 1996년 사회당을 개칭한 당명이다. 1964년 건축한 당사의 운영 주체는 재단법인 사회문화회관인데, 당세가 계속 쇠퇴하는 데다 2011년의 동일본 대지진으로 내진 문제가 제기되면서 임대조차 여의치 않게 되었다. 재단은 2012년 초 해산되었고, 당사는 2013년 1월 수상 관저 뒤의 빌딩으로 옮겨 갔다. 자민당과 사회당이 보수와 진보의 주축으로 양립하는 55년 체제는 1993년에 붕괴되었는데(☞ 2부 098 참조), 2012년 총선에서 자민당이 대승을 거둔 반면, 사민당은 겨우 2석에 그쳐 존립마저 위태롭다.

공산당 당사는 JR 지하철 요요기代々木 역 가까이에 있다. 그 때문에 공산당은 요요기로 비유되기도 한다. 공산당이 들어선 빌딩은 2005년 준공된 가장 최신의 당사이며, 건물 면적은 자민당 본부 다음 규모를 자랑한다. 전후에 합법화되면서 자리를 잡았고, 이후 주변 건물을 매입하여 현재 규모까지 키웠다. 주변 건물에는 기관지 『아카하타赤旗』 편집국과 인쇄소 등이 입주해 있다. 시즈오카静岡 현 아타미熱海 시의 산중에는 이즈伊豆학습회관이 있는데, 사회주의와 당사를 학습하는 '당 학교'가 개설되고 당대회가 열리는 곳이다.

자민당의 연정 파트너로 알려진 공명당은 일련종 계통의 창가학회를 모체로 1964년 창당되었다. 당초의 중도 노선에서 보수로 선회한 종교 정당의 본부는 신주쿠新宿에 있다.

2009년 자민당을 권좌에서 끌어내렸던 민주당은 국회가 가까운 민간 빌딩에서 2억 엔 못 미치는 임대료를 내며 7개 층을 사용하고 있다. 2012년 총선에서는 57석으로 급감하여 야당으로 전락했다.

자민당 본부

도쿄 도

혼슈-간토 | 1990년대~2000년대 중반 ▶ 2부 101

034
야스쿠니 신사와
지도리가후치 묘원

천황이 사는 황거는 원래 쇼군의 처소였다. 그 뒤쪽은 야트막한 언덕인데, 마치 위에서 황거를 내려다보듯 야스쿠니靖国 신사(이하 야스쿠니)가 자리를 잡고 있다. 지하철 구단시타九段下 역에서 내려 조금만 걸으면 된다. 야스쿠니는 두말할 필요도 없이 군국주의의 흔적 기관이다. 근대 이후의 사변·전쟁에서 숨진 천황 측 전몰자(군인과 군속, 일부 민간인)를 '현창·숭경'하기 위해 제신으로 모시는 신사이다. 도쿄초혼사東京招魂社에서 1879년 야스쿠니 신사로 개명되었고, 육군성과 해군성이 관리했다. 패전과 동시에 야스쿠니는 종교 법인으로 재출발했지만, 샌프란시스코 강화조약 체결과 독립 이후 종교 시설의 틀을 깨고 전전의 위상을 복원하려는 움직임을 노골화했다.

1960년대부터 1970년대 중반까지 자민당은 다섯 차례나 야스쿠니 국영화 법안의 제정을 시도했다. 국영화와 연동하여 전범의 합사가 실행에 옮겨졌고, 1978년에는 도조 히데키東条英機를 비롯한 A급 전범 14명도 야스쿠니의 영령이 되었다(조선인과 타이완인 각각 2만 명 이상이 유족의 동의도 없이 합사되어, 그에 대한 철폐 운동이 현재도 계속되고 있음). 국영화 법안의 폐기를 보상하려는 듯 수상 및 정치가의 야스쿠니 참배가 시작된 것은 이 무렵이다. 외관은 여느 신사와 다를 바 없어 보인다. 하지만 입구에 자리한 동상과 기념물은 야스쿠니에 체화된 군국주의의 냄새를 강하게 풍긴다. 경내 안쪽에 위치한 유슈칸遊就館은 군국주의 그 자체이다. 밖에 진열된 무기는 물론이고 내부에 전시된 자료와 설명에도 전쟁 찬미가 넘쳐흐른다.

야스쿠니에서 500m도 채 안 되는 거리에는 지도리가후치千鳥ヶ淵 전몰자 묘원(이하 지도리가후치)이 있다. 제2차 세계대전 중의 전몰자 가운데 신원을 알 수 없는 '무명전사'와 민간인 유골을 안치한 국가 시설이다. 야스쿠니와 지도리가후치, 두 위령 시설은 가까이 붙어 있지만 그 안의 역사성은 너무나 대조적이다.

지도리가후치는 1959년에 조성되었다. 해외 각지에서 무연고 유골의 발굴이 늘어난 데 따른 조치였다. 조성 단계에서 정부는 헌법의 정교政教 분리 원칙에 저촉되는지의 여부에 신경을 썼다. 지도리가후치에는 35만 주를 넘는 사자死者를 옥죄는 종교도, 왜곡된 역사관도 없다. 야스쿠니 참배 논란이 정교 분리와 결부된 측면이 있으므로 야스쿠니 대체 시설의 모델은 지도리가후치에서 찾을 수 있을 것 같다. 2013년 10월 미국의 국무장관과 국방장관이 헌화하고 참배한 곳도 지도리가후치였다. 야스쿠니에 전후가 도래하지 않는 한 진정한 일본의 전후는 요원하다.

① 야스쿠니 신사의 전신인 도쿄초혼사(1896년 무렵), ② 야스쿠니 신사 입구. 앞의 동상은 일본 육군의 창설자인 오무라 마스지로(大村益次郎), ③ 야스쿠니 신사를 참배하는 아베 신조 수상, ④ 유슈칸, ⑤ 유슈칸 내부에 전시된 전투기, ⑥ 지도리가후치 묘원, ⑦ 2013년 지도리가후치 묘원을 참배하는 존 케리 미 국무장관과 척 헤이글 국방장관

가나가와 현 가마쿠라 시

혼슈 – 간토 | 12세기 말 ▶ 2부 023

035
막부의 원점, 가마쿠라

가나가와神奈川 현의 가마쿠라鎌倉는 도쿄에서 전철로 한 시간 거리인 해변 도시다. 메이지 유신까지 지속된 700년간의 무사 통치는 가마쿠라로부터 비롯되었기 때문에 무가의 발상지 또는 성지라 불러 마땅하다. 동·북·서 세 방향은 산으로 둘러싸이고 남쪽은 바다라서 천연의 요새이다. 시내 곳곳에는 무사 정권의 흔적이 역력하다.

먼저 소개할 곳은 신사 쓰루가오카하치만구鶴岡八幡宮이다. 1063년 세이와 겐 씨의 지류인 가와치 겐 씨의 2대 당주 미나모토 요리요시源賴義가 '전 9년의 역'(1051~1062)에서 승리한 것을 기념하여 세웠는데, 1180년 미나모토 요리토모源賴朝가 진주한 뒤 현재 위치로 옮겨와 대대적으로 증축되었다. 이곳은 국보와 중요문화재가 즐비하기로 유명하지만, 무기류가 대거 국보에 포함되어 있다는 점에서 무사의 수호신이라는 느낌이 물씬 풍겨난다.

요리토모는 쓰루가오카하치만구를 교토의 궁궐에 빗대 도시의 중심으로 삼았다. 즉 교토를 모델로 가마쿠라가 조성된 것이다. 바다를 향해 쭉 뻗은 와카미야若宮 대로가 주작대로에 해당하며, 남북과 동서로 뚫린 여섯 대로가 도시의 뼈대를 구성한다. 요리토모의 거처였던 오쿠라大蔵 막부는 그 소재지였음을 알리는 석비만 남아 있다. 요리토모의 무덤도 근처에 있으며, 석탑은 무가 정권 창시자의 무덤이라고는 믿기지 않을 정도로 질박하다.

가마쿠라 시대에는 불교가 융성하여 많은 절이 세워졌다. 그런 문화적 정취를 맛보려면 국보 가마쿠라 대불을 찾아가 봐야 한다. 동조銅造 아미타여래좌상이 정식 명칭이며, 대좌까지 13.35m 높이에 무게는 무려 121톤에 이른다.

가마쿠라 막부의 멸망은 도시의 쇠락으로 이어졌다. 이어진 무로마치 시대에는 관동을 포함한 동국 지배의 거점이기도 했으나, 센고쿠 시대 이후 정치적 위상이 급속도로 추락했다. 에도 시대에 이르면 에도 근교의 행락지로 변모한다. 근대에 들어와서는 문인의 활동 거점으로도 사랑을 받았다. 그중에서 근대 문학의 최고봉 나쓰메 소세키夏目漱石(1867~1916), 처음으로 노벨상을 받은 가와바타 야스나리川端康成(1899~1972) 등이 대표적이다.

쓰루가오카하치만구

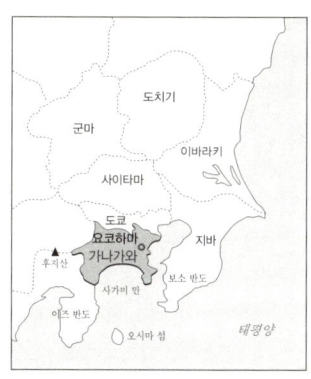

가나가와 현 요코하마 시
혼슈 - 간토 | 13세기 중반 ▶ 2부 025

036
무가의 묵향, 가나자와 문고

가나가와 현 요코하마橫浜 시 가나자와金沢 구에는 가마쿠라 막부의 2대 싯켄執權(막부의 실질 권력자) 호조 요시토키北条義時(1163~1224)의 아들 대에서 갈라진 호조 사네토키北条実時 (1224~1276)가 건립한 가나자와 문고가 있다. 1275년 무렵에 세워졌으니, 700년이 넘는 사설 도서관이다. 가나자와 문고는 사네토키의 장서에서 출발했다. 무사이면서도 왕조 문화에 관심이 많았던 그는 정치·역사·문학·불교 관련 서적을 수집하여 거처에 소장했으며, 교토 총독 격인 로쿠하라탄다이六波羅探題로 부임했던 후손도 공가公家(교토의 귀족) 사회와 접하면서 많은 문헌을 모았다. 가마쿠라 막부와 더불어 일족이 쇠락한 뒤에는 사네토키가 세운 쇼묘称名 사에서 관리했으나, 사찰의 쇠퇴에 따라 자료가 많이 유출되었다고 한다.

가나자와 문고는 중세 연구의 일급 사료 『아즈마카가미吾妻鏡(혹은 東鑑)』와 관련이 깊다. 이 책은 1180년 미나모토 요리토모의 거병부터 1266년 첫 번째 황족 쇼군의 경질까지를 기록한 역사서다. 가나자와 문고에서 만들어진 사본(호조본)은 센고쿠 시대를 거치면서 도쿠가와 이에야스의 손에 들어갔다. 무가 정권 최후의 승리자라는 위엄을 역사서를 빌려 내세우고자 했을 터다. 호조본의 원본은 에도 성에서 보관되어오다가 현재 국립 공문서관이 중요문화재로 소장하고 있다.

1897년 이토 히로부미伊藤博文 등이 쇼묘 사 내의 원래 자리에 가나자와 문고를 재건했지만, 1923년의 관동대지진으로 소실되고 말았다. 이후 1930년 가나가와 현립 가나자와 문고로서 재차 부흥의 발판이 마련되었고, 1990년에는 신관이 완성되어 중세에 관한 박물관 겸 도서관으로 운영되고 있다. 문고 내에는 쇼묘 사의 문화재도 기탁되어 진열되고 있으며, 국보로 지정된 사네토키 이후 3대의 초상화도 있다. 같은 이름의 전철역(가나자와분코 역金沢文庫駅)에서 내려 20분이나 걸어가야 하지만, 발품을 판 대가에 흡족할 것이다.

역사 탐방을 마친 뒤에는 해변 테마파크橫浜·八景島(Sea Paradise)와 공원(海の公園)을 찾아가 보자. 8월 넷째 토요일에 열리는 불꽃놀이는 바다와 어우러져 장관을 이룬다.

가나자와 문고

가나가와 현 요코스카 시

혼슈 - 간토 | 1850년대 ▶ 2부 059

037
개국의 관문, 우라가

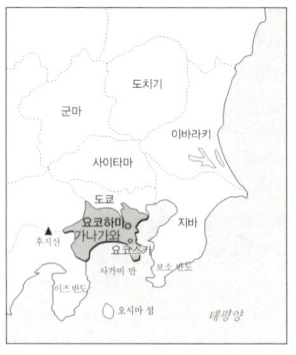

우라가浦賀는 쇄국과 개국, 근세와 근대가 교차하는 역사의 현장이다. 1720년 쇼군이 사는 에도를 지키기 위해 전담 경비 책임자와 포대를 설치했을 정도로 군사와 인연이 깊다. 이후 도쿄 만을 출입하는 모든 배가 기항하는 요충지로 번창을 거듭했다. 1853년 미국의 페리 함대 내항은 우라가와 근세 일본을 집어삼킨 격랑이나 다름없었다. 우라가는 1943년부터 요코스카橫須賀 시에 편입되었으며, 정확히는 요코스카 시 동쪽 구역을 가리킨다.

페리 함대가 상륙하여 실제 막부 관리와 회담을 벌인 곳은 우라가 옆의 구리하마久里浜이며, 역시 요코스카 시에 속한다. 그래서 페리 상륙에 관한 기념비와 기념관은 우라가가 아닌 구리하마의 '페리 공원'에 위치한다. 1901년 이토 히로부미는 붓을 들어 '북미합중국 수사제독 백리 상륙 기념비北米合衆國水師提督伯理上陸記念碑'라는 글귀를 새겨 넣었다. 백리伯理가 곧 페리이다.

20세기에 들어와 일본과 미국의 관계는 격변에 격변을 거듭했다. 1941년 일본의 진주만 기습으로 시작된 아시아·태평양전쟁은 M. 페리를 역사의 저편으로, 망각되어야 할 존재로 뒤바꿔 놓았다. 그러나 패전과 동시에 맥아더를 앞세운 점령 정책의 결과, 미국과 일본은 적국에서 180도 돌변하여 동맹 관계에 들어갔고, 페리는 그런 재출발의 상징으로 화려하게 부활했다. 1987년에는 이곳에 대대적인 정비가 이루어졌고, 2층 건물의 페리기념관도 세워졌다. 매년 7월 둘째 토요일에는 페리 상륙 기념식전이 성대하게 개최된다.

한편 메이지 유신 이후 우라가를 포함한 인근 지역 일대는 요코스카 진수부(1884)를 비롯해 각종 해군 시설이 즐비한 군항으로 변모했다. 패전 후에도 마찬가지여서 사관학교에 해당하는 방위대학교가 소재하며, 해상자위대의 주요 거점 중 하나다. 요코스카는 한국전쟁과 베트남전쟁에 참전했던 미 해군 제7함대의 실질적인 모항이며, 구 일본 해군의 시설도 그대로 활용되고 있다. 수상을 역임했던 고이즈미 준이치로小泉純一郎(1942~)의 선거구도 조부 때부터 대대로 요코스카였다. 한국과 중국의 거센 반대에도 불구하고 야스쿠니 신사 참배를 강행하던 매파 수상의 행보는 어쩌면 그런 역사 및 지역성과 무관하지 않을 듯하다.

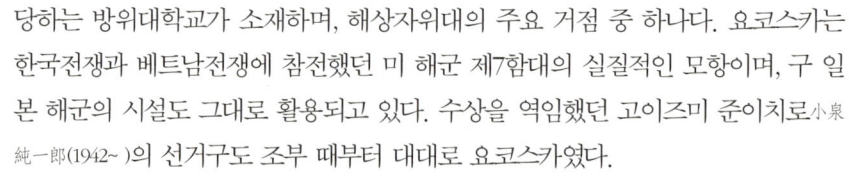

페리 상륙 기념비. 오른쪽 뒤쪽에 보이는 건물이 페리 기념관

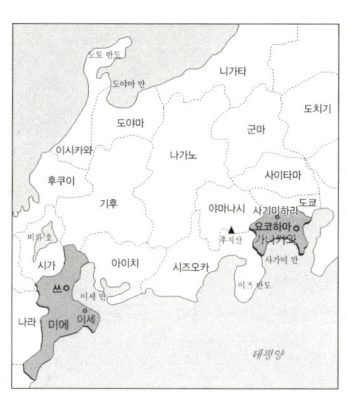
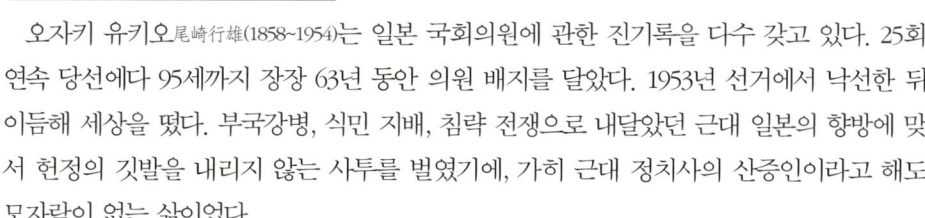

가나가와 현 사가미하라 시,
미에 현 이세 시

혼슈 - 간토, 긴키 | 1910년대 전반 ▶ 2부 076

038
헌정의 신, 오자키 유키오

오자키 유키오尾崎行雄(1858~1954)는 일본 국회의원에 관한 진기록을 다수 갖고 있다. 25회 연속 당선에다 95세까지 장장 63년 동안 의원 배지를 달았다. 1953년 선거에서 낙선한 뒤 이듬해 세상을 떴다. 부국강병, 식민 지배, 침략 전쟁으로 내달렸던 근대 일본의 향방에 맞서 헌정의 깃발을 내리지 않는 사투를 벌였기에, 가히 근대 정치사의 산증인이라고 해도 모자람이 없는 삶이었다.

오자키가 태어난 곳은 가나가와 현 사가미하라相模原 시이고, 열다섯 살 되던 해인 1872년 아버지를 따라 미에 현 이세 시로 옮겼다. 그 인연으로 이세는 그의 선거구가 되었고, 2대 혹은 3대에 걸쳐 시민들은 오로지 오자키에게 투표하는 진풍경이 벌어졌다. 그는 잠시 언론사에 몸을 담기도 했으나, 자유민권운동의 활성화에 힘입어 정치가의 길에 나섰다.

현재 사가미하라와 이세에는 그의 행적을 담은 기념관이 조성되어 있다. 사가미하라(津久井町又野 691)의 생가 터에는 1957년 오자키 가쿠도(咢堂, 호) 기념관이 건립되었는데, 1992년 개축되어 일반 관람객을 맞는다. 사진과 초상화, 유품을 간직한 기념관과 더불어 부지 내에는 오자키 가의 묘, 우물과 신사, 오자키 친필의 비(善惡乃標準の碑)도 보존되어 있다.

오자키를 현창하는 일에는 이세 시 쪽이 더욱 적극적이다. 오자키가 살던 집(川端町 97-2)은 1957년 가쿠도 기념관으로 개조되었고, 2003년 깔끔하게 재단장되었다. 그리고 그의 이념을 보급한다는 취지를 내걸고 2006년 NPO(Non-Profit Organization) 법인 가쿠도코후咢堂香風를 새로이 출범해 다양한 활동을 전개하고 있다(사무국은 기념관 내에 있음).

오자키는 도쿄의 국회의사당 안에서도 만날 수 있다. 중의원 의장이 이사장을 맡는 오자키 유키오 기념재단이 1956년 설립되었고, 1960년에는 국민 기금을 모아 국회 앞뜰에 오자키 기념회관을 세웠다. 이 기념관은 1970년 헌정기념관으로 개칭되어 지금에 이른다. 관내에는 오자키 기념 홀과 재단 사무국이 위치하며, 월간지(世界と議會)도 발행한다. 혼미한 일본호의 돌파구를 우경화와 군사대국화에서 찾으려는 작금의 정치 상황을 보노라면 '헌정의 신'이라 불리는 오자키는 과연 어떤 감회를 품게 될지 문득 궁금해진다.

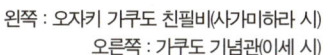

왼쪽 : 오자키 가쿠도 친필비(사가미하라 시)
오른쪽 : 가쿠도 기념관(이세 시)

가나가와 현 오이소초

혼슈 - 간토 | 1949~1952년 ▶ 2부 094

039
요시다 시게루의 저택

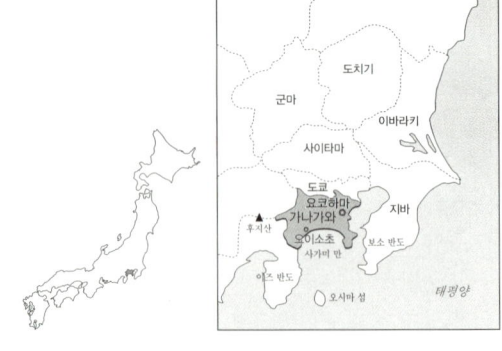

　요시다 시게루吉田茂(1878~1967)는 샌프란시스코 강화조약의 체결을 비롯한 패전국 일본 부흥의 기틀을 마련하여 '일본의 처칠'이라 불렸다. 또한 다섯 차례에 걸쳐 7년 넘게 수상을 역임하면서 자기 고집을 관철한 '원맨 재상'이었다. 요시다는 미국에 안보를 의존하는 경무장輕武裝과 미일 안보 체제뿐 아니라 무역을 통한 경제성장을 추진하는 '보수 본류' 노선을 구축했다. '요시다 학교'라는 측근 그룹을 형성하여 이케다 하야토池田勇人(1899~1965), 사토 에이사쿠佐藤榮作(1901~1975), 다나카 가쿠에이田中角榮(1918~1993) 등의 쟁쟁한 후계자를 길러냈다. 그의 존재감은 전후戰後 유일하게 국장으로 치러졌다는 데서도 가늠할 수 있다.

　요시다는 세 살 때 아버지의 친구이자 실업가인 요시다 가家의 양자가 되었고, 양부가 요절하자 11세에 50만 엔(현재 400억 원)을 물려받았다. 도쿄제국대학을 졸업한 뒤에는 외교관으로 나아갔으며, 독일과의 동맹 체결에 반대하여 영국 대사에서 해임당한 고초는 패전 후 출세의 밑거름이 되었다.

　요시다의 양부는 일찍이 가나가와 현 남부의 오이소大磯에 별장을 세웠다. 도쿄에서 직선거리로 50km 조금 넘는 바닷가의 휴양지다. 이토 히로부미도 1897년 별장 소로카쿠滄浪閣를 짓고 거처로 삼았다. 오이소에는 요시다 시게루를 포함한 8명 수상의 별장이 있다.

　요시다의 별장은 3만m²가 넘는 부지에 건물만 1,000m²에 달하는 대저택이다. 수상 시절 외국 귀빈을 접대하기 위해 신축했고, 퇴진 후 그곳에서 기거하다가 죽었다. 사후 2년 뒤인 1969년에 별장은 세이부西武 철도에 매각되었다. 시간이 흘러 지방자치단체는 별장의 역사적 가치 보존을 위해 세이부 측과 공원 조성을 위한 협의를 벌였는데, 그 와중인 2009년 3월에 화재로 인해 전소되고 말았다. 복구를 마친 뒤 2017년부터 관람이 가능해졌다.

　인간 요시다를 논하려면 애견을 빼놓을 수 없다. 많을 때는 10마리를 길렀고, 강화조약을 매듭짓고 귀국하면서 다리가 짧은 케언테리어 2마리를 구입했을 정도다. 별장에는 개 무덤이 4기 있는데, '선(sun인 듯)'은 미국에서 데려온 케언테리어이다. 그런 요시다의 또 다른 별명이 '왕왕 재상'이다. 일본어 표기 '원맨'의 ワンマン을 비꼰 ワンワン이다.

요시다 별장 안에 세워져 있는 요시다 시게루 동상

지바 현 나리타 시

혼슈 - 간토, 긴키 | 1950년대~1970년대 초 ▶ 2부 097

040
나리타 국제공항의 그늘

1978년 5월에 문을 연 나리타成田 공항은 고도 경제성장과 맞물려 도쿄 국제공항, 즉 하네다羽田 공항을 대체하기 위해 1962년부터 계획되었다. 하지만 주민의 끈질긴 저항과 신좌익의 가세로 인해 실제 공항이 문을 열기까지 엄청난 홍역을 치러야 했다. 이를 흔히 나리타 투쟁, 혹은 지역 이름을 따서 산리즈카三里塚 투쟁이라고 부른다.

발단은 1966년으로 거슬러 올라간다. 정부의 토지 수용에 반대하는 주민 단체가 결성되어 사토 에이사쿠佐藤榮作 내각이 강행하던 공항 건설을 저지하고자 일어섰다. 1967년부터는 신좌익의 여러 정파들이 주민의 공항 건설 반대 운동에 가세하면서 공방전이 날로 치열해졌다. 1967년부터 측량 거부 투쟁을 시작으로 기나긴 싸움이 시작되었다. 스스로 개척한 땅과 생활을 지키겠다는 운동은 신좌익 그룹과 학생 활동가의 지원에 따라 점차 권력과 체제에 대한 저항으로 고양되었다.

1978년 4월 개항을 목표로 1970년부터 정부가 토지를 강제 수용하려고 하자 양측의 충돌은 나날이 격렬해졌다. 급기야 1971년 9월 충돌 과정에서 경찰관 3명이 사망했고, 투쟁 기간에 반대파·경찰·민간인을 합쳐 9명이 목숨을 잃었다. 개항 4일 전인 1978년 3월 26일, 100여 명의 활동가가 공항에 진입하여 10명이 중앙 관제탑을 점거했다. 결국 개항은 5월 20일로 연기되었다. 완성된 활주로는 당초 예정된 3개가 아니라 1개뿐이었다.

개항이 실현됨에 따라 투쟁 구호는 '공항 폐기, 2기 공사 저지'로 전환되었다. 그러나 1980년대 내내 반대파 진영의 분열은 끊이지 않았고, 신좌익의 한 분파인 중핵파中核派는 독자적으로 제작한 로켓포까지 발사했다. 심포지엄의 형태를 빌려서나마 정부와 반대파가 처음으로 대화에 나선 것은 1991년 11월의 일이었다. 1995년 사회당의 무라야마 도미이치 村山富市(1924~) 수상은 정부의 강권적인 태도에 대해 사죄했다.

활주로 공사는 현재진행형이며, B활주로는 A활주로의 절반쯤밖에 안 된다. 이 기나긴 투쟁의 역사는 항공과학박물관 내의 '나리타공항 하늘과 대지의 역사관'에서 볼 수 있다. 공항에서 버스로 10분 정도의 거리에 있다.

산리즈카 투쟁
'공항 절대 반대'라고 쓴 농가(1968. 3)

이시카와 현 하쿠산 시

혼슈 – 주부 | 8세기 후반~10세기 초 ▶ 2부 015

041
속세적인 도다이 사와 하쿠산 시

하쿠산白山 시는 이시카와石川 현청 소재지인 가나자와金沢 시에 이은 제2의 도시이며, 인근 지역을 합병하여 2005년에 새로 출범했다. 시의 이름은 일본의 3대 영산靈山 중 하나인 국립공원 하쿠 산에서 땄다(나머지 두 영산은 후지富士 산과 도야마富山 현의 다테立 산이다). 스신崇神(기원전 97~기원전 29) 천황 때 창건되었다고 전하는 시라야마히메白山比咩 신사는 전국 2,000개 이상을 헤아리는 시라야마 신사의 총본산이다.

그 옛날 하쿠산 시에는 나라 시대의 명찰 도다이東大 사가 소유한 장원이 있었다. 약 186ha 넓이의 이 초기 장원의 이름은 요코에橫江이며, 현재의 행정구역 이름인 요코에초橫江町도 그로부터 유래한다. 8세기 말 간무桓武(781~806) 천황이 딸에게 하사한 땅이었는데, 818년에 도다이 사로 넘어갔다. 도다이 사는 담당자를 파견하여 관리에 나섰지만, 10세기 중반 이후에는 경영을 포기한 것으로 추측된다. 이후의 소유자는 불확실하며 14세기 후반 이후 교토의 덴류天龍 사로 넘어갔다가 장원의 맥이 끊어졌다.

당초 요코에 장원은 도다이 사의 쇼소인正倉院 문서에 이름이 등재되어 있었으나 정확한 장소는 알지 못했다. 그러다가 1970년 공업단지 조성 중 건물 터가 발견되면서 천 년의 세월을 뛰어넘어 요코에라는 이름이 부각했다. 발굴 조사를 통해 장원 관리인 장관莊官의 거처와 창고 터, 유물이 출토되었고, 그것이 장원과 관련된 시설로 확인되면서 국가 사적으로 지정되었다. 현재, 건물 기둥의 위치를 표시한 석주가 있다. 인접한 시립 하쿠산박물관에 가면 출토된 유물과 더불어 복원 모형을 볼 수 있다.

인근에는 정토진종 본간本願 사 교단의 문도를 주축으로 형성된 종교적 자치 공동체 잇코잇키一向一揆의 거점 중 하나인 도리고에鳥越 성터도 남아 있다. 1582년 센고쿠 시대의 최강자 오다 노부나가織田信長(1534~1582)의 부하에 의해 진압된 이곳에서 300명이 넘는 문도들이 잔혹하게 처형되었다고 한다. 국가 사적으로 지정된 데 힘입어 현재 성벽과 문의 일부가 복원되어 있으며, 가까이에 잇코잇키 역사관이 조성되어 있다. 성터에 오르면 하쿠산이 한눈에 들어온다.

도다이 사의 요코에 장원 유적

이시카와 현 가나자와 시

혼슈 – 주부 | 17세기 ▶ 2부 040, 042

042
가가 번과 가나자와 시

가나자와 시는 동해에 면한 이시카와 현의 중앙부에 위치하며, 에도 시대에는 가가加賀 번의 조카마치로 급성장했다. 가가 번은 '가가 100만 석'이라는 말이 회자될 정도로 막부 다음가는 경제력을 자랑했다(실제는 102만 석). 가나자와의 전성기는 에도 시대였던 셈이다.

가가 번의 주인은 도쿠가와 이에야스에 버금가는 힘을 지녔던 마에다 도시이에前田利家(1537~1599)의 후손이다. 도시이에는 오다 노부나가의 가신에서 출발했다가 도요토미 히데요시豊臣秀吉(1537~1598) 편에 서서 세력을 이어갔다. 세키가하라 결전(1600)은 마에다 씨에게 최대 위기였다. 도시이에의 장남 도시나가利長(1562~1614)는 이에야스의 동군에 가담했지만, 차남 도시마사利政(1578~1633)는 출진하지 않고 형세만 관망했다. 동군과 서군 중 어느 쪽이 이기든 가문을 온존하겠다는 의도였다고도 전한다. 100만 석이 넘는 번답게 산킨코타이參勤交代(다이묘와 처자의 에도 체재)에 즈음해서는 최대 4,000명의 부하를 이끌고 에도를 왕복했다.

가나자와 역사의 조감도를 보려면 현립 역사박물관이 좋다. 박물관 건물은 20세기 초 육군의 병기고였으며, 이 일대는 공원으로 조성되어 다른 문화시설도 모여 있다. 바로 옆에는 에도 시대를 대표하는 3대 정원 중 하나인 겐로쿠엔兼六園이 있다. 언덕에 조성되어 있어 걸음을 옮기다 보면 조카마치 전체를 내려다볼 수 있는데, 특히 겨울이 절경이다.

가나자와 성도 코앞에 있다. 많은 건물이 화염 속에 사라졌지만, 1996년부터 복원이 시작되어 2001년 가나자와 성터 공원으로 공개되었다(복원은 계속됨). 아시아·태평양전쟁 당시 성내에는 육군 제9사단 사령부가 있었지만, 미군의 공습을 받지 않아 시가지 곳곳에 역사적 풍광이 잘 남아 있다. 무가의 저택을 보고 싶다면 나가마치長町를 찾으면 되고, 에도 시대 서민의 정취를 맛보려면 히가시야마東山의 히가시차야가이ひがし茶屋街 등 찻집 거리 세 곳을 둘러보면 충분하다. 주변에는 게이샤芸者가 나오는 고급 요릿집도 많다.

시내에서 가까운 노다野田 산에는 독립투사 윤봉길이 암매장된 터와 순국 기념비(1992)가 있다. 상하이에서 일으킨 거사인데도 가나자와로 압송되어 처형된 것은 제9사단이 상하이 침공의 주력 부대였기 때문이다.

히가시차야가이

기후 현 후와 군,
시즈오카 현 시즈오카 시

혼슈 - 주부 | 18세기 초 ▶ 2부 040

043
세키가하라, 슨푸와 이에야스

동서고금을 막론하고 전쟁은 역사를 흥미롭게 만드는 일등 공신이다. 1600년 세키가하라關ヶ原에서 도쿠가와 이에야스의 동군과 도요토미 히데요시의 심복인 이시다 미쓰나리石田三成(1560~1600)가 이끄는 서군 간에 벌어진 싸움은 더욱 극적이다. 이에야스를 역사의 주역으로 등극시킨 세키가하라는 기후 현 후와不破 군에 있다.

JR 세키가하라 역에서 20분을 걸으면 '세키가하라 워랜드War land'를 만난다. 옥내에는 무구를 전시하고 있으며, 3만m²에 이르는 옥외에는 콘크리트로 만든 200개 이상의 동상이 세키가하라 결전을 보여준다. 포진도 당시 상황을 충실히 재현해 놓았다. 하지만 그 어디에도 당시 흘렀던 피와 절규, 그리고 죽음의 흔적은 없다. 훌륭하게 박제된 역사다. 조금 더 차분하게 자료와 전시를 둘러보려면 '세키가하라 역사 민속 자료관'이 유용하다.

세기의 전쟁터가 되기 이전에 세키가하라는 후와 세키쇼關所(검문소)로 유명했는데, 관련 자료관이 세키가하라 역 부근에 있다. 세키쇼는 미에 현의 스즈카鈴鹿, 후쿠이 현의 아라치愛發와 더불어 기나이畿內 지역을 지키는 관문이었으며, 관서와 관동이라는 지명도 세키쇼의 동쪽과 서쪽에서 유래한다.

정권의 기초를 다진 이에야스는 쇼군에서 은퇴한 뒤 오고쇼大御所로서 슨푸駿府 성에 거처하며 신생 에도 막부를 측면에서 보좌했다. 슨푸 성은 시즈오카 현 시즈오카 시내에 있다. 원래 이마가와今川 씨의 거점으로 번성했다가 버려진 곳을 이에야스가 재정비했으며, 그가 오고쇼로 군림한 시절에는 정치·경제의 중심지로서 10만 이상이 거주하는 대도시였다. 1613년 방문한 영국 사절이 슨푸 시내가 런던보다 크다고 여행기에 남겼을 정도였다.

그러나 1635년의 화재는 슨푸 성의 건물 대부분을 집어삼켰다. 일부 건물과 누각, 문 등이 복원되었지만, 과거의 모습을 그대로 간직한 곳은 성벽과 해자 정도이다. 메이지 유신 이후 슨푸는 시즈오카로 개명되었다. 시즈오카 시에는 이에야스와 연관된 절, 신사, 사적, 전설 등이 즐비하다. 시즈오카 시에서 권장하는 탐방 코스는 슨푸 성을 둘러본 뒤 1996년 복원된 동문(東御門)을 나서서 이에야스 관련 유적지를 찾아보는 것이다.

이시다 미쓰나리의 진에서 내려다본 세키가하라

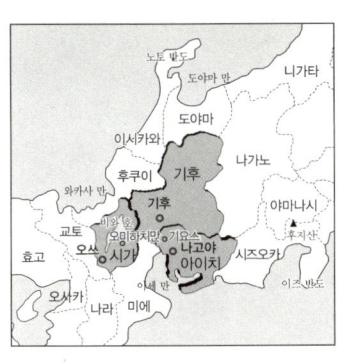

**아이치 현 기요스 시, 기후 현 기후 시,
시가 현 오미하치만 시**

혼슈 - 혼슈, 긴키 | 16세기 중·후반 ▶ 2부 038

044
오다 노부나가의 웅비를 좇아서

아이치愛知 현 서부 지역에 자리했던 오와리尾張는 센고쿠 시대를 누비며 전국 통일의 초석을 닦은 오다 노부나가와 밀접한 관련이 있다. 아버지 오다 노부히데織田信秀(1510~1551)는 숙적 이마가와 씨로부터 나고야那古野(나고야 시 소재) 성을 빼앗아 아들에게 주었지만, 노부나가는 1555년 오다 씨 종가가 거주하던 기요스清洲(기요스 시) 성을 차지하여 옮겨갔다.

현재의 나고야名古屋 성은 폐허가 된 옛 성터에 1612년 신축한 것이다. 도쿠가와 이에야스의 아홉째 아들이 이곳을 기이紀伊 번의 터전으로 삼아 근세를 이어갔다. 나고야 성은 용머리의 금으로 만든 샤치(머리는 호랑이, 몸은 물고기인 상상의 동물) 장식으로 유명하며, 효고兵庫 현의 히메지姬路 성, 구마모토熊本 현의 구마모토 성과 함께 일본을 대표한다.

기요스 성에서 날갯짓을 시작한 노부나가는 세력 확대에 발맞춰 몇 번이나 근거지를 바꿨다. 오케하자마桶狹間 전투에서 승리한 뒤 1563년에는 기후 현에서 가까운 고마키小牧 산성에 둥지를 틀었다. 미노美濃(기후 현)의 사이토斎藤 씨 공략을 위한 새로운 전진기지가 필요했기 때문이다. 1567년 미노를 얻은 뒤에는 사이토 씨의 성을 기후岐阜 성으로 이름을 바꾸고 거점으로 삼았다. 기요스 성, 고마키 성, 기후 성은 이후 모두 폐허가 되었다가 근대 이후 최근에 이르기까지 복원을 계속하여 천수각이 위용을 자랑한다.

노부나가의 마지막 근거지는 아즈치安土 성으로 시가 현 오미하치만近江八幡 시이다. 수륙 교통의 길목인 데다 교토가 지척인 군사 요지이다. 1576년부터 거대한 천수각과 성의 축조가 시작되어 3년 만에 완공되었다. 하지만 천하를 품으려던 영웅의 꿈은 심복의 배신으로 혼노本能 사에서 산산이 부서졌고(혼노사의 변, 1582), 주인을 잃은 아즈치 성도 뒤를 따르듯 얼마 지나지 않아 폐허가 되었다. 일부의 성벽과 돌계단 등이 쓸쓸히 남아 있을 뿐이다.

노부나가의 묘는 여러 곳에 있다. 혼노 사의 묘를 비롯하여 교토에만 탑과 비가 두 군데 더 있고, 아즈치 성터에도 묘가 있다. 기후 시에서는 매년 10월 첫 번째 주말에 '기후 노부나가 마쓰리'가 열리며, 노부나가 탄생 450주년이던 1984년부터 연고지 지자체들은 관광과 지역 활성화를 위해 돌아가면서 '노부나가 서미트summit'를 개최한다.

기요스 시 기요스 공원에 세워진 오다 노부나가 동상

아이치 현 나고야 시

혼슈 – 주부 | 1945년~2000년대 후반 ▶ 2부 100

045
재일 코리안과 조선학교

'인민 루니'라는 애칭으로 유명한 정대세는 2010년 남아공 월드컵 축구 경기에서 눈물을 흘려 화제를 불러 모았다. 북한 대표로 출장한 그는 월드컵 본선에서 경기를 하게 된다는 사실에 감격했다고 밝혔다. 그의 축구 인생을 더듬어보면 눈물의 의미와 감동은 배가된다.

재일 코리안 3세 정대세는 아이치 현 나고야 시에서 태어나 아이치의 조선학교(혹은 민족학교)에서 축구를 시작했다. 아이치조선제2초급학교와 아이치조선중고급학교를 나와 도쿄 서쪽의 고다이라小平 시에 있는 조선대학교에 진학했고, 이후 프로 선수의 길을 걷는다. 그의 국적은 아버지를 따라 한국이다. 하지만 어머니는 조선적이다. 그는 어려서부터 '조국'이라 생각한 북한의 축구 대표를 꿈꿨지만, 대한민국 정부는 그의 국적 변경을 용인하지 않았다. 그 결과는 '역사가 낳은 모순'인 한국 국적의 북한 대표 선수 탄생이었다.

한국, 아니 전 세계의 관심을 끈 그의 눈물은 한국의 보수파에게 너무나 불편했다. 당시 〈조선일보〉의 칼럼은 재일 코리안의 북송 사업에 빗대어 "정대세가 흘린 눈물을 북에서 죽어간 재일 교포들이 보았다면 어떤 생각을 했을까"라며 "눈물에 감동하는 듯한 요즘 한국 일각의 분위기"를 꼬집었다. 남아공에서 한국 일간지와 가진 인터뷰에서 그는 노래방에 가면 '독도는 우리 땅'이라는 노래를 부른다고 밝혔다. 독일에서 북한 상황에 관한 질문을 받으면, 자신은 스포츠 선수이지 정치가 아니라고 답했다. 그런 자연스러움이 정답이다.

해방과 동시에 일본에 세워진 조선학교는 "전시하에 경찰에 협력한 협화회(친일 조직—인용자)의 간부가 포함"되었던 초기의 민단보다는 조총련과 깊은 연계를 맺고 지원을 받았다. 그러나 최근 재일 코리안의 삶이 그렇듯이 조선학교는 한국 실정에 대한 객관적인 교육과 이해를 높여가고 있고, 그 결과 한국 국적의 재일 코리안은 물론 뉴커머new comer(1965년 한일 국교 정상화 이후 일본에 건너가 정착한 한국인들)의 자제까지 입학한다.

현재 조선학교는 어려운 북한 경제로 인해 지원이 끊어진 지 오래이며 심각한 존폐 위기에 처해 있다. 일본의 보수 정치가와 우익은 조선학교에 대한 재정 지원을 한사코 반대하며, 조선학교 없애기에 혈안이 되어 있다. 그런 조선학교 돕기도 '퍼주기'로 비난받을까?

아이치조선중고급학교 교정 정대세가 졸업한 아이치조선제2초급학교는 나고야조선초급학교로 통합되었다.

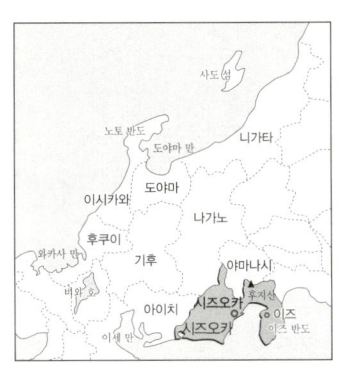

시즈오카 현 이즈 시

혼슈 - 주부 | 12세기 말~13세기 초 ▶ 2부 024

046
가마쿠라의 실권자 호조 씨와 이즈

무가 독립이라는 대업을 이루고 가마쿠라 막부를 열어젖힌 미나모토 요리토모源賴朝. 그는 1160년 헤이지平治의 난에 13세의 나이로 출전했다. 패전은 아버지와 두 형의 목숨을 앗아갔으나, 요리토모 자신은 기적적으로 살아남아 시즈오카 현 남부의 이즈伊豆로 유배되었다. 이즈에서는 유모와 외삼촌의 도움을 받으며 사냥을 즐길 만큼 자유롭고 안정된 생활을 했다고 하며, 결혼도 두 번이나 했다. 두 번째 반려자는 막부 창건까지 함께한 평생의 동지가 되었다. 호조 도키마사北条時政(1138~1215)의 장녀 마사코政子(1157~1225)가 바로 그녀다.

이즈 반도 길목의 이즈노쿠니伊豆の国 시가 호조 씨의 원래 근거지였다. 간무 헤이 씨 일족으로서 다이라 마사카도平將門의 사촌인 다이라 사다모리平貞盛(?~989)의 자손을 자처하지만 확실치는 않으며, 재청 관인을 지낸 그저 그런 지방 무사 중 하나였음은 분명하다. 그러기에 시대의 격랑과 맞설 야망이 있었을 리 없다. 딸의 연애 사실을 알게 된 도키마사는 격노하여 처음엔 두 사람 사이를 떼 놓으려 했지만, 마사코가 고집을 부리자 어쩔 수 없이 결혼을 인정했다. 인간만사 새옹지마라고 하듯, 헤이 씨를 물리치고 무가의 지존에 오른 겐 씨의 적통 요리토모를 사위로 맞이한 것은 호조 씨에게 다시없는 행운이었다.

현재 호조 씨의 거처는 흔적도 없고, 터만 국가 사적으로 지정되었다. 조후쿠成福 사에는 호조 씨를 모신 공양탑과 묘소가 있으며, 출생 직후 마사코를 목욕시켰다는 자그마한 탕(産湯の井戶)도 있다. 호조 씨의 영화로웠던 시절을 짐작케 하는 절로는 간조주인願成就院이 있다. 1189년 도키마사가 오슈 후지와라 씨 정벌의 승리를 기원하며 세웠는데, 이후 잇단 전란에 휘말려 왕년의 웅장함은 사라졌다.

이즈 시의 명찰 슈젠修善 사에도 가마쿠라 막부의 유력자 묘소가 있다. 1193년에는 요리토모의 눈 밖에 난 동생 노리요리範賴가, 1203년에는 2대 쇼군 요리이에賴家(1199~1203)가 슈젠 사에 유폐되었다가 살해되었다. 매년 7월에는 요리이에 마쓰리가 열린다. 마사코는 호조 씨의 정치적 기반이 확고해진 뒤 1225년 눈을 감았으며, 묘소는 가마쿠라 소재 슈후쿠壽福 사의 사네토모實朝(1203~1219, 3대 쇼군이자 차남) 옆에 있다.

간조주인

후쿠이 현 쓰루가 시

혼슈 – 주부 | 7세기 말~8세기 ▶ 2부 011

047
발해 교류의 관문, 후쿠이 남부

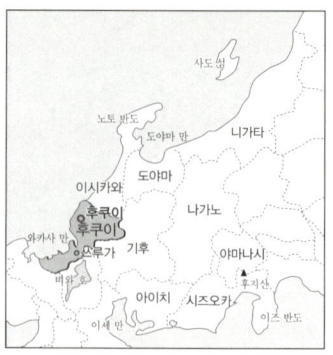

동해에 면한 후쿠이福井 현은 인구 80만을 간신히 넘는 작은 현이다. 하지만 과거로 거슬러 올라가면 대륙을 잇는 창구 다자이후大宰府(후쿠오카 현)와 마찬가지로, 후쿠이 현 남부 역시 교토의 외항으로 기능했다. 발해사渤海使(발해에서 일본으로 파견한 사절단으로 728~922년 동안 34회에 이름)의 왕래는 후쿠이 남쪽 쓰루가敦賀 시 인근에서 이루어졌으며, 10~13세기에 송과 활발히 무역할 때도 주요 거점으로 활용되었다. 후쿠이 북쪽의 이시카와石川 현 노토能登 반도 서쪽 끝에 자리한 후쿠라福浦 항도 발해로 오가는 배의 단골 기항지 중 하나였다.

발해사는 쓰루가 시의 마쓰바라松原 객관에서 머물렀다. 이 객관은 9세기 초에 세워졌다고 하는데, 객관이라는 이름에서 알 수 있듯 사절 행렬이 유숙했던 곳이다. 발해가 멸망한 이후에는 송의 상인이 머물렀으나, 지금은 흔적조차 남아 있지 않다. 해변과 맞닿은 송림에는 17,000그루가 넘는 소나무만 울창할 뿐이다.

발해와 일본의 교류는 초기에는 신라 견제라는 군사적 목적이 중요했으나, 발해와 당의 관계가 호전됨에 따라 교역과 문화 교류 쪽으로 옮아갔다. 교역 물품으로 발해는 가죽을, 일본은 비단 등의 직물과 금·수은을 서로 거래했다. 당시 도금 용매인 수은은 청동 불상을 제조할 때 필수적이었으며, 불로장생의 묘약으로도 크게 환영을 받았다.

발해사 일행 중에는 우수한 문인이 있어, 일본의 문인과 교양 및 문재를 겨루는 장이 만들어지기도 했다. 대표적으로 스가와라 미치자네菅原道真(845~903)는 882년 발해사 배정裵頲을 맞아 한시로 대결을 벌였다. 두 사람은 13년 뒤인 895년에도 재회했다. 908년 일본에 건너간 배정의 아들 배구裵璆를 접대한 사람은 미치자네의 아들 아쓰시게淳茂(?~926)였다. 배구는 919년에도 일본을 찾았으나, 7년 뒤 926년에 발해는 역사의 무대에서 사라졌다.

20세기 후반 동해는 냉전의 그림자가 드리워진 어둡고 폐쇄된 바다였으나 냉전의 해체에 힘입어 조금씩 변하고 있다. 아직은 귀에 생소한 '환동해 경제권' 구상이지만, 과거 역사를 떠올리면 21세기에는 새로운 교류의 무대로 동해가 부상할지도 모른다. 남북통일 이후의 동아시아를 전망하기 위해서도 바다를 통한 21세기의 '발해사'가 필요한 시점이다.

명승지로 지정된 쓰루가 시 송림

시가 현 비와 호

혼슈 - 긴키 | 7세기 중·후반 ▶ 2부 008

048
비와 호에 산재한 백제의 흔적

670km²에 이르는 시가滋賀 현의 비와琵琶 호는 일본 최대 규모를 자랑한다. 호수의 동쪽 일대는 일찍부터 도래인 하타秦 씨가 터전을 잡아 '도래인 마을'이라고도 불린다. 인근의 히가시오미東近江 시 햐쿠사이지초百濟寺町에는 606년 쇼토쿠聖德 태자가 백제의 사찰을 본떠 건립했다고 전하는 명찰 햐쿠사이百濟 사가 있다. 잇단 병란으로 인해 우람했던 가람은 거의 소실되고 근세 이후에 새로 지은 몇몇 건축물만 지금에 이른다.

햐쿠사이지초 남쪽의 가모蒲生 군은 원래 황무지가 많았는데 도래인이 거주하면서 개간되었다. 그중 히노초日野町의 산촌 오노小野에는 작고 아담한 귀실鬼室 신사가 자리하고 있다. 원래는 사찰이었다가 메이지 유신 이후 신사로 바뀌었으며, 1955년부터 귀실 신사로 불리기 시작했다. 신사에 모셔진 제신祭神은 귀실로서, 귀실집사鬼室集斯가 원이름이고 백제 왕가의 어엿한 피를 이은 인물이다. 그의 아버지(친척이라는 설도 있음)는 백제 의자왕의 사촌동생 복신福信이며, 무왕의 조카이기도 하다. 복신은 백제 부흥 운동을 위해 야마토 정권과 교섭하여 일본에 체재하던 왕자 풍을 왕으로 옹립하고 야마토 정권의 백제 구원병을 맞아들여 기세를 올렸지만, 백강구白江口(금강) 전투의 참패로 결국 자신의 목숨마저 내놓아야 했다. 『일본서기』에는 그가 귀실이라는 성을 칭했다고 기록되어 있다.

귀실집사가 언제 일본으로 건너갔는지, 또 생몰년은 언제인지도 확실치 않다. 『일본서기』에 따르면 665년 아버지 복신의 공을 바탕으로 관직을 받았고, 669년 백제 유민들과 함께 가모 군에 자리를 잡았다. 이후 관리 양성 기관의 수장에 임명되었다는 것을 마지막으로 공식 기록에서는 사라진다. 그 귀실집사의 비석이 에도 말기인 1806년 한 의사에 의해 발견됨으로써 망국의 비애가 역사 속에 부활했다.

한편 복신은 충남 부여군 은산면에서 2년마다 열리는 은산별신제의 장군신으로 모셔져 왔다. 이를 기념해 은산면과 히노초는 1990년 자매도시를 체결했고, 한국의 풍물패가 히노초에 가서 공연을 하기도 했다. 파란만장한 부자의 운명이 맺어준 새로운 인연인 셈이다.

귀실신사
귀실신사로 가는 길에는 한국어 안내판이 곳곳에 세워져 있다.

시가 현 나가하마 시

혼슈 - 긴키 | 16세기 말~19세기 초 ▶ 2부 045

049
나가하마에 꽃핀 조·일 우호

시가 현 나가하마長浜 시는 비와 호의 북동쪽에 위치한다. 도요토미 히데요시가 세운 도시라는 시 홍보문에서 짐작되듯이, 히데요시의 첫 보금자리 나가하마 성이 있던 곳이다. 에도 시대에 들어와 성이 황폐해진 뒤에는 다이쓰大通 사의 사하촌으로 명맥을 이어갔다. 구 시가지는 지금도 조카마치城下町(다이묘가 사는 성을 중심으로 형성된 도시)의 흔적을 잘 간직하고 있으며, 전통 건축물을 살린 거리 구로카베黒壁 스퀘어는 연간 300만 명이 찾는 관광의 명소이다. 인근에는 센고쿠 시대의 전쟁터가 산재하며, 특히 구니토모国友는 사카이堺(오사카 부)와 더불어 근세 유수의 철포 생산지였다.

하지만 우리가 나가하마에서 찾아가 볼 곳은 아메노모리 호슈雨森芳洲(1668~1755, 호슈는 호)의 흔적이다. JR 다카쓰키高月 역에서 내려 25분을 걸으면 '아메노모리 호슈암庵'이 있다. 1977년 생가 터에 세워진 이 기념관에는 조선과 일본을 누비며 양국의 우호 증진에 진력한 호슈의 저서와 유품, 조선통신사 관련 자료가 진열되어 있다.

나가하마에서 의사의 아들로 태어난 호슈는 일찍부터 유학에 재주가 뛰어났고, 스승의 천거로 쓰시마対馬 번에 출사한 이래 조선과 외교를 다지는 데 평생을 바쳤다. 부산에 머물면서 조선의 언어와 습속을 배울 만큼 열정과 균형감을 지닌 그는 국제 관계에서 평등 호혜를 사상의 근본으로 삼았으며, 외교 방침으로 성신誠信을 주창했기에 흔히 '성신 외교'라 불리기도 한다. 1719년 통신사로 일본에 다녀온 신유한申維翰(1681~?)은 자신의 저서 『해유록海遊錄』에서 호슈의 학식과 문재를 높이 평가한 바 있다. 쓰시마 이즈하라厳原에서 88세로 세상을 떠난 호슈의 유해는 조주인長寿院 뒷산에 모셔졌다.

호슈를 기억한 뒤에는 비와 호에 떠 있는 작은 무인도 지쿠부竹生 섬에 가보자. 아주 오랜 옛날부터 신앙의 대상이 되었다는 이야기에 걸맞게 국보를 간직한 유서 깊은 쓰쿠부스마都久夫須麻 신사와 호곤宝厳 사가 조용히 자리한다. 원래 근세까지 신불습합으로 하나였다가, 근대 이후 절과 신사로 분리되어 지금에 이른다.

아메노모리 호슈(위)와 아메노모리 호슈암

시가 현 오쓰 시

혼슈 - 긴키 | 1880~1890년대 ▶ 2부 067

050
오쓰 시와 삼권분립

　근대 정치는 입법, 행정, 사법의 독립과 분립이 공통분모이다. 이 삼권분립의 정착은 역사적으로 보면 시행착오의 연속이었으며, 입헌 정치가 태동하던 일본도 예외가 아니었다. 오쓰大津에서 일어난 사건은 그런 실상을 적나라하게 보여준다. 오쓰는 시가 현의 현청 소재지로, 비와 호 남단에 위치한다.

　1891년 러시아 황태자 니콜라이(뒷날 니콜라이 2세)가 시베리아 철도 기공식 참석차 블라디보스토크에 가는 길에 일본을 방문했다. 5월 11일 비와 호 관광을 마치고 교토로 돌아가는 황태자에게 연도를 경비하던 한 순사가 사벨(허리에 차는 서양식 칼)을 휘둘러 부상을 입혔다. 그 자리에서 붙잡힌 순사의 이름은 쓰다 산조津田三蔵(1855~1891). 정신병을 앓았다고도 하는 그의 범행 동기는 분명치 않다. 문제는 뒤처리였다. 강대국 러시아의 보복을 두려워한 일본 정부는 쓰다의 죽음을 원했다. 정부는 천황과 황족에게 위해를 가한 자는 무조건 사형하는 대역죄를 적용하라고 재판부를 압박했다. 하지만 대법원에 해당되는 대심원은 쓰다에게 단순 살인미수죄를 적용하여 무기징역을 선고했다. 사법부는 국익의 기치를 내건 정부의 간섭을 물리침으로써 삼권분립의 인식이 커지는 토대를 만들었다.

　시내 교마치京町의 거리에는 간단한 설명문과 함께 기념비가 세워져 있다. 홋카이도에서 수형 생활을 하던 쓰다는 곧 폐렴으로 세상을 떴다. 오쓰 시의 역사박물관은 니콜라이 2세의 핏자국이 묻은 손수건과 사벨 등의 관계 자료를 보관, 전시하고 있다. 특히 손수건은 러시아혁명 후 처형된 니콜라이 2세 일가의 유골 감정에도 활용되었다. 비록 DNA 추출에는 실패했지만 혈액형을 밝혀냄으로써 세계적으로도 큰 관심을 모았다.

　히에이 산을 사이에 두고 교토가 지척인 오쓰는 역사 도시이다. 엔랴쿠延曆 사, 이시야마石山 사, 온조園城 사 등에는 국보와 중요문화재가 그득하며, 엔랴쿠 사에서 가까운 사카모토坂本는 전통 건조물 보존 지구로 고즈넉한 분위기가 매력이다.

　여름의 일본은 어딜 가나 불꽃놀이 일색이다. 바다처럼 넓은 비와 호에서 맛보는 폭죽의 향연은 각별하다. 매년 8월 8일이면 폭죽 1만 발로 쏘아대는 불꽃놀이가 황홀한 밤을 수놓는다.

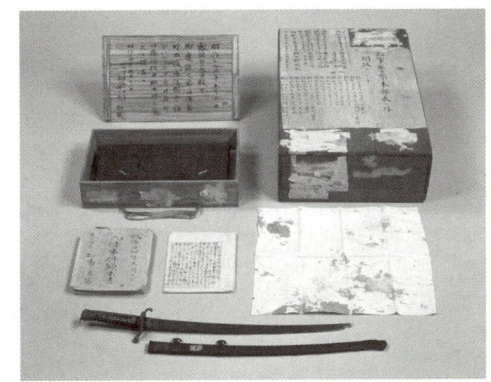

니콜라이 2세의 핏자국이 묻은 손수건, 그리고 그를 공격하는 데 사용된 사벨

미에 현 이가 시, 시가 현 고카 시

규슈 | 15세기 중·후반, 17세기 후반 ▶ 2부 035~036, 046~047

051
닌자의 쌍두마차 도시, 이가와 고카

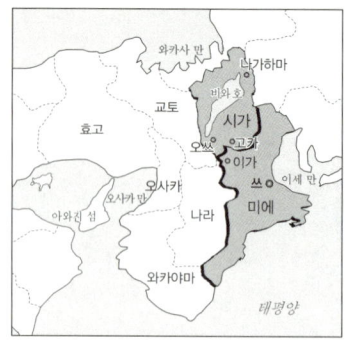

무사만큼 과장과 오해가 많은 것이 닌자忍者이다. 신출귀몰하는 절대 강자로 묘사되기 일쑤지만, 닌자의 역사적 실체는 가마쿠라 시대부터 에도 시대에 걸쳐 첩보·파괴·침투·암살 등을 도맡았던 개인이나 집단 정도이다. 이들은 무사나 아시가루足軽(보병으로서 무사보다 격이 낮음)와 달리 지역에서 집단을 이루는 경우가 많았다. 농업이나 상업에 종사하다가 필요에 따라 동원되는 일종의 용병 집단이었기 때문이다. 닌자로 유명한 곳이 이가伊賀(미에 현 서쪽)와 고카甲賀(시가 현 남동쪽)인데, 두 도시는 직선으로 20km 거리다.

역사 문헌에 처음 닌자가 등장하는 것은 무로마치 막부 시절인 1487년이다. 9대 쇼군 아시카가 요시히사足利義尙(1465~1489)가 이끈 막부군이 시가 지역의 실력자 롯카쿠六角 씨를 정벌하려 했으나, 롯카쿠 씨가 동원한 고카 닌자의 게릴라전에 휘말려 사실상 패배를 기록했다. 센고쿠 시대의 도래는 닌자에게 다시없는 호기였고, 다이묘들은 독자적으로 닌자 조직을 거느리기도 했다. 그중 이가 유파의 하나인 핫토리 한조服部半蔵는 도쿠가와 씨의 휘하에 들어갔고, 특히 2대 당주는 도쿠가와 이에야스의 신임을 두터이 얻었다. 그 결과 에도 성의 성문에 이름이 붙여졌고, 지금도 한조몬半蔵門이라는 지명으로 남아 있다.

에도 시대에도 닌자의 활약은 이어진다. 시마바라의 난(1637~1638)이 일어났을 때 고카의 닌자 부대가 잠입하여 봉기 세력의 식량 부족을 확인했다는 기록이 남아 있다. 닌자는 감찰 기관의 손발이 되어 정보 수집의 전문가로도 활동했는데, 유이 쇼세쓰由井正雪의 난(1651)을 막부에 고발한 것도 닌자였다. 저명한 가인歌人 마쓰오 바쇼松尾芭蕉(1644~1694)에 대해 이가 태생인 점을 포함한 몇 가지 이유를 근거로 닌자라는 주장이 끊이지 않는다.

이가 시와 고카 시는 닌자의 후광을 톡톡히 누리고 있다. 이가 시의 경우 우에노上野 성 일대를 공원으로 정비하여 바쇼를 모신 사당과 기념관 외에 닌자 박물관을 세워 관광객을 끌어모으고 있다. 고카 시는 테마파크(甲賀の里忍術村)와 더불어 닌자의 거처(甲賀流忍術屋敷)를 대표적인 관광지로 선전하고 있다.

이가 시와 고카 시의 닌자 상품화 원 안의 사진은 이가 시에서 운영하는 닌자열차이고, 왼쪽은 고카 시의 닌자 거처이다. 이가 시와 고카 시에서는 닌자 체험 등 다양한 프로그램을 운영하고 있다.

미에 현 스즈카 시

혼슈 – 긴키 | 18세기 말~19세기 전반 ▶ 2부 055

052
스즈카 시의 표류민기념관

　스즈카 시에는 일본 굴지의 자동차 회사 혼다本田가 1962년에 만든 F1 경기장이 있다. 가히 모터스포츠의 성지라 자부함직하다. 그러나 역사 속의 스즈카 시는 기나이를 지키는 세 관문 중 하나였을 뿐이다. 그런 작은 항구 출신의 다이코쿠야 고다유大黒屋光太夫(1751~1828)는 18세기 말 러시아의 예카테리나 2세(1729~1796)를 만난 최초의 일본인이었다. 이세와카마쓰伊勢若松 역에서 15분을 걸으면 생가 근처에 2005년에 세워진 기념관이 눈에 들어온다.

　1782년 고다유는 운송선의 선장으로 에도를 향하던 중 풍랑을 만나 난파하여 북태평양에 있는 알류샨 열도에 표착했다. 이후 이르쿠츠크를 거쳐 1792년 상트페테르부르크에 가서 예카테리나 2세를 알현하고 귀국을 허락받았다. 동방 진출의 거점 이르쿠츠크에는 일본항해학교와 일본어학교가 각각 1764년과 1768년에 설치되었고, 표류민이 일본어를 가르쳤다. 1793년 러시아 사절 라스크만과 함께 홋카이도의 네무로에 도착한 고다유는 쇼군 도쿠가와 이에나리德川家斉(1787~1837) 앞에서 조사를 받았다. 그의 진술을 통해 막부도 북방 정세의 긴박함을 인지하게 되었다.

　고다유가 귀국한 지 얼마 뒤, 미야기 현의 어부 쓰다유津太夫(1744~1814) 일행 역시 반년가량을 표류하던 끝에 1794년 알류샨 열도에서 러시아인에게 구조되었다. 1796년부터 이르쿠츠크에서 머물던 14명의 일본인들은 1803년 알렉산더 1세(1777~1825)의 명령에 따라 상트페테르부르크로 향했다. 러시아는 대일 통상 교섭에 활용하고자 이들 가운데 귀국을 원하는 4명의 일본인을 레자노프 사절 일행에 동행시켰다. 배는 대서양과 남미 대륙을 거쳐 태평양의 하와이·캄차카를 거쳐 1804년 나가사키에 모습을 드러냈다. 쓰다유 일행은 세계를 일주한 최초의 일본인이 되었다.

　고다유와 쓰다유 모두 귀국 후의 삶은 고달팠다. 취조는 가혹했고 귀향 뒤에는 사실상 연금 상태에 놓였다. 이후의 표류인은 대외 관계의 풍향에 따라 귀국조차 여의치 않은 사례가 속출했다. 이는 쇄국이 낳은 고난이었기에, 개국은 표류로부터 해방을 의미했다.

오른쪽 : 다이코쿠야 기념관 앞의
　　　　다이코쿠야 동상
왼쪽 : 레자노프의 항해도

교토 부

혼슈 - 긴키 | 9세기 초~11세기 전반 ▶ 2부 013

053
교토의 보물 창고, 요메이 문고

9~10세기에 걸쳐 천황의 외척이 된 일을 계기로 후지와라藤原 씨의 약진이 두드러졌다. 드디어 천 년 전의 세기말, 후지와라 미치나가藤原道長(966~1028)의 영화는 누구도 범접하지 못할 지경에 달했다. 1018년 미치나가는 11세의 고이치조後一條(1016~1036) 천황에게 셋째 딸을 시집보냈다. 딸이 중궁이 된 날, 축하연에서 미치나가는 와카를 느긋하게 읊었다. "세상 전부가 / 진정 내 것이라고 / 생각하노라 / 보름달이 기울지 / 않고 저리 둥그니"

미치나가가 죽은 뒤 후지와라 섭관가의 위세는 내리막길을 걷게 되지만, 섭관(섭정과 관백의 줄임말로 천황의 후견인) 자리만큼은 후손들이 대물림했다. 헤이안 시대 말기에 이르러서는 섭관가가 최종적으로 다섯 가문으로 갈라진다. 고노에近衛, 구조九条, 니조二条, 이치조一条, 다카쓰카사鷹司로 구성되는 5섭가攝家의 출범이다. 이들은 에도 시대는 물론 메이지 유신 이후까지 명맥과 권위를 이어 갔으며, 황실의 주요 혼처이기도 했다.

미치나가의 자필 일기(『御堂関白記』)는 그것을 쓴 당사자 못지않게 유명하다. 관백이 된 적은 없으나 정권을 잡았던 995년부터 쓰기 시작했고, 현존하는 것은 998년부터 1021년까지의 부분이다. 당시의 정치와 귀족 생활을 엿볼 수 있는 특급 사료로서 국보로 지정된 이 일기의 소장처는 교토의 요메이陽明 문고이다. 문고라는 이름에 걸맞지 않게 5섭가의 필두인 고노에 가에 전해지는 고문서, 서적, 일기, 미술품을 20만 점 이상 보관하고 있으며, 1938년 고노에 가의 당주이자 당시 현직 수상인 고노에 후미마로近衛文麿(1891~1945)가 설립했다. 국보 8점을 포함하여 중요 사료와 문화재가 즐비한 고노에 가의 보물 창고는 봄과 가을 각 3개월 동안 사전에 예약한 단체 관람만 가능하다.

미치나가는 말년에 정토종淨土宗에 심취하여 2년의 공사 끝에 1022년 호죠法成 사를 건립했다. 5년 뒤 찾아온 죽음도 호죠 사에서 승려의 독경을 들으며 맞이했다. 하지만 화재로 모든 가람이 전소되고, 지금은 절터를 알려주는 표지석만 덩그렇게 남아 있다.

 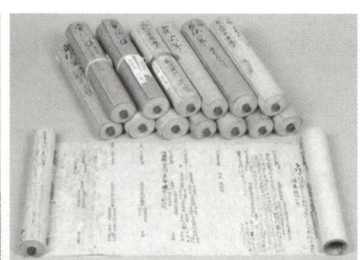

미치나가의 자필 일기를 비롯한 고노에 가문의 국보 전시를 알리는 포스터(2014. 4. 15~6. 8). 오른쪽은 자필 일기

교토 부

혼슈 - 긴키 | 14세기 중반~15세기 초 ▶ 2부 031, 034

054
교토에 감춰진 무가의 정취

무로마치 막부가 군림했던 200년 동안 교토에서는 무가의 위세가 등등했다. 그런데도 지금의 교토에서 그 자취는 쉬 눈에 띄지 않고, 천황과 귀족의 그림자만 도드라져 보인다. 한때 교토를 주름잡았던 무가의 족적을 찾는 데는 약간의 길라잡이가 필요하다.

무로마치 막부의 3대 쇼군으로 남북조를 통일하고 막부의 기반을 다졌던 아시카가 요시미쓰足利義滿(1368-1394)의 저택 하나노고쇼花の御所는 천황의 처소 북쪽에 자리했으며, 다이리內裏(천황의 사저)의 2배 규모에 달했다. 하나노고쇼라 불렸던 것은 이름난 꽃과 나무가 그득한 데서 유래한다. 1467년 교토를 휩쓴 '오닌의 난'으로 불에 탔다가 복구되었지만 재차 화염에 휩싸였다. 잿더미로 변해버린 하나노고쇼는 기울어가던 무로마치 막부의 운명과 겹쳐 보인다. 황폐해진 터에는 도적이 들끓었고, 곧 서민의 집들이 부근을 에워쌌다. 지하철 가라스마鳥丸 선의 이마데가와今出川 역에 내리면, 이마데 거리와 무로마치 거리 교차점에 석비 '足利将軍室町第跡'(아시카가 쇼군 무로마치 저택 터)가 세워져 있다. 또 도시샤同志社 대학 남쪽에 위치한 다이쇼大聖 사에 가면 '花乃御所'(하나노고쇼)라고 새긴 석비를 볼 수 있다.

1382년 요시미쓰는 하나노고쇼 근처에 사찰을 건립하기 시작해서 10년 뒤 완성했다. 교토 최대의 선종 사찰 중 하나인 쇼코쿠相國 사이다. 100m를 넘는 7층짜리 탑은 당시 절정에 오른 쇼군 권력의 상징물이었지만, 지금은 남아 있지 않다.

요시미쓰는 1394년 아들에게 후사를 잇게 한 뒤 거처도 옮겼다. 이름은 기타야마테이北山第, 현재는 로쿠온鹿苑 사, 아니 긴카쿠金閣 사라 불리는 곳이다. 옥좌를 곁눈질하던 요시미쓰의 야망이 깃든 곳답게 광대한 면적을 자랑했지만, 그가 죽은 뒤 대부분의 대지와 건물이 인근 사찰에 기증되었다. 남은 사리전이 바로 긴카쿠이다. 1950년 7월 화마가 긴카쿠를 덮쳤다. 방화를 저지른 승려는 신경쇠약 증세를 보이며 자살을 기도했고, 그의 어머니는 경찰 조사를 받고 돌아가다가 계곡에 몸을 던졌다. 패전의 암울함을 걷어내려는 듯 각계의 기부가 이어졌다. 제 모습을 찾은 긴카쿠는 1994년 세계문화유산으로 지정되었다.

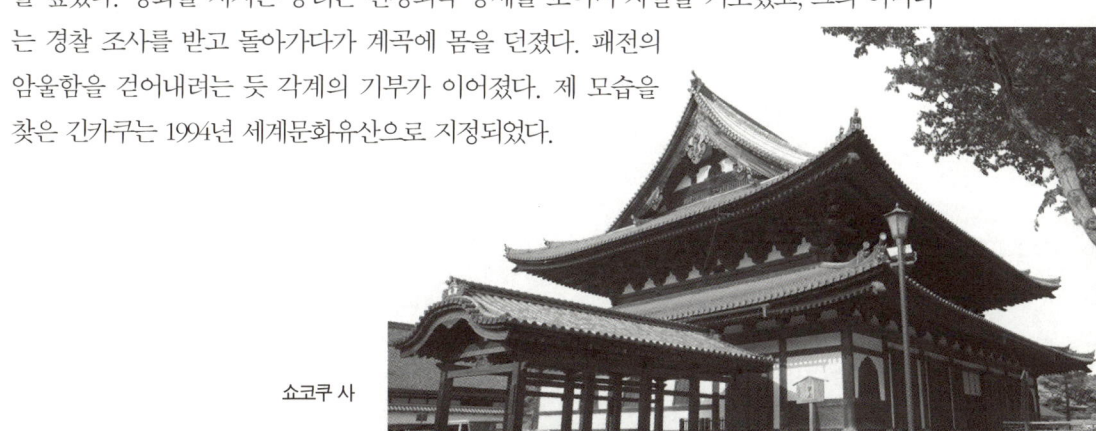

쇼코쿠 사

교토 부

혼슈 - 긴키 | 1860년대 후반 ▶ 2부 062

055
왕정복고 쿠데타의 현장

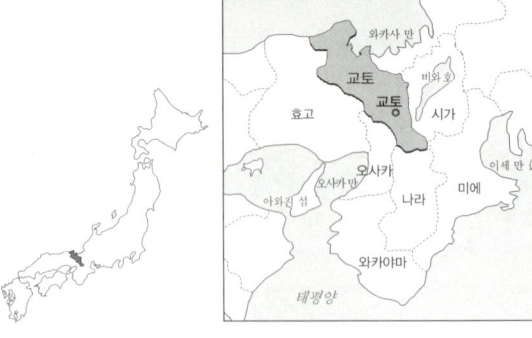

헤이안쿄, 즉 교토는 무사 시대가 도래하면서 쇠락해갔다. 15세기 후반에는 오닌의 난으로 시가지의 절반이 잿더미가 되었다. 에도 막부의 개척자 도쿠가와 이에야스는 교토의 거점으로 니조二条 성을 개축했고, 이 성은 도쿠가와 이에모치德川家茂(1858~1866)와 도쿠가와 요시노부德川慶喜(1867~1868) 등 쇼군이 상경할 때마다 처소로 사용되었다. 1863년 이에모치의 교토 행차에 즈음하여 쇼군의 경호대로 신설된 것이 드라마나 소설의 단골 소재로 등장하는 신센구미新選組이다. 연령과 신분을 초월하여 편성된 새로운 조직인 신센구미는 이후 교토의 치안 유지와 메이지 유신의 지사를 공격하는 별동대로 활약한다.

헤이안쿄 시절의 정식 황궁은 다이리內裏였으나, 잦은 화재와 전란으로 인해 천황은 황족의 처소를 전전해야 했다. 현재의 교토 고쇼御所는 남북조 시대부터 사용되었으며, 대부분의 건물은 에도 시대에 막부가 건설했다. 부지는 20만m²를 넘는다(경복궁은 34만m²). 고쇼의 남쪽 정문인 겐레이몬建礼門에 들어서면 바로 정면에 정전인 시신덴紫宸殿이 자리한다. 천황 즉위식을 비롯해 중요한 의식이 치러지는(현 천황은 도쿄에서 거행) 곳이다. 시신덴을 지나 왼쪽(서쪽)에는 세이료덴清涼殿이 있는데, 일상의 정무를 돌보던 곳이다. 세이료덴과 마주하듯 시신덴의 오른쪽(동쪽)에 배치된 것이 고고쇼小御所이며, 이름에서 짐작할 수 있듯이 황태자와 관련된 의식이 치러졌다. 하지만 마지막 쇼군 요시노부의 관직과 영지 반납을 결정함으로써 막부 퇴출의 대미를 장식했던 1868년 고고쇼 회의 당시의 건물은 남아 있지 않다. 1954년 인근 가모鴨 강의 불꽃놀이로 인한 화재로 소실되었다가 1958년에 재건되었기 때문이다. 그리고 메이지 천황이 임석한 가운데 왕정복고의 대호령大號令이 발표된 곳은 고고쇼의 북쪽에 위치한 오가쿠몬조御学問所이다.

교토 고쇼는 봄가을의 특별 기간을 제외하면 평일에는 사전 예약을 통해 일반 관람도 가능하다. 교토 고쇼 북쪽에는 윤동주가 다녔던 도시샤 대학이 인접해 있으며, 캠퍼스에서 그의 사후 50주년을 기려 1995년에 세워진 시비를 볼 수 있다.

오가쿠몬조

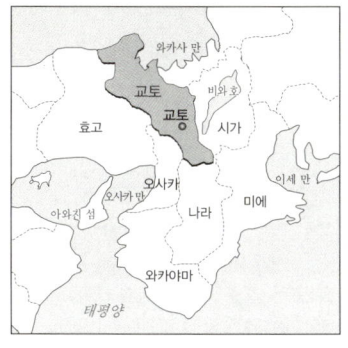

교토 부

혼슈 - 긴키 | 1920년대 중·후반 ▶ 2부 081

056
좌경 온건파 야마모토 센지

야마모토 센지山本宣治(1889~1929)는 '야마센'이라는 애칭으로 더 유명하다. 교토 우지宇治에서 하나야시키우키후네엔花やしき浮舟園 요리 여관을 운영하는 집안의 장남으로 태어났다. 생물학자로서 야마센은 "천황이라 해도 명령에 따라 사람을 죽이는 것은 생물 진화의 대법칙에 반하는 일"이라면서 대역 사건(1910년 천황을 암살하려 했다는 음모를 조작하여 고토쿠 슈스이 등 사회주의자들을 탄압한 사건) 관련자에 대해 인도주의를 피력했으며, 그들과 접하면서 노동운동과 부락해방운동으로 나아갔다. 활동가들과 공부 모임을 만들고 자신을 '좌경 온건파'라 칭하며 대중 속으로 들어갔다. 1926년 교토 인근 학교의 사회과학 동아리를 대대적으로 옥죈 교토가쿠렌京都学連(치안유지법이 적용된 첫 사례) 사건은 그의 교단생활까지 앗아갔다.

그런 야마센에게 새로이 정치의 장이 주어졌다. 1928년 처음으로 실시된 보통선거에서 그는 노동농민당(좌파) 공인 후보자로 교토 2구에서 당선되었다. 무산계급의 입장에 선 정치 투사의 탄생이었다. 3·15 사건(공산당과 좌파 세력 검거)을 자행한 다나카 기이치田中義一(1864~1929) 내각을 신랄하게 비판했으며, 군사 예산 증가를 꼬집고 '제국주의 전쟁 반대'를 호소했다. 치안유지법 개정을 반대하는 선봉에도 섰다. 하지만 1929년 3월 5일, 여당인 입헌정우회는 예정된 반대 토론을 하기도 전에 전격적으로 표결에 부쳐 치안유지법을 가결시키고 말았다. 그날 밤 야마센은 숙소를 찾아온 경찰관 출신의 우익이 휘두른 칼을 맞고 다시는 일어서지 못했다(범인은 12년 형을 선고받았으나 6년 만에 출소).

야마센을 떠나보내는 '야마센 노농장労農葬'은 참가자가 검거되는 광풍 속에 치러졌다. 그의 묘비에는 "야마센 홀로 성을 지키리라 / 허나 나는 외롭지 않아 / 내 뒤에 대중들이 있으니"가 새겨져 있었지만, 시멘트로 글귀를 덮은 뒤에야 세워도 된다는 허가가 떨어졌다. 시멘트는 누군가가 계속 떼어냈고, 마침내 1945년 12월 첫 추도 전야제에서 완전히 제거되었다. 올곧은 휴머니스트 야마센의 묘는 우지 역에서 도보 20분 거리의 젠포善法 묘지에 있다. 여기서 하나야시키우키후네엔은 걸어서 갈 수 있는 거리다.

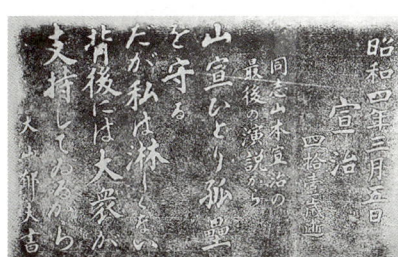

야마모토 센지 묘와 묘비에 새겨진 글(탁본)

오사카 부 사카이 시

혼슈 - 긴키 | 16세기 ▶ 2부 037

057
자치도시 사카이

사카이堺 시는 오사카 시 남쪽과 맞닿은 오사카 부 제2의 도시이다. 길이가 486m에 이르는 최대 규모의 전방후원분前方後圓墳(3~7세기에 조성된 일본 고유의 묘제) 다이센大仙 능을 비롯해 시 여기저기에 고대의 자취가 흘러넘친다. 하지만 중세의 끝자락으로 눈을 돌려 이 도시를 바라보면, 서양 선교사들이 '동양의 베니스'라 부르기도 했던 당대 최고의 무역항으로 면모를 일신한다. 원래 고베 부근이 중국 무역의 거점이었으나, 오닌의 난 이후 사카이가 대명 무역은 물론 류큐琉球(지금의 오키나와)와 동남아 교역의 중심지로 부상했다.

베니스가 그랬듯이 사카이도 고도의 자치도시였다. 사카이의 자치성은 장원의 관리와 연공의 청부를 맡았던 데서 유래한다. 오닌의 난 이후 16세기 전반에 걸쳐 전투에 휘말리는 일이 잦아지자, 주민들은 도시를 방어하기 위해 해안을 제외한 동남북 세 방향으로 환호環濠를 둘러치고 용병대를 편성했다. 이 도시의 자치 공동체를 지도한 이는 교토의 서민과 유사한 에고슈會合衆라는 장로들, 정확히는 지주이자 거상이었다.

이윽고 사카이는 규슈九州의 하카타博多와 함께 이국적 정취가 넘치는 국제 무역항으로 발전해 나갔지만, 센고쿠 시대를 평정하려 한 오다 노부나가와 도요토미 히데요시가 사카이와 하카타의 자유를 앗아갔다. 1586년 사카이를 지켜주던 환호는 히데요시의 명에 따라 조금씩 메꿔졌고, 상인들은 강제로 오사카 성으로 이주당했다.

현재 환호의 자취는 거의 사라져 파악하기 힘들지만, 사카이 시 박물관에 가면 전체적인 조망이 가능하다. 사카이의 제조업으로는 직물을 비롯하여 철포와 식칼을 만드는 주물업이 대표적이었다. 그리고 차茶의 명인 센리큐千利休(1522~1591)가 태어났다는 데서 알 수 있듯이, 교역으로 축적한 부는 차 문화의 번성을 낳기도 했다. 관련 유적은 난카이南海 전철의 시치도七道 역을 기점으로 산책 기분을 느끼며 차분히 돌아볼 수 있다.

JR 모즈百舌鳥 역에 내려서는 다이센 능을 비롯한 모즈 고분군古墳群을 봐야 한다. 과거에는 200m를 넘는 고분 3기를 포함하여 100여 기가 산재했으나, 개발로 인해 지금은 50여기만 남아 있다. 사카이 시 박물관도 가까이에 있다.

사카이 시 자비에르 공원에 있는 철포비

오사카 부

혼슈 - 긴키 | 19세기 전반 ▶ 2부 057

058
오사카 내의
오시오 헤이하치로

    에도 시대의 황혼이 어른거리던 1837년, 오사카에서 무사 오시오 헤이하치로^{大鹽平八郎} (1793~1837)가 반기를 들었다. 난은 곧바로 진압되었지만 막부에게는 그야말로 청천벽력이었다. 신속하고 엄하게 집행된 사후 조치가 그런 충격을 짐작케 한다.

    749명의 관련자 중 40명이 죽음을 선고 받았다. 오시오 부자를 비롯한 19명은 이미 사망했으므로 소금에 절여진 사체를 기둥에 묶고 창으로 찔러 죽이는 책형^{磔刑}에 처해졌고, 오시오 부자를 숨겨줬던 조닌^{町人}(도시 서민) 이하 21명 중에서 실제로 사형이 집행된 사람은 겨우 5명뿐이며 나머지는 사형이 집행되기도 전에 죽었다. 취조와 옥중 생활이 얼마나 가혹했는가를 말해주는 대목이다. 게다가 막부가 눈을 부릅뜨고 있는 한 대역 죄인 오시오에게는 죽은 뒤에도 누울 자리조차 없었다. 메이지 유신 이후 1897년에야 겨우 묘가 조성되었다(아들의 묘는 1916년). 그나마도 미군의 공습으로 파손되었고, 1957년 다시 유지를 모아 부자의 묘가 나란히 재건되었다.

    오사카 역과 오사카 성 사이에 있는 묘를 기점으로 '오시오 산책로'를 간단히 소개한다. 묘는 지하철 역(南森町)을 나와 2분 정도 거리의 조쇼^{成正} 사에 있다. 본당 뒤 역대 오시오 선조 곁에 모셔져 있으며, 지금도 헌화가 끊이지 않는다. 옆에는 오시오와 운명을 같이한 참가자를 기리는 비가 있다. 조쇼 사를 나와 20여 분 걸으면 오시오가 양명학을 가르치며 제자를 양성했던 사숙(洗心洞) 터에 다다른다. 지금은 조폐국 숙사가 차지하고 있다.

    내친 김에 거기서 20여 분을 더 이동하면 웅장한 오사카 성이 위용을 드러낸다. 도요토미 히데요시가 쌓았던 오사카 성은 그의 아들 히데요리^{秀賴}(1593~1615)의 몰락과 함께 폐허로 변해버렸으며, 도쿠가와 히데타다^{德川秀忠} 시대에 다시 지어져 1629년에 완성되었다.

    한편 은신처가 발각되었음을 안 뒤 오시오는 화약을 터뜨려 자결했는데, 그 자리는 지금 천리교 교회로 사용되고 있다. 교회 안에는 오시오 연구 모임이 오시오 사건 160주년을 기념하여 1997년에 건립한 추도비가 있다. 주위는 황량한 빌딩 숲이지만, 가까이 있는 우쓰보^靫 공원이라면 좌절한 혁명가의 삶을 그려보기에 충분히 고즈넉하다.

조쇼 사에 있는 오시오 부자의 묘

오사카 부 스이타·히라카타 시

혼슈 – 긴키 | 1945~1947년 ▶ 2부 093~094

059
한국전쟁의 그늘, 스이타·히라카타 사건

일본에게 한국전쟁은 남의 일이 아니었다. 점령 정책의 역행, 즉 역코스가 더욱 굳어졌고, 전쟁 특수는 일본 경제 부흥의 불쏘시개가 되었다. 나아가 일부 일본인은 전쟁에 직접 관여했다. 미군의 요청에 따라 기뢰 제거를 위해 일본 해상보안청 산하 소해掃海 부대가 한반도 해역에 파견되었다. 소해정 파견은 국회 승인도 거치지 않은 사실상의 '참전'이었다.

해방 후 일본에 남은 재일 코리안은 곧 이어진 남북 분단과 한국전쟁으로 극단적인 선택을 거듭해야 했다. 1945년 10월 결성된 재일 코리안의 첫 조직 재일본조선인연맹(조련)의 실세는 공산주의자이자 최고 고문 김천해金天海(1899~?)였다. 좌우 알력의 증폭으로 조련을 탈퇴한 우파 그룹은 1946년 10월 민단(재일본조선거류민단 → 재일본대한민국거류민단 → 재일본대한민국민단)을 띄웠다. 일본공산당(일공) 중앙위원이던 김천해 휘하의 조련은 일공과 함께 GHQ 및 요시다 시게루吉田茂(1878-1967) 내각에 맞서다가 1949년 9월 해산으로 내몰렸다.

한국전쟁이 터지자 민단 계열 청년 642명이 한국어도 모른 채 현해탄을 건넜다. 이 재일 학도의용군 중 135명은 전사 혹은 행방불명되었다. 1953년 남북한 휴전에 따라 살아남은 사람들은 제대했지만, 일본 정부는 공식 '허가' 없이 출국했다며 242명의 재입국을 거부했고, 이들은 물정 서투른 한국 땅에서 힘겨운 나날을 보내야 했다.

일본 내에서도 한국전쟁의 여파가 닥쳤다. 1952년 6월 24일과 25일 스이타吹田와 히라카타枚方에서는 전쟁에 반대하는 재일 코리안과 무장투쟁으로 전환한 일공이 연대한 봉기가 잇달아 발생했다. 스이타의 조차장에서는 1,000여 명의 시위대가 군수물자를 실은 열차를 저지하는 '실력 투쟁'을 벌이며 경찰과 격렬하게 충돌했다. 히라카타에서는 100여 명이 포탄 제조소의 일부 시설을 폭파하고 관계자의 집에 화염병을 투척했다.

김천해는 전쟁의 포성이 울리기 직전 한국을 거쳐 월북했으며, 그의 후계자 한덕수韓德銖(1907~2001)는 1955년 재일본조선인총연합회(조총련)의 창립을 주도했다. 일공 지도부는 완강하게 무장투쟁의 관여를 부정하고 있다. 스이타, 히라카타의 현장 어디에도 사건을 알려주는 안내문이나 기념물은 없다.

스이타 조차장에 몰려든 시위대

나라 현 나라 시

혼슈 - 긴키 | 8세기 ▶ 2부 010

060
율령제가 극대화된 도읍, 헤이조쿄

나라奈良 현청 소재지인 나라 시는 현의 북쪽 끝에서 도도한 역사의 흐름을 이어왔다. 1300년 전 이곳에는 율령 체제의 정화를 보여주는 도읍지 헤이조쿄平城京가 자리하고 있었다. 나라라는 지명은 땅을 고르게 해서(일본어로 '나라스') 만들었기 때문이라는 설과 함께 한국어의 '나라'라는 말에서 왔다는 설이 유력하다.

헤이조쿄는 주작대로를 축으로 우경과 좌경으로 나뉘었고, 좌경의 경사지에는 외경이 만들어졌으며, 남북과 동서의 도로에 의해 구획되었다. 시가지 안의 택지는 위계에 따라 크기가 정해졌으며, 동서 약 4.3km(외경을 포함하면 6.3km) 남북 4.7km에 이른다. 5m 정도의 담으로 둘러싸인 헤이조 궁은 북쪽 끝에 위치했으며, 주작문을 비롯한 12개의 문이 설치되었다. 동서에 설치된 관영의 시市(시장)에서는 지방에서 올라오는 산물과 관리의 녹봉인 포목과 실 등이 교환되었다. 주요 건축물로는 사찰의 비중이 크다. 궁궐을 기준으로 동서에 각각 도다이東大 사와 사이다이西大 사가 752년과 765년에 창건되었다. 607년에 창건된 호류法隆 사가 일찍이 자리를 잡고 있었고, 후지와라쿄藤原京에 있던 고후쿠興福 사, 야쿠시藥師 사 등의 대사찰도 옮겨 왔다. 나라 시대에 불교가 융성한 사실은 여기서도 증명된다.

이렇듯 호사를 누리던 헤이조쿄에도 난점이 있었으니, 바로 물 부족이다. 수상 운송의 활용이 불가능한 데다 생활 배수의 악취는 참기 힘든 지경이었다. 결국 784년 북쪽으로 40km 떨어진 나가오카쿄長岡京(교토 남서쪽)로 옮겨 갔고, 794년에는 또다시 헤이안쿄平安京 천도가 결정되었다. 9세기 초반에는 정쟁의 와중에 헤이조쿄가 임시 도읍으로 사용되기도 했지만, 864년 무렵의 기록을 보면 궁궐과 도로가 벌써 논밭으로 바뀌었다고 한다.

헤이조쿄는 1920년대부터 발굴 조사가 시작되었고 1959년 이후 본격적으로 진행되었다. 1998년 헤이조 궁터는 도다이 사와 함께 세계문화유산에 등재되었는데, 이는 나라문화재연구소와 나라세계유산시민네트워크의 보존 노력에 힘입은 바 크다. 천도한 지 1300년이 되는 2010년을 목표로 복원 사업이 대대적으로 추진되어 정전인 태극전과 주작문 등이 복원되었다. 이곳을 방문한다면 궁터 내의 자료관도 둘러봐야 할 필수 코스이다.

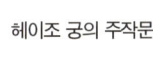
헤이조 궁의 주작문

**나라 현 나라 시 고후쿠 사,
교토 부 엔랴쿠 사**

혼슈 - 긴키 | 11세기 후반~12세기 전반 ▶ 2부 020

061
나라와 교토의 승병

상황上皇(태상천황의 준말로 양위한 천황)이 국정을 쥐락펴락하던 원정院政 시대에는 '승병'의 활약이 대단했다. 대표적으로는 남도南都와 북령北嶺, 즉 나라의 고후쿠興福 사와 교토 히에比叡 산의 엔랴쿠延暦 사이다. 승병의 실체는 사찰에서 잡일을 도맡아 하는 슈토衆徒였다. 두 사찰은 슈토에게 가사를 입히고 무기를 들려서는 장원 경영을 놓고 서로 다투거나 불교계의 패권을 둘러싸고 실력 투쟁을 되풀이했다. 이를 강소強訴라 부른다.

1113년 불교계의 양대 산맥이 강소에 돌입했다. 시라카와白河(1073~1087) 상황이 고후쿠 사의 말사인 기요미즈清水 사의 주지를 엔랴쿠 사 출신으로 임명한 것이 화근이었다. 먼저 고후쿠 사의 승병이 가스가春日 신사의 신물을 매단 신목神木을 안고 교토 시내에 들이닥쳐 신임 주지의 파면을 주장했고, 이것이 성사되자 의기양양 귀환했다. 이번에는 엔랴쿠 사가 발끈했다. 승병 집단은 히에日吉 신사의 신여神輿(신을 태운 가마)를 앞세우고 고후쿠 사 측 책임자의 유배를 요구하며 상황의 처소를 에워쌌다. 후지와라 섭관가의 우지데라氏寺로 떵떵거리던 고후쿠 사조차 노기에 찬 엔랴쿠 사 승병의 요구를 받아들일 수밖에 없었다. "그야말로 불법도 왕법도 망해가"는 현장이었다.

사찰의 강소에 신사가 개입한 것은 신불습합에 따른 일체화 때문이다. 불상보다 가벼운(?) 신목과 신여는 장원을 놓고 고쿠시와 다툴 때도 유효했다. 신목에 관한 기록만 봐도 가마쿠라·무로마치 시대에 걸쳐 교토에 20차례나 출현했다고 한다. 진호鎭護국가를 염불하던 대사원의 강소는 공권력이 각종 사사로운 세력으로 분열하고 법 대신 주먹이 가까운 원정 시대의 특징을 잘 보여준다. 상황과 귀족에게 무사가 필요했던 이유도 여기에 있다.

하지만 신불의 위력은 무사에게 통하지 않았다. 대표적 무가인 헤이 씨 일족은 고후쿠 사에 불을 질렀다. 그 결과 승병의 활동은 수세적이다가 센고쿠 시대에 다시 기세를 올렸다. 그러나 이후 오다 노부나가와 도요토미 히데요시는 승병과 사찰을 유린하고 파괴했다.

21세기에 찾아간 고후쿠 사와 엔랴쿠 사에서 700년에 걸친 승병의 역사를 감지하기는 힘들 터다. 대신 여러 점의 국보를 비롯하여 일본 불교문화의 정수를 맛볼 수 있다.

엔랴쿠 사

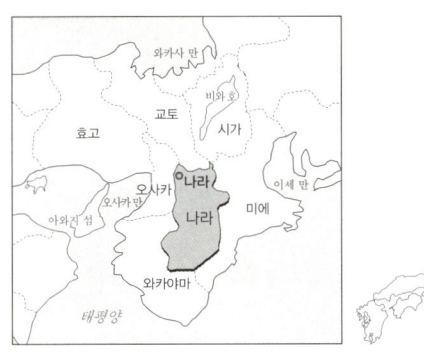

나라 현 요시노 시

혼슈 - 긴키 | 13세기 말~14세기 전반

▶ 2부 029

062
남조가 웅거했던 요시노

1337년 무로마치 막부의 아시카가 다카우지足利尊氏(1305~1358, 쇼군 재위 1338~1358)에게 교토를 내어준 고다이고後醍醐(1318~1339) 천황은 나라 현 남부의 험준한 산악 지대 요시노吉野로 도망가서 재기를 노렸다. 남북조 시대의 시작이다.

남조의 행궁은 처음엔 요시미즈吉水 신사에 있었다. 요시미즈 신사는 원래 산악 불교 슈겐도의 본산 긴부센金峯山 사에 소속된 승방이었으나, 메이지 유신 이후 신불 분리 정책에 따라 고다이고 천황을 모시는 신사로 바뀌어 오늘에 이른다. 예로부터 벚꽃의 명소로 이름이 높은 요시노 산의 풍광을 여기서도 즐길 수 있다. 참고로 1594년에 도요토미 히데요시가 오사카에서 5,000명을 이끌고 벚꽃 구경을 왔다고 전한다.

남북조 간의 기나긴 전투로 남조의 천황들은 거처를 여기저기 옮겨 다녀야 했기에 한 곳에 오래 머물지 못했다. 고다이고 천황의 아들 고무라카미後村上(1339~1368) 천황은 요시노에서 즉위했으나, 1348년 북조의 공격으로 요시노가 함락된 뒤에는 와카야마, 요시노, 교토, 오사카 등지를 전전해야 했다. 잇단 천도는 이후에도 반복되었고, 남조의 마지막 고카메야마後亀山(1383~1392) 천황은 나라 현 고조五条 시의 에이산栄山 사를 행재소로 삼았다.

오사카 시 스미요시住吉 구에 있는 스미요시 행궁이 남조의 천황이 체류했던 곳 중에서 그나마 잘 보존된 편에 속한다. 스미요시 대사大社의 남쪽에 위치하고 있으며, 신사 측이 남조 편을 들었으므로 상당 기간 천황의 거처로 사용되었다. 이 신사는 원래 바다의 신을 모시는 곳이어서 세토 내해의 해상 세력을 끌어들일 수 있었으며, 남조의 세력권인 요시노 - 스미요시 - 시코쿠 - 규슈로 이어지는 연락망을 확보할 수 있는 요충지이기도 했다.

고다이고 천황은 남북조 시대의 막을 연 장본인이지만, 정작 자신은 얼마 안 있어 병으로 세상을 떴다. 유언으로 '조적 토벌, 교토 탈환'을 남겼다고 한다. 고다이고 천황의 유해는 요시노의 뇨이린如意輪 사 본당 뒷산에 묻혔으며, 남조 최고의 충신 구스노키 마사시게楠木正成(1294?~1336)의 아들이 출전에 즈음하여 남긴 시가 본당 문에 새겨져 있다.

요시미즈 신사(오른쪽)와 고다이고 천황의 옥좌

나라 현 고세 시

혼슈 - 긴키 | 1910년대~1920년대 전반 ▶ 2부 079

063
부락해방운동의 발상지

1871년 메이지 유신의 지도자들은 사민평등을 외치고 해방령을 발포했지만, 에타·히닌으로 불린 피차별부락민은 예외였다. 그들에게는 신분제의 망령이 불식되지 않았다. 시가 현 오쓰에서 열린 촌장 회의에서 한 촌장은 '해방령을 발하지 말고 모두 죽였다면 화근이 없었을 텐데'라고 말하기도 했다. 결혼과 취직에서 당하는 불이익이 일상적 차별이었다면, 인프라 정비의 지체와 미비는 부락민의 삶을 구조적이고 영속적인 곤궁으로 내몰았다. 정부 주도의 융화운동이 전개되었지만 실상과 동떨어진 전형적인 전시 행정이었다.

1922년 3월 무의미한 융화운동에 염증을 느낀 나라 현 가시와바라柏原의 청년들이 떨쳐 일어섰다. 교토 오카자키岡崎 공회당에서 그들은 수평사水平社를 창립하고 선언문을 발표했다. 지금 공회당은 없어지고 교토 시의 미술관 별관이 들어서 있으며, 다만 수평사 기념비가 서 있다. 수평사를 창립한 청년들은 쌀 소동(1918) 이후의 동정적인 융화 사상은 그 본질이 인간 모독이라 갈파했지만, 이후의 진로는 제각각이었다. 노농운동과 제휴를 주창한 그룹은 전국수평사청년동맹(1923)으로 결집하여 서서히 수평사 내부의 주류를 점했고, 아나키스트 그룹은 전국수평사해방동맹(1926)을 결성하여 독자적 길을 걷다가 얼마 뒤 복귀했다. 우파 활동가는 일본수평사(1927) 결성으로 맞섰다. 하지만 어느 조직도 아시아·태평양전쟁의 광풍을 이겨내지 못했고, 활동은 유명무실해졌다. 지도자 중 한 사람인 마쓰모토 지이치로松本治一郎(1887~1966)조차 전쟁 수행에 협조하라는 압박을 뿌리치지 못했다.

패전 후 수평사 주류는 부락해방전국위원회(1946. 1956년 부락해방동맹)로 활동을 재개했고, 마쓰모토는 사회당과 손을 잡았다. 하지만 내부 대립이 거듭된 끝에 공산당계는 전국부락해방운동연합회(1976. 2004년 전국지역인권운동총연합)를 꾸려 갈라섰다. 분열은 고질적이었다.

1998년 나라 현 고세 시 가시와바라에 수평사역사관이 건립되었다(이듬해 수평사박물관으로 개칭). 수평사 선언문을 기초하기도 했던 사이코 만키치西光万吉(1895~1970)의 고향이라는 점이 그곳에 역사관을 세우는 데 큰 동력을 제공했다. 하지만, 공산당원이던 사이코가 검거된 다음 전향하여 국수주의자가 되었다는 사실은 명시되어 있지 않다. 역사와 현실의 불일치는 결코 메워질 수 없는 걸까.

수평사박물관

와카야마 현 고야 산

혼슈 - 긴키 | 9~11세기 ▶ 2부 014

064

불교의 성지, 고야 산

100곳 이상의 사찰이 있는 일본 불교 최고의 성지 고야高野 산은 와카야마和歌山 현 북부에 있다. 나라 현과 인접한 주위에는 1,000m급의 산들이 즐비하고, 진언종을 이룩한 곤고부金剛峯 사도 800m 높이의 평지에 자리한다. 나라 불교를 이끌었던 고후쿠 사를 '도시 불교'라 부른다면, 고야 산의 곤고부 사와 함께 천태종의 본산 엔랴쿠 사가 교토 히에이 산에 있듯이 헤이안 불교의 두 거봉은 나란히 '산악 불교'라는 특성을 지닌다.

816년 구카이空海(774~835)는 사가嵯峨(809~823) 천황에게 종교적 명상의 장으로 고야 산을 하사받았다. 험준한 산속에서 진행되는 가람 건설은 지지부진하여 9세기 중반이 지나서야 겨우 사찰의 모습이 갖춰졌다. 하지만 그마저도 10세기 말에 낙뢰로 인해 건물이 불타면서 대부분의 승려가 하산하고 고야 산도 황폐해졌다. 그러다가 11세기에 들어와 부흥하기 시작했다. 1023년 후지와라 미치나가가 참배한 이후 여러 천황이 찾아올 정도로 고야 산은 현세의 정토로서 숭앙의 대상이 되었다. 그 결과 구카이의 묘가 있는 오쿠노인奥の院에 이르는 2km 남짓한 길에는 황족, 귀족, 다이묘 등 유명인의 묘가 20만 기 넘게 생겼다.

곤고부 사는 고야 산과 같은 의미로 쓰인다. 즉 고야 산 전체가 곤고부 사의 경내인 종교 도시인 셈이다. 좁은 의미의 곤고부 사 가람은 고야 산의 동북방에 위치하며, 고야 산에는 곤고부 사를 제외하고 117개의 절이 더 있다. 가람 가운데 국보가 2건 있으며, 레이호칸靈宝館은 국보 21점과 중요 문화재 142점을 소장한 문화재의 보고이다.

52개의 절은 숙방宿坊으로서 참배객과 관광객이 머무를 수 있도록 되어 있다. 헤이안 시대부터 귀족이나 무사의 사찰 순례가 끊임없이 이루어졌으며, 에도 시대에 들어와서는 일반 서민들까지 찾아와 사실상의 관광 시설로 활용되었다.

고야 산을 비롯한 인근의 산악 지대에는 불교와 신토神道 외에도 다양한 민속 종교가 터전을 잡았다. 나라 현 요시노 산의 슈겐도修驗道(산중에서 혹독한 수련을 하는 불교 계열의 혼합 종교) 본산을 비롯한 사찰과 신사, 와카야마 현 동쪽의 구마노熊野 신사가 그러하다. 이 세 지역과 각각의 참배 길은 2004년 유네스코의 세계유산으로 등록되었다.

고야 산 참배길

와카야마 현 와카야마 시

혼슈 - 긴키 | 18세기 전반 ▶ 2부 052

065
명군을 배출한 와카야마 시

일본인들은 근세 최고의 명군으로 도쿠가와 막부의 8대 쇼군 도쿠가와 요시무네德川吉宗(1716~1745)를 손꼽는다. 오사카 남쪽 와카야마 현의 와카야마 시는 요시무네의 고향이자 고산케御三家(도쿠가와 성을 잇는 최고위 다이묘)의 하나인 기슈紀州 번의 조카마치로 번성했으며, 그런 영화를 간직한 곳이 시내 중심부의 와카야마 성이다. 센고쿠 시대에는 유력한 센고쿠 다이묘 없이 '부유한 농부'(선교사의 표현)처럼 자유롭게 살다가 도요토미 히데요시의 침공으로 치열한 전투가 벌어졌다. 와카야마 성에서 멀지 않은 격전지 오타太田 성은 지금은 흔적도 없이 사라지고 몇몇 유적만이 현존한다.

에도 시대에 들어와 와카야마는 도쿠가와 이에야스의 열 번째 아들 요리노부賴宣(1602~1671)의 본거지가 되었다. 와카야마 성도 그가 쌓았으며, 몇 차례의 화재와 재건을 반복하며 현재에 이른다. 전전戰前에는 1850년에 재건된 천수각을 비롯하여 11동의 건물이 국보로 지정되었으나, 1945년 7월의 대공습으로 인해 전부 소실되었다. 1958년 천수각 완공을 시작으로 주요 건물들이 다시 세워지고 있으며, 전성기의 1/4이 보존된 성터에는 현청, 시청을 비롯한 와카야마 현의 주요 관공서와 학교, 상업 시설이 들어섰다. 바로 지척에는 와카야마 현의 역사를 담은 현립박물관도 있다. 성의 남서쪽에 가면 말을 탄 요시무네의 동상을 볼 수 있다. 1995년 NHK의 대하드라마 〈8대 쇼군 요시무네〉를 비롯하여 대부분의 사극은 와카야마 성을 배경으로 찍었다.

성내에서 제일 유명한 곳은 니시노마루西之丸 정원이다. 초대 번주 요리노부 시절의 분위기에 젖어들 수 있는 소박함이 특징이다. 정원 내의 수목이 형형색색으로 물드는 가을이 절경이라고 한다. 와카야마 시 출신으로 일본 굴지의 대기업 파나소닉을 창업한 마쓰시타 고노스케松下幸之助(1894~1989)는 정원과 성의 복원에 거액을 기부했다. 바다 쪽으로 나가면 또 하나의 국가 명승인 요스이엔養翠園이 있다. 도쿄의 하마리큐浜離宮 정원처럼 바닷물을 끌어들여 연못을 만든 독특함이 보는 사람으로 하여금 경탄을 자아내게 한다.

와카야마 현은 한국의 식도락가라면 알 만한 비장탄備長炭의 본산이다. 순간 화력이 강한 검탄에 비해 고온에서 고기를 구워 잡냄새를 없애주고 화력이 오래가는 것이 백탄인데, 그것의 최상품인 비장탄은 17세기 말 와카야마 숯 상인의 창작 혹은 판매가 기원이라고 알려져 있다. 에도의 호평을 받으면서 다른 곳에서도 유사 제품이 나오자 기슈 비장탄으로 차별화하여 오늘날까지 명성을 잇고 있다.

① 와카야마 성에서 본 시내, ② 와카야마 성에서 니시노마루 정원으로 가는 다리, ③ 니시노마루 정원, ④ 도쿠가와 요시무네 동상, ⑤ 와카야마 현립박물관

효고 현 아코 시

혼슈 - 긴키 | 17세기 말~18세기 초 ▶ 2부 043~044, 050

066
아코 시와 47인의 사무라이

47인의 사무라이 사건은 본무대가 두 곳이다. 하나는 효고 현 남부의 아코赤穂 시이고, 다른 한 곳은 도쿄 시내이다. 통상 '아코 사건'이라 불리는 소동의 경과는 이렇다.

1701년 에도 성내에서 아코 번주 아사노 나가노리淺野長矩(1667~1701)가 막부의 의례 담당 기라 요시나카吉良義央(1641~1703)에게 칼을 휘둘러 상처를 입혔다. 성내의 칼부림은 있을 수 없는 일이므로, 이튿날 아사노에게 할복과 가이에키改易(영지 몰수)의 명이 떨어졌다. 반면 기라는 아무런 처벌도 받지 않았다. 사사로운 싸움은 양쪽을 처벌한다는 겐카료세이바이喧嘩兩成敗의 법령이 적용되지 않은 것이다. 아코 번의 가신 오이시 요시오大石良雄(1659~1703)를 비롯한 47명의 무사들은 주군의 억울함을 풀고자 절치부심했다. 1703년 1월 30일(음력 12월 14일) 기라의 저택을 습격하여 그의 목을 벤 뒤 아사노의 영전에 바치고는 자수했다. 막부 내에서는 충신의 도래라며 구명론이 일었지만, 결론은 그나마 참수가 아니라 할복이었다.

사건의 본질은 단순한 불법 난동이었다. 일방적인 칼부림이었으므로 원칙적으로 겐카료세이바이의 대상도 아니거니와, 오이시 요시오가 아사노의 일족이 아닌 만큼 막부가 공인한 복수극인 가타키우치敵討에도 해당되지 않기 때문이다. 하지만 무사도 자체가 지닌 모순은 주군을 위한 충성심이라는 여론을 형성하여 막부 내에서조차 동정표를 던지도록 만들었다. 그런 사상적 혼란을 수습하기 위한 카드가 1748~1749년 인형극과 가부키로 공연되어 대히트를 친 '가나데혼추신구라仮名手本忠臣蔵'였다. 시대를 근세에서 중세로 옮김으로써 충성스런 복수극이라는 외피는 유지하고 쇼군이나 막번제와의 연관성은 은폐했다.

그들의 유해는 주군과 함께 다카나와高輪의 센가쿠泉岳 사에 묻혔다. 지금도 매년 두 차례 제사가 거행되며, 유품이 보관된 기념관이 있다.

아코 사건은 근세 시기에는 침잠해 있다가 메이지 유신 직후 천황이 센가쿠 사에 칙사를 파견하여 조문함으로써 충효의 대명사로 환골탈태했다. 매년 12월 14일 열리는 마쓰리는 최대의 이벤트이다. 1903년부터 시작되었으며 2019년에는 10만 명 이상이 운집했다고 한다. 마쓰리의 압권은 47명의 무사가 기라의 목을 들고 회군하는 장면이다.

센가쿠 사에 있는 47인 무사의 묘

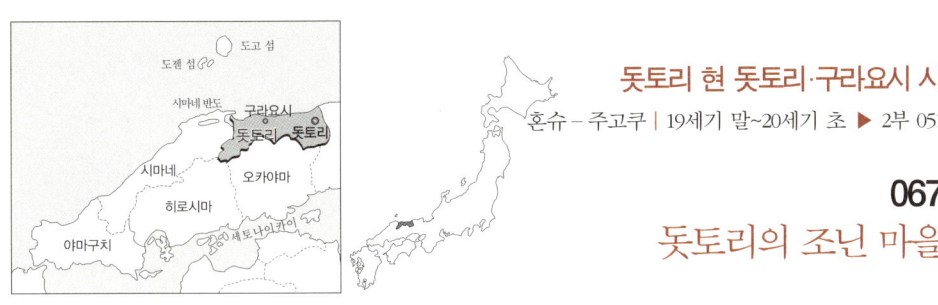

돗토리 현 돗토리·구라요시 시

혼슈 - 주고쿠 | 19세기 말~20세기 초 ▶ 2부 051

067
돗토리의 조닌 마을

　돗토리鳥取 현은 독도 문제로 유명세(?)를 타고 있는 시마네島根 현의 바로 위쪽에 위치한다. 2021년 현재 55만 명을 밑도는 인구는 일본 열도에서 최하위이다. 당연히 경제력도 밑에서 세는 것이 빠르다.

　돗토리 현의 대표적 볼거리는 단연 돗토리 시 외곽에 펼쳐진 돗토리 사구砂丘이다. 남북 2.4km, 동서 16km에 이르는 모래 언덕이 연출하는 이국적인 풍광은 많은 시인과 가인의 창작열을 자극했다. 인근에서 발견할 수 있는 시비나 가비만 들더라도 메이지 시대를 누볐던 아리시마 다케오有島武郎(1878-1923), 다카하마 교시高浜虛子(1874-1959), 요사노 아키코与謝野晶子(1878-1942) 등이 있다. 아울러 2003년 발표된 '돗토리사큐鳥取砂丘'라는 엔카演歌(트로트 계열의 성인 가요)는 전국적인 인기몰이를 이어가고 있으며, 모래를 주제로 한 '돗토리 사구 정보관'도 2005년 세워져 관광객 유치에 일조하고 있다. 시내의 돗토리 성은 도요토미 히데요시의 군사전략 특기, 즉 적의 군량미를 고갈시키는 방법으로 함락된 곳이기도 하다.

　구라요시倉吉 시로 발걸음을 옮겨보자. 시내의 우쓰부키타마가와打吹玉川는 연간 50만 명이 찾을 정도로 에도를 만끽할 수 있는 곳이다. 중세부터 조카마치로 기반을 구축했으며, 에도 시대에 들어와서 20세기에 이르기까지는 상업 도시로서 융성했다. 그 결과 에도 말기부터 20세기 초반까지 축조된 100여 동의 서민 주거지와 창고 등이 보존 지구로 지정되어 여행자의 발길을 멈추게 한다. '시라카베도조白壁土蔵' 거리라는 별칭에서 알 수 있듯이 하천 연변에 늘어선 흰 벽의 창고가 인상적이다. 여러 영화나 드라마의 촬영지로 이름을 날린 바 있고, 우쓰부키 마쓰리를 비롯하여 거리 곳곳은 한국 드라마 〈아테나〉(2010. 12~2011. 2)의 배경을 장식했다. 특히 이 드라마에서 여름의 마쓰리를 무대로 한 화려한 액션 촬영에는 일본의 시민 자원봉사자 400명이 가세했다고 한다.

　시내의 우쓰부키 공원은 일본에서 두 번째로 조성된 도시 공원으로, 100년의 역사를 자랑한다. 봄이 되면 벚꽃 4천 그루와 철쭉 4만 그루가 절경을 이룬다.

우쓰부키타마가와

오카야마 현 미마사카 시

혼슈 – 주고쿠 | 17~18세기 초 ▶ 2부 043

068
미야모토 무사시의 고향

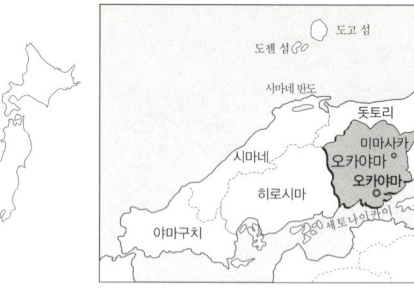

사무라이 하면 미야모토 무사시宮本武蔵(1584?~1645)를 떠올리는 사람이 많다. 쌍칼을 쓰는 검법(二天一流, 이천은 호)을 창안한 전설적인 이 무사는 13세부터 내로라하는 검객들과 자웅을 겨뤘고, 세키가하라 결전(1600)뿐만 아니라 도요토미 히데요시의 아들 히데요리를 멸망시킨 오사카 전투(1614~1615)에도 참전했다. 1612년 장검의 달인 사사키 고지로佐々木小次郎(?~1612)와 벌인 간류巌流(야마구치 현) 섬의 결투는 너무나 유명하며, 그의 행적을 소재로 다룬 소설, 영화, 드라마는 헤아리기조차 힘들다.

무사시는 자신의 저서에서 스스로 하리마播磨(효고 현) 태생이라 밝혔다. 하지만 오카야마岡山 현 미마사카美作 시 오하라초大原町에서 태어났다는 에도 후기의 문헌 기록이 저명한 소설가에게 인용된 뒤 오하라 쪽으로 굳어졌다(오하라는 효고 현과 맞붙어 있다). 2003년 NHK의 드라마 〈무사시〉는 오하라를 일본 전국에 알렸고, 2년 뒤 인근 농촌을 합쳐 출범한 인구 3만의 미마사카 시는 관광객 유치를 노려 무사시 마케팅을 대대적으로 펼쳤다.

오하라에는 무사시의 생가 터와 기념비는 물론 국제 대회도 개최할 수 있는 규모의 무도관이 지어졌다. 차분히 무사시를 감상할 수 있는 곳으로는 '무사시 자료관'이 있다. 그곳에서는 검객과 사뭇 다른 수묵화 화가로서 무사시의 면모를 접할 수 있다.

그의 출생지와 관련해서는 논란이 끊이지 않지만 사망한 곳은 명백하다. 1640년 구마모토 번주의 초빙을 받고 가서는, 거기서 생을 마감했다. 무덤은 구마모토 시 교외에 조성되어 있으며, 이 일대는 현재 공원으로 꾸며져 있다. 성문 같은 입구를 들어서면 무사시의 동상이 서 있고, 넓은 정원의 안쪽에 묘가 있다.

무사시에 관한 이야기에는 사실과 허구가 뒤섞여 있다. 예컨대 간류 섬의 결투는 일대일 대결이라 하는데, 실제는 무사시가 제자를 데려와 숨이 남은 고지로를 때려죽였다고도 전한다. 시비를 가릴 것까지는 없다. 센고쿠 시대의 기나긴 전란이 종식되고 겐카료세이바이(사적인 결투를 벌일 경우 쌍방을 처벌하는 법령)로 신음하는 현실을 비웃기라도 하듯, 최고의 무사 미야모토 무사시는 기회가 있을 때마다 '호출'되었기 때문이다.

미야모토 무사시의 그림 〈枯木鳴鵙図〉

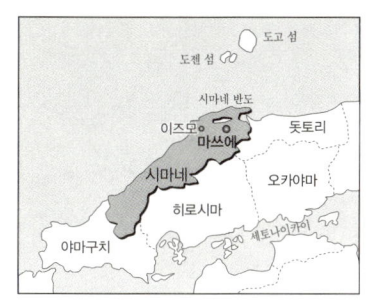

시마네 현 이즈모

혼슈 – 주고쿠 | 고대 ▶ 2부 004

069
고대 제3의 세력, 이즈모

시마네島根 현은 독도 문제로 인해 한국에서 유명하지만 일본에서는 인구 약 75만에 변변한 산업 기반도 없는 평범한 지역이다. 그런데 고대에는 대륙과 깊숙이 연결된 열도의 당당한 주체 중 하나였다.

시마네 현의 이즈모出雲 지역은 건국신화의 주무대 중 하나다. 시조신 아마테라스오미카미 측은 이즈모의 지배자 오쿠니누시의 나라를 힘으로 물려받았다고 전한다. 스사노오의 후손이 나라를 양보하는 유일한 조건으로 내세운 것이, 천상에 버금가게 높은 기둥을 세운 훌륭한 궁전 이즈모 대사大社를 지어달라는 것이었다. 현존 건물은 1744년에 조영되었으며, 높이가 24m에 이른다.

1984년 이즈모 대사에서 멀지 않은 곳에서 358개의 세형동검이 발굴되어 관계자들을 놀라게 했다. 그때까지 일본에서 발견된 동검이 총 300여 개 정도였으니, 충격의 정도가 짐작이 간다. 이듬해에는 동탁과 동모銅矛도 출토되었다. 잇따른 청동기 출토는 기존에 선진 지역으로 평가된 규슈와 기나이 외에도 이즈모 지역에 독자적인 세력 또는 왕권이 존재했다는 증거로 해석되었다. 게다가 이즈모에는 고분의 종류도 풍부하고 크기도 상당했다.

스사노오와 연관된 설화도 새삼 이목을 끌었다. 스사노오가 천상에서 이즈모로 내쫓기는 대목에서, 어떤 책은 그가 신라의 '소시모리'에 갔다가 배를 타고 동쪽으로 가서 이즈모에 도착했다고 썼다. '소시모리'는 '소의 머리'라는 뜻의 한국어로, 지금의 춘천이나 속리산으로 추정된다. 또한 이후 스사노오가 간 곳 중에 구마나리熊成라는 지명이 있는데, 이는 공주 부근으로 추정되기도 한다.

소시머리와 구마나리에 갔다는 사실 여부를 판가름하기는 쉽지 않다. 하지만 이즈모를 포함하여 동해에 면한 지역에 한반도와 활발히 교류하던 문화권이 존재했다는 견해는 합리적 추측일 수 있다. 이 지역에서 발굴된 유물 중에 한반도에서 제작된 청동기가 있다는 점도 이를 뒷받침한다. 건국신화의 많은 부분이 이즈모와 주변을 무대로 한다는 점까지 숙고한다면, 최종적으로 중앙 정권에 복속되는 이즈모의 운명은 건국신화에 나라를 양보하는 에피소드로 변형되어 삽입되었을 터다.

이즈모 대사

히로시마 현 하쓰카이치 시

혼슈 - 주고쿠 | 12세기 중·후반 ▶ 2부 020, 021

070
이쓰쿠시마 신사와 헤이 씨

히로시마廣島 현 하쓰카이치廿日市 시를 방문하는 사람이라면 으레 일본 3경의 하나인 이쓰쿠시마嚴島 신사를 찾게 된다. 경내에서 200m 떨어진 바다 위의 도리이鳥居(신사 입구의 문)가 신사의 상징이며, 유네스코 세계유산이다. 신사의 건물 중에는 헤이 씨의 기린아 다이라 기요모리平清盛(1118~1181)가 세운 것이 적지 않으며, 헤이 씨 일족이 바친 불경 33권(平家納經)을 비롯하여 헤이안 시대 말기의 정수가 담긴 미술품이 다수 보관되어 있다.

이쓰쿠시마 신사와 헤이 씨의 연결 고리는 송나라와의 무역이다. 마사모리正盛(?~1121?)-다다모리忠盛(1096~1153)-기요모리의 3대에 걸친 중국 무역은 헤이 씨가 약진할 수 있는 경제적 기반을 제공했다. 그리고 세토 내해에 위치한 이쓰쿠시마 신사는 무역 항로의 수호신을 자임했다. 기요모리는 송의 상선이 가져온 물품에 큰 관심을 가져 그들을 세토 내해까지 불러들였다. 견당사의 폐지 이후 일본은 사실상 쇄국 상태였으나, 기요모리는 11세기 후반 이후 송-고려-일본을 잇는 동아시아 교역권을 날카롭게 포착했다. 무역이 활발해지면서 대량 수입된 송의 동전은 이후 화폐경제의 침투에도 큰 영향을 끼쳤다.

기요모리 선조의 원래 근거지는 이세伊勢(미에 현)라서 이세 헤이 씨라 불린다. 하지만 헤이 씨의 중앙 진출을 떠받친 재력은 대외 교역에서 나왔고, 그에 따라 세토 내해에서 규슈로 이어지는 바닷길과 서국이 새로운 경제적 군사적 거점으로 부각되었다. 기요모리가 손수 지금의 고베 쪽에 항구를 조성한 것도 이 때문이다. 또한 외손자 안토쿠安德(1180~1185) 천황을 옥좌에 앉히자마자 반강제적으로 고베 천도까지 실행했을 정도다.

헤이 씨는 전통적인 지행국知行國과 장원도 많이 소유했다. 30여 국을 헤아리는 지행국은 다른 귀족과 달리 헤이 씨가 강력한 지배력을 지녔다고 평가된다. 그런 지배력은 무엇보다 재청 관인을 비롯한 지역의 유력한 무사들을 게닌家人으로 거느린 데서 나왔다. 지역에서 기지개를 켜던 무사들을 조직화하고 그들의 우두머리로 자리매김된 것이야말로 헤이 씨 권력의 '새로움'이었을 터다.

이쓰쿠시마 신사

히로시마 현 후쿠야마 시

혼슈 – 주고쿠 | 15세기 초·중반 ▶ 2부 032

071
동양의 폼페이, 구사도센겐

중세 일본의 도시를 거론하면 교토, 나라, 가마쿠라와 같이 정치와 종교가 합체된 형태를 연상하게 마련이다. 하지만 14~15세기에 접어들면 사회경제의 발전에 힘입어 다양한 도시가 나타났다. 종류는 대개 셋으로 나뉜다. 국내 혹은 해외와 교역을 통해 만들어진 항구나 역참 도시, 대사원 인근에 형성된 사하촌寺下村, 그리고 지역의 지배자인 슈고守護나 재지 무사인 고쿠진의 거처 인근에 형성된 도시이다. 수몰되었다가 발굴되어 '동양의 폼페이'라 불리기도 하는 구사도센겐草戸千軒 유적은 첫 번째에 속한다.

후쿠야마福山 시에 있는 구사도센겐은 가마쿠라 시대부터 무로마치 시대에 걸쳐 약 300년간 존재했던 대규모 취락이다. 세토 내해로 흐르는 아시다芦田 강 하구에 자리하여 인근 지역을 잇는 물류의 거점으로서 많은 상공업자가 거주했다고 추측된다. 1930년부터 이 지역을 공사하는 중에 많은 동전과 도자기가 발견되자, 이곳이 1673년의 대홍수로 수몰된 구사도센겐이라는 주장이 제기되었다. 본격적인 발굴 조사는 1961년부터 30년 이상 이어졌고, 강바닥에 잠자던 중세 도시에 300년 만에 햇살이 쏟아졌다.

모래톱에 묻혀 있던 유물은 그야말로 엄청났다. 음식의 조리·저장에 쓰이는 생활 도구부터 농업·어업·수공업에 쓰였던 생산도구, 신앙 및 주술과 연관된 도구까지 나왔다. 그중에서 역시 중요한 것은 교역 관련 유물이다. 도자기의 경우, 일본 국내산뿐만 아니라 중국에서 만든 것과 고려청자까지 출토되었으며, 매매에 사용된 듯 보이는 목간木簡도 4,000점이나 발굴되었다. 확인된 우물만 해도 200곳이 넘었다.

구사도센겐은 무로마치 말기부터 쇠락하여 에도 시대에는 사람들의 기억에서 사라진 것으로 보인다. 1989년 발굴된 유물을 보존, 관리하기 위해 후쿠야마 시에 히로시마 현립 역사박물관이 건립되었다. 이곳에 가면 중세 도시를 실물 크기로 재현한 모형도 볼 수 있다.

박물관을 나온 다음에는 후쿠야마 성을 둘러보는 것도 괜찮다. 에도 시대에 세워졌으나 1945년 공습으로 소실되었고, 1966년 이후 복원되어 오늘날의 모습을 갖췄다. 맑은 날 최상층 누각인 천수각에 올라가 내다보면 멀리 세토 내해까지 시야에 들어온다.

히로시마 현립 역사박물관에 재현해놓은
아시다 강 하구 선착장

야마구치 현 시모노세키 시

혼슈 – 주고쿠 | 12세기 말 ▶ 2부 022

072
결전의 무대, 단노우라

고대와 중세를 가르는 결전의 무대 단노우라壇の浦는 시모노세키下関 시 인근에 위치한다. 간몬関門 교를 건너면 기타큐슈北九州 시의 모지門司 구이다. 혼슈와 규슈 사이의 해역이 간몬 해협이며, 제일 짧은 곳의 폭은 겨우 600m에 지나지 않는다. 물살이 거세고 조류는 하루에도 4번이나 변하는 험한 곳이다. 헤이 씨의 화려한 영화는 거기서 수장되었다.

1180년부터 무가의 양대 영웅 겐페이源平 간의 처절한 혈투가 벌어졌다. 미나모토 요리토모源賴朝의 사촌 미나모토 요시나카源義仲(1154~1184)에게 밀려 교토를 내줬던 헤이 씨는 요리토모와 요시나카의 다툼을 계기로 숨 돌릴 틈을 마련했다. 규슈, 시코쿠 등 세토 내해를 중심으로 힘을 회복한 헤이 씨는 교토 탈환에 나섰다. 하지만 1184년 3월 고베 일대에서 벌어진 전투는 요리토모의 두 동생 노리요리範賴(1150?~1193)와 요시쓰네義經(1159~1189)의 승리로 돌아갔다. 헤이 씨는 세토 내해의 제해권을 바탕으로 다시 재기를 도모했다.

1185년 3월, 시코쿠의 헤이 씨 세력이 요시쓰네에게 무릎을 꿇었다. 헤이 씨 본진은 단노우라 일대로 내몰렸고, 요시쓰네도 수군을 조직하여 최후의 일전에 나섰다. 서전은 헤이 씨 쪽에 유리하게 돌아갔다. 헤이 씨 측은 해전에 능숙했으며, 조류를 타고 요시쓰네의 함선을 덮쳤다. 하지만 요시쓰네의 반격은 만만치 않았고, 갑자기 바뀐 조류는 헤이 씨 군에 불리하게 작용했다. 패배를 절감한 헤이 씨 일족은 잇달아 투신했고, 다이라 기요모리의 부인은 어린 안토쿠 천황을 품에 안고 바다에 뛰어들었다. 이때 천황의 신표인 3종의 신기(구슬·거울·칼)도 가라앉았지만 구슬과 거울은 회수되었다고 전한다(다른 설도 있음).

미모스가와みもすそ川 공원에는 단노우라 전적비와 더불어 양군 수장의 동상이 있다.(2부 ☞ 201쪽 참조) 안토쿠 천황의 유해는 시모노세키 시의 아카마赤間 신궁에 모셔져 있다. 절이었다가 메이지 유신 이후 신사로 바뀌었으며, 헤이 씨 일문의 묘도 경내에 조성되어 있다.

일본에서 운동회는 홍백으로 나눠 치러지는데, 이는 겐 씨가 백기를, 헤이 씨가 홍기를 사용한 데서 유래한다. 한국의 경우도 일제 강점기에는 홍백전이던 것이 해방 후에는 냉전의 서슬 때문인지 어느 틈에 청백전으로 바뀌었다.

히노야마(火の山) 공원에서 바라다본 단노우라 일대

야마구치 현 야마구치 시

혼슈 – 주고쿠 | 14세기 말~16세기 초 ▶ 2부 033~034

073
백제계 무사 오우치 씨

일본의 무가라면 대개 미나모토 씨와 다이라 씨를 칭한다. 그런데 드물긴 하지만 백제 왕족의 후예임을 자칭하는 무가가 있다. 혼슈 서쪽 끝인 야마구치山口 인근을 호령하던 오우치大內 씨이다. 오우치 가의 기록에 따르면, 백제 성왕의 셋째 아들 임성琳聖 태자가 야마구치 현 다타라多多良(호후防府 시) 해변에 상륙했다고 한다. 오우치라는 성은 하사받은 영지의 이름에서 땄으며, 헤이안 말기 재청 관인에서 가마쿠라 막부의 고케닌으로 성장을 거듭하며 센고쿠 다이묘大名의 반열에까지 오른 입지전적인 가문이다.

무로마치 시대에 들어오자 오우치 씨는 '오우치 문화'라고 불릴 정도의 독자적인 문화를 개척했다. 잇단 전란의 피해로 오우치 문화의 모습이 많이 사라졌지만, 야마구치 시만 해도 그 정취를 느낄 수 있다. 루리코瑠璃光 사는 오우치 문화의 최고 걸작이자 국보로 지정된 오층탑을 간직한 곳이다. 경내는 매화와 벚꽃의 명소로도 유명하며, 에도 시대부터 야마구치의 주인이 된 모리毛利 씨의 묘소가 조성되어 있다. 조에이常栄 사는 정원이 유명한데, 흔히 셋슈 정원으로 불린다. 셋슈雪舟(1420~1506)는 당시 이름을 날린 수묵화가이자 선승으로, 오우치 씨의 의뢰를 받고 정원을 조성했다고 전한다.

오우치 씨의 실질적인 경제 기반은 명과의 감합 무역 및 고려·조선과의 교역이었다. 실례로 오우치 씨는 다네가種子 섬에 전래된 철포보다 앞서 명을 통해 조총이라 불린 화승총을 입수하기도 했다. 『조선왕조실록』에 따르면 자신이 백제의 후손이라 밝히고 교역을 요구했다고 하는데, 150년간 200회를 넘는 통교 기사가 나온다. 오우치 씨가 백제계라고 밝힌 것은 14세기 후반부터이다.

이런 정황 때문에 일본에서는 오우치 씨가 조선과의 무역을 위해 임성 태자의 자손을 사칭했다는 주장마저 제기되고 있다. 공교롭게도 임성 태자에 관한 기록은 한국과 일본 어디에도 없다. 진실은 여전히 미궁 속에 있지만, 한국에서는 기정사실로 굳어지는 분위기다. 2003년과 2009년 그와 관련된 TV 프로그램이 제작되었으며, 2010년 임성 태자 45세손 부부가 전라도 익산 백제 유적의 세계유산 지정을 위한 홍보대사로 위촉되기도 했다.

루리코 사 5층탑

야마구치 현 하기 시

혼슈 – 주고쿠 | 1850~1870년대 ▶ 2부 060

074
존왕양이를 훈육한 하기

　야마구치 현은 조슈長州 번의 강역과 겹치는데, 특히 하기萩 시는 조카마치로서 번성했다. 야마구치 현에는 현청 소재지 야마구치나 유명한 시모노세키가 있지만, 하기의 역사적인 무게는 두 시를 압도하고도 남는다. 쇼카손주쿠松下村塾 하나만 들어도 충분하다.

　1854년 요시다 쇼인吉田松陰(1830~1859)은 시즈오카 현 시모다下田에 정박 중인 페리 함대에 밀항을 기도한 죄로 투옥되었다가 고향 조슈 번에 유폐되었다. 출입은 부자유스러웠지만 쇼인은 숙부가 경영하던 사설 학당인 쇼카손주쿠를 이어받아 신분을 불문하고 문하생을 받아들여 훈육했다. 작은 별채 정도의 규모이지만 3년 남짓한 기간에 뒷날 조슈 측 유신 지사의 대부분을 키워냈다. 쇼카손주쿠는 쇼인이 죽은 뒤 없어졌다가 메이지 유신 이후 새로 세워져 1892년까지 존속했으며, 이토 히로부미 등에 의해 1907년 쇼인 신사로 재정비되었다. 신사 경내에는 쇼카손주쿠와 함께 칩거했던 거처와 요시다 쇼인 역사관이 있다. 신사가 제신으로 모시는 42인은 하나같이 조슈 번 출신 메이지 유신의 지도자들이며, 그중 쇼인은 학문의 신으로 추앙받는다. 인근에는 이토 히로부미의 생가도 있다.

　쇼인을 매개로 시모다 시와 하기 시는 우호적 관계를 맺었다. 시모다에서 밀항을 시도했다가 하옥된 것이 인연이었다. 쇼인을 죽음으로 내몰고 존왕양이파를 탄압했던 이이 나오스케井伊直弼(1815~1860)와 그의 암살자도 화해에 성공했다. 이이를 배출한 시가 현 히코네彦根 시는 암살자들의 고향인 미토 시와 1968년 메이지 유신 100주년을 기념하여 자매도시 협정을 맺었다.

　그러나 후쿠시마 현 아이즈와카마쓰 시와 하기 시는 여전히 껄끄럽다. 1868년 막부와 신정부 간에 벌어진 무진戊辰전쟁에서 아이즈 번은 막부 편에 가담했다. 전사한 2,000여 시신은 매장이 금지되어 짐승들의 먹이로 방치되었고(다른 번도 같았음), 아이즈 출신자들은 이후 여러 유·무형의 차별에 시달려야 했다. 1986년 무진전쟁 120주년을 앞두고 하기 시는 아이즈와카마쓰 시에 우호 도시 제휴를 제안했다. 하지만 아이즈와카마쓰 시민 대다수는 '시기상조'나 '우리는 원한을 잊지 않았다'는 쪽에 찬성표를 던졌다(이후 교류는 증가).

쇼인 기념관 앞의 요시다 쇼인과 그의 제자들 가운데가 요시다 쇼인이고, 왼쪽이 다카스기 신사쿠高杉晉作, 오른쪽이 구사카 겐즈이久坂玄瑞이다. 다카스기와 구사카는 쇼카손주쿠의 쌍벽이라 불렸다.

야마구치 현 구마게 군, 도쿄 도
혼슈 – 주고쿠·주부·간토 | 1954~1960년 ▶ 2부 096

075
보수 우익 네트워크의 단면도

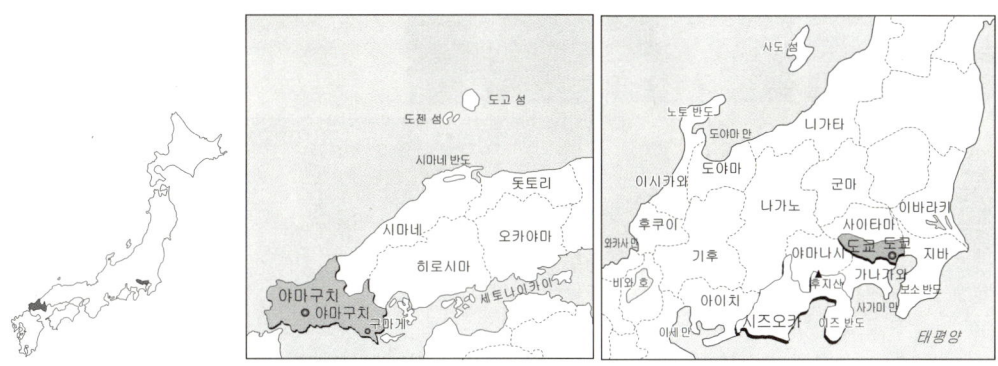

　일본 우경화의 기수 아베 신조安倍晋三(1954~) 수상의 외조부는 기시 노부스케岸信介 (1896~1987)이다. 기시 노부스케의 별명은 '쇼와의 요괴'. A급 전범 용의자에서 180도 반전하여 수상에까지 오른 파란만장함을 가리킨다. 고향인 야마구치 현 구마게熊毛 군 다부세초田布施町의 향토관 2층에는 동생이자 수상을 지낸 사토 에이사쿠佐藤榮作의 유품도 함께 갖춰져 있다. 형제가 다 같이 수상에 오른 것은 이들이 유일하다. 생가는 손자이자 아베 신조의 친동생으로 양자가 된 기시 노부오岸信夫(1959~) 중의원 의원의 사무소로 쓰인다. 세습 권력의 전형이다.

　전후의 일본 정치에서 최고 우익은 단연 고다마 요시오児玉誉士夫(1911~1984)이다. 우익 단체를 전전하다가 1932년 만주로 건너간 그는 해군에 선을 대 텅스텐과 같은 군수물자를 취급하는 고다마 기관機關을 설립했다. 패전 후 수중에 남은 약 2억 달러는 우익 단체의 활동비와 보수정당의 정치자금으로 뿌려졌다. 기시와 마찬가지로 전범 용의자로서 도쿄의 스가모巢鴨 구치소에 수감된 고다마는 뒷날 기시가 수상에 오르는 데도 큰 도움을 줬다.

　고다마를 해군에 소개한 이는 사사카와 료이치笹川良一(1899~1995)이다. 일찍부터 우익 운동에서 두각을 나타내고 중의원 의원까지 지낸 그도 전범으로 스가모 구치소에 갇혔다. 출옥 뒤에는 경정競艇 사업을 독점하여 거부를 쌓았다. 1962년 설립한 일본선박진흥회(현 일본재단)를 발판으로 반공의 기치를 내걸고 한국과 제3세계를 '원조'하며 일본 세력 침투를 꾀했다.

　'스가모 동기'였다가 옥문을 나선 기시, 고다마, 사사카와는 국교가 회복된 한일 관계에 나란히 얼굴을 내밀었다. 그들은 만주군 장교 출신 박정희와 '만주 인맥'으로 연결되며, 육군의 엘리트에서 재계의 지휘관으로 변신한 세지마 류조瀬島龍三(1911~2007)와 함께 1969년에

① 기시 노부스케, ② 고다마 요시오, ③ 사사카와 료이치, ④ 스가모 구치소, ⑤ 1961년 11월 수상 관저 만찬회에서 기시 노부스케(왼쪽)와 박정희(가운데)의 만남, ⑥ 선샤인 60빌딩(전면에 보이는 건물)과 A급 전범을 위령하는 비(사진 오른쪽), ⑦ 히가시이케부쿠로 중앙공원에 설치된 '전범 기념비'

발족한 한일협력위원회(초대회장 기시)를 무대로 한일 유착을 이끌었다. 또한 세 사람은 반공과 친미를 매개로 하여 통일교의 문선명과도 교분을 쌓았다(예컨대 국제승공연합). 냉전과 분단을 배경으로 일그러진 한·미·일 관계의 민낯이 처절하게 드러나는 대목이다.

 도조 히데키東条英機 등 A급 전범 7명은 구치소에서 교수형에 처해졌다. 1971년의 구치소 이전에 따라 1979년 60층의 선샤인 60빌딩이 들어섰고, 사형장 인근에는 히가시이케부쿠로東池袋 중앙공원이 조성되었다. 형장을 보존한다는 각의 결정에 입각하여 추진된 기념비는 1980년 공원 내에 세워졌다. 주도자는 자칭 사사카와의 비서라는 우익이었고, 비문에는 '영구 평화를 바라며(永久平和を願って)'가 새겨졌다. '전범 기념비'를 반대하는 시민의 목소리는 묵살되고 말았다.

가가와 현 쇼도 섬

시코쿠 | 1910년대 말~1920년대 전반
▶ 2부 077~078

076
소설가가 목격한 시베리아 출병

1917년 북방의 제국 러시아에서 혁명이 일어나자 미국, 영국, 프랑스, 일본은 군사력을 투입하여 노골적인 간섭 전쟁을 벌였다. 일본사에서 말하는 시베리아 출병이며, 청산리 전투(1920)나 간도 참변(1920), 자유시 참변(1921) 등과도 직간접적으로 연결된다.

스물을 갓 넘긴 작가 지망생 구로시마 덴지黑島伝治(1898~1943)는 시베리아 출병에 참전한 경험을 토대로 일기와 소설을 남겼다. 간호병 구로시마는 일기(『군대일기』로 전후에 간행됨)에다 "병졸이 국가에 그 의무를 다하는 것도 무겁다고 할 수 있다. 이렇게 해서 국가에게서 받은 권리는 무엇? 보통선거, 안 돼! 무거운 조세와 생활난!"이라며 시대 상황을 갈파했다.

국가의 본질에 대한 예리한 각성은 그를 프롤레타리아 문학으로 이끌었다. 1927년에 간행된 『맴도는 까마귀 떼(渦巻ける烏の群)』에서는 "누구를 위해" "이런 곳에서 눈에 파묻혀 지내야 하는가"를 의문스러워 하면서 고향과 집을 그리워하는 보통의 병사를 등장시킨다. 러시아 여성을 놓고 한 병사를 미워한 대대장은 그 병사가 속한 중대를 위험 지역의 수비로 돌렸고, 중대는 설원 속에서 길을 잃고 쓰러져갔다. 봄이 되자 까마귀가 병사들이 묻힌 곳을 찾아냈다. "그곳에는 거의 쪼아 먹힌 병사들의 시체가 여기저기 흩어져 있었다."

구로시마는 가가와香川 현 쇼도小豆 섬에서 태어났다. 쇼도 섬은 세토 내해에 있으며, 가가와 현뿐 아니라 효고 현과 오카야마 현 쪽에서도 페리가 드나든다. 그가 살았던 노우마苗羽는 지금 쇼도시마초小豆島町에 속하며, 생전에 거주했던 집은 다른 사람이 살고 있다.

1930년대 초부터 구로시마는 폐병으로 작품 활동을 하지 못했다. 그런 불우한 작가를 떠올리게 하는 것은 고향의 문학비 하나뿐이다. 그와 동향 출신으로 일찍부터 친교가 있던 쓰보이 시게지壺井繁治(1897~1975)·사카에栄(1899~1967) 부부가 중심이 되어 1965년에 세운 것이다. 시인인 시게지는 프롤레타리아 문학에 투신했고, 『군대일기』를 편찬하는 등 구로시마 문학을 알리는 데 힘썼다. 소설가 사카에의 대표작 『눈동자 스물넷(二十四の瞳)』은 출간 2년 후인 1954년 영화화되어 쇼도 섬을 널리 알렸다. 영화 세트로 쓰인 곳(二十四の瞳映画村)에는 사카에 문학관이 있으며, 구로시마의 편지가 소장되어 있다.

사카에 문학관

에히메 현 우와지마 시

시코쿠 | 18세기 후반 ▶ 2부 053

077
에도 시대의 의민을 찾아서

시코쿠에는 동서남북으로 각각 도쿠시마德島, 에히메愛媛, 고치高知, 가가와香川의 네 현이 자리한다. 고대에 이요伊予 국이라 불렸던 에히메 현은 일본의 귤을 상징하는 곳이다.

근세에 들어와 에히메 현 남부의 우와지마宇和島 시 일대에는 우와지마 번이 설치되었다. 센고쿠 시대에 동북 지방에서 기세를 올렸던 다테伊達 씨의 일족이 번주로 눌러앉은 뒤 근대를 맞이했는데, 우와지마 번이 지번支藩(번주 일족이 영지를 나눠서 세움)으로 거느렸던 요시다吉田 번에는 농민 봉기인 잇키一揆와 의민義民 전설이 살아 있다.

1793년 부자에몬武左衛門의 주도하에 잇키가 일어났다. 원인은 지역 특산품인 제지의 전매를 둘러싼 갈등이었다. 재정의 호전을 위해 번은 종이를 염가로 구입하는 반면 농민들에게 타지 판매를 금하는 조치를 내렸고, 그 때문에 농민들은 가격과 판로에서 어려움을 겪었다. 합법적인 탄원서를 내도 소용이 없자 농민들은 궐기했고, 본가인 우와지마 번에까지 호소문을 돌렸다. 소동의 확대를 두려워한 번은 급기야 담당 가신을 할복에 처했으며, 그와 동시에 전매 철회를 결단했다. 하지만 부자에몬도 번의 집요한 탐문 수사 끝에 1년 뒤 붙잡혀 효수형에 처해졌다.

기타우와北宇和 군 기호쿠초鬼北町에는 '부자에몬 잇키 기념관'이 있다. 다른 자료관과 같이 있는 작고 소박한 곳이지만, 민중의 진정한 역사가 면면히 숨을 쉬고 있다. 부자에몬의 묘는 수령 460년을 자랑하는 은행나무 옆에 세워졌다. 기호쿠초에서는 매년 8월 14일 부자에몬을 기리는 아담한 마쓰리를 개최하고 있다(2012년 현재 제28회).

요시다 번의 진야陣屋(성이 없는 번주의 처소)는 우와지마 시 요시다초吉田町에 복원되어 있지만, 일부 성벽만 옛날 모습 그대로이다. 대신에 우와지마 시내의 우와지마 성이 여행자의 눈길을 끈다. 미군의 공습으로 성문은 소실되었지만 천수각은 과거의 위용을 간직하고 있다. 우와지마 성은 임진왜란 때 피랍된 강항과도 인연이 있다. 조선으로 몰래 도망을 가던 강항은 성문에 일본을 비판하는 낙서를 했다가 무사들에게 붙잡혀 목이 달아날 뻔했다. 다행히 신병 확보를 우선시한 다른 무사의 제지로 목숨을 건져 2년 뒤 귀국길에 올랐다.

부자에몬 잇키 기념관 내부

도쿠시마 현 도쿠시마 시

시코쿠 | 16세기 말~18세기 초 ▶ 2부 049

078
아와오도리의 본산

세키가하라의 결전(1600)은 결과의 무게만큼이나 온갖 극적인 이야기를 양산했다. 도요토미 히데요시의 오랜 중신으로 도쿠시마 현 일대인 아와阿波에 터전을 잡았던 하치스카 이에마사蜂須賀家政(1558~1639)에 관한 이야기도 그중 하나다. 조선 침략에 나섰던 이에마사는 히데요시의 심복인 이시다 미쓰나리石田三成와 충돌하면서 도쿠가와 이에야스 편으로 기울었고, 세기의 결전에 임해서는 부담 끝에 병을 핑계로 은거했다. 반면 이에야스의 양녀를 부인으로 맞은 이에마사의 아들은 시류의 변화에 적극적이었다. 히데요시의 아들 히데요리에게 가세하려는 아버지를 만류한 것은 물론이고, 도요토미 가의 멸망에 공을 세워 도쿠시마 현에다 아와지淡路 섬까지 영유한 시코쿠 최대의 다이묘로 살아남았다.

도쿠시마 번에서는 청색 염료의 주원료인 쪽의 생산이 활발했다. 18세기 후반에 이르러 도쿠시마의 쪽 상인들은 번의 강력한 후원을 등에 업고 전국 시장을 주무르는 데 성공했다. 당연히 상인들이 납부하는 세금은 번 재정을 떠받치는 유력한 재원이었다. 이 지역에서 쪽을 활용한 염색은 지금도 왕성하다.

현청 소재지 도쿠시마 시는 번의 성립에 발맞춰 개척된 조카마치였으며, 옛 건물들은 미군의 공습으로 잿더미가 되었다. 시의 중앙부에 위치한 도쿠시마 성도 성벽과 해자, 정원(表御殿庭園), 정문(鷲の門, 1989년 복원) 정도만 남아 있다. 성터는 다른 곳과 마찬가지로 도쿠시마 중앙공원(1910년부터 개방)으로 꾸며져 박물관을 비롯한 각종 관공 시설이 자리하고 있으며, 1965년 이에마사의 동상이 세워졌다.

도쿠시마의 상징으로는 샤미센三味線(3줄의 현악기)과 북 등의 반주에 맞춰 추는 2박자의 군무 아와오도리阿波踊り를 빼놓을 수 없다. 한국의 추석에 해당하는 오봉お盆(양력 8월 15일)에 사자死者를 달래는 춤인데, 이에마사가 도쿠시마 성의 준공을 기념하여 마음껏 춤추라고 지시한 데서 기원한다는 설도 있다. 도쿠시마 시에서는 8월 12일부터 나흘 동안 아와오도리가 펼쳐지는데, 10만 명이 한꺼번에 벌이는 춤판은 가히 장관이다.

아와오도리

고치 현 고치 시

시코쿠 | 1860년대 초·중반 ▶ 2부 060~061

079
역사적 전환기를 누빈 풍운아, 사카모토 료마

개국의 혼돈 속에 해운 입국이라는 원대한 야망을 꿈꿨던 사카모토 료마坂本竜馬(1835-1867)는 안타깝게도 막부가 무너지기 직전에 암살되었다. 그는 가히 메이지 유신의 아이콘이라고 부를 만한 삶을 살았다.

그런데 역사 속의 료마는 죽음의 상인, 즉 무기상이기도 했다. 여기에는 삿초薩長 동맹(1866)과 미국 남북전쟁이 기묘하게 연결된다. 영국 상인 T. 글로버(1838-1911)는 미국 남북전쟁에서 북군의 재고 무기를 일본의 막부 반대파에게 판매한다는 계획을 세우고 료마를 협력자로 끌어들였다. 삿초(사쓰마·조슈 번)를 중개해줄 임무가 료마에게 맡겨졌고, 마침내 동맹도 성사되었다. 료마를 통해 영국 상인으로부터 저렴한 가격으로 신무기를 입수한 삿초는 화력 면에서도 막부를 압도했고 역사의 전면에 이름을 올릴 수 있었다. 그 과정에서 료마가 막대한 이익을 얻었다는 것은 익히 짐작할 수 있다. 호화로운 유곽 생활을 즐기다 성병에 걸리기도 했으니 말이다.

이 정도는 '영웅'의 인간적인 결점일까? 어느 시대나 그러하듯 확답을 내리기는 쉽지 않지만, 이런 사실을 아예 외면하는 태도 또한 온당치 않다. 그 대답의 주체는 언제나 다음 세대이기 때문이다.

이후의 료마는 메이지 유신의 다른 지사들과 사뭇 달랐다. 막부 붕괴를 보지 못한 채 유명을 달리했고, 후손 또한 없어 유신 후의 논공행상에서도 냉대를 받아야 했다. 반면 서민에게 료마는 유신 이후 권력자로 변신한 유신 3걸(오쿠보 도시미치, 기도 다카요시, 사이고 다카모리)보다 막부 말기의 '풍운아'라는 친근한 이미지에 힘입어 호감도가 높았다.

패전을 딛고 바야흐로 고도성장에 돌입하던 1962년, 소설 『료마가 간다龍馬がゆく』에서 작가 시바 료타로司馬遼太郎(1923-1996)는 사카모토 료마를 무역입국貿易立國 일본의 선구자로 변신시켰다. 한국 기업인 중에도 료마 팬은 적지 않다. 시바의 소설을 원작으로 NHK 첫 대하드라마 〈료마가 간다〉가 1968년 제작되었고, 2010년 두 번째로 〈료마전龍馬傳〉이 제작·방영되어 료마 붐을 이어갔다.

료마가 태어난 고치 시 전역에는 그와 연관된 유적이 산재하는데, 1928년 제막된 료마의 동상과 더불어 현립기념관(1991년 개관)이 대표적이다. 2003년 고치 공항은 시민의 청원을 받아들여 애칭을 '고치 료마 공항'으로 정했다. 또 료마의 활동 무대였던 나가사키에는 무역상사 가메야마샤추亀山社中를 세운 인연으로 료마 동상과 시바 문학비, 그리고 가메야마샤

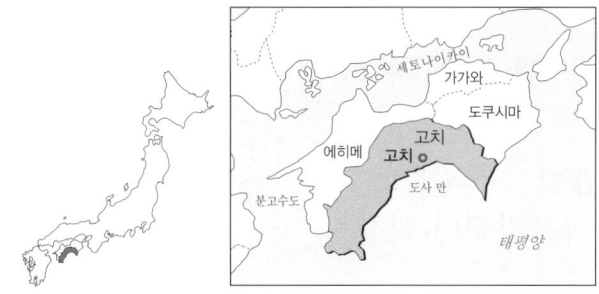

추 기념관이 2009년에 개관했다.

한편 영국 무역상 글로버는 이후 일본 여성과 결혼해서 일본에 정착했고, 만년에는 훈장까지 받았다. 나가사키에 살았던 그의 주택 글로버엔グラバー園은 다른 외국인 주택과 같이 보존되어 있다. 나가사키에는 지금도 문명개화의 역사가 만개한다.

사카모토 료마 동상과 사카모토 료마 기념관

가메야마사추 기념관(왼쪽)과 글로버엔(오른쪽)

고치 현 고치·시만토 시

시코쿠 | 1870년대 중·후반 ▶ 2부 065

080
자유민권의 산실

고치 현은 도사土佐 번을 모태로 출범했다. 에도 시대의 조카마치였던 고치 시만 해도 볼거리가 즐비하다. 드물게 천수각이 보존된 고치 성, 사랑 이야기가 깃든 하리야마はりやま 다리, 야경과 벚꽃이 유명한 히쓰잔筆山 공원, 사카모토 료마坂本龍馬의 동상과 기념관이 있는 가쓰라하마桂浜, 유서 깊은 도사 신사 등 이루 헤아리기조차 힘들다.

메이지 유신에 즈음하여 삿초도히薩長土肥 네 번은 유신의 주역으로 통칭되지만, 삿초(사쓰마, 조슈)는 주류였고 도히(도사, 히젠)는 비주류였다. 왕정복고 이후 도사 번 출신자들은 이타가키 다이스케板垣退助가 그랬듯, 대개 자유민권운동과 직간접적인 관련을 지닌다. 그 점에 착안하여 '도사 민권파'의 흔적을 돌아보는 것도 흥미롭다. 개략적인 조감도는 JR 고치 역에서 남쪽으로 3km 떨어진 시립 자유민권기념관의 관람으로 충분히 그려진다.

도사 민권파의 영수 이타가키부터 둘러보자. 생가, 전성기의 거처, 입지사立志社는 모두 터에 기념비만 있다. 동상은 전국에 4개가 있는데, 그중 하나가 고치 성 가는 길에 있다.

나카에 조민中江兆民(1847~1901)은 프랑스 유학을 경험하여 '동양의 루소'로 불리는 탁월한 이론가였으며, '강병' 대신 도의에 의거한 국제 관계와 '소국' 일본을 주창한 강골 민주주의자였다. 그가 태어난 곳(고치 역 서남쪽)에는 기념비가 서 있고, 부근은 '조민 거리(兆民通り)'로 불린다. 조민이 이론가라면, 우에키 에모리植木枝盛(1857~1892)는 발로 뛰는 현장 활동가였다. 그가 기초한 헌법 초안은 위법에 저항하는 권리의 보장까지 담겨 있었다. 생전의 집은 노후화로 인해 철거되었지만, 서재가 자유민권기념관에 옮겨져 공개되고 있다. 우에키는 조민과 함께 아오야마青山 묘지에 몸을 뉘었다. 바바 다쓰이馬場辰猪(1850~1888)는 영국 유학 이후 자유민권운동의 언론 활동에서 역량을 발휘했다. 미국 망명 생활 2년 만에 병이 악화되어 필라델피아에 묻혔으며, 태어난 곳에는 비석이 세워졌다. 조민의 서생에서 출발하여 사회주의를 거쳐 무정부주의자로 생을 마친 고토쿠 슈스이幸德秋水도 광의의 민권파다. 생가 터와 묘는 고향 시만토四万十 시에 있으며, 유품은 향토자료관이 간직하고 있다.

왼쪽부터 순서대로 이타가키 다이스케 동상, 조민 거리, 고토쿠 슈스이 묘

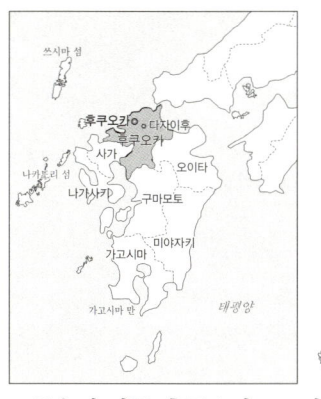

후쿠오카 현 다자이후 시

규슈 | 8세기 전반 ▶ 2부 009

081
사키모리의 애환이 깃든 다자이후

규슈의 관문 후쿠오카福岡 시에서 16km 떨어진 다자이후大宰府 시는 일본 굴지의 관광도시이다. 1년에 700만 명이 넘는 관광객이 다녀가는데, 이들 중에는 수험생과 학부모의 행렬도 적지 않다. 901년에 좌천(사실상의 유배)되었다가 903년에 사망하여 다자이후 덴만구天滿宮에 묻힌 스가와라 미치자네菅原道真가 일찍부터 학문의 신으로 추앙을 받았기 때문이다.

스가와라의 유배지 규슈는 기나이 쪽에서 보면 벽지였다. 하지만 백제의 멸망에다 백강구 전투의 참패로 인해 규슈 지역은 일약 최전선으로 바뀌었다. 그곳을 지키기 위해 동일본의 농민들은 스스로 이동 경비를 대가며 도착하여 국경 수비병인 사키모리防人로서 3년 혹은 그 이상을 머물러야 했다. 도쿄에서 다자이후까지는 직선거리로도 1,000km가 넘는다. 병사의 사기가 높았을 리 없다. 결국 757년 이후부터 규슈 지역에서 사키모리를 징발하는 것으로 바뀌었다. 현재 다자이후 정청政廳은 흔적만 남아 있으며, 다자이후 덴만구 옆의 규슈 국립박물관에서 그런 과거의 역사를 짐작할 수 있을 뿐이다.

일본 최고의 가집『만요슈万葉集』에는 사키모리로 징발된 병사나 가족이 읊은 노래가 100수 이상 수록되어 있다. 애환이 깃든 와카和歌(5·7·5·7·7의 총 31음으로 읊는 정형시)를 감상해보자.

아내가 나를 / 보고 싶어 하는지? / 마시는 물에 / 그 모습이 비치네 / 애타게 그립구나
내 옷자락에 / 매달려 울고 있는 / 그 자식들을 / 두고 와야 했다니 / 어미도 없는 것을

사실 군사력으로서 사키모리는 그다지 큰 의미가 없었다. 게다가 사키모리 군단이 외국 군대와 교전을 벌인 것은 1019년 딱 한 번밖에 없다. 도이刀伊라는 여진족 해적 집단이 쓰시마를 거쳐 북규슈를 급습하여 큰 인명 피해를 냈을 때다. 참고로 '도이'라는 단어는 여진 혹은 중국에 대한 한국어 멸칭인 '되(놈)'에서 온 것이라 한다.

다자이후 정청 유적지

후쿠오카 현 후쿠오카 시

규슈 | 13세기 중반 ▶ 2부 026

082
원의 침공과 후쿠오카

'무쿠리 고쿠리'로 발음되는 일본어는 한자로 '몽고 고구려蒙古 高句麗'로 표기된다. 일본에서는 아이의 울음을 그치게 할 때 '무쿠리 고쿠리 귀신이 온다'라는 말로 자주 사용되었다. 무서운 무쿠리 고쿠리 귀신의 유래는 원의 내습에서 비롯한다. 유사한 이야기가 일본 전국에서 발견될 만큼 몽골이라는 외적의 침입은 무시무시한 기억으로 민중의 뇌리에 새겨졌음을 알 수 있다.

후쿠오카는 규슈의 전초기지이자 주된 전장이었기 때문에 '원구元寇' 관련 유적이 도처에서 발견된다. 해안선 가까운 시내 곳곳에는 여·원 연합군의 상륙 저지를 위해 축조된 '원구 방루'라는 방벽이 남아 있다. 또한 후쿠오카 현청 바로 옆에 있는 히가시東 공원은 원구의 어제와 오늘을 집약적으로 보여준다.

먼저 공원 한복판에 있는 가메야마龜山(1259~1274) 상황의 동상이 눈길을 끈다. 그는 1274년 원의 내습 직전 양위하여 원정院政을 폈던 조정의 실권자였는데, 동상의 발 밑 대좌에는 '적국항복'이라는 글씨가 새겨져 있다. 1차 침공 때 소실된 하코사키구筥崎宮 신사의 재건에 즈음하여 상황은 다이고醍醐(897~930) 천황의 친필을 하사했고, 편액으로 내걸렸던 글귀를 동상에 옮겨온 것이다. 무사에게 정치권력을 내어준 조정은 원의 침공을 맞아 그저 기도만 했을 따름이지만, 이 대목이 메이지 유신 이후 화려하게 재조명을 받는다.

1886년 청의 북양함대가 규슈의 나가사키長崎에 기항하여 상륙했다가 현지 경찰관과 난투극을 벌였다(나가사키 사건). 쌍방 모두 사상자까지 냈던 이 사건은 최신 함정을 보유한 청의 오만으로 비쳤고, 일본 내에서는 대대적인 반청 감정이 일었다. 그 일환으로 후쿠오카 경찰서장은 원구 기념비를 건설하자는 운동을 벌였고, 그 결과 러일전쟁이 한창인 1904년 12월, 기도로써 국난 극복에 헌신하여 '적국항복'을 이끌어낸 가메야마 상황 동상의 제막식이 거행되었다. 태평양전쟁 때는 하코사키구의 편액을 딴 10전짜리 우표가 발행되었다.

호국의 색채가 강한 불교 쪽에서는 일련종이 원구 기념비 건설 운동에 가세했다. 종파의 창시자로서 몽골 내습을 예견했다는 니치렌日蓮(1222~1282)은 1904년 11월에 동상이 완성되었다. 대좌에는 원구와 관련된 그림이 새겨져 있다.

니치렌 동상 옆의 원구사료관도 들러볼 만한 곳이다. 1904년 원구기념관으로 출발했다가 1986년 원구사료관으로 재개관했다. 몽골군의 갑옷과 투구, 무기 등이 진열되어 있으며, '침략자를 응징하는 가마쿠라 무사'라는 제목의 인형이 사료관의 의미를 잘 드러낸다.

원구 방루

가메야마 상황의 동상과 '적국항복'이라고 쓰인 하코사키구 편액

니치렌 동상과 원구사료관 안의 '침략자를 응징하는 가마쿠라 무사' 인형

후쿠오카 현 후쿠오카 시

규슈 | 1870~1880년대 ▶ 2부 068

083
대륙 침략의 선봉대, 현양사

2008년 5월 후쿠오카 시 마이즈루舞鶴에 있는 '현양사玄洋社 기념관'이 폐쇄되었다. 소장 자료는 시 박물관으로 넘어갔다. 현양사는 일본을 점령한 연합군에 의해 1946년 해체되었으나, 기념관은 현양사 터 가까이의 현양빌딩 2층에서 1978년 개관하여 유지해오다가 2008년에 간판을 내린 것이다(법인은 잔존). 이유는 기념관의 노후화였다.

현양사는 후쿠오카 지역에 뿌리를 둔 우익 조직의 원조 격이다. 초대 사장 히라오카 고타로平岡浩太郞(1851~1906, 중의원 의원)는 초기 자유민권운동에 관여했고, 서남西南전쟁 때 사이고 다카모리西鄕隆盛 편에 가담했다가 1년 형을 선고 받았다. 출옥한 뒤 도야마 미쓰루遠山満(1855~1944) 등과 함께 만든 단체를 1881년 현양사로 개명했다.

서구 열강과 맺은 불평등조약에 관한 조약 개정 문제를 놓고 논란이 일자, 현양사는 국가주의 쪽으로 기울었고, '굴욕적'인 조약 개정을 저지하기 위해 1889년 오쿠마 시게노부大隈重信 외상에게 폭탄을 던졌다(부상으로 그침). 의회가 개설된 뒤에는 노골적으로 정부 편을 들었다. 히라오카의 조카 우치다 료헤이內田良平(1874~1937)는 1901년 자매 조직인 흑룡회黑龍會(1946년 해산)를 결성했으며, 일진회 고문으로서 한국 병합의 첨병으로 활동했다. 제국의 민간 별동대가 내걸었던 아시아주의는 연대가 아닌 침략과 지배의 위장막에 지나지 않았다.

현양사 터를 알리는 비는 마이즈루의 NTT 도코모 규슈 빌딩 옆에 있다. 사와라早良 구의 중심지 니시진西新은 도야마의 생가와 슈유칸修猷館 고교가 있을 만큼 현양사와 인연이 깊다. 번의 학교 슈유칸의 후신 슈유칸 고교는 도야마를 비롯한 현양사 사원의 네트워크 형성에 크게 기여했다. 외교관 출신의 문관으로 유일하게 교수대에 세워진 A급 전범 히로타 고키廣田弘毅(1878~1948, 뒷날 수상), 일본의 히틀러를 꿈꿨던 나카노 세이고中野正剛(1886~1943, 중의원 의원)는 이 학교 졸업생이면서 현양사와 끈끈한 관계를 유지했다.

도야마 미쓰루, 그리고 오쿠마를 습격한 사원 등 관련자의 묘는 하카타에 소재하는 소후쿠崇福 사의 '현양사 묘지'에 조성되어 있다. 현양사는 문무 겸비를 외치며 유도와 검도(一到館)에 힘을 쏟았으며, 우치다가 1889년 독자적으로 세운 유도장 덴신칸天真館은 지금껏 명맥을 잇고 있다. 우치다의 묘는 도쿄의 다마多摩 묘지에 있다.

슈유칸 고등학교

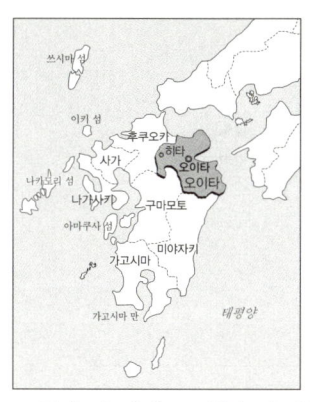

오이타 현 히타 시
규슈 | 1929~1931년 ▶ 2부 083

084
군국주의 파시즘의 전야

규슈 오이타大分 현은 온천 관광지 벳푸別府와 유후인湯布院으로 한국 사람에게 널리 알려져 있다. 그런데 오이타는 만주사변(1931) 발발 이듬해에 쇼와昭和 공황의 원인 제공자라는 오명을 뒤집어쓰고 암살된 대장성大蔵省(재정과 경제를 담당) 장관 이노우에 준노스케井上準之助(1869~1932)의 고향이기도 하다. 그는 벳푸와 유후인에서 조금 떨어진 북서부의 분지 히타日田 시에서 200년의 역사를 지닌 양조업자 집안에서 태어났다.

대학 졸업 후 일본은행에 입사하여 총재까지 지낸 이노우에는 당시 대장성 장관으로 있는 다카하시 고레키요高橋是清(1854~1936)와 함께 금융공황(1927)의 수습에 수완을 발휘했다. 유능하지만 강압적인 방식에 대한 비판이 적지 않았다고 한다. 경력 상으로만 보자면 정우회에 가까웠지만 민정당의 하마구치 오사치浜口雄幸(1870~1931) 수상에게 협력하여 금본위제 복귀의 중책을 짊어졌다.

그러나 쇼와 공황은 쌀과 누에고치(생사)로 근근이 이어가던 농업에 치명상을 입혔다. 게다가 이노우에의 맹우 하마구치는 우익의 흉탄에 쓰러져 9개월 만에 세상을 떴다. 분노 이외에는 감정을 드러내지 않는다던 냉혈한 이노우에도 대성통곡했다고 한다. 또, 자신도 1932년 2월 총선거 응원 연설을 위해 도쿄의 한 초등학교를 방문했다가 우익이 쏜 세 발의 총탄을 맞고 그 자리에서 절명했다. 두 사람은 도쿄의 다마多摩 묘지에 나란히 누워 있다.

히타 시의 이노우에 생가(주소는 大鶴町2299)는 건재하여, 그의 호를 딴 자료관 '청계문고清溪文庫'로 바뀌었다. 대대로 이어오는 이노우에 주조酒造는 현재 7대가 관리하고 있다. 청계문고에는 그가 머물렀던 방을 충실히 재현하고, 각종 서한과 유품 등을 진열하고 있다.

오이타의 3대 온천은 벳푸, 유후인에 더해 아마가세天ヶ瀬이다. 역사 공부로 지친 심신을 달래기에는 제격이다. 과연 이노우에의 금 해금 결행은 일본 경제에 긍정적이었을까를 곱씹으며 그의 집안에서 주조한 소주(百助)나 청주(角の井)를 기울이는 것도 괜찮을 성싶다.

참고로, 패전 후 항복 문서에 서명한 시게미쓰 마모루重光葵(1887~1957) 수상과 우메즈 요시지로梅津美治郎(1882~1949) 육군 참모총장도 오이타 출신이다.

청계문고에 재현해 놓은 이노우에 준노스케의 방

사가 현 요시노가리
규슈 | 기원전 3세기~3세기 ▶ 2부 003

085
야요이 시대가 숨 쉬는 요시노가리

1989년 2월 23일 규슈의 사가佐賀 현에서 고고학 특종이 날아들었다. 대서특필된 요시노가리吉野ヶ里 유적은 이후 사가 현의 명물로 부각되어 관광객이 찾아드는 명소가 되었다.

아리아케有明 해의 동북에 펼쳐진 지쿠시筑紫 평야는 규슈에서 가장 넓다. 중간을 흐르는 지쿠고筑後 강을 경계로 후쿠오카 쪽은 지쿠고筑後 평야, 사가 쪽은 사가 평야라 부른다. 사가 평야의 자락 요시노가리 구릉에 야요이 시대 굴지의 환호環濠 취락인 요시노가리 유적이 자리하고 있다. 전체 50ha에 걸친 유적은 1986년부터 발굴 조사가 개시되었고, 100ha를 넘는 인근 구역은 '요시노가리 역사공원'으로 지정되어 국가가 운영 중이다.

환호는 외호와 2개의 내호로 구성된 이중 구조이며, V자형으로 깊게 파인 외호는 길이 2.5km로 40ha나 되는 면적을 에워싸고 있다. 움집 외에 고상高床식 주거와 창고, 저장 구멍, 청동기 제조소 등이 있었고, 독무덤이나 널무덤 등으로 만들어진 공동묘지 외에 수장급의 큰 분구묘도 발견되었다. 특히 2,000개가 넘는 독무덤에서는 화살이 꽂힌 인골, 부상을 당하거나 목이 없는 인골이 다수 발견되어, 농경 사회의 도래와 더불어 시작된 전쟁의 처절함을 짐작케 한다.

출토품 중에는 규슈 북부를 비롯한 일본 각지의 유물과 유사하거나 공통적인 것도 보이지만, 중국, 한반도, 남서 제도에서 건너온 것으로 보이는 유물도 많다. 요시노가리도 도래인과 일본 열도 각지를 연결하는 거점 중 하나였던 셈이다. 다데田手 강이 요시노가리 유적을 가로지르며 흐르는데, 아리아케 해에서 배가 왕래했을 것으로 추측되기도 한다.

3세기 무렵까지 전성기를 구가했던 요시노가리도 고분 시대에 들어와서는 급격히 쇠퇴했다. 환호에는 대량의 토기가 버려져 메워졌으며, 주거지는 소멸되거나 흩어졌다. 물론 긴키近畿나 다른 지역의 환호 취락도 마찬가지 운명을 맞았다. 전란이 치열해지면서 호濠와 흙벽, 고지대 취락은 더 이상 소용이 없게 된 것이다. 구릉의 높은 지역에는 묘지가 조성되었고, 수전水田의 개발에 맞춰 사람들은 평야로 옮겨갔다.

요시노가리 유적 전경

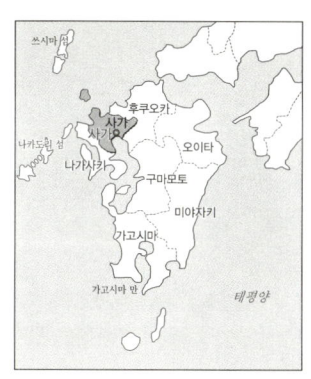

사가 현 사가 시

규슈 | 19세기 중반 ▶ 2부 058

086
사가 시는 메이지 유신의 조역

사가 현의 아리타有田, 이마리伊万里, 가라쓰唐津는 매우 유명한 도자기 브랜드이다. 임진왜란 때 나베시마鍋島 씨의 군대에 끌려온 조선의 도공들이 현해탄 너머 사가 현에서 마음을 다잡고 가마에 불을 지핀 덕분이다. 또한 세키가하라 전투(1600)에서 도쿠가와 이에야스 편에 서는 선택을 했기에 사가 번 혹은 히젠肥前 번으로 살아남아 근세를 맞이했다.

근대 초엽은 사가 번의 황금기였다. 메이지 유신의 주력 집단을 삿초도히薩長土肥(막부 타도에 앞장선 사쓰마·조슈·도사·히젠 번 등 4곳의 웅번을 가리킴)라 칭하듯이, 신정부의 원훈 중에는 사가 출신이 적지 않다. 수상에 올랐으며 와세다早稻田 대학을 세운 오쿠마 시게노부大隈重信, 1874년 정한론을 주장하며 '사가의 난'을 일으켰다가 불귀의 객이 된 에토 신페이江藤新平(1834~1874)도 사가 번 출신이다. 이들은 번주 나베시마 나오마사鍋島直正(1815~1871)의 개혁 과정에서 등용되어 막부 타도의 대업에 뛰어들었으며, 고도칸弘道館에서 이루어진 교육과 인적 네트워크는 활동을 떠받치는 든든한 밑천이 되어주었다.

사가 번은 후쿠오카 번과 함께 1년씩 교대로 나가사키의 방어를 책임졌다. 사가 번주는 군사력 강화에 심혈을 기울여 일본 최초로 제철소를 만들고 반사로를 실용화하여 서양식 대포까지 주조했다. 그중 암스트롱 포는 뒷날 막부의 대포를 압도할 정도였다. 시내 나가세초長瀨町의 닛신日新 초등학교에 가면 최초의 쓰이지築地 반사로 터를 볼 수 있다.

1858년에는 증기기관과 범선 제작을 위해 미에쓰三重津 해군소를 설립했다. 지금은 해군소가 남아 있지 않지만, 해군소의 초대 책임자였던 사노 쓰네타미佐野常民(1823~1902)의 이름을 따서 사노 기념공원으로 꾸며져 있다. 그의 기념관도 인접해 있다. 해군소는 2015년 규슈와 야마구치 등지의 근대화 유산과 함께 유네스코 세계유산으로 등재되었다. 그중의 한 곳은 지금도 논란이 끊이지 않는 나가사키의 하시마端島 탄광, 즉 군함도이다.

번의 심장부인 사가 성은 잇단 화재와 사가의 난으로 인해 대부분의 건물이 사라지고, 지금은 일부 성문과 성벽, 해자만이 남아 있다. 성터의 많은 부분은 공원으로 바뀌었으며, 2004년에 복원된 일부 건물에는 사가 번의 영고성쇠를 담은 역사관이 조성되어 있다.

쓰이지 반사로

나가사키 현 마쓰우라 시

규슈 | 14세기 후반~16세기 전반 ▶ 2부 033

087
왜구의 본고장 마쓰우라

나가사키 현 북부에 마쓰우라松浦 시가 있다. 바다를 끼고 있는 이 도시는 헤이안 시대부터 센고쿠 시대에 걸쳐 활약한 무사단이자 수군으로 이름을 날린 '마쓰라 당党'의 발상지로 잘 알려져 있다. 마쓰라 당의 주축은 사가嵯峨(809-823) 천황의 후손인 사가 겐 씨 계통의 마쓰라 씨였고, 거점 지명을 딴 여러 마쓰라 당의 연합 세력으로 구성되었다. 13세기 후반 여·원 연합군의 침공에 즈음해서는 방어의 최전선으로서 많은 희생을 치르기도 했다.

그런데 마쓰라 당의 일부는 14세기부터 왜구로 변신하여 한반도와 중국 연안의 노략질에 가담했다. 『고려사』에는 1380년 온 몸을 갑옷으로 가린 아지발도阿只拔都라는 15~16세가량의 소년 장수를 이성계와 그의 의형제 이지란이 활을 쏴서 죽이고 토벌했다는 기록이 나오는데, 바로 그 아지발도가 이키壱岐 마쓰라 당의 무사였다고 추정되기도 한다.

하지만 마쓰우라 시가 기념하는 역사 속의 마쓰라 당에서 왜구의 모습은 보이지 않는다. 도시 최대의 축제인 '마쓰우라 수군 마쓰리'는 마쓰라 당이 활약했던 시대의 무역선을 재현하여 퍼레이드와 무사 행렬로 꾸며질 따름이다. 사실 사서에 등장하는 왜구는 조선과 무역을 했던 무사단의 또 다른 모습이기도 했다.

마쓰우라 시에서 왜구 대신 부각하는 것은 원구元寇이다. 1281년 몽골군과 싸운 격전지였던 북쪽의 다카鷹 섬에는 1981년부터 인근 해저에서 인양하기 시작한 유물을 기초로 역사민속자료관이 건립되었다. 7m 이상의 크기(현재 남아 있는 부분 2.6m)였을 것으로 추정되는 닻이 대표적 유물이다.

참고로 센고쿠 시대까지 활약한 유명한 수군으로는 세토 내해를 무대로 했던 무라카미村上 수군과 모리毛利 수군이 있으며, 에히메 현의 이마바리今治 시에 가면 2004년 개관한 '무라카미 수군박물관'을 볼 수 있다. 임진왜란 때의 일본 수군은 와키자카 야스하루脇坂安治(1554~1626), 가토 요시아키加藤嘉明(1563~1631), 구키 요시타카九鬼嘉隆(1542~1600) 세 사람이 지휘했다. 와키자카와 가토는 나중에 도쿠가와 이에야스 편에 붙어 근세까지 가문을 이어갔다.

마쓰우라 수군 마쓰리

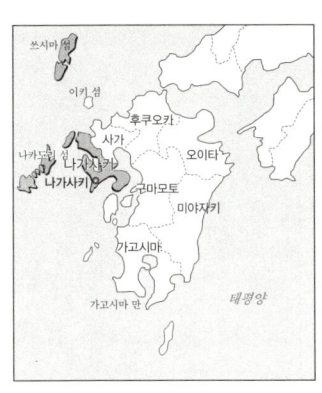

나가사키 현 데지마
규슈 | 17세기 전반 ▶ 2부 046

088
일본 속의 이국, 데지마

한국에서 커피는 개항의 파고에 실려 전래되었다. 일본의 경우는 에도 시대 초기 네덜란드 상선이 들여왔다는 것이 정설이다. 에도 시대에 나가사키 데지마出島의 네덜란드 상관에서는 막부의 관리와 통역관이 커피를 마시는 것이 일상의 풍경이었을지도 모른다.

데지마는 인공섬으로 축조되었는데, 지금은 존재하지 않는다. 바다에 면한 강 하구에 자리했던 1.5ha 규모의 부채꼴 섬을 메이지 유신 이후 강을 메워 육지로 만들었기 때문이다. 데지마를 만든 당초 목적은 포르투갈인의 집중 관리에 있었으나, 나가사키 북단의 히라도平戶에서 옮겨 온 네덜란드 상관이 200년 넘게 터를 잡았다. 데지마에 거주했던 네덜란드인 중에는 의사나 학자가 많았는데, 일본인들이 이들과 교류하면서 이른바 '난학蘭學'이 꽃피웠다. 하지만 1853년 미국의 페리 함대가 내항함에 따라 시모다下田·하코다테箱館 등 일본 항구의 빗장이 열리고 1859년 상관이 폐쇄되면서 데지마는 역사의 뒤안길로 사라졌다.

20세기가 끝나갈 무렵 데지마는 재차 역사의 전면에 등장했다. 나가사키 시가 1820년 무렵의 데지마를 되살리는 거대한 계획을 세운 것이다. 2011년 현재 상관장 저택을 비롯한 10동의 건물이 모습을 드러냈고, 근대 이후 세워진 데지마 신학교도 제법 정취가 있다. 시에서는 총 15동의 건물을 다시 지어 부채꼴 형상을 복원할 것이라고 하니, 다 완공된 뒤에 천천히 걸으며 과거를 음미해봐도 좋을 듯하다. 일본이 네덜란드와 맺은 인연에 기댄 테마파크가 네덜란드마을(オランダ村, 2001년 폐업)과 하우스텐보스Huis Ten Bosch(숲 속의 집이라는 뜻)이지만, 지금은 과거와 같은 성황을 누리지는 못하는 듯하다.

포르투갈에서 유래한 케이크 카스텔라는 나가사키가 원조이다. 바다 내음과 카스텔라 가게에서 풍겨나는 달콤함은 묘한 어울림을 이룬다. 그만큼 나가사키 시내 전역에는 이국풍이 짙다. 그중에서 교역이 허용되었던 중국인의 거주지(唐人屋敷)는 1688년 내륙 쪽에 조성되었다. 데지마보다 넓고 출입도 비교적 자유로웠으며, 전성기에는 푸젠福建 성 출신을 중심으로 1만 명의 중국인이 거주했다고 한다(전체 인구는 약 7만 명). 현재, 부근의 신치新地에는 고베, 요코하마와 더불어 일본을 대표하는 차이나타운이 형성되어 있다.

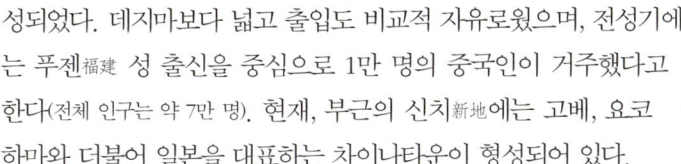

데지마 신학교

구마모토 현 우키 시

규슈 | 13세기 말~14세기 초 ▶ 2부 026, 027

089
몽골과 싸운 무사의 삶

　규슈 한복판의 구마모토熊本 현은 온천 휴양지인 아소阿蘇 산이 있어 한국에서도 많이 찾는다. 현청 소재지 구마모토 시에는 역사 유적이 즐비하다. 중심부의 구마모토 역에서 시영 전철로 갈 수 있는 두 곳만 소개한다. 하나는 구마모토 성이다. 임진왜란으로 우리와 악연을 맺은 가토 기요마사加藤清正(1562~1611)가 쌓은 이 성의 위용은 감탄스럽다. 다시 전철을 타고 얼마 가면 멋진 정원 스이젠지조주엔水前寺成趣園을 감상할 수 있다. 가토 기요마사의 뒤를 이어 구마모토의 주인이 된 호소카와細川 씨가 조성했으며, 그 18대 당주가 1993년 현직 수상으로서 처음으로 침략 전쟁임을 명언한 호소카와 모리히로細川護熙(1938~)이다.

　구마모토 시 아래로 15km쯤 가면 우키宇城 시에 닿는다. 일본 사람들에게조차 귀에 익지 않은 지명인데, 이는 인근 지역을 합쳐 2005년에 탄생한 신생 도시이기 때문이다. 2021년 현재 인구 6만을 밑도는 전형적인 전원도시이지만, 원의 내습과 고케닌御家人 사회의 대응을 상징하는 인물이 태어난 곳이라서 역사 애호가라면 한 번쯤 가볼 만하다. 고케닌은 가마쿠라 막부를 연 미나모토 요리토모와 주종 관계를 맺은 무사를 총칭한다.

　그의 이름은 다케자키 스에나가竹崎季長(1246~?). 원의 내습에 맞서 첫 전투에서는 5명의 부하와 함께 선봉으로 적진 돌격을 감행했다. 하지만 기대했던 은상恩賞 소식이 없자, 말과 안장을 팔아 여비를 마련해서는 머나먼 가마쿠라까지 직접 가서 호소했다. 다행히 그는 고향 부근에서 지토地頭(징세 청부인)에 임명되었고, 두 번째 전쟁에도 종군하여 더 많은 은상을 받았다. 유례없는 외적의 침입은 출전과 그에 따른 은상이 존재 이유이던 고케닌에게 천재일우의 기회였다.

　1293년 다케자키는 자신의 행적을 2권의 그림 두루마리(蒙古襲来絵詞)에 그려 마을 신사에 봉헌했다. 거기에는 다케자키가 치른 전투의 배경 장면으로 몽골의 무기와 전술, 함선뿐 아니라 일본의 방비까지 생생하게 묘사되어 있다. 그림 두루마리는 이후 구마모토 번의 무사에게 넘어갔고, 18세기 말에 발견된 뒤 많은 복제본이 제작되었을 정도로 인기를 누렸다(원본은 궁내청이 소장). 지금도 일본의 역사교과서 대부분에 한 장면씩 실려 있을 정도다.

　현재 우키 시에는 '원구의 용사' 다케자키를 기리는 기념물이 산재해 있다. 전해오는 이야기와 달리 다케자키가 죽은 뒤에 축조되었다고 여겨지는 다케자키 성터, 다케자키가 세웠으며 그림 두루마리 복제본이 보관된 도후쿠塔福 사 등이다. 다케자키의 묘 앞에는 러일전쟁 해전의 영웅인 도고 헤이하치로東郷平八郎(1848~1934)가 쓴 현창비가 서 있다.

몽고습래회사 다음 그림은 〈몽고습래회사〉의 일부분이다. 몽골과 싸우는 다케자키 스에나가 자신도 그림에 그려 넣었는데, 이는 2부 026 주제(213쪽)에 제시했다. 두루마리에 그려진 전체 그림은 매우 길기 때문에 몇 장면만 뽑아 여기에 싣는다.

미야자키 현 다카치호초,
가고시마 현 다카치호 봉
규슈 | 기원전 2세기~3세기 ▶ 2부 004~005

090
천손강림의 땅, 휴가

아마테라스오미카미는 오쿠니누시로부터 힘으로 물려받은 지상을 다스리기 위해 손자 니니기를 파견했다. 그가 지상에 첫발을 내디딘 곳은 휴가日向의 다카치호高千穗였다. 다카치호는 대체 어디일까? 규슈 남부에는 다카치호로 추정되는 곳이 두 군데 있다. 하나는 미야자키宮崎 현 북부의 다카치호초町(말단 행정단위)이고, 다른 하나는 기리시마霧島 연봉의 다카치호 봉으로 가고시마 현의 기리시마 시가 연고지로 내세우고 있다. 『고사기』와 『일본서기』의 관련 기술조차 제각각이니 후손들이 겪는 혼란도 무리가 아니다.

고문서를 보면 다카치호초 일대가 일찍부터 다카치호라 불렸다는 것이 확인된다. 그 인근은 아마테라스오미카미가 숨었던 굴인 아마노이와토天岩戸로 비정되며, 아마노이와토 신사와 다카치호 신사가 세워져 있다. 미야자키 현 내에는 천손강림이나 『고사기』, 『일본서기』와 연관되는 신화와 유적이 대거 현존한다. 미야자키 현은 이를 관광자원으로 활용하는 데 적극적이다. 1990년 '히무카日向(휴가의 옛날식 독법) 신화 가도'의 구상을 발표했고, 2001년 아마노이와토 신사를 기점으로 여러 곳의 관련 유적을 둘러볼 수 있는 총 300km의 관광 루트를 설정하여 시행하고 있다.

한편 다카치호 봉은 기리시마 연봉과 더불어 미야자키 현과 가고시마 현에 걸쳐 있다. 기리시마 시는 다카치호 봉이 천손강림의 현장이라 주장하며 '천손강림 기리시마 마쓰리'를 매년 개최한다. 그 근거로 니니기를 모시는 기리시마 신궁이 있으며, 니니기가 묻힌 곳은 메이지 유신 이후 사쓰마센다이薩摩川内 시의 닛타新田 신사로 비정되었다. 이를 두고 미야자키에서는 사쓰마 번, 즉 가고시마 현이 메이지 유신의 최대 공로자였던 점을 앞세워 신화와 전설을 독차지했다는 불만이 팽배했다고 한다.

니니기의 매장지 비정이 그랬듯이 신화와 고대 유적은 메이지 유신 이후 국가가 '공식화'했다. 예컨대 궁내청은 진구神功 황후의 능을 나라 현 나라 시의 고사지五社神 고분으로 비정했다. 그러나 2008년의 조사 결과 그 고분의 축조 연대는 4세기 말에서 5세기 초로 추정되었다. 전통은 근대의 창조물이기 마련이다.

기리시마 신궁에서 열린 천손강림 기리시마 마쓰리

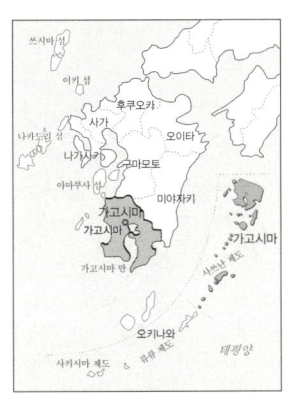

가고시마 현 가고시마 시

규슈 | 1860년대 말~1870년대 중반 ▶ 2부 064

091
가고시마의 대표 인물, 사이고 다카모리

가고시마 현은 규슈 남단에 자리하며, 현청 소재지인 가고시마 시는 과거 사쓰마 성이 있던 조카마치였다. 직선으로 4km 떨어진 서쪽 바다에는 활화산 사쿠라桜 섬이 있어 '동양의 나폴리'라고 불리며(나폴리와 자매도시), 아열대의 자연경관도 수려하다. 거기에 더해 이 도시가 지닌 메이지 유신 전후의 역사도 매우 다채롭고 풍성하다.

사쓰마 번이 메이지 유신의 승자에 속했기에 사쓰마 성은 인간에 의한 파괴를 면할 수 있었지만 화재와 흰개미의 습격을 비켜가지는 못했다. 성의 부속 건물은 1874년 화재 이후 재건되지 못했고, 지금은 성벽과 해자, 다리만 남아 있다. 성터에는 각종 학교, 역사자료센터 여명관黎明館을 비롯하여 도서관과 박물관이 들어섰으며, 미술관 옆에는 1937년에 제작된 군복 차림의 사이고 다카모리西郷隆盛(1827~1877) 동상이 있다(가장 일찍 1898년 제막된 도쿄 우에노에 있는 동상은 평복 차림이라서 부인이 흡족해 하지 않았다고 함). 시가지 중심의 건물들은 서남전쟁(1877), 아시아·태평양전쟁(1941~1945)의 전화로 인해 옛 모습을 거의 상실했다.

시의 한복판에는 사쓰마 성을 앞에 두고 시로야마城山가 버티고 있다. 해발 100m를 조금 넘지만 시내가 한눈에 들어오며, 시민에게는 성스런 곳으로 숭앙되는 공원이다. 9개월 동안 치러진 서남전쟁의 전적지는 가고시마와 구마모토 곳곳에 흩어져 있지만, 특히 가고시마는 마지막 전투가 벌어졌던 무대로서 관련 유적이 많다. 사이고 군의 사령부가 있던 동굴, 사이고가 할복한 자리 등이다. 시로야마 부근에는 사이고가 세운 사학교私學校(일종의 군사학교)가 있었는데, 건물은 없어졌지만 정문과 총탄 자국이 선명한 벽은 보존되어 있다. 서남전쟁의 전사자와 사이고의 묘지는 난슈南洲(사이고의 호) 신사에 조성되었다.

사이고의 죽마고우 오쿠보 도시미치大久保利通(1830~1878)는 도쿄 도심의 아오야마青山 묘지에 잠들어 있다(이곳 묘지에는 각계 저명인이 많음). 비운의 사이고와 달리, 권력자 이미지가 짙은 오쿠보는 대중적 인기가 낮았다. 오쿠보의 동상이 세워진 것은 사망 100주년이 되는 1979년이었다(가고시마 시내에 소재). 가고시마를 대표하는 인물은 옛날이나 지금이나 사이고 다카모리이다. 그러나 한반도에서 바라보는 사이고는 정한론征韓論의 대표 주자였다.

사이고 다카모리

가고시마 현 히오키 시

규슈 | 1943~1945년 ▶ 2부 090

092
도공의 후예이면서
A급 전범인 도고 시게노리

도고 시게노리東鄕茂德(1882~1950)는 공교롭게도 아시아·태평양전쟁의 개전과 패전 시 외교 사령탑을 맡은 인물이며, 임진왜란 때 끌려간 조선인 도공의 후예이기도 하다. 그런 이력 때문인지 그는 1999년 KBS의 〈태평양전쟁 최후의 외무대신—도고 시게노리〉라는 다큐멘터리와 『일본 역사를 바꾼 조선인』이라는 책에서 다루어졌다.

임진왜란 말기인 1597년, 처절했던 남원성 싸움에서 포로로 잡힌 박평의朴平意(1559~1624)를 포함한 43명의 조선인은 가고시마 현 중부에 자리를 잡았다. 박평의가 중심이 되어 구워낸 도자기가 일본의 명품 사쓰마야키薩摩燒의 기원이다. 에도 시대부터 사쓰마야키는 불과 흙으로 빚어낸 황금이었다. 그들이 정착한 곳은 현재의 히오키日置 시 히가시이치키초 미야마東市來町美山 일대이다. 이곳은 에도 시대 말기까지 한국어가 사용된 별천지였다.

그들 중 한 사람인 박수승朴壽勝(1855~1936)은 메이지 유신 이후 몰락 사족의 족보를 입수하여 도고東鄕로 성을 바꿨고, 맏아들 무덕茂德의 이름도 일본 식을 따라 시게노리로 불렀다. 도고 시게노리는 1912년 외교관의 길에 들어섰고, 독일 대사와 소련 대사를 거쳐 도조 히데키 내각의 외상으로 발탁되었다. 고향에서는 외상에까지 오른 그를 보고 환호했지만, 외교 수장이 되자마자 그가 떠맡은 대미 교섭은 결국 타결에 이르지 못했다. 패전을 앞둔 1945년 4월, 이번에는 스즈키 간타로鈴木貫太郎 내각의 외상이 되어 종전 교섭을 담당했지만, 소련에 대한 과신으로 귀중한 시간을 유효하게 사용하지 못했다는 비판을 면하기 어려웠다. 1948년 11월 A급 전범 도고 시게노리는 20년 형을 선고받았다. 전쟁의 모의에 참가했으며 개전 뒤에도 사임하지 않았다는 것이 이유였다. 하지만 도고 자신은 '조기 강화'의 길을 찾기 위해 외상에 머물렀다고 술회했다.

고향에 세워진 도고 시게노리 기념관에는 그와 관련된 자료와 송덕비가 있으며, 생가 터와 가마터도 남아 있다. 비극에서 출발한 400년에 걸친 도예 교류를 담은 자료관, 심수관沈壽官(현재 15대)의 가마도 인접해 있다. 그리고 시게노리의 어머니도 참배했다는 다마야마玉山 신사는 1605년에 도공들이 세웠다고 하는데, 1766년까지 단군을 주신으로 모셨다고 한다.

도고 시게노리 기념관

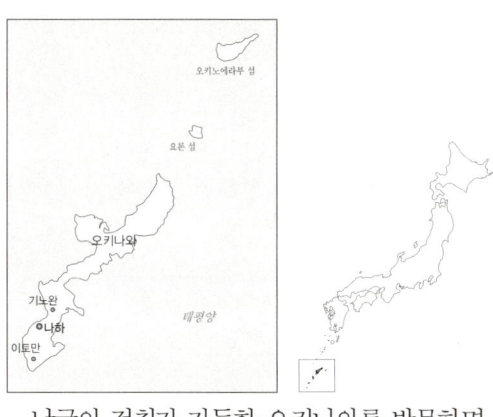

오키나와 현 이토만·기노완 시

규슈 | 1945~1978년 ▶ 2부 099

093
평화와 미군 기지

　남국의 정취가 가득한 오키나와를 방문하면 으레 류큐 왕국의 산실 슈리首里 성을 찾게 마련이다. 왕국이 그랬듯이 그곳의 역사 시간은 근대의 입구에서 끝이 나지만, 1945년의 오키나와 전투는 류큐 왕국의 마지막 정화마저도 초토화해버렸다. 슈리 성 정전正殿은 오키나와의 시정권이 반환되고 20년이 지난 1992년이 되어서야 겨우 산뜻하고 빨간 모습을 되찾았으나, 2019년 화마가 덮쳐 다시 잿더미가 되었다.

　오키나와 전투, 그리고 그 와중에 일본군에 의해 강요된 자결인 '집단사集團死'를 새기려면 오키나와 본섬 남단의 이토만糸滿 시 마부니摩文仁 언덕으로 가보아야 한다. 일본군의 마지막 거점이 있었던 곳으로, 1945년 6월 23일 우시지마 미쓰루牛島滿(1887~1945) 사령관이 자결하면서 남국의 섬에서 전개된 3개월간의 비극은 막을 내렸다. 그래서 이날이 오키나와의 위령일이며, 그곳에는 대지만 30km²를 넘는 광대한 오키나와평화기념祈念 공원이 조성되어 있다. 하지만 공원에 재현된 오키나와 전투의 의미와 평가 일부에는 고개를 갸우뚱하게 될지도 모른다. 기회가 된다면 그 점을 꼭 확인해주기 바란다.

　1975년 평화기념자료관이 테이프를 끊었다. 개관 당시 입구에는 우시지마의 사진과 일장기가 걸려 있었고, 관람객은 우시지마에 대한 헌시를 읽어야 했다. 평화 단체와 연구자의 항의가 빗발친 것은 당연지사다. 개관에 맞춰 공원 내의 히메유리의 탑(간호요원 히메유리 학도대로 희생된 여학생의 위령비)을 찾은 황태자(아키히토) 부처를 향해 화염병이 투척된 것도 그런 주민 감정의 발로였다. 결국 오키나와 현 당국은 전시 방식을 완전히 바꿨고, 이에 따라 자료관은 군의 문서와 선전 포스터, 전쟁 경험에 관한 생생한 증언으로 채워졌다. 1978년의 일이었다. 이후 시설의 노후화에 따라 2000년 확대 신축되어 현재의 모습을 갖추었다.

　반면 공원의 동쪽에 위치한 국립 오키나와 전몰자 묘원 인근의 위령탑에서는 전쟁 비판을 전혀 찾아볼 수 없다. 우시지마와 참모장의 자결을 애국심과 군인 정신의 발로라고 찬미하는 여명黎明의 탑이 정상에 버티고 서 있다. 거기에는 오로지 황군을 애도하고 전쟁을 미화하는 메시지만 가득하다.

　미군 기지의 대명사 격인 후텐마普天間 기지는 나하那覇 시에서 북쪽으로 10km 떨어진 기노완宜野灣 시에 있다. 해병대 항공 부대가 주둔한 탓에 비행기 추락 사고가 이따금 일어난다. 후텐마 기지 규모는 시 면적의 25%에 달한다. 거리를 걷다 보면 분명 한국의 기지촌과 닮았다는 점에 놀라게 될 것이다.

류큐 왕국의 정전인 슈리 성(2019년 전소되기 전의 모습)

오키나와 평화기념 공원과 평화기념자료관

후텐마 기지 후텐마 기지는 주택가와 매우 가까이 붙어 있다. 오른쪽 사진을 보면 항공기가 주택 바로 위에서 비행한다는 것을 알 수 있다.

인도네시아 자카르타
자바 섬 | 1938~1943년 ▶ 2부 089

094
동남아시아의 일본군 유적

아시아·태평양전쟁의 개전에 따라 일본군은 석유를 찾아 네덜란드령 인도네시아를 침공했다. 1942년 1월부터 이마무라 히토시今村均(1886~1968)가 이끄는 제16군은 약 3개월의 전투 끝에 자바 섬의 연합군에게 항복을 얻어냈다. 이후 인도네시아는 3년 반 이상 일본의 군정 치하에 들어갔다.

수도 자카르타는 자바 섬에 있으며, 네덜란드의 동인도회사가 다스렸던 시절에는 바타비아라고 불렸다. 인구 1,000만에 육박하는 거대 도시 자카르타에는 네덜란드와 일본의 지배가 남긴 자국이 적지 않다. 일본군 관련 시설은 자카르타의 중심지 모나스MONAS 공원 인근을 에워싸듯 있다. 모나스는 자카르타를 상징하는 아이콘으로 137m 높이의 독립기념탑을 말하는데, 제일 아래층에는 역사박물관이 꾸며져 있다. 모나스에서 2시 방향으로 눈을 돌리면 국영석유회사 페르타미나 본사가 보인다. 기와를 이은 건물이 자바군정감부의 사무소로 사용되었던 곳이다. 11시 방향에 보이는 하얀 건물은 인도네시아 대통령 관저 메르데카 궁이다. 과거 네덜란드 총독의 관저로 지어졌는데, 일본군 점령 후에 이마무라 사령관의 관저로 쓰였다. 비문박물관(인도네시아어로 Museum Taman Prasasti)은 모나스에서 10시 방향에 위치하며, 네덜란드 총독부의 고급 관료를 위해 조성한 묘지인데도 일본군 전사자 30명의 위령비가 입구 가까이 서 있다. 박물관 내에 흙투성이로 방치되어 있는 것을 현지 일본인이 2001년에 다시 세웠다고 한다. 마지막으로 7시 방향에는 과거 일본군 사령부가 자리했다. 역시 기와가 얹힌 건물로서 지금은 광업에너지부가 입주해 있다.

자카르타 근교의 깔리바타 국립묘지가 마지막 코스이다. 패전 후 여러 사정으로 귀국하지 못한 일본군 다수가 네덜란드에 맞서 인도네시아 독립전쟁에 가담했는데, 그중에는 조선인도 있었다. 조선인으로서 포로 감시원으로 징집되었다가 인도네시아인 아내의 조국에 목숨을 바친 양칠성梁七星(1919~1949)은 인도네시아의 독립 영웅으로 묻혀 있다. 그를 찾아낸 것은 일본인 연구자 우쓰미 아이코內海愛子이며, 그의 연구 덕분에 친일파라는 오해의 굴레 속에 묻혀 있던 조선인 B·C급 전범은 비로소 해방을 맞이할 수 있게 되었다.

모나스 공원

중국 시안

산시 성 | 6세기 중반~7세기 초 ▶ 2부 007

095
중국 대륙에 몸을 뉘인 일본 유학생

시안西安은 중국 남부 산시陝西 성의 성도이지만, 과거 수와 당의 수도 장안長安으로서 역사적 도시였다. 당연히 견수사遣隋使나 견당사遣唐使와 인연이 깊은데, 실제로 8세기 초반 견당사로 건너갔던 일본인 유학생의 지석誌石이 2004년 시안 교외에서 발견되었다. 일본 열도에 크나큰 탄성이 터졌다. 40cm 정사각형 돌에 171자가 새겨진 지석의 주인은 정진성井眞成. 당에 가서 학문을 배운 뒤 출사했다가 뜻하지 않게 병에 걸려 세상을 떴고, 황제가 정중히 장례를 지내도록 했다고 쓰여 있었다. 사망 당시 36세, 734년의 일이다.

연령 등으로 추측건대 정진성이 견당 유학생으로 항해에 오른 것은 19세 되던 해의 봄, 717년 2월로 보인다. 기비 마키비吉備真備(695~775), 겐보玄昉(?~746), 아베 나카마로阿部仲麻呂(698~770) 등 총 557명이 4척의 선단을 이뤄 나니와難波(오사카 시)를 출발해 동중국해를 가로질러 양쯔 강 하구에 상륙한 뒤 육로로 장안에 들어갔다. 기비와 겐보는 733년 파견된 견당사 일행과 함께 이듬해 귀국하여 조정의 요직을 맡았지만, 정진성은 아쉽게도 객사하고 말았다. 그리고 당에서 출세를 거듭하던 아베는 753년, 전년에 도착한 견당사와 더불어 귀국길에 올랐으나, 배가 난파되어 정진성과 같은 운명을 밟았다. 그런 아베를 기려 1979년 당시 수상 후쿠다 다케오福田赳夫(1905~1995)의 친필이 새겨진 기념비가 시안에 세워졌다.

지석은 다음과 같은 글귀로 시작되면서 정진성의 국호가 일본임을 알려준다. "공은 성은 정井, 자는 진성眞成이라 한다. 국호는 일본日本이며, 천부적으로 우수하여 국가의 명으로 멀리 파견되어 열심히 노력했다.(…)" 율령에서 '일본'이라는 표현이 사용되긴 했지만, 일본이라고 기록된 사료는 이것이 처음이다. 정진성은 위계가 낮아 일본 측 기록에는 그에 관한 언급이 없다. 그래서 '정'이라는 성을 포함하는 도래계 씨족인 후지이葛井 집안일 것이라는 추측을 바탕으로 오사카 후지이데라藤井寺 시에서 묘지라도 '귀향'시키자는 운동이 일었다. 2005년 묘지가 전시되면서 1,300년 만의 귀향이 실현되었고, 이후 정진성은 견당사를 대표하는 '국제인'으로 자리매김되어 널리 사랑을 받았다.

정진성의 지석과 덮개돌

중국 뤼순

랴오닝 성 | 1890년대 후반~1900년대 전반 ▶ 2부 072

096
청일·러일전쟁의 현장

랴오둥遼東 반도 끝자락의 뤼순旅順은 청일전쟁(1894~1895)과 러일전쟁(1904~1905)의 전화를 입었으며, 러일전쟁 최대의 격전지였다. 1905년의 포츠머스 조약으로 뤼순은 일본에게 넘어갔다. 뤼순과 다롄大連을 합쳐 관동주關東州라 불렸고, 관동도독부가 뤼순에 설치되었다. 관동군은 도독부의 수비대가 모체이며, 1919년 정치와 군사의 분리 방침에 따라 관동청과 함께 창설되었다. 이제부터 다롄 시에 편입된 뤼순의 전쟁 관련 유적을 따라가보자.

뤼순 공방전은 노기 마레스케乃木希典(1849~1912) 지휘하의 일본군 제3군과 러시아 육군 2개 사단을 포함한 수비병 간에 벌어졌다. 1904년 8월 일본군의 첫 총공격 이후 해를 넘겨 1월 5일 러시아 사령관 스테셀이 항복하면서 5개월 가까운 혈전은 막을 내렸다. 사상자는 일본 측이 더 많았지만(전사자만 일본 16,000명, 러시아 10,000명), 요새의 주요부가 점령되면서 러시아가 손을 든 것이다. 견고하게 구축된 각종 보루로 에워싸인 뤼순 요새 쟁탈전 중에서 가장 치열했던 것은 203고지 전투였다. 여기에서 일본군과 러시아군 모두 5,000명 이상이 희생되었다. 지금은 관련 비석과 대포, 그리고 노기 마레스케가 세운 위령탑이 시의 문화재로 지정되어 남아 있으며, 발굴된 무기와 군복 등을 전시하는 자료관도 세워졌다. 피비린내 나는 공방전은 요새의 정면에 있는 해발 119m 둥지관東鷄冠 산의 북北보루 함락으로 결판이 났다. 잔존하는 당시 구조물 곳곳에는 일본군이 폭파한 흔적들이 역력하다. 러시아의 수비대를 지휘했던 콘드라첸코(1857~1904) 장군이 포탄에 맞아 사망한 곳에는 일본군이 세운 비석이 서 있으며, 인근의 자료관에는 사진과 모형, 당시 무기들이 진열되어 있다. 일본에서는 이 격전을 소재로 1980년에 영화가, 이듬해에는 TV 드라마가 제작되었다.

러시아의 항복은 뤼순 북방의 수사영水師營 회견소에서 이루어졌다. 당시 테이블과 관련 비석이 남아 있으며, 건물은 1996년에 복원되었다. 내부에는 자료실이 꾸며져 있다.

시내에는 일본 제국주의 치하 시절의 건물이 도처에 건재하다. 군항의 기능이 강한 이유로 출입 금지 구역이 많지만, 점차 개방되는 추세에 있다. 안중근 의사가 처형된 뤼순 감옥은 원래 러시아가 지은 것을 일본이 확장해서 사용했으며, 1971년 재건되어 현재는 자료관으로 개방되고 있다.

203고지에 노기 마레스케가 세운 위령탑

중국 다롄

랴오닝 성 | 1920년대 후반 ▶ 2부 082

097
만철의 본산

한중 수교 이후 다롄은 한국과 매우 가깝게 느껴지지만 20세기 전반만 하더라도 일본의 조차지로서 대륙 침략의 전진기지였다. 남만주철도주식회사, 곧 만철의 기점이며 본사가 위치했던 다롄은 '철도 제국주의' 일본의 상징이었다. 랴오둥 반도 끝자락에 있는 다롄은 뤼순과 더불어 전쟁과 식민 지배의 생채기가 깊이 새겨진 지역이다.

만철은 러일전쟁의 '전리품'이었다. 동청東淸 철도, 즉 지금의 하얼빈哈爾濱 철도 가운데 창춘長春에서 다롄까지 철도 시설과 관련 부지는 포츠머스 조약으로 일본의 소유가 되었다. 그 관리를 맡은 것이 1906년에 설립된 국책회사 만철이었다.

만철의 초대 총재는 고토 신페이後藤新平(1857~1929)가 맡았다. 타이완 총독부의 2인자인 민정장관으로서 식민지 통치의 전문성을 끌어올린 그의 수완이 유감없이 발휘되었다. 탄광, 제철, 항만, 호텔 등 80여 사업체에 40만 명을 거느렸던 만철은 흔히 영국의 동인도회사에 비견되기도 한다. 1907년 고토의 착상으로 세워진 만철조사부는 일본 최대의 싱크탱크로 일컬어지며, 만주사변 이후 만주국 경영의 일익을 담당했다.

다롄은 전쟁이 비껴간 덕분에 관련 유적이 잘 보존되어 있다. 먼저 다롄 역은 도쿄 우에노上野 역을 본떠 1937년 세워졌는데, 지금도 선양瀋陽·창춘행 열차가 드나든다. 역사에서 조금 걸으면 중산中山 광장이 나온다. 광장을 에워싸듯 일본 점령 시대의 건물 10동이 늘어서 있다. 그중 다롄호텔大連賓館은 만철이 경영하던 야마토ヤマト호텔의 체인이었으며, 철도 관계자와 승객이 묵었다. 5년의 공사 끝에 1914년 완공되었다. 중국공상은행中國工商銀行이 입주해 있는 건물은 과거 조선은행 다롄 지점이었다. 중산 광장에서 뤼신로魯迅路를 따라 400m쯤 가면 오른쪽에 만철 본사 건물이 보인다. 1908년 준공되어 만주국 성립 후 창춘으로 이전할 때까지 사용되었다. 현재는 만철철도국이 입주해 있으며, 2층에 '만철진열관'이라는 자료관이 조성되어 있다. 정문 오른편의 별관 앞에는 '만철구지滿鐵舊址'라는 비가 서 있다. 다롄, 뤼순, 선양, 창춘에는 아직도 제국 일본의 잔혼이 뚜렷하다.

일본 도쿄의 우에노 역(왼쪽)과 중국의 다롄 역(오른쪽)

중국 선양

랴오닝 성 | 1928~1936년 ▶ 2부 084

098
만주 침략과 장쭤린 일가

선양瀋陽(옛 이름은 펑톈奉天)은 청의 발상지인 까닭에 3대 황제 순치제順治帝 때 베이징으로 천도(1644)하기 전까지 일시 수도이기도 했다. 청의 멸망 후 이 지역 패권은 일본을 등에 업은 펑톈 군벌 장쭤린張作霖(1875~1928)에게 돌아갔다. 권력은 성쇠를 거듭하는 법. 장제스의 북벌에다 장쭤린 폭사, 만주사변과 만주국 건국에 따라 장씨 일가는 선양을 등져야 했다. 하지만 지금 선양의 중심부에 가면 장쭤린 일가의 화려한 역사를 볼 수 있다. 장쭤린과 그의 후계자 장쉐량張学良(1901~2001)의 관저이자 사저였던 장씨수부張氏帥府가 대표적이다.

장쉐량에게는 쉐밍學銘(1908~1983), 쉐스學思(1916~1970)라는 두 동생이 있었다. 만주사변이 발생하자 동생들은 형과 같이 만주를 탈출하지만, 1936년의 시안 사건 이후(장쉐량이 장제스를 납치·구금하고 내전 중지를 요구한 사건) 공산당에 가담하여 항일 전쟁에 몸을 던졌다(쉐스는 1933년 입당). 중화인민공화국의 건국 후 장쉐밍은 동북부의 정무위원으로, 장쉐스는 해군 장성으로 활약했다. 문화대혁명에 휘말린 쉐스는 쓸쓸하게 병사했으나 쉐밍은 천수를 누렸다.

쉐밍·쉐스 형제가 중국 혁명에 기여한 공로가 컸기에 장씨수부에는 두 사람의 공적 설명에 많은 공간을 할애하고 있다. 그 덕분인지 친일 군벌로 활약한 아버지 장쭤린도 죄인 취급은 받지 않는다. 대지 면적만 1.6km²에 이르는 장씨수부는 1988년 이후 박물관으로 바뀌어 지금에 이른다. 선양에는 만주사변 발발을 기념한 9·18 역사박물관, 후금 시대의 궁성인 선양 고궁, 청의 1, 2대 황제인 누르하치와 홍타이지가 잠든 동릉과 북릉이 있다.

장쉐량은 시안 사건 이후 반역죄로 체포되어 징역 10년에 처해졌고, 특사를 받은 이후에도 줄곧 연금 상태에 놓였다. 국민당이 패전하자 타이완으로 이송되었고, 거기서도 장제스의 사후 1980년대까지 50년 이상 행동의 자유를 누리지 못했다. 타이완의 민주화에 힘입어 1991년 하와이로 이주했고, 거기서 2001년 100세로 생을 마감했다. 1990년에 취재차 찾아간 일본 NHK의 기자가 시안 사건의 진상을 물었지만 그의 입은 끝내 열리지 않았다.

장씨수부

타이완 타이베이

타이베이 | 1890년대 중반 ▶ 2부 070

099
동북아의 첫 식민지

1895년 5월 8일 청일전쟁을 마감하는 시모노세키 강화조약이 발효되자 일본은 타이완을 '접수'하려는 목적으로 군대를 파견했다. 6월 17일 타이베이台北에서 해군대장 가바야마 스케노리樺山資紀(1837~1922, 사쓰마 출신)가 총독부의 현판을 내걸었다. 이틀 뒤부터 일본군은 작전을 개시했다. 타이완을 완전 평정했다는 보고가 대본영에 날아든 것은 그로부터 4개월 뒤인 11월 18일이었다. 일본군의 상륙 직전에 '타이완 민주국'이 세워졌고, 청의 관리와 주민들이 완강하게 항전을 이어갔기 때문이다. 5만의 병력을 투입한 일본군은 전사 164명에 콜레라 등으로 인한 병사 4,642명을 낸 데 반해, 타이완 측은 14,000명이라는 엄청난 희생자를 냈다. 이후에도 저항의 불씨는 꺼지지 않았다. 이로 인해 제국의회에서조차 1억 엔에 프랑스에 매각하자는 의견까지 터져 나왔다.

타이완 각지에는 식민 지배의 흔적이 잔존하는데, 타이베이 중심지만 간단히 살펴보자. 먼저 지하철 MRT를 타고 관공서가 밀집된 도심의 샤오난먼小南門 역에 내리자. 북쪽으로 200m 가면 왼편에 국방부가 나오는데, 구 일본군 사령부로 쓰였던 건물이다. 국방부 반대편에 있는 타이베이 지방·고등법원은 식민지 시대에도 같은 일을 했다(1934년 준공). 법원 바로 북쪽에 있는 건물이 1919년에 준공된 타이완총독부의 청사이며, 지금은 총통부가 사용하고 있다. 르네상스 양식이며, 중앙의 60m 탑은 당시 타이완에서 가장 높았다고 한다. 총통부 뒤에는 현재 총통부총통문물관總統副總統文物館과 중화전신中華電信 건물이 있는데, 각각 총독부 교통국(1923년 준공), 전화교환국(1937년 준공)이었던 곳이다. 법원 맞은편에는 타이베이 제일여자고급중학이 있는데, 전쟁 개시에 즈음하여 여성의 황민화 교육을 담당한 제일고등여학교(1904년 설립)가 있던 자리다. 총통부의 북쪽에는 과거 타이완은행(1938년 준공)이 위치했으며, 지금도 같은 이름의 은행이 실질적인 중앙은행의 역할을 하고 있다.

이렇듯 타이베이에는 식민지 타이완의 정치·경제의 중추가 구축되었고, 그 역할은 지금도 거의 변화 없이 이어진다. 그런 타이완을 바라보는 일본 우익의 시선에는 향수와 더불어 우호감이 진하게 배어 있다. 탈식민의 여정은 건물의 존폐 여부와는 상관없을까?

중화민국 총통부(구 타이완 총독부 청사)

한국 울주·울산·순천

울산광역시, 전라도 | 16세기 말 ▶ 2부 039

100
한반도에 산재한 왜성

1592년부터 도요토미 히데요시의 조선 침략으로 시작된 7년 전란(임진왜란, 정유재란)으로 인해 동해와 남해 일대에는 일본군이 쌓은 '왜성'이 남게 된다. 기록상으로는 북쪽의 울산성에서부터 시계 방향으로 순천성까지 20여 곳이 확인되지만, 대부분 황폐화되어 지금은 거의 남아 있지 않다. 그나마 원형이 보존된 곳이 순천성과 서생포성 정도이다.

울산에서 15km 떨어진 울주군에 소재한 서생포성은 해발 133m 고지에 축조된 산성으로, 바다를 끼고 있다. 가토 기요마사加藤淸正가 1593년에 쌓았으며, 삼중으로 성벽을 두르고 중앙에는 천수각도 세웠다. 꼭대기와 산허리 쪽에 성벽이 남아 있는데, 한반도에 드물게 남은 센고쿠 시대의 실전용 성곽이다. 서생포성은 강화 교섭의 장소로 사용되었을 만큼 일본군의 주요 거점이었으며, 정유재란 때는 전라도와 충청도를 공격한 뒤 전열을 재정비했던 곳이기도 하다. 1597년 말에는 서생포성에서 북쪽으로 울산 시내 쪽에 울산성이 축조되었다. 현존하는 문서에 따르면 삼중의 성벽 길이가 1.4km, 크고 작은 망루가 12곳이나 설치되었다고 하며, 40일간의 강행군으로 완공 직전에 이르렀을 때 조명 연합군의 포위 공격을 받았다. 서생포성에 주둔하던 가토까지 가세했음에도 위기에 몰렸으나, 곧 원병의 도착으로 가까스로 전멸을 모면했다. 현재 약간의 성벽만 남아 있는 울산성 유적은 지방문화재로 지정되어 있다. 성터에 조성된 학성 공원은 울산 도심에서 가까운 벚꽃의 명소이며, 울산을 대표하는 독립운동가 박상진의 추모비도 세워져 있다.

가토 기요마사의 본거지는 구마모토 현이며, 현존하는 구마모토 성도 그가 세웠다. 가토로 인해 울산과 구마모토가 맺었던 악연(?)도 시간이 흘러 새 인연의 싹으로 재해석되었다. 2007년 구마모토 성 축성 400주년에 즈음하여 구마모토는 울산에 자매결연을 요청했다. 2010년 두 시는 우호 도시 협정을 체결했고, 현재 활발한 민간 교류를 이어가고 있다.

전라도의 유일한 왜성이자 가장 규모가 큰 순천성은 1597년에 축조되었다. 순천성이 위치한 곳은 삼면이 바다로 가로막힌 천연 요새였으며, 완공 뒤에는 고니시 유키나가小西行長 (1558~1600)가 주둔하며 전라도 공략을 위한 전진 기지로 사용했다. 성의 정상에 서면 이순신을 기리는 충무사가 한눈에 들어온다.

순천성

한국 서울

서울특별시 | 1900년 중·후반 ▶ 2부 073

101
서울에 남아 있는 국치의 흔적

1910년 8월 29일의 대한제국 국권 상실은 100년 전의 사건이지만, 국치의 흔적은 서울 곳곳에서 찾을 수 있다. 건물은 대부분 사라져서 없고, 터만 남아 기억을 되새기게 한다. 남산의 대표적인 몇 곳과 용산에 대해 알아보자.

을사조약 이후 병합 추진의 사령탑 통감부는 광화문의 대한제국 외부外部 청사에 있다가 1907년 남산의 현 '서울 애니메이션 센터' 쪽에 자리를 잡았다. 그 일대는 일찍부터 일본인이 다수 거주했는데, 식민지 시대에도 청계천 북쪽에는 거의 살지 않았다. 병합 이후 통감부는 총독부로 탈바꿈했고, 1926년 경복궁 안에 조선총독부 청사가 완성되기 전까지 남산 위에서 군림했다. 지하철 4호선 명동역에서 내려 200m 정도 걸으면 통감부 터를 알리는 표지석이 있다.

서울유스호스텔로 올라가는 길에는 통감 관저 터 표석이 세워져 있다. 구한말 일본공사관→한국통감 관저→조선총독 관저로 사용되었으며, 그 건물 2층에서 병합조약 체결이 조인되었다. 해방 뒤에는 중앙정보부와 국가안전기획부가 그 자리를 꿰찼으니, 강권 지배는 식민 통치와 군사독재를 관통하여 존속했던 셈이다. 그런 불편한 기억 때문에 통감 관저 터의 유적지화 작업은 지지부진했고, 표지석은 병합 100주년인 2010년에야 겨우 민족문제연구소에 의해 세워졌다.

서울유스호스텔과 인접한 남산골 한옥마을에는 과거 조선주차군 사령부와 조선헌병대 사령부가 위치했다. 1908년 조선주차군 사령부가 현재 미군 기지가 있는 용산으로 이전한 뒤에도 헌병은 조선 지배의 폭력 장치로서 위용을 과시했다. 그런데 한옥마을 부근에는 이런 사실을 기록한 표지석 하나 없다. 왜곡과 망각은 일본에만 있는 것이 아니다.

현재 용산의 미군 기지 구역은 과거 일본군 제19사단(나남 주둔)과 제20사단(용산 주둔)을 거느린 '조선군사령부'가 있던 곳이다. 사령부 시설과 위수 감옥 등의 건물은 문화재 취급 대상이어서 미군 측도 건드리지 않았다고 한다. 그 오욕의 부지에 곧 '치유의 공원'이 들어설 예정이다.

통감 관저 터에 세워진 표석

2부 | 역사로 읽는 일본

1장 | 고대

역사의 시작
통합되는 일본 열도
고대국가 만들기
나라에서 헤이안으로
귀족의 시대
흔들리는 율령제
원정과 헤이 씨 정권

4만~3만 년 전 구석기 시대	
1만 2천 년 전 조몬 시대 개막	
B.C. 300 야요이 시대 개막	
57 왜 노국이 후한 광무제로부터 '한위노국왕' 금인 받음	
3세기 후반~4세기 전방후원분 축조	
587 소가 씨 권력 장악	
593 쇼토쿠 태자 섭정	
630 1차 견당사 (이후 150여 회)	
645 을사의 변 →다이카 개신	
710 헤이조쿄 천도 →나라 시대	
712 『고사기』 완성	
720 『일본서기』 완성	

일본 고대사는 두 가지 사안을 중심으로 살펴보아야 한다. 하나는 고대국가 일본의 성립으로, 이는 율령제적 지배 체제의 형성과 직결된다. 다른 하나는 토지 지배의 실태를 지긋이 톺아보는 작업이다.

고대국가 일본은 7세기 후반 중국에서 도입한 율령에 입각하여 지배 체제를 구축했다. 천황을 정점으로 하는 중앙집권국가가 탄생했고, 그렇게 창출된 고대국가의 지배자가 지금껏 명맥을 이어오고 있다. 그런 면에서 일본 역사를 이해하는 지름길은 율령제 아래 새롭게 '정립'된 천황(제)의 특질을 궁구해보는 것이 매우 효율적일 듯하다.

율령제와 천황(제)이 일본 고대 정치사의 측면을 알려준다면, 토지 지배 구조와 그 변화는 고대의 경제적 측면과 아울러 지역에 대한 입체적인 이해를 돕는다. 전근대의 생산력은 사실상 농업에 의존할 수밖에 없었고, 고대국가의 존속 또한 토지 지배의 원활화와 밀접한 관련이 있다. 고대 말기에 이르면 중앙과는 별도로 지역의 토지를 독자적이고 실질적으로 지배하는 이가 나타나니, 바로 무사였다. 그리고 새로운 시대, 곧 중세가 열렸다.

율령제와 토지, 두 개의 열쇳말을 염두에 두고 일본 고대사 탐방에 들어가보자. 그 전체적인 흐름을 개괄하면 다음과 같다.

신석기와 금속기에 각각 해당하는 조몬, 야요이 문화를 거쳐 4세기 중엽의 일본 열도에서는 호족 연합체인 야마토大和 정권이 출현했다. 야마토 정권은 오키미大王를 중심으로 '씨성 제도'에 기반하여 호족의 정치적 지지를 얻으며 유지되었으나, 6세기 이후부터 호족 간의 권력투쟁이 치열해지면서 전환점을 맞게 된다.

호족 간의 다툼은 소가蘇我 씨의 승리로 끝나고, 쇼토쿠聖德 태자의 지도하에 중앙집권적인 고대국가 건설을 위한 움직임이 활발해졌다. 견수사와 견당사를 통해 중국에서 유입된 선진적 지식과 문물에 힘입어 다이카大化 개신의 쿠데타가 성공했다. 일본 열도는 이제 당唐의 율령제를 기초로 토착 호족 세력을 해체하고 중앙집권국가 건설이 단행되기에 이르렀다.

8세기 초까지 율령제를 바탕으로 한 통치 체제 정비는 거의 완성되었고, 나

고대사 개관

라奈良로 도읍을 옮기면서 나라 시대가 시작된다. 하지만 율령국가의 한 축인 농민 사회의 기반이 흔들리고 중앙 정계에서는 후지와라藤原 씨의 진출이 맞물리면서 사회 전반적으로 동요가 고조되기 시작한다.

율령제적 지배 체제는 농민들이 토지를 버리고 유랑하게 되면서 심각한 위기를 맞는다. 그 해결책이 토지 사유화의 인정이었고, 그에 따라 생겨난 것이 장원이다. 광대한 토지를 사유화한 귀족이나 사원은 자연히 정치에도 발언권을 행사했는데, 특히 천황의 외척인 후지와라 씨의 섭관 정치 시기에는 귀족 세력이 천황 권력을 능가할 정도였다. 이렇듯 귀족이 세력을 떨친 섭관 정치 시기에 귀족 문화도 찬란한 꽃을 피웠다.

이후 섭관 정치를 대신하여 천황을 후견하는 명목으로 원정院政이 실시되면서 율령제적 왕권의 힘은 계속 약화되었다. 이런 와중에 지방에서 성장한 무사가 중앙 정치에까지 진출하여 정쟁의 복병으로 등장했다. 신흥 세력인 무사를 대표하는 헤이平 씨와 겐源 씨 두 가문의 다툼은 일단 헤이 씨의 승리로 귀결되었다. 헤이 씨는 후지와라 씨와 마찬가지로 외척의 지위를 획득하면서 절대 권력을 휘둘렀다.

- **723** 삼세일신법
- **743** 간전영년사재법 제정
- **794** 헤이안쿄로 천도 →헤이안 시대
- **902** 장원정리령 공포 →1150년까지 10회
- **939~940** 다이라 마사카도의 난
- **939~941** 후지와라 스미토모의 난
- **1051~1062** 전 9년의 역
- **1083~1087** 후 3년의 역
- **1087** 시라카와 천황의 원정 개시
- **1156** 호겐의 난
- **1159** 헤이지의 난

역사의 시작 **001** 구석기 시대 | 4만~3만 년 전 ▶ 1부 015

행상 청년과 고고학의 혁명

세기말의 여운이 맴돌던 2000년 11월 15일 〈마이니치신문每日新聞〉의 특종 보도는 일본 고고학계를 발칵 뒤집어 놓았다. 고졸의 비전문 고고학도로서 '신의 손'이라 불리던 후지무라 신이치藤村新一의 터무니없는 사기극이 폭로된 것이다. 60만 년 전의 석기가 나왔다는 미야기宮城 현 가미타카모리上高森 유적을 비롯하여 탁월한 업적으로 칭송받은 전기 구석기의 발굴 성과 대부분이 후지무라가 미리 묻어두었던 구석기를 그저 '캐낸' 데 지나지 않았다. 이 희대의 사건을 놓고 후지무라 자신은 "무언가에 홀렸다"고 털어놓았다.

후지무라의 실토가 끝이 아니었다. 기존 유적에 대한 전면적인 재검토가 이루어지자 악몽 같은 소식이 잇달았다. 특히 1981년 4만 2천 년 전의 석기가 출토되면서 국가 사적이 된 미야기 현 자자라기座散亂木 유적의 날조는 충격 그 자체였다. 그 무렵 일본의 석기 시대는 3만 년 전을 경계로 전기와 후기로 나뉜다고 여겨졌는데, 자자라기 유적이 발굴됨으로써 전기 구석기 시대의 존재 여부를 둘러싼 논쟁에 종지부가 찍힌 셈이었기 때문이다. 하지만 날조 사실이 드러나면서 교과서 내용은 수정되어야 했고, 고고학의 성과 전반에까지 불신이 팽배해졌다. 심지어 어떤 사람들은 구석기 시대에 대한 조사의 단초를 열었던 아이자와 다다히로相沢忠洋(1926~1989)로 고고학 연구가 되돌아가야 한다고 격정을 토로했다.

아이자와 다다히로는 누구인가? 공교롭게도 그는 후지무라와 마찬가지로 전문 고고학자가 아니라 행상을 하던 청년이었다. 각지를 떠돌아다니는 와중에도 독학으로 터득한 고고학 지식을 활용하여 석기 채집에 정열을 쏟았다. 1946년 군마群馬 현 기류桐生 시 이와주쿠岩宿의 적토赤土에서 흑요석 석편石片을 발견한 뒤로 짬을 내 독자적으로 조사에 몰두했다. 드디어 1949년 초여름, 일본 고고학계의 풍운아가 탄생했다.

아이자와 다다히로

산으로 오르는 좁다란 길 가까이 와서 적토의 단면에 눈길을 줬을 때 흙 속에 반쯤 파묻힌 이상한 것이 보였다. 다가가서 손으로 만져보고 손끝으로 약간 움직였다. 아주 조금 적토가 밀렸는데도 바로 뽑혔다. 그것을 눈앞에서 본 순간 나는 엉겁결에 큰소리를 지를 뻔 했다. 정말로 무엇에도 비길 수 없는 멋진 흑요석제 창날 모양을 한 석기가 아닌가. 완전한 형태를 갖춘 석기였다. 스스로도 의심스러웠다. 생각할 여유도 없이 그저 멍하게 바라보고만 있었다. ——「岩宿」の発見』, 講談社, 1969.

이와주쿠 유적지 왼쪽은 군마 현 기류 시에 있는 이와주쿠 유적지, 오른쪽은 아이자와 다다히로가 발견한 흑요석이다.

당시 일본 고고학계의 상식으로는 1만 년 이전의 일본 열도에는 사람이 살지 않았다. 물론 반대의 주장도 있었으나, 유물과 유적이 나오지 않는 한 어디까지나 가설일 뿐이었다. 아이자와가 석기 채집에 열중하며 증명하고자 씨름한 가설은 고고학계 최대의 난제였다. 관동 지방의 적토는 '관동 롬(loam)' 층으로 불리며 1만여 년 이전까지 주위의 화산 분화에 의해 퇴적된 지층을 말한다. 그런데 23세의 행상 아이자와가 그 적토에서 사람의 손길이 가해진 일본 고고학의 혁명을 건져 올렸다.

1949년 8월 말, 아이자와는 아는 사람의 소개로 세리자와 조스케芹沢長介(1919~2006, 당시 학생)의 집을 방문했다. 세리자와는 나중에 일본 구석기 문화 연구의 제1인자가 된 학자다. 아이자와가 채집한 석기를 보여주니 그의 눈이 휘둥그레졌다. 이것이 만약 진짜라면 일본 열도의 역사가 뒤바뀔 판이다. 세리자와는 즉시 메이지明治대학의 스기하라 소스케杉原莊介 (1913~1983) 교수에게 연락했고, 이틀 뒤 일행은 아이자와의 안내를 받아 이와주쿠로 예비 조사를 떠났다. 9월 11일 오후 4시 50분, 스기하라의 삽 끝에서 '딱' 하는 날카로운 소리가 울렸다. "발굴에 성공 그저 눈물뿐. 스기하라" 감격에 찬 전보가 연구실로 날아갔다.

과연 일본 열도에는 언제부터 사람이 살았을까? 홍적세(200만~1만 년 전)는 이른바 빙하시대로서, 몇 차례의 빙기와 간빙기가 있었다. 빙기에는 해수면이 현재보다 100m 이상 낮았기 때문에 일본 열도는 남북으로 아시아 대륙과 연결되어 있었다. 그 결과 매머드·사슴 등의 사냥감이 이동하는 경로를 뒤쫓아 사람들이 남하하거나 북상했고, 일본 지역에는 북방과 남방의 구석기 문화가 공존하게 되었다. 아이자와 이후 축적된 연구 성과에 힘입어 기원은 점점 거슬러 올라갔고, 후지무라가 발굴했던 다카모리高森 유적을 근거로 50만 년 전이라는 주장도 나왔다. 하지만 유적과 유물로 뒷받침되는 현재의 정설은 4만~3만 년 전쯤부터 사람이 살기 시작했다. 1만 년 전 빙하기가 끝나고 바닷물이 밀려들면서 지금과 같이 대륙과 분리된 '일본 열도'가 모습을 갖추었다.

일본 열도의 토양은 산성인 화산재가 주류를 이루기 때문에 구석기 유적에 인골이나 동물 뼈가 남아 있기 힘들다. 그래서 오래된 화석 인골의 대부분은 석회암 지대가 많은 오키나와沖繩에서 나왔으며, 모두 현생인류에 속한다. 1931년 효고兵庫 현 아카시明石에서 발견된 유골이 '아카시 인'으로 명명되어 네안데르탈 인 단계로 비정된 적도 있지만, 이후 조몬繩文(1만 2천 년 전~기원전 4세기) 시대의 현생인류로 판명되었다.

지금까지 발굴된 인골은 대부분 충적세(1만 년 전~현재)에 속하지만, 예외적으로 후기 홍적세에 속한 것도 있다. 대표적인 것이 1970년 오키나와에서 발견된 화석 인류로, 1만 8천 년 전으로 비정된 미나토가와港川 인이다. 인골의 특징상 중국계와 무관하고 인도네시아의 와자크 인과 닮았다고 한다. 즉 3만~2만 년 전에 쿠로시오 해류를 따라 북상한 집단이야말로 유골로 확인되는 일본인의 시조인 셈이다.

미나토가와 인은 얼굴이 사각에다 코가 너부죽하고 키도 작아 이후의 조몬 인과 유사하다고 지적되지만, 얼굴 외의 다른 부분은 닮지 않았다. 반면, 시즈오카靜岡 현에서 나온 하마키타浜北 인은 시기는 미나토가와 인보다 뒤처지지만 대퇴골의 근육 부착 부분이 조몬 인과 흡사하다. 이를 바탕으로 미나토가와 인과 비슷한 선주민이 생활 기술의 발달과 환경의 변화로 하마키타 인으로 진화했고, 나아가 조몬 인이 되었을 것이라 추정하고 있다.

근대 이후 조몬 인에 대한 시선은 급격한 변모를 거듭했다. 황국사관이 맹위를 떨친 시절에는 '석기 시대인'으로 불리는 조몬 인이 일본의 소수민족인 아이누 인의 조상이라 하여 천시되었다. 일본인은 마땅히 신화 속 천손天孫의 후예이어야 했기 때문이다. 그러나 패전 이후 고고학 발전에 힘입어 조몬 문화는 야요이弥生 문화의 모체로 격상되었으며, 1970년대 이후에는 조몬 인이 뛰어난 수렵 채집민이라는 이미지가 강조되었다. 최근에는 특정 지역의 흑요석이 널리 사용된 것을 근거로 해양 민족이라는 측면이 화제를 부르기도 했다.

그러면 후기 홍적세, 곧 구석기 시대 사람들의 생활은 어떠했을까? 하루의 대부분은 사냥과 식물성 식량을 채집하면서 보냈다. 사냥에는 나이프형 석기와 같은 날카로운 석기를 막대기 끝에 묶어 만든 창을 이용하여 나우만 코끼리(빙하기에 일본과 중국 등지에 서식했으며, 1924년 독일의 지질학자 E. 나우만이 일본에서 발견했다. 인도와 유럽에서 발견된 팔레오록소돈Paleoloxodon의 일종이지만 그에 비해 몸체가 작다)나 사슴 등을 포획했다. 이들은 사냥감과 식물성 식량을 구하러 작은 하천 유역 등 일정 범위 안에서 계속 이동했다. 이로 인해 주거 형태는 대체로 움막집 종류가 많았고, 일시적으로 동굴을 이용하기도 했다. 같이 생활하는 집단은 10명 정도의 소규모였던 것 같으며, 이러한 소집단이 몇 개 합쳐져서 먼 곳으로부터 석기의 원재료(흑요석 등)를 입수하여 분배할 정도의 좀 더 큰 부족적인 집단도 형성되었을 것으로 보인다.

교토대학 자연사박물관에 전시된 나우만 코끼리의 엄니

조몬 시대와 문명의 시작

1만 년 전 무렵부터 일본 열도의 풍광은 완전히 바뀌었다. 쿠로시오 난류의 지류인 쓰시마 해류가 대한해협으로 밀려들어와 지금과 같은 온난 습윤 기후가 자리를 잡게 된 것이다. 각지에 발달한 삼림은 바다와 더불어 식량 자원을 풍요롭게 했고, 그에 따라 새로운 신석기 문명 단계인 '조몬繩文 시대'가 뿌리를 내려갔다. 규슈九州 남쪽에서는 울창한 조엽수림 속에서 대규모 취락이 형성되었으나(가고시마鹿兒島 현의 우에노하라上野原 유적), 약 6,500년 전의 대분화로 인해 잿더미로 화했다. 혼슈本州 북쪽 끝자락인 아오모리青森 현에서는 쓰시마 해류를 이용하여 비취 등이 교역되었으며(산나이마루야마山内丸山 유적), 홋카이도 북쪽 끝의 레분礼文 섬에는 조개 장식 공방이 가동되었다(후나도마리船泊 유적).

약 1만 2천 년 전부터 시작된 조몬 시대는 논농사를 주축으로 '야요이弥生 시대'가 시작되는 기원전 4세기 무렵까지 무려 1만 년 가까이 전개되었다. 조몬 시대의 총아는 단연 토기이다. 당시 사용된 토기는 대부분 표면에 새끼줄 문양(繩文)이 새겨져 있는데, 이는 새끼줄(繩)로 표면을 고르게 하는 과정에서 생긴 것이다. 이 새끼줄 무늬로부터 조몬 토기라는 이름이 유래했다. 이 토기들은 저온에서 구워졌기 때문에 흑갈색을 띤 것이 많다. 1만여 년에 걸친 조몬 시대는 바로 이 조몬 토기의 변화를 기준으로 6기로 구분되며, 초창기의 토기는 지구상에서 발굴된 토기 중 가장 오래되었다는 주장도 있다. 최근까지 이어지는 이른바 '조몬 붐'의 주역인 셈이다.

조몬 시대의 생활수준은 그 이전 시대와 마찬가지로 수렵·어로·채집이 전부다. 봄에는 나무와 풀의 새싹을 뜯고, 초여름에 걸쳐서 조개를 잡다가 가을에는 나무 열매와 도토리를

조몬 시대 중기에 유행한 불꽃 모양의 토기

산나이마루야마 유적 아오모리 현 아오모리 시에 위치한 조몬 시대 중기(후기 신석기)의 대규모 취락 유적

모으며, 여름부터 겨울까지 물고기를 잡고 겨울에는 사슴과 멧돼지를 사냥했을 것이다. 사냥에는 활을 이용하고, 고기잡이에는 낚싯바늘과 작살 외에 그물도 사용했다.

각지에서 조몬 인이 탔을 법한 통나무배가 발견되었으며, 혼슈에서 200km나 떨어진 하치조八丈 섬에서도 조몬 시대의 유적이 발굴되었다. 여러 지역에서 발굴되는 패총은 조몬 인들의 식생활을 알려주는 고고학의 보물 창고이다. 근대 과학의 발달로 고고학이 출범한 것도 1877년 미국인 에드워드 모스(1838~1925)가 도쿄 오모리大森 패총을 발견하고 발굴 조사를 한 것이 효시다.

하지만 조몬 인이 민생고를 해결하는 데는 밤·호두·도토리와 같은 견과류와 마 등 식물성 식량의 채취가 무엇보다 중요했다. 패총이 많이 발굴되기 때문에 조개만 먹고 살았다고 생각하기 쉽지만, 조개류는 먹을 수 있는 부분이 전체의 30% 안팎에 지나지 않고 칼로리도 낮아 효율이 나쁜 식량이다. 단백질 섭취에는 꼭 필요하지만 주식이 되기는 어렵다. 이에 비해 도토리에는 약 56%의 전분이 함유되어 하루에 필요한 1,800kcal를 섭취하기 위해서는 1.5kg(1년에 550kg) 정도만 먹으면 된다. 도토리 채취 기간은 3~4개월이고 한 사람당 250kg쯤 채취할 수 있으니까, 성인에게 연간 필요한 에너지의 반은 도토리에서 얻을 수 있다는 계산이 나온다. 실제로 지름 1.1m, 깊이 90cm의 구멍에 도토리가 가득 채워진 유적이 각지에 산재한다. 그런데 도토리는 떫은맛 때문에 날것으로 먹기 힘들다. 바로 이 점에 착안하여, 열을 가해서 떫은맛을 제거하기 위해 토기가 제작되었다는 설이 지지를 얻었다.

식량 획득법이 다양화되면서 사람들의 생활은 차츰 안정되고 정착도 시작되었다. 이 시기의 주거 형태는 땅에 구멍을 파서 기둥을 세우고 그 위에 풀과 나뭇잎을 얹은 움집이 일반적이었다. 움집 안 가운데에 화로가 꾸며진 것으로 보아, 한솥밥을 먹고 같은 지붕 아래에서 생활하는 식구가 있었다고 추정된다. 주거지는 햇볕이 잘 들고 식수 확보에도 편리한 물가에 형성되었다. 광장을 둘러싸고 움집 몇 채가 환상環狀으로 배치되어 있는 경우가 많으며, 식량 창고와 묘지, 그리고 집회소 또는 공동 작업장이라고 생각되는 대형 움집이 발견되기도 한다. 이를 토대로 추측건대, 조몬 시대의 사회를 구성하는 기본 단위는 4~6채의 세대가 합쳐진 20~30명 정도의 집단이었던 것 같다.

조금 더 조몬 인의 생활을 들여다보자. 1949년 가나가와神奈川 현 요코스카橫須賀 시의 한 패총에서 조몬 시대 초기의 남자 인골이 발견되었다. 치아는 마모가 심했다. 아마 음식을 씹는 것 외에 가죽의 무두질에도 혹사당했을 것이다. 잘 발달된 정강이뼈는 격렬한 육체노동을 견뎌야 했음을 말해준다. 또 하나 흥미로운 것은 인골의 오른 엄지발가락 쪽에 음영선이 최소 11개나 관찰된다는 점이다. 보통 '해리스 선Harris line'이라 불리는 이 선은 성장기에 뼈의 발육을 정지시킬 정도의 중병에 걸렸을 때 생긴다고 한다. 그 원인의 하나로 영양실조도 충분히 짐작 가능하다. 즉 조몬 시대의 열악한 생활수준과 위생 상태를 고려해볼 때, 이 남자는 틀림없이 성인이 될 때까지 여러 차례 혹독한 기아를 경험했을 것이다.

조몬 시대 중엽에 들어와 식량 사정이 호전되었다고는 하지만, 그렇다고 조몬 인의 수명이 길어진 것은 아니었다. 한 연구에 따르면 조몬 인의 평균수명은 남자가 31.1세, 여자가 31.3세였다. 이는 성인의 유골만을 조사한 통계이므로, 사망률이 높은 유아까지 이 계산에 넣으면 확실히 20세 이하로 떨어질 것이다(실제로 발굴된 무덤의 절반가량에 유아가 묻혀 있었다). 한편 조몬 시대의 인구 변동을 추산한 연구에 따르면 초기의 2만여 명에서 점차 증가하여 최고 26만여 명까지 늘었다가, 후기가 되면 16만여 명으로 줄어든다.

아이치愛知 현 아쓰미渥美 반도에서는 조몬 시대 말기인 3천 년 전의 패총이 발견되었는데, 여기에서 특이한 치아 구조를 지닌 30세 전후의 남자 인골이 나왔다. 윗니 가운데 송곳니와 앞어금니를 아래 앞니와 같이 발치한 것도 모자라 위 앞니 네 개는 지극정성으로 갈고 간 듯 포크 모양을 하고 있다. 동물 뼈로 만든 장신구와 두 사람이 합장되었다는 점으로 미뤄볼 때, 이 남자는 가혹한 통과의례를 거치면서 보통 사람과 다른 초자연적 힘을 지닌 주술사로 추앙받았다고 여겨진다. 함께 발굴된 인골 중에는 무려 14개나 발치한 경우도 있었다. 조몬 시대 후기에 접어들면서 발치가 일반화되었던 듯, 성인 인골의 80% 이상에서 발치된 치아 구조가 나타났다. 주술사는 포크 모양으로 앞니를 연마하고 성인은 14개나 발치해야 할 정도로 사회의 불안과 정체가 심각하고 집단 통제가 엄격해졌음을 말해준다.

매장 방식으로는 일반적으로 몸을 억지로 굽혀서 묻는 굽혀묻기가 유행했다. 사자死者의 영靈이 생사람에게 재앙을 미치는 것을 두려워했기 때문인 듯싶다. 이 시대 사람들은 또한 모든 자연물과 자연현상에 정령이 존재한다는 애니미즘을 숭배했으며, 주술을 통해 재앙을 피하고 풍요로운 수확을 기원했다. 이와 관련해 다산을 기원하며 여자를 형상화한 토우土偶가 제작되고, 멧돼지·살무사·곰·개구리 등의 동물을 토기에 새겨 넣기도 했다.

왼쪽 : 포크 모양의 앞니 아쓰미(渥美) 반도의 이카와즈(伊川津) 패총에서 발견된 성인 인골
오른쪽 : 풍요와 다산을 기원하는 토우

역사의 시작 **003** 야요이 시대 | 기원전 3세기~3세기 ▶ 1부 085

야요이 시대의 도래

기원전 4~5세기쯤인 조몬 시대 말엽, 한반도와 가까운 규슈 북부에서 돌연 논농사가 시작되었다. 단기간의 시행착오를 거쳐 기원전 3세기 초에는 서일본에서 논농사를 바탕으로 하는 야요이 문화가 성립되어 동일본까지 퍼져 나갔다. 그리하여 홋카이도와 남서 제도를 제외한 일본 열도의 대부분 지역이 수렵 채집에서 식량을 생산하는 농경 사회로 단숨에 전환된다. 기원전 3세기부터 서기 3세기에 걸친 이 시기를 야요이 시대라고 부르며, 고분古墳 시대가 그 뒤를 잇는다.

논농사가 주력 산업인 야요이 문화는 구리와 주석의 합금인 청동에다 철과 같은 금속기, 목재를 벌채하여 가공하기 위한 돌도끼, 벼 이삭을 훑는 반달돌칼 등의 대륙계 간석기, 그리고 베 짜기 기술 등이 뒤섞인 전혀 새로운 문화 체계였다. 또한 이 시기에 사용된 토기는 삶고 끓이는 데 쓰이는 항아리, 저장용 단지, 음식을 담는 사발과 굽 달린 그릇 등 다양하게 분화된 야요이 토기로 바뀌었다. 출토된 인골도 조몬 인과 완전히 다르다.

그런데 야요이라는 명칭의 연원은 어디에서 비롯되었을까? 1884년 도쿄제국대학 근처 야요이의 패총에서 한 학생이 둥그스름한 토기를 발견했다. 7년 전 오모리 패총에서 발견된 조몬 토기와 판이했기에 도쿄제국대학 인류학 연구실에서는 이 토기를 '주신구라忠臣蔵'(일본의 대표적 가부키)라고 불렀다고 한다. 토기 상부의 산처럼 생긴 문양이 주신구라에서 자주 보는 형태였기 때문이다. 패총의 존재와 새로운 토기가 세상에 공표된 것은 1889년이고, 4년 뒤 1893년에 처음으로 토기가 발견된 지역의 이름을 따와 '야요이식 토기'라는 이름이 등장했으며, 지금은 '야요이 토기'로 불린다.

한편 논농사의 전래 경로를 놓고 여러 설이 경합하기는 하지만, 지금까지 쌀알이 둥글고 굵으며 찰진 자포니카(japonica) 품종만 발견되었다는 사실을 토대로 중국의 양쯔 강 하류에서 한반도 남부를 거쳐 규슈로 들어왔다는 것이 정설로 받아들여지고 있다. 또한 어느 설에서도 규슈가 일본 농경의 발상지라는 점은 공통적이다.

규슈 후쿠오카 공항 서남단의 강을 따라 폭 100m 정도의 대지가 이어지는데, 그 주변이 사가佐賀 현의 나바타케菜畑 유적과 더불어 일본 최고의 수전水田이 발견된 이타즈케板付 유적이다. 1951년부터 단속적으로 발굴 조사가 이루어졌다. 그 결과 낮은 대지 주위에 조성된 깊이 2m, 폭 3.5m의 도랑은 그때까지 일본 열도에 없던 철제 자귀를 이용해

도쿄의 야요이 패총에서 발견된 토기

후쿠오카 시의 이타즈케 유적지

만들어졌다는 점, 여기에서 데워진 지하수와 빗물이 수로를 통해 수전으로 들어갔다는 점, 그리고 수전에는 논두렁을 둘렀다는 점 등이 판명되었다. 1구획당 400m²의 수전 6구획이 확인되었으며, 목제 농기구와 돌칼도 출토되었다.

쌀은 수확량이 많은 데다 열량이 높고 보존도 용이하니 야요이 '혁명'의 정수라 불러 마땅하다. 이타즈케 유적에서 알 수 있듯이 수전은 초기부터 고도의 관개·배수 시설을 갖추고 있었다. 따라서 그것을 만들고 유지하는 데는 상당한 노동력의 결집과 새로운 사회질서의 형성이 필수적이다. 농경을 통해 잉여 식량을 비축하고 지역에 군림하는 우월적인 지배자가 출현한 것은 물론이다. 이런 움직임은 규슈부터 동북 지방에 걸쳐 두드러졌다. 이에 반해 변방인 홋카이도와 남서 제도 쪽은 조몬 시대의 영향이 더 강했다고 추측된다.

농경의 시작은 생활 방식에도 큰 변화를 초래했다. 수전을 생활의 터전으로 삼기 위해 원래 살던 구릉이나 해변뿐만 아니라 평지에서도 정주하게 된 것이다. 그리고 창고와 우물을 중심으로 움집 혹은 기둥을 박은 평지 주거를 세워 취락이 형성되었다. 주거지의 규모도 커져서 20~30호 정도의 큰 취락이 각지에 나타났는데, 주위에 깊은 해자를 파고 흙벽을 둘러친 환호취락環濠聚落도 출현했다.

해자와 흙벽 등 방어 시설의 등장은 곧 싸움의 시작을 의미한다. 이는 벼농사의 개시와 맞물리는 변화이고, 이타즈케 유적에서 환호취락이 발견되는 이유도 거기에 있다. 토지와 물의 확보는 공동체의 명운이 걸린 중차대한 사안이었기 때문이다. 수렵 도구가 아닌 무기로서의 칼이 등장한 것도 바로 야요이 시대다. 농업의 시작은 굶주림으로부터 해방이라는 염원을 실현시켜준 반면, 원하지 않던 침략과 약탈, 즉 전쟁을 부산물로 안겨주었다.

사람이 죽으면 취락 부근의 공동묘지에 묻혔다. 규슈 북부 등에서는 고인돌과 특제 대형 옹관에 죽은 사람을 묻었고, 다른 지역에서는 널무덤, 돌널무덤 등에 굽혀묻기 대신 펴묻기를 한 경우가 많았다. 흙을 쌓아 올린 묘가 두루 출현하는 것도 이 시대의 특징이며,

후기가 되면 서일본을 중심으로 상당히 큰 봉분의 분구묘墳丘墓가 축조되기에 이른다. 지름 약 43m에 높이 4~5m의 원형 봉분 양쪽으로 돌출부가 있으며 2세기 후반에서 3세기 전반에 조영된 것으로 추측되는 오카야마岡山 현 다테쓰키楯築 분구묘가 대표적인 예다. 규슈 북부의 독무덤 중에는 30여 개나 되는 중국 거울과 청동제 무기 등이 껴묻기된 것도 있다. 이렇듯 대형 분구묘와 다량의 껴묻거리를 가진 묘의 출현은 집단 내부에서 신분의 차가 생기고 강력한 지배자, 곧 수장首長이 출현했음을 말해준다.

논농사와 금속기 생산 등 당시의 최첨단 기술은 주로 중국과 한반도를 통해 전래되었다. 야요이 문화와 한반도의 깊은 관련성은 농경 기술과 각종 유물의 유사성만 보더라도 확실하다. 야요이 인의 골격 또한 한반도계 도래인의 특성을 강하게 지닌다. 1세기 무렵으로 추정되는 현존 최고의 도래인 유골이 혼슈 서쪽 끝인 야마구치山口 현 도이가하마土井ヶ浜에서 대량으로 발견되었는데, 남성의 평균 신장은 163cm에 달했다. 선주민인 조몬 인보다 훨씬 크며, 유골이 발견되는 지역도 규슈 북부, 야마구치, 시마네島根 등 주로 동해에 면한 지역이다. 얼굴 모양도 현재의 폴리네시아 인처럼 깊이 팬 조몬 인과 다르게 길고 기복이 적으며 평면적이다.

이와 같이 조몬 시대와 달리 야요이 시대 이후의 일본 열도는 한반도 및 대륙과 접점 혹은 교류를 넓혀갔다. 일본인의 주류는 점증하는 도래인과 함께 그 도래인과 조몬 인의 혼혈로 형성되었으며, 변방 지역이었던 홋카이도와 오키나와에서는 조몬 인이 주체가 되어 각각 아이누와 류큐琉球 인이 되었다고 여겨진다. 그런 일본인의 얼굴을 분석하면, 중국 북부 35.1%, 한반도 22%, 중국 남부 28.3%, 인도네시아 9.6%, 남태평양 5.1%의 비율이라고 한다. 일본인은 분명 단일민족이 아니다.

야요이 문화의 특성은 다음 세 요소가 합쳐진 것으로 설명된다. ① 논농사나 청동기·철기에 관한 기술과 같이 대륙에서 전래된 요소, ② 토기와 뗀석기 제조 기술처럼 조몬 문화의 전통으로 승계된 요소, ③ 동탁銅鐸(종 모양의 방울)·무기형 제기·돌창과 같이 야요이 고유의 문화로 발전한 요소 등이 그것이다. 이에 따라 야요이 문화는 이미 금속기와 농경 사회에 진입했던 한반도와 대륙으로부터 일본 열도로 옮겨간 도래인과 함께 토착 조몬 인이 구축한 것으로 정리된다.

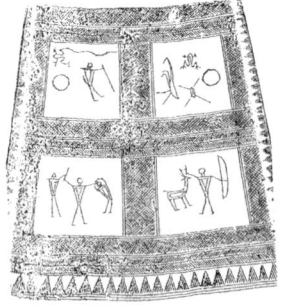

야요이 시대의 동탁과 동탁에 새겨진 그림(탁본)
물고기를 잡고 사슴을 사냥하며 곡식을 찧는 야요이 시대 사람들의 생활 모습이 잘 나타나 있다.

일본의 건국신화

현존하는 일본 최고의 역사서 『고사기古事記』와 『일본서기日本書紀』는 고대국가 건설이 일단락되던 712년과 720년에 각각 완성되었다(☞ 011 참조). 『고사기』는 신대神代에서 스이코推古(593-628, 재위 기간이며 이하 동일) 천황까지를 대상으로 했으며, 상권에는 신의 계보인 신통보神統譜와 신화, 중권에는 영웅 설화와 역사적 인물에 대한 서술, 하권에는 천황의 계보가 서술되어 있다. 『일본서기』는 초대 진무神武(기원전 660?~기원전 585?) 천황부터 지토持統(690~697) 천황까지를 편년체로 기술한 30권의 한문 역사서이다. 『고사기』가 천황가의 사문서라면 『일본서기』는 고대국가 일본의 정사正史에 해당된다.

일본의 고대사는 이 두 역사책에 의해 기본적인 틀이 짜여졌다. 근대 이후의 치열한 사료 비판에 따라 초기 기록의 대부분은 신뢰도가 많이 하락하여 설득력을 잃었지만, 그럼에도 여전히 일본 고대사의 얼개를 구성하는 밑그림으로서 부동의 지위를 누리고 있다. 바로 이 점이 일본의 건국신화를 살펴야 하는 이유이기도 하다.

『고사기』와 『일본서기』에 나오는 관련 기술은 여러 장면에서 차이가 적지 않지만 큰 줄거리는 다음과 같이 전개된다.

천지개벽 뒤에 신의 세상이 태동한다. 이 부분을 놓고 『고사기』와 『일본서기』는 상당한 격차를 보이는데, 통상 신대神代 7대의 마지막으로 태어난 이자나기와 이자나미 오누이가 건국신화의 실질적인 주인공이다. 오누이는 태초에 온통 바다였던 하계에 처음으로 육지를 만들고 그 위에 내려온다. 이윽고 둘은 결혼하여 일본의 섬들과 많은 신을 낳았다. 하지만 불의 신을 출산한 뒤 이자나미는 화상으로 죽는다.

사랑하는 아내를 잃은 이자나기는 사자死者의 나라인 황천국黃泉國에 가지만, 그곳에서 이자나미의 추한 모습을 보고 놀라 그만 도망치고 만다. 지상에 돌아온 이자나기는 황천국의 부정을 씻기 위해 목욕을 했고, 그 과정에서 다시 많은 신이 태어났는데, 마지막으로 왼쪽 눈에서 아마테라스오미카미天照大御神가, 오른쪽 눈에서 쓰쿠요미月讀가, 코에서 스사노오가 각각 탄생했다. 그 뒤 아마테라스는 다카마노하라高天原(천상)를, 쓰쿠요미는 밤을, 그리고 스사노오는 바다를 각각 지배하게 된다. 그러나 막내 스사노오는 어머니가 보고 싶다고 떼를 쓰다가 아버지에게 추방을 당하게 된다.

스사노오는 어머니가 있는 황천국에 가기 전에 아마테라스를 찾아갔으나, 외려 누나는 망나니 남동생이 천상을 공격하러 왔다고 여겼다. 결국 스사노오의 검을 씹은 아마테라스

아마테라스오미카미(왼쪽) 일본 진무 천황은 아마테라스오미카미의 후손으로 신봉되었다.
3종의 신기(오른쪽) 구슬, 거울, 칼은 각각 농경의 풍요과 종교 의식, 무력을 상징한다.

가 3명의 여신을 낳음으로써 사태는 진정되었다. 여신이 태어남으로써 스사노오의 마음이 깨끗하다고 밝혀진 것이다.

간신히 체류 허가를 받은 스사노오는 기쁜 나머지 천상에서 난폭한 행동을 일삼았고, 화가 난 아마테라스는 아마노이와토天岩戶(동굴)에 숨어버렸다. 그러자 태양이 사라지고 세상은 온통 어둠에 휩싸였다. 천신들이 모여 아마테라스를 나오게 할 계책을 세웠다. 동굴 앞에 신목을 세워 구슬·거울·베를 걸고는 그 밑에서 여신으로 하여금 춤을 추게 한 것이다. 망아 상태에서 가슴과 음부를 드러내고 춤추는 여신의 모습에 많은 천신들이 웃으며 떠들썩하자, 아마테라스도 동굴 문을 삐쭉이 열고 얼굴을 내민다. 그 틈을 타서 천신들이 아마테라스를 데리고 나오자 천상은 다시금 빛을 찾았고, 스사노오는 하계로 내쫓겼다.

천상에서 추방당한 스사노오는 이즈모出雲(시마네 현)에 내려와 구시나다히메를 잡아먹으려던 머리가 8개 달린 뱀을 퇴치하고, 뱀 꼬리에서 얻은 검은 아마테라스에게 바쳤다. 이로써 아마테라스를 동굴에서 나오게 하려고 신목에 걸어 두었던 구슬과 거울, 그리고 스사노오가 바친 칼로 구성되는 천황의 신표 '3종의 신기神器'가 채워진다. 이후 3종의 신기는 천황 권위와 정통성의 상징물로 간주되어왔다. 구슬·거울·칼은 각각 농경의 풍요과 종교 의식, 무력을 상징한다. 이 신기는 각각 도쿄의 황거와 미에三重 현의 이세伊勢 신궁, 아이치愛知 현의 아쓰타熱田 신궁에 나뉘어 안치되어 있다고 하나, 이세 신궁의 거울 외에는 화재와 분실로 원래의 모습을 잃었다는 평가가 지배적이다.

스사노오와 구시나다히메 사이에 태어난(『고사기』는 6세손) 오쿠니누시는 나라를 세웠는데, 아마테라스는 그 통치자가 자신의 후손이어야 한다며 몇 번이나 사자使者를 보냈다. 완강히 버티던 오쿠니누시는 결국 신의 위력에 굴복하여 나라를 양보했다.

힘으로 뺏은 나라를 다스리기 위해 아마테라스는 손자 니니기에게 신칙神勅과 3종의 신기를 주어 지상에 보냈다. 이른바 천손강림天孫降臨이다. 규슈 남부 휴가日向에 내려온 니니기는 미인인 고노하나花노사쿠야히메에게 첫눈에 반하여 결혼한다. 그런데 장인이 언니 이와磐나가히메도 니니기에게 함께 보냈는데, 의중을 헤아리지 못한 니니기는 언니를 추녀라는 이유로 되돌려 보낸다. 그로 인해 자매의 이름이 뜻하듯이 천황의 수명은 바위磐(이와)처럼 영원치 못하고 꽃花(하나)처럼 짧아지고 말았다. 그와 동시에 천손의 후손인 천황이 신이면서 인간처럼 죽을 수밖에 없는 모순도 해결되었다.

고노하나노사쿠야히메는 하룻밤에 임신하여 정조를 의심받자, 자청하여 불 속에 들어가 3명의 아들을 무사히 낳고 결백을 증명한다. 활과 화살을 갖고 사냥하는 막내아들 야마山사치히코는 어느 날 맏형인 우미海사치히코에게 빌린 낚싯바늘을 바다에 빠뜨리고 만다(쓰쿠요미와 마찬가지로 둘째 아들에 대한 기술은 없음). 돌려달라는 형의 성화에 못 이겨 야마사치히코는 바다로 갔고, 조수를 관장하는 신의 도움으로 해신의 궁전에 가서 딸 도요타마히메와 결혼한다. 3년이 지난 뒤 본래의 목적을 떠올린 야마사치히코는 해신에게서 잃어버린 낚싯바늘과 썰물 구슬 및 밀물 구슬을 받아 육지로 돌아온다. 두 구슬의 힘으로 형을 굴복시키고 형의 후손인 하야토隼人(가고시마 현 일대에 거주했으며, 규슈 남부의 구마소熊襲와 함께 소수 부족으로 추정됨) 일족으로부터 조정에 봉사하겠다는 약속을 받아낸다.

한편 야마사치히코의 아이를 가진 도요타마히메는 바다에서 나와 우가야후키아에즈를 낳는다. 그러나 출산 때 남편이 부탁을 어기고 자신의 본래 모습(상어 혹은 용)을 훔쳐본 것을 알자, 남편을 원망하며 육지와 바다의 통로를 막아버리고 바다로 돌아갔다.

이후 도요타마히메는 아들의 양육을 핑계 삼아 동생인 다마요리비메를 육지로 보냈다. 성장한 우가야후키아에즈는 자신을 키워준 이모 다마요리비메와 결혼하여 4명의 아들을 낳는다. 그중 막내아들 간야마토이와레비코가 이른바 동정東征, 즉 휴가에서 동쪽으로 정벌을 감행한다. 많은 적을 물리치고 거친 신을 귀순시킨 끝에, 간야마토이와레비코 일행은 야마토大和(나라奈良 현) 우네비畝傍의 가시와바라樫原에 궁전을 세우고 천황이 되었다. 그가 바로 만세일계의 시조 진무神武 천황이며, 『일본서기』에 즉위년으로 기재된 신유년辛酉年은 메이지 유신 이후의 양력 채용에 따라 기원전 660년으로 확정되었다.

진무 천황이 무려 126세까지 장수했다는 점에서 초기 천황들의 실재성은 달리 거론할 필요도 의미도 없을 것 같다. 다만 이른바 '삼한三韓 정벌'의 주인공으로서 진구神功(170-269, 201년에서 269년까지 실질적인 천황) 황후는 약간 소개해 둔다. 『일본서기』에서 진구 황후는 신라 정벌의 신탁에 따라 서기 200년 임신한 몸으로 바다를 건넜다. 신라는 싸우지도 않고 조공을 맹세했으며 고구려와 백제도 조공을 서약했다는 상투적인 영웅담이 뒤따른다.

진구 황후의 이야기는 마땅히 신화로 읽혀야 한다. 그럼에도 그 본분을 벗어나 현실 역사에 끊임없이 호출되었다. 도요토미 히데요시豊臣秀吉는 조선은 진구 황후의 삼한 정벌 이래 일본의 속국이었다며 침략군을 보냈고, 이토 히로부미伊藤博文는 조선이 옛날 일본에 신속臣屬했음을 강조한 스승 요시다 쇼인吉田松陰의 가르침을 받들어 대한제국을 침탈했다.

고대사 최대의 난제 야마타이 국

근세 중엽인 1784년, 후쿠오카福岡 시 북쪽 시카志賀 섬에서 밭고랑을 고치던 농부의 눈앞에 큰 바위가 나타났다. 지레로 바위를 간신히 치우자 번쩍이는 인장이 나왔다. 소문을 들은 후쿠오카 번藩(근세의 지방 정부)의 한 관리가 금인金印을 감정하니 '한위노국왕漢委奴國王'이라 음각된 사방 2.3cm, 높이 0.9cm, 장식 높이 1.3cm, 무게 109g인 인장이었다. 그는 이 금인이 중국 『후한서後漢書』 「동이전東夷傳」에 기록된 광무제光武帝의 하사품이라 판단하여 금화 15냥에 사려고 했다. 하지만 이 얘기가 번주의 귀에까지 들어가면서 금인은 금화 50냥을 지불한 번주藩主의 애장품이 되었다. 그 번주는 임진왜란에 출정했던 구로다 나가마사黑田長政(1568~1623)의 후손이다. 금인은 구로다 가문에서 보관해오다가, 국보로 지정되면서 1978년 후쿠오카 시 박물관에 기증되었다(금인이 발견된 곳에는 공원이 조성되어 있음).

『후한서』의 기록이란 "서기 57년 왜의 노국奴國이 공물을 바치러 왔다. 사신은 대부大夫라 자칭했다. (노국은) 왜국의 최남단에 있다. 광무제는 인수印綬를 하사했다"는 부분이다. 이 기술에 합치되는 금인이 시카 섬에서 발견된 것이다. 발견 당시부터 진위 논란이 끊이지 않았지만, 연구의 진전에 따라 진품 쪽으로 굳어졌다.

한반도와 마찬가지로 일본 열도의 옛 모습을 전하는 역사서는 대부분 중국에 남아 있다. 가장 오래된 기록 『한서』의 「지리지」에 따르면, 100여 국으로 분립된 '왜인'의 사회는 한반도의 낙랑군에 정기적으로 사자를 보냈다고 한다. 기원전 2세기부터 기원 전후까지의 상황이다. 『후한서』에는 금인의 기록과 함께 서기 107년에 왜국 왕 수승帥升이 노예 160명을

금인 왼쪽 사진은 금인이 발견된 후쿠오카福岡 현 시카志賀 섬의 긴인(金印) 공원이고, 오른쪽 위는 금인이다. 금인에는 '한위노국왕(漢委奴國王)'이 음각되어 있다.

바쳤다고 쓰여 있다. 수승이야말로 역사서에 등재된 일본 최고最古의 이름이며, 그의 근거지는 규슈 북부였을 것이라는 견해가 대세이다. 이런 기록들과 고고학 성과를 다 같이 고찰해야 야요이 시대의 상이 한층 더 생동감 있게 다가올 것이다.

앞서 말했듯이 야요이 시대에는 환호취락이 나타나고 석제 및 금속제 무기가 출현했다. 또한 농경 사회의 성립에 발맞춰 일본 열도는 전쟁의 시대로 돌입했다. 세력이 강한 취락은 주변의 약소 취락을 통합하여 각지에 '구니國'라 불리는 정치적 연합체를 형성해갔다. 야요이 시대 후기에 이르러서는 대량의 껴묻거리로 채워진 옹관과 큰 분구墳丘를 갖춘 묘의 주인이 구니를 다스렸을 것이다. 이 수장들이 중국과 한반도의 선진 문물을 들여오는데 유리한 입장에 서고, 또 왜국 내에서 입지를 높이기 위해 중국에까지 사자를 보낸 것이 바로 중국 사서에 기록된 사실들이리라.

이후의 기록은 「위지魏志」의 '왜인전倭人傳'에 나온다. 중국에서는 220년 후한이 멸망하면서 위魏·촉蜀·오吳의 삼국 시대(220~280)가 펼쳐지던 시기이다. 중국 북부의 위는 오와 고구려를 견제하기 위해 왜와 외교 관계를 맺었는데, 그것이 사서에 기록되었던 것이다.

2세기 말 혼란기에 빠져들었던 일본 열도는 3세기 초 야마타이邪馬台 국을 중심으로 30여 개의 소국이 연합하면서 수습되었다. 야마타이 국의 지배자는 주술이 능한 무녀 히미코卑彌呼(170?~248?)였으나, 실질적인 정치는 남동생이 맡았다. 239년 히미코는 대방군帶方郡을 통해 위魏의 황제에게 사신을 보내 '친위왜왕親魏倭王'의 칭호와 함께 금인·동경銅鏡 등을 선물로 받았다. 248년에 히미코가 죽자 100여 명을 순장한 큰 분묘가 세워졌다. 그 뒤 남자 왕이 대를 이었지만 사람들이 따르지 않고 싸움이 끊이지 않았기에, 히미코의 일족 이요壹與(235?~?)가 왕에 올라 안정을 되찾았다. 진晉의 역사를 기록한 『진서晉書』에는 266년 이요로 추정되는 왜 여왕이 조공을 바쳤다는 기록이 나온다. 이후 413년 '왜 5왕'(후술 006)의 기록이 나오기까지 150년간 중국 사서에서 왜는 사라진다. 『삼국사기』에도 히미코의 이름이 나오는데, 173년 신라에 사자를 보냈다는 서술이 있다.

30여 소국의 연합체 야마타이 국은 7만 호 규모로 추정되는데, 당시의 움집에서 5인이 거주한다고 가정하면 인구는 약 35만이다. 사회구조는 지배층(大人)·하층민(下戶)·노비의 신분 구별과 더불어, 조세와 형벌에 관한 제도가 존재했다. 야요이 시대에 크게 성장한 생산력을 바탕으로 일정 범위 이상의 촌락들이 지역 연합을 구성하고, 나아가 정치적 통합을 이뤄낸 것이 바로 야마타이 국이라 할 수 있다.

그런데 이 야마타이 국이 어디에 있었는가를 놓고 수백 년 넘게 논쟁이 벌어졌다. 야마타이 국의 소재지를 기나이畿內(교토와 오사카 일대를 망라)의 야마토大和로 비정하는 '기나이 설'과, 규슈九州 북부에 있었다는 '규슈 설'이 아직도 팽팽히 맞서고 있다. 멀리는 에도 시대부터 시작되어 근대 이후 교토대학 계열의 기나이 설과 도쿄대학 계열의 규슈 설이 일진일퇴의 공방전을 벌여왔다.

나라 현 사쿠라이(櫻井) 시에 소재한 하시하카 고분(위)과 삼각연신수경(왼쪽)

먼저, 규슈 설의 최대 근거는 대방군에서 야마타이 국에 이르는 사신의 여정이다. 대방군에서 물길로 한반도 남부(狗邪韓國)—쓰시마對馬—이키壹岐를 거쳐 규슈에 상륙한 뒤 몇 나라를 거쳐 야마타이 국에 도착했는데, 이동 거리는 총 12,000리다. 후쿠오카 인근까지 총 10,500리의 여정 외에 나머지 1,500리의 경로와 방향을 놓고 해석이 분분하지만, 규슈 설은 1,500리의 거리가 절대로 규슈를 벗어날 수 없다는 데 무게를 둔다. 일찍부터 이 지역에서 선진적인 논농사가 이루어졌다는 점도 든든한 뒷받침이 되고 있다.

반면, 최근 한 연구자가 논문에서 '고고학 관계자의 90% 이상은 기나이를 지지할 것이다'라고 밝혔듯이, 기나이 설의 최대 근거는 고고학의 성과이다. 야요이에 뒤이어 고분 시대의 출현을 상징하는 거대한 전방후원분前方後圓墳(후술☞006)이 그러하며, 삼각연신수경三角緣神獸鏡(신수경의 한 형태로 테두리의 단면이 삼각형이다. 고분 시대 전기의 고분을 중심으로 약 400개 정도가 확인되었으며, 직경 20cm 정도의 뒷면에 신과 짐승의 형상이 새겨져 있다. 명문 중에는 위魏의 연호를 포함한 것이 많다)의 출토가 이를 뒷받침했다. 기나이 지역에는 3세기 후반부터 축조된 전방후원분이 즐비한데, 1998년 나라奈良 현 덴리天理 시의 구로즈카黑塚 고분에서 32개의 삼각연신수경(히미코의 거울은 아님)이 나온 것도 기나이 설에 무게를 더했다.

야마타이 국의 위치는 최초의 통일 세력 '야마토 정권'의 출현과 깊은 관련이 있다. 기나이 설이 옳다면 3세기에 기나이에서 규슈 북부까지 넓은 지역을 아우르는 정치적 연합체가 존재한 셈이 된다. 반대로 규슈 설의 입장을 따른다면 야마타이 국은 규슈 북부의 비교적 적은 규모의 연합체에 지나지 않으며, 야마토 정권이 3세기에 출범했다는 것은 현실적으로 불가능해진다. 4세기 이후 기나이에서 발흥한 야마토 정권이 야마타이 국을 통합했든가, 역으로 야마타이 국이 동진했든가, 둘 중의 하나가 되는 것이다.

히미코의 실체를 놓고도 여러 설이 백가쟁명한다. 근세에는 진구 황후에 관한 『일본서기』의 기술이 「위지」 기사를 인용했다는 데 착안하여 히미코가 진구 황후라는 주장이 제기되었다. 혹자는 7대 고레이孝靈(기원전 290~기원전 215) 천황의 딸에 관한 『일본서기』의 기록과 그녀가 묻혔다는 하시하카箸墓 고분의 특징이 히미코의 관련 서술과 닮았다고 풀이해낸다. 한편 히미코는 아마테라스오미카미일 것이라는 견해도 오랫동안 지지자를 끌어모았다.

최초의 통일 세력 야마토 정권

4세기의 일본 열도는 '의문의 세기'라고 불린다. 중국 사서에서 일본에 관한 기록이 사라졌고, 일본 측 사서인 『일본서기』와 『고사기』의 해당 시기 기사들은 신빙성이 떨어지기 때문이다. 따라서 4세기의 일본 열도를 살펴보려면 반드시 고고학적 발굴과 성과가 수반되어야 한다. 3세기 말부터 6세기까지는 '고분 시대'라고 명명되고 있는데, 이와 연동하는 형태로 최초의 통일 세력 '야마토 정권'의 존재에 관한 논란도 역사의 전면에 떠올랐다.

고분 시대라는 명칭은 '전방후원분前方後圓墳'의 존재와 밀접한 관련이 있다. 전방후원분이라는 이름은 둥글게(圓) 쌓아 올린 봉분과 사각형(方)의 봉분을 연접시킨 형상에서 유래하는데, 에도 시대부터 이미 존재 자체는 의식되고 있었다고 한다. 일본 특유의 묘제墓制인 전방후원분은 기나이를 중심으로 북으로는 동북 지방부터 규슈의 남단까지 광범위하게 분포해 있으며, 1980년대 초반부터 한국의 전라도 영산강 유역에서 10여 기가 확인되어 한일 양국의 큰 관심을 자아내기도 했다.

고분 시대는 형태와 규모, 껴묻거리 등을 고려하여 초기, 중기, 말기의 세 시기로 구분되지만, 전방후원이라는 외형은 모든 시기의 공통분모로서 큰 변화가 없다. 전방후원분은 초기부터 규모가 대단히 크며, 주로 나라 현 동남부의 야마토 지역에 집중적으로 분포한다. 예컨대 3세기 중반 또는 후반에 축조되었을 것으로 추정되는 하시하카 고분은 길이가 276m로, 비슷한 시기의 다른 고분보다 2배 이상 크다. 크기로 따져 1위부터 44위까지의 고분은 모두 전방후원분이며, 제일 큰 것은 흔히 닌토쿠仁德(313-399) 천황의 능이라 일컫는 오사카 남쪽 사카이堺 시의 다이센大仙 능으로, 길이가 무려 486m에 이른다. 이 고분은 완성되기까지 2,000명이 15년 8개월을 매달려야 한다는 추산이 나온 바 있다. 야마토와 기나이 지역을 중심으로 거대한 고분을 쌓아 올린 정치 세력, 즉 야마토 정권의 산실이 바로 전방후원분인 셈이다.

각지의 전방후원분은 긴 나무널을 돌방덧널에 안치한 매장 시설과 구리거울을 비롯한 주술적인 껴묻거리 등에서도 유사성이 높다. 즉 지역 수장들의 공통 묘제로서 전방후원분이 광범위하게 축조되었던 것이다. 따라서 전방후원분의 발전은 각 지역에서 대두한 수장 권력과 불가분의 관계를 지니며, 점차 일본 열도 전체로 영향력을 확대해 나갔던 광역의 정치 연합체, 즉 야마토 정권의 존재도 좀 더 구체성을 띠게 된다. 이를테면 전방후원분은 늦어도 4세기 중반 무렵에는 동북 지방 중부까지 파급되었으므로 동일본의 대부분이 야마

다이센 능 닌토쿠 천황릉이라고도 하며, 오사카 남쪽 사카이 시에 있다. 길이가 486m에 이르는 대규모 전방후원분 양식이다. 오른쪽은 사카이 시를 항공촬영한 사진으로, 전방후원분 고분이 모여 있음을 알 수 있다. 제일 큰 고분이 다이센 능이다.

토 정권에 편입되었다고 해석하는 식이다.

이렇듯 일본 열도를 평정해간 야마토 정권의 초기 상황은 공교롭게도 중국 측이 혼란기를 맞은 탓에 중국 역사서에 담기지 못했다. 일본의 4세기가 거대한 전방후원분의 존재와 문헌 기록의 결핍이 대조를 이루는 '의문의 세기'로 불리는 이유도 여기에 있다. 하지만 한반도로 눈을 돌리면 중요한 실마리가 남아 있는데, 칠지도七支刀와 광개토왕비가 그것이다.

칠지도의 경우 앞뒤에 새겨진 61글자의 해석이 관건이다. 한반도에서 일본 열도로 일곱 개의 날이 달린 칼이 건너간 일은 사실인데, 제작 시기는 물론이고 '헌상'과 '하사'를 놓고 여러 견해가 제기되고 있는 상황이다. 칠지도는 일제 강점기 이후 오랫동안 왜가 한반도 남부를 지배했다는 이른바 '임나일본부설'의 근거 중 하나로 여겨졌으나, 1970년대 이후 힘을 잃다가 최근에는 거의 사라진 형국이다. 다만 귀중한 자원인 철을 입수하기 위해 왜가 백제나 가야와 긴밀한 통교를 가졌다는 점은 분명하다.

광개토왕비에서는 '倭以辛卯年來渡海破百殘□□新羅以爲臣民'(□는 판독 어려움)라는 구절을 놓고 논란이 일고 있다. 일본 측은 "왜가 신묘년(391)에 바다를 건너와 백제와 □□, 신라를 쳐서 신민으로 삼았다"라고 해석하는 반면, 한국에서는 "왜가 신묘년에 왔으므로, (고구려가) 바다를 건너가 왜를 깨뜨리고 백제와 □□ 신라를 신민으로 삼았다"로 해석하고 있다. 어쨌든 일본 측은 '왜'가 바다를 건너 백제와 신라를 정복할 만큼 강대한 군사력을 보유했으며, 이는 일제 강점기에 칠지도와 마찬가지로 왜가 한반도를 지배했다는 증거로 부풀려졌다. 연구의 진전에 힘입어 왜가 야마토 정권이라는 데는 공감대가 형성되는 중이지만, 관련 기사가 역사적으로 얼마나 신빙성이 있는가를 놓고서는 해석이 분분하다.

5세기에 들어서면서 중국 대륙의 정세가 수습 국면을 맞이했다. 북쪽에서는 439년 북위北魏가 패권을 장악했고, 남쪽에서는 420년 송宋이 건국되었다. 바로 남북조 시대의 시작이다. 이와 더불어 남조의 사서인 『송서』「왜국전倭國傳」에는 150년의 침묵을 깨고 '왜 5왕(讚·珍·濟·興·武)'이 모습을 드러낸다. 기록은 413년부터 502년까지 이어지는데, 그중 478년 왜왕 무武가 바쳤다는 상표문에는 왕권이 동(毛人), 서(衆夷), 북(海北)에 미쳤다는 구절과 함께 야마토 정권 내부에 관한 귀중한 정보가 실려 있다.

상표문과 같은 문헌 사료, 유물 및 고분의 변화 등을 종합하여 야마토 정권의 지배 구조를 살펴보면 다음과 같다. 정권의 중추는 오키미大王를 중심으로 야마토, 가와치河內(오사카부 동남쪽)와 그 주변을 기반으로 하는 호족(=재지 수장)으로 구성되었다. 호족은 혈연적 유대를 토대로 고유의 우지氏라는 조직을 구성하며 야마토 정권에서 특정 직무를 분담했다. 오키미는 이들 호족에게 정권 내의 지위를 나타내는 가바네姓를 하사하여 통제했는데, 이를 '씨성 제도'라 한다. 각 우지는 정권의 핵심을 구성하는 오미臣와 무라지連, 각 부처를 담당하는 도모노미야코伴造, 지방관에 해당되는 구니노미야코國造 등의 가바네에 임명되었다. 가바네는 세습도 가능했다. 오미와 무라지의 경우 우지의 유력자를 특별히 오오미大臣, 오무라지大連라 부르기도 했다. 그리고 '도래인', 즉 5~6세기에 한반도와 중국에서 건너와 새로운 기술과 문화를 일본에 전했던 사람들도 각각의 직능에 따라 씨성 제도에 편입되었다.

한편 중국 기록에 보이는 왜 5왕이 역대 천황 중 누구인가를 놓고 여러 설이 각축을 벌여왔다. 그에 따라 자연스럽게 천황의 계보가 하나가 아니라는 사실도 뚜렷해졌다. 사실 만세일계의 계보를 두고 근대 초기부터 의심의 눈길이 가해졌으며, 이에 더해 패전과 민주화는 천황에 대한 과학적인 연구를 해금시켰다. 불경스런(?) 왕조 교체가 진지하게 논의되었고, 연구 성과가 축적됨에 따라 이제 교체 자체는 거의 정설로 받아들여지기에 이르렀다. 일본 민주주의의 진전은 많은 분야에서 천황제의 터부와 반비례한다.

최근 연구에 따르면 게이타이継体(507-531) 천황은 가능성이 높은 사례 1순위다. 부레쓰武烈(498-507) 천황이 갑자기 병사한 이듬해에 오진応神(270-310) 천황의 5세손이 게이타이 천황으로 즉위했다. 그런데 5세손은 먼 방계인 데다 야마토가 아닌 후쿠이福井(혹은 시가滋賀 현) 출신이었으며, 즉위 뒤 야마토에 도읍을 마련하기까지 20년이나 걸렸다는 사실이 연구자의 상상력을 자극했다. 야마토 정권이 호족 연합체라는 점을 상기하면, 게이타이 천황은 20년에 걸쳐 오키미 혹은 여타 호족과의 경쟁을 이겨내면서 지배력을 확보했다고 풀이된다. 그리고 그의 후손이 지금의 천황가로 이어진다는 사실은 이 무렵에 와서 비로소 오키미 휘하의 야마토 정권이 실질적으로 안착했다는 추측을 뒷받침한다. 물론 이에 관해 황실은 아무런 언급도 하지 않는다.

아스카 시대와 쇼토쿠 태자

현재 일본의 1만 엔짜리 지폐에는 근대 사상가인 후쿠자와 유키치福沢諭吉(1835~1901)가 그려져 있지만, 1984년까지는 쇼토쿠聖德(574~622) 태자의 초상화가 그 자리를 메우고 있었다. 1만 엔 지폐가 가장 고액이라는 점만 떠올려도 쇼토쿠 태자가 역사적으로 어떤 무게를 지니는지 짐작이

1만 엔 지폐에 그려진 쇼토쿠 태자의 초상화

간다. 실제 그는 모든 조사에서 일본을 대표하는 위인으로 몇 손가락 안에 들곤 한다.

쇼토쿠 태자는 요메이用明(585~587) 천황의 둘째 아들이다. 574년 모친이 마구간 문에 부딪치면서 산기를 느껴 바로 태자를 낳았기 때문에 마구간이라는 뜻의 우마야도厩戶라 불렸다. 출생부터가 범상치 않은 그는 고대 일본의 영웅, 아니 신으로까지 추앙을 받는다. 593년 숙모인 스이코推古 천황이 아스카飛鳥(나라 시)에서 즉위하자 약관 20세에 섭정攝政을 맡아 622년 사망할 때까지 약 30년간 정치의 중추에 서서 아스카 시대의 기틀을 다지는 데 매진했다. 태자의 활약상에 들어가기에 앞서 6세기의 야마토 정권의 상황을 살펴보자.

6세기 중반까지 야마토 정권은 오미臣의 소가蘇我, 무라지連의 오토모大伴와 모노노베物部가 3대 세력을 구축했고, 오토모의 몰락 이후에는 소가와 모노노베가 패권을 다투었다. 특히 6세기 중엽 이후 불교 수용을 둘러싼 정쟁은 이윽고 소가와 모노노베 간에 사활을 건 싸움으로까지 번져갔다. 사실 불교는 이미 일본에 들어와 있었다. 도래인들이 경전과 불상을 갖고 들어와 개인적으로 신봉하고 있었기 때문이다. 그런데 동아시아 정세의 변화와 연동하여 불교는 야마토 정권의 정국에 파란을 몰고 왔다.

불교가 전래된 연대와 관련해서는 두 개의 설로 나뉜다. 538년과 552년 설이다. 552년 전래설이 『일본서기』에 근거했다면, 538년 전래설은 불교 관련 사료에 의해 뒷받침된다. 그 어느 쪽이라도 긴메이欽明(532~571 혹은 539~571) 천황의 치세에 백제 성왕이 보낸 불상과 경전이 불교 수용의 중요한 계기였다는 점에는 변함이 없다(532년 즉위는 538년 전래설과 연동됨).

백제의 입장에서 불교 전파는 외교적 수단의 하나였다. 신라와 연합해서 고구려에 대항하던 백제 성왕은 웅진에서 사비로 천도를 결행했다. 한편 중국 남조의 양 무제梁武帝는 불

교에 심취해 있었다. 이 두 가지 사실을 종합해보면 양-백제-일본의 동맹 라인 구축이 불교 전래의 밑바탕에 깔린 정치적 측면이라 여겨진다.

그렇지만 천황을 비롯한 지배층에 불교는 순조롭게 받아들여지지 못했다. 호족의 양대 산맥인 소가 씨와 모노노베 씨는 불교 수용을 놓고 대립을 거듭했다. 587년 요메이 천황의 불교 귀의와 관련해 오오미 소가 우마코馬子(551?~626)는 오무라지 모노노베 모리야物部守屋(?~587)와 날을 세웠고, 급기야 요메이 천황의 후사를 놓고 양 세력은 전면전에 돌

소가 우마코가 묻혔다는 **이시부타이**(石舞台) **고분** 나라 현에 있으며 길이 7.7m, 폭 3.5m, 높이 4.7m에 이른다.

입했다. 승자는 소가 씨였고, 이후 불교는 조정의 보호를 받으며 급속도로 확산되었다. 유력한 호족들이 앞을 다퉈 우지데라氏寺를 짓기 시작하자, 사원과 불상이 고분을 대신하여 호족의 권위를 나타내는 데 이용되었다. 이리하여 백제, 고구려, 그리고 남북조의 영향을 받은 불교 중심의 아스카 문화가 고분 문화를 대신하여 꽃을 피워갔다.

모노노베 씨가 스러진 뒤 궁중의 실권은 소가 씨, 그중에서도 우마코에게 넘어갔다. 우마코의 기세는 592년 스슌崇峻(587~592) 천황을 암살까지 할 정도였고, 이어 593년 소가 씨 혈통인 최초의 여제女帝 스이코 천황의 옹립을 주도했다. 그리고 스이코 천황의 조카인 쇼토쿠 태자를 사위로 삼아서 그에게 정무를 맡겼다. 태자는 실권자이자 장인인 우마코와 더불어 정국 운영의 전면에 나섰다.

먼저 쇼토쿠 태자의 국정 개혁부터 살펴보자. 604년이 되자마자 '관위 12계階'를 제정하고 바로 실행에 옮겼다. 대덕大德부터 소지小智까지 12종의 관위는 유교적 원리에 근거한 것으로서, 관직과는 무관하지만 사람의 서열을 매겼다는 측면에서 한반도의 삼국과 강한 연관성이 지적된다. 혈통을 토대로 구성원 전체에게 주어지는 기존의 가바네姓와 달리 재능과 공적에 따라 개인에게 부여된다는 점이 핵심이며 승진도 가능하다. 부족하나마 관료제 도입의 단초가 열린 셈이며, 나아가 국가 조직 발달의 모체로 평가될 수 있다.

그런 정치적 의도는 604년 5월에 제정되었다는 '헌법 17조'에서 더욱 분명해진다. 그 안에는 군君, 신臣, 민民으로 구성되는 국가상이 명료하게 존재한다. 헌법 17조가 후대의 위작이라는 설도 있기는 하지만(쇼토쿠 태자에 관한 기술 전체가 허구라는 주장도 강함), 호족을 관료로서 조직화하고 천황을 정점으로 국가의 기틀을 마련한다는 방향성은 잡혔다고 봐도 무방하다. 헌법 17조 가운데 불교 숭상의 내용이 들어 있듯이, 어느덧 불교는 국가를 떠받치는 사상 체계로 격상되어 있었다.

한편 5세기의 왜 5왕 시대 이후 야마토 정권과 중국의 관계는 끊어지다시피 했다. 하지만 589년 수가 남북조를 통일함에 따라 통교가 재개되었다. 견수사遣隋使의 개시다. 견수사는 600년이 최초라는 『수서隨書』의 기록을 신뢰한다면, 전부 4회(혹은 5회)에 이른다. 608년의 3차 견수사 행렬에는 뒷날 '다이카大化 개신' 때 활약하는 유학생과 학승의 이름이 보인다.

당이 건국된 뒤에도 사신 행렬은 이어졌다. 630년에 1차로 파견된 견당사遣唐使는 9세기 말까지 임명 19회, 실제 파견 15회를 헤아린다(횟수는 여러 설이 있음). 중국으로 가는 여로는 견당사의 경우 사절단의 50%가 조난당할 정도로 위험한 뱃길이었다. 이들은 중국에 도착해서 다음 사절이 올 때까지 수년에서 수십 년씩 머물면서 선진적인 학술·사상·문화를 섭렵했고, 귀국해서는 신지식인으로서 국정 전반의 운용에 큰 역할을 했다.

견당사 2010 상하이 엑스포 때 복원된 견당사 선박이다.

일본사에서 견수사는 중국과 대등한 관계로 일본의 위상을 정립했다고 평가된다. 607년 오노 이모코小野妹子가 이끈 사절이 수 양제隋煬帝에게 올린 국서에 "해 뜨는 곳의 천자가 해 지는 곳의 천자에게 국서를 보내니"로 시작되는 문구가 대표적이다. 당시 야마토 정권을 국가로 인정하지 않았던 데다 천자라는 표현까지 한 것에 대해 수 양제가 불 같이 화를 낸 것은 당연지사였으며, 이듬해 귀로에 오른 이모코에게 건네진 수의 답서가 일본의 '대등 외교'를 용인하는 내용일 리 만무했다. 이모코는 백제에게 답서를 뺏겼다고 허위 보고를 했지만, 쇼토쿠 태자는 그럼에도 이모코를 처벌하기는커녕 다음 견수사의 임무까지 맡겼다. 이를 계기로 이후의 사절은 물론 견당사도 국서를 휴대하지 않았고, 중국 왕조의 책봉과 연호 사용도 이루어지지 않았다고 한다. 그 연장선에서 일본은 중국의 조공-책봉 체제에서 벗어난 독립국으로 묘사되기도 한다.

그러나 국서 휴대 여부에 대해서는 정설이 없으며, 대등 외교의 상징인 국서를 기초한 사람이 쇼토쿠 태자의 스승이자 고구려 승려인 혜자慧慈(?-623)라는 설도 있다. 따라서 당이 견당사를 조공 사절로 간주하여 체류 비용까지 부담했다는 사실에 무게를 두면 실제 일본의 의도와 방침은 이중적이었다고 봐야 한다. 일본 내에서는 당과 대등하다는 형식의 창출에 부심했던 반면, 당에 건너가서는 조공 형식을 취함으로써 선진 문물을 획득하는 실리를 취했던 것이다.

다이카 개신과 고대국가

645년 6월, 반세기 이상 권세를 누려온 소가 씨에게도 어김없이 황혼이 닥쳐왔다. 어머니 고교쿠皇極(642-645) 천황 면전에서 그 아들 나카노오에中大兄(626-672)가 소가 씨의 당주 이루카入鹿(610?-645)에게 칼 세례를 퍼부은 것이다. 아버지 에미시蝦夷(586?-645)를 대신하여 이루카가 국정을 관장한 지 겨우 3년 만의 일이었다. 아들의 죽음을 전해들은 에미시는 이튿날 자택에 불을 지르고 스스로 목숨을 끊었다. 이른바 '을사乙巳의 변'이다.

60년 전 모노노베 씨를 멸망시킨 뒤 소가 씨에게는 라이벌이 없어졌고, 더구나 622년 쇼토쿠 태자가 죽자 소가 씨의 위세는 하늘을 찌를 듯했다. 626년 우마코가 죽은 뒤 오오미大臣를 물려받은 에미시는 천황마저 마음대로 갈아치웠다. 호족들은 조정이 아니라 소가 씨에게 출사한다는 말이 나올 정도였다. 이런 소가 씨의 전횡을 못마땅하게 여긴 사람 중에 고교쿠 천황의 아들 나카노오에가 있었고, 그의 곁에는 나카토미 가마타리中臣鎌足(614-669, 나중에 후지와라藤原로 성을 바꿈)를 비롯한 견수(당)사 출신의 유학생과 학승이 하나둘 가세했다. 드디어 이루카가 궁궐에 나오는 기회를 노려 쿠데타는 결행되었고, 결과는 대성공이었다.

정변의 성사에 이어 유례없는 천황의 양위가 실현되었다. 쿠데타가 수습되자마자 고교쿠 천황은 아들에게 황위를 물려주려 했으나, 나카노오에는 숙부를 밀어 고토쿠孝德(645-654) 천황 등극을 실현시켰다. 쇼토쿠 태자와 마찬가지로 나카노오에는 황태자로서 쿠데타 세력을 중심으로 새 진용을 구성하여 국정 개혁에 착수했다. 그리고 처음으로 독자적인 연호 '다이카大化'를 정하고 나니와難波(오사카 시 부근) 천도를 선언했다(궁은 652년에 완성).

을사의 변 고교쿠 천황 앞에서 나카노오에 황태자(그림에서 칼을 내려치는 이)가 가마타리(왼쪽에 활을 들고 있는 이)와 함께 권력의 실세인 소가 이루카를 제거하는 장면이다.

나카토미 가마타리(가운데)

신정부는 646년 정월에 4개조로 구성된 '개신의 조詔'를 발표했다. ① 황족과 호족의 개별적인 토지·인민 지배를 금지하고 국가의 소유로 하며(公地公民), 대신 호족에게는 식봉食封을 지급한다, ② 지방의 행정구역을 확정해 중앙집권적인 정치체제를 만든다, ③ 호적(6년마다)과 계장計帳(매년)을 작성하여 반전수수班田收授를 실시한다, ④ 새로운 통일적인 세제를 시행한다. 그러고서 새로이 관직과 위계를 정하는 등의 조치가 뒤를 이었다. 바로 율령국가 탄생을 열어젖힌 '다이카 개신'이다.

이상은 『일본서기』의 관련 부분을 정리한 것이며, 구구절절 쿠데타의 정당성과 의의를 뒷받침하는 기술로 일관된다. 그런데 연구의 진전에 따라 '개신의 조'의 일부가 개작되었다는 것이 정설로 굳어지고 있다. 문구의 진위에 대한 문제와 함께, '개신의 조' 자체의 의의도 즉각적인 '실시 규정'이 아니라 일종의 '정치 공약' 정도로 격하되었다.

다이카 개신의 미화(어떤 면에서 왜곡)는 쿠데타의 경과와 목적을 전해주는 기본 사료인 『일본서기』가 가마타리의 아들 후지와라 후히토藤原不比等(659~720)에 의해 편찬되었다는 사실과도 무관하지 않다. 아버지가 참여한 쿠데타의 정당성을 역설하려는 아들의 효심으로 인해 소가 씨는 천황을 능멸한 역적이라는 오명을 뒤집어써야 했지만, 사실 소가 씨의 진면목은 권력투쟁에서 패배한 비극적인 가문 이상이나 이하도 아닐 것이다. 최근에는 쿠데타의 주체를 나카노오에가 아닌 그의 숙부 고토쿠 천황이라 보는 견해가 설득력을 얻고 있다.

무릇 역사에서 정치적 격변 직후에는 반동이 일기 마련이다. 실제 고토쿠 천황과 나카노오에 사이에 불화가 싹텄고(권력투쟁 혹은 외교정책의 대립 등이 지적됨), 급기야 653년 나카노오에가 군신을 이끌고 아스카로 되돌아가는 사태가 벌어졌다. 나니와에 홀로 남은 고토쿠 천황은 분을 이기지 못하다가 이듬해 세상을 떴다. 나카노오에의 어머니 고교쿠 천황이 재차 사이메이齊明(655~661) 천황으로 옥좌에 올랐으나 정치적 불안은 해소되지 않았다.

그럴 즈음 한반도의 정세가 급변했다. 660년에 백제가 멸망한 것이다. 659년에 파견한 견당사 일행이 억류되었다가 661년에야 귀국한 것도 당이 백제 원정을 앞둔 상태였기 때문이다. 백제의 사비성이 함락되자 나카노오에는 백제 부흥운동 세력의 요청에 응해 일본에 체류하던 왕자 풍豊을 귀환시키고 원군 파견 준비에 들어갔다. 661년 사이메이 천황이 죽은 뒤 옥좌에 앉은 나카노오에, 아니 덴치天智(661~672, 즉위는 668) 천황은 대규모 병력을 파병했으나 663년 백강구白江口(금강) 전투에서 대패하고 만다.

백강구 전투의 패배는 덴치 천황에게 상호 연관되는 두 개의 정치적 과제를 안겨주었다. 하나는 당과의 관계 회복인데, 이는 최종적으로 665년 견당사 파견으로 매듭이 지어졌다.

또 하나는 국내 정치체제의 강화와 개혁의 추진이다. 무엇보다 방위 태세의 강화는 화급을 다투는 사안이었기에, 신라와 당의 침입에 대비하여 쓰시마, 이키, 규슈 등지에 병력을 배치하고 성채를 쌓았다. 그리고 다이카 이래의 현안인 정치 개혁, 즉 율령제적 국가 체제 수립에 박차를 가했다. 667년 오미近江(시가 현)로 천도하여 이듬해 즉위식을 거행하는 한편, 가마타리를 중심으로 하여 오미령近江令을 제정하고, 670년에는 전국에 걸친 최초의 호적인 '경오년적庚午年籍' 작성을 완료했다. 현재 오미령의 실존에 대해서는 물음표가 붙지만, 호적의 시행은 사료로도 확인이 가능하다. 관료제와 지방 제도의 정비도 크게 진척되었다.

하지만 새 국가 건설의 여정에는 또 한 번의 굴곡이 남아 있었다. 일본 고대사 최대의 내란인 '임신壬申의 난'으로, 권력투쟁의 단골 구도인 숙질 사이의 항쟁이다. 덴치 천황은 애초 동생인 오아마大海人(631~686)를 황태자로 책봉했는데, 죽기 직전에 아들 오토모大友(648~672)에게 마음이 기울었다. 덴치 천황이 죽고 나서 숙부가 거병하여 골육상쟁의 막이 올랐고, 조카의 자살은 그 막바지 장면이었다. 승자, 곧 오아마가 아스카에 재차 궁을 세우고 673년 즉위하니, 그가 바로 덴무天武(673~686) 천황이다.

내전을 딛고 일어선 덴무 천황은 전제군주로 면모를 일신했다. 유력 호족이 오오미·오무라지 등으로 천황을 보좌하는 시스템 대신, 황족을 중용하여 중앙집권국가 건설을 세차게 밀고 나갔다. 관리의 위계와 승진 제도를 마련하고, 중앙과 지방의 호족을 관리로 등용하여 천황 중심의 지배 질서를 구축했다. 이런 체제 정비를 뒷받침하고자 편찬한 것이 아스카키요미하라령飛鳥淨御原令이었다. 율律은 없이 영令만 689년 제정되었으나 현존하지 않는다. 또한 시조신 아마테라스오미카미를 모시는 이세伊勢 신궁의 성역화와 각종 제사의 정비를 통해 천황제 이데올로기를 확립하고, 동시에 사서의 편찬에도 힘을 기울였다.

덴무 천황의 국가 건설 프로젝트는 그의 부인인 지토持統(690~697) 천황이 지휘권을 이어받았다. 중앙과 지방의 기구를 정비하고 아스카키요미하라령의 시행에 들어갔다. 690년에는 '경인년적庚寅年籍'을 만들었으며, 6년마다 호적을 만들고 토지를 나눠주는 반전班田도 처음으로 실시했다. 그리고 중국의 도성을 본떠 덴무 천황 때부터 추진해온 후지와라쿄藤原京(아스카 북쪽) 건설도 마무리되었다.

지토 천황의 양위에 따라 즉위한 몬무文武(697~707) 천황의 치세인 701년, 다이호大宝 율령이 제정되었다. 이로써 다이카 개신 이래의 국가 만들기 작업은 드디어 완성을 보게 된다.

컴퓨터 그래픽으로 재현한 후지와라쿄

고대국가 만들기 **009** 나라 시대 | 8세기 전반 ▶ 1부 081

율령제의 골격과 실상

8세기 초 다이호大寶 율령의 전개에 발맞춰 고대국가의 틀이 잡혀갔다. 후지와라 후히토는 다이호 율령의 개수 작업을 거듭하여 요로養老 율령 제정에까지 크게 이바지했다(현존하지 않는 다이호 율령의 내용은 요로 율령을 통해 추측 가능함). 그의 아버지 가마타리가 율령 쿠데타의 일등 공신이라면, 아들 후지와라 후히토는 신생 율령국가의 터전을 다진 최고의 테크노크라트였던 셈이다. 이 시기에 실무를 맡은 중·하급 관료 중에는 도래인이나 그 후예들이 많았다는 점도 주목할 만하다.

율령은 중국에서 발달한 법체계이며, 일본의 율령은 주로 당의 율령을 모델로 삼았다. 지금의 형법에 해당하는 율律은 거의 당과 유사한 데 비해, 행정법과 민법에 해당하는 영令은 일본 사회의 실정에 맞춰 만들어졌다. 행정조직과 인민의 조세·노역, 관리의 복무 등과 같이 국가 통치에 필수적인 제반 사항을 규정한 것이 영이기 때문이다. 요로 율령을 마지막으로 율령 편찬 사업은 끝났으며, 이후에는 율령의 규정을 보완·개정하는 격格, 율령과 격의 시행세칙인 식式이 제정되었을 따름이다. 메이지 유신 이후 초기 신정부의 통치가 율령제에 기초했다는 점을 고려한다면, 율령제는 실로 천 년 이상 일본의 국가 지배 체제의 근간을 이루었던 셈이다.

고대 율령국가 일본의 핵심을 간단히 정리하자면, 먼저 항구적이며 유일한 통치자로서 천황을 자리매김하고, 동시에 지방 분립적인 호족들을 중앙 관료로 편입시키는 지배 원리의 창출이다. 이어 국가의 운용에 필요한 수취 체제의 구축, 즉 생산자인 농민과 토지를 장악하고 세금의 종류와 비율을 정하는 것이다. 지배와 피지배를 포괄하는 새로운 통치, 이것이 바로 율령제의 실체이다.

통치 조직으로는 중앙에 2관 8성을 두고, 지방은 국國·군郡·리里(후에 향鄕이며 50호)의 단위로 편성하여 각각 고쿠시國司·군지郡司 등을 두었다. 2관은 천신지기天神地祇의 제사를 전담하는 신기관神祇官과 국정 전반을 총괄하는 태정관太政官을 가리킨다. 중무성中務省·식부성式部省·치부성治部省·민부성民部省·병부성兵部省·형부성刑部省·대장성大藏省·궁내성宮內省의 8성이 태정관 소속으로 정무를 분담했다. 그리고 지방의 고쿠시는 중앙의 중·하급 귀족을 임기제로 파견했고, 군지는 재지 호족으로 임명했다.

관리에게는 위계와 관직에 따라 토지와 노동력이 제공되는 것은 물론, 각종 세금과 노역 등의 부담이 면제되었다. 음서蔭敍와 같은 경제적 신분적 특권까지 누리던 5위 이상의

일본의 율령 역사

	명칭	연대	제정 시기의 천황	책임 편자	현존 여부
율 — 형법	오미령	668년	덴치 천황	나카토미 가마타리	×
령 — 행정법, 민법	아스카키요미하라령	689년	덴무 천황	구사카베	×
격 — 율령의 규정을 보완·개정	다이호 율령	701년	몬무 천황	오사카베, 후지와라 후히토	×
식 — 율령과 격의 시행세칙	요로 율령	718년	겐쇼 천황	후지와라 후히토	○ (일부 현존)

상층 관리는 구래의 유력 호족들이 차지했고, 이들은 점차 지위와 재력을 세습하는 귀족으로 뿌리를 내려갔다.

사법제도는 당을 본받아 정비되었다. 율의 규정에 따라 형벌은 태笞—장杖—도徒—유流—사死의 5형五刑으로 나누고, 지배 질서의 수호를 위해 국가·천황·존속에 대한 죄는 특히 엄하게 처벌했다. 그러나 행정과 사법이 미분화된 상태여서 각급 행정 부처가 개별적으로 사법권을 나눠 가졌다.

신분제도는 크게 양민과 천민으로 대별된다. 천황·황족에다 귀족을 포함한 관리, 백성이 양민을 구성한다. 500만~600만 명으로 추측되는 인구의 90%는 양민이며, 그중 관리가 약 1만, 황족·귀족은 100명 정도였다. 10% 정도의 천민은 5종류가 있었는데, 의복으로 구분되었기에 '5색의 천賤'으로 불렸다. 그중 공노비와 사노비는 매매의 대상이 되는, 말 그대로 노예였다.

그렇다면 율령과 천황의 관련성은 어떻게 정의되었을까? 일차적으로 야마토 정권 시절 기나이畿內를 중심으로 한 정치적 수장인 오키미大王가 일본 열도와 전 인민 위에 군림하는 통치자 천황으로서 자신의 권력을 강화·확대해 나간 것은 분명하다. 중국처럼 일본의 율령에도 천황의 의사와 행위를 구속하는 조항은 없다. 그렇지만 함부로 법과 제도를 무시하는 천황의 권위와 권력은 기반이 약해질 수밖에 없다.

기존 연구의 성과를 따르면, 천황은 통치권의 총람자라는 측면과 함께 지배계급 전체의 정치적 수장이라는 측면을 같이 지닌다. 전자는 새로운 율령 체계의 도입이 근거가 되며, 후자는 '역사적 전통'으로 존재해왔다. 달리 표현하면 전제적 왕권으로서 천황, 그리고 호족(귀족) 연합 구성원 중 제1인자로서 천황이다. 그 결과 지배층과 지배 체제의 차원에서 보면 일본 열도의 정국은 전제군주를 지향하는 천황과 이를 통제하려는 유력 귀족 사이의 대항 관계, 각축전으로 전개된다. 따라서 천황 중심의 정국 운용은 태정관 기능이 원활한가, 그렇지 못한가에서 찾을 수 있다.

한편, 중국과 달리 일본의 율령에서는 은퇴한 천황인 '태상천황太上天皇'(상황上皇, 출가하면 법황法皇)의 권능을 천황에 버금가는 존재로 명문화한 것이 특징이다. 300년 뒤 상황이 통치하는 원정院政이 출현한 것은 사실상 율령 조문에서부터 안배되었다고 봐야 할지 모르겠다. 천황의 배우자로는 황족에 한정되는 황후, 비, 그리고 이 밖에 부인과 빈(이후 호칭 바뀜)의 네 단계가 설정되었다. 황족만이 황후와 비가 될 수 있도록 한 것은 율령 제정 이전의 여제女帝가 모두 천황의 배우자였다는 사실과 연관된다. 황족이 아닌 배우자가 천황이 될 가능성을 차단하기 위해서다.

율령국가의 특성은 피지배자에 대한 정연한 수취 체제에서 잘 드러난다. 원리적으로 보면 수취 체제의 근간은 토지와 인민의 국유화를 천명한 공지공민제公地公民制이고, 그것을 구현하는 것이 반전수수제班田收授制이다. 이는 호적과 계장을 근거로 국가가 일정 기준에 따라 관리와 인민에게 토지를 나눠주는 제도인데, 단 사찰과 신사의 토지는 예외였다. 가장 중요한 농민을 대상으로 한 운용 방식을 보면, 반전班田과 호적 작성은 6년마다 실시되었다. 6세 이상의 남녀(천민도 포함)에게 구분전口分田을 나눠주고 사망하면 국가에 반납하게 했다. 가옥과 그 주변의 토지에 대해서는 사유가 인정되었지만, 구분전의 매매는 금지되었다. 요컨대 반전수수제의 의미는 호족에 의한 토지·인민의 사유화를 철폐하고 국가의 직접 지배를 관철하는 데 있으며, 인민은 징세 대상인 공민公民으로, 구분전은 공전公田의 핵심으로 각각 자리매김되었다.

농민은 반전수수제에 따라 생활을 꾸리는 한편 국가에 대해 조租·용庸·조調·잡요雜徭 등의 무거운 부담을 져야 했다. 구분전 수확량의 3~10%인 조租는 각지의 국國 경비에 충당되었다. 성인 남자에게 부과되는 인두세인 용과 조는 각각 비단·면포·실과 특산물이 대상이다(매년 계장이 작성됨). 농민들은 이 특산물을 직접 수도까지 운반해야 했으며, 왕복에 소요되는 경비마저 스스로 부담해야 하는 가혹한 의무였다. 고쿠시의 권한으로 부과되는 잡요雜徭는 연간 60일 이내에 치수·관개나 국아國衙(국의 관청) 보수 등에 종사하는 노역이었다. 율령국가 일본의 재정 구조가 용·조·잡요와 같이 인두세 부분이 중심이었다는 것을 알 수 있는 대목이다. 한편 빈민 구제 제도로 곡식을 대여하는 출거出擧가 있었지만, 차츰 50%나 되는 이자를 물리는 관영의 고리대 또는 준조세로 바뀌어갔다.

군역도 농민의 어깨를 짓눌렀다. 호적을 바탕으로 성인 남자 3명 중 1명의 비율로 징발되는 병사는 국 단위의 군단에서 훈련과 경비에 임해야 했다. 일부는 수도에 올라가 경비나 과역에 동원되었고, 동일본의 군단에 차출되어 규슈 연안을 지키는 사키모리防人가 되기도 했다. 병사는 스스로 무장과 식량을 마련해야 했으므로 용·잡요가 면제되었음에도 불구하고 경제적으로 버거웠다. 남은 가족들에게도 성인 남성을 병사로 내보낸다는 것은 곧 노동력의 손실을 의미했으므로, '한 사람 뽑혀 가면 한 호가 망한다'고 할 정도로 치명적이었다.

나라 시대의 정치와 경제

몬무 천황은 체제 일신을 위해 천도를 궁리하던 도중 25세로 요절한다. 그 유지를 실행한 이가 덴치 천황의 딸이자 몬무 천황의 어머니 겐메이元明(707~715) 천황이다. 710년 지금의 나라奈良 시 외곽에 대규모로 건설된 궁궐로 천도가 이루어졌는데, 이곳이 바로 헤이조쿄平城京이다. 이로써 794년 교토로 도읍이 옮겨지기까지 나라 시대의 문이 열렸다.

헤이조쿄는 당의 수도 장안長安(지금의 시안西安)을 본받은 계획도시였다. 남북으로 뚫린 주작대로를 중심으로 동서남북으로 달리는 도로에 의해 정연하게 구획되었고, 장안과는 달리 성벽은 없었다(이후도 마찬가지). 5만~6만 혹은 10만에 이르는 주민 중에 상인·직인과 같은 서민은 극히 적었다. 헤이조쿄는 하급 관료를 포함한 관료와 귀족들이 활보하는 정치도시였기 때문이다. 율령제로 면모를 일신한 중앙집권국가는 이제 대규모 도성의 조성이 가능해졌다. 밖으로는 견당사를 빈번하게 파견하여 대륙 문물이 활발하게 유입되었고, 안으로는 대대적인 사찰 건립에 힘입어 찬란한 불교문화가 꽃을 피웠다.

8세기 초반 조정 내부는 율령국가의 정립이라는 새로운 공통 목표에다 황족과 유력 귀족 간의 세력 균형으로 안정을 유지했다. 그러나 출범식이 끝난 율령국가는 심각한 내홍에 휘말렸다. 율령국가를 떠받치는 농민 사회의 피폐가 짙어지는 동시에, 중앙 정계에서는 후지와라 씨와 경쟁자들 사이에 격한 정쟁이 빈발했다. 그 점에서 헤이조쿄는 분명 정치색이 강한 도읍이었다. 먼저 후자에 대해 살펴보자.

후지와라 후히토는 율령제의 확립에 진력하는 동시에 황실에 접근해서 후지와라 씨 발전의 기초를 다져갔다. 몬무 천황의 옹립에 공을 세운 일을 구실로 맏딸을 시집보냈는데, 그녀는 후일 쇼무聖武(724~749) 천황을 낳았다. 후히토가 죽고 나서도 네 아들(남南, 북北, 식式, 경京 네 가문의 시조)이 이끄는 후지와라 씨의 약진은 계속되었다. 쇼무 천황의 초기에는 황족인 나가야長屋(684?~729) 왕이 정권을 움직였으나, 729년 모반죄를 뒤집어쓴 채 일가와 함께 자살로 내몰렸다(나가야 왕의 변). 후지와라 씨는 황족에만 한정되었던 천황의 배우자 선정 관례를 깨고 후히토의 셋째 딸인 고묘시光明子(701~760)를 쇼무 천황의 황후로 만드는 데 성공했다. 후지와라 씨 최대의 염원이 성사된 것이다.

735년 규슈의 다자이후大宰府 관내에서 발생한 천연두가 일본 전역에 창궐했다. 급기야 737년에는 후지와라 네 아들의 목숨까지 앗아갔다. 그 틈을 타서 황족 출신인 다치바나 모로에橘諸兄(684~757)가 견당사를 다녀온 기비 마키비吉備真備(695~775), 겐보玄昉(?~746) 등과 결탁

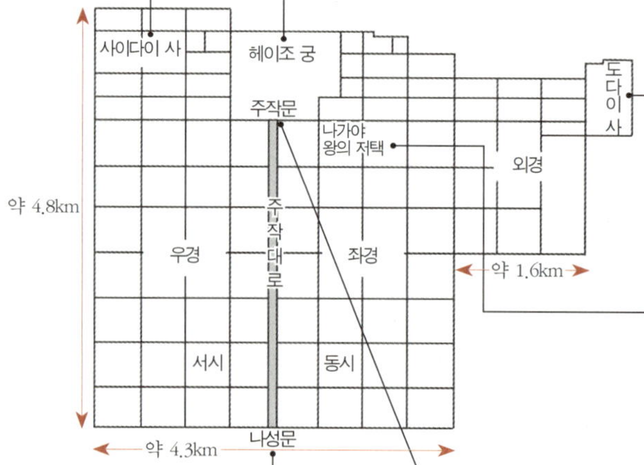

헤이조쿄 헤이조 궁터는 태극전과 주작문 등이 복원되었으며, 세계문화유산에 등재되어 있다. 나성문과 나가야 왕의 저택은 사적지로서 각각 표지석과 안내판만 있다.

와토카이친(和同開珎) 본격적으로 유통된 가장 오랜 화폐

나라 시대 정치권력의 이동

천황	권력자	비고
겐메이(707~715)	후지와라 후히토	
겐쇼(715~724)	나가야 왕	
쇼무(724~749)	후지와라 후히토의 네 아들 다치바나 모로에	나가야 왕의 변(729) 후지와라의 네 아들 천연두로 사망(737)
고켄(749~758)	후지와라 나카마로	
준닌(758~764)	후지와라 나카마로	나카마로가 천황으로부터 에미 오시카쓰라는 이름을 하사 받음
쇼토쿠(764~770, 고켄 재즉위)	도쿄	에미 오시카쓰의 난(764) 쇼토쿠 천황 사망으로 도쿄 실각(770)
고닌(770~781)	후지와라 모모카와(藤原百川)	

하여 쇼무 천황의 신임하에 크게 세력을 떨쳤다. 천연두와 기근으로 사회불안이 격심해지자, 이를 계기로 740년 후지와라 씨의 일족이자 천황의 사촌 후지와라 히로쓰구藤原廣嗣(?~740, 식가)가 겐보와 마키비의 추방을 내걸고 규슈에서 군사를 일으켰다. 난은 진압되었으나 조정의 동요는 쉽사리 가라앉지 않았고, 쇼무 천황은 여기저기 도읍을 옮겨 다녔다. 이렇듯 고조되는 정치적 사회적 불안을 해소하고자 겐보는 사찰 건립을 건의했다(후술 011).

749년 쇼무 천황이 딸에게 양위하여 고켄孝謙(749-758) 천황이 즉위했다. 정권의 향배는 고묘 황태후로 넘어갔고, 다치바나 일파는 대거 좌천의 쓴맛을 보아야 했다. 대신에 고모인 고묘 황태후의 후원을 등에 업고 후지와라 나카마로仲麻呂(706-764, 남가)가 두각을 드러냈다. 757년 다치바나 모로에가 죽고 그의 아들 일파가 꾸민 쿠데타 음모까지 제압한 나카마로에게 더 이상의 정적은 없었다. 준닌淳仁(758-764) 천황의 즉위 직후에는 에미 오시카쓰惠美押勝라는 이름을 하사받고 맘껏 권세를 휘둘렀다.

760년 나카마로는 신하로서 처음으로 태정대신에 올랐지만, 뒤이은 고묘 황태후의 사망으로 눈에 띄게 입지가 좁아졌다. 게다가 강력한 경쟁자마저 출현했다. 황태후의 빈자리를 꿰찬 고켄孝謙 상황은 자신을 간병해준 승려 도쿄道鏡(700?-772)를 신임하여 정계로 불러들인 것이다(미혼이던 여제와 승려 간의 염문도 회자됨). 기비 마키비도 복귀하면서 더욱 궁지에 몰린 나카마로는 764년 군사를 일으켰지만 실패했다(에미 오시카쓰의 난).

고켄 상황은 자신과 대립을 거듭하던 준닌 천황을 유배시킨 뒤 쇼토쿠稱德(764-770) 천황으로 재차 즉위했고, 도쿄는 법왕法王의 칭호까지 받으며 권세를 누렸다. 하지만 권불십년權不十年. 쇼토쿠 천황의 재위는 길지 않았기 때문에 황위 계승을 둘러싼 지배층 내부의 잦은 분쟁을 불러왔고, 이에 더해 사찰 건립 붐에다 잇단 천도와 궁전 건설은 국가재정을 파탄 직전으로 몰고 갔다. 쇼토쿠 천황의 죽음은 자연스레 도쿄의 추방으로 이어졌고, 후지와라 씨를 중심으로 한 귀족들은 덴치 천황의 62세 된 고령의 손자를 고닌光仁(770~781) 천황으로 옹립하며 율령 정치의 재건을 꾀했다.

이제 전자 쪽으로 눈을 돌려보자. 반전수수제의 가동 여부는 체제의 존폐와 결부되는 중대사였다. 헤이조쿄를 비롯한 중앙은 물론이고 지방도 공민의 공납으로 재원을 충당했기 때문이다. 따라서 조정의 잦은 정변은 흔들리는 수취 체제를 어떻게 보완할 것인가라는 사회경제적 의제와 깊이 연계되어 있었다.

일찍이 715년에 국 – 군 – 리의 지방 제도를 바꿔 군 아래 2~3리를 거느리는 향을 신설한 바 있다. 이는 과도한 역의 부담을 견디지 못한 농민이 부랑자가 되는 것을 단속하기 위해서였다. 그뿐 아니라 부랑자의 본적지 송환 원칙도 완화시켜 본인이 원하면 현지 호적에 편입될 수 있도록 했는데, 이 역시 같은 맥락이다.

한편 율령제 아래의 토지제도에서는 개간지, 즉 간전墾田에 대한 규정이 애매했다. 고쿠시가 일군 간전의 경우 임기가 끝나면 환수한다고 정해져 있을 따름이었다. 소규모의 사적인 개간은 매년 증가했지만, 이에 대한 관련 규정이 없었다. 이를 해소하기 위한 처방이 723년의 삼세일신법三世一身法(정확히 말하면 율령을 보완한 '격')이며, 기존 관개시설의 이용 여부에 따라 3대 혹은 당대의 소유를 인정했다. 이것은 때마침 나가야 왕 휘하에서 태정관太政官의 소장파가 주도하여 실현시킨 정책이었으며, 이 시점에 이르러 비로소 간전까지 포함하는 공지공민제의 원칙이 확립되었다. 참고로 간전의 경우 사유지이긴 해도 국가에 조租를 납부해야 했다.

공민의 부랑 문제에 대한 대책도 달라졌다. 736년, 부랑자의 공민 환원을 포기하고 별도의 호적으로 파악케 한 것이다. 743년에 간전영년사재법墾田永年私財法(정확히 말하면 천황의 명령인 '칙')이 내려진 것도 커다란 분기점이었다. 후지와라 나카마로의 관여가 추측되는 이 시책에는 귀족층의 토지 소유욕에 물꼬를 터주는 대신, 사찰 건립에 대한 중앙과 지방의 귀족·호족으로부터 협력을 구하려는 심산이 엿보인다. 부랑자의 별도 파악에 이어, 간전을 구분전이나 공전과 분리시켜 영년사재永年私財, 즉 사유화라는 틀로써 탄력적인 규제를 도모한 것이다.

이렇듯 공지공민제의 변용은 개간지를 포함한 토지에 대한 파악과 지배력을 강화한 반면, 개간이 가능한 귀족, 사원, 지방 호족의 사유지 확대를 자극했다. 중앙 귀족의 경우는 자료가 많이 부족하여 가늠하기 어렵지만, 나라의 도다이東大 사와 같은 대사찰은 막대한 토지를 소유하고 부근의 농민과 부랑자를 부려서 대규모 개간까지 실시했다는 사실이 밝혀졌다. 이를 '초기 장원莊園' 혹은 '개간지계 장원'이라 부른다. 도쿄가 권세를 누리던 동안 후지와라 씨 등 귀족 세력의 억제를 노려 간전 사유가 금지되었지만(사원은 허용), 도쿄의 실각과 함께 그 역시 폐기되었다. 주로 기나이 인근에 집중되긴 했지만 토지 사유화와 장원의 대두는 공지공민제의 전개와 궤를 같이하듯 용틀임을 시작했다.

나라 시대 | 7세기 말~8세기 ▶ 1부 047 **011** 나라에서 헤이안으로

덴표 문화와 불교, 대외 관계

율령국가 만들기가 궤도에 오르면서 국가의 부는 수도로 집중되었고, 이를 바탕으로 황족과 귀족은 화려한 생활을 누렸다. 나라 시대에는 헤이조쿄平城京를 중심으로 고도의 귀족 문화가 번성했는데, 쇼무 천황의 연호를 따서 덴표天平 문화라 불린다. 이 시기에 율령제의 이식과 연동하여 귀족들은 당의 문화를 적극적으로 받아들였다. 도다이東大 사에 자리한 쇼소인正倉院에 중앙아시아의 양털로 짠 양탄자가 소장된 것도 그런 역사의 산물이다. 실크로드의 동쪽 끝은 헤이조쿄였다. 다이호 율령의 시행에 발맞춰 헤이조쿄로 천도가 이루어졌고, 역사와 지리지의 편찬 작업도 결실을 맺는다. 먼저 '기기記紀'라 통칭되는 『고사기古事記』와 『일본서기日本書紀』의 탄생 경위부터 알아보자.

일찍이 7세기 후반의 덴무 천황 때부터 천황 계보가 주축인 제기帝紀와 옛 전승을 담은 구사舊辭의 검토가 시작되었고, 이는 712년 『고사기』로 완성을 보았다. 한문과 가나假名가 혼용된 『고사기』가 황실 내부용 서적이라면, 720년에 마무리된 『일본서기』는 순한문으로 기술된 편년체 사서이다. 정사에 걸맞게 『일본서기』는 편년체 형식을 채택함으로써 연대를 밝혀야만 했고, 이로 인해 기원전 660년의 건국을 포함하여 초기 천황의 재위 기간을 터무니없이 늘이는 무리수가 가해지고 말았다.

『일본서기』가 율령국가의 유래를 전하는 날줄이라면 『풍토기風土記』는 율령국가의 공간적 확대를 담은 씨줄이다. 713년, 각국에 물산의 품목과 토지의 비옥도를 포함하여 조사 정리된 지리지를 제출하라는 명령이 내려졌다. 이것은 이즈음 본격화한 조세와 과역의 정비를 연계해 율령 체제의 지역적 전개를 위해서 추진된 작업이었다(5국의 『풍토기』가 현존).

한문학은 7세기 중반부터 꽃을 피웠다. 672년에 임신壬申의 난으로 많은 작품이 잿더미로 화했지만, 한문학은 꾸준히 지배층의 교양으로 중시되었다. 한시에 심취했던 나가야 왕

쇼소인 나라 현 도다이 사의 유물 창고로, 나라 시대의 각종 국보뿐만 아니라 한국·중국·인도의 고대 유물이 보관되어 있다.

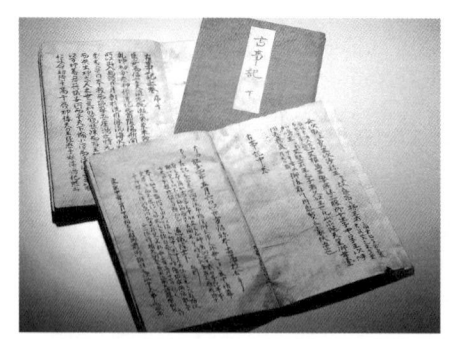
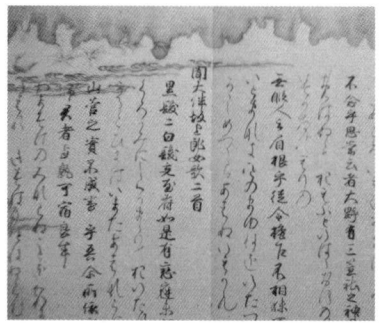

『고사기』와 『만요슈』(桂本万葉集) 왼쪽의 『고사기』는 현존하는 최고의 필사본이고, 오른쪽 『만요슈』는 헤이안 중기에 만들어진 가장 오래된 것이다.

의 거처에는 당대의 문사들이 구름처럼 모여들었다고 한다. 견당사는 물론 율령제의 시행도 한학에 대한 관심과 더불어 한시의 수준을 한껏 드높였다. 751년에 집대성된 시집 『가이후소懷風藻』에서는 그 시기의 시적 정취를 맛볼 수 있다.

31음(5·7·5·7·7)으로 만드는 일본 고유의 시 와카和歌도 한시에 못지않게 왕성하게 읊어졌다. 7세기 중·후반에 걸쳐 수작을 남긴 가인歌人은 가키모토 히토마로柿本人麻呂(660?~720?)와 누카타額田 왕이었다. 나라 시대에 접어들어서는 야마노우에 오쿠라山上憶良(660?~733?), 오토모 야카모치大伴家持(718~785) 등이 개성적인 노래를 남겼다. 이 시가들을 집대성한 『만요슈萬葉集』는 나라 시대까지의 작품 약 4,500수를 담고 있는데, 저명한 가인들의 작품 외에도 농민이나 변방의 수비병인 사키모리防人와 같은 민중의 소박한 감정을 나타낸 노래도 많다. 한자의 음과 뜻을 조합하여 표기하는 '만요가나万葉仮名'가 사용된 것도 특징이다.

헤이조쿄에는 대사찰이 대거 분포해 있었다. 특히 세계 최고의 목조건축을 자랑하는 도다이 사가 으뜸이다. 그런데 이와 같이 불교가 융성했음에도 그 불교 역시 율령제라는 관문을 반드시 거쳐야 했다. 다이호 율령 안에 승니령僧尼令이 제정되었다는 것은 150년의 역사를 지닌 일본 불교가 처음으로 국가의 통제를 받게 되었음을 의미한다. 승려는 관료에 준하는 인민 교화자로 자리매김되어 과역 면제와 같은 특전이 주어졌지만, 이와 동시에 사상과 행동을 제한받았다. 특히 민간 전도의 제한과 사적인 출가의 엄금이 핵심 조항이었는데, 각각 사상 통제와 과역 기피의 억제라는 저의를 담고 있다.

나라 시대의 불교는 크게 국가 불교와 민중 불교로 나눌 수 있다. 국가에 봉사하는 불교와 민중을 구제하는 불교로서 같은 시대에 활약했던 도지道慈(?~744)와 교키行基(668~749)가 두 조류를 대변한다. 도지가 견당사(701)의 유학승으로 당에 건너가 황제의 칭송까지 받았던 고승인 데 비해, 교키는 순수 국내파였다. 교키의 포교 활동은 종교적 측면에서는 대승불교의 실천이라 평해야 마땅하지만, 전도의 거점으로서 교통 및 관개와 연계해 사회사업을 일으켰다는 점은 사회경제적인 고찰이 필요한 지점이다. 삼세일신법三世一身法(723)에 힘입

도다이 사의 본존 비로자나불 높이가 16m에 이르는 세계 최대의 불상이다.

어 활발해진 사적인 개간 사업의 주도자인 지방 호족 층이 교키의 행보를 뒷받침한 것이다.

741년 쇼무 천황은 조칙을 발표하여 모든 국에 고쿠분國分 사와 고쿠분 니尼 사를 각각 세우게 하고 호국 경전을 읽혔으며, 2년 뒤에는 도다이 사에 금동 비로자나불, 즉 대불의 주조를 시작했다. 천연두의 대유행, 후지와라의 네 아들을 비롯한 조정 수뇌부의 상실, 740년의 악몽 같은 후지와라 히로쓰구藤原廣嗣의 난, 이후 계속된 천도 등 연이은 정계 불안을 불교의 '진호국가鎭護國家' 사상에 의거하여 타개하려 한 것이다. 그리고 대불 주조에 교키를 참가시킴으로써 민중 불교의 역량을 체제 내로 끌어들이려 했다는 점도 주목해야 한다.

이 시점에 이르러 불교는 사실상 국가를 초월했고, 양자의 관계는 역전되었다. 군주인 쇼무 천황은 대불 앞에 엎드려 '삼보三寶의 종'을 자처할 지경이었다. 끊이지 않는 재해를 구제하고 율령국가의 번영을 기원하는 사찰이 즐비했던 헤이조쿄는 가히 '불교국가의 수도'라 칭해도 어색하지 않았다.

701년, 30년 넘게 두절되었던 견당사가 임명되어 이듬해 장안에 들어갔다. 이때 율령국가의 법적 테두리의 완성에 맞춰 처음으로 '일본'이라는 국호를 내세웠다. 견당사는 이후 838년 파견된 것이 마지막이고, 894년에는 파견 계획 자체가 중지되면서 그 소임을 다하게 된다. 율령국가의 건설과 전개, 변질(후술 015-018)과 호흡을 같이하다시피 한 견당사의 역사적 의의는 당의 선진적인 문물과 제도의 도입, 변동을 거듭했던 동아시아의 정세, 국가 주도에 의한 무역 등으로 집약된다.

이 시기 신라와는 어떤 접촉을 했을까? 고구려 멸망 직후인 668년 신라는 일본에 사신을 보냈고, 이후에도 몇 차례 왕래를 거친 뒤 675년 국교가 맺어졌다. 이후 견당사의 공백을 메우기라도 하듯 일본과 신라 간에 활발하게 사절이 오갔다. 삼국 통일을 전후로 긴장 상태를 유지했던 동아시아에 오랜만에 '평화의 시대'가 열렸던 것이다. 하지만 발해의 건국(698)과 성장은 동아시아 국제 관계에 찬바람을 몰고 왔다. 727년 발해가 일본에 사절을 파견한 의도는 신라에 대한 견제와 압박임이 분명했다. 조공 외교라 판단한 일본 측이 융숭한 접대에 이어 답신 사절까지 보내니, 신라와의 관계는 점차 껄끄러워졌다. 발해사와 견발해사의 파견은 각각 34회, 15회에 이른다(여러 설이 있음). 8세기 후반에는 당 및 신라와 사절 교환이 뜸해지는 반면, 발해와는 더욱 활발히 교류하게 된다. 이런 정황은 견당사의 항로에도 영향을 미쳤다. 초기처럼 한반도 연안을 따라가는 항로의 이용이 불가능해지자 직접 황해를 건너야 했고, 운이 나쁘면 배가 난파되어 목숨마저 위태로워지기도 했다.

나라에서 헤이안으로 **012** 헤이안 시대 | 8세기 말~9세기 전반 ▶ 1부 006

천년의 도읍 헤이안쿄, 헤이안 시대의 출발

785년 11월, 1년 전부터 새 도읍 건설에 한창이던 나가오카쿄長岡京의 공사 책임자가 화살에 맞아 절명했다. 조사 결과 조정의 최고위층이 암살 사건의 배후인 것으로 드러났다. 간무桓武(781~806) 천황의 동생이자 황태자인 사와라루良(750?~785) 친왕의 연루가 드러났고, 친왕의 측근이자 사건 직전 세상을 뜬 가인歌人 오토모 야카모치大伴家持는 땅에 묻히지도 못한 채 관적에서 제명되었다. 무고함을 호소하던 사와라는 구속 직후부터 단식에 들어갔고, 결국 유배지로 가는 도중에 자살하고 만다. 형제의 우애와 생사를 갈라놓은 본질적 원인은 여느 사건처럼 권력 다툼이었다.

사와라 황태자의 유배 도중 죽음은 그 자체만으로도 간무 천황을 비롯한 조정 중신들에게 엄청난 충격을 안겨줬다. 게다가 이 사건 뒤에 궁중에는 불행한 사건이 꼬리를 물고 일어났다. 천황의 비에 이어 황후까지 병으로 요절했고, 백제 무령왕의 10세손이며 천황의 생모인 다카노 니가사高野新笠(720?~790)의 병사, 그리고 황태자의 심신 이상 등 악재가 잇따랐다. 사와라 친왕의 저주라는 풍문은 간무 천황이 의욕적으로 추진한 새 도읍 나가오카쿄의 이미지를 실추시켰다. 결국 794년 나가오카쿄에서 북동으로 10km 떨어진 지금의 교토 시내로 천도한다는 조칙이 내려졌고, 그곳에 '헤이안쿄平安京'라는 이름이 붙여졌다. 이후 헤이안쿄에는 메이지 유신 직후 도쿄를 수도로 정하기까지 천 년 넘게 천황이 거처했다. 794년 헤이안쿄로 천도한 뒤 12세기 말 관동의 가마쿠라鎌倉에 막부가 열리고 중세가 시작될 때까지 약 400년 동안을 '헤이안 시대'라고 부른다.

히라노(平野) **신사** 간무 천황의 생모 다카노 니가사와 인연이 깊은 곳으로, 교토에 있다. 2001년 헤이세이(平成) 천황은 한국과 인연을 느낀다고 밝히기도 했다.

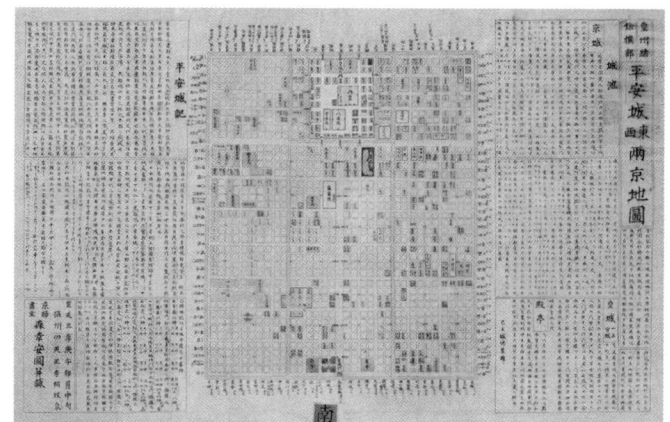

헤이안쿄 헤이안쿄는 메이지 유신 직후 도쿄로 수도를 정하기 전까지 천 년 넘게 천황이 거처했던 곳이다. 이 지도(平安城東西両京地図)는 1750년에 만들어졌지만 헤이안쿄의 모습을 비교적 정확하게 알 수 있다.

승려 도쿄道鏡의 추방을 계기로 옹립되어 70세 넘어 정무를 돌보던 고닌光仁 천황은(☞ 010 참조) 781년 맏아들에게 양위한 직후 세상을 떴다. 간무 천황이 즉위함으로써 덴무天武 계에서 덴치天智 계로의 황통 교체는 부동의 사실로 굳어졌고, 그 일환으로 감행된 조치가 헤이조쿄에서 나가오카쿄로의 천도였다. 덴무 천황 후손의 입김이 강한 헤이조쿄에서 벗어나 새로이 귀족 세력을 결집하고 권력 기반을 다지려는 속셈이었으며, 불교의 영향력을 차단하기 위해 사원의 새 수도 이전을 엄금했다. 또한 헤이조쿄보다 수자원 활용이 수월하다는 점과 더불어 덴치 천황 및 도래인 계통의 씨족과 관계가 깊다는 점까지 고려되었다.

이렇듯 간무 천황의 치세는 출발부터 나라 시대와 결별하겠다는 정치적 복선을 깔고 있었다. 구체적으로는 지방 지배의 재정비, 도성의 축조, 정복 사업의 세 가지로 요약되며, 안팎으로 시도된 율령국가의 재편이 최종 목표였다. 도읍과 황통이 바뀐 정치 지형도 아래서 헤이안 시대의 진군나팔이 울렸다.

먼저 지방 지배의 수족인 고쿠시國司와 군지郡司에 대한 통제를 강화했다. 가게유시勘解由使를 신설하여 징세 성적이 불량한 고쿠시의 고과를 엄격히 평가하고, 세습 대신 능력 위주로 군지를 채용함으로써(이후 다시 세습으로 환원) 수취 시스템의 원활한 가동을 꾀했다. 또 피폐해진 농촌 사정을 감안하여 동북과 규슈 등의 변경 지역 외에는 군단과 병사를 폐지하고, 군지나 부농의 자제로 구성된 군대인 곤데이健兒로 하여금 국아國衙의 방위를 맡도록 했으며, 빈민을 구제하기 위해 곡식을 대여하는 제도인 출거出擧의 이율을 50%에서 30%로 낮추고 잡요雜徭 일수도 절반으로 줄였다. 농민과 토지에 관한 제도를 현실과 조응시키려는 정책 기조는 9세기 전반 내내 지속되었다.

천 년의 수도 헤이안쿄는 교토 시의 중심부에 자리했다. 교토 분지의 북단에 위치하며 가쓰라桂 강과 가모鴨 강 사이에 남북 5.2km, 동서 4.5km에 걸쳐 조성되었고, 기본 구조는 헤이조쿄와 같다. 주작대로를 중심으로 좌경左京·우경右京으로 나뉘며, 주작대로의 북쪽 끝

도 사와 5층탑 헤이안쿄에 세워진 도 사의 5층탑은 54.8m로, 일본의 목조탑 중 가장 높다. 이 때문에 오늘날 교토의 상징이자 랜드마크가 되었다.

에는 정전인 다이고쿠덴大極殿을 세워 천황의 권위를 나타냈다. 나가오카쿄와 마찬가지로 사찰 건립을 엄격히 제한하여 동서로 각각 도東 사, 사이西 사만 허용되었다(도 사만 현존). 헤이안 시대에 영화의 극치를 누리게 되는 후지와라 씨를 비롯한 지배층은 주로 좌경 북부에 터를 잡았다(우경은 습지대여서 일찍부터 쇠락).

간무 천황은 동북 지역의 확보, 아니 침략에도 힘을 쏟았다. 동북 및 홋카이도 지역에는 일찍이 야마토 정권에 밀려 북상한 에미시蝦夷가 터전을 잡았으나, 8세기 이후 율령 체제의 본격화에 발맞춰 동북 지역 각지에 하나둘씩 성채를 세워갔다. 8세기 후반 중앙정부의 병마兵馬가 아키타秋田 현 남부까지 이르자 에미시는 격렬하게 저항했다. 780년에는 고레하리 아자마로伊治呰麻呂가 미야기 현 중부의 다가多賀 성을 점령하고 약탈하는 사태까지 벌어졌다. 이듬해 즉위한 간무 천황에게 에미시 정벌은 국가의 위신이 걸린 일대 사업이었다.

그러나 정복 사업의 시작은 매끄럽지 못했다. 군량을 비축하고 훈련을 거듭하여 788년 출진한 원정군 5만은 이듬해 이와테岩手 현 남부에서 에미시의 족장 아테루이阿弖流爲(?~802)가 이끄는 군대에 포위되어 수천의 사상자를 냈다. 793년의 2차 출정에서는 부사령관 사카노우에 다무라마로坂上田村麻呂(758~811)가 두각을 드러냈다. 이후 정이대장군征夷大將軍이 된 그는 801년 원정길에 올랐고, 다음 해 아테루이가 항복함으로써 에미시의 반란은 수습 국면으로 들어갔다. 참고로 정이대장군을 줄인 말이 바로 쇼군將軍이다. 이와테·아키타 두 현의 중부 부근까지 확보한 땅에는 주로 관동 인근의 농민들을 이주시켜 농경과 개간에 종사하게 했다. 투항한 에미시는 관동을 포함한 각지에서 감시와 차별 아래 농업이나 군역으로 혹사당했다.

이와테 현 모리오카 시의 시와(志波) 성(왼쪽) 사카노우에 다무라마로가 아테루이를 굴복시키고 쌓은 성채를 복원하여 조성했다.
아테루이와 모레의 묘(오른쪽) 아테루이와 모레는 다무라마로의 군대에 정벌된 뒤 헤이안쿄까지 이송되어 참수되었다. 아테루이와 모레의 묘는 오사카 부 히라카타(枚方) 시에 있다.

간무 천황의 개혁 방침은 두 아들 헤이제이平城(806~809)·사가嵯峨(809~823) 천황이 이어갔다. 헤이제이 천황이 짧은 재위에도 불구하고 중앙 부처의 통폐합을 단행하여 재정 부담을 줄이고 중·하급 관리의 처우를 개선했다면, 사가 천황은 아버지에 이어 왕권이 귀족층을 주도하는 정치 시스템을 더욱 굳건히 다져갔다. 천황의 비서실 격인 구로우도도코로藏人所와 같이 천황과 직결된 궁정 기구의 위상이 획기적으로 강화되고, 칙지전勅旨田(후술→015)의 설정과 같이 황실의 경제적 기반도 확충되었다. 아울러 공영전公營田(후술→015)을 도입하고 유력 농민의 경제력을 궁민 구제에 활용하는 등 토지와 농민의 변화에 부응하는 적극적인 정책을 펼쳤다. 한시와 서예에 능했던 사가 천황의 문화 정책에 힘입어 여러 문화 활동이 활기를 띠게 되니, 8세기 후반 정변으로 얼룩진 궁정에도 생기가 넘쳤다. 사가 천황의 즉위 직후 형인 헤이제이 상황과 사이가 나빠진 탓에 일시 정국이 혼란스럽기도 했지만, 9세기 중반까지 30년 넘게 중앙 정계는 황위의 순조로운 승계와 함께 안정 기조를 유지했다.

그렇지만 모든 개혁의 수혜자는 천황 외에 후지와라 씨와 같이 천황 권력과 밀착된 일부 귀족에 국한되었고, 국가 지배 원리로서 율령제 자체는 지속적으로 약화되었다. 8세기 초반 귀족의 합의제를 바탕으로 확립된 태정관太政官 정치의 권위는 쇠락했고, 각종 기구도 중앙 재정의 악화로 인해 대폭 간소화될 수밖에 없었다. 반면, 천황의 사적인 궁정이 권력의 중심으로 탈바꿈했다. 율령제에 따라 백관이 회동하고 정무를 논하던 다이고쿠덴의 역할이 천황의 사적 생활공간인 시신덴紫宸殿으로 넘어간 것은 그러한 변화를 잘 보여준다. 이렇듯 율령제적 지배의 내실은 정치 영역뿐 아니라 경제 영역에서도 변모에 변모를 더해갔다.

섭관 정치의 도래

헤이안 시대가 시작되던 9세기 초반, 간무·사가 천황은 귀족 세력을 누르고 국정을 이끌어갔다. 이런 왕권의 득세 속에서 후지와라 집안 내의 우열도 판가름이 났다. 고닌 천황의 옹립에 공을 세운 식가式家가 간무 천황 때까지 세력을 떨쳤지만, 사가 천황의 즉위 후에는 북가北家로 바통이 넘어갔다. 후지와라 후유쓰구藤原冬嗣(775~826)가 810년 천황의 비서실장에 해당하는 구로우도노토蔵人頭가 된 것은 후지와라 북가 세력 전성기의 신호탄이었다. 닌묘仁明(833~850) 천황에게 시집보낸 딸은 아들을 낳았고, 이 외척 관계를 바탕으로 후지와라 씨 영화의 터다지기가 시작되었다.

양위를 하고 나서도 사실상 정무를 쥐락펴락하던 사가 상황이 842년 병으로 죽자마자, 후유쓰구의 아들 요시후사良房(804~872)가 잰걸음으로 움직였다. 상황이 책봉했던 황태자를 폐함으로써 정적인 다치바나橘·도모伴 씨의 예봉을 꺾은 다음, 여동생이 낳은 조카를 황태자에 앉혔다. 요시후사의 관위는 계속 높아졌으며, 그런 중에 850년은 겹경사의 해였다. 조카 황태자는 즉위하여 몬토쿠文德(850~858) 천황이 되었고, 즉위 직전 황태자 시절에 결혼시킨 외동딸도 드디어 아들을 낳았다. 넷째 아들이었음에도 생후 즉시 황태자에 봉해졌고, 요시후사 자신은 857년 태정대신까지 거머쥐었다. 이듬해에는 조카이자 사위인 몬토쿠 천황이 죽자 아홉 살의 어린 외손자를 즉위시키니, 그가 세이와淸和(858~876) 천황이다.

요시후사는 외조부로서 자신의 집에서 자란 어린 천황을 대신해 정치를 주물렀다. 866년 궁궐 방화 사건이 일어나자, 그 혐의를 반대파인 도모伴·기紀 씨에게 뒤집어씌워 몰아낸 뒤 신하로서는 처음으로 섭정의 지위에 올랐다. 요시후사가 닦은 기반은 양자인 모토쓰네基經(836~891)가 갈고닦았다. 양부의 가르침에 따라 모토쓰네는 세이와 천황의 아홉 살짜리 아들을 요제이陽成(876~884) 천황으로 등극시킨 다음 섭정이 되었다. 모토쓰네는 성년이 된 요제이 천황과 사이가 틀어지자 그를 퇴위시키고는 55세인 고코光孝(884~887) 천황을 옥좌에 앉혔다. 그러고는 양부를 뛰어넘어 신하로서는 처음으로 관백關白에 임명되었다. 어린 천황을 대신하여 정무를 돌보는 섭정 단계를 넘어서서 성인이 된 천황에게까지 영향력을 행사하는 자리에 오른 것이다. 우다宇多(887~897) 천황의 경우에는 모토쓰네로 인해 즉위와 동시에 굴욕을 맛보아야 했다. 모토쓰네를 관백에 임명한다는 칙서를 발표했다가, 문구를 문제시한 모토쓰네의 위세에 밀려 철회했다. 중국 고사에 따라 모토쓰네에게 아형阿衡(재상을 뜻함)을 맡긴다고 칙서에 썼는데, 아형이 지위는 높아도 실권은 없다는 심복의 말이 모토쓰네의 심기를 건드렸다. 결국 조칙 작성자를 해임하고 나서 모토쓰네는 관백에 취임했다.

우다 천황과 후지와라 씨의 관계는 출발부터 삐걱거렸다. 즉위 직후 궁중에 보낸 딸은 결국 아들을 낳지 못한 데다, 891년 모토쓰네가 죽었을 때 장남 도키히라^{時平}(871~909)는 약관의 나이에 불과했다. 게다가 섭관의 정치적 기반이 완전히 다져진 것도 아니었다. 이때를 틈타 우다 천황은 스가와라 미치자네^{菅原道眞}를 중용하여 섭정과 관백 없이 국정 운용의 기조를 친정^{親政}으로 잡아 나갔다. 앞으로 자세히 살필 율령제 재건 움직임은 이런 정국의 흐름 속에서 추진될 수 있었다.

후지와라 씨도 반격에 나섰다. 다이고^{醍醐}(897~930) 천황 치세인 901년 숙적 미치자네를 규슈로 좌천시키는 데 성공한 것이다. 이를 바탕으로 도키히라는 902년 최초의 장원정리령 발포를 시작으로 정치 개혁을 주도해 나갔다. 하지만 도키히라는 39세로 요절하고 만다. 그 뒤 동생 다다히라^{忠平}(880~949)가 후지와라 씨를 이끌었지만, 섭관의 부재가 말해주듯 아직은 천황이 권력의 주체였다.

930년 다이고 천황이 병세가 악화되면서 8세의 스자쿠^{朱雀}(930~946) 천황에게 양위하자 다다히라는 행동을 개시했다. 천황의 외숙으로서 섭관을 부활시켰고, 무라카미^{村上}(946~967) 천황의 즉위에 맞춰 관백으로 갈아탔다. 다다히라가 죽은 뒤 20여 년 동안은 섭관이 폐지되고 형식적으로 친정이 취해졌지만, 이번에는 다다히라의 장남 사네요리^{実頼}(900~970)가 수완을 발휘했다. 차남에다 병중이던 레이제이^{冷泉}(967~969) 천황의 즉위에 힘을 실어줌으로써 관백 자리를 손에 넣은 것이다. 이어 969년 사위를 황태자로 만들려던 좌대신 미나모토 다카아키라^{源高明}(914~983, 레이제이 천황의 숙부)에게 모반죄를 씌워 제거하는 '안나^{安和}의 변'을 일으키는 한편, 11세의 엔유^{円融}(969~984) 천황을 즉위시키고는 섭정을 차지했다. 이 시점에서 후지와라 북가를 넘보는 세력은 사라졌다. 남은 것은 후지와라 일족 간의 다툼이었고, 최후의 승리자 미치나가^{道長}(966~1028) 때 후지와라 씨의 영화는 절정을 맞는다.

사네요리가 관백에 취임한 뒤 메이지 유신에 이르기까지 가마쿠라 막부 멸망 직후와 일부 기간을 제외하고는 섭정이나 관백의 직이 마련되었고, 거기에는 언제나 모토쓰네의 자손이 앉았다. 율령제의 원칙은 태정관이 상주하는 정책과 인사를 천황이 재가함으로써 천황에게 권력이 집중되는 시스템인데, 섭정과 관백이라는 대리자·보좌역이 천황의 통치권을 대신하여 태정관의 의사 결정을 주도하고 최고 실권자로 행세하게 된 것이다. 이 같은 천황 – 섭관(섭정·관백) – 태정관의 통치 형태를 '섭관 정치'라 하며, 섭정·관백을 배출하는 집안을 '섭관가'라 한다.

10세기에 들어 입지를 굳히는 섭관 정치는 국내외 정황과 연

후지와라 미치나가

후지와라 씨의 연회 후지와라 씨는 섭정과 관백으로 정치의 실권을 쥐며 정치를 좌지우지했다. 그림은 후지와라 요리미치가 고이치조 천황과 귀족들을 초대한 연회를 그린 것이다.

계해서 고찰할 필요가 있다. 에미시 진압의 종결과 견당사 폐지로 안팎의 현안은 사라졌다. 국정 운영도 안정기를 맞게 되니, 당시 왕성하게 치러진 연중행사나 의식의 수행, 인사 등에 관심이 쏠렸고, 천황의 대권이 신하에게 이양되어도 큰 문제는 없는 듯 보였다. 그런 시류를 잘 포착한 것이 후지와라 북가였던 셈이다.

미치나가는 대단한 행운아이기도 했다. 아버지 가네이에兼家(929~990)는 섭정이었지만, 자신은 다섯째 아들인 데다 후계자로 활약하던 형이 둘이나 있었다. 하지만 가네이에의 자리를 물려받은 형들은 공교롭게도 홍역으로 잇달아 세상을 떴다. 995년 만조카 고레치카伊周(974~1010)와 벌인 처절한 혈투는 이치조一條(986~1011) 천황의 생모로서 정치력이 컸던 누나의 도움으로 물리쳤다.

1001년 이치조 천황의 첫 황후 데이시定子(977~1001, 고레치카의 누나)가 난산으로 세상을 뜨자, 전년에 입궐시킨 그의 장녀 쇼시彰子(988~1074)를 황후로 밀어 올렸다. 그리고 1008년 학수고대하던 왕자가 태어난 뒤에도 세 딸을 차례로 궁중에 시집보냈다. 이치조 천황 대에 미리 내정된 산조三条(1011~1016) 천황이 잠시 옥좌에 앉았으나, 뒤이은 고이치조後一條(1016~1036)·고스자쿠後朱雀(1036~1045)·고레이제이後冷泉(1045~1068) 3대의 천황은 모두 미치나가의 외손이었다. 미치나가의 장자 요리미치賴通(992~1074)는 위의 세 천황 치세 50년에 걸쳐 섭정과 관백을 독점했다. 그만큼 섭관가의 권세는 강하고 안정적이었다.

그러면 과연 섭관가나 섭관 정치는 전제적이었을까? 반드시 그렇지만은 않았다. 섭정은 천황의 결재를 대행하지만, 관백은 독단적으로 태정관에 명령을 내리는 것이 아니라 천황과 협의를 거쳐 천황의 칙명이라는 형식으로 명령을 내린다. 그 과정에서 관례와 각 대신과의 협의도 고려된다. 오히려 문제는 천황이나 섭관에게 집중된 위계와 관직의 결정권이었다. 관리의 임면은 천황이 어릴 경우 섭정이 주관했고, 성인이 된 천황도 관백의 의견을 물어 낙점했다. 섭관의 정치적 힘은 바로 여기에 있었으며, 고쿠시의 임면이 발표되는 봄이 오면 섭관가에 각종 선물이 산더미처럼 쌓였다.

귀족 문화와 불교

10세기부터 11세기에 걸쳐 섭관 정치의 전개와 율령제의 해체가 교차하면서 귀족의 시대는 안정화 단계로 접어들었다. 반면에 대외 관계의 비중과 영향력은 약화되었다. 7세기 이래로 오랜 기간에 걸쳐 대륙에서 유입된 문화와 불교는 충분히 소화·흡수되었으며, 견당사 폐지(894), 그리고 발해·신라의 멸망(926·935)과 고려 건국(918)이라는 유동적인 국제 정세로 인해 인적 문화적 교류의 계기도 필요성도 줄어들었다. 자연스레 귀족이 주체가 된 기왕의 문화를 바탕에 깔면서도 일본의 풍토와 생활, 기호를 반영한 문화가 싹을 틔웠는데, 이를 '국풍國風 문화' 혹은 '후지와라 문화'라고 부른다. 바야흐로 문화적인 측면에서 일본이 자리를 잡아갔던 것이다.

한편으로 대외 관계의 두절과 독자적인 귀족 문화의 태동은 국가의 후퇴와 결부된다. 국가로서의 존재감을 피력했던 사업들은 하나둘씩 명맥이 끊어졌다. 대표적으로 율령국가의 연원을 밝히는 역사 편찬이나 율령 개정, 화폐 주조 등이 모두 중지되었다. 720년의 『일본서기』에 이어 『속일본기』, 『일본후기』, 『속일본후기』, 『일본몬토쿠천황실록』이 차례로 편찬되고 901년에는 『일본삼대실록』이 간행되면서 이른바 '육국사六國史'가 완성되었지만, 이후 간헐적인 수사修史 작업의 시도에도 불구하고 완결에는 이르지 못했다. 결국 이후의 역사 편찬은 근대 이후를 기약해야 했다. 율령의 개정도 후지와라 씨의 권력자였던 도키히라時平·다다히라忠平 형제의 노력으로 927년에 완성된 '엔기延喜(연호) 격식'이 마지막이었다. 화폐 주조는 958년의 12번째 발행으로 막을 내렸고, 수입 동전이나 민간에서 주조하는 것으로 수요를 메꿨다. 안팎으로 국가(=일본)를 과시할 필요성이 없어진 것이다.

국풍을 기치로 내건 귀족 문화의 대표 주자는 단연 문학이었다. 마나眞名(=한자)와 병립하는 가나仮名의 성립과 와카의 발달, 그리고 문학작품의 대유행이 주목된다.

시가집 『만요슈萬葉集』에서 알 수 있듯이 나라 시대 이전부터 일본어 표기를 위해 한자를 가차假借한 '만요가나万葉仮名'가 사용되었다. 만요가나로 쓰이던 한자의 초서를 더욱 간략화한 것이 '히라가나平仮名'이며, 한자의 일부분을 취하여 부호화한 것이 '가타카나片仮名'이다. 예컨대 '加'의 경우, 히라가나는 초서체를 취하여 'か'가 되고 부수를 딴 'カ'는 가타카나이다. 헤이안 시대의 전개는 가나의 발명과 정착과 맞물리며, 이는 일본인들이 자신들의 정서를 자유롭게 표현하는 수단을 얻었다는 의미이기도 했다.

한국의 조선시대에 한글이 처음 창제된 뒤 언문諺文이라 해서 비하되었듯이, 일본의 가

무라사키시키부와 『겐지모노가타리』 무라사키시키부(왼쪽)는 궁정과 귀족 생활을 장편소설 『겐지모노가타리』에 담아냈다. 오른쪽 그림은 『겐지모노가타리』의 내용을 바탕으로 17세기 도사 미쓰오키(土佐光起)가 그린 것이다.

나도 공문서나 공식적인 자리에서 배제되기 일쑤였다. 그러나 예외가 있었는데, 바로 와카이다. 31자의 정형시 와카는 가나로밖에 표현될 수 없기 때문이다. 이런 분위기에서 905년 『고킨와카슈古今和歌集』가 칙명으로 처음 간행되면서 변화의 바람이 불었다. 거기에는 마나眞名와 가나假名로 작성된 서문이 붙어 있었다. 한시가 남성의 전유물로 인식되던 때 가나로 표현되는 와카는 여성 가인을 데뷔시킨 일등공신이었다. 『고킨와카슈』를 시발점으로 칙찬의 와카 모음집이 잇달아 간행되면서 와카는 귀족 남녀의 교양으로 입지를 굳혀 나갔고, 10세기 말에 이르러서는 궁정에서 와카 대결이 연회의 주요 이벤트로 열렸다.

가나 문자의 발달과 그것으로 쓰인 시가인 와카는 새로운 문학을 잉태했다. 바로 모노가타리物語(이야기라는 뜻)의 탄생이다. 초기 작품으로는 설화적인 요소를 담은 『다케토리모노가타리竹取物語』, 와카를 중심으로 써내려간 『이세모노가타리伊勢物語』 등이 유명하다. 남성의 한시문이 율령적이고 공적인 세계를 담았다면, 가나로 쓰인 모노가타리는 한층 일상적이고 사적인 측면을 포착함으로써 여성 문학의 영역으로 여겨졌다. 이를테면 유명 남성 가인이 가나로 쓴 『도사土佐일기』에서 스스로를 여성으로 위장한 데 비해, 섭관 정치의 거두 후지와라 미치나가의 일기인 『미도칸파쿠키御堂関白記』는 한문으로 되어 있다.

모노가타리로 대표되는 여성 문학의 번성은 미치나가의 정치적 웅비와도 궤를 같이한다. 고전문학의 백미로 손꼽히는 『겐지모노가타리源氏物語』와 『마쿠라노소시枕草子』(소시는 책을 뜻함)가 그러하다. 『마쿠라노소시』는 이치조一条 천황의 첫 황후 데이시定子의 궁녀 세이 쇼나곤清少納言(966?~1025?)이 궁정 생활의 체험과 남녀 귀족의 취미·기호를 수필풍으로 쓴 것이다. 반면에 무라사키시키부紫式部는 데이시가 죽은 뒤 황후가 된 미치나가의 장녀 쇼시彰

사이초와 구카이 나라 불교에 반대하며 종교적 실천을 중시한 사이초(왼쪽)는 중국의 밀교를 일본에 처음 소개했고, 구카이(오른쪽)는 이를 발전시켜 진언종을 창시했다.

子를 섬기면서 궁정과 귀족의 생활 및 내면 심리까지 파고든 장편소설 『겐지모노가타리』를 저술했다. 쇼시가 후궁으로 간택되고 아들을 출산한 것이 미치나가의 영화를 낳았다면, 무라사키시키부의 일기에는 문재文才를 놓고 세이쇼나곤에게 품었던 강한 라이벌 의식이 그대로 녹아 있다.

이렇듯 여성 문학의 전성기는 섭관 정치의 번영에 힘입은 바 크다. 천황의 외척으로 정권을 잡느냐 마느냐의 갈림길에서 후궁의 입지는 절대적이었기에 모든 귀족은 촉각을 곤두세웠다. 외척의 지위를 얻기 위해 상류층 귀족들은 딸의 출생을 고대했고, 마침내 딸이 태어나면 천황의 취미에 맞춰 교육시킨 뒤 교양 있는 재녀를 딸려서 궁궐로 들여보냈다. 따라서 세이쇼나곤과 무라사키시키부는 섭관 정치를 후원자로 삼아 세워진 궁정 문화 살롱의 최고 스타였던 셈이다.

헤이안 시대가 불교 세력과 결별 선언을 하면서 막을 열자 불교계 내에서도 변혁의 움직임이 감지된다. 이른바 '나라 불교'에서 '헤이안 불교'로의 이행이 두드러지는데, 9세기 초엽 태동한 천태종天台宗과 진언종眞言宗이 그 선두 주자였다. 그리하여 신도의 현세적 소망에 적극 부응하는 밀교가 일본 열도에 자리를 잡는다.

사이초最澄(767?-822)가 정립한 천태종은 교학 연구에 매달리던 남도南都 즉 나라의 사찰과 달리 종교적 실천을 중시하는 대승불교 계열이다. 본산은 엔랴쿠延曆 사이며 교토 북쪽의 히에이比叡 산에 위치했기 때문에 북령北嶺이라 불렸다. 애초에 밀교를 소개한 이는 사이초였으나, 실질적인 발전은 진언종을 창시한 구카이空海(774-835)에 의해 이루어졌다. 고보弘法 대사로 유명한 구카이는 와카야마和歌山 현의 고야高野 산에 총본산 곤고부金剛峯 사를 짓고

뵤도인 호오도와 10엔 동전에 새겨진 호오도

포교에 나섰다.

 9세기 이후 헤이안 불교는 귀족과 지방 사회에 서서히 뿌리를 내려갔다. 사이초와 구카이가 지방 호족 출신이듯 지방의 포교에 힘을 쏟았으며, 율령제의 해체에 즈음하여 권문세가로 발돋움하려는 귀족의 사적 이익에 봉사하는 모습도 짙어졌다. 이 무렵에는 토착적인 신토神道와 불교가 융합되는 신불습합神佛習合이 교리의 영역에서 뚜렷해졌다. 나라 시대부터 신사 경내에 불당이나 절이 들어섰지만, 헤이안 불교는 신불이 한 몸이라는 간단한 논리를 앞세워 폐쇄적이고 보수적인 촌락 사회 속에 파고들고자 했다.

 섭관 시대의 불교는 현세의 이익을 추구하는 사상 체계로 더욱 세속화되었다. 조정에서는 연례행사로 승려를 모아 법회를 열었고, 귀족은 액을 쫓고 복을 부르기 위해 불교를 가까이했다. 11세기에 들어 종말론적인 말법末法 사상의 영향으로 사후의 정토淨土에 대한 염원이 강해지면서, 귀족들은 막대한 부를 쏟아 아미타당에 극락세계의 모습을 담고자 했다. 후지와라 미치나가가 건립한 무량수원은 건축·회화·조각 등의 미가 결집된 정토교 예술의 대표 격이며, 이를 중심으로 조영한 것이 바로 호조法成 사였다. 불타 없어진 호조 사의 위용은 교토 외곽의 우지宇治에 있는 뵤도인平等院으로도 충분히 짐작 가능하다. 미치나가의 별장을 개축한 이 사찰에는 국보이자, 10엔 동전에도 새겨진 일본 건축의 걸작 호오도鳳凰堂가 있다.

토지제도의 변질

나라 시대 말기인 8세기 후반에 들어와 율령제와 농촌의 관계는 중대한 난관에 봉착했다. 가난으로 몰락하는 농민이 속출하는 한편, 이들 노동력을 흡수하여 개간지를 넓히고 부를 축적하는 농민도 출현했다. 계층 분화가 뚜렷이 나타나고 부유한 농민층이 농업 생산 시스템에 침투하여 정착하자, 지역 지배의 핵심 일꾼인 군지郡司의 영향력이 약화된 것은 물론이고 호적을 통해 개별 인민을 장악·통제하는 율령제적 지배 체계까지 삐걱거리게 된다. 국가가 인민에게 토지를 나눠주는 반전제班田制는 그 기능이 상실되고 인두세인 조調·용庸의 징수도 어려워지면서 국가재정은 심각한 위기에 봉착했다. 헤이안쿄 천도에 이어 9세기 내내 지방 지배의 부실화를 막으려는 방책이 시행되었지만, 율령제는 돌이킬 수 없는 변화의 수렁 속으로 빠져 들어갔다.

사실 8세기 초반부터 부랑·도망하는 농민의 행렬은 율령 정부의 해묵은 골칫거리였다. 6년마다 실시되는 호적 작성은 9세기 초에도 이어졌지만, 갈수록 부실이 심해졌다. 여자의 수가 훨씬 많거나 90세, 100세를 넘는 고령자까지 기재되는 형국이었다. 호적의 통제력이 저하되면서 8세기 막바지부터는 반전제 실행조차 여의치 않아, 간무 천황 치세에는 6년마다 실행되던 반전을 12년으로 늘였다. 이후에도 반전은 30년, 50년 등으로 점점 더 지체되었고, 아예 반전이 중단된 지역도 하나둘씩 생겨났다.

이에 비해 다토田堵라고 불리는 부유한 농민층은 "수해와 가뭄에 대비하여 호미와 가래를 정돈하고 척박한 땅의 개간에는 써레와 쟁기를 이용하며, 물막이·제방·도랑·수채·논두렁을 파고 쌓는 관개 사업에는 일꾼을 모아 고용하고, 파종·모판·모내기를 할 때는 처녀들을 지휘하여 농사를 수행하며, 가을에는 논에서 막대한 수확을 얻"는 존재였다. 반전제의 파괴자이자 당시의 경제특구 격인 사영전私營田의 출현이다. 사영전 경영자들은 주변의 가난한 농민에게 곡식을 빌려주고 100%의 이자를 받아냈는데, 이러한 사적인 출거出擧도 짭짤한 수입원이었다. 사적인 출거는 원래 금지 사항이었지만, 9세기 이후에는 중앙정부마저 궁민의 구휼에 다토의 재력을 활용하는 쪽으로 선회했다. 그들은 역병이나 기근의 해결에 기여하여 관위를 받거나, 군지 밑에서 조·용과 출거의 관리를 맡으면서 정치적 영향력을 키워 나갔다.

841년 도쿄 인근의 한 도래인 후손은 19세, 13세의 두 아들이 평생 납부해야 할 조·용을 미리 내겠다고 신청했다. 중앙 부처까지 보고되어서 내려진 결론은 그 두 아들에게 각각

가장 오래된 호적 후쿠오카 다자이후 유적지에서 발견된 7세기 말의 호적 사료이며, 경오년적(庚寅年籍)이 반영되어 있다.

면포 260m와 종이 약 4,000매, 면포 260m와 종이 약 8,000매의 부과였다. 4년 뒤 그는 소실된 고쿠분國分 사 7층탑의 재건 허가를 받아냈다. 그는 농민은 아니고 군지이자 지방 호족이었지만, 그가 보유한 재력은 실로 대단했다.

농촌과 농민의 분화에 연동되듯 이번에는 중앙의 황족과 귀족, 사원 세력을 포함하는 이른바 '권문세가'와 유력 농민의 연결 움직임이 일어나기 시작한다. 재력이 있는 유력 농민은 고쿠시나 군지의 지배에 맞서 자신의 경영을 유지·강화하자니 중앙의 강력한 원군이 절실했고, 권문세가로서는 이들을 통해 지역에서 사적인 지배 기반을 구축할 계기를 마련할 수 있는 것이다. 전답과 임야, 주택의 기진寄進이 양자를 잇는 매개 고리였다. 9세기 중엽에 이르면 유력 농민이 권문세가를 등에 업고 지방관과 맞서는 일이 비일비재했다. 860년 오사카 인근에서는 유력 농민들이 권문세가와 연결되었음을 과시하며 고쿠시·군지의 명령을 거부하다가 난투극이 벌어지기도 했다.

헤이안 시대에는 각종 사유지가 대거 확대되었다. 820~840년대에는 황실 경제의 재원으로 활용되는 칙지전勅旨田이 집중적으로 설정되었으며, 천황이 칙명으로 개인에게 하사하는 사전賜田도 꾸준히 상승세를 그렸다. 칙지전과 사전의 증가는 사실상 황실의 권문세가화를 의미하며, 용수와 임야의 이용 면에서 현지 농민에게 적지 않은 피해를 안겨주었다.

이런 율령제의 변질에 떠밀리듯 정부는 지방 통치를 각국의 고쿠시에게 전담시키기 시작했다. 이렇게 중앙의 통제가 느슨해지자 중앙정부에는 허위로 보고하고 농민의 공물을 착복하여 축재하는 고쿠시도 나타났다. 842년 황족 출신의 한 고쿠시는 임기가 끝난 뒤에도 지방에 눌러앉아 드넓은 사영전을 경영한 것도 모자라서, 자신이 납부해야 할 조·용마저 농민에게 부담시켰을 정도였다.

유명무실해진 공지공민제公地公民制는 조·용을 비롯한 조세 수입의 감소, 그리고 국가재정의 약화로 귀결된다. 이를 해소하기 위해 공영전公營田·관전官田과 같은 정부 직영 방식의 토지 운용이 새로이 도입되었다. 본격적인 공영전은 823년 규슈의 다자이후大宰府에서 확인되며, 관전은 880년 기나이 일대에서 운용된 것이 유명하다. 관전의 설정에 이어 중앙 부처에서 관리의 급여나 관청의 경비에 충당하기 위해 제사전諸司田을 설정하는 것도 늘어났다. 중앙의 핵심 부처를 제외한 나머지 부처는 독자적으로 재정과 경영을 운용해 나갔으며, 일부 지방에서도 유사한 정황이 관찰된다.

그런데 다자이후의 공영전은 사실상 사영전 방식의 모방이었다. 대상은 구분전 일부와 유휴 농지였다. 일손으로는 인근 농민들을 경작자로, 유력 농민은 관리자로 동원했다. 중앙에 납입할 조·용은 교역을 통해 얻었다. 농민의 식량을 포함한 모든 경비를 제하고도 1년 세수의 2배 이상이 다자이후 수중에 남았다. 재정 압박에 따른 한시적 조치이긴 하지만, 공영전의 도입은 율령제의 변질이 불가항력임을 짐작케 한다. 사람에 대한 과세에서 토지에 대한 과세라는 판도라의 상자를 열었기 때문이다.

헤이조쿄에서 출토된 물품 꼬리표 목간 이 목간에는 도미 초밥을 헌상했다는 기록이 나온다. 밥은 없이 소금과 식초에 절인 도미 살로 만들어졌는데, 초밥에 관한 가장 오래된 자료이다.

변화의 기운이 성하면 반동이 뒤따르기 마련이다. 900년을 전후한 우다·다이고 양 천황의 시대에 천황 친정의 정국이 조성되면서 율령제적 지배 체제의 재편·강화가 기세를 올렸다. 방향은 실태를 감안한 재건 방안이었다. 스가와라 미치자네菅原道眞로 대표되는 고쿠시 경력자의 등용은 실질적인 율령제 재건에 추진력을 제공했다. 재정 악화를 부추기던 견당사를 폐지하고(894) 호적을 작성했으며 (896), 지방 지배의 이완을 막고자 권문세가와 유력 농민층의 연결을 끊고 사영전을 억제했다. 또한 고쿠시의 위상을 조세 납입의 청부인으로 현실화시키는 동시에, 그에게 관련 사항에 관한 권한을 일임했다.

901년 미치자네가 실각된 뒤에도 율령제 재건의 시도는 이어졌다. 902년 내려진 일련의 명령이 중요하다. 수십 년 동안 끊어진 반전수수를 12년 단위로 실시하는 한편, 칙지전 설정을 금지하고 농민이 권문세가에게 전답과 택지를 기진하지 못하도록 했으며, 미개발된 임야를 권문세가가 불법으로 점유하지 못하도록 했다. 이것이 902년 처음으로 발포된 '장원정리령'이다.

902년부터 이듬해에 걸쳐 반전이 실시된 국國이 있으므로, 위의 정책들은 시행에 옮겨졌다고 판단된다. 권문세가에 대한 경제적 통제, 조·용·공납의 원활화를 통한 율령 재정의 유지는 정책의 뼈대로서 승계되어갔다. 그러나 902년의 반전에 즈음하여 한 지역에서 기록된 5호 435명의 내역이 남자 59명, 여자 376명이라 되어 있듯이, 조·용이 부과되는 남자의 수부터 엉터리였다. 율령제의 기초인 호적부터 부실덩어리였던 것이다. 여기에 더해 섭관 정치의 본격화, 잇단 기근과 역병 등의 불안한 사회상이 맞물리면서 율령제의 붕괴 조짐은 역력했다. 반전의 실시도 902년이 마지막이었다.

고쿠시 권력의 강화와 지방의 실태

10세기의 일본 열도에서 율령제에 기반한 통치는 노쇠한 기운이 역력했다. 후지와라 씨의 기수 후지와라 다다히라藤原忠平는 섭관 정치의 기초 다지기에 심혈을 기울이는 한편, 조세 수입의 증대를 위한 조치에 더해 지방 지배 체제에 대한 대대적인 수술에 들어갔다. 개혁의 방향은 고쿠시國司의 위상 변경과 수취 시스템의 개편이었다.

먼저, 고쿠시에게는 조세 징수와 군사 등에 관한 권한을 대폭 이양하는 쪽으로 가닥이 잡혔다. 이로써 고쿠시는 확실한 조세 납부를 조건으로 자유롭고 강력하게 국내를 지배하는 권한을 얻게 되니, 이런 고쿠시를 특히 수령受領이라 불렀다. 반면에 전통적인 군지郡司의 지배력은 점점 쇠퇴해졌고, 고쿠시와 군지 층의 충돌마저 심심치 않게 벌어졌다.

고쿠시는 지방의 절대자로서 운신의 폭이 넓어졌고 그에 따른 통치와 연동하여 율령제의 골간인 인적 지배의 원칙도 변경이 불가피해졌다. 앞서 확인했듯이 호적과 계장의 작성, 반전의 실시, 조·용·조의 징수와 같이 인적 파악은 율령제적 지배의 핵심 요소이며, 지역에서 그 일을 총괄하는 존재가 고쿠시였다. 그러나 902년에 마지막으로 반전이 실시되었다는 점에서 이 방식의 한계는 자명했다. 그 결과 호적에 기재된 성인 남자를 중심으로 개별 인민에게 조세를 부과하던 방식은 토지를 수취의 기초 단위로 삼는 시스템으로 변화하였다. 고쿠시와 국아國衙는 반전 중단의 장기화로 서서히 사유화되어가는 공전을 분할하여 묘덴名田 혹은 묘名라고 불리는 지배·수취의 단위로 재편해 나갔다.

묘덴의 경영을 짊어진 이는 다토田堵라는 유력 농민이었다. 반전 농민, 군지 일족, 고쿠시의 자제에 해당하는 이들은 경작과 개간, 사적인 출거를 통해 부를 획득한 지역의 유력자였으므로 묘덴을 경영하는 데 적임자였다. 다토가 고쿠시에게 청부받은 묘덴의 경작을 주도하고 묘덴 안의 다른 농민의 조세와 과역을 국아에 대납함으로써 새로운 수취 제도가 완결되었다. 이런 변화가 전폭적이고 획기적이었기 때문에 10세기 이후 중세까지의 이행기를 율령국가와 구분하여 '왕조국가 (체제)'라고 부르기도 한다.

다토의 묘덴 경영은 1년 혹은 수년 이내로 한시적이었는데, 이는 특정 묘덴에 대한 영향력이 고착화되는 것을 막기 위해서였다. 다토는 채무 관계를 빌미로 여타 농민들을 사적으로 지배하기도 했으며, 이를 통해 묘덴 경영자로서 능력과 전문성도 높일 수 있었다. 국아 측에서 보더라도 경영이 불안정한 소규모 반전 농민보다는 많은 자산과 예속민을 거느린 안정적 경영자인 다토에게서 조세를 수취하는 것이 훨씬 효율적이었다.

고쿠시를 고발하는 소장 오와리 국의 군지와 유력 농민들이 태정관 앞으로 후지와라 모토나가 고쿠시를 고발하는 소장(尾張國郡司百姓等解)인데, 위 사진은 소장의 앞부분이다.

이런 수취 시스템의 등장은 고쿠시의 처신에도 적잖은 변화를 초래했다. 묘덴 경영이 원활히 작동한다면 고쿠시는 굳이 임지에 내려갈 필요를 느끼지 않게 된다. 실질적인 행정 사무는 지역 유력자 중에서 선발된 재청 관인在廳官人이 맡았으며, 현지에서 이들을 통솔하기 위해 고쿠시의 대리인이 파견되기도 했다. 고쿠시는 이제 징세 청부인으로 전락한 듯이 보인다. 그러나 징세권의 장악은 막대한 축재를 가능하게 했다. 징세권 장악을 통해 거액의 부를 축적하면서 고쿠시 자리는 커다란 이권으로 인식되었다. 헤이안 시대 말기로 갈수록 사재를 털어 조정의 행사와 사원의 건립을 돕는다든지 사실상의 인사권자인 섭관가의 저택에 재물을 바쳐 고쿠시 자리를 얻거나 재임되는 일이 허다했다.

한편 묘덴 경영의 도입과 확대에 따라 지역의 실정에 맞춰 묘덴별로 세목과 세율의 편차가 생기기 마련이다. 현실에서는 다토와 고쿠시 간의 절충을 거쳐 '선례'가 마련되기도 했지만, 어디까지나 사사로운 약정에 지나지 않았다. 당연히 신임 고쿠시가 규정대로 혹은 규정 이상의 조세를 부과하면 양자 간에는 심각한 충돌이 발생할 수밖에 없었다.

988년에 일대 사건이 터졌다. 오와리尾張(아이치 현 서부) 국의 군지와 유력 농민들이 태정관 앞으로 후지와라 모토나가藤原元命 고쿠시를 고발하는 소장(尾張國郡司百姓等解)을 제출했다. 전문이 남아 있는 이 소장은 모토나가의 폭정을 31조로 열거하고 있으며, 모토나가가 조·용·조 외에 20종 이상의 각종 세금을 부과했다고 한다. 이듬해 열린 심의에서 결국 모토나가는 고쿠시 자리에서 쫓겨나야 했다.

유사한 사건은 사료에 보이는 것만 해도 20건이 넘는데, 빠르게는 10세기 후반부터 나타나서 후지와라 미치나가의 집권기에 활발했다가 11세기 중반 무렵 사라졌다. 모토나가의 사례처럼 초기에는 고쿠시 해임이 주류였으나, 군지와 유력 농민의 요구가 자의적이라는 평가가 강해지면서 해임 판결은 줄어들고 동시에 소란 사태 자체도 자취를 감추었다.

그러면 이렇게 격변이 거듭되던 지방에서 삶을 영위하는 일반 농민의 상황은 어떠했을까? 바꿔 말해, 반전수수의 대상이 되는 대다수의 반전 농민에게는 어떤 변화가 있었는가? 자료를 토대로 이들의 정황을 더듬어보기로 하자.

일부는 대대로 뿌리내렸던 마을을 떠나 신천지를 찾아 나섰다. 교토 남부의 산간부에는

지방으로 부임하는 수령 다치바나 유키히라(橘行平)가 지방 수령으로 부임하는 모습을 그린 그림이다. 유키히라 역시 1007년 폭정으로 고발되어 해임되었다.

나라 시대 말기부터 인근 마을의 농민들이 모여들어 집을 짓고 땅을 개간했고, 9세기 말 이후 대대로 정주하며 개발을 확대해 나갔다는 것이 확인된다. 산간부는 기존의 공전보다 수해와 가뭄의 피해가 적으며, 반전의 대상이 아닌 덕에 조세의 중압으로부터 상대적으로 자유로웠다. 하지만 그런 신천지도 가족 노동력을 바탕으로 자립된 경영을 확보하는 데까지는 이르지 못했다. 공동체적 협업과 유력 농민의 재력에 의존하지 않고서는 안정된 재생산이 불가능했기 때문이다.

신천지를 찾은 이들이 이런 정도였다면, 일반 약소 농민의 지위와 토지 경영은 반전제의 붕괴와 더불어 완전히 몰락하여 노예로 전락하지는 않았을까? 정설은 그렇지 않다. 즉 대다수 농민은 자신의 집과 얼마간의 농기구 및 전답을 보유하고 가족과 약간의 예속민을 써서 이를 경작할 정도의 힘은 비축하고 있었다고 한다. 그러면 이들과 유력 농민 혹은 사영전 영주의 관계는 어떻게 정리될 수 있을까. 약소 농민들은 그들로부터 볍씨를 빌리거나, 관개와 개간, 사영전의 노동에 고용되는 정도로 연결되었으리라 추측된다.

헤이안 시대에 농촌은 얼마나 변동되었을까? 이 질문에 대한 답도 역시 사료적인 한계 때문에 명확하지 않다. 다만 농민의 계층 분화, 사영전 영주의 대두 등은 수도권인 기나이와 그 주변에서 가장 먼저 발생했으며, 10세기 이후에 변경 지역으로 확대되었다는 것이 정설에 가깝다. 앞서 살펴보았듯이 9세기 중엽에 권문세가와 지역 유력 농민이 결탁하는 현상이 나타나자, 중앙정부는 고쿠시의 권한을 강화하는 정책을 잇달아 펼쳤다. 그렇게 달라진 위상을 지닌 고쿠시는 4년마다 거듭되는 교체를 통해 변경 지역에도 부임하게 된다. 강력한 고쿠시의 등장은 역으로 전통적인 군지의 위상과 지배력을 약화시키고, 사영전 영주가 대두할 수 있는 자양분을 제공하기도 했다. 이윽고 농촌의 변동은 열도 전체로 퍼져 나갔으며, 무사도 이런 시대상과 맞물리면서 걸음마를 시작했다.

헤이안 시대 | 10세기 ▶ 1부 028 **017** 흔들리는 율령제

지방의 반란과 무사

율령 체제의 이완과 변질은 지역사회에 커다란 파문을 던졌다. 894년의 한 사료는 "재지의 막된 백성들이 권문세가 사람이라 칭하며 갖은 횡포를 부리고, 국군國郡의 질서나 고쿠시를 업신여기는 행동을 하며 국 내의 질서를 어지럽힌다"고 전하고 있다. 지역사회는 지금껏 경험해보지 못한 무정부(anarchy) 상태에 처했다. 자신의 이해관계 관철을 위해서는 법과 정치보다 무력에 호소하는 것이 현실적이라는 공감대마저 빠르게 퍼져갔다. 이에 반해 한반도 및 중국과의 관계가 소원해지면서 조정은 군사력 유지에 관심을 두지 않게 되었다. 지역의 독자적인 무장과 무사 탄생으로 귀결되는 세포 분열의 시작이다.

이런 혼란은 기나이와 주변 지역보다 변경 쪽이 더욱 심각했다. 전자의 경우에는 권문세가 혹은 중앙정부의 개입으로 정치적 타결이 모색되기도 했는데, 앞서 살펴본 오와리 고쿠시인 후지와라 모토나가의 사례가 그러하다. 하지만 변경 지역의 경우 중재와 조정은커녕 연락조차 여의치 않았다. 관동 지역에서는 유력 농민들이 기마대를 만들어 수송 물자를 약탈한다는 보고가 심심찮게 올라오는 지경이었다.

무정부 상태의 정황은 무기류가 나라 시대와 판이하게 달라진 데서도 짐작할 수 있다. 간편하고 가벼운 장비와 곧은 칼 등은 기습이나 격렬한 접전을 견뎌낼 수 있는 갑옷과 투구인 오요로이大鎧와 휜 칼, 강인해진 활로 대체되었다. 현존하는 최고의 오요로이는 10세기 무렵에 만들어진 것으로 추측된다.

동국東國(관동을 포함하는 동일본)은 에미시蝦夷 정벌의 최전선이자 병참기지라는 점에서 일찍부터 군사적인 색채가 짙었던 곳이다. 지휘관급의 장수 가운데는 중앙 정계에서 밀려난 세력가가 적지 않았다. 또한 고쿠시로 파견되었다가 정착한 황족 출신도 있었으니, 대표적으로 간무 헤이平 씨와 세이와 겐源 씨를 들 수 있다. 이들 '군사귀족'과 혼란한 상황에서 독자적인 무력에 목말라 하던 지역의 호족 및 유력 농민이 의기투합하는 것은 어쩌면 자연스런 반응이었다. 그 연장선에서 10세기 중반 동국과 서국西國(교토 서쪽의 총칭)에서 서로 호응하듯 반란이 터졌다.

동쪽에서 먼저 '다이라 마사카도平將門(?~940)의 난'(939~940)이 일어났다. 마사카도의 경력은 군사귀족의 전형적인 사례를 보여준다. 간무 천황의 증손 다카모치高望 왕은 9세기 말 다이라平 성을 하사받고 지바千葉

오요로이

다이라 마사카도와 다이라 마사카도 수총(首塚) 왼쪽 그림은 간다(神田) 신사가 소장하고 있는 다이라 마사카도의 초상화이며, 오른쪽은 그의 머리가 묻혀 있다는 수총으로 도쿄에 있다.

지역의 고쿠시로 부임했다가 임기가 끝난 뒤에도 눌러앉아 재지 세력과 어울리며 기반을 다져 나갔다. 다카모치의 손자 마사카도는 교토에 가서 중급 관료와 섭관 후지와라 다다히라의 종자(從者) 노릇을 하기도 했으나, 아버지의 죽음으로 귀향해야 했다. 마사카도는 왜 조정에 칼을 겨누었을까?

난의 전개는 세 단계로 구분된다. 첫 번째는 마사카도 일족과 히타치(常陸, 이바라키 현) 일대에 세력을 형성한 미나모토 씨 사이의 수년에 걸친 사적인 다툼으로, 1단계이다. 그러다가 939년에 새로운 국면이 조성된다. 국아의 조세 공납 독촉을 견디다 못한 히타치의 호족, 무사시(武蔵, 도쿄 인근)의 국아와 충돌하던 군지 등이 마사카도에게 도움을 청한 것이다. 마사카도는 군지를 포함한 재지 세력과 고쿠시 간의 갈등에 무력으로 개입하여 히타치 국아를 습격했다. 2단계로서 반(反)국아 항쟁이다. 이어 마사카도 군대가 관동의 8개국을 점령하고 '신황(新皇)'을 자칭하면서 국가 체제에 대한 변혁으로까지 고조되는데, 이것이 3단계이다.

전대미문의 대규모 반란에 조정은 우왕좌왕했다. 그 사이 같은 군사귀족인 다이라 사다모리(平貞盛, ?~989, 마사카도의 사촌)와 후지와라 히데사토(藤原秀郷)의 군대가 마사카도를 덮쳤다. 마사카도 세력의 내부에서는 마사카도가 신황을 칭한 것에 불안을 느낀 그룹이 이탈했는데, 이것이 실질적인 치명타였다. 조정의 토벌군은 상황이 종료된 뒤에야 도착했다.

마사카도의 난이 고조될 무렵 서국의 이요(伊豫, 에히메 현)에서는 후지와라 스미토모(藤原純友, 893?~941)가 난을 일으켰다. 다다히라의 먼 친척으로 이요 국의 관리를 지낸 뒤 그곳에 정착한 스미토모는 세토(瀬戸) 내해의 해적, 즉 해상 활동에 능한 재지 세력을 휘하에 거느렸다. 그가 봉기한 원인도 다른 고쿠시와 갈등을 빚은 데서 비롯한다. 조정은 초기에 관직 수여라는 회유책을 취했다가 동국의 반란이 진압된 뒤 공세로 전환했다. 그리하여 무사시에서 마사카도와 다퉜던 미나모토 쓰네모토源經基(?~961?) 등의 토벌군을 파견했다. 결국 941년 스미토모 세력 안에 내분이 겹치면서 스미토모의 반란도 막을 내렸다. 쓰네모토는 세이와 천황의 손자로서 세이와 겐 씨의 시조 격인 인물이다.

동서 각각의 지역에서 거의 동시에 일어난 두 반란은 재지 세력(사영전 영주, 군지, 해적)이 국아 혹은 고쿠시와 충돌을 계기로 군사귀족과 결합하게 되면서 발발했다. 그러나 마사카도의 사례가 그랬듯이 조정에 반기를 들자마자 '국아 타도'까지는 동참했던 재지 세력이 속속 이탈했다. 이 점에서 두 난의 본질은 율령제에 기반을 둔 지방 지배가 분열, 붕괴되는 징후로만 한정해야 한다. 아직 중세는 먼 미래였다.

비록 마사카도와 스미토모는 뜻을 접어야 했지만, 군사귀족의 위상은 확연히 달라졌다. 재지 세력과 권문세가, 그리고 국아 등의 여러 정치 세력이 자신들의 입지를 강화하기 위해서는 이들의 활용이 불가피해진 것이다. 반란 평정에 공을 세운 다이라 사다모리, 후지와라 히데사토, 미나모토 쓰네모토 등은 수령을 역임하면서 중앙 귀족 입성을 성취했다. 교토로 올라가 궁중 경비, 귀족 경호, 교토 내의 치안 등을 맡게 되는 경우도 눈에 띄게 증가했다. 지방에서는 각국의 군사 조직(쓰이부시追捕使, 오료시押領使)에 들어가서 치안 유지를 분담하기도 했다. 이렇듯 군사귀족이 공적인 기구에 편입된 경우에는 모노노후武士, 귀족의 사적인 종자로 들어간 경우에는 사무라이侍라 불렸다. 물론 엄밀한 구분은 아니며, 연구자에 따라서는 쓰와모노兵라는 용어로 통칭하기도 한다. 하지만 공권력화가 진전되는 11세기 중반부터는 모노노후, 즉 무사로 통일되어갔다.

그러면 무사는 어떻게 탄생했는가? 이는 중세의 기원과 직결되는 중대한 문제다. 20세기 이래의 통설에서는 율령제가 이완되면서 각지에서 성장한 호족과 유력 농민이 스스로 무장하여 무사라는 계급을 형성했다고 설명한다. 요컨대 농민층 분해가 빅뱅인 셈이다. 하지만 사료에서 농민이 무사로 변신한 경우는 찾기 힘들다. 그 결과 현재로서는 상층과 하층의 무사를 분리하는 이원설이 설득력을 갖고 있다. 소규모의 개개 무사는 유력 농민에서 나왔지만, 그들을 통괄하는 무사단의 우두머리(=동량棟梁)는 군사귀족이었다고 본다.

구체적인 실례를 든다면 이렇다. 마사카도의 봉기에는 세 부류의 집단이 힘을 보탰다. 첫 번째는 마사카도에게 충성스러운 소수의 종자인데, 기마·무구를 갖추고 저택에서 함께 살았다. 두 번째는 마사카도의 주력 부대를 구성하는 그룹으로, 이들은 저택 주변에 살면서 농경과 전투를 같이 했으며 마사카도가 신황을 칭했을 때도 1,000명을 넘지 않았다. 마지막으로, 평소 마사카도와 떨어져 있다가 유사시 휘하의 병력과 함께 참전한 군지나 유력 농민 그룹이 있다. 이들은 최대 8,000명까지 이르렀다고 한다. 마사카도와 이들의 결속력은 규범화될 정도로 탄탄하지 못했기에 세습과도 거리가 멀다. 첫 번째 그룹에서 마사카도의 종자조차 상대의 감언에 속아 변절했다고 하니, 이들의 결속력이 어느 정도였는지를 충분히 짐작할 수 있다.

장원의 확산

율령제가 펼쳐지던 8~9세기, 귀족이나 대사원은 적극적인 개간을 통해 토지 사유화를 확대해 나갔다. 기나이 지역에서 확인되는 이 '초기 장원'은 소유권만 쥐었을 뿐 경영 기반은 부실하기 짝이 없었다. 조세 감면을 받지도 못했거니와 경작과 관리에 필요한 인원이나 경비도 직접 조달해야 했다. 특히 전담 노동력의 부재는 치명적인 약점이었다. 임시로 인근 농민을 고용하여 경작을 위탁하는 방식은 항구적인 안정 경영과는 거리가 멀었다. 이런 문제로 인해 10세기 초까지 초기 장원은 거의 자취를 감추었다.

토지제도에다 지방 지배까지 흔들리는 10세기 이후에는 신형 장원이 태동했다. 먼저 강력한 지배자로 부상한 고쿠시로부터 조세 감면, 즉 불수不輸를 허가받는 사례가 증가했다. 부임지 내의 공전에서 조세 징수가 여의치 않으면 인사권을 쥔 섭관가나 대사원 등 권문세가의 눈총을 사게 마련이므로 공전 일부의 조세 수납권을 권문세가에게 넘겨주는 형식이었다. 하지만 이런 장원은 고쿠시의 임기 중에만 허용되었기 때문에 한계가 있을 수밖에 없었다.

한편 권문세가 쪽에서는 중앙정부를 움직여 자신들이 보유한 토지의 불수를 승인받았다. 황족이나 귀족의 경우 공적인 급여가 체납되면 자신들의 장원이 납부해야 할 조세에서 일정 정도 감면을 받는 식이었다. 비교적 운신의 폭이 자유로운 대사원도 가세했다. 원래의 소유지 외에 매입과 개간을 통해 획득한 토지까지 불수 허가를 받아내면서 장원을 늘려 나갔다. 이들 장원의 실제 경작자가 유력 농민인 다토田堵였다.

11세기 무렵부터는 획기적인 장원이 나타났다. 중앙정부의 유력자에게 토지를 기진寄進하는 방식이다. 섭관가의 환심을 사려는 고쿠시의 기진도 있었지만, 이른바 '개발 영주'가 주체가 된 토지의 기진은 전면적이고 지속적으로 이루어졌다. '기진지寄進地계 장원'의 탄생이며, 이는 12세기 전반까지 각지에서 확고하게 자리를 잡았다. 이 새 장원에는 토지 소유와 경영은 물론이고 촌락의 구성에 이르기까지 시대적 변화가 맞물려 있는데, 바로 여기서부터 중세라는 새 시대와 접점이 구축되어간다.

앞서 다토가 묘덴名田의 경작을 맡았다고 했는데(☞ 016 참조), 실상 묘덴뿐만 아니라 기존 전답의 재개발에도 힘을 기울였다. 당시 경지는 관개시설과 비료의 부족으로 연작이 불가능하거나 황폐해지기 일쑤여서 새로운 개발이 왕성했다. 능력 있는 다토는 공동의 관개시설을 만들고 유지하면서 유대를 다져 나갔고, 예속 농민과 같이 정주하는 새 촌락을 형성

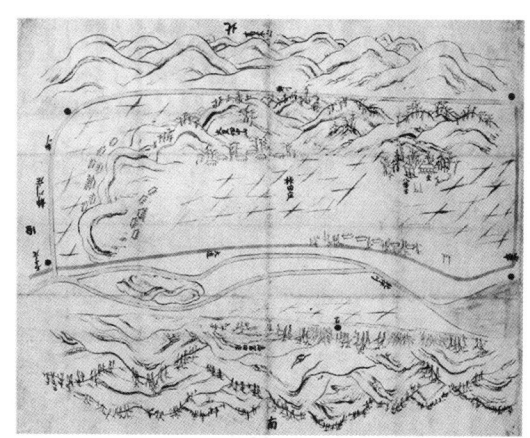

기이(紀伊) 국 가세다 장원 12세기 말에 기진된 기이 국 가세다 장원의 그림이다. 동서남북으로 4개의 점이 표시되어 있는데, 이는 장원의 영역을 나타내는 기호이다.

했다. 그중에는 고쿠시에게 연공을 납부하는 조건으로 황폐해진 전답이나 임야를 개간해서 사유화하는 사람도 생겨났다. 이들이 개발 영주이며, 그렇게 획득한 간전을 주변 농민들에게 경작시키고 지대를 받는 경영 방식으로 부를 쌓았다. 무사는 무장을 한 개발 영주이기도 했다.

개발 영주는 다토 혹은 사영전 영주와 확연히 구분되는 존재였다. 구래의 사영전 영주가 사적인 출거나 노동력에 의존하는 직접 경영자였다면, 개발 영주는 전담 노동력인 농민을 포함한 촌락 전체를 '영역'으로 파악하고, 그로부터 지대를 취하는 경영과 지배를 시도하고 성사시켰다. 11세기 중반의 유명한 사영전 영주인 후지와라 사네토藤原実遠는 미에三重 현 내에 28곳의 사영전을 보유했지만, 개발 붐에 이끌려 독립을 원하는 농민들의 도망이 속출하자 몰락하고 말았다. 요컨대 영역을 장악·통제하지 못하는 사영전 영주는 살아남을 수 없는 시대였던 것이다.

개발 영주의 지반 구축에는 보유 토지에 대한 법적 소유권 확보가 결정적 관건이다. 유력자의 활용이 대안을 제공했다. 경쟁자인 국아나 다른 영주를 물리치기 위해 토지를 귀족이나 대사원에 기진하고 스스로 관리자인 장관莊官을 떠맡는 방식이다. 기진을 받은 귀족이나 사원은 영가領家라 불렸다. 영가는 권리를 안정적으로 보장받기 위해 최상층의 귀족에게 기진하니, 이들 최상층 귀족이 본가本家이며 황족·섭관가·대사원 등의 권문세가가 대부분이다. 영가와 본가는 중앙정부를 움직여 장원의 기반을 공고히 했다. 또한 불수 외에, 징세 목적의 전답을 조사하는 관리의 출입마저 거부하는 불입不入의 권한까지 획득했다.

가마쿠라 가게마사鎌倉景政(1069~?)라는 개발 영주는 16세에 '후後 3년의 역役'(후술= 019)에서 이름을 떨친 무사이기도 하다. 그는 가나가와神奈川 현 후지사와藤沢 시 부근의 땅을 개발하여 10여 년의 노력 끝에 이세 신궁에 기진한 일을 계기로 1116년 장원을 인정받았다. 하지만 그 뒤로도 세 번(1118, 1131, 1132)이나 더 장원 인증을 받아야 했다. 국아와 갈등이 있었음이 틀림없다. 이세 신궁 쪽도 중앙정부에 손을 써서 1144년 허가를 따냈는데, 그 즈음에 장관 자리가 가게마사 직계에서 방계로 옮아간 것이 함께 확인된다. 장원의 소유와 경영을 둘러싼 이런 역동적인 변화가 중세 태동의 에너지원이 된다.

기존의 장원이 해당 경지에 국한해서 조세를 면제받았다면, 기진지계 장원은 촌락이나 경지뿐만 아니라 임야나 하천 등을 포함한 영역을 단위로 설정되었다. 경지는 묘덴과 멘덴免田으로 나뉜다. 경지의 대부분을 차지하는 묘덴은 장원 영주에게 바치는 연공과 노역 부담의 기준이 되며, 다토 등의 유력 농민에게 할당하여 납세의 책임을 지도록 했다. 멘덴은 연공이 면제되지만 그에 상응하는 부분이 경작에 필요한 모든 경비에 충당되었다.

그러면 공전의 경우는 어떠했을까? 이미 지역에서 개발 영주에 의한 토지 사유화는 돌이킬 수 없는 대세였다. 재원 부족으로 고심하던 조정도 그런 흐름에 편승했다. 개발 영주로부터 공전과 동등한 연공을 징수하는 방침으로 선회하여, 이미 사유화된 토지와 공전을 합쳐 공령公領, 즉 국아령으로 재편하는 작업에 나선 것이다. 국아에서는 공령을 향鄕·보保라는 신규 행정단위로 분할하고 개발 영주를 담당자로 임명하여 개발의 추진과 징세 청부를 맡겼다. 12세기 초엽의 상황이다.

이와 같이 재편된 시스템 아래서 개발 영주는 자신들의 권한을 이용하여 영역 내의 농민이나 촌락에 대한 장악력을 굳건히 다져 나갔다. 중세를 향한 발걸음이었다. 그들은 국아의 행정 실무를 전담하는 재청 관인이 되었고, 수령이 부임해 오지 않으면 사실상 국아령은 그들의 공동 소유나 다름없었다. 그런 면에서 기진지계 장원의 증가는 재청 관인이 될 수 없던 개발 영주들이 고안해낸 비장의 카드이기도 했다.

이에 따라 국의 장원까지 아우르던 수령의 지배는 분화되었다. 장원은 장관이, 공령은 수령이 각각 토지와 인민을 나눠서 관장하는 방식으로 이행한 것이다. 이를 두고 아미노 요시히코網野善彦(1928~2004)는 장원제로만 파악하고 규정하던 역사학의 통설을 혁파하고 '장원공령제'라는 개념을 내걸었다. 장원과 공령으로 구성되는 중세 일본의 맹아를 포착하려는 아미노의 혜안이 번득인다.

일부 수령은 임기 말년에 섭관가에 기진할 틈을 엿보기도 했지만, 통상 공령의 재편과 회복에 힘을 기울였다. 그러나 장원의 억제를 실현하려면 섭관 정치라는 난관을 돌파해야 했다. 섭관가가 최대의 장원 영주인 데다, 장원 영주의 태반은 섭관 후지와라 요리미치의 집권기에 성립되었기 때문이다. 1040년 요리미치가 장원정리령 발포를 주저하자, 고스자쿠後朱雀 천황은 수령들의 요구를 앞세워 관철시켰다. 그렇지만 효력이 정지된 장원은 현임 수령의 임기 중 설정된 경우에 한정되었다.

사실 장원정리령은 902년부터 1156년까지 10회나 발령되었을 만큼 효과가 그리 크지는 않았다. 어쩌면 장원정리령의 본질은 장원의 합법화에서 찾아야 할지 모른다. 물론 성립 유래가 확실하고 국무에 지장이 없는 경우에 한하지만 말이다.

무사의 성장

11세기 이후 개발 영주가 힘을 얻고 장원공령제가 전개되면서 지역의 촌락과 정치 구조 전반에 걸쳐 격변이 일기 시작한다. 10세기 중반에 잇단 반란으로 존재감을 피력했던 무력 집단들은 그런 변화에 어떻게 대응해 나갔을까?

두 차례의 반란, 즉 다이라 마사카도의 난과 후지와라 스미토모의 난이 종식된 뒤 군사 귀족의 행보는 대개 두 가지로 요약된다. 하나는 변경 지역에서 개발 영주를 비롯해 다양한 재지 세력과 연대를 강화해가는 부류이며, 다른 하나는 중앙과 접촉을 통해 교토와 그 주변에 근거지를 두고 조정이나 섭관가의 군사 부문을 전담하거나 각지의 수령을 역임하면서 기반을 다져 나가는 부류이다. '변경 군사귀족'이라 불리기도 하는 전자는 마사카도의 남은 일족과 마사카도를 무찌른 후지와라 히데사토의 자손 등이 대표적이며, 동북과 관동 인근에서 뿌리를 내렸다. 후자는 스미토모의 난을 토벌한 미나모토 쓰네모토와 그 아들 미나모토 미쓰나카源滿仲(912?~997), 다이라 사다모리의 자손 등이 유명하며, 이들은 '중앙 군사귀족'이라 칭해진다. 마사카도의 난 이후에는 사다모리가 간무 헤이 씨의 적통으로 부상했으며, 이들 미나모토 씨와 다이라 씨를 통칭한 단어가 겐페이源平이다.

먼저 미나모토 미쓰나카가 빠르게 움직였다. 그는 두 아들 요리미쓰賴光(948~1021)·요리노부賴信(968~1048)와 함께 셋쓰攝津(효고 현)에 터전을 잡은 뒤 후지와라 섭관가의 휘하에서 969년 '안나安和의 변'을 승리로 이끌었다. 이후 요리미쓰는 셋쓰에 눌러앉고, 1020년 요리노부는 가와치河内(오사카 부 동남) 국의 고쿠시가 되면서 토대를 닦아 가와치 겐 씨의 시조가 된다. 이 그룹이 성장하여 머지않아 무가의 정점에 서니, 가마쿠라 막부의 창시자 미나모토 요리토모源賴朝(1147~1199)가 그 후손이다.

요리노부가 중앙 군사귀족으로 도약하는 발판은 1028년 동국의 변경 군사귀족 다이라 다다쓰네平忠常(975?~1031, 마사카도 일족)가 제공했다. 재지 세력을 등에 업고 고쿠시와 충돌한 다다쓰네는 기어코 국아를 습격했다. 질질 끌던 반란을 진압하기 위해 1031년 요리노부가 말고삐를 쥐었다. 한때 자신의 수하이기도 했던 다다쓰네의 수급을 들고 개선함으로써 가와치 겐 씨는 관동 진출의 교두보를 손에 넣었다. 그 여파로 변경 군사귀족 중에는 독자 노선 대신 중앙 군사귀족을 주인으로 받드는 부류까지 생겨났다.

이즈음 혼슈의 최북단 무쓰陸奧에서는 에미시 혹은 재지의 호족이라 기록된 아베安倍 씨 세력이 강대했는데, 요리노부 자손들의 군사적 성공은 여기서도 재현된다. 무쓰의 고쿠시를 패배시킨 아베 씨를 누르고자 조정은 1051년 요리노부의 아들 요리요시賴義(988~1075)를 고쿠시로 파견했다. 요리요시의 부임 직후 양측은 화의를 맺었으나, 임기 종료 직전인 1056년 양측은 돌연 격돌했다(요리요시의 음모설이 강함).

요리요시는 아들 요시이에義家

전 9년의 역 전 9년에 출진한 요리요시·요시이에 부자. 왼쪽에서 두 번째가 미나모토 요시이에, 네 번째가 미나모토 요리요시이다.

(1039~1106)와 함께 동국의 무사를 이끌고 일진일퇴를 거듭하다가, 데와出羽(아키타 현)의 호족 기요하라淸原 씨를 끌어들인 것이 결정적인 승인이 되어 1062년 말 아베 씨를 멸망시켰다. 12년에 걸친 싸움이지만, 사료의 표현을 따라 '전前 9년의 역役'(1051~1062)이라 부른다.

요리요시는 9년, 아니 12년에 걸친 전란에서 승리를 쟁취했지만, 원하던 무쓰 고쿠시의 재임은 이루지 못했다. 대신 결정적 승리에 기여한 기요하라 씨의 족장이 벼슬을 받고 아베 씨의 지반을 이어받았다. 이 부분이 20년 뒤 가와치 겐 씨의 2대에 걸쳐 일어날 후반부 쟁란의 복선이다.

1083년, 요시이에가 무쓰의 고쿠시로 부임했다. 그때는 마침 기요하라 씨 일족 간에 승계를 둘러싼 불협화음이 커져가던 때다. 아버지의 유지를 이으려는 듯 요시이에는 자진해서 기요하라 일족의 내분에 끼어들어 기요히라淸衡(1056~1128)와 손을 잡고, 그러면서 전투는 더욱 확대되었다. 앞에 나온 16세의 가마쿠라 가게마사鎌倉景正는 오른쪽 눈에 화살이 박힌 채 적을 죽이는 분전으로 이름을 떨쳤다. 혈전 끝에 1087년 말 간신히 평정에 성공했다. '후 3년의 역'(1083~1087)이다.

그러나 데와 6개 군은 기요하라 일족 최후의 생존자인 기요히라에게 돌아갔고, 요시이에는 아버지처럼 논공행상을 누리지 못했다. 호족 내부의 싸움인 데다 조정의 승인 없이 군사를 일으켰으므로 전비까지 스스로 충당했고, 전투로 인한 공물 미납으로 고쿠시 자리에서마저 쫓겨났다. 요시이에는 '역적'들의 목을 길에 버린 채 귀경했다. 그럼에도 두 차례의 승전보로 군사귀족으로서 가와치 겐 씨의 명성은 열도 전역에 울려 퍼졌다. 요시이에의 집 앞에는 토지를 기진하려는 사람들이 줄을 이었다고 한다.

이제 역사의 흐름은 가마쿠라 막부의 태동 쪽으로 방향을 틀기 시작했다. 가와치 겐 씨를 비롯하여 겐페이의 적통으로 구성된 중앙 군사귀족은 변경 군사귀족과 재지 세력의 힘까지 끌어안으면서 무가의 동량棟梁이라는 독자적인 군사 권력을 지향해 나갔다. 그렇게 일본 열도 각지에서 꿈틀거리던 각종 무장 집단들이 횡적으로 연결되자, 새삼 이들에게 사회적 국가적인 관심과 시선이 쏠렸다. 그들을 부르는 이름은 바야흐로 '무사'였다. 11세기

후 3년의 역 미나모토 요시이에(중앙)가 기러기의 움직임을 보고 기요하라 군대가 복병해 있음을 눈치챈 뒤 격퇴하는 장면을 그린 것이다. 〈후삼년합전회사後三年合戰絵詞〉

말부터 각종 기록과 문서에 자주 등장하는 무사라는 단어에서 더 이상 파괴자나 무법자의 뉘앙스는 풍겨나지 않는다.

하지만 이 무렵의 무사에게 곧바로 새 시대의 개척자라는 지위를 부여하기는 어렵다. 막바지 관문은 두 가지였다. 하나는 중앙·변경 군사귀족과 재지 세력을 연결하는 튼튼하고 영속적인 주종 관계의 여부이다. 다른 하나는 재지 세력의 주축인 개발 영주가 경제력을 바탕으로 독자적으로 무장함으로써 명실상부하게 영역을 지배하는 중세적인 '재지 영주'로 탈바꿈하느냐의 문제이다.

10세기 중반의 실패가 증명했듯이(☞ 017 다이라 마사카도의 난 참조), 느슨한 주종 관계는 무사 세력화의 아킬레스건이었다. 요리요시·요시이에 부자는 논공행상의 획득에는 실패했지만, 전투를 통해 종자 혹은 게닌家人의 증가라는 최대의 수확을 얻었다. 국가 반란의 토벌이라는 명분을 십분 활용하여 전투를 위해 편제했던 재지 세력들을 상당수 흡수했던 것이다. 이들이야말로 토지 기진의 주체였다. 아직은 재지 세력 일반과 연계하는 데까지 이르지는 못했지만, 10세기 중반과 비교하면 획기적인 진전이 아닐 수 없다.

그러면 재지 세력은 어떻게 칼을 들게 되었는가? 앞서 언급한 장원공령제의 등장과 전개는 지역사회의 정치 구도를 다원화하는 데도 기여했다. 장원의 운용과 직결되는 불수불입의 권리를 둘러싸고, 국아와 권문세가(=장원 영주)는 조정에 치열한 로비전을 벌여야 했다. 이런 상황에서 재지 세력은 자신의 영역과 지배력을 관철·확대하기 위해 군사귀족이나 지방의 유력 무사와 일상적으로 연결될 수밖에 없었으며, 그 과정에서 스스로 무장하여 무사로 변신하는 쪽을 택하기도 했다.

12세기 중엽 전국 각지에서 중앙 군사귀족과 재지 세력은 활발하게 주종 관계를 맺었다. 지방에 정착하여 실력을 쌓고 재지 영주로 나아가던 간무 헤이 씨와 세이와 겐 씨의 방계 그룹은 이보다 앞서 행동을 개시했다. 헤이 씨에서 갈라진 지바千葉, 미우라三浦, 오바大庭 등은 중앙의 겐페이 적자와 강고한 주종 관계를 형성했다. 지역의 무사 세력이 중앙 정계와 연결되면서 정쟁도 격렬해졌다. 무사의 시대, 중세는 바로 코앞까지 다가와 있었다.

원정의 개시

1068년 고레이제이 천황이 죽자 그의 이복동생 고산조後三條(1068~1073) 천황이 궁궐의 주인이 되었다. 새 천황의 재위 기간은 겨우 5년 남짓에 불과했으나, 후지와라 섭관가에게는 악몽과 같은 나날이었다.

후지와라 미치나가의 장남이자 관백인 요리미치는 일찍이 어머니가 황족인 고산조 천황이 황태자로 책봉될 때부터 불만을 표시했다. 자연히 황태자의 입지는 안정적일 리 없었고, 섭관가에 대한 미움도 남달랐을 터다. 하지만 고레이제이 천황에게 시집보낸 후지와라의 딸들에게서 왕자 탄생의 소식이 전해지지 않는 사이, 고산조 천황이 옥좌에 오르고 말았다. 1064년 형에게서 섭관가를 물려받은 후지와라 노리미치藤原敎通(996~1075)가 관례에 따라 관백이 되기는 했지만 좌불안석이었을 것이다.

사서에 "세상의 어지러움을 바로잡겠다"고 기록되었을 정도로 고산조 천황은 짧은 재위에도 불구하고 섭관 정치를 대체하는 천황 중심의 정치를 정력적으로 밀고 나갔다. 첫 번째로 착수한 일은 10년 전 소실된 채 방치되어온 천황의 처소 다이리内裏를 재건하는 것이었다. 고산조 천황 치세의 특징은 장원정리령에서 집약적으로 표출된다.

1069년에 발포된 장원정리령은 이전과 사뭇 달랐다. 1045년 이후 신규 장원의 무효화는 새삼스럽지 않았지만, 장원 소유자로부터 제출받은 증거 서류와 장원 소재지 수령의 보고를 일일이 대조하여 장원의 존폐 여부를 결정한 일은 획기적이었다. 장원 증가에 골치를 썩던 수령들이 전폭적으로 협조했고, 조사 작업을 전담하는 새 기구도 설치되어 천황의 측근이 지휘봉을 잡았다. 성과는 결코 작지 않았다. 예를 들어 교토의 신사 이와시미즈하치만구石淸水八幡宮의 경우 34곳의 장원 가운데 13곳의 권리가 정지되고, 천황의 누나조차 두 곳의 장원 중 한 곳을 포기해야 했다. "50여 년간 천황의 후견에 힘쓰는 중에 지방의 영주들이 연고를 만들고자 기진해온 장원을 그저 '그래그래' 하며 받았을 뿐이며, 증거 서류가 있을 리 없다"고 읍소하며 나선 요리미치의 장원은 특례로서 서류 제출이 면제되었다.

당뇨병에 시달린 고산조 천황은 결국 섭관가의 견제와 친정 확립의 과업을 아들 시라카와白河(1073~1087) 천황에게 의탁했다. 새 천황이 등극한 지 얼마 뒤, 요리미치·노리미치 형제가 잇달아 사망하면서 섭관가의 위세는 눈에 띄게 하락했고, 장원 정리를 비롯한 정치 노선도 대체로 아버지의 유지를 받들었다. 그런데 1087년 시라카와 천황은 돌연 여덟 살 난 아들을 황태자로 책봉한 당일 양위를 선언하여 호리카와堀河(1087~1107) 천황을 탄생시킨 다

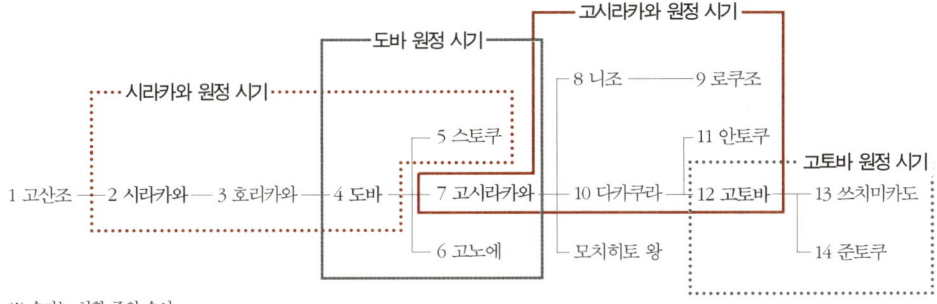

천황과 원정 관계

음, 자신은 상황으로서 새 천황을 후견하고 나섰다. 원정院政(상황의 거처를 ○○원이라 칭한 데서 유래)을 개시한 것이다.

원정의 직접적인 계기는 황위의 안정적 계승이었다. 섭관가와 각을 세웠던 고산조 천황은 시라카와 천황의 두 이복동생을 차기 천황으로 지목했다. 미나모토 씨가 외가였기 때문이다. 그런데 1185년 큰 동생이 병사하자 후지와라 씨 핏줄이더라도 자신의 아들을 옥좌에 앉히고 싶은 부정父情이 발동했다. 시라카와 천황은 남은 이복동생이 병치레가 잦던 어린 천황에게 위협이 될까 두려워 양위와 더불어 상황이 되어 뒷바라지를 떠맡았던 것이다. 원정은 의도했다기보다는 결과적으로 그렇게 되었다.

당연히 시라카와 원정 초기에는 섭정을 맡은 천황의 외조부 후지와라 모로자네藤原師実(1042~1101, 후지와라 요리미치의 아들)와도 협조적인 자세로 임했다. 하지만 1107년 호리카와 천황이 죽자 네 살배기 손자를 도바鳥羽(1107~1123) 천황에 앉히고는 본격적으로 원정을 펼쳐 나갔고, 섭관의 임면까지 좌지우지할 정도로 막강해졌다. 그 힘의 원천은 섭관 정치와 마찬가지로 대소 관료에 대한 인사권의 장악에서 찾을 수 있다. 상황이 죽은 날 한 대신의 일기에는 "천하의 정치를 돌보길 57년, 법에 구애받지 않고 뜻하는 대로 관직과 위계를 내리시니, 고금에 없다"고 쓰여 있었다. 이렇듯 번잡한 의식과 전례 및 법의 제약에서 벗어나 자유롭게 전제적으로 정무를 쥐락펴락한 것이 바로 원정이다. 그래서 시라카와 상황 이후에도 도바 상황은 물론 가마쿠라 막부가 출범되는 무렵까지 100년이나 원정이 지속될 수 있었다. 섭관 정치나 원정 모두 천황 지위의 약화가 근본적인 원인이라고 봐야 한다.

원정을 떠받치고 총애를 받던 세칭 '원의 근신近臣' 그룹은 대개 네 부류로 나뉜다. 상급 귀족의 일부, 천황의 유모와 관련된 일족, 부유한 수령, 학자이자 정치 고문 등인데, 유모와 수령에 대해서는 보충 설명이 필요할 듯하다. 시라카와 원의 근신 1호라 할 수 있는 후지와라 아키스에藤原顯季(1055~1123)가 일찍부터 출세한 이유는 그의 어머니가 상황의 유모였기 때문이며, '밤의 관백'이라 불린 후지와라 아키타카藤原顯隆(1072~1129)도 아내가 도바 상황

시라카와·도바 법황의 원정이 실시된 곳임을 알리는 석비. 교토, 도바리큐鳥羽離宮 터

의 유모였다. 외척 대신에 유모가 권력의 산실이 된 셈이다. 수령이 상황과 연결된 데는 당시 거듭 발포된 장원정리령과 관련 있다. 장원정리령을 발판으로 치부에 성공한 수령들과 경제적 버팀목이 필요했던 원정은 이해관계가 일치했으며, 고산조 천황 이래의 천황 친정과 이어지는 원정의 정치적 경제적 에너지도 여기서 조달되었다.

한편 시라카와 상황은 원정 개시와 더불어 거처의 북쪽北面에 소규모의 호위 무사를 뒀다. 이것이 원정 강화와 맞쳐려 '북면 무사'라는 무사단으로 조직화되었는데, 1118년에는 1,000여 명을 헤아릴 정도였다. 거기에는 미에 현 북부에서 무가의 새 동량으로 부상한 이세 헤이 씨가 있었다. 사촌인 다이라 마사카도의 난을 진압한 다이라 사다모리의 아들 고레히라維衡는 11세기 초 이세에 정착했고, 증손인 마사모리正盛(?~1121?)는 자신의 땅을 시라카와 원에 기진함으로써 신임을 얻는 데 성공했다. 각지의 수령을 역임하는 동시에 북면 무사의 일원으로서 입지를 굳히니, 이것이 헤이 씨 출세 가도의 불쏘시개가 되었다.

1129년 시라카와 상황이 죽자 손자인 도바 상황이 원정을 이어받았다. 28년간 권력을 휘두른 도바 원정 시대에는 두 가지의 변화가 눈길을 끈다. 지행국知行國과 장원의 증가이다. 지행국이란 수령이 아닌 상층 귀족이 국의 지배권을 장악하여 경제적 수익을 얻는 것을 말하는데, 그들에게 지급될 봉록이 여의치 않았던 데서 비롯되었다. 11세기 초의 섭관 시대에 처음 생겼으나 시라카와 원정이 시작되면서 급속도로 확대되었다. 요컨대 원의 근신에게 지행국을 수여함으로써 상황 측은 수령 이외의 다른 경제적 선택지도 갖게 되었다는 점이 중요하다.

도바 상황 시대에 장원정리령이 발포되기는 했지만 실효성은 거의 없었다. 역으로 장원공령제가 본격적으로 펼쳐졌다고 할 정도로 장원은 폭발적인 증가를 기록했다. 그 대부분은 최고 권력자로 우뚝 선 상황과 그 주변에 집중되었고, 상황이 불교에 심취하여 대규모 불사를 일으키자 대사원에까지 기진 행렬이 폭주했다. 이와 동시에 불수·불입의 권리를 가진 장원이 대거 늘어났고, 불입권의 범위도 경찰권의 배제로까지 확대되었다.

마지막으로 장원과 공령의 분포를 정리해두자. 중세에 해당되긴 하지만 1221년 이시카와石川 현의 노토能登 반도 전역을 망라한 노토 국에서 작성된 문서가 좋은 길라잡이다. 노토 국의 4군에는 각각 장원과 공령이 혼재되어 있었는데, 장원은 최대 85%, 최소 57%이며 전체 77%를 점했다. 57%로 '선방'하고 있는 군에는 국아가 자리했으며, 군 아래의 행정단위인 향鄕이 유일하게 남아 있기도 했다.

헤이안 시대 | 12세기 중·후반 ▶ 1부 070 **021** 원정과
헤이 씨 정권

헤이 씨 정권의 성립

　내리막으로 접어든 고대국가의 조타는 이제 무사의 손에 건네졌는데, 그 첫 주자는 다이라平 씨였다. 새 시대 탄생의 문턱에서 다이라 씨는 앞서가던 미나모토源 씨의 지반을 뒤집고 권력 중추의 진입에 성공하지만, 두 가문의 운명은 다시금 엇갈린다. 미나모토 씨는 다이라 씨가 휘저어 놓은 율령국가 일본의 한 귀퉁이를 점거하면서, 미나모토 요리토모源賴朝를 앞세워 독자적인 무가왕국 구축의 위업을 이뤄낸다.

　앞 장에서 다이라 마사모리平正盛가 시라카와 상황과 선이 닿는 데 성공했음을 보았다. 뒤이어 다이라 다다모리平忠盛(1096~1153)는 승진을 거듭하다가 최상층 귀족인 공경公卿 진입을 눈앞에 두고 세상을 떴다. 아버지의 한을 풀기라도 하듯, 아들 기요모리淸盛(1118~1181)는 잇단 정변을 진압하면서 실력을 쌓아 이세 헤이 씨를 무가, 아니 일본 열도에서 일인지하 만인지상의 지위에까지 올려놓았다.

　반면 원정과 가와치 겐源 씨의 관계는 불화의 연속이었다. 미나모토 요시이에가 일시적으로 시라카와 상황의 총애를 받긴 했으나, 그 아들 요시치카義親(?~1108?)는 잇단 실수로 인해 유배되었다가 결국 다이라 마사모리의 칼 아래 쓰러졌다. 원정의 개시와 본격화라는 대세 앞에서 군사귀족의 존재감은 아직은 미력했다.

　1156년, 전제군주로 28년을 호령한 도바鳥羽 법황이 병사했다. 그가 병상에 누웠다는 소식이 일자마자 최대 권부인 천황가와 섭관가 내부에 팽배했던 알력과 대립이 일거에 폭발 기미를 띠었다. 황위 계승을 놓고 일찍부터 아버지 도바 법황과 충돌하며 절치부심하던 스토쿠崇德(1123~1142) 상황은 휘하 무사들의 점검에 나섰다. 상대는 아버지의 총애를 등에 업고 자신의 아들 대신 옥좌를 차지한 친동생 고시라카와後白河(1155~1158) 천황이었다. 교토 시내는 급작스레 전운이 감돌고, 이세 헤이 씨와 가와치 겐 씨가 자웅을 겨뤄야 할 때도 임박했다.

　스토쿠 상황은 자중지란 중이던 섭관가 일부를 정치적 동맹자로 끌어들이는 한편, 요시치카의 아들 미나모토 다메요시源爲義(1096~1156)와 다이라 기요모리의 숙부 다이라 다다마사平忠正(?~1156) 등의 무력을 확보했다. 고시라카와 천황 쪽도 섭관가 일부와 후지와라 미치노리藤原通憲(1106~1160)에다 기요모리, 그리고 다메요시의 아들 요시토모義朝(1123~1160) 등을 군사력으로 동원했다. 황실과 섭관가의 권력 다툼이 뒤얽힌 정쟁에 부자 간 혹은 친족 간에 칼을 겨눈 무사들이 이른바 용병으로 나선 것이다. 이것이 '호겐保元의 난'(1156)이다.

191

호겐의 난의 대립 관계

	천황 쪽(승자)	상황 쪽(패자)
황실	(부친) 도바 법황	
	(동생) 고시라카와 천황	(형) 스토쿠 상황
다이라(平) 씨		(숙부) 다다마사
	(조카) 기요모리	
미나모토(源) 씨		(부친) 다메요시
	(아들) 요시토모	

호겐의 난 그림의 ○ 표시한 사람이 다이라 기요모리이다.

싸움은 병력에서 압도적인 천황 측의 기습으로 몇 시간 만에 결판났다. 고시라카와 천황은 형 스토쿠 상황을 유배시키는 것으로 매듭을 지었으나, 싸움에 동원된 미나모토 다메요시와 다이라 다다마사는 각각 아들과 조카의 칼에 참수되었다. 헤이안 초기 이래 350년간 공식적으로는 사장되었던 사형이 부활한 것으로, 일설에 따르면 미나모토 씨 세력을 근절하기 위해 기요모리가 숙부 다다마사를 희생양으로 삼았다고 한다.

호겐의 난의 이런 결과는 정치적 패자의 목숨까지 빼앗을 만큼 조정 내부의 권력투쟁이 치열해졌음을 보여준다. 섭관 정치와 원정으로 뒤틀린 권력의 메커니즘은 관련자 모두의 불만을 사게 마련이다. 게다가 한 번 치켜든 칼은 피를 묻히지 않으면 쉬 내려지지 않는다. 또한 승자 내부에서는 점차 알력이 커졌으니, 드라마의 진용과 무드는 완비되었다.

고시라카와 천황은 승리의 여세를 몰아 스스로 절대적 지배권을 주장하며 장원 정리와 사원 세력의 통제에 나섰고, 섭관가를 장악한 미치노리를 선봉장으로 삼았다. 그리고 1158년 아들에게 양위하여 니조二條(1158~1165) 천황이 등극했다. 동시에 자신은 원정을 시작했다.

호겐의 난이 그랬듯이 원정은 상황과 천황의 갈등을 동반한다. 특히 니조 천황은 고산조 천황의 일기를 애독하면서 천황 중심의 정치를 꿈꾸었다. 다시금 원정파와 친정파가 생겨났고, 양파는 섭관가의 패권을 놓고 갈라선 후지와라 미치노리와 후지와라 노부요리藤原信賴(1133~1160) 아래 각각 결집했다. 미치노리 쪽에는 기요모리가, 기요모리에 눌려 울분을 삼키던 요시토모는 노부요리 쪽에 가세했다.

1160년 1월 요시토모와 노부요리는 기요모리가 교토를 비운 틈을 타 군사를 일으켰다. 이들은 미치노리를 자살로 내모는 데는 성공했지만, 기요모리가 귀경하면서 판세가 뒤집

헤이지의 난의 대립 관계

	상황 원정파(승자)	천황 친정파(패자)
황실	고시라카와 상황	니조 천황
후지와라(藤原) 씨	미치노리	노부요리
다이라(平) 씨	기요모리	
미나모토(源) 씨		요시토모 → 사형 (요리토모 → 유배)

헤이지의 난 후지와라 노부요리와 미나모토 요시토모 일파는 고시라카와 상황의 궁궐을 습격하여 불사르고 상황을 강제로 우마차에 태워 납치했다.

어졌다. 기요모리는 노부요리의 독주에 불만을 품은 친정파와 천황까지 상황 측으로 끌어들이는 수완을 발휘했다. 이제 싸움은 기요모리와 요시토모의 격돌로 바뀌었고, 궁성을 무대로 펼쳐진 두 무가의 대결은 기요모리의 승리로 돌아갔다. 호겐의 난과 마찬가지로 요시토모와 두 아들, 노부요리는 목을 내놓아야 했다. 다만 요시토모의 셋째 아들인 요리토모는 운이 좋아 이즈(伊豆)(시즈오카 현)로 유배되어 20년을 절치부심하게 된다. '헤이지(平治)의 난'(1160)의 경과이다.

두 정쟁에 참전한 무사의 수는 겨우 수백 정도였으나, 무가의 지지 여부는 혼미해진 정국을 평정할 수 있는 결정적인 열쇠라는 사실이 분명해졌다. 난이 수습된 뒤에도 상황과 천황 부자의 골육상쟁은 더욱 골이 깊어졌고, 상대적으로 운신이 자유로운 기요모리 및 그 일족들의 지위와 권력은 급속히 높아졌다. 1165년 니조 천황이 병사하고 고시라카와 원정의 기반이 공고해지자, 1167년 기요모리는 태정대신이 되었다. 후지와라 씨 이외의 첫 사례였다.

아울러 기요모리는 자신의 딸을 다카쿠라(高倉)(1168~1180) 천황의 후궁으로 들여보냈다가

피신하는 니조 천황과 도망가는 미나모토 일행
위 그림은 헤이지의 난으로 궁을 나가는 니조 천황을 그린 것이고, 오른쪽 그림은 다이라 기요모리 군사에게 패해 도망가는 미나모토 요시토모 일행이다. 오른쪽의 아이가 극적으로 살아남은 요리토모이다.

곧 중궁으로 만들었다. 무가 출신 후비의 간택은 파격적이었던 만큼 전통 귀족의 시선이 고울 리 없었다. 이렇듯 헤이 씨가 두각을 드러냄과 동시에 섭관가나 원의 근신, 사원 세력의 반감은 높아졌으며, 고시라카와 상황과의 관계도 차츰 틀어지기 시작했다. 1177년 상황의 측근들이 앞장서서 추진했던 거병은 이런 변화의 결정판이었다. 하지만 모의는 밀고로 인해 성사되지 못했고, 관련자는 기요모리의 지휘하에 엄벌에 처해졌다. 상황의 경우 책임 추궁은 모면했지만 영향력 실추는 불가피했다. 1178년 기요모리는 궁정에 들여보낸 딸이 7년 만에 아들을 낳자 강보에 싸인 외손자의 황태자 책봉을 강행했다.

1179년 상황과 기요모리는 섭관가와 기요모리 아들 영지의 상속을 놓고 마지막 격돌을 벌였다. 형세가 급박해지자 기요모리는 수천의 병력을 이끌고 상경해서 반대파 척결을 진두지휘했다. 원의 근신을 해임·유배시킨 데 이어 원정의 정지와 상황의 유폐까지 서슴지 않았으니, 말 그대로 쿠데타나 진배없었다. 그리고 조정의 분위기를 헤이 씨 쪽으로 유도하고자 1180년 5월 외손자를 옥좌에 앉혔다. 바로 안토쿠安德(1180~1185) 천황이다. 기요모리는 이제 외척의 지위까지 거머쥔 명실상부한 최고 권력자였다.

이 시점에서 헤이 씨 정권의 성격 또한 명확해진다. 즉 기요모리의 행보는 후지와라 섭관가와 대동소이했으며, 결코 왕조 권력의 변혁을 시도하지는 않았다는 점이다. 귀족적인 성격이 농후한 군사적 독재, 그것이 바로 헤이 씨 정권의 본질이었다.

2장 | 중세

무사 정권의 출범
가마쿠라 막부의 붕괴
무로마치 막부의 탄생
무로마치 시대의 안과 밖
센고쿠 시대

1180-1185 겐페이 쟁란	
1221 조큐의 난	
1232 고세이바이시키모쿠 제정	
1274 원의 1차 침입	
1281 원의 2차 침입	
1297 덕정령 선포	
1332 고다이고 천황 유배	
1333 가마쿠라 막부 멸망	
1334 겐무의 신정	
1336 겐무시키모쿠 제정	

 고대 율령국가의 지배 체제가 쇠퇴하고 변질되는 것과 동시에 성장한 재지 영주는 각지에서 무사라는 이름으로 통칭되는 독자적인 집단을 형성한다. 그런 무사의 대표로 두각을 드러낸 미나모토 요리토모源賴朝는 12세기 말 숙적 헤이平 씨를 물리치고 교토에서 멀리 떨어진 변경의 가마쿠라鎌倉에 막부를 세우면서 국가권력의 공인을 받은 독자적인 무가 왕국을 구축했다. 이후 무로마치室町 막부, 센고쿠戰國 시대로 이어지는 과정에서 귀족이 주류인 기성의 왕조 권력을 압박하고 형해화함으로써 결국 무사가 지배 권력을 장악하는 것이 중세사의 기본적인 흐름이다.

 일본 중세사 이해의 핵심은 무사의 성공담을 두 가지 방향에서 뒤쫓는 데 있다. 먼저 무사 전체의 관점에서 보자면 최대 권력자인 교토의 조정과 경쟁하며 지배계급으로 우뚝 서는 모습이다. 각지의 개별 무사들은 장원과 공령을 잠식하며 실력을 키워 나갔고, 이와 동시에 동료 무사들과 경합하면서 지역의 실질적인 권력자로 착실히 면모를 일신했다. 주로 전자는 정치사의 언설로 기술되고 후자에서는 사회경제사의 측면이 부각되기 마련이지만, 양자는 유기적으로 긴밀하게 연계되어 있다. 그런 면에서 400여 년에 이르는 중세는 전체와 개별의 차원에서 무사의 지배계급화가 지녔던 역동성의 자취이기도 하다.

 가마쿠라 막부가 독자적인 무가 정권으로 자립할 수 있었던 데는 슈고守護(국의 군사 지휘관)와 지토地頭(징세 청부인)의 존재를 빼놓을 수 없다. 헤이 씨 토벌을 위해 조정은 요리토모에게 슈고와 지토의 임명권을 부여했는데, 이로 인해 요리토모와 고케닌御家人 간의 사적 주종 관계는 국가가 공인한 공적 관계로 격상되었다. 그뿐 아니라 재지 영주인 고케닌은 비로소 안착과 도약을 향한 결정적인 원군을 얻게 되었다.

 1333년 안팎의 혼란으로 멸망한 가마쿠라 막부를 대신하여 아시카가 다카우지足利尊氏가 이끄는 무로마치室町 막부가 교토 한복판에 터전을 잡았다. 무가 정권의 재창출을 꺼린 조정 세력이 교토 남쪽에 웅거하면서 60여 년 동안 두 개의 왕조가 존립하는 남북조 시대가 이어졌지만, 14세기 말 막부의 승리로 귀결되었다. 이 기간 동안 무사 세력은 더욱 강성해져 지역의 지배자인 슈고 다

중세사 개관

이묘守護大名로서 기반을 공고히 다졌으며, 이를 바탕으로 일본 열도 전체의 통치권은 서서히 무가 쪽으로 옮아갔다. 또한 지역에서 장원과 공령의 주인은 차례차례 무사로 바뀌었다.

15세기 말부터 각지에서는 독자적인 지배 체제를 쌓아올린 센고쿠 다이묘戰國大名가 하나둘씩 모습을 드러냈다. 이들은 자신이 확보한 땅과 인민을 원활하게 전일적으로 통치하는 지역의 유일한 지배자였다. 그리하여 16세기 내내 일본에서는 영주로서의 능력과 지배력을 키우고 심화하는 과정이 펼쳐지는 것과 더불어 새로운 통일 권력을 창출하려는 다이묘 간의 치열한 경합이 이중으로 전개되었다. 무가 정권은 가마쿠라·무로마치 양대 막부하에서 신흥 지배 집단으로 발돋움하는 담금질을 거듭했고, 센고쿠 시대를 거치면서 일본 열도는 명실상부한 새 통치자를 맞이하게 된다.

중세사는 흔히 문화적으로 암흑의 시대라고 일컫는다. 헤이안 시대의 찬란한 왕조 문화가 퇴색하기 때문이다. 아울러 하극상이라는 말로 대표되듯이 무로마치 막부의 쇠락 이후 센고쿠 시대에 들어가면 사회 전반에 걸쳐 기존의 질서와 인간관계의 혼란이 일어나는데, 이 또한 중세의 시대상으로 지목되곤 한다. 권력과 권위의 공백 상황, 그것이야말로 중세의 완성이자 새로운 시대, 근세의 잉태와 직결되는 역사 진보의 한 단면일 터다.

- 1337
고다이고 천황 요시노로 탈출 → 남북조 쟁란

- 1338
아시카가 다카우지, 정이대장군에 오름

- 1392
북조의 남조 흡수 → 남북조 통일

- 1404
감합 무역 시작

- 1428
쓰치 잇키

- 1429
류큐 왕국 건국

- 1441
아시카가 요시노리 암살

- 1457
코샤마인의 봉기

- 1460년 전후
대기근 → 덕정 잇키 결성

- 1467~1477
오닌의 난

가마쿠라 막부의 탄생

군사독재 헤이 씨 권력은 고시라카와後白河 상황의 유폐에 이어 1180년 다이라 기요모리의 외손자 안토쿠 천황이 즉위하면서 최고점에 이르렀다. 하지만 달이 차면 기운다고 했듯이, 정점에 이른 권력 앞에는 새로운 도전자가 나타나기 마련이다. 조정 내에서는 반反헤이 씨의 움직임이 심상치 않았고, 중앙에 대한 지방 세력의 저항도 고개를 쳐들기 시작했다. 연호를 딴 '지쇼治承·주에이寿永의 난' 혹은 두 무가 사이의 전쟁이라는 '겐페이源平 쟁란'(1180~1185)의 막이 오른 것이다. 무사 세력의 대두에 힘입어 기요모리는 고대국가의 숨통을 조였으나, 정작 새 시대 중세를 열어젖힌 인물은 헤이지의 난으로 20년의 유배 생활을 이겨낸 미나모토 요리토모源頼朝였다.

반헤이 씨의 불온한 기운은 1180년 6월 고시라카와 상황의 아들 모치히토以仁(1151~1180) 왕과 겐 씨의 장로 미나모토 요리마사源頼政(1104~1180)의 군사행동으로 비화되었다. 헤이 씨 타도의 영지令旨를 각지에 내리고 감행한 거병은 사찰 세력의 호응이 늦어진 탓에 실패로 돌아갔고, 주모자 두 사람은 스스로 목숨을 끊어야 했다. 하지만 그 실패야말로 5년 전란, 곧 겐페이 쟁란의 기폭제가 되었다.

기요모리 쪽도 대응책을 서둘렀다. 그 일환으로 결행한 일이 사원 세력의 입김이 강한 교토를 버리고 해상 활동의 거점인 고베神戸 쪽으로 천도한 것이었다. 하지만 9월에 들어서자 이즈伊豆에서 유배 생활을 하며 기회를 엿보던 미나모토 요리토모의 봉기 소식이 일본 열도를 뒤흔들었다. 헤이 씨 타도라는 모치히토 왕의 격문을 받고도 4개월 동안 정세를 관망하던 끝에 복수의 칼을 든 것이다. 지바 씨, 미우라 씨, 오바 씨 등 옛 가신은 주군의 부름에 응해 속속 모여들었다.

미나모토 요리토모

요리토모는 거병 직후의 전투에서 병력의 열세로 인해 패배했지만, 곧바로 관동 지역의 유능한 재청 관인 세력을 휘하에 거느리면서 전기를 마련했다. 관동 남부를 장악한 데 힘입어 11월에는 가마쿠라鎌倉를 근거지로 삼아 도약의 발판을 다져갔다. 무사 정권 건설의 첫 삽을 뜬 것이다.

겐페이 쟁란 미나모토 씨와 다이라 씨 두 무가 가문 사이에 벌어진 전쟁을 그린 그림이다. 〈겐페이합전도병풍(源平合戰圖屛風)〉

요리토모의 움직임은 각지에 웅거하던 겐 씨 무사단의 봉기를 부추겼다. 야마나시 현 쪽에서는 겐 씨에서 갈라진 다케다 노부요시武田信義(1128~1186?)가 선두로 나섰고, 나가노 현 일대에서는 요리토모의 사촌 요시나카義仲(1154~1184)가 군사를 일으켜 세력을 확대했다. 게다가 교토에서는 자살했다던 모치히토 왕과 요리마사가 살아 있다는 풍문마저 떠돌았다. 동국뿐만 아니라 멀리 규슈에서까지 반란 소식이 날아들었다. 이제 내란의 전국화는 명약관화했다.

국면 반전을 노려 헤이 씨 일족은 교토 환궁을 결행했다. 고시라카와 상황에게는 원정 개시를 조건으로 타협을 시도하는 동시에, 반대파의 진압에 총력을 기울였다. 요리토모 편에 선 대사찰을 공격하고 도다이 사를 잿더미로 만들었다. 하지만 이로 인해 헤이 씨 일족은 사원 세력은 물론 교토의 귀족들마저 적으로 돌리고 말았다. 설상가상으로 1181년 3월 64세의 기요모리가 고열로 세상을 떴다. 죽기 전에 "요리토모의 목을 가져오는 것만이 공양이라고 생각하라"라며 독려했건만, 바통을 이어받은 아들 다이라 무네모리平宗盛(1147~1185)에게는 난국을 타개할 역량이 부족했다.

헤이 씨 타도의 봉화가 오른 지 3년째인 1182년의 정세는 세 세력의 정립으로 귀결된다. 관동의 요리토모, 교토를 중심으로 한 서국의 헤이 씨, 그리고 호쿠리쿠北陸(후쿠이·이시카와·도야마富山·니가타新潟)는 요시나카가 장악했다. 그러나 기요모리가 없는 헤이 씨는 군사력에서 결정적인 우위를 점하지 못했고, 2년째 닥친 대흉작은 군사작전의 실행에까지 지장을 초래했다. 요리토모는 교토 진군을 서둘지 않고 관동의 주인으로서 면모를 갖춰 나갔다.

1183년, 교착 상태에 변화의 회오리가 일었다. 봄이 오면서 요시나카 쪽을 먼저 치려고 헤이 씨가 대군을 움직였지만 결과는 최악이었다. 요시나카 군은 승리의 여세를 몰아 파죽지세로 교토에 들이닥쳤다. 헤이 씨 일족은 3종의 신기와 안토쿠 천황을 앞세우고 서쪽으로 피난길에 올랐으며, 조정의 지휘봉은 재차 상황의 손에 돌아갔다. 상황은 3종의 신기를 돌려받고자 헤이 씨 측과 교섭했지만, 결렬되자 요시나카에게 헤이 씨 토벌을 명했다. 헤이 씨는 이제 '관군'이 아니었다.

그러나 요시나카는 상황이 당부한 헤이 씨 공략에는 소극적이면서 안토쿠 천황의 후사 문제까지 참견하고 나섰다. 상황과 귀족들의 눈길은 급속도로 냉담해졌다. 설상가상으로 군량미 등 물자가 부족한 요시나카의 병사들은 교토 부근에서 약탈 행각을 서슴지 않았다. 거듭된 토벌 독촉에 떠밀리듯 요시나카가 출진하자 조정은 관동의 요리토모에게 상경을 요청했다. 귀족은 물론 백성조차 기근과 잇단 전란에 따른 경제적 궁핍을 해소할 존재로 요리토모를 떠올렸던 것이다.

상하의 인심이 자신에게 기우는 것을 알면서도 요리토모는 즉각적인 교토 입성을 거부하고 조정과 교섭에 들어갔다. 다급해진 상황은 헤이지의 난으로 삭탈된 요리토모의 관위를 회복시켜주는 한편, 요리토모가 요청한 관동 지역의 장원·공령 운영에 관한 통제권도 승인했다. 이제 그는 모반자라는 오명을 벗은 데다 관동의 실질적인 지배자로 인정받았다. 반면 헤이 씨 공략에 나섰던 요시나카는 고전을 면치 못했고, 요리토모의 상경 소문을 듣자마자 교토로 회군했다. 이렇듯 두 겐 씨의 정치 감각은 천양지차였다.

요시나카의 칼끝은 이제 헤이 씨가 아니라 사촌인 요리토모 쪽으로 향했다. 상황이 협조적일 리가 없었고 궁지에 몰린 요시나카는 결국 쿠데타를 감행했다. 상황을 급습하여 유폐한 채 요리토모에 대한 공격 명령을 거머쥐고는 스스로 정동대장군征東大將軍의 지위에 올랐다. 드디어 요리토모도 움직였다. 1184년 3월, 요리토모는 동생 노리요리範賴(1150?~1193)와 요시쓰네義経(1159~1189)에게 지휘를 맡기고 대군을 상경시켜 요시나카를 격파했다.

남은 것은 서쪽으로 밀려난 헤이 씨와 벌일 마지막 승부였다. 대세는 이미 요리토모 쪽으로 기울었고, 헤이 씨는 세토 내해를 전전하며 줄곧 서쪽으로 내밀렸다. 1185년 4월 25일 야마구치 현의 단노우라壇の浦는 겐페이 두 무가 간의 최후 결전장이었다. 승패는 불과 몇 시간만의 전투 끝에 판가름 났다. 헤이 씨 측의 무장과 여자들은 피눈물을 훔치며 바다에 몸을 던졌다. 그중에는 8세의 안토쿠 천황도 있었다.

20년의 유배 세월을 이겨낸 의지인 요리토모. 그의 마지막 난제는 제멋대로 행동했던 배다른 동생 요시쓰네와의 일전이었다. 일찍이 헤이 씨 견제를 위해 요시나카와 요리토모를 끌어들이고, 요시나카의 대항마로 요리토모를 밀었던 고시라카와 상황의 교묘한 정략이 다시금 번득였다. 조정의 통제가 듣지 않을 정도로 강성해진 요리토모의 저격수로 요시쓰네를 발탁한 것이다. 그리고 골육상쟁의 명령이 내려졌다.

하지만 상황의 행보는 요리토모의 계산 범위 내에 있었다. 토벌군의 파견과 더불어 동생과 내통한 것을 빌미로 상황을 압박해서는, 슈고守護와 지토地頭(후술 023)의 설치 권한과 가마쿠라 반대파 귀족의 일소에 나섰다. 그 결과 요리토모의 지배권은 동국을 중심으로 전국

단노우라 전투 단노우라 전투에서 미나모토 씨는 헤이 씨를 물리치고 최후의 승자가 되었다. 야마구치 현 시모노세키 시 미모스소가와(みもすそ川) 공원에는 겐 씨(미나모토 요시쓰네 – 맨 위 사진 왼쪽)와 헤이 씨(다이라 도모모리 – 맨 위 사진 오른쪽) 양 군의 수장 조각상이 있다. 아래 왼쪽은 미모스소가와 공원에 세워진 단노우라 전투 현장을 알리는 석비이고, 오른쪽은 단노우라 전투를 묘사한 그림이다.

에 미치게 되었고, 가마쿠라 막부_{幕府}의 홀로서기도 결정적인 진전을 성취했다.

한편 패주하던 요시쓰네는 동북의 오슈_{奥州}에 있는 후지와라 씨에게 몸을 의탁했다. 막부의 기초 공사가 마감될 즈음인 1189년, 요리토모는 손수 군대를 이끌고 가서 동생을 치고 동북 지방까지 평정했다. 그리고 상황이 죽은 뒤 1192년 요리토모(1192~1199, 쇼군의 재임 기간이며, 이하 쇼군은 재임 기간으로 표시)는 대망의 정이대장군, 곧 쇼군에 올랐다. 중세의 첫 걸음마는 온전히 내디뎌졌다.

슈고와 지토

가마쿠라 막부의 출범은 20년의 유배를 딛고 무가의 독립국을 건설한 요리토모의 족적과 궤를 같이한다. 그가 개척한 무사 정권의 길은 1868년 메이지 유신에 의한 왕정복고까지 700년이나 지속되었다. 근세 에도江戶 막부의 창시자인 도쿠가와 이에야스德川家康는 조선에 보낸 국서에서 자신의 성을 미나모토라고 썼다. 미나모토 요리토모야말로 무사 정권의 유일한 원조인 것이다.

그런데 외형상 같은 무사 정권인 다이라 기요모리의 경우는 어떨까? 무엇보다 헤이 씨는 결코 고대국가 체제를 혁파하거나 넘어서지 못했다. 기요모리는 고대의 파괴자인 무사의 지지와 성원에 힘입어 왕조 질서 속에서 권력을 잡았으나, 독재 체제 강화는 무사 세력의 이반을 낳고 말았다. 권력 의지의 최종 목표로서 외척의 지위까지 쟁취했음에도 각지의 무사가 등을 돌림에 따라 멸문지화로 내몰린 것이다. 요컨대 무가 정권의 관철이 아니라 공가公家(조정과 귀족의 총칭) 정권으로의 변신이 헤이 씨 권력의 본질이자 한계였다.

그렇다면 요리토모와 가마쿠라 막부의 새로움은 어디에서 찾을 수 있을까? 무엇보다 요리토모의 정치적 행보와 구조를 찬찬히 톺아봐야 한다. 또한 독자적인 지배 체제의 진수가 녹아 있는 슈고守護와 지토地頭의 제도화 및 그 의미에 대해 짚어볼 일이다.

1180년 거병한 이래 요리토모는 동국 지방의 근거지화를 최우선적으로 추진했다. 그 실질은 동맹자의 입장에서 출발한 동국의 무사들을 가신, 즉 고케닌御家人으로 만들고, 요리토모 휘하에 편제하는 과정이었다. 첫 번째 작업은 가마쿠라에 안착한 뒤 사무라이도코로侍所를 설치한 것이다. 사무라이도코로는 고케닌의 통제를 담당하는 부서로, 이는 요리토모와 동국 무사의 관계가 주군과 가신으로 정립되었음을 보여준다. 이어 1184년에는 교토의 하급 귀족들을 영입하여 각각 행정 사무와 토지 관계 소송을 관장하는 구몬조公文所(나중에 만도코로政所로 개칭)와 몬추조問注所를 설치했다. 이렇게 하여 군사·행정·사법에 걸쳐 요리토모 정권의 중추 기관은 기틀을 갖춰 나갔으며, 요리토모는 그 전부를 한 손에 거머쥔 동국의 지배자가 되었다.

이렇게 다져진 내부 지배의 얼개는 조정과 교섭해가면서 공식화되었다. 그 매개 고리가 바로 1185년 슈고와 지토의 보임 권한 및 확대이며, 이를 도약대로 삼아 요리토모와 그 세력은 동국의 한 귀퉁이에 똬리를 튼 사적인 정치·군사 결집체에서 정통성을 구비한 독자 권력으로 웅비하게 된다.

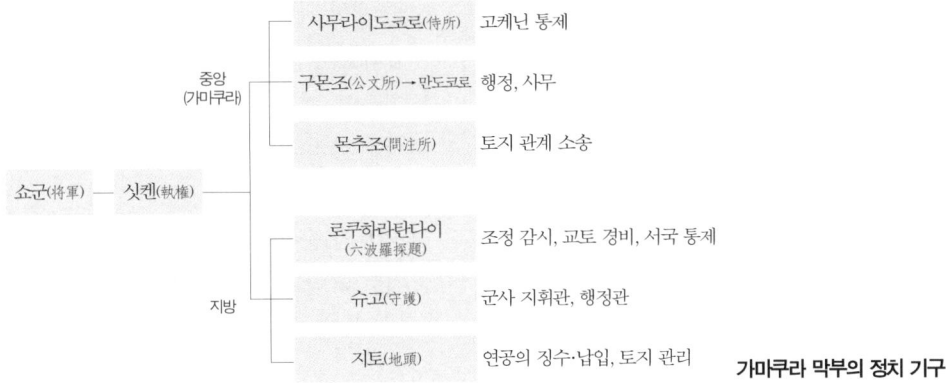

가마쿠라 막부의 정치 기구

　슈고는 국 단위로 설치된 군사 지휘관이자 행정관이다. 국의 재청 관인을 지휘하여 치안 유지와 행정을 관장했으며, 군량미와 병력의 조달까지 짊어졌다. 거병 직후 다케다 노부요시를 스루가駿河(시즈오카 현 일부) 국의 슈고로 임명한 것을 시작으로, 요리토모가 세력을 넓힘에 따라 슈고의 숫자도 계속 증가했다. 슈고의 임명 대상은 일찍부터 요리토모를 주군으로 받든 동국의 유력 고케닌에 국한되었으며, 이들이야말로 헤이 씨를 멸망시킨 실질적인 일꾼이었다. 1183년 요리토모가 조정으로부터 얻어낸 동국에 대한 지배권은 슈고의 충성심을 이끌어내는 버팀목이 되었으며, 1185년 헤이 씨 멸망 후 일단 폐지되었다가 고시라카와 상황의 미나모토 요시쓰네 비호를 빌미로 지토와 더불어 완전한 공인을 받았다.

　지토는 한마디로 징세 청부인인데, 이것의 설치도 슈고와 비슷하다. 지토라는 용어 자체는 사료에 일찍부터 출현하는데, 헤이 씨 집권기에 영지 관리인으로 임명된 사례가 있다. 요리토모는 헤이 씨 토벌에 가세한 재지 영주들에게 영지 보전을 위해 지토를 부여했지만, 그것을 뒷받침하는 유일한 근거는 관동의 실효적 지배라는 현실뿐이었다. 그러다가 1185년의 칙어로써 동국은 물론 기나이와 서국에 있던 헤이 씨와 그 추종자의 장원이나 공령에도 지토를 임명할 수 있게 되었다. 요리토모의 사적인 지토 임면권은 조정의 결재를 거친 공적인 권한으로 변화되었으며, 지토가 염원한 재지 영주로서의 지위는 획기적으로 강화되었다. 무가의 사적인 주종 관계의 공식화·국가화, 이 변화야말로 가마쿠라 정권 확립의 결정적인 변곡점이다. 바꿔 말하면 무사의 절실한 이해관계를 충족시키고 지지를 이끌어냈다는 점에서 기요모리와 요리토모의 운명은 엇갈릴 수밖에 없었다.

　슈고의 원래 임무는 ① 모반자·살인자의 수색과 체포, ② 고케닌의 황궁 경호 감독으로 구분된다. ①은 관내의 치안 유지와 경찰권 행사이며, ②는 국 내의 지토·고케닌에 대한 군사 지휘권을 의미한다. 그러나 슈고의 권한은 계속해서 확대되었다. 슈고의 치안 경찰권 대상은 강도·산적·해적으로까지 넓어졌다. 또 국아와 재청 관인에 대한 영향력 증대에 발맞춰 신사와 사찰, 역로의 관리까지 직무 범위에 포함시켰다. 막부의 지방행정관 격인 슈

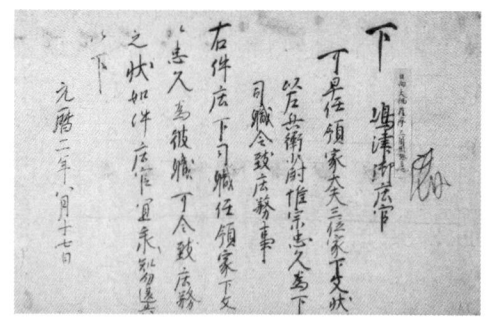

지토 임명장 미나모토 요리토모가 시마즈 다다히사를 지토로 임명한다는 내용이다.

고는 재청 관인 및 국아와 긴밀한 연계를 거듭하면서 그 기능이 막부 쪽으로 흡수되어갔던 것이다. 교토(=조정)의 지방 지배력을 잠식하면서 중세적인 통치 구조의 단초를 열어갔다는 사실, 그것이 가마쿠라 막부가 순항하는 원동력이었다.

지토의 임무는 연공의 징수·납입과 토지 관리 및 치안 유지 등이었는데, 임지에서 갖는 영향력은 제각각이었고 모든 장원과 공령에 설치된 것도 아니었다. 그렇지만 대다수의 고케닌이 장원의 운영자인 장관莊官이거나 군지郡司 또는 향·보의 책임자였다는 사실을 염두에 두면, 지토 제도의 유지는 지방에 대한 장악은 물론 신생 막부의 사활까지 걸린 중차대한 사안이었다. 출범 초기의 막부는 지토의 배치와 처신을 놓고 조정과 자주 충돌했지만, 바야흐로 지토는 수적으로나 힘으로나 지속적으로 성장했다.

근세 사쓰마 번의 주인 시마즈島津 씨의 태동과 발전은 중세와 궤를 같이한다. 고레무네惟宗를 칭했던 시조 시마즈 다다히사島津忠久(?~1227)는 그의 어머니가 요리토모 유모의 딸이기도 해서 중용되었다. 1185년 헤이 씨 일족이 영유한 이세 소재 두 장원의 지토로 임명된 데 이어, 규슈 남단에 있는 시마즈 장원의 영주 자리도 꿰찼다. 1197년 가고시마 일대의 슈고를 차지한 다다히사는 일약 유력 고케닌의 반열에 올랐으며, 격동기 중세를 누비면서 강역 보존에 성공한 시마즈의 군대는 임진왜란에 출전했다.

슈고와 지토의 공권력 편입에 따라 일본 열도의 봉건제는 닻을 올렸으며, 가마쿠라 막부가 첫 주자로서 신기원을 열었다. 막부 지배의 근간은 슈고와 지토를 포함하는 고케닌과 쇼군將軍(통상 가마쿠라도노鎌倉殿라 불렸음) 사이에 맺어진 주종 관계였으며, 고케닌 간의 주종 관계는 엄격하게 금지되었다. 즉 쇼군만이 유일한 주군이며 모든 고케닌은 동격이었다. 헤이 씨 몰락 당시 요리토모는 동국에 2,000명 이상의 고케닌을 거느렸다고 한다.

가마쿠라 막부의 출범으로 중세를 특징짓는 이원적 지배 체제의 막이 올랐다. 조정은 고쿠시를 임명하여 전국의 일반 행정을 관할하고, 귀족과 대사원은 각각 고쿠시와 장원 영주로서 공령과 장원에서 수익을 얻었다. 막부의 경제적 기반은 쇼군인 요리토모가 소유한 지행국과 장원·공령이며, 고케닌에게 하사하는 토지는 실제 토지가 아니라 장원 제도에 근거한 지토(장관) 임명이라는 형식이 취해졌다. 조정은 물론 막부도 장원공령제의 원활한 운영과 통제가 공통 관심사이자 대전제였으므로 연공을 납입하지 않는 지토는 처벌했다.

하지만 조정과 막부의 불안한 동거는 오래가지 못했다. 토지 지배를 둘러싸고 지토와 귀족·대사원 간에 분쟁이 끊이지 않았다. 중세의 수레바퀴는 서서히 속도를 높여갔다.

호조 씨의 대두

1190년 말 고케닌 1,000여 명을 이끌고 상경한 미나모토 요리토모는 고시라카와 상황과 처음으로 마주했다. 곧바로 정이대장군 임명은 얻지 못했으나 조정의 수호자라는 위상은 내외에 과시할 수 있었다. 1192년 상황은 파란만장한 64년 삶의 종지부를 찍었다. 뒤이어 두각을 드러낸 이는 12세의 고토바後鳥羽(1183~1198) 천황을 보필하던 관백 구조 가네자네九条兼実(1149~1207)였다. 그는 상황이 꺼려했던 요리토모의 정이대장군 임명을 성사시켰지만 1196년 말 권좌에서 밀려났다. 재차 요동치는 정국의 키를 잡은 것은 고토바 천황이었다. 1198년 첫 돌이 갓 지난 아들을 쓰치미카도土御門(1198~1210) 천황으로 만든 뒤 23년에 걸친 강력한 원정을 개시한 것이다. 이렇듯 교토의 정세가 급변하던 1199년 2월, 요리토모는 만 51세로 세상을 떴다.

쇼군의 대권은 적자인 미나모토 요리이에源賴家(1199~1203)가 이어받았다. 하지만 전쟁터를 누볐던 고케닌들을 통솔한다는 것은 18세의 후계자에겐 녹록지 않은 과제였다. 가마쿠라 막부의 창업자 요리토모는 독재자로 군림했기에 막부라는 조직 속에 고케닌을 통합하기보다는 고케닌과의 개별적인 유대 쪽에 무게를 두었다. 따라서 요리이에가 아닐지라도 절대 카리스마를 상실한 신생 조직 막부의 재편과 장악은 순조로울 리 없었다. 힘으로 아버지의 가신들을 누르려는 젊은 쇼군의 행보는 누가 봐도 위태로워 보였다.

취임 3개월 만에 요리이에는 막부 중신들에 의해 소송의 결재권을 정지당했다. 대신에 요리토모의 귀족 출신 측근과 유력 고케닌 13명으로 구성되는 합의체가 결재를 떠맡았다. 심사가 뒤틀린 요리이에와 고케닌 간의 충돌이 빈번해지고, 새롭게 등극한 쇼군의 권위도 날로 추락했다. 유력 고케닌들 간에는 치열한 암투가 벌어졌다. 요리토모의 아내 호조 마사코北条政子(1157~1225)를 앞세운 호조北条 씨가 선두에 섰다.

1203년 마사코는 아버지 호조 도키마사北条時政(1138~1215)와 모의하여 요리이에를 강제로 폐하고는(이듬해에 암살) 그 동생 사네토모実朝(1203~1219)를 3대 쇼군으로 옹립했다. 자연히 막부의 실권은 요리토모의 처가 쪽으로 옮아갔다. 싯켄執権이라 불린 도키마사의 지위는 아들 요시토키義時(1163~1224)에게 승계되었다. 경쟁자인 유력 고케닌의 억제에 힘을 쏟은 요시토키는 1113년 정적인 와다和田 씨 일족을 멸망시킴으로써 실권 장악의 9부 능선을 넘었다. 가마쿠라 막부의 운영자는 바야흐로 만도코로와 사무라이도코로를 장악하며 패권을 차지한 호조 씨로 바뀌었다. 쇼군의 후견인임을 앞세운 '싯켄 정치'의 시작이다.

가마쿠라에서 직선으로 400km가량 떨어진 교토에서는 고토바 상황의 원정이 순항했다. 쇼군 권력의 약체화와 호조 씨의 부상이 빚어낸 가마쿠라 쪽의 내분은 조정을 다잡는 귀중한 시간을 벌어주었다. 상황의 정치 방침은 유력 근신의 형성조차 꺼리는 전제 권력의 추구이자 공무公武의 융화였다. 고토바 상황은 쇼군 미나모토 사네토모도 신하이므로 고케닌을 이끌면서 조정을 위해 봉사해야 한다고 여겼다. 호조 씨로 인해 권좌에서 내밀린 처지인 사네토모는 상황과 우호적인 관계를 형성했다.

고토바 상황 막부 타도를 외치며 서면·북면의 무사들을 이끌고 조큐의 난을 일으켰다.

반면 호조 씨가 견인해 나간 싯켄 정치의 기본 방침은 고케닌 권익을 보호하는 것이었다. 고케닌에 대하여 쇼군을 능가하는 수호천사, 그것이야말로 싯켄 정치의 영속성을 보장하는 최고의 방책이었기 때문이다. 그렇지만 상황은 때때로 슈고나 지토에 대한 해임을 압박하여 호조 요시토키를 곤혹스럽게 만들었다. 게다가 1210년에는 막부 쪽에 아무런 통보 없이 천황을 갈아치웠다. 막부와 대립각을 세우려던 상황은 천황의 유약한 성격에 불만스러워 했다고 한다. 이로써 양 세력의 공존은 불가능해졌다.

상황 측은 막부에 맞설 독자적인 군사력 확보에 분주했다. 종래의 북면 무사에 더해 새로이 '서면西面 무사'를 창설하고 승병 세력의 조직화에도 힘을 기울였다. 호조 씨와 상황 간에는 일촉즉발의 긴장감이 팽배했다. 그러던 1219년, 쇼군 사네토모가 요리이에의 아들 구교公曉(1200~1219)의 급습을 받고 살해된다. 조정에 순종적이던 사네토모의 죽음으로 가마쿠라와 교토의 완충 지대는 사라졌다.

이 무렵 싯켄 요시토키의 정략이 빛을 발한다. 1218년 초부터 상황의 아들을 차기 쇼군으로 삼고자 획책하던 요시토키에게 사네토모의 암살은 뜻하지 않은 호재였다. 먼저 쇼군 살해범인 구교를 처단하고, 요리토모의 남은 직계 핏줄마저 전부 제거했다. 동시에 고케닌 통제와 막부 안정화의 비책으로 상황의 아들을 쇼군에 임명할 것을 거듭 주청했다. 그러나 상황 측은 쇼군 암살에 이은 혼란이 막부 약화의 신호탄이라 여겨 후임 쇼군의 결정을 미루는 한편, 막부의 의중을 떠보기 위해 상황의 애첩이 소유한 장원의 지토를 경질할 것을 압박했다. 이로써 황족 쇼군의 임명과 지토 파면은 양대 권력의 명운을 건 싸움으로 비화되었다. 요시토키는 지토 파면을 거부함과 동시에 요리토모의 먼 친척이자 섭관가의 후지와라 요리쓰네藤原賴経(1226~1244)를 4대 쇼군으로 맞아들였다. 새 쇼군의 나이는 겨우 두 살에 불과했다.

이로써 막부의 자연 붕괴를 바라던 교토의 전략은 실패로 돌아갔다. 남은 것은 직접 대결뿐이고, 비밀리에 막부 타도를 위한 모의가 이어졌다. 1221년 6월 상황이 손수 조적朝敵 요시토키에 대한 토벌 명령을 내리면서 '조큐承久의 난'의 도화선은 점화되었다. 서면·북면의 직할 무사에다 승병을 더한 무력, 그리고 막부 세력의 분열이 고토바 상황이 생각한 비장의 카드였다.

상황 측의 거병 소식은 나흘 만에 가마쿠라에 전해졌다. 조정, 곧 천황에게 칼을 겨눠야 하는 심각한 사태를 앞두고, 막부 내부는 적지 않은 혼란에 휩싸였다. 그런 동요를 가라앉힌 것은 요리토모의 부인 마사코의 눈물 섞인 일갈이었다(다른 역사서는 고케닌이 대독했다고 함).

요리토모와 마사코 부부 상 시즈오카 현 이즈로 유배온 요리토모는 그곳에서 마사코와 결혼한다. 요리토모 사후에는 마사코 가문의 호조 씨가 패권을 장악했다. 이 동상은 히루가코지마(蛭ヶ小島)에 세워져 있다.

돌아가신 요리토모께서 조적을 정벌하여 막부를 세운 뒤, 관직에서도 포상에서도 여러분들이 받은 은혜는 산보다도 높고 바다보다도 깊다 할 것입니다. …(중략)… 명예를 소중히 여기는 사람은 상황 편에 가담한 후지와라 히데야스藤原秀康(?~1221)와 미우라 다네요시三浦胤義(?~1221) 등의 간신과 무사를 쳐 죽여 3대의 쇼군이 다져온 막부를 지키세요. 단 상황 편에 서고 싶은 사람은 지금 즉시 가마쿠라를 떠나시오.

고케닌이라는 공동 운명체를 위협하는 외부의 적을 향해 막부의 단결심은 빛을 발했다. 가마쿠라를 나설 때 18명에 불과했던 군사는 전장에 다다르자 19만 명으로 불어났다. 상황 측의 병력은 겨우 2만 정도였다. 막부의 군사들은 1개월이 지나지 않아 교토에 입성했다. 상황은 낭패한 얼굴로 요시토키 토벌 명령을 내리고 군대를 보낸 것은 일부 근신의 사주에 떠밀려서 했을 뿐이라고 변명했지만, 이미 엎질러진 물이었다.

점령군은 곧바로 전후 처리에 나섰다. 막부를 향해 칼을 휘두른 귀족·무사의 영지 3,000곳을 몰수하여 공을 세운 고케닌에게 분배했다. 조정의 강경파였던 고토바, 준토쿠順德(1210~1221) 두 상황은 물론 토벌에 반대했던 쓰치미카도 상황까지 유배되었고, 재위 2개월을 갓 넘긴 주쿄仲恭 천황은 폐위되었다. 전례 없이 천황 교체까지 감행할 만큼 막부는 명실상부한 권력자로 우뚝 섰다.

조큐의 난 공양탑 기후 현 가카미가하라(各務原) 시에 있다. 조큐의 난에서 전몰된 사람들을 위해 만든 공양탑이다. 매년 6월 5일 공양제가 열린다.

　요시토키는 교토 장악의 긴요함을 깨닫고 조정의 감시, 교토 내외의 경비, 서국의 통제를 전담하는 로쿠하라탄다이六波羅探題를 신설했다. 싯켄 다음가는 직책이었기에 관례적으로 호조 씨 일족이 차지했다. 몰수지가 많은 서국에는 동국의 고케닌이 지토로서 이주했다. 막부의 힘은 이제 서국까지 미치게 되었다.

　사실 명분으로 보자면 조큐의 난은 막부 측에 어려운 싸움이었다. 오죽했으면 요시토키가 상황이 손수 출진할 경우 항복하라고 말했을까. 그만큼 막부에게 승리의 의미는 지대했다. 승전보를 접한 요시토키는 "이제 나는 여한이 없다. 전생에서 나 요시토키의 업보는 왕의 업보보다 훌륭했다. 현생에서 갚아야 할 선행이 하나 더 있었기에 낮은 신분으로 태어났을 따름이다"라는 말을 남겼다. 무사로서 강한 자긍심이 흘러넘친다.

　이렇듯 양대 권력의 첫 대결은 막부의 승리로 돌아갔다. '낮은 신분'이던 무가의 정치적 우위는 명백해졌고, 상대적으로 취약했던 서국에 대한 지배도 조큐의 난을 계기로 결정적으로 진전했다. 귀족들은 이제 권세를 유지하려면 무가 세력과 손을 잡아야 했다. 일본 열도의 판도가 뒤바뀐 것이다.

고케닌 중심의 정치

　조큐의 난(1221)에서 거둔 승리는 안착 여부가 불투명했던 초보 무사 정권에게 최적의 에너지를 공급했다. 호조 요시토키도 안심한 듯 3년 뒤인 1224년 62세로 눈을 감았다. 막부의 지휘봉은 초대 로쿠하라탄다이로서 후계자 수업을 쌓은 맏아들인 호조 야스토키北條泰時(1183~1242)에게 넘어갔다. 그는 막부 운영의 새 좌표와 전망을 성공리에 창출함으로써 호조 씨의 주도권과 무사의 지배계급화를 확고히 다졌다.

　원래 막부 정치는 사안 처리에 관한 원칙과 규정 없이 쇼군 개인의 의향에 맡기는 독재적 성격을 갖는다. 고케닌의 안위는 일차적으로 주군의 재능과 덕성에 따라 좌우되기 마련인데, 아무리 공정하더라도 독재 정치에 자신과 가족의 생계를 걸 수는 없다. 지방 무사 출신인 탓에 직접 쇼군 자리를 꿰차기도 어려운 호조 씨에게, 독재 형식의 지배는 무사 통솔에 방해가 될 따름이었다. 시정 원칙의 확립, 공평한 결정, 고케닌 층의 신망과 지지는 막부와 호조 씨의 미래가 걸린 중차대한 문제였다.

　야스토키가 싯켄에 취임한 뒤 마사코와 막부 창업 이래의 고케닌 원로들이 대거 세상을 떴다. 변화의 계기는 무르익었다. 먼저 일족의 유력자에게 싯켄의 보좌역을 맡김으로써, 미약하지만 합의제 시행의 단초를 열었다. 이어 11명의 고케닌과 전문가로 구성된 효조슈評定衆로 하여금 정무 처리와 소송의 결재를 합의제로 운영하도록 했다. 고케닌 층의 지지를 바탕으로 정무를 돌보겠다는 정치 방침이 걸음마를 내딛기 시작한 것이다.

　이런 제도 창출과 시행을 거듭하면서 1232년 제정한 것이 무가 최초의 법전인 고세이바이시키모쿠御成敗式目(세이바이成敗는 정치·판정의 의미)이다. 51개조에 이르는 조문은 주로 고케닌끼리의, 혹은 고케닌과 장원 영주 사이의 분쟁(주로 토지 관련)을 공평하게 재판하는 기준을 언급하고 있다. 조큐의 난 이후 일본 열도 전역에 막부의 힘이 미치게 되자, 지토인 고케닌과 장원 영주 간에는 수익 배분을 둘러싼 다툼이 속출했다. 이런 분쟁을 합법적으로 조정할 수 있는 공권력이어야 긍정적으로 유지, 작용된다.

　여기서 싯켄 정치의 본질이 명백해진다. 즉 법에 의해 재단하고 합의에 따라 처결한다는 것이다. 아울러 미나모토 3대의 쇼군 전제 시대를 거친 뒤 형성된 싯켄 정치는 효조슈와 같이 고케닌이 정치에 참가하는 기틀을 마련했다. '고케닌에 의한, 고케닌을 위한 정치'가 터전을 잡은 것이며, 따라서 진정한 의미에서 무가 정치의 출발점은 바로 이때다.

　남은 과제는 쇼군 위상의 재정립이었다. 섭관가에서 허수아비로 모신 쇼군 후지와라 요

무사의 가옥 승려 잇펜(一遍)이 방문한 지쿠젠(筑前) 국 무사의 가옥이다. 대문은 망루 모양을 하고 있으며, 가옥 주변은 외부 침입에 대비하여 호를 파 놓았다.

리쓰네·요리쓰구賴嗣(1244~1252) 부자가 종종 호조 씨 일족이나 고케닌에게 휘둘려 싯켄 자리를 위태롭게 만들었기 때문이다. 이런 상황을 정리한 이는 야스토키의 손자 호조 도키요리北条時賴(1227~1263)였다. 1252년 도키요리는 후지와라 요리쓰구를 쫓아내고 천황의 맏아들(어머니의 신분이 낮았음)을 6대 쇼군으로 영입하는 데 성공했다. 이후 호조 씨는 10세 전후의 어린 황족을 쇼군으로 모셨다가 그의 나이 20대를 넘기지 않고 교토로 돌려보냈다. 이 과정이 반복됨으로써 싯켄에게는 쇼군 권력의 대행자라는 함의 대신 호조 씨 권력의 독자성이 부각되었다. 그 연장선에서 이른바 '도쿠소得宗(호조 가의 당주) 전제'가 자리를 잡아간다.

도키요리는 잦은 정변에 동요하는 고케닌의 위무에도 힘을 썼다. 싯켄 정치에 대한 신뢰를 더욱 다지고자 취해진 조치는 신속하고 정확한 재판의 확보였다. 효조슈 아래 히키쓰케슈引付衆를 임명하여 고케닌 간, 혹은 고케닌을 상대로 하는 영지 관련 소송을 전담시켰다.

이렇듯 영지에 관한 송사의 원활한 집행은 막부 지배의 근간과 결부되는 중대 사안이었다. 각지에서 토지를 둘러싼 다툼이 빈발하고 격해졌기 때문이다. 조정과 쇼군, 싯켄이 엮어내는 중앙 정치의 동향을 감안하면서 무사의 실생활에 담긴 중세의 흐름을 더듬어보자.

헤이안 시대 후기부터 13세기까지 무사는 재지 영주의 계보를 이어갔다. 영지의 중심지에는 울타리와 해자를 두루 갖춘 성채가 있었고, 세금 면제와 사유권을 인정받은 직영지는 하인과 영지 내의 농민들을 부려 경작했다. 경지의 개발에도 열심이었다. 무사는 지토나 장관과 같은 현지 관리자로서 장원을 지배했으며, 농민에게 징수한 연공을 국아와 장원 영주에게 바치고 정해진 수수료를 챙겼다.

상속은 일족 모두에게 영지와 재산을 나눠주는 분할 상속(여성 포함)이 원칙이었다. 적자인 소료惣領의 몫이 가장 많고 나머지를 서자들이 나눠 가졌다. 소료의 가장권을 가독家督

이라 칭하기도 한다. 일문―門·일가―家라 불리던 집단은 소료의 혈연적 통제하에 단결하고 전투에 임했다. 소료는 통상 적출의 장자가 잇는데, 이는 선조 제사의 책임과 통솔의 정통성이 요구되었기 때문이다. 또한 소료는 대대로 내려오는 성姓을 사용했지만, 서자는 분여된 곳의 지명을 따라 성을 취했다. 이런 동족 결합 방식을 '소료제'라 부른다.

가마쿠라 막부의 상은 이 소료제를 훑어보아야 더욱 선명해진다. 요컨대 소료제를 토대로 동국 각지에 뿌리를 내린 무사단들이 미나모토 요리토모와 결합함으로써 막부의 기초가 다져졌으며, 가마쿠라도노(쇼군)―소료―서자로 이어지는 소료제는 막부의 조직 원리였던 것이다. 규모는 제각각이어서 몇 군이나 일국까지 거느린 무사가 있는 반면, 마을 몇 개를 지배하는 소영주도 있었다. 무사들은 요리토모와 주종 관계를 맺고 고케닌이 되는데, 앞서 말했듯이 주로 지토 보임이라는 형식을 취했다.

조큐의 난 이후 서국에서도 고케닌(=지토)이 양산되었다. 이들은 막부의 위세를 빌려 장원과 공령을 휘저으며 병량미의 과징은 물론 토지 지배에까지 손을 뻗었다. '우는 아이와 지토는 이길 수 없다'는 속담이 나올 지경이었다. 장원 영주 및 국아와 지토 간에 알력이 증대되는 사태는 막부에게 큰 부담이었다. 질서 유지와 막부 체제의 안정을 위해서도 '조정자' 역할의 유지와 제고는 급선무였다. 고세이바이시키모쿠와 일련의 재판 제도 정비는 이런 상황을 반영한 조치였다. 참고로 고케닌이 장원·공령을 침탈하는 양상에는 지역 차가 분명했다. 장원 영주나 국아의 개입이 미약하고 재지 영주가 실질적인 지배권을 행사했던 동국에서는 분쟁이 드물었다. 반면 기나이를 포함한 서국으로 가면 사정은 판이했다. 예컨대 장원 기진을 받은 영가나 본가는 직접 관리에 나섰으며, 개별 소농민의 자립성도 높았다. 따라서 서국에서는 지토의 지배 확장에 민감하게 저항한 흔적이 허다하게 발견된다.

그렇다면 싯켄 정치는 장원 영주와 재지 영주 중 과연 어느 편을 들었을까? 고세이바이시키모쿠와 뒤이은 법령의 조문, 실제 재판의 결과를 보면 확연히 드러난다. 가마쿠라 막부는 어떤 면에서는 지토와 고케닌을 비롯한 재지 영주의 권익을 보호하고 조장하는 태도를 보이면서도, 기본적으로는 장원 체제를 옹호하는 자세로 일관했다.

그런데 이 결론은 관련 사료가 적다는 점에서 뒷맛이 개운치 않다. 다툼이 벌어진 뒤 재판에서 어떻게 처결되었는가를 확인할 수 있어야 하는데, 몇몇 장원에 국한되는 데다 장원 영주 측이 승소한 경우가 대부분이기 때문이다. 공권력으로 진화하는 막부의 딜레마라고도 표현할 수 있는 대목이다. 하지만 시대 흐름의 추는 착실히, 그리고 분명하게 재지 영주 쪽으로 기울고 있었다.

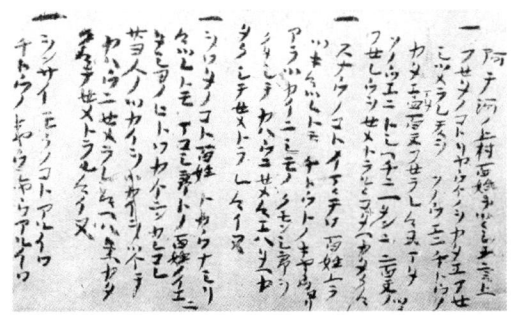

농민의 고소장 기이 국 아테가와 장원의 농민들이 지토의 부당한 대우를 고소하는 소장이다.

원의 내습

13세기에 들어서자마자 유라시아 대륙 전역은 대규모의 전란에 휩싸인다. 칭기즈칸이 이끄는 몽골의 기마대는 아시아와 유럽을 누비면서 대제국을 형성했다. 칭기즈칸의 손자 쿠빌라이는 송을 멸망시키고 중국 대륙을 석권하여 원을 세우는(1271) 한편, 이미 굴복시킨 고려를 앞세워 일본 열도의 정복 준비를 서둘렀다. 1268년부터 몇 차례나 사자를 보내 원의 위력을 전하고 복속을 종용했다. 당시 중국, 특히 남송과의 무역에만 관심이 쏠려 있던 가마쿠라 막부는 일대 시련에 직면하게 된다.

1268년 18세의 나이에 8대 싯켄에 취임한 호조 도키무네北条時宗(1251~1284)는 원의 잇단 조공 요구를 물리치고 응전을 선택했다. 서국에 영지를 보유한 동국의 고케닌을 파견하여 군사력을 강화하고 규슈의 고케닌에게는 규슈 북부 연안의 방비를 지시했다. 이 과정에서 고려 삼별초의 항쟁(1270~1273)은 가마쿠라 막부에게 귀중한 시간을 벌어주었다. 비록 1271년 삼별초가 일본에 보낸 원군 요청은 무시되었지만 말이다. 조정이 한 일은 그저 기도였다. 가메야마亀山(1260~1274) 천황은 손수 외적 격퇴를 기원하고 사찰과 신사에 '적국항복敵國降伏'의 기도를 당부했다.

1274년과 1281년, 유사 이래 처음으로 일본은 규슈 지역을 무대로 두 차례나 외적과 본격적인 전쟁을 벌였다. 이 외적은 통상 원구元寇라 불리며, 이때의 전쟁은 당시 연호를 딴 '분에이文永·고안弘安의 역役'이 정식 명칭이다.

1274년 11월, 3만 수천의 여·원 연합군은 한반도의 마산에서 900척의 배에 나눠 타고 일본 열도로 나아갔다. 쓰시마對馬, 이키壹岐, 히라도平戶, 다카鷹 섬 등을 유린한 다음, 규슈의 하카타博多 만에 상륙했다. 쓰시마 주재 슈고의 보고에 따라 사전에 동원 태세에 들어갔던 막부 측은 규슈의 고케닌을 총동원하여 여·원 연합군에 맞서 싸웠다.

첫째 날의 전투는 일본 측의 완패였다. 일본의 전법에서는 서로 이름을 밝힌 뒤 일대일 대결을 통해 승부를 가리는 것이 일반적이었다. 이에 비해 유목민인 몽골은 1,000호 병단 제도를 활용한 집단 전투가 기본이다. 1,000명의 병사를 내는 규모의 가족 집단을 바탕으로 삼으며, 그 밑에 100호, 10호로 세분된 조직별로 전투에 임하는 것이다. 실제로 일본 측에서 유서 깊은 가문의 무사가 나아가 이름을 외치면, 어느 틈엔가 몽골군 여럿이 달려들어 해치워버리곤 했다. 몽골군 밀집 부대에서 일제히 쏘아대는 짧은 화살에는 독이 묻어 있어 한 발만 맞아도 운신을 못한다. 게다가 몽골군에는 장창을 가진 보병 집단도 있었고,

원의 내습 1274년 원구의 침입에 맞서 싸우는 고케닌(오른쪽, 다케자키 스에나가)의 모습이 생생하다. 이 그림은 다케자키 스에나가(竹崎季長)가 자신이 출전한 전투를 2권의 두루마리에 그린 것 중 일부이다. 〈몽고습래회사(蒙古襲來絵詞)〉

쇠구슬을 화약으로 발사하는 신무기 '철포'도 있었다. 형세가 불리해진 일본군은 내륙으로 물러날 수밖에 없었다.

여·원 연합군은 첫 싸움을 유리하게 이끌었음에도 더 이상 진격하지도 육지에 진지를 구축하지도 않았다. 일본군의 야습을 두려워하여 하카타 만에 정박해 놓은 배로 돌아간 것이다. 그런데 다음 날 아침, 바다를 뒤덮었던 선단은 송두리째 사라지고 없었다. 그 이유를 놓고 아직도 정설은 없다.

종래에는 일본 측 전승에 근거하여 돌풍으로 큰 손해를 입은 여·원 연합군이 퇴각했다는 설이 지배적이었지만, 1950년대 말 한 기상학자가 그때 돌풍은 없었으며 자발적인 철군이었다는 주장을 발표한 이후 돌풍에 따른 퇴각설의 신뢰도는 급속히 추락했다. 대신, 고려인에게 강제로 만들게 한 배라서 쉽사리 난파되었다는 설, 고려와 원의 지휘부가 대립한 나머지 철군이 결정되었다는 설 등이 제시되었다. 쿠빌라이로서는 일종의 위력 정찰로 '본보기'를 보여주고 싶었을 뿐 본격적인 침략을 의도하지는 않았다는 견해도 있다.

어쨌든 단 하루의 전면전으로 여·원 연합군의 첫 내습은 막을 내렸다. 급작스런 철수였기에 당연히 몽골의 재침이 있을 것이라 예상되었다. 막부는 전투에 참가한 무사에게 은상(恩賞)을 내리는 한편, 몽골군의 상륙 지점이 될 규슈 북부의 경비 태세를 강화하고 하카타 만 연안에는 상륙 방지를 위해 20km에 이르는 방루를 쌓았다.

1275년 쿠빌라이는 외교 절충으로 일본 복속을 달성하고자 재차 사절을 파견했다. 하지만 막부는 결전의 의지를 굳히기 위해 5명의 사절을 가마쿠라로 호송하여 참수했다. 나아가 이듬해에는 선제공격의 차원에서 고려 정벌을 계획하기도 했다. 1279년 원은 남송의 항복을 받아낸 기세를 몰아 일본 공격을 위한 군선 건조를 명하는 한편, 또다시 사절을 파견했다(이들도 하카타에서 참수됨).

마침내 1281년 막부가 얻은 정보대로 두 번째 원정군이 바다를 건넜다. 남송인으로 편성된 강남군 10만에다 고려와 몽골의 연합군인 동로군 4만이 주축이었다. 병력과 군선 모두

후쿠오카 현 시카 섬에 남아 있는 방루

1차 때보다 약 5배 많은 규모였다. 6월에 마산을 출발한 동로군은 쓰시마, 이키를 공략한 뒤 7월에 하카타 만에 도착했다. 금인이 발견된 곳으로 유명한 시카志賀 섬에서 양군이 격돌했는데, 방루를 배경으로 버티던 일본군에 밀려 동로군은 상륙을 포기해야 했다. 7년 전과는 사뭇 다른 상황이었다.

8월에 강남군은 동로군과 합류하여 재차 상륙을 시도했으나, 이번에도 일본군의 방어선을 뚫지 못했다. 전열을 재정비하고 공격에 나서려던 8월 16일 밤, 규슈 일대에 태풍이 들이닥쳤다. 바다를 가득 메웠던 4,000여 척의 배는 거의 침몰했고, 『고려사』에 따르면 80% 이상의 병력이 수장되었다. 대형 태풍, 이른바 '가미카제神風'라 불리는 신국神國 사상에 따른 명칭의 유래다.

두 차례의 실패에도 불구하고 원은 정복을 포기하지 않았다. 하지만 남송과 베트남 등지에서 반란이 속출한 데다 1294년 쿠빌라이마저 세상을 뜸으로써, 대규모 원정은 사실상 불가능해졌다. 일본의 경우 최고 지휘관인 싯켄 도키무네가 1284년 34세로 세상을 떴지만, 경계의 끈을 늦출 수는 없었다. 연안 방비를 비롯하여 총력을 기울인 거국적인 경비 태세는 13세기가 저물 때까지 해제되지 않았다.

원의 내습과 방어전은 일본의 정치와 사회에 엄청난 영향을 주었다. 미증유의 외침을 막아냄으로써 내정과 외교에 걸쳐 막부의 위상은 결정적으로 높아졌다. 구체적으로는 다음의 두 가지 측면이 특기할 만하다.

먼저 막부는 외적 방위라는 명분으로 서국 지배의 확대라는 획기적인 진전을 이룩했다. 1차 내습이 마무리되기 직전 막부는 비非고케닌의 동원을 하달했다. 기존의 군사력만으로는 방어가 어렵다는 판단하에 관할권 밖에 있는 장원의 무사를 끌어들이고자 했던 것이다. 아울러 방루 축조에 소요되는 비용을 일반 장원과 공령에까지 부과했다. 장원과 공령에 개입하지 않는다는 원칙은 국난 극복이라는 대의명분 앞에서 철회될 수밖에 없었다.

또한 슈고의 국아 기구 장악력은 한층 높아졌고, 사찰과 신사에 대한 막부의 명령권도 관동 일원을 벗어나 전국으로 확대되었다. 예컨대 이세 신궁의 조영이나 천황 즉위에 즈음한 세금 징수를 막부가 담당하는 식이었다. 원의 내습으로 인해 한편에서는 공가 정권의 안방까지 무가 정권의 입김이 미치는 계기가 마련된 것이다.

이렇듯 원과 전쟁을 겪으며 막부는 기존의 군정 조직 단계에서 벗어나 전국적인 국가 조직으로 탈바꿈했다. 제한적이긴 하지만 무로마치室町 막부 체제의 싹이 모습을 드러냈다고 평가되는 연유이기도 하다. 무가의 영지는 물론 장원·공령까지 통치의 대상으로 끌어들이고 슈고를 통한 국아 장악을 발판으로 새로운 지배 시스템이 태동하기 시작한 것이다.

도쿠소 전제와 고케닌의 몰락

두 차례의 전란과 수십 년의 전시체제는 무가 사회에도 심대한 변화를 가져왔다. 그 핵심은 도쿠소 전제의 확립과 고케닌 신분의 불안정 및 몰락, 그리고 막부 지배의 기초인 소료제 해체의 가속화였다. 상층 권력의 경직화와 하부 지지층의 형해화, 그 종착역은 가마쿠라 막부의 붕괴일 수밖에 없다.

도쿠소는 본래 호조 씨의 당주이자 가독을 지칭한다. 13세기 중반 이후 가동되기 시작한 싯켄 정치는 원의 내습과 겹치는 호조 도키무네 대에 이르러 변질한다. 월 수차례 열리는 회의에서 합의와 결재를 이끌어내는 효조슈 제도의 작동이 멈춘 것이다. 대부분의 정무는 소수의 효조슈와 측근 그룹이 함께 여는 회합에서 결정되곤 했다. 그러나 그 회합의 구성과 절차를 자세히 들여다보면, 도키무네의 권력을 떠받치는 것은 싯켄이라는 직책이 아니라 호조 씨의 도쿠소라는 지위임을 알 수 있다. 요컨대 도쿠소 전제의 본질은 제도적 지배에서 인적 지배로의 이행이며, 막부의 권력 체계는 쇼군 전제, 싯켄 정치에 이어 마지막 단계인 도쿠소 전제로 나아갔다.

1284년 9대 싯켄인 호조 사다토키北条貞時(1272~1311)는 아버지를 본받아 도쿠소 전제의 확대에 진력했다. 1293년에는 소송 안건의 신속 처리라는 명분을 앞세워 고케닌 지지 획득에 공헌했던 히키쓰케슈를 폐지하고는 스스로 최종 결정권을 낚아챘다. 고케닌의 반발을 감안하여 2년 뒤 부활시켰지만, 중요 안건의 재결은 사다토키가 계속 행사했다. 1300년에는 오심을 구제하는 재심 기관마저 없애고 도쿠소의 보좌진에게 맡겼다. 합의제를 바탕으로 하는 싯켄 정치는 명백히 해체되었다.

고케닌 내부의 변화로는 소료제의 동태가 심상치 않았다. 원래 막부의 고케닌 지배는 가마쿠라도노(쇼군)—소료—서자로 이어지는 소료제로 지탱되었는데, 가마쿠라 시대 중기 이후에는 소료의 통제 아래 있던 서자의 독립화가 현저해지면서 일족 내부에 분란이 끊이지 않았다. 서자의 경우 배분된 영지를 넓힘으로써 독자적인 경영이 가능해졌다. 또한 막부 권력의 전국화로 고케닌의 영지가 분산되자, 신천지에 잘 정착한 서자들 사이에서 소료로부터 독립하려는 경향이 나타났다.

결국 더 이상의 영지 확대가 불가능하다고 판단한 소료는 일문의 세력 유지를 위해 영지 감소가 없는 새로운 상속 방식을 택할 수밖에 없다. 소료가 모든 영지와 재산을 물려받는 단독상속이다. 빠른 경우는 13세기 중엽부터 출현하며 무로마치 시대인 15세기 중엽에 일반화되었다는 것이 정설이다. 소료제의 이완과 해체는 단지 시간 문제에 지나지 않았다.

원의 내습도 소료제의 약체화를 부채질했다. 방어 체제 정비를 서두르던 막부는 슈고의 지휘권을 강화했고, 멀리 떨어진 영지에서 거주하며 독립성을 높여가던 서자들은 현지 슈고의 지배를 받아야 했다. 일족 단위로 소료의 통솔 아래 출진하는 방식은 수정이 불가피해졌다. 결국 막부로서도 어느 정도 서자의 독립을 인정할 수밖에 없었다. 이렇듯 혈연적 결합 원리를 추구하는 소료제의 이완은 슈고를 중핵으로 하는 지연적 결합 원리의 태동과 맞물려서 전개되었다.

다른 한편에서 소료제의 해체는 고케닌의 경제적 궁핍과 긴밀한 관련을 갖는다. 당시 어떤 무사는 그 원인으로 사치와 분할 상속에 따른 영지의 세분화를 든 바 있다. 자급자족하며 검소하게 생활하던 초기의 무사와 달리 유통경제의 발달에 따라 사치품 구입에 열을 올리는 경향이 짙어졌으며, 분할 상속의 반복은 영지의 협소화를 낳고 말았다고 풀어낸다. 당연히 소료보다는 서자 쪽의 타격이 더 컸다.

대외 전쟁은 고케닌을 더욱더 궁핍하게 만들었다. 출전 준비 단계에서 지불해야 할 비용과 함께 장기간의 전투에 소요되는 전비는 고케닌이 감당하기 어려운 경제적 부담이었다. 정복 전쟁이 아니기에 은상이 풍부할 리 없으니, 영지를 매각하거나 저당 잡히는 사례가 끊이지 않았다.

막부는 일찍부터 고케닌의 영지 보전을 위한 시책을 내놓았다. 호조 야스토키가 싯켄으로 집권하던 1239년에는 지토·고케닌이 담보 대신에 상인이나 승려(히에이 산의 고리대를 운영)를 관직에 임용하지 못하도록 했다. 융자에 의존하는 무사가 적지 않았고 그런 고리대가 영지 상실의 단초가 된다고 인식했던 것이다. 이듬해에는 고세이바이시키모쿠(1232)에서 인정했던 사적인 토지의 매각도 철폐했다. 호조 사다토키가 싯켄이던 1297년에는 저당 잡힌 고케닌 영지의 환수를 강제하고 영지의 저당·매매를 금하는 덕정령德政令(원래는 천황 등극에 즈음한 사면과 세금 면제를 지칭하지만 중세 이후에는 채무의 강제 파기로 한정됨)이 선포되었다. 고케닌에 대한 이런 적극적인 구제는 반짝 효과를 낳았을 뿐 혼란만 가중시켰다. 이듬해 금전 변통의 길을 터주기 위해 영지 처분은 합법화로 되돌아갔고, 영지 환수의 강제로 인해 이자율은 더욱 치솟았다.

중소 고케닌의 몰락은 일부 슈고에게 호재로 활용되기도 했다. 쇠락한 고케닌을 수하로 끌어들여 세력을 키우는 슈고가 나타난 것이다. 고케닌 내부에서 계층 분화와 이해관계의 대립이 시작된 것이다. 이런 체제 모순의 심화에 대처하고 고케닌 사회의 동요를 가라앉히기 위해서도 사다토키는 도쿠소 전제의 강화로 내달았다. 하지만 아이러니하게도 호조 씨 권력이 강해지면 강해질수록 고케닌과의 거리감은 커졌고, 고케닌의 체제 이탈도 가속화되었다. '악당惡黨'의 등장이 이를 웅변한다.

악당이라는 단어 자체는 고대부터 있었으나 중세에 들어서면 장원·공령을 침탈하는 외

악당의 횡행 1301년 야마토(大和) 국의 악당들이 가스가(春日) 사를 침탈하는 모습이다.

부 세력을 총칭하는 말로 쓰인다. 그래서 장원공령제의 변질과 해체를 중세의 역사 과정이라 본다면, 악당이야말로 중세 추동의 견인차였다는 평가도 가능하다. 하지만 현실은 훨씬 복잡한 법이다.

도다이 사가 미에 현에 보유했던 구로다黑田 장원을 통해 악당의 실태를 엿보기로 하자. 가마쿠라 시대에 들어서자 장원의 하급 관리인 오에大江 씨는 고케닌과 결탁해서 연공 납부를 미루는 식으로 독자 노선을 노골화했다. 도다이 사 측은 막부의 지원에 힘입어 이런 움직임을 억누르려 했지만, 오에 씨는 장원 내의 농민을 끌어들여 저항을 계속했다. 이들이 중세사 연구에서 유명한 '구로다 악당'이며, 양자의 갈등은 1278년부터 90년 가까이 이어졌다고 한다.

악당은 주로 기나이와 주변의 선진 지역에 많았다. 이곳은 동국과 달리 장원 영주, 지토, 장관, 유력 농민 등이 각자의 세력 유지와 확대를 놓고 충돌을 거듭하고 있었기 때문이다. 악당의 발생 원인과 신분은 매우 다양한데, 구로다 악당과 같은 부류 외에도 상업에 종사하던 엔랴쿠 사의 승려나 하급 신관이 세속 집단과 연결된 경우도 있었다.

위기에 처한 장원 영주 측은 막부에 악당 진압을 요청했다. 고세이바이시키모쿠에서도 도적과 악당의 비호를 범죄시했지만, 막부 측의 실제 대응은 미온적이었다. 하지만 원의 내습과 고케닌 사회의 격변으로 인해 악당의 활동이 격화되자, 막부 측은 로쿠하라탄다이를 내세워 적극적인 토벌로 돌아섰다. 이에 맞서고자 악당 쪽은 교토의 권문세가와 제휴하는 기색을 보였다.

이렇게 되자 기나이의 악당 봉기에는 점차 막부 지배에 대한 재지 영주의 반항이라는 함의가 더해지면서 조정까지 결부된 고도의 정치적 문제로 번져간다. 그 결과 구스노키 마사시게楠木正成(1294?-1336) 등 일부 악당은 가마쿠라 막부 타도의 선봉대로 나서기도 했다. 뒷날 로쿠하라탄다이에게 진압된 구로다 악당이 남북조의 대립 속에서 부활하여 남조 편에 가세한(후술☞029) 것도 그런 맥락이었다.

가마쿠라 문화

무가 정권이 동국 지방에 차근차근 뿌리를 박으면서 중세의 선봉 가마쿠라 시대의 문이 활짝 열렸다. 정치적으로 보자면 교토의 공가 쪽이 서서히 내리막길을 걷게 되는 형국이다. 하지만 문화 분야로 눈을 돌리면, 가마쿠라 시대 제1막의 주연배우는 여전히 귀족이었다. 정치적 군사적 우위가 곧바로 독자적인 문화 구축을 보장해줄 리 없다. 귀족 문화의 토대조차 대륙 문화의 수용과 일본화를 거치면서 서서히 조성되었기 때문이다. 전환기를 맞은 시류에 저항하려는 듯, 귀족들은 자신들의 문화적 우위성을 증명하고자 애썼다. 귀족 문화의 신경향은 무사의 대두에 따른 위기의식에서 용틀임을 시작했고, 문화의 주체라는 자기 인식의 강화와 결부되면서 꽃을 피웠다.

헤이안 시대 말기부터 중·하급 귀족 중에서 문화의 한 분야를 전문 가업으로 삼아 대대로 이어가는 사례가 생겨났다. 와카의 경우가 그러하다. 우타아와세歌合(두 팀으로 나뉘어 와카의 우열을 겨룸)에서 심판을 맡거나 와카 짓는 법을 지도하면서 와카의 문학성을 높이는 데 앞장선 귀족이 생겨난 것이다. 특히 로쿠조六条 가와 미코히다리御子左 가가 쌍벽을 이뤘으며, 후자를 대표하는 후지와라 데이카藤原定家(1162~1241)가 중세는 물론 후대의 와카에 지대한 영향을 미쳤다(로쿠조 가는 이후 단절되지만 미코히다리 가의 분파인 레이제이冷泉 가는 지금까지 이어짐). 출범 직후 무가 정권과 사투를 벌인 고토바 상황은 와카에 심취했던 것으로도 유명하다. 『만요슈』, 『고킨와카슈』와 더불어 3대 가집으로 칭송받는 『신코킨와카슈新古今和歌集』는 상황이 친히 나서서 간행했을 정도다.

사상의 측면에서는 급격한 사회변동 속에서 귀족 사회의 추이를 차분히 응시하려는 움직임이 일었다. 섭관가 태생의 승려로서 역사서인 『구칸쇼愚管抄』를 펴낸 지엔慈円(1155~1225)은 가마쿠라 막부의 출범으로 공무公武 융화의 분위기가 가능해졌다고 판단했고, 그런 흐름 속에서 귀족 사회의 바람직한 모습을 그려내고자 했다. 역사의 이면에 숨겨진 '도리'를 석출하려는 그의 시각이 담긴 『구칸쇼』는 사서라기보다 사론에 가깝다고 평가된다. 이후 간행된 사서들에서 조큐의 난을 성찰적으로 기록한 것도 같은 맥락이다.

공가 문화와 무사 정권의 공존이라는 새로운 시대상은 문학에도 투영되었다. 겐페이의 쟁란을 다룬 『헤이케모노가타리平家物語』가 그러한데, 무사의 전투를 소재로 다룬 기존의 어느 작품보다 획기적이었다. 저술 과정과 소비 모두 새로웠다. 세상을 등진 학식 있는 귀족이 저술하여 동국 출신의 비파 법사(비파를 연주하는 맹인 승려이자 예능인)에게 구연하게 했으

호넨 사누키(讃岐) 국(현재 가가와 현)의 쇼후쿠(正福) 사에서 설법하고 있는 호넨을 그린 그림이다.

며, 처음부터 비파 연주를 곁들인 구연을 통해 각지로 퍼져 나갔다. 『헤이케모노가타리』는 독본(読み本) 외에 구연(語り本)도 가미하면서 서민층에까지 폭넓게 수용되었다.

신구가 격돌하는 장면은 불교라고 예외일 수 없다. 일찍이 외래문화로 들어온 불교는 700년을 거친 뒤에야 사람을 구제하는 종교로서 받아들여지기 시작했다. 부처가 되기 위해 수행에 힘썼던 헤이안 시대의 정통 불교와 달리, 이 시기에는 귀족 사회의 해체를 배경으로 죄업에 얽매인 현실의 인간을 어떻게 구원할 것인가의 문제와 맞서려고 했다. 이에 따라 '알기 쉬운' 가마쿠라 신불교가 등장했다.

정토종淨土宗의 개조 호넨法然(1133~1212)은 이런 시대적 과제를 궁구한 선구자였다. 아미타불을 믿고 읊으면 누구나 극락정토로 왕생한다는 그의 설법은 중세 서민의 관심을 끄는 혁신적 내용이었다. 신란親鸞(1173~1262)은 스승 호넨의 사상을 더욱 발전시켜 정토진종을 열었다. 그 때문인지 이후 난세를 겪을 때마다 사상가들은 신란에게 시선을 돌리곤 했다.

변화의 바람은 선종에서도 불었다. 헤이안 시대 말기 중국의 송과 교류하면서 새로운 선종이 전해진 것이 자극제가 되었다. 두 차례나 송을 방문하여 임제종을 들여온 에이사이榮西(1141~1215)는 신흥 무사 쪽으로 포교의 방향을 잡았다. 좌선과 선문답을 통해 깨달음을 얻을 수 있다는 에이사이의 주장은 쇼군과 호조 씨의 관심을 끌었고, 그가 세운 교토의 겐닌建仁 사는 선종의 거점이 되었다. 임제종과 달리 권세와 거리를 두고 순수하게 선禪만 추구하려는 도겐道元(1200~1253)의 조동종曹洞宗도 모습을 드러냈다. 이들은 세속화로 인해 활기를 상실한 기성 불교와 충돌을 거듭하면서 서서히 기반을 닦아갔다.

가마쿠라 중기 이후 서민에게 침투한 정토종, 그리고 막부와 선이 닿은 선종이 던진 충격은 곧 불교 자체를 변모시키기에 이르렀다. 가마쿠라 신불교의 마지막 단계이다. 이 국면에서 니치렌日蓮(1222~1282)과 잇펜一遍(1239~1289)의 무게는 지대했다. 일련종日蓮宗의 시조 니치렌은 법화경에 대한 독자적인 해석에 의거하여 내세의 구원보다는 국가의 바람직한 모습과 현세를 살아가는 사람을 어떻게 이끌 것인가에 관심을 가졌다. 시종時宗의 창시자

잇펜의 포교 민중 지향의 불교를 주장한 잇펜은 춤추며 염불을 외는 오도리(踊り) 염불로 포교했는데, 이 그림은 그러한 모습을 묘사한 것이다.

잇펜은 다른 방향에서 가마쿠라 중기의 시대적 과제와 씨름했다. 정토종에서 출발하면서도 민중 지향성을 더욱 극대화하여 나무아미타불을 외치면 모든 사람이 구제받는다고 주장하며 교세를 키워갔다.

가마쿠라 신불교는 활발한 활동과 함께 창시자를 정점으로 하는 교단의 형성으로까지 나아갔다. 일정한 교의를 공통분모로 삼아 다양한 계층의 사람들이 조직화되는 모습은 고대의 틀을 부정했던 중세의 사회적 역동성과도 밀접한 관련이 있다. 바로 그런 정치적 불온함 때문에 신불교의 교조는 기성 불교뿐만 아니라 막부의 박해까지도 감내해야 했다.

이 시기 전통 신앙은 어떠했을까? 원래 신토神道는 농경의례를 포함하여 촌락 생활과 밀착되어 전승되기에 교리나 포교가 필요하지 않다. 그러나 율령제가 뒤흔들리고 경제 기반이 취약해지자, 규모가 큰 신사는 장원의 설립과 참배객 유치에 나서야 했다. 신토의 독자성을 부각하고자 이세 신궁 등이 앞장서서 불교, 노장, 음양오행 등을 원용한 교설의 구축에 힘썼다. 슈겐도修驗道와 같은 '산악 신앙'도 헤이안 시대에 들어와 요시노吉野(나라 현)와 구마노熊野(와카야마 현)를 중심으로 세를 불려갔다. 가마쿠라 시대에 들어서면 각지의 영산에 슈겐도의 거점들이 생겨날 정도였다.

신불교와 신토의 융합 양상도 나타났다. 신앙을 중시하며 선택전수選擇專修(하나의 길을 택하고 수행에 전념함)를 외치던 신불교로서도 서민 포교와 조직 강화를 위해서는 기성 불교와 마찬가지로 신불습합神佛習合을 수용할 수밖에 없었다. 정토진종조차 부처와 보살은 일본 중생의 제도를 위해 신이 되었다고 설파했을 지경이다. 이렇듯 신불습합은 불교의 일본화를 푸는 핵심 열쇠가 된다.

무가 정권이 문화적 소양을 겸비하는 데는 시간이 필요했다. 중·하급의 공가를 행정 전문가로 영입하는 작업은 막부 출범 이후에도 계속되었고, 쇼군 권위의 강화를 위해 막부의 행사는 공가 식으로 치장되었다. 교토의 조정과 맞서려면 무가다운 특색을 강조해야 했지만, 아직은 연중행사에서 펼치는 궁마弓馬의 기술 정도였다. 가인 후지와라 데이카가 와카에 소양이 있다는 어느 고케닌을 불러서 시험한 뒤 남긴 감상은 '불가사의한 일도 있는 법이다'였다. 와카를 읊는 무사의 모습이 아직은 생경했던 것이다. 따라서 『아즈마카가미吾妻鏡(혹은 東鑑)』를 편찬한 것은 무가도 독자적인 역사서를 편찬할 수 있다는 문화적 힘을 보여주고 싶었기 때문일 터다.

가마쿠라 막부의 멸망

원의 1차 침공을 전후하여 교토에서는 황위 계승을 둘러싸고 큰 쟁란이 일었다. 1272년 황실을 호령하던 고사가後嵯峨(1242~1246) 상황은 임종이 가까워지자 두 아들인 고후카쿠사後深草(1246~1260) 상황의 원정과 가메야마龜山(1260~1274) 천황의 친정 중 택일을 막부에 일임했다. 가마쿠라에서 내린 결론은 동생이 황실의 통솔권을 쥐는 친정이었다. 그런데 1274년 가메야마 천황은 황태자인 자신의 아들을 고우다後宇多(1274~1287) 천황으로 옹립한 뒤 원정을 개시했다. 참다못한 형은 이듬해 스스로 상황 존호를 반납하고 출가하겠다며 소동을 일으켰고, 막부가 재차 조정에 나섰다. 그 결과 다음 황태자는 고후카쿠사 상황의 아들이 되며, 이후에는 고후카쿠사 상황의 후손과 가메야마 상황의 후손이 교대로 황위를 잇도록 했다. 이로부터 황실에는 각각 지묘인持明院 계통과 다이카쿠지大覺寺 계통이 형성되었다.

사실 막부로서는 황실의 내분에 끼어드는 것이 부담스러웠지만, 원의 내습에 대처하려면 조정의 단합이 절실했다. 조정 내부의 주도권 다툼도 원인을 제공했다. 막부와 가깝던 한 중신은 가메야마 상황과 인척 관계인 정적을 누르기 위해 고후카쿠사 상황 편에 서서 가마쿠라에 손짓을 보냈다. 황통의 분립과 막부의 관여는 결과적으로 막부의 위상에 균열을 냈다. 황태자 책봉에 양 계통의 사활이 걸려 있으므로 막부의 지지를 얻기 위한 로비가 날로 치열해졌다. 1317년 막부는 고민 끝에 황태자 책봉과 황위 계승 문제에 개입하지 않을 것을 선언하고 양 계통의 합의 결정을 제안했다. 하지만 어느 쪽도 만족시키지 못한 미봉책은 효력도 지속력도 없었다.

1318년 다이카쿠지 계통에서 즉위한 고다이고後醍醐(1318~1339) 천황은 1321년부터 친정에 들어갔다. 그는 주자학의 대의명분론을 바탕으로 군신의 도리와 왕권의 절대성을 신봉했기에 당연히 율령제로 회귀하고자 했다. 그리하여 능력 있는 젊은 귀족을 측근으로 중용하여 조정 정치의 쇄신을 도모했다. 하지만 고다이고 천황 앞에는 황위 양위라는 난관이 도사리고 있었다. 이미 지묘인 계통의 황태자가 정해진 데다 천황의 재위 또한 통례적으로 10년 남짓이었다. 따라서 천황으로서는 양위를 재촉받기 전에 선수를 쳐야 했다. 고다이고 천황이 보기에 막부의 존재는 이제 명분상으로도 정치적으로도 용납될 수 없었다.

그에 비해 막부의 응집력은 내리막길이었다. 1301년 호조 사다토키의 싯켄 사임 이후 1316년이 되어서야 도쿠소 호조 다카토키北条高時(1304~1333)가 14세 나이로 싯켄에 취임했다. 도쿠소 전제는 유명무실해졌고, 고케닌의 와해는 가속화되었다. 가마쿠라 정계의 불안은 고다이고 천황의 행동 개시를 부추겼다.

　1323년 겨울부터 첫 번째 막부 타도가 추진되었다. 호조 씨에게 불만을 품은 고케닌이 포섭 대상이었다. 하지만 이 모의는 이듬해 밀고로 인해 수포로 돌아갔다. 고다이고 천황은 자신은 무관하다는 사자를 막부 측에 보냈고, 막부도 애써 책임 추궁을 하지 않고 감시와 경계를 강화했을 뿐이다.

　1330년에 들어와 막부를 무너뜨리려는 고다이고 천황의 계획이 다시금 가동되었다. 두 번째 거사의 관건은 막부의 압박에 적개심을 품은 사원 세력을 결집해내는 것이었지만, 이 역시 이듬해 로쿠하라탄다이에 밀고가 들어가 무산되었다. 이번에는 막부가 즉각 조치에 나서서 고다이고 천황을 폐위하고 지묘인 계통의 고곤光嚴(1331~1333) 천황을 즉위시켰다. 1332년에는 조큐의 난(1221)을 선례로 삼아 고다이고 천황을 동해의 고도 오키隱岐 섬에 귀양 보냈다.

　공교롭게도 이후 막부는 헤이 씨 멸망의 전철을 밟는다. 천황의 유배라는 극단적 조치는 역으로 가마쿠라 막부의 숨통을 조였다. 1332년 말 고다이고 천황의 아들 모리요시護良(1308~1335) 친왕과 악당 구스노키 마사시게는 기나이 지역의 비非고케닌 무사를 결집하여 칼을 들었다. 이듬해 초 벌어진 양 군대의 격돌은 막부 측에게 우세하게 돌아갔지만, 각지에서 친왕의 영지를 앞세운 봉기가 잇달았다. 그런 정세를 감지하고는 고다이고 천황도 오키 섬을 탈출하여 반反막부의 기치를 드높였다.

　막부 붕괴의 치명타는 천황 세력을 공략하라고 보냈던 유력 고케닌의 반란이었다. 1333년 6월, 먼저 막부의 명문가 아시카가 다카우지足利高氏(1305~1358, 뒤에 足利尊氏, 쇼군 1338~1358)가 반기를 들어 교토를 점령했다. 바로 뒤이어 닛타 요시사다新田義貞(1301?~1338)는 가마쿠라로 쳐들어갔다. 막부의 양 거점이 함락되자 마지막 싯켄 다카토키는 일족·부하와 함께 자살했고, 1세기 반에 걸친 가마쿠라 막부도 명이 다했다.

　교토로 귀환한 고다이고 천황은 1334년 이른바 '겐무建武(연호)의 신정新政'을 내걸었다. 고곤 천황의 즉위 자체를 부정하고 막부·원정은 물론 섭관까지 부인하는 천황 친정의 실현을 부르짖었다. 예컨대 영지 소유권은 일일이 천황의 허가를 받도록 했다.

　하지만 신정은 곧바로 현실의 높은 벽에 부딪쳤다. 천황이 직접 영지 소유권을 챙기겠다는 선언은 권리 증명의 유무에 상관없이 현재의 점유자를 인정했던 당시 사회 통념을 뒤엎는 조치여서 엄청난 혼란을 야기했다. 급기야 시행 한 달 뒤 다시 현재 상태를 승인한다는 법령이 공포되었다. 게다가 은상에 관한 평가는 어느 쪽도 호의적이지 않

고다이고 천황

았다. 막부 타도에 기여한 무사 쪽은 은상이 적다며 불만을 늘어놓았다. 천황의 한 측근은 신정의 문제점 중 하나로 무사(구스노키 등)에 대한 파격적인 승진을 지적했다. 이렇듯 정권 교체를 창출한 각 세력과 천황의 정치 구상 간의 괴리는 날로 커져갔다.

사실 가마쿠라 막부의 멸망은 호조 일족의 종언이지 무사 세력의 후퇴는 아니며, 막부 타도는 고케닌과 비非고케닌의 제휴가 있어 성사되었다. 천황으로서는 고케닌의 새 동량으로 부상한 다카우지를 끌어들일 수도 내칠 수도 없는 형국이었고, 다카우지 역시 정권과 거리를 두려 했다. 당시 세간에 '다카우지 없다'는 소문이 떠돌았는데, 이는 그런 애매한 정국이 반영된, 정곡을 찌른 소문이었다.

그러던 1335년 8월, 싯켄 다카토키의 아들이 군사를 일으켜 가마쿠라를 공격했다는 급보가 날아들자, 다카우지는 천황의 칙허 없이 직접 관동으로 내려갔다. 난을 진압한 뒤에도 그는 가마쿠라에 눌러앉아 사무라이도코로를 설치하고 휘하의 무사에게 은상을 내렸다. 호조 씨 잔당의 반란은 독자 세력화를 꿈꾸던 다카우지에게 다시없는 기회를 제공했다.

아시카가 다카우지

천황의 권한인 은상을 행사했다는 것은 곧 반역이므로, 조정과 다카우지의 공존 가능성은 사라졌다. 닛타 요시사다는 고다이고 천황을 설득하여 스스로 토벌군을 이끌고 가마쿠라로 쳐들어갔다. 1336년 1월 벌어진 양군의 격돌은 다카우지 군의 승리로 돌아갔고, 2월부터는 교토가 전쟁터로 화했다. 다카우지는 일시 전세가 불리하여 규슈로 도망쳤지만, 곧바로 규슈의 무사들을 끌어들여 반격의 기반을 구축한 뒤 공세로 돌아섰다. 7월 초 다카우지는 기어코 교토를 탈환하는 데 성공했다.

앞서 규슈로 도망가는 중에 다카우지는 명분 확보를 위해 지묘인 계통과 연락을 취해 폐위된 고곤 상황의 칙지를 얻었다. 거병의 명분이 양 계통의 쟁란에 있음을 밝혔으며, 교토 입성 직후인 9월에는 고묘光明(1336~1348) 천황을 옹립했다. 12월에는 무가 정권의 틀을 밝힌 17개조의 겐무시키모쿠建武式目(후술☞ 030)가 제정되었다. 나아가 1338년 다카우지가 정이대장군에 제수되면서 무로마치室町(교토 내 지명) 막부는 명실상부하게 출범을 선언했다.

한편 고다이고 천황은 1337년 1월 교토를 탈출하여 나라 현 남부의 산악 지대인 요시노에 웅거했다. 고묘 천황에게 넘겨준 신기神器는 가짜이며 자신이 진짜를 지닌 정통이라고 주장하면서 각지의 무사를 규합해 나갔다. 고다이고 천황이 이끄는 요시노의 남조, 그리고 고묘 천황의 조정, 곧 교토의 북조가 대립하는 60년 쟁란의 도입부이다.

무로마치 막부와 남북조 시대

무로마치 막부는 출범과 함께 안팎의 두 가지 과제와 씨름해야 했다. 하나는 막부의 기반을 다지는 일이고, 다른 하나는 남조와의 전쟁이었다. 실질적으로 그 둘은 한 몸이었다.

아시카가 씨는 본디 겐 씨의 일족으로, 가마쿠라 막부 초기부터 호조 씨와 어깨를 나란히 한 유력 고케닌이었다. 따라서 무로마치 막부로서는 무사 정권의 원조인 가마쿠라 막부의 계승자임을 공인받는 일이 중요했고, 이 작업은 1338년 아시카가 다카우지가 정이대장군에 앉음으로써 완결된다. 그런 정치 감각을 터득하고 있었기 때문에 다카우지는 교토 입성 전부터 지묘인 계통의 천황을 활용하여 무가의 동량임을 확인받고자 했던 것이다.

그러면 2대 막부는 왜 가마쿠라에 자리를 잡지 않았을까? 이런 고민은 초기부터 있었다. 이 때문에 다카우지의 자문에 답하는 형식을 띠는 겐무시키모쿠는 머리글에서 가마쿠라에 막부를 둘 것이냐는 물음부터 던진다. '다수가 원한다면'이라는 조건이 달려 있긴 하지만, 결정자로서 다카우지가 교토를 선택했음을 명문화함으로써 매듭을 지었다. 물론 자신들이 옹립한 지묘인 계통의 조정 유지, 무사 지배의 편리함에 더해 전국적 유통망의 집중 등을 고려하면 교토에 터를 잡는 것이 유리했다. 참고로 겐무시키모쿠에는 슈고와 지토의 권한에 관한 규정이 없다. 무가의 기본 법전은 어디까지나 가마쿠라 막부의 고세이바이시키모쿠였기 때문이다. 따라서 17개의 조항은 1조의 검약 강조부터 10조의 뇌물 엄금, 17조의 정확한 재판 날짜에 이르기까지 주로 다카우지의 시정 방침을 표명한 것이라 평가된다.

이제 지배 시스템의 내부를 들여다보자. 무로마치 막부는 가마쿠라 막부의 후신임을 자처했기에 사무라이도코로, 만도코로, 몬추조 등의 중앙 통치 기구를 그대로 이어받았다.(☞ 023 참조) 하지만 가마쿠라 막부와 달리 쇼군 아시카가 다카우지 외에 동생 아시카가 다다요시足利直義(1306~1352)가 권력의 중추를 구성하는 이두정치二頭政治로 출발한 것이 특징적이다. 사무라이도코로와 만도코로를 장악한 형은 슈고 임면권과 은상권 등 주종제적 지배권을 가진 반면, 동생은 몬추조와 기타 행정기관을 지휘하며 토지 소유와 재판에 관한 통치권적 지배권을 행사했다. 요컨대 다카우지가 군사 조직의 수장이라면, 다다요시는 겐무시키모쿠 제정을 주도한 행정의 수장이었다.

사실 막부 권력의 이원성은 가마쿠라 막부에서도 관찰된다. 쇼군으로서 주종제적 지배권을 행사했던 미나모토 요리토모가 죽은 뒤 싯켄 호조 씨는 통치권적 지배권을 담당함으로써 막부의 명맥을 이어갈 수 있었다.

일찍이 다카우지는 동생에게 정무를 맡긴다고 분명히 말한 바 있고 형제의 우애도 남달랐다. 그러나 막부 지배가 궤도에 오름에 따라 불화의 싹이 조금씩 자라났다. 예를 들어 슈고의 위상을 바라보는 형제의 관점이 달랐다. 즉 남조와의 대결을 고려하여 군사적 측면을 우선시하는 형에 비해 동생은 지방행정관으로 슈고를 자리매김했다.

형제애 파탄에 기름을 부은 것은 200년 넘게 대대로 아시카가 씨를 섬기며 시쓰지執事라 불리던 고 모로나오高師直(?~1351)의 행보였다. 재판 소송을 담당하며 공가, 사원 및 유력 고케닌의 권익을 보전하려는 다다요시와 달리 모로나오는 장원·공령을 침탈하고 권익을 넓히려는 무사들을 조직화하여 남조와의 전투에 임했다. 예컨대 1348년, 전년부터 시작된 남조의 침공을 격퇴하는 과정에서 모로나오는 사원 방화와 군량미 징발을 서슴지 않았다. 근거는 불확실하나 모로나오가 다카우지의 의향을 받들었을 터다.

마침내 1349년 모로나오가 병력을 동원하여 다다요시를 치면서 내전이 본격화했다. 처음에는 모로나오 측이 승기를 잡고 다다요시의 정무 은퇴를 성사시켰지만, 이듬해 교토를 탈출한 다다요시가 지지 세력을 규합하면서 국면이 혼미해졌다. 다다요시는 북조가 자신에 대한 추포령을 내리자 남조와 손을 잡고 모로나오 토벌의 명분을 보강했다. 1351년 초 남조와 연합하여 다카우지 군을 무찌른 뒤 모로나오 일족까지 몰살하는 데 성공했다. 형제 간에 잠깐 화목의 기운이 흘렀으나, 여름이 지나면서 골육상쟁이 재개되었다. 이번에는 다카우지 쪽이 남조와 밀착하여 화의를 맺고 다다요시에 대한 공격 명령을 얻어냈다. 1352년 초 가마쿠라로 내몰린 다다요시는 항복했으나 곧 급사했다(독살이 정설).

북조 측 내분은 군사적으로 열세인 남조에게 호기회를 마련했다. 1351년 말 다다요시를 치기 위해 다카우지가 관동으로 진군하자, 남조의 군대는 교토를 유린하고 북조의 천황까지 폐위시켰다. 이제 결말이 난 것처럼 보였고, 다카우지는 쇼군에서 해임되었다. 하지만 기세를 몰아 가마쿠라에 웅거하던 다카우지를 공격한 것은 군사력을 과신한 패착이었다. 결국 남조는 전열을 회복한 다카우지 군에 밀려 교토를 내주고 요시노로 되돌아가야 했다.

몇 년에 걸친 막부의 자중지란은 북조와 막부에게 엄청난 피해를 안겨줬다. 무엇보다 퇴각하던 남조가 북조의 세 상황과 황족들을 연행한 데다 천황의 상징인 신기神器마저 가져가버림으로써 천황 부재라는 정치적 위기를 맞게 된 점이다. 정통성 회복을 위해 신기 없이 고곤 상황의 아들을 억지로 즉위시키는 비상조치가 취해졌다. 이후에도 아시카가 정권은 몇 차례나 벼랑 끝으로 내몰렸다. 규슈에 터전을 잡은 다다요시의 양자 다다후유直冬(1327?~1387?, 다카우지의 서자)는 남조와 연합하여 잠깐이나마 교토를 점령하기도 했다. 그로 인해 다카우지는 1358년 종기로 숨을 거둘 때까지 갑옷을 벗지 못했다.

이렇듯 남북조 쟁란의 발발과 전개는 막부 내부의 취약한 응집력과 밀접한 관련이 있다. 다카우지·다다요시 형제가 남북조를 넘나들었듯이, 북조의 유력 슈고도 정쟁의 향배에 따라 남조에 붙곤 했다. 야마나 도키우지山名時氏(1303~1371)라는 슈고는 모로나오와 다다요시

하나노고쇼(花乃御所) 왼쪽 그림은 〈낙중낙외도병풍(洛中洛外図屛風)〉에 묘사된 하나노고쇼이다. 지금은 남아 있지 않으며, 다만 교토 도시샤 대학 남쪽에 하나노고쇼 자리였음을 알려주는 석비가 있다.

를 거쳐 남조에 가세했다가 1363년에야 북조로 복귀했다. 2대 쇼군 아시카가 요시아키라足利義詮(1358~1367)는 치세 내내 남조와 벌이는 전투에다 가신 간의 다툼에 시달려야 했다. 그 틈을 타서 남조는 한때 교토를 점령했다. 요컨대 남북조 대립의 에너지는 황통의 정통성 논란에 더해 무로마치 막부 내부의 복잡다단한 이전투구 속에서 배양되었던 것이다.

내란의 장기화에는 가마쿠라 말기부터 현저해진 단독상속과 소료제 붕괴가 적잖이 일조했다. 단독상속의 반복은 일족 내부의 연대감을 무너뜨렸다. 동시에 영지를 전부 물려받은 적자가 서자 위에 군림하면서 소료제가 이중 삼중으로 형성되기도 했다. 그 결과 무사단 내부의 분열과 대립은 북조와 남조를 각각 등에 업는 생존 전략을 파생시켰으며, 전쟁의 양상은 복잡해지고 그 수습도 간단치 않았다. 발 빠른 무사단은 점점 느슨해지는 혈연적 결합 대신 지연적 결합으로 선회함으로써 몸집을 불릴 수 있는 기반을 마련했다.

시행착오를 거듭하던 신생 무사 정권도 1368년 다카우지의 손자인 열 살의 아시카가 요시미쓰足利義満(1368~1394)가 3대 쇼군이 될 무렵 안정 기조에 접어든다. 북조, 즉 조정이 장악했던 교토의 시정권(치안 유지, 재판, 과세 등)을 접수하면서 경제적 기초가 튼튼해졌고, 공가의 영지 소유권에 대한 처결도 막부의 손에 넘어갔다. 교토 무로마치에 세워진 요시미쓰의 화려한 저택 하나노고쇼花の御所는 무가 지배의 상징물이었다(1378년에 착공하여 1381년에 완성). 무로마치 막부라는 이름도 여기에서 연유한다.

그 즈음 남조와 화평 교섭이 결실을 맺고 있었다. 최종적인 마무리는 1392년 북조가 남조를 흡수함으로써 이루어졌다. 남조의 고카메야마後亀山(1383~1392) 천황은 3종의 신기와 황위를 북조의 고코마쓰後小松(1382~1412) 천황에게 넘겨주고, 이후 황위는 북조와 남조가 교대로 오르며, 각국의 국아령은 남조, 장원은 북조가 지배하는 것이 합체 조건이었다. 하지만 지켜진 것은 첫 번째뿐이었고, 천황은 내내 북조가 차지했다.

슈고 다이묘와 쇼군

남북조의 내란을 조금 더 다각적으로 고찰해보자. 시대의 주역으로 무게를 더해가던 무사 세력 내부의 동향에 눈길을 주면 크게 두 가지 변화가 떠오른다. 하나는 슈고 이하의 무사 일반에서 나타난 변화이고, 그와 결부된 쇼군 권력의 공고화가 두 번째 변화이다.

먼저 언급할 것은 슈고의 성장이다. 남북조 간 60년에 이르는 기나긴 전란은 슈고의 지위를 일약 일국의 지배자인 다이묘大名로 격상시키는 발판을 제공했다. 군사와 경찰의 기능을 짊어진 것이 가마쿠라 막부의 대들보 슈고였는데, 이들 슈고는 전투를 치르면서 각지의 경제적 권능까지 갖추고 일국의 영역적·일원적 지배를 강화해 나갔다.

슈고에게 날개를 달아준 것은 반제령半濟令이었다. 반제령은 1352년 최초로 발령되었는데, 앞서 확인했듯이 그 무렵은 남조에게 교토를 빼앗기는 절체절명의 상황이었기에 막부로서는 군사력의 강화가 최우선 과제였다. 그래서 군비와 군량의 원활한 조달을 위해 슈고에게 일국 내의 장원·공령에서 연공의 반을 징발할 수 있도록 한, 즉 반제령을 실시했던 것이다. 당초 전란이 빈번했던 교토 부근의 3개국에서만 실시했으나, 다른 슈고의 요구가 빗발치자 다음 달에 5개국을 추가했다(남조 측도 군량과 재정 확보를 위해 사원 소유지에 대해 임시 과세를 실시했다). 이런 노선 변경은 귀족이나 대사원과 같은 전통 세력과의 조화를 우선시하던 아시카가 다다요시가 몰락한 직후 추진되었다.

반제령의 파급 효과가 매우 컸다는 것은, 역으로 1355년 전란이 수습된 국의 반제半濟를 정지시켰다는 데서도 짐작할 수 있다. 하지만 슈고는 앞다퉈 반제 실시를 막부에 들이밀었고, 슈고와 그 휘하 무사들은 반제를 기득권으로 삼아 장원·공령에 대한 침탈을 가속화했다. 아시카가 요시미쓰가 막부의 수장이 된 1368년, 기왕의 내용을 총괄하는 반제령이 다시 발포되었다. 이로써 황실·섭관가의 영지와 사원·공가의 영지 중 무사 측이 지토로 관여하지 않은 영지 등을 제외한 모든 장원의 연공은 슈고 측의 무사와 영원히 반분하기로 정해졌고, 토지 자체에 대한 분할마저 인정되었다. 장원공령제 와해의 결정타나 진배없었다.

슈고는 반제로 얻은 수익을 바탕으로 기존의 군사 경찰권에 더해 국아의 권능까지 송두리째 흡수해 나갔다. 재청 관인을 자신의 가신으로 거느렸고, 자신이 장악한 국의 무사, 즉 고쿠진國人의 지배와 통제를 굳건히 했다. 소료제의 붕괴와 무사단의 지연적 결합의 확대에서 발아했으며 반제령을 통해 국 전체를 망라하는 지배권을 확립한 새로운 슈고, 그가 바로 '슈고 다이묘'이다.

대표적인 슈고 다이묘로는 이른바 '3관管 4직職'을 들 수 있다. 아시카가 씨에서 갈라진 일문인 시바斯波·호소카와細川·하타케야마畠山는 쇼군을 보좌하는 가신의 최고봉인 간레이管領를 교대로 맡던 최상층 슈고 다이묘이자 3관이었다. 그리고 사무라이도코로의 장관은 아카마쓰赤松·잇시키一色·야마나山名·교고쿠京極의 네 가문 중에서 임명되는 것이 관례였는데, 이들을 가리켜 4직이라 불렀다. 3관 4직은 교토에만 머물면서 막부 운용의 핵심 세력으로 정무 심의와 결정을 주도했다.

남북조 내란을 겪으면서 쇼군의 위상은 반석 위에 올라섰다. 사실 고다이고 천황을 물리치고 두 번째 막부가 교토 한복판에 간판을 내걸었지만, 그 정점에 선 쇼군 아시카가 다카우지는 겐씨의 방계이긴 해도 걸출한 존재감과는 거리가 멀었다. 다카우지의 적자가 대대로 쇼군의 지위를 거머쥔다는 보장은 어디에도 없었고, 막부의 존립

무로마치 시대의 무사 오요로이와 활로 무장한 무사의 모습이다. 무사이기도 한 슈고는 각종 전쟁을 치르며 경제적 힘까지 갖춘 슈고 다이묘로 성장했다.

조차 유력 슈고와 연합을 하지 않고는 불가능했다. 따라서 쇼군 권력의 강화는 지상 과제였으며, 그 실현은 요시미쓰 대에 와서 이루어졌다.

열 살이던 요시미쓰가 쇼군에 올랐을 때 교토에서는 시바와 호소카와 씨 양 세력의 합종연횡, 대립 항쟁이 일상사였다. 어린 나이의 쇼군으로서는 독자적인 정치력을 지니기도 펼치기도 여의치 않았다. 예를 들어 1379년 유력 슈고와 결탁한 시바 씨는 호소카와 씨의 간레이 파면을 재촉했고, 그에 동조하는 세력이 군사를 일으키는 난장판이었다. 요시미쓰는 쇼군이 되자마자 12년이나 호소카와 씨의 보좌를 받았지만, 하나노고쇼를 에워싸는 시위 행동에 굴하여 간레이를 시바 씨로 교체할 수밖에 없었다. 그만큼 유력 슈고에 대한 억제는 쇼군으로서 반드시 매듭을 지어야 할 숙제였던 것이다.

첫 번째 표적은 도키土岐 씨로, 1389년부터 이듬해까지 가독家督 상속을 둘러싼 형제간의 불화를 틈타 공격하여 도키 씨가 소유한 영지를 3국에서 1국으로 삭감시켰다. 1391년에는 11개국의 슈고를 차지한 야마나 씨를 겨냥해 도키 씨 공격 때와 마찬가지로 내분 전략을 썼으며, 이듬해 군대를 동원하여 슈고 장악권을 3국으로 축소시켰다. 1399년 규슈의 실력자 오우치大內 씨도 요시미쓰의 도발에 말려들어 공격을 받았다. 그 결과 시바 씨와 호소카와 씨 양 세력의 대립은 자취를 감춘 한편, 3관 4직과 같은 무가의 서열이 정해지면서 아시카가 쇼군을 정점으로 하는 정치체제가 안정 기조를 맞게 된다.

쇼군 전제하에서는 과거 이두정치와 결부된 사적인 비서실장 시쓰지執事 대신 유력 가신이 간레이에 임명되어 중앙 기관을 통괄했다. 가신의 군대와는 별도로 독자적인 직할 부대를 거느렸으며, 야마나 씨 토벌의 주역 또한 바로 이들이었다. 이로써 시쓰지-사무라이도코로-고케닌과 같이 막부 출범 초기의 종적인 관계로부터 간레이, 사무라이도코로, 직할 부대가 각각 쇼군과 결부되는 형태로 이행하게 된다.

1394년 요시미쓰의 눈에는 더 이상 막부를 넘보는 세력이 없는 듯 보였다. 요시미쓰는 9세의 아시카가 요시모치足利義持(1394~1423)에게 쇼군을 물려준 다음, 몇 달 전에 임명된 태정대신 자리도 사직한 뒤 출가를 발표했다. 그에게 출가는 은퇴가 아니라 새로운 시작이었다. 세속의 속박에서 벗어나 공가와 무가를 아우르는 권력자가 되기 위한 방편의 일환이며, 주요 정무의 처결은 하나노고쇼가 아닌, 그의 처소에서 이루어졌다. 사실상의 상황 혹은 법황이었다.

명과의 국교 재개와 무역 개시는 이런 요시미쓰의 적극적 의지가 낳은 성과였다(후술 033). 요시미쓰는 1403년 명 황제가 준 '일본 국왕'이라는 칭호를 받아들이고, 국서에 '일본 국왕 신臣 미나모토源'라고 표기했다. 나아가 배다른 아들을 천황가의 양자로 들여보내 황위를 잇게 하고 자신은 상황이 되고자 했다. 하지만 1408년 양위가 실현되기 직전 급성폐렴이 요시미쓰를 덮쳤다. 그가 죽은 뒤 태상법황에 추증되었지만, 그의 아들 요시모치는 그 추증을 받지 않았다. 천황가의 양자가 된 동생을 편애하는 아버지가 미웠기 때문이라고 한다.

요시미쓰는 누구도 범접하지 못할 힘을 가졌는데도 왜 상황 자리마저 탐냈을까? 어떤 연구자는 요시미쓰의 뇌리에 아시카가 씨로는 절대 권력의 쟁취가 용이하지 않아 천황제에 기대려는 심리가 작용했다는 주장을 폈다. 더 나아가 요시미쓰는 황위의 찬탈을 꾀했다고 해석되기도 한다. 이를테면 일본 국왕 책봉은 명이라는 외압을 이용한 찬탈 계획의 일부라고 설명하는 것이다. 꾸준히 제기되는 요시미쓰 독살설은 이런 역사적 이미지와 짝을 이룬다. 물론 사료 상의 관련 기술은 존재하지 않는다. 다만 조부이자 무로마치 막부의 창시자인 다카우지와 더불어 요시미쓰는 근대 이후 군국주의가 횡행하던 시절에 천황에게 도전한 불충한 인물로 폄하되었다.

출가 후의 요시미쓰 이 초상화는 그가 세운 로쿠온(鹿苑) 사, 즉 긴카쿠(金閣) 사에 소장되어 있다.

무로마치 시대의 촌락

무로마치 막부가 닻을 올리고 남북조 내란을 거치면서 장원은 역사의 뒤안길로 사라질 운명에 처해졌다. 고대 말기 장원을 기진하며 스스로는 장관莊官으로서 관리와 경영에 일조했던 재지 영주는 무가 정권이 출범하고 안착함에 따라 장원 침탈과 해체의 기수로 표변했다. 장원제의 옹호를 표방했던 무로마치 막부도 내란의 위중함에 떠밀려 반제령을 잇달아 발포하며 장원 영주에게 등을 돌리기 시작했다. 무로마치 시대에 장원제가 계속 유지되기는 했지만, 그 내부에서는 격랑이 일고 있었다.

와카야마和歌山 현에 있었던 나테名手 장원을 사례로 삼아 장원제의 실태와 촌락의 변모를 추적해보자. 장원 영주는 진언종의 명찰인 곤고부金剛峰 사, 세칭 고야高野 산이었다.

1432년 조사한 장부에 따르면 나테 장원의 전답은 약 80a(8,000m²) 정도의 표준적인 규모였다. 장부에는 토지를 경작하고 연공을 책임지는 작인作人과 함께 지주 ○○이라는 표식이 있는데, 이들은 특정 지역에서 집중적으로 지주 권리를 소유했다. 그중 우노宇野 씨는 가와치 겐 씨의 시조 미나모토 미쓰나카에서 갈라진 분파로, 호겐의 난(1156)에 즈음해서는 휘하 병력을 이끌고 참전했다는 기록이 남아 있다. 이후 새로운 근거지를 찾아 와카야마 쪽으로 내려와 정착해서는 인근의 장원들에 손을 뻗쳐 대대로 장관을 떠맡았다. 즉 우노 씨와 같은 지주는 순수 농민인 작인과 달리 무사로서 경지에서 나는 수익의 일부를 고야 산으로부터 할당받는 존재였던 것이다.

그러면 장원 영주 고야 산의 실체는 무엇일까? 고야 산에는 종교를 전담하는 승려 외에 슈토衆徒라는 승려 집단이 있었다. 이들은 인근 지역 유력 무사의 자제로 구성되었으며, 고야 산의 각 장원을 비롯한 경제력을 틀어쥐는 동시에 무력을 이끄는 승병이기도 했다. 요컨대 슈토야말로 재지 영주의 또 다른 모습인 동시에 실질적인 장원 영주였다. 이런 까닭에 우노 씨의 한 일족은 대대로 적자가 집안을 잇고 다른 아들은 출가하여 계열 암자의 주지가 되었다. 고야 산은 그저 명목상의 장원 영주에 지나지 않았다.

무로마치 시대의 촌락에서는 농업생산력 향상을 바탕으로 자립적인 소농(위의 작인)이 태동했다. 나테 장원 근방에 산재한 고야 산 소유의 장원들에서도 마찬가지였다. 이들 농민은 서로 협력하여 유력자를 중심으로 자립적이고 자치적인 촌락 '소손惣村'을 만들었고, 생산력의 증대로 생긴 잉여를 자신들이 차지하기 위해 장원 영주와 충돌하는 것도 마다하지 않았다. 연공을 둘러싼 투쟁이 발생하면 농민들은 마을이나 장원을 단위로 일치단결하는

 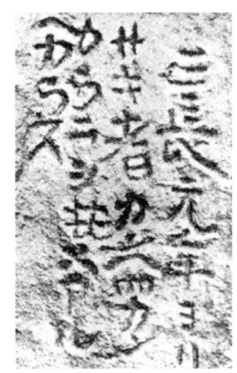

덕정비(德政碑) 나라 현 나라 시 근교에 지장보살(왼쪽 사진)이 조각된 거석에 새겨진 것(오른쪽 탁본)으로, 모두 27자인 이 글의 뜻은 '1428년 이전의 시기에 간베 인근 4개 마을에는 부채가 일절 없다'이다. 농민들은 잇키 무리를 형성하며 채무 탕감을 요구했다.

'잇키―揆'를 결성했다.

앞서 언급한 장부의 작성 경위는 이런 농민 투쟁과 결부된다. 농민들은 소손을 매개로 잇키를 결성해 고야 산과 싸웠고, 그 결과 자신들의 이름을 장부에 기재하고 경작지에 관한 권리를 인정받았다. 양자를 중재한 것은 우노 씨와 같은 재지 영주였다. 재지 영주는 농민을 경작자로 인정하고 소손에 일괄적으로 공납을 책임 지우는 방식으로 자신의 존재 가치를 입증하면서, 고야 산으로부터 중재에 대한 대가를 얻어냈다. 장원 영주와 장원제는 이제 역사의 본무대에서 내려가야 할 처지였고, 그 자리는 소손을 기반으로 장원의 틀에서 뛰어넘어 몇 개 마을을 거느린 재지 영주가 물려받았다.

장원제의 몰락을 발판으로 도약하는 재지 영주의 모습은 각지에서 관찰된다. 나테 장원의 경우에 고야 산이라는 장원 영주를 잠식하면서 성장했다면, 다른 지역에서는 주로 슈고 세력과 연계된 모습으로 나타났다. 바로 이들이 고쿠진이라 불리는 지방 토착 세력의 실체이며, 무로마치 막부의 전개는 고쿠진이 성장하고 분화하는 과정과 궤를 같이한다. '유랑하는 무사단' 악당도 슈고 휘하에서 지역에 뿌리를 내렸다. 이들 다양한 무사를 가신으로 포섭했던 슈고는 일국을 호령하는 슈고 다이묘로 탈바꿈할 수 있었다.

한편 영지를 보전하기 위한 장원 영주 측의 카드는 슈고에게 연공 징수를 청부하는 슈고우케守護請 정도였으나 현실은 순탄치 않았다. 고야 산 소유의 오타太田(히로시마 현 소재) 장원은 1402년 슈고 야마나 씨에게 매년 1,000석의 연공 납부를 청부했다. 전체 연공 1,800석의 절반 가까이를 포기한 고육지책이었음에도 불구하고 이후 38년 동안 매년 500석 정도의 미납분이 발생했다. 고야 산 측이 막부에 슈고우케 중지를 청원한 탓에 역사 속에 흔적을 새겼지만, 결과는 남아 있지 않다.

15세기를 전후하여 재지 영주, 즉 고쿠진의 발전 전략은 두 가지 방향으로 모색되었다. 하나는 단독상속의 이행과 소료제의 붕괴에 따른 동족 결합의 재편이고, 다른 하나는 지역의 온전한 지배자로서 지연적 연합을 창출하는 일이었다.

   전자는 서자들의 자립을 전제로 하면서도 구래의 일족들이 소료를 중심으로 몸집을 불려 외적에 대항하는 것을 말한다. 재지 영주 연합의 형태를 취했던 후자는 흔히 '고쿠진 잇키'라 불리며, 슈고가 거느리던 군사력의 중추를 이루면서도 슈고에 대항하는 측면도 함께 지녔다. 예를 들어 1404년 히로시마 지역 고쿠진 33명의 잇키는 고쿠진의 영지를 조사하려던 슈고 야마나 씨에 맞서기 위해 결성되었다. 그러나 한편으로 재지 영주는 지역의 지배자라는 입장에서 고쿠진 잇키를 촌락·농민과 대립하는 수단으로도 활용했다. 연공을 체납한 농민의 도망을 금하고 그들을 비호하지 않겠다는 서약은 영주로서의 사활이 걸린 중대사였기 때문이다.

   무로마치 시대의 농민은 자치성과 연대 의식이 강했다. '쓰치土 잇키' 혹은 '덕정德政 잇키'가 전형적인데, 가마쿠라 시대의 덕정령과 같이 채무의 강제 탕감이 주된 구호였다. 그중에서도 1428년의 잇키는 한 승려가 일본이 개벽한 이래 토민이 봉기한 것은 처음이라고 썼을 정도로 중앙 정계에 충격을 던졌다. 시가 현의 운송업자가 채무 파기를 요구하며 봉기하자, 교토 근교의 소손이 연대하여 고리대금업자, 양조장, 사찰 등을 습격했다(양조장은 고리대 겸업이 많았음). 이후 끊이지 않던 잇키는 1441년에 절정으로 치달았다. 수만 명의 잇키 무리가 교토를 포위한 뒤 덕정(채무 탕감)을 요구하자 막부는 정식으로 덕정령 발포를 선언했다. 저당물로 차압당한 토지 중 20년이 지나지 않은 것은 돌려주라는 명이 내려졌다.

   덕정에 대한 요구는 쇼군의 교체기에 집중된다. 예를 들어 1428년은 6대 쇼군이 취임한 해였으며, 1441년에는 그 쇼군이 암살되고(후술 035) 이듬해 새 쇼군이 옹립되었다. 정치에서 배제된 피지배자는 새 지배자의 등극이라는 정변을 적극적으로 파고들어 덕치德治 실행의 요구를 잇키에 담았던 것이다.

   이렇듯 당대의 최고 권부인 막부까지 뒤흔들던 쓰치 잇키의 주축은 영세한 도시민이 아니라 농민이었다. 당시 고리대금업자를 비롯한 도시의 금융업자는 장원의 관리를 맡아 촌락에까지 파고들었기 때문이다. 잇키의 발생 시기도 농작물의 수확과 연공을 납입하는 가을부터 초겨울 사이에 압도적으로 많았다. 또한 장원제가 강고하게 잔존하던 교토와 나라 인근에서 15세기에 집중적으로 일어났다.

   그런 점들을 종합적으로 톺아보면 농민 봉기의 본질이 드러난다. 큰 흐름은 장원공령제의 위기에 직면한 장원 영주 세력이 자신들의 힘이 작동하는 교토 인근 지역에서 수탈을 강화한 것에 대한 반발이었다. 남북조 시대까지가 주로 단일 장원 영주와 맞서는 고립적인 투쟁이었다면, 15세기 이후는 소손의 대두에 힘입어 지역적 제휴와 연대로 고양되었다. 어쩌면 우노 씨와 같은 고쿠진은 나테 장원에게 절실했던 '구사대'였을지도 모른다.

무로마치 시대 | 14세기 후반~16세기 전반 ▶ 1부 073, 087 **033** 무로마치 시대의 안과 밖

대외 관계

14세기부터 15세기에 걸쳐 동아시아 전역에는 권력 교체의 바람이 거세게 몰아쳤다. 1368년 중국 대륙에서는 원을 내쫓고 한족 왕조인 명이 세워졌으며, 한반도에는 1392년 이성계가 조선 왕조의 새 주인으로 등극했다. 멀리 남쪽에서는 류큐琉球 왕국이 발흥하여 중계무역지로 성황을 이뤘고, 일본에서는 가마쿠라 막부의 멸망과 남북조의 쟁란을 딛고 무로마치 막부가 자리를 잡았다.

명은 건국하자마자 고려와 일본에 통교를 요구하며 중국 중심 체제의 재구축에 나섰다. 그런데 한편으로 당시 창궐하던 왜구를 진압하는 일이 명과 조선에게 시급한 현안이었다. 한반도를 노략질하던 왜구는 중국 대륙까지 손을 뻗쳤고, 이에 1369년 도일한 명의 사절은 왜구를 단속하지 않으면 일본을 공격하겠다는 국서를 전했다. 정권 교체기에 접어든 동아시아의 주요 키워드는 명의 건국과 왜구였다.

건국 직후 파견된 명의 사절은 규슈를 다스리던 남조의 가네요시懷良(1329~1383, 고다이고 천황의 아들) 친왕과 접촉했고, 1371년 친왕의 책봉을 포함하는 외교 관계가 수립되었다. 하지만 이듬해 하카타에 상륙한 명의 사절은 막부가 규슈를 접수한 뒤라서 가네요시 친왕을 만나지 못했다. 그제야 명은 일본 열도에 두 왕조가 각축하고 있다는 사실을 깨닫는다. 당시 북조 편인 쇼군 아시카가 요시미쓰는 두 차례나 명에 사자를 보내 교류를 희망했다. 하지만 유교를 앞세운 명은 이미 '국왕', '정군正君'으로 책봉한 남조 측 가네요시 친왕과 맺은 통교를 우선시했고, 쇼군을 천황의 신하로 간주하며 교섭 상대로조차 인정하지 않았다.

남북조를 통일한 요시미쓰는 1401년 '준삼후准三后(황족에 준하는 호칭)'라는 이름으로 명과 국교 정립에 나섰다. 이미 천황이 내린 쇼군과 태정대신을 사직하고 '자유인'이 되었으므로 명의 책봉을 빌려 정치적 위상을 굳건히 하려 했던 것이다. '일본 국왕'을 명기한 명의 답서가 오자 요시미쓰도 국서에서 '일본 국왕 신臣 미나모토'를 자처했다. 1404년 명은 '일본국왕지인日本國王之印'을 새긴 금인과 더불어 감합勘合 100매를 딸려 보냈다. 감합이란 명을 드나들 수 있는 통행증이며, 이것을

견명선 감합 무역을 위해 일본은 17차에 걸쳐 84척의 배를 명에 보냈다.

233

왜구 중국 측 자료에 보이는 왜구의 모습이다.

지참한 무역선은 체재비와 운반비 등의 경비를 명이 책임져준 덕분에 말 그대로 황금알을 낳는 거위였다. 명으로서도 중국 중심의 질서에 일본을 끌어들일 수 있고 왜구를 근절하는 데도 나름의 성과를 거뒀다.

이제 왜구에 대해 살펴보자. 왜구는 흔히 14~15세기에 출몰한 '전기 왜구'와 16세기의 '후기 왜구'로 나뉜다. 전기 왜구는 조선에서 '삼도三島 왜구'라 불렸던 쓰시마·이키·마쓰우라松浦(나가사키 현 북부)가 근거지였다. 이곳 도서 지역은 모두 토지가 척박하여 자급자족이 여의치 않았다. 왜구의 선단은 두세 척부터 수백 척에 이르기까지 다양했다. 『고려사』 기록에 따르면 왜구는 1350년 경남 고성을 침범한 것이 최초이며, 한반도 연안에서 쌀·콩 등의 식량과 재물을 약탈하고 사람까지 포로로 잡아갔다. 고려는 1366년을 시작으로 막부와 규슈에 몇 차례나 사신을 보내 왜구의 진압을 요청하고 토벌에도 힘을 쏟았다.

왜구에 대한 대책은 신생 국가 조선에게도 화급을 다투는 사안이었다. 건국 직후인 1392년 사신을 파견함과 동시에 해안의 방비를 강화해 나갔다. 이종무의 쓰시마 정벌 같은 직접 행동 외에, 왜구의 귀순과 정주를 촉진하는 정책도 함께 병행했다. 통상 개시에 발맞춰 3포(제포, 염포, 부산포)에 왜관이 설치되었으며, 쓰시마의 소宗 씨가 대일 교섭의 창구를 담당했다. 이 같은 대책이 효력을 발휘하기 시작하자 세종 무렵부터는 한반도에서 왜구의 모습이 거의 자취를 감추었다.

후기 왜구는 명과 교역이 두절되면서 촉발된 바가 컸다. 이익이 막대한 감합 무역의 주도권을 둘러싸고 막부 내에서 암투가 끊이지 않았으며, 이는 막부 지배의 약체화로 이어졌다. 대표적으로 호소카와 씨와 오우치 씨 간의 알력은 '오닌의 난'(1467~1477)이 발발하는 자극제 중의 하나가 되었으며(후술☞ 035), 껍데기만 남은 막부 내의 권력 다툼에서도 감합 무역의 쟁취가 주요 전리품이었다. 1523년 중국의 닝보寧波에서 벌어진 양측의 충돌에서는 오우치 씨가 승리했다. 하지만 16세기 중엽 오우치 씨의 멸망으로 인해 무역이 단절되자 왜구의 움직임이 활발해졌다. 후기 왜구의 출몰은 명의 '해금海禁' 정책에 대한 반발이라는 측면이 강했고, 중국 해안이 주된 습격 대상이었다.

한편, 전기 왜구와 달리 후기 왜구의 주축은 중국인이었다. 명의 기록에 따르면 후기 왜구의 10~30%가 일본인이고, 대부분은 중국 상인이었다. 또한 16세기 초 말라카를 장악한 포르투갈 상인의 모습도 관찰된다. 1543년 다네가種子 섬에 철포를 실은 포르투갈 상선이 도착했다. 양자의 교섭을 중재한 이는 중국 상인 왕직王直(?~1559)인데, 그는 후기 왜구 최대의 거물로 해적과 무역상이라는 두 얼굴을 갖고 있었다. 센고쿠戰國 시대의 종말과 마찬가지로 후기 왜구도 도요토미 히데요시豊臣秀吉가 해적 금지령을 내리면서 막을 내리게 된다.

열도의 남쪽 끝인 오키나와로 눈을 돌려보자. 14세기 오키나와 본섬에서는 북산北山·중산中山·남산南山의 세 세력이 경합했으나, 1429년 중산의 왕인 상파지尙巴志(1372~1439)가 승리하여 류큐 왕국을 세웠다. 류큐는 명과 조선·일본 등과 국교를 맺고 무역 활동을 펼쳤으며, 그 결과 조선·쓰시마·규슈·류큐는 하나의 통상권을 형성하게 되었다. 류큐의 무역선은 멀리 인도차이나 반도와 인도네시아 지역까지 누비며 중계무역에 열을 올렸다. 당시 해금 정책으로 인해 중국 상인의 활약이 부진했던 것도 호재로 작용했다.

류큐의 무역 활동은 16세기 초 뜸해지다가 중엽 무렵부터 자취를 감춘다. 명의 해금 정책이 유명무실해져 중국 상인의 활동이 활발해진 데다 포르투갈 상인까지 가세했기 때문이다. 류큐 왕국은 1607년 사쓰마薩摩(가고시마 현) 번의 침략에 무릎을 꿇은 이후 근대에 이르기까지 왕국의 독자성은 유지하면서 사쓰마 번과 청에 조공을 바치는 양속兩屬 관계를 이어갔다.

열도의 최북단 홋카이도에서는 선주민 아이누(아이누어로 '사람'을 의미)가 터전을 잡고 삶을 영위했다. 이 아이누와 고대 내내 교토 조정의 핍박을 받던 에미시蝦夷는 일정 정도 연속성을 지닌 것으로 해석된다.(☞ 012 참조) 중세 이후 문헌에 나타나는 에조蝦夷는 아이누를 가리킨다는 것이 정설이다. 13세기부터는 독자적인 아이누 문화가 자리를 잡아갔다. 14세기에 이르면 홋카이도 남단 지역과 혼슈 간의 교역이 활발해졌다. 교토에 연어·다시마 등 북쪽의 물산이 출현한 것도 이 때문이었다. 아이누는 또한 사할린과 대륙 연해주를 잇는 광역의 교역에도 관여했다. 하코다테函館 시에서는 15세기 전반으로 짐작되는 3개의 대형 옹관에서 40만 개의 중국 동전이 출토된 바 있다.

가마쿠라 시대부터 혼슈 최북단 쓰가루津輕의 지배자는 안도安藤, 安東 씨였고, 15세기를 전후하여 홋카이도 남쪽 해안까지 와진和人(아이누 관점에서 본 일본인)이 밀려들었다. 급기야 아이누 소년이 살해되는 사건이 발생하자, 아이누는 이를 계기로 1457년 코샤마인의 주도하에 봉기했고, 16세기 초에도 대대적인 무력 충돌이 발생했다. 두 난의 진압에 성공한 가키자키蠣崎 씨는 와진 거주지의 새 주인으로 입지를 굳히면서, 에도 시대에 마쓰마에松前로 성을 바꾸고 다이묘로까지 승격했다.

무로마치 시대의 문화와 사회

반세기 넘게 계속된 전란의 여파는 문화 전반에 들이닥쳤다. 정치·경제 양면에서 공가의 권위는 쇠락했고, 교토 한복판에 터전을 마련한 신흥 지배층 무가는 문화 영역에서도 점차 주역의 자리를 넘보기 시작했다. 3대 쇼군 아시카가 요시미쓰가 세운 긴카쿠金閣로 대표되는 기타야마北山 문화와 8대 쇼군 아시카가 요시마사足利義政(1449~1473)가 세운 긴카쿠銀閣로 상징되는 히가시야마東山 문화는 막부 정치의 변화와 맞물리면서 무로마치 문화의 대들보를 세웠다.

금으로 치장된 긴카쿠(金閣)가 여실히 보여주듯, 기타야마 문화는 귀족적이며 화려함이 극치를 이룬다. 당대 최고 권력자로서 요시미쓰는 스스로 문화의 보호자임을 과시하고자 노能에 지극한 애착을 보였다. 노는 종교 의식의 예능에서 출발했지만, 쇼군의 지원과 보호를 받으면서 가무와 연극의 형태에 중점을 둔 세련된 오페라로 발전해 나갔다. 일상 언어로 서민의 애환을 풍자적으로 그려낸 교겐狂言도 뿌리를 내려서 노의 막간에 공연되었다.

반면 히가시야마 문화가 꽃을 피운 무로마치 중기는 막부 권력이 침잠하는 시대였다. 1473년 쇼군에서 은퇴한 요시마사는 히가시야마에 처소와 불당을 세웠는데, 관음전이 바로 현재 국보로 지정된 긴카쿠銀閣이다(1483년부터 거주했으며 지쇼慈照 사가 정식 명칭). 정치를 벗어나서 생활에 밀착되었기에 예술성도 일상생활에 녹아들었다. 선禪을 바탕으로 전통적인 유현幽玄과 한적(와비ゎび, 사비さび)을 미의식으로 깔았는데, 자노유茶の湯(18세기 후반 다도라 불림)는 그런 미의식의 결정판이었다. 이케바나生け花(꽃꽂이)라고도 하는 화도華道도 본모습을 갖춰갔다.

중세 사회의 밑바닥 문화는 어떠했을까. 무로마치 시대에는 농업을 비롯하여 경제가 성장함에 따라 서민 생활이 대폭 향상되었고, 그에 힘입어 일본의 전통적 문화의 기초가 태동했다. 서민 문화의 대두는 특히 도시 지역에서 두드러졌다.

오닌의 난(1467~1477) 이후 마치슈町衆라 불리는 교토의 서민들은 자치적인 조직과 경제력을 바탕으로 세속적이고 도시적인 새 문화를 창출했다. 이를테면 오닌의 난으로 중단되었던 기온祇園(메이지 유신 이후 야사카八坂로 개칭) 신사의 마쓰리祭り(축제)는 1500년 서민의 손으로 부활했다. 높게 만든 동체(일본어로는 호코鉾 혹은 다시山車)의 위력으로 액운을 쫓는 기온 마쓰리는 서민의 주도하에 재연되었고, 지금까지도 이어지고 있다(일본 3대 마쓰리 중 하나). 후류오도리風流踊り라는 이름의 가장무도회도 마찬가지다. 한껏 치장한 서민들이 거리를 활보하며

축제 분위기를 연출하면 지방을 떠도는 연희 패들이 모여들어 중세의 여러 문화가 어우러지는 장이 만들어졌다. 이런 서민 문화가 표출되는 활력이야말로 근세의 '새로움'을 이끌어낸 씨앗이었다.

앞서 쓰치 잇키는 고리대금업자나 양조장, 사찰에 대한 습격으로 번졌다고 했는데(☞ 032 참조), 이는 양조장이 술의 제조와 판매와 더불어 고리대를 겸하는 경우가 많았기 때문이다. 사실 상업·금융업의 성장은 중세 내내 지속된 상품·화폐경제 발달의 핵심적인 원동력이었고, 이들 부유층은 황금만능의 시대 풍조를 체현하는 신흥 계층으로서 '유덕인有德人'이라 불렸다. 가마쿠라 시대의 유덕인은 아직은 농업이나 수공업과 연계가 짙었다. 하지만 무로마치 시대로 넘어오면 상업과 고리대 영업을 통해 축적된 화폐 자산이 주축을 이루기에 가히 상업자본이라고 해도 무방했다.

고리대자본(사료에서는 도소土倉)은 일찍이 겐무시키모쿠 6조에서 '신분의 귀천을 막론하고 급한 경우'에 꼭 필요한 것으로서 보호 육성이 명기된 바 있다. 그에 따라 전제 쇼군 요시미쓰는 물론 막부 전체도 1393년 고리대업자와 양조장에 대한 과세를 제도적으로 확립함으로써 재정적 기반을 확충할 수 있었다. 1425년과 1426년의 통계에 따르면 교토의 양조장 수는 무려 347곳을 헤아렸고, 나라와 대사찰 인근에도 많았다. 이들 고리대자본과 양조장은 앞서 언급한 교토의 마쓰리를 뒷받침하는 서민의 핵심 구성원이기도 했다. 당시 평균적인 대부 이자는 월 6%였으나, 실제로는 8~10%도 흔했다. 그로 인해 덕정 잇키의 기세에 밀린 막부는 이자를 4% 이하로 낮추도록 하는 법령을 내기도 했다.

중세 민중의 사회상과 문화를 살피는 데는 피차별민의 동향을 좇는 것이 효율적이다. 율령제의 해체에 따라 '5색의 천賤'이라 불렸던 천민이 형식상으로는 해방되어야 했지만, 실상은 그렇지 못했다. 제도화되지 않은 다양한 형태의 피차별민이 존재했으며, 시기와 지역에 따른 차이도 컸다고 추측된다.

일반적으로 피차별민을 통칭하는 단어는 '히닌非人'이며, 어떤 연구자는 '신분 밖의 신분'이라고 표현하기도 했다. 피차별민의 형태는 다음의 두 가지 형태로 크게 나뉜다.

하나는 촌락에 살던 사람들이다. 자치성이 강한 촌락은 결속력 유지를 위해 주민 자격의 높낮이를 구분하게 된다. 지주와 자소작농이 우월적 지위를 누렸다면, 타지에서 흘러들어온 유랑민 및 대대로 재지 영주나 유력 농민의 인신 지배를 받던 사람들은 낮은 대우를 받았다. 자치적 촌락공동체는 역사적으로 장원 영주의 압제에 맞서 형성되었지만, 내부적으로는 새로운 차별과 배제 위에 구축되었던 것이다.

다른 하나는 정주하지 않고 유랑하는 사람들이다. 촌락이나 공동체에서 벗어나 구걸이나 '천한 일'로 생계를 이었고, 사람과 물자가 모이는 도시 주변, 사찰 인근, 하천변에 살면서 집단을 형성하기도 했다.

교토는 중세 최고의 도시인 동시에 최대의 피차별민 주거지였다. 교토 중심부를 관통하

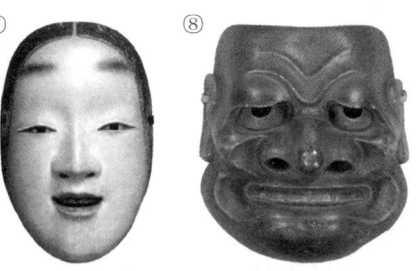

무로마치 시대의 문화 ① 긴카쿠(金閣) 사, ② 긴카쿠(金閣) 사와 요시미쓰를 그린 그림, ③ 긴카쿠(銀閣) 사, ④ 무사들이 차를 마시는 모습, ⑤ 료안(龍安) 사의 정원, ⑥ 오늘날의 기온(祇園) 마쓰리, ⑦과 ⑧은 각각 노(能)와 교겐(狂言) 가면

며 흐르는 가모賀茂 강변에는 피차별민이 많이 거주했는데, 천민을 흔히 가와라모노河原者라고 부르는 것도 여기서 연유한다. 어떤 이들은 조정이나 사찰의 통제하에 청소나 사체 처리, 범죄인의 체포나 처형 등에 종사하기도 했는데, 불교 사상과 결부되어 부정不淨(=게가레穢れ)을 씻는 정화(=기요메清め)의 직능을 담당했다고 여겨진다. 이들의 존재에 주목하면 교토는 천황·조정이라는 최고 지배자의 대극점에 피차별민이라는 최하층 신분을 장착한 특이한 사회구조를 지녔던 셈이 된다.

피차별민 중에는 예능인의 비중이 적지 않았다. 북에 맞춰 노래하고 춤추는 사람, 꼭두각시 인형극을 공연하는 사람이 대표적이다. 노를 집대성하여 요시미쓰의 총애를 받은 간아미觀阿弥(1333~1384)·제아미世阿弥(1363?~1443?) 부자가 여기에 해당하며, 근세를 주름잡은 가부키歌舞伎나 조루리浄瑠璃(인형극)도 피차별 민중에 의해 공연되었다.

무로마치 시대로 옮아오면서 피차별민 사이에는 단순한 걸식으로서가 아닌 독자적인 직능을 갖는 분화가 일어나기도 했다. 예를 들면 교토 소재 료안龍安 사와 후시미伏見 성의 정원은 가와라모노의 손에 의해 탄생했고, 긴카쿠銀閣의 정원은 젠아미善阿彌(1386?~1482?)와 그 자손들에 의해 완성되었다. 하지만 이들 장인조차 '부정한 사람'이라는 이유로 궁궐 출입이 거부되었다고 한다.

1980년대 이후 아미노 요시히코의 문제의식과 연구 성과는 피차별민을 역사의 전면에 부각시켰다. 기존 연구자들이 장원 영주나 재지 영주의 토지 소유와 지배에 매달렸다면, 아미노는 수공업자나 예능인과 같이 이동성이 강한 생업을 영위하던 '비농업민'에 주목했다. 이에 따라 근세 신분제 이전의 중세적인 역동성이 조명을 받게 되었다.

오닌의 난

무로마치 막부를 반석 위에 올려놓은 아시카가 요시미쓰의 후계자는 아시카가 요시모치였다. 1428년 42세로 병사할 때까지 그의 치세 내내 쇼군과 유력 슈고 간에는 큰 충돌이 없었다. 비교적 안정된 세월이 이어진 이 무렵이 사실상 무로마치 막부의 전성기였다. 선대와 마찬가지로 요시모치는 생전에 후계 구도의 정립을 준비했다. 그러나 경과는 매끄럽지 못했고 결과도 최악이었다.

쇼군이 된 요시모치의 아들은 1425년 곧 병으로 세상을 떴다. 곧이어 중병에 걸린 요시모치는 자신의 네 동생 중에서 후사를 정하도록 했고, 군신들이 결정한 제비뽑기 방식에 따라 일찍이 출가한 아시카가 요시노리足利義教(1428~1441)가 선택되었다. 하지만 그가 최종적으로 쇼군을 제수받기까지는 1년 이상의 시간이 걸렸다. 승려 신분으로 쇼군이 된 전례가 없기 때문에 머리카락이 날 시간도 필요했다고 한다. 무가의 수장이라는 카리스마와 사뭇 동떨어진 6대 쇼군의 등극이었다.

자연스레 취임 초기부터 요시노리는 쇼군과 막부의 권위 회복에 총력을 기울였고, 아버지 요시미쓰를 모델로 삼아 힘을 앞세웠다. 그런 새 쇼군의 행보를 놓고 한 황족은 일기에 '만인 공포'라고 썼다. 흔히 요시노리의 시대는 반란과 투쟁으로 점철되었다고 평가한다. 대사원이나 유력 슈고 간의 알력은 으레 전투로 내달았고, 성난 쓰치 잇키 군중은 교토에까지 밀어닥치곤 했다.

가장 큰 장애물은 가마쿠라 구보鎌倉公方였다. 겐무시키모쿠에서 명문화되었듯이 가마쿠라는 무가 정권의 본산이었다. 초대 쇼군 아시카가 다카우지의 아들 모토우지基氏(1340~1367)와 그 후손들이 이어간 가마쿠라 구보는 제2의 막부로서 관동 10여 국을 통치한 사실상의 독립국이었다. 요시모치 이래 무로마치 막부와 대립이 끊이지 않던 가마쿠라 구보에 대한 제압은 새 쇼군의 위신이 걸린 중대사였다. 여러 차례의 시도 끝에 1439년 요시노리는 조적朝敵 토벌의 칙명을 앞세우며 가마쿠라 입성에 성공했고, 쇼군을 넘보던 아시카가 모치우지足利持氏(1398~1439)는 스스로 목숨을 끊었다.

그러나 만인에게 공포를 주는 강압 일변도의 노선은 화를 자초하게 마련이다. 1441년 요시노리는 자신의 영지가 몰수된다는 소문에 현혹된 슈고 다이묘 아카마쓰 미쓰스케赤松満祐(1381~1441)에 의해 목이 달아났다(또한 이때 잇키에 떠밀려 덕정령이 선포되기도 했음). 미쓰스케는 야마나 씨를 주축으로 한 막부의 공격을 받고 할복했지만, 말 그대로 '개죽음'을 당한 쇼군의

오닌의 난 왼쪽 그림은 유력 슈고들이 연루된 가독 상속 분규에다 쇼군의 상속 분쟁을 둘러싸고 호소카와 씨와 야마나 씨가 벌인 전쟁을 그린 것이며, 오른쪽 사진은 오닌의 난이 처음 일어난 곳인 교토 가미고료(上御霊) 신사 앞에 세워진 표지석이다.

권위는 땅에 떨어졌다.

이후 정치 일선에 나선 것은 간레이(쇼군을 보좌하는 가신의 최고위직)를 비롯한 유력 슈고였다. 8대 쇼군 아시카가 요시마사가 장성하여 슈고를 억누르고 정국 운영의 주도권을 잡으려 했지만, 실제로는 소수의 측근이 권세를 휘둘렀을 뿐이다. 사회 전반에 변화의 기운이 솟고 인심은 흉흉해졌다. 1460년을 전후해서는 "인민이 서로 잡아먹"는 대기근이 발생했고, 민중들은 덕정 잇키를 결성하여 들고일어섰다. 그 무렵 '오닌(応仁)의 난'(1467~1477)이 터졌다. 미증유의 대란은 쇼군은 물론이고 막부마저 재기 불능의 상태로 몰아넣었다.

난의 발단은 유력 슈고들이 연루된 가독 상속 분규였다. 이미 적자 독식의 단독상속이 확산됨에 따라 상속 분쟁은 점점 복잡해지고 격렬해진 터였다. 슈고 간의 뿌리 깊은 불화에다 막부 내부의 암투까지 겹치면서 급기야 교토를 무대로 전면적 군사 대결이 빚어졌다. 3관 가운데 시바·하타케야마 양 가문이 쇠락한 반면, 호소카와 씨가 9국을 영유할 정도로 세력을 쌓아 간레이로서 독보적인 위치를 점했다. 4직 중에서는 8국을 장악한 야마나 씨가 강성해졌다. 혼인을 맺으며 협력적이던 호소카와 씨와 야마나 씨 두 유력 가문의 관계는 그리 오래가지 않았다. 세토 내해의 제해권과 막부 내의 주도권을 놓고 틈이 벌어졌고, 하타케야마 씨의 가독 분쟁을 계기로 완전히 갈라섰다.

마지막 결정타는 쇼군 가의 상속 분쟁이었다. 9대 쇼군 자리를 놓고 요시마사의 동생과 아들이 충돌한 것이다. 여기에 호소카와, 야마나 씨가 후견인으로 각각 힘을 보탰고, 다른 슈고들도 자신들이 지지하는 한쪽에 가담했다. 1467년 2월, 20년에 걸쳐 후계자 다툼을 벌여온 하타케야마 씨의 두 사촌 형제 사이에 전투가 개시되면서 11년에 걸친 쟁란의 막이 올랐다.

여름으로 접어들자 호소카와 씨를 중심으로 한 동군과 야마나 씨에 가세한 서군 간의 전투가 본격화되었다. 좁은 분지 지형인 교토에 동군 16만 명, 서군 11만 명에 이르는 대병력이 집결했고, 일진일퇴를 거듭하던 시가전에다 약탈과 방화로 인해 도시는 초토화되었다. 애초에 쇼군 요시마사는 중립을 견지하여 양군에 정전을 명했지만 아무도 듣지 않았다. 오히려 호소카와 씨의 강압을 이기지 못해 쇼군 깃발마저 넘겨줘야 했다.

당초 동군이 우세하던 전황은 서군이 병력을 증강하자 교착 상태에 빠졌다. 3년이 지나 전투는 지방으로까지 번졌지만, 그 과정에서 슈고들은 이해관계를 좇아 이합집산을 되풀이했다. 1473년 호소카와 씨와 야마나 씨 양 당주의 잇단 병사病死는 전의를 떨어뜨렸고, 이듬해 두 가문이 화의를 맺으면서 전쟁의 의미도 사실상 사라졌다. 남은 슈고들도 1477년 화의를 천명하면서 철수했다. 이 시점에서 11년에 걸친 분란은 막을 내렸다.

장기간의 내전으로 무로마치 막부는 뿌리째 흔들렸다. 무엇보다 막부의 전국 지배와 슈고 통제는 완전히 무너졌고, 장원제 또한 괴멸적인 타격을 입었다. 이윽고 일본 열도는 약 1세기에 걸쳐 하극상과 약육강식의 전란에 휩싸인다. '센고쿠戰國 시대'가 시작된 것이다.

먼저 무가의 정점인 쇼군의 권위는 줄곧 내리막길을 걸었다. 1493년 호소카와 씨는 기나이 지역을 지배하고자 쇼군을 폐위하는 쿠데타를 결행했고, 대대로 쇼군 자리를 차지해온 아시카가 씨는 겨우 교토의 한 귀퉁이를 차지한 보통의 다이묘로 전락했다. 명목상의 막부는 호소카와 정권의 정치적 안배로 겨우 연명할 수 있었다.

전란과 막부의 약체화는 슈고의 행동 방식에 큰 파문을 던졌다. 원래 슈고는 정무를 돌보기 위해 교토나 가마쿠라에 체류하고 임지에는 대리인인 슈고다이守護代를 파견하는 것이 원칙이었지만, 순조로운 전비 조달을 위해서는 슈고가 임지로 내려가 직접 다스려야 했다. 쇼군의 권위가 추락하자 현지에서 효율적인 통치가 슈고의 운명을 좌우했고, 능력 없는 슈고는 슈고다이나 고쿠진의 견제와 공격을 받고 내쫓겼다.

이렇듯 여러 방면에서 관찰되는 권위의 붕괴는 장원제의 몰락을 재촉했다. 장원의 생산물을 외부에 바쳐야 할 의무도 의미도 없어졌기 때문이다. 수입이 끊긴 공가는 몰락했고, 조정 행사나 관위 승진은 관심에서 멀어졌다. 센고쿠 시대에는 천황의 즉위식이나 장례식을 치르는 것조차 여의치 않게 된다.

하극상의 시대라 불리지만, 이 시기를 관통하는 원리는 분명 권위보다 실력이었다. 슈고다이묘는 장원공령의 침탈과 국아의 장악에서 짐작할 수 있듯이 막부 권력에 힘입어 일국의 지배력을 획기적으로 진전시켰다. 그러나 고쿠진(혹은 인민)에 대한 지배는 위로부터 주어지는 것이 아니라 다이묘 자신의 능력에 따라 좌우된다. 오닌의 난을 추동했던 슈고 가 내분의 결말을 들춰보면 가신과 고쿠진의 지지 여부가 결정적인 변수였음을 알 수 있다. 그런 시대적 요구로부터 역동적인 센고쿠 시대가 열리게 된다.

센고쿠 다이묘의 탄생

오닌의 난 이후 교토의 정가를 좌지우지하는 호소카와 씨에 밀려 쇼군과 막부의 존재감은 한없이 작아져만 갔다. 일본 열도 전체를 아우르던 절대 권력에 공백이 생긴 것이다. 사람들은 자신의 판단으로 세상을 바라보고 스스로의 힘으로 헤쳐 나가야 했다. 센고쿠 시대의 문은 활짝 열렸고, 각지에서 그 문을 통과한 이는 새로운 지배자인 '센고쿠 다이묘'로 우뚝 섰다.

센고쿠 다이묘의 여부는 무엇보다 자신이 주종 관계의 정점에 섰다는 데서 찾을 수 있다. 이는 쇼군(=막부)에 의해 주도되던 주종 관계의 해체와 연동하며, 구체적으로는 영지에 관한 문서 수수를 통해 확인 가능하다. 교토에서 멀리 떨어진 에치고越後(니가타 현)의 슈고 우에스기上杉 씨의 경우, 1466년의 영지 인정서가 마지막이다. 이 무렵부터 사실상 자립한 권력이었던 셈이다. 막부의 직할 부대에 속했던 고바야카와小早川 씨조차 1492년에 영지를 받았다는 기록 이후에는 관련 문서가 발견되지 않는다. 우에스기 씨와 고바야카와 씨에게 쇼군은 이제 영지 보전과는 무관한 존재로 전락했던 것이다. 그런 의미에서 1493년 호소카와 씨에 의한 쇼군 폐위는 주종 관계의 와해를 촉발시킨 결정적인 계기로 평가할 수 있다.

일국의 온전한 지배자 센고쿠 다이묘에 이르는 길은 크게 세 갈래로 나뉜다. 슈고에서 센고쿠 다이묘로 연착륙하거나, 슈고다이나 고쿠진(재지 영주)이 입신양명하여 센고쿠 다이묘가 되는 경우이다.

먼저 슈고 출신이 센고쿠 다이묘로 성장한 경우는 오우치大內, 이마가와今川, 다케다武田 등이 대표적이다. 남북조 시대부터 스루가의 슈고로 자리 잡은 이마가와 씨는 1500년을 전후로 지배 영역을 착실히 넓혀갔다. 1517년 7대 당주 이마가와 우지치카今川氏親(1473~1526)는 막부의 허가도 받지 않고 경쟁자 시바 씨와 일전을 벌여 물리쳤고, 1526년에는 토지에 관한 재판을 담은 독자적인 법령을 제정하면서 독자 권력으로 색채를 선명히 했다.

슈고다이에서 센고쿠 다이묘로 변신한 사례는 에치고의 슈고 우에스기 씨의 슈고다이였던 나가오長尾 씨가 전형적이다. 아버지 대부터 40여 년에 걸친 전란을 딛고 1551년 22세의 나가오 가게토라長尾景虎(1530~1578)는 에치고를 완전히 평정했고, 1561년에는 우에스기 씨의 가독을 물려받았다. 바로 우에스기 겐신上杉謙信(법명)이다.

일반 고쿠진으로는 아키安芸(히로시마 현 서부)에서 지토로 출발한 모리毛利 씨를 들 수 있다. 야마나 씨와 오우치 씨의 가신으로 실력을 쌓고, 15세기 전반 쇼군의 직할 부대로 부상하

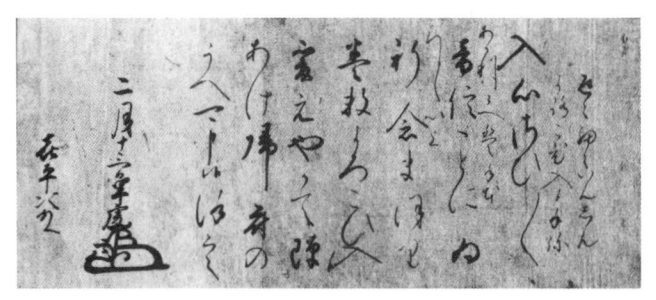

우에스기 겐신이 아들에게 보낸 편지 아들의 안부를 묻는 내용이며, 일본의 국보이다.

면서 슈고와 맞설 정도의 독립성을 쟁취했다. 16세기 초반 가독을 이은 모리 모토나리毛利元就(1497~1571)는 1550년대에 이르기까지 아마코尼子 씨와 경합하고 일족의 반란과 가신단의 정리 등을 거치면서 센고쿠 다이묘의 자리를 꿰차는 데 성공했다. 상대적으로 슈고나 슈고 다이보다 험로를 뚫어야 했다.

어느 경로이든 고쿠진에 대한 장악 여부가 핵심 관건이었다. 이는 또한 15세기 후반 이후 각지에서 상승 곡선을 그렸던 농민 잇키에 대한 대응과도 직결되는 사안이었다. 요컨대 센고쿠 다이묘와 센고쿠 시대의 역사적 특징을 정확하게 파악하기 위해서는 기층 촌락 내부에서 추동되는 사회구조의 변화를 먼저 포착해야 한다. 분산적이기는 하지만 통합성, 즉 지역 장악력은 훨씬 제고된 권력이었기 때문이다. 이런 센고쿠 다이묘의 형성 원리에 초점을 맞춰 살펴보면 1530~1540년대가 전환기였음을 알 수 있다. 그 점을 상세히 들여다보자.

동국과 서국 대부분의 지역에서는 자립적 촌락인 소손을 바탕으로 저항하던 유력 농민을 억누르고자 고쿠진이 결집, 즉 잇키를 결성한 것이 센고쿠 다이묘의 출현으로 이어졌다. 하지만 대등한 고쿠진 집단 내에서 경쟁력을 발휘하고 센고쿠 다이묘로 발전하기란 쉬운 일이 아니었다. 고쿠진 잇키의 횡적인 연대감을 다이묘에 대한 종속으로 재편성한다는 녹록지 않은 작업이 필수 코스였기 때문이다. 이로 인해 1530년대까지는 슈고 집단 내에서 센고쿠 다이묘로 탈바꿈하는 사례가 두드러지게 나타난다.

기나이와 그 주변은 사뭇 달랐다. 무장한 촌락 상층은 소영주로서 연합체를 이뤘고, 이들과 고쿠진으로 성장하지 못한 하급 재지 영주가 뭉쳐 일국 단위로 잇키를 결성하곤 했다. 이들은 반反슈고의 기치를 선명히 하여 센고쿠 다이묘를 지향하는 세력과 항쟁을 거듭했으며, 16세기 후반에는 최강의 센고쿠 다이묘 오다 노부나가織田信長에게 칼을 겨누는 지경이었다. 미약하나마 쇼군과 조정과 같은 전통 권력의 입김까지 작동하는 복잡한 형세였기 때문에 자연히 센고쿠 다이묘의 형성은 지체될 수밖에 없었다.

그리하여 1540년대에 접어들면서 슈고를 비롯한 전통적 지배층은 몰락하거나 무력화되었고, 대신 고쿠진 중에서 두각을 드러낸 센고쿠 다이묘가 지역의 권력을 장악했다. 모리 씨의 사례가 대표적이며, 간레이 시바 씨의 가신이던 오다 씨가 일족의 경쟁을 물리치고

센고쿠 다이묘의 가문(家紋) 왼쪽부터 순서대로 모리 모토나리, 우에스기 겐신, 다케다 신겐, 오다 노부나가, 도요토미 히데요시, 도쿠가와 이에야스의 가문이다.

오와리尾張(아이치愛知 현 서부)를 통일한 것은 1559년이었다. 그가 바로 오다 노부나가이다.

이제 모리 씨의 경우를 통해 센고쿠 다이묘의 진화에 대한 비밀을 풀어보자. 1511년 아키의 고쿠진들이 맺은 잇키에는 모리 씨 외에 8명이 서명했다. 1532년에는 가신단 32명이 각자의 영지와 농민의 통제·지배를 서로 보장하고, 위반자는 주군 모리 모토나리의 처결에 맡긴다고 맹세한 연판장을 작성했다. 잇키의 횡적 관계가 주종제에 기반한 종적 관계로 재편되는 과정을 짐작케 하지만, 연판장에 서명한 이들의 대부분은 모리 씨의 오랜 가신이었다. 따라서 센고쿠 다이묘에 오르기 위해서는 과거에 어깨를 나란히 했던 고쿠진들의 충성 서약이 최종 시험대였다. 모토나리는 1557년 은거하기 전까지 쉴 새 없이 유력 고쿠진을 군사적으로 누르거나 동맹을 맺음으로써 지역의 최고 권력자로 풍모를 세울 수 있었다.

그럼 이 시기 쇼군의 동향은 어떠했을까. 16세기 들어 덕정령을 발포하는 정황만 보더라도 쇼군은 더 이상 공권력이 아니었다. 세 차례 내려진 덕정령의 핵심은 어느 쪽이든 1/10의 대금을 납입하면 채권의 존속이나 채무의 파기를 인정한 데 있다. 빈곤 구제나 경제 재건과는 상관없이 오로지 막부의 수입 증대만 노린 것이다. 쇼군의 주요 기능이자 무사 통제의 근간인 사사로운 전투의 금지는 교토 인근의 직할령에만 적용되었다. 쇼군은 분쟁 조정과 중재에 나서기도 했지만, 그 대가로 중개료를 징수한 데서 알 수 있듯이 그저 재정 확충의 한 방안에 지나지 않았다. 슈고 임면권은 사후 추인에 머물렀기 때문에 사례금이 오가는 '거래'의 의미밖에 없었다. 요컨대 센고쿠 다이묘와 쇼군의 공존은 불가능했다.

그에 비해 조정의 위상은 센고쿠 시대의 전개에 즈음하여 다소 높아졌다. 고카시와바라後柏原(1500~1526) 천황의 경우 즉위식 거행은 1521년까지 기다려야 했다. 오닌의 난 이후 재정 궁핍이 극도에 달했던 탓이다. 각종 경비 절감과 막부의 헌금에 힘입어 20년이 지나서야 겨우 치러질 수 있었다. 뒤를 이은 고나라後奈良(1526~1557) 천황의 즉위식은 재위 10년 만인 1536년에 거행되었고, 오우치를 비롯한 센고쿠 다이묘는 조정을 원조한 대가로 관직을 받았다. 세력 확대를 위한 발판으로 천황이 활용된 것이다. 뒷날 출신 신분이 낮은 도요토미 히데요시가 쇼군이 아닌 천황을 후견하는 관백을 칭하게 된 것도 같은 맥락이다. 그렇다고 조정의 곳간이 채워진 것은 아니다. 고나라 천황은 수입을 위해 친필을 팔아야 했고, 궁궐은 황폐하기 짝이 없었다고 한다.

센고쿠 다이묘 지배의 내실

이제 센고쿠 다이묘의 정의를 내려보자. 혼돈 상태에서 헤어나지 못하던 기나이 이외의 지역에서 16세기 전반에 걸쳐 자신의 힘으로 구축한 영국領國(혹은 분국)을 독자적으로 지배하는 지방 권력 혹은 '지역 국가' 정도가 적당할 것 같다. 권력의 표피에서는 독자, 자립 등의 단어가 떠다닐 것이며, 그것의 지속적인 확보는 영국의 효율적인 지배 여하에 달려 있었다.

당연한 얘기지만 센고쿠 시대를 특징짓는 전란은 센고쿠 다이묘가 보유한 군사력에 의해 수행된다. 가마쿠라 시대에 무사단의 골간이 되었던 소료제는 역사의 전면에서 물러났고, 그 자리는 혈연과 무관한 중소 재지 영주와 상층 농민이 차지했다. 이 변화는 두 가지 과제를 던져준다. 하나는 넓은 범위에 걸쳐 복잡하게 구성된 가신단을 어떻게 편성하여 쓸모 있는 군사력으로 기능하도록 할 것인가이다. 다른 하나는 토지 및 민중과 어떻게 관계를 설정할 것인가이다. 두 과제를 묶는 핵심 고리가 바로 '간다카貫高제'이며, 거기에서 센고쿠 다이묘 권력의 정수를 발견할 수 있다.

간다카제는 토지의 수확고를 통화 단위인 관貫으로 환산하여 통일적인 토지제도·세제·군제를 운용하는 것을 가리킨다. 이미 무로마치 막부 체제하인 15세기 이래 슈고와 고쿠진에게 간다카를 기준으로 각종 역을 부과하는 방식이 정착되고 있었다. 호조 씨의 후손을 자처하며 오다와라小田原(가나가와 현)에 웅거했던 호조 씨의 경우, 간다카제의 본격적인 전개는 16세기 중반부터였다. 논 10a(1,000㎡)당 500문文(대략 금 1냥이 1,000문), 밭은 165문을 기준 연공으로 정하고, 토지 조사에 해당하는 검지檢地를 통해 각 마을의 합계를 산출했다. 연공 징수와 가신에 대한 군역의 부과는 이 합계를 바탕으로 이루어졌다.

장원제 아래에서는 지토 임명이 직접적인 군역 부과로 이어지지 않았고, 당연히 소료제 무사단의 군역은 전모를 가늠하기가 어려웠다. 간다카제의 실시는 이런 약점을 극복하고 통일적이고 정량적인 군역 부과를 성사시킴으로써 유사시 동원 가능한 병력 규모를 상시적으로 파악할 수 있도록 했다. 1559년 호조 씨가 작성한 군역 대장에 따르면 수확고는 72,000관인데, 7관을 1명으로 환산하면 약 1만 명이 기본적인 군사력이었다. 이렇듯 간다카제에 의해 체계적으로 편제된 가신단과 군사력이야말로 센고쿠 다이묘의 성쇠를 좌우하는 최종 병기였다.

그런데 가신단의 재편은 가신의 직접적인 토지·민중 지배와 상극을 이룬다. 다이묘 권력의 강화는 가신에 대한 원활한 통제와 궤를 같이하기 때문이다. 각 영국은 영지의 교체나 분산을 도모하여 가신의 지역 장악력을 무너뜨리고자 부심했고, 새로 맞이한 가신에게는 토지와 더불어 다이묘의 창고에서 돈과 쌀을 지급하기도 했다. 가신의 재지성과 토착성을 약화시키려는 조치였다.

반대로 직접적인 지배 확장 쪽으로는 최대한의 노력을 경주했다. 기반이 된 것은 검지였다. 호조 씨의 경우 다이묘가 교체될 때마다 대규모로 검지를 실시했고, 국지적으로는 거의 매년 시행했다. 연공과 함께 각종 세금을 징수한 것은 과거와 다를 바 없으나, 검지를 통해 그동안의 생산력 발전을 반영하여 연공을 늘려 거둘 수 있었다. 와카야마 현의 나테 장원에서는 1400년 무렵 10a당 330문 정도였다고 한다. 센고쿠 다이묘의 수입은 170문이나 늘어났던 것이다.

도요토미 히데요시가 발행한 금화 덴쇼오반(天正大判) 오른쪽에 보이듯이 덴쇼 19년, 즉 1591년에 주조된 금화이다.

한편, 가신과 다이묘 사이의 주종 관계는 쌍무적이었다. 주인다운 기량이 없다고 판단될 경우 가신 쪽에서 주종 관계를 파기했다. 가신의 지지를 얻으면서도 이들을 잘 통제하고 영국의 평화를 유지하는 일은 센고쿠 다이묘의 필수 자격이었다. 이미 쇼군이나 천황과 같은 상위 권력은 큰 의미가 없었으므로 영국 지배의 근본을 세우기 위해 영국법領國法을 제정하고 스스로를 '공의公儀'라 칭하기도 했다. 장원을 둘러싼 제반 다툼은 비록 조정이나 막부와 같은 중앙의 재단에 의존했음에도 불구하고 센고쿠 다이묘는 자기 완결적인 공권력이었다. '센고쿠 다이묘는 자신의 역량으로 법을 제정하고 분국을 다스린다. 따라서 센고쿠 다이묘의 위세가 미치지 않는 일이 국내에 있어서는 안 된다'는 이마가와 요시모토今川義元(1519~1560)의 포부는 결코 과장이 아니었다.

영국법의 주요 내용 중에는 가신 간의 분쟁을 무력으로 해결하는 것을 금지하고 모든 분쟁은 다이묘의 판결에 맡긴 '겐카료세이바이喧嘩兩成敗(사사로운 싸움은 양쪽을 처벌한다는 뜻)', 개인의 죄를 촌락 구성원 전원에게 지우는 연좌제 등이 있다. 특히 겐카료세이바이에서는 가신 통제의 원활함에 더해 가신(=사私)에 대비되는 공公적 입장을 부각하고 독점하려는 의도가 잘 드러난다. 일반 민중이 범죄자를 실력으로 방어하거나 보복하는 것을 금지한 것도 마찬가지 맥락이다. 그런 면에서 센고쿠 다이묘는 분명 새로운 단계의 권력이었다.

고쿠진 또는 재지 영주가 센고쿠 다이묘의 휘하에 결집하자 농민들도 자신들의 보호와 번영을 의탁했다. 이로써 센고쿠 다이묘는 무사뿐만 아니라 영국 내의 모든 거주자를 만족시키는 정치가로서 기량을 겸비해야 했다. 부국강병의 구호는 공통의 정책 목표였으며, 개간·치수는 물론이고 상업의 진흥과 광산 개발에도 부단한 노력을 기울였다. 독자적인 경제 시스템의 정비는 가신단 편성 및 농촌 지배의 강화와 더불어 매우 중요하고 시급한 과제

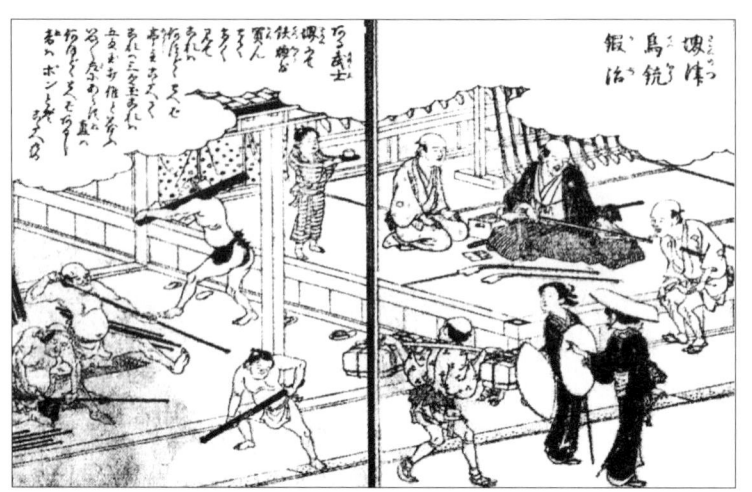

철포 생산 사카이(堺) 시에서 철포를 생산하는 직인의 모습

였던 것이다.

그중에서 광물 자원의 확보는 경제력·군사력의 강화와 직결되는 사안이었다. 특히 철(주로 사철)이 그러했다. 잦은 전란을 배경으로 사철의 산출량은 획기적으로 증가했다. 첨단 무기 철포를 비롯하여 무기 제조와 축성으로 인해 철의 수요가 높아지자, 사철의 주산지 이즈모(시마네 현) 지방에는 관련 노동자 집단이 모여들었고, 철제 상품은 바닷길을 통해 내륙으로 옮겨졌다. 조선의 신숙주도 일본에 다녀온 뒤 『해동제국기海東諸國記』에 일본의 활기 넘치는 항구 풍경을 남겨 놓았을 정도다. 아마코 씨가 한때 세력을 떨친 것은 철 거래에 관한 세금을 징수했던 데서 기인한다. 금과 은도 대열에 가세했다. 모리 씨는 이시미石見(시마네 현) 은광을 둘러싼 쟁탈전에서 이김으로써 기틀을 잡았다고 평가된다.

광물 자원이 개별 다이묘를 뛰어넘어 수송·소비되었듯이, 이 시기의 시장은 영국 내의 자기 완결성과 동시에 밖으로도 열려 있어야 했다. 전략 물자의 금수禁輸 조치와 같은 경제 봉쇄가 행해지기도 했지만, 전반적으로 다이묘들은 타지 상인의 유치에 적극적이었고 상인의 왕래에 제약을 가하지 않았다. 장원제 경제와는 판이하게 다른 지점 중 하나이다.

'적에게 소금을 보낸다'는 유명한 일화는 이런 상황을 짐작케 한다. 1567년 다케다 신겐武田信玄(1521~1573)과 충돌하게 된 이마가와 씨는 소금 유입을 가로막았지만, 이마가와 씨와 앙숙이던 우에스기 겐신은 다케다 측에 소금을 공급했다. 이 일화는 에도 시대 이후 미담으로 추앙을 받았지만, 그 본질은 자국의 소금 상인의 이익을 고려한, 지극히 경제적인 선택이 아니었을까.

3장 | 근세

승자는 도쿠가와 이에야스
에도 막부의 새로움
막번 체제의 전개
에도 시대를 산다는 것
재건의 몸부림
내우외환의 사상과 현실

1559 오다 노부나가의 오와리 통합	
1582 혼노 사의 변	
1585 도요토미 히데요시, 관백이 됨	
1590 도요토미 히데요시의 전국 통일	
1592~1598 임진왜란·정유재란 (분로쿠·게이초의 역)	
1600 세키가하라 전투	
1603 도쿠가와 이에야스 쇼군 취임 → 에도 막부 성립	
1604~1635 주인선 무역	
1607 조선과 국교 재개	
1615 오사카 전투 (도요토미 가문 멸망)	
1635 부케쇼핫토 개정 → 산킨코타이 제도의 의무화	
1637 시마바라의 난	
1641 네덜란드 상관의 데지마 이전	

16세기에 들어와 일본 열도는 군웅할거의 시대, 이른바 센고쿠戰國 시대에 돌입했다. 오다 노부나가織田信長에 이어 도요토미 히데요시豊臣秀吉가 전국을 통일했으나, 한 세기에 걸친 오랜 전란의 최종 승리자는 바로 도쿠가와 이에야스德川家康였다. 조선 침략을 강행한 히데요시가 죽은 뒤 반대파를 제압하고 실권을 잡은 이에야스는 17세기에 들어와 에도江戶, 즉 지금의 도쿄에 막부를 열고 쇼군으로서 일본 열도를 통치했다. 이로써 무사 집단의 지배계급화가 완성되는 근세의 문이 열린다.

에도 막부의 통치 시스템은 막번 체제로 이루어진다. 막부는 강력한 독재 권력을 보유한 쇼군이 장악했던 반면, 전국 각 지역은 300여 개의 번으로 나눠 쇼군의 가신인 번주로 하여금 통치하도록 했다. 요컨대 근세 일본은 강력한 영주권을 지닌 막부(=쇼군)와 번(=다이묘)이 토지와 인민을 지배하는 체제였던 것이다. 하지만 전국의 모든 땅과 인민의 궁극적인 지배자는 쇼군이었으며, 다이묘는 지배를 '위임' 받은 데 지나지 않았다. 아울러 천황과 귀족 세력인 공가公家는 무가의 국가 지배를 보완하는 존재임이 확인되었다. 대외 관계의 측면에서는 기독교 포교 등에 따른 봉건제 동요를 막기 위해 쇄국 정책이 실시되었고, 조선·청과 전통적으로 교류하던 것을 제외하면 나가사키長崎의 데지마出島에서 이루어진 네덜란드와의 교역이 외부로 열린 유일한 창구였다.

근세의 시대적 특징은 병농兵農 분리를 거쳐 태동한 사농공상士農工商의 신분제와 직결된다. 그 기원은 히데요시의 통치 시절로 거슬러 올라간다. 히데요시는 토지 소유를 구분하고 경작자를 확정하는 검지檢地를 통해 백성 신분을 결정했고, 농민과 승려의 무기를 몰수하는 가타나가리刀狩를 실시했으며, 무사는 자신의 영지를 떠나 영주가 사는 조카마치城下町에서 조닌町人(도시 서민)과 더불어 거주하도록 했다. 검지 결과를 바탕으로 무사에게는 군역이, 농민에게는 연공과 부역이 각각 부과되었다. 이러한 병농 분리의 진척과 사농공상의 신분제 정착에 힘입어 비로소 이에야스의 전국 지배도 뿌리를 내릴 수 있었던 것이다.

무사는 이제 지배계급으로서 전투원인 동시에 정치의 주체였다. 그에 반해 백성과 조닌은 전쟁에 동원되지만 비전투원인 탓에 지배의 대상으로 규정되었

근세사 개관

다. 이것이 일본의 근세를 지탱한 신분제의 원리였다.

사회경제적 차원에서 에도 시대는 중농주의와 중상주의라는 두 가지 정책 방향을 놓고 혼선을 거듭했다. 농업국가로서 에도 막부는 농민의 원활한 연공 수납에 최고의 가치를 부여했으나, 근세가 안정기에 접어들면서 상업의 발전과 화폐경제의 보급으로 인해 농촌과 농민의 안정성은 뿌리째 흔들렸다. 이는 농민을 비롯한 피지배층의 집단 봉기로 이어지곤 했다. 새로운 성장 동력으로 부상한 상업 쪽에 주목하려는 움직임이 일었지만, 신분제의 근간을 위협한다는 정치적 판단의 결과로 성사되지 못했다. 여러 차례의 개혁 시도가 성과를 내지 못하면서 막번 체제는 심각한 기능 부전에 빠졌고, 서양 세력까지 출몰하면서 이른바 내우외환의 위기에 봉착했다.

결국 에도 막부가 이끄는 일본 열도는 1853년 미국 페리 제독의 내항으로 결정적 전환기에 직면하게 된다. 마침내 1868년 왕정복고를 외친 하급 무사 중심의 쿠데타가 성공하면서 권력은 천황에게 되돌아갔다. 가마쿠라 막부 이후 실로 700여 년 만의 일이다.

- 1651
유이 쇼세쓰의 난
- 1657
메이레키 대화재
- 1663
부케쇼핫토 발표
→ 부케쇼핫토 개정
- 1683
부케쇼핫토 재발표
→ 부케쇼핫토 개정
- 1716~1745
교호의 개혁
- 1769
잇키 진압에 철포 사용을 허가
- 1782~1788
덴메이의 대기근
- 1787~1793
간세이 개혁
- 1792
라스크만의
네무로 내항
- 1804
레자노프 일행의
나가사키 내항
- 1833~1837
덴포의 기근
- 1837
오시오 헤이하치로의 난
- 1841~1843
덴포의 개혁

오다 노부나가의 부상과 좌절

보통의 센고쿠 다이묘에게 갈라진 일본 열도의 통일은 관심사가 아니었다. 오히려 스스로 일군 '나라(國)'의 경영 쪽에 심혈을 기울였다. 그런 면에서 센고쿠 다이묘는 '나라'를 지키고 부강하게 만들기 위해 전쟁을 벌이고 판도를 넓혀 나간, 지역 밀착형 권력이었다.

그러나 오다 노부나가織田信長(1534~1582)는 달랐다. 그는 분명하고 강력한 의지를 갖고 능동적으로 천하를 도모했던 유일한 센고쿠 다이묘였다. 오와리(아이치 현 서부)의 센고쿠 다이묘로 출발한 노부나가는 1565년 13대 쇼군 아시카가 요시테루足利義輝(1546~1565)가 살해된 것을 계기로 기린의 '린麟'자를 수결로 쓰기 시작했다. 태평성세에 출현한다는 상상의 동물 기린에 자신의 꿈을 실은 것이다. 2년 뒤 미노美濃(기후 현) 일대를 손에 넣고는 인장에 '天下布武(천하에 무를 펼친다)'라 새기고 천하를 품으려는 야망을 당당히 표시했다.

노부나가의 집안은 오다 씨의 방계인 데다 간레이 시바 씨 밑의 일개 호족에 지나지 않았다. 하지만 그의 아버지 오다 노부히데織田信秀(1510~1551)는 자신의 기량으로 오와리 지역의 유력자로 발돋움했다. 아버지의 타계로 18세에 가독을 이은 노부나가는 1559년까지 안팎의 경쟁자를 제압하고 오와리의 패자가 되었다. '틀에 얽매여서는 살아남을 수 없다'는

왼쪽 : 오다 노부나가
오른쪽 위 : 오다 노부나가의 '天下布武' 인이 찍힌 문서
오른쪽 아래 : 천하포무 인과 오다 노부나가의 '린(麟)' 수결

아즈치 성 왼쪽은 오다 노부나가가 마지막 근거지로 삼았던 아즈치 성을 그린 그림인데, 이 성은 노부나가의 죽음 이후 폐허가 되어 현재는 오른쪽 사진에 보이는 것처럼 일부 성벽과 돌계단만 남아 있다(시가 현 오미하치만 시 소재).

센고쿠 시대의 정신을 체득한 합리적이고도 혁신적인 사고의 소유자, 그리고 전쟁의 천재가 역사의 전면에 등장한 것이다.

노부나가다운 리더십이 유감없이 발휘된 것은 1560년 이마가와 요시모토의 25,000 대군을 겨우 3,000 병력으로 격파한 오케하자마桶狹間 싸움이다. 정확한 정보를 바탕으로 상대의 의표를 찌르는 적극적인 기습 작전이 승리의 비결이었다. 이후 1567년까지 사이토斎藤 씨와 벌인 미노 공방전에서 승리하여 노부나가는 오와리와 미노를 발아래에 둔 유력 센고쿠 다이묘로 우뚝 섰다.

1568년 노부나가는 교토로 진군하여 아시카가 요시아키足利義昭(1568~1588)를 새 쇼군에 앉히는 한편, 자신의 정치적 위상을 드높이는 탁월함을 보였다. 특히 황거 수리를 위해 사원과 다이묘들에게 경비를 추렴한 일은, 가신이 아닌 집단도 국가 행사를 이유로 동원될 수 있음을 일깨웠다. '천하를 위해'라는 구호를 내걸고 주종 관계와 상관없이 군역을 국가에 대한 '역役'으로 파악하는 방향을 제시했던 셈이다. 이는 영국領國 지배를 넘어서서 전국을 통치하는 논리로 나아간 것이다.

노부나가는 그동안 충돌을 거듭하던 요시아키를 1573년에 추방하면서 열도 통일의 장도에 나섰다. 이후 죽기 직전까지 그는 소자사몬지宗三左文字(이마가와 요시모토의 칼로서, 노부나가의 사후 도요토미 히데요시를 거쳐 도쿠가와 이에야스가 소유)를 내려놓지 못했다. 1582년 초까지 내로라하는 센고쿠 다이묘를 물리치고 관동 일대를 수중에 넣은 노부나가는 열도 통일의 최적임자로 보였다.

하지만 정치 경제의 중심지인 기나이의 지배력은 줄곧 불안한 상태였고, 조정·사원 등의 전통 지배층이나 잔존 막부 세력을 장악하는 일도 순탄치만은 않았다. 1582년 6월 21일 요

혼노 사의 변 1582년 교토의 혼노 사에서 아케치 미쓰히데의 공격을 받는 오다 노부나가(그림 오른쪽)

시아키의 가신에서 노부나가의 핵심 측근으로 변신한 아케치 미쓰히데明智光秀(1528?~1582)의 반란은 가신단 구성과 통제의 취약점을 파고든 비수였다. 모리 씨 공략을 위해 교토의 혼노本能 사에 유숙하던 노부나가는 아케치 부대의 급습을 받고 자살로 생을 마감했다(혼노 사의 변, 1582). 적이 내부에 있다는 뜻의 '적은 혼노 사에 있다'는 일본 속담의 탄생이다.

센고쿠 시대의 종결자가 될 것 같았지만 그 문턱에서 좌절해야 했던 노부나가. 그의 후계자는 아들이 아닌 도요토미 히데요시豊臣秀吉(1537~1598)였다. 모리 씨의 가신을 공략 중이던 그는 질풍 같이 회군하여 아케치를 격파하고 주군 노부나가의 복수를 성취함으로써 후사 논란에서 주도권을 잡았다. 아케치는 히데요시의 은인이었던 셈이다.

기노시타木下에서 출발하여 하시바羽柴(1573), 도요토미(1586)로 성을 바꾸어 간 히데요시는 오와리의 아시가루足軽(보병) 혹은 농민 출신이다. 일찍이 집을 나와 다른 무사 밑에 있다가 노부나가의 휘하에 들어가서 서서히 존재감을 드러냈다. 작전 협의 중에 주군의 신발을 품에 데워 환심을 샀던 일화는 너무나 유명하며, 어떤 일에도 남다른 수완을 발휘하는 재주꾼이었다. 처음으로 영지를 받은 1573년 전후에는 유력 가신 중 한 사람으로까지 승진했다. 하지만 주군 노부나가의 갑작스런 죽음과 복수전의 승리는 그에게 열도의 패권마저 넘보게 했다.

1583년 히데요시가 유력 가신들의 도전을 물리치자, 더 이상 오다 씨 내부에는 그의 적수가 없었다. 그는 천하 평정을 도모하는 거점으로 장대한 오사카大坂(메이지 유신 이후 大阪) 성을 쌓기 시작했다. 오사카는 기나이의 중심에 위치하며, 교토뿐 아니라 국제무역항 사카이堺가 지척인 둘도 없는 요충지였다.

이제 히데요시에게 남은 라이벌은 이마가와·다케다의 영토까지 움켜쥔 거대 세력 도쿠가와 이에야스德川家康(1543~1616)였다. 1584년 히데요시는 노부나가의 차남을 끌어들인 이에야스 연합군과 전쟁에 들어가지만, 최종적으로 양군은 주력 부대의 직접 대결보다는 화의를 선택했다. 조건은 히데요시가 이에야스의 아들을 양자(사실상 인질)로 맞는 것이었다. 두 사람은 2년 뒤 주종 관계를 맺게 되지만, 도요토미 정권은 끝까지 군사적 긴장을 놓지 못한 채 도쿠가와 씨와 얼굴을 맞대야 했다. 바꿔 말하면 그것이 이에야스의 강점이었다.

후방을 안정시킨 히데요시는 10만 대군을 보내 시코쿠四國 정복에 나서는 한편, 전통적인 공가 사회와 유대를 강화하는데도 신경 썼다. 1585년 관백에 오른 다음 이듬해에는 태정대신에 임명되는 것과 함께 도요토미 성姓을 하사받았다. 미나모토 씨가 독점해온 쇼군이 아니라 신하의 으뜸인 관백을 권위의 원천으로 삼고, 천황으로부터 일본 전국의 지배권을 위임받았다며 다이묘들의 복종을 촉구했다. 1587년 히데요시가 이끄는 20만 대군의 위세에 눌려 규슈의 시마즈島津 씨가 무릎을 꿇었고, 이듬해 요시아키는 쇼군을 사직하고 출가했다. 1590년에는 난공불락의 오다와라 성이 함락되고 동북을 호령하던 독안룡獨眼龍(천연두로 오른 눈을 실명) 다테 마사무네伊達正宗(1567~1636)가 신하를 자청함으로써 오닌의 난으로부터 촉발된 백년 전란, 곧 센고쿠 시대는 막을 내리게 된다.

사실 도요토미 정권의 역사적 중량감은 군사적인 성공보다는 센고쿠 다이묘와 질적으로 다른 지배 체제를 구축했다는 데 있다. 대표적인 것이 검지檢地와 '가타나가리刀狩'이며, 일련의 정책을 바탕으로 새 시대의 근본 원리인 병농兵農 분리가 완성되었다.

노부나가나 다른 다이묘들 역시 검지를 실시했지만, 히데요시는 국토가 자신의 것이라는 입장에서 정복지를 확대할 때마다 체계적이고 엄격하게 토지 소유를 구분하고 경작자를 확정했다. 무사든 농민이든 반항하는 자에게는 '도륙하라'는 명이 내려졌을 정도였다. 검지 결과를 토대로 토지 생산력을 쌀로 환산하는 '고쿠다카石高제'도 도입되었다. 그리고 고쿠다카에 상응하는 역으로서 다이묘에게는 군역이, 농민에게는 연공과 부역 등이 부과되었다. 가타나가리의 의도는 농민(특히 승려)에게서 무기를 몰수하고 신분을 획정하는 것이었으며(1588), 최종적으로 1591년 무사가 조닌町人(도시 서민)·백성이 되거나 백성이 상업에 종사하는 것을 금지했다. 그 과정에서 병농 분리가 진척되고 사농공상의 신분제도 뿌리를 내렸다.

과거 우에스기 겐신과 다케다 신겐은 오다와라 성을 몇 차례나 포위했지만 함락하지는 못했다. 무사의 주력이 농민이기도 하므로 농번기까지 전투를 이어갈 수 없었던 탓이다. 반면 병농 분리가 진전된 히데요시의 군대는 장기간의 전투가 가능했다. 적의 군량미를 고갈시키는 단골 전법으로 히데요시는 천하를 거머쥐었다.

도요토미 히데요시와 조선 침략

도요토미 히데요시

16세기 말이 되자 동아시아 국제 관계에는 다시금 파고가 높아졌다. 명의 국력은 쇠퇴하고 무역과 선교사를 앞세운 서양의 출몰이 잦았다. 오랜 내란이 수습 국면으로 들어가던 일본 열도에서는 도요토미 히데요시가 1585년 명 정복을 피력한 이래 대외 팽창 계획이 구체화되었다. 그 연장선에서 감행된 무리수가 조선 침략이다.

1587년 대외 관계의 창구 규슈를 정복한 직후, 히데요시는 포르투갈과 에스파냐가 선도해온 천주교 포교와 남만南蠻 무역에 관한 방침을 천명했다. 포교는 금지하지만 무역은 허용하며, 일본은 신국神國이라 칭했다. 나아가 고압적인 태도로 주변국에 복속을 강요했다. 1588년 류큐 왕국, 1591년 인도 고어에 있는 포르투갈 정청과 마닐라의 에스파냐 정청, 1593년에는 대만에 대해 각각 명 정복을 언명하거나 복속服屬·입공入貢 등을 요구했다.

조선을 향한 움직임은 신속하고 직접적이었다. 1587년 쓰시마를 통해 조선에게 조공을 바칠 것을 요구했다. 1590년 조선에서 파견된 사절 황윤길·김성일 등에게 맡긴 답서에서, 태양의 아들인 자신이 명을 정벌하고자 하니 길 안내를 하라(嚮導征明)고 했다(쓰시마 측이 '假道入明'으로 고침). 1592년 5월 조선의 한양 함락 소식을 접하자마자 히데요시는 천황을 베이징으로 옮기고 자신은 대명 무역의 요충인 닝보寧波에 가서 동아시아의 통교를 장악하고 제국을 건설하겠다는 계획을 발표했다.

히데요시는 분명 과대망상의 소유자였다. 하지만 침략 전쟁 발발의 본질은, 냉혹하며 현실적인 정치가 히데요시에 초점을 맞춰야 분명히 파악할 수 있다. 1589년 히데요시는 다테 마사무네에게 센고쿠 다이묘 간의 전쟁을 금지하면서, '일본뿐만 아니라 명까지 손에 넣어 자신의 판단에 따라 모든 다이묘에게 영지를 내리겠다'는 생각을 내비친 바 있다. '땅따먹기'인 센고쿠 시대를 종식시키는 통일을 온전히 하기 위해서는 휘하 가신은 물론 모든 다이묘에게 은상으로서 토지 배분이 요구된다는 발상이다. 또한 충성심이 의심스러운 다이묘를 전쟁에 동원함으로써 정적을 제거하는 효과도 누릴 수 있다. 7년에 걸친 조선 침략의 참혹한 전란은 열도의 통일 과정에서 구축된 대외 침략의 필연성에다 히데요시 개인의 허황된 야망이 더해지면서 저질러졌던 것이다.

조선이 요구를 거절하자 히데요시는 침략 준비에 들어갔다. 전진기지 겸 총사령부를 나고야名護屋(사가 현)에 설치하고 서일본 일대의 다이묘를 망라하여 지역적인 군단을 편성했다. 군역은 고쿠다카 단위로 정연하게 부과했으며, 동북의 다이묘까지 나고야에 진을 치게 했다. 일반 민중은 인부와 뱃사람으로 징발되었고, 연공을 통해 군량미를 조달하고 각지의 배를 나고야에 집결시켰다.

침략군은 예비 부대 10만을 제외하고도 1군에서 9군까지 158,000명에 이르는 대군이었으며, 히데요시의 사위(양녀와 결혼)인 우키타 히데이에宇喜多秀家(1572~1655)에게 지휘봉을 맡겼다. 고니시 유키나가小西行長(1555?~1600)의 1군은 1592년 4월 700척의 배에 나눠 타고 쓰시마를 출발하여 부산에 상륙했다. 임진왜란·정유재란, 혹은 '분로쿠文禄·게이초慶長의 역'(1592~1598)이라는 비극의 장막이 걷혔다.

일본군은 노련한 전투력과 조총(철포)의 위력을 앞세워 초기 전황을 압도했다. 한양은 물론 평양까지 함락되면서 선조는 의주까지 몽진해야 했다. 그러나 이순신이 이끄는 수군의 활약과 의병의 저항, 명의 원군까지 가세하면서 일본군의 보급로는 두절되고 상황은 반전한다. 견디다 못한 일본군은 1593년 4월 한양을 버리고 남부 지방에 집결했고, 5월부터 명과 일본은 강화에 반대하는 조선을 배제한 채 교섭에 들어갔다. 하지만 히데요시가 내건 명의 항복과 조선 남부의 할양은 명으로서도 도저히 수용하기 어려운 조건이었다. 1596년 9월 아무 소득 없이 양국의 회담은 결렬되었다.

1597년 2월 히데요시는 재침을 결정하고 진용을 정비했다. 8군 편성에다 조선 잔류 수비대를 합하면 14만에 이른다. 2차 침략, 즉 정유재란은 새로운 전략하에 감행되었다는 사실을 놓치기 쉽다. 명 정복이 아니라 전라도를 거쳐 충청도를 확보함으로써 강화 교섭에서 요구했던 조선 남부의 할양을 무력으로 달성하겠다는 의도가 그것이다. 1593년 교섭 당시 10만의 대병력을 동원하여 진주성(논개의 충절로 유명)을 함락시킨 것과 같은 맥락이다.

정유재란에서 일본군은 잔혹함의 극치를 보였다. 히데요시는 남녀노소나 승속僧俗을 불문하고 수급 대신에 코를 베도록 명령했다. 가토 기요마사加藤清正(1562~1611) 측의 기록에 따르면, 병사 1명에게 코 셋이 할당되었다고 한다. 8월 전라도 남원성 공략에 즈음해서 '대장은 목을 그대로, 나머지는 코를 소금에 절여 항아리에 넣고, 남원 부근의 지도·목록과 함께 일본에 보냈다'고 하며, 그 수는 3,726명이었다. 교토에 있는 귀 무덤(耳塚)은 실은 남원성에서 베어간 '코 무덤'이었다. 그리고 남원성에서 일본의 유학儒學에 큰 영향을 끼친 강항이 잡혔다는 점도 기억해둘 만하다.

정유재란의 형세는 일본군의 예상을 벗어

귀무덤 임진왜란 당시 일본군이 베어 온 조선인들의 코를 묻은 곳

울산성 전투도 조명 연합군이 가토 기요마사가 주둔하고 있는 울산성을 포위하여 공격하는 장면

났다. 7월의 칠천량 해전에서 원균이 지휘하는 조선 수군을 대패시킨 기세를 타고 전라도와 충청도를 공략했지만, 경기도 진입은 9월 직산 전투에서 좌절되었다. 이후 일본군은 남부 지방으로 퇴각하여 성을 쌓고 지구전에 돌입했다. 가토가 이끄는 부대는 1598년 1월 울산성에서 패배 직전까지 내몰리기도 했다.

조선에서 일본군이 진퇴양난에 처해 있을 즈음 히데요시는 1598년 봄의 하나미花見(꽃놀이) 준비에 여념이 없었다. 4월 교토 다이고醍醐 사에서는 1,300명이 참가한 성대한 연회가 펼쳐졌다. 그러나 '다이고 하나미'의 흥겨움이나 화려함과는 달리, 각 다이묘의 속내는 죽음이 임박한 듯 보이는 히데요시 사후의 처신을 놓고 복잡하기 짝이 없었다.

6월에 들어 히데요시는 병석에 누웠고, 8월 정적 도쿠가와 이에야스에게 자신의 아들 도요토미 히데요리豊臣秀賴(1593~1615)의 후견인을 부탁한 뒤 다음 달 숨을 거뒀다. 아무도 전쟁의 지속을 내뱉지 않으니 철군은 쉽사리 결정되었다. 히데요시의 죽음은 비밀에 부쳐진 채 퇴각 명령이 내려졌으며, 명과 화의를 맺고 퇴로를 확보했다. 그러나 격노한 이순신은 순천성에서 철수를 서두르던 고니시 군을 세차게 공격했다. 바로 노량 해전이다. 12월 고니시와 시마즈 양군이 마지막으로 부산에서 물러남으로써 7년간의 침략 전쟁은 끝이 났다.

기나긴 전쟁은 조선과 명에 심각한 피해와 후유증을 낳았고, 첫 통일 정권도 절대 권력자의 죽음과 함께 붕괴로 내몰렸다. 히데요시는 전쟁 직전에 아들이 죽자 조카 도요토미 히데쓰구豊臣秀次(1568~1595)에게 관백 자리를 물려주고, 자신은 태합太閤(섭정·관백을 물려준 사람)을 칭했다. 그러나 이원 체제로 정권의 안정과 번영을 꾀하려던 이 계획은 1593년 히데요리가 태어남으로써 꼬일 수밖에 없었다. 졸지에 후계 구도의 훼방꾼으로 전락한 히데쓰구는 가족의 목숨까지 내놓아야 했다. 죽음을 눈앞에 둔 히데요시의 유일한 근심도 전쟁의 향배가 아니라 히데요리의 안위였다. 이에야스를 비롯한 5명은 다이로大老로, 이시다 미쓰나리石田三成(1560~1600) 등 심복 5명은 부교奉行로 임명하여 상호 견제를 도모하고 충성 서약까지 받아냈지만, 이에야스의 오랜 야망까지 잠재우지는 못했다.

아즈치 모모야마─에도 시대 | 17세기 초 ▶ 1부 043 **040** 승자는 도쿠가와 이에야스

도쿠가와 이에야스와 에도 막부

　1600년 10월 21일 오전 5시. 혼슈의 거의 한가운데에 위치한 동서 4km 남북 2km의 작은 분지인 기후 현 세키가하라関ケ原에는 안개가 자욱했다. 센고쿠 시대의 마침표를 찍는 대결전의 무대는 갖춰졌다. 250만 석의 영지를 보유한 도쿠가와 이에야스가 동원한 동군의 병력은 약 74,000. 이에 비해 서군의 총수 이시다 미쓰나리는 겨우 20만 석의 다이묘에 불과했지만 약 82,000의 군사를 모았다. 포진도 나무랄 데 없었다. 이에야스 및 그의 주력 부대와 대치하는 형태로 미쓰나리, 시마즈 요시히로島津義弘(1535~1619), 고니시 유키나가, 우키타 히데이에의 각 부대가 자리를 잡았다. 이에야스의 본진을 측면에서 찌르는 꼴로 진을 친 것은 고바야카와 히데아키小早川秀秋(1582~1602) 부대였다. 모리 히데모토毛利秀元(1579~1650) 등은 이에야스의 배후를 노리는 기동 타격 부대를 맡았다.

　오전 8시. 철포 소리를 신호로 동군의 선봉 후쿠시마 마사노리福島正則(1561~1624)가 말을 달렸다. 우키타와 고니시가 응전하고 뒤이어 양군이 뒤섞여 혈전을 벌였다. 그러나 막상 뚜껑을 열어보니 미쓰나리의 전략은 빗나갔다. 동군은 전체가 잘 기동하는 데 비해 서군에서는 미쓰나리, 우키타, 고니시 등의 35,000 군사만 분전하고 있었다. 나머지 부대는 방관하는 기색이 역력했다. 엎친 데 덮친 격으로 정오가 지나 고바야카와 부대의 배신이 밝혀지자 전세의 균형은 일거에 무너졌다. 미쓰나리는 역전의 발판을 마련하고자 8일을 숨어 다녔지만 결국 포박되어 고니시와 함께 참수형에 처해졌다.

세키가하라 전투　A는 도쿠가와 이에야스 부대, B는 후쿠시마 마사노리 부대, C는 이시다 미쓰나리 부대, D는 고바야카와 히데아키 부대이다. 동군을 이끈 도쿠가와 이에야스는 이 전투에서 승리하면서 천하 통일을 이룩했다.

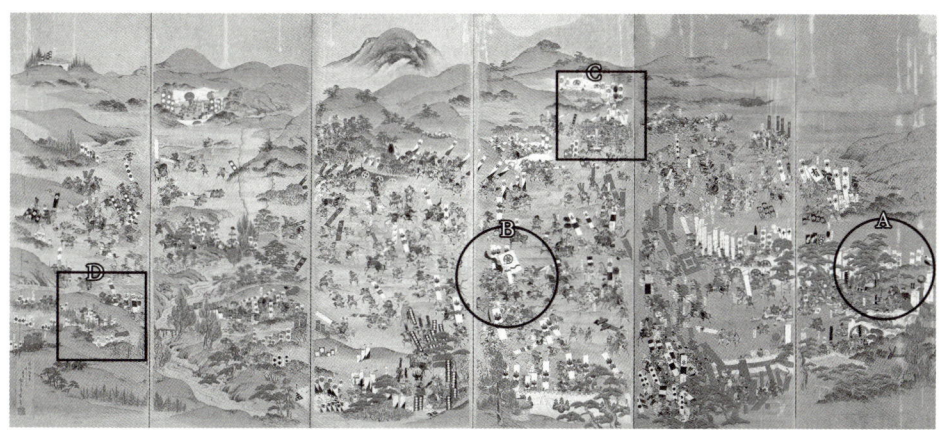

이에야스는 원래 성이 마쓰다이라松平였는데, 미카와三河(아이치 현)의 고쿠진 출신으로 이마가와 씨의 가신을 지냈다. 오케하자마 전투로 주군 이마가와 요시모토가 몰락하자 오다 노부나가와 동맹을 맺었고, 미카와를 평정한 1567년에는 칙허를 받아 도쿠가와 씨의 시조가 되었다. 그런 이에야스에게 '혼노 사의 변'(1582)은 천금의 기회였음에도 불구하고, 도

도쿠가와 이에야스

요토미 히데요시에게 선수를 빼앗긴 것도 모자라 허리까지 굽혀야 했다. 열도 통일에 즈음해서는 미카와를 포기하고 관동으로 옮겨갔지만, 250만 석을 소유한 최대 다이묘로서의 영향력은 굳건했다. 게다가 조선 침략에 출전하지 않고 힘을 온존한 것도 대권 행보에 유리하게 작용했다. 이 점에서 이에야스는 꾹 참고 때를 기다리는 강태공에 비견되곤 한다.

이시다 미쓰나리의 집안은 고쿠진보다 격이 낮은 지역 호족이었다. 일찍이 도요토미 히데요시에게 출사함으로써 입신양명의 발판을 마련한 그는 전투보다는 관료 쪽에서 역량을 발휘했다. 임진왜란 초기에 한반도에 건너가 실전(벽제관 전투)에 참가하는 한편, 강화 교섭에 간여하여 히데요시의 연락책을 담당했고, 전쟁이 종결되자 병력의 귀환과 뒷수습에 매진했다. 또한 그는 히데요시의 조카 히데쓰구의 처단에 앞장서기도 했다. 그런 충성파 미쓰나리에게 호시탐탐 차기 주자를 꾀차려는 이에야스는 최대의 위협이었다.

도요토미 히데요시가 노심초사했던 최악의 시나리오는 그가 죽은 뒤 하나둘씩 현실화됐다. 내대신으로 당시 최고 관위인 데다 5명의 다이로 중에서도 수석 격이던 이에야스는 차분하고 노련하게 세력을 불려갔다. 히데요시가 늘그막에 얻은 다섯 살 난 새 주군 히데요리의 지반을 다지려던 미쓰나리의 모든 노력은 수포로 돌아갔고, 마지막 카드로 준비한 정면 승부, 곧 세키가하라 전투에서는 자신의 목을 내놓아야 했다. 반면 이에야스는 세키가하라 결전을 승리로 이끌면서 일본 열도의 패자로 가는 탄탄대로에 접어들었다.

천하 통일의 축배를 비우자마자 이에야스는 반대파의 처분부터 서둘렀다. 서군 측 다이묘들로부터 영지 몰수인 가이에키改易로 440만 석에다 감봉 220만 석(히데요리는 200만 석에서 60만 석의 다이묘 급으로 격하됨)을 합친 660만 석은 세키가하라 전투에서 공을 세운 다이묘들에게 배분했고, 이에야스의 직할령은 400만 석으로 늘어났다. 단 한 차례의 싸움으로 열도 전체 1,800만 석의 영지에서 3분의 1의 주인이 바뀐 것이다. 전근대에 일어난 싸움은 대부분 '땅따먹기'가 본질이었음을 새삼 확인할 수 있다.

세키가하라 결전은 조일전쟁의 발발 및 뒤처리와도 연계된다. 열도를 제패한 히데요시에게 대외 전쟁의 도발은 다이묘의 군사력 삭감과 체제 유지라는 함의를 지녔기에, 각 다이묘의 시선이 고울 리 없었다. 이런 응어리로 인해 분명 가신으로 조아렸던 많은 다이묘

들이 히데요시의 최측근인 미쓰나리에게 등을 돌렸다. 7년에 걸친 조선 침략 전쟁은 히데요시 정권의 심장을 찌르는 비수이기도 했던 것이다. 노회한 이에야스는 조선과 국교를 회복하고 1607년 통신사를 맞아들임으로써 대외 관계의 틀을 재편해갔다(후술 045).

전후 처리와 함께 이에야스는 자신의 선조가 미나모토 씨의 후손인 닛타新田 씨임을 밝힌 족보 정리를 실시했다. 물론 쇼군이 되기 위한 사전 포석이었다. 1603년 그토록 염원하던 정이대장군에 임명된 도쿠가와 이에야스(1603~1605)는 에도江戸(도쿄의 옛 이름)에 막부를 열었다. 이로써 그는 히데요리의 '후견인'에서 벗어나 다이묘의 동원을 지휘하는 무가의 동량이라는 권한을 조정으로부터 획득한다. 260여 년에 걸친 '에도 시대'의 시작이기도 하다.

쇼군 도쿠가와 이에야스는 도요토미 히데요시에게서 터득한 귀중한 교훈, 즉 후계자 문제에 대한 신속한 결정과 집행에 나섰다. 1605년 아들 도쿠가와 히데타다德川秀忠(1605~1623)에게 쇼군의 지위를 물려준 뒤 자신은 슨푸駿府(시즈오카 현)로 물러가 오고쇼大御所(은퇴한 황족의 존칭이었지만 에도 시대에는 전 쇼군의 존칭으로 사용됨)로서 죽을 때까지 11년간 실질적으로 막부 정치를 관장했다. 도쿠가와 집안의 쇼군 세습을 천명하고, 후계자가 권위를 세울 시간적 여유를 제공하며, 운신의 폭이 넓은 전 쇼군으로서 막 걸음마를 시작한 막부를 엄호했던 것이다. 1623년 히데타다도 아버지를 본받아 이에미쓰家光(1623~1651)에게 양위했다.

그런데 딱 한 사람이 정면에서 새 쇼군과 막부의 탄생으로 다듬어지고 있는 질서 체계에 편입되는 것을 거부했다. 바로 오사카 성의 주인 히데요리이다. 부친 히데요시의 후광을 등에 업은 히데요리는 세키가하라 전투 이후에도 조정은 물론 구 가신에 대해 만만치 않은 영향력을 유지했다. 이에야스로서도 막부의 연착륙이 급선무였으므로 어정쩡한 동거는 양쪽 모두 불가피한 선택이었다.

1614년 히데요리 측이 조성하던 호코方広 사의 종에 새겨진 명문 국가안강國家安康을 빌미로 이에야스가 움직였다. 이에야스의 이름 중 한 글자인 '강康'을 쓴 것이 불경하다는 논리였지만, 히데요리를 막부의 통치권 아래 두겠다는 정치적 대원칙의 구현이 본질이다. 이에야스는 히데요리에게 오사카 성의 포기나 인질(히데요리 혹은 어머니) 제공의 선택을 압박하며 시비를 걸었다. 사실상의 선전포고로 간주한 히데요리 측은 전쟁 준비에 들어갔다.

그해 겨울 막부의 20만 병력은 10만이 지키는 오사카 성을 에워쌌다. 치열한 공성전이 벌어졌지만 어느 쪽도 결정적 승기를 잡지 못했다. 겨울이 깊어지자 양측은 화의를 시도했고, 성의 해자를 메우는 조건으로 정전이 성사되었다. 하지만 해가 바뀌자 막부는 안면을 바꿔 재차 공격에 나섰다. 해자가 없는 오사카 성은 이제 난공불락이 아니었다. 히데요리와 그 일족은 자살로 생을 마감했다.

마지막 걸림돌을 제거한 이에야스는 세키가하라 결전의 총결산에 들어갔다. 무가는 물론 황실·공가를 통제하는 제도적 틀을 만든 것이다(후술 041). 막부의 기초가 다져졌다고 판단했을까, 이듬해 1616년 이에야스는 사냥 도중 쓰러진 뒤 파란만장한 74년 삶을 마친다.

막부와 번

에도 막부는 마지막 15대 쇼군 도쿠가와 요시노부德川慶喜(1867~1868)가 정권을 조정에 '반환'하는 1868년까지 존속했고, 이 시기는 일본사에서 '근세'라 불린다. 근세의 시대적 특징은 흔히 지배 시스템이 막부와 번藩으로 구성되었다는 데 착안하여 막번제幕藩制 혹은 막번 체제로 규정한다. 막번 체제는 간단히 말해 강력한 영주권을 지닌 막부(=쇼군)와 번(=다이묘)이 토지와 인민을 지배하는 체제인데, 그 과정과 특질을 파헤치다 보면 '근세는 중세의 완성'이라는 명제가 실감 나게 와 닿는다.

도쿠가와 이에야스는 치세 내내 국가 통치의 주체로서 막부에 필수적인 기초 제도의 정비에 혼신의 힘을 쏟았다. 도요토미 히데요시가 실시했던 검지나 병농 분리를 승계하는 방식에서 출발하면서도 독자적인 변형과 운용을 잊지 않았다. 신분제에 상응하여 부과된 '역'의 경우, 이에야스는 히데요시의 실패를 반면교사로 삼았다. 즉 대외 전쟁(조선 침략)을 위한 군사 동원으로 몰아갔던 전임자와 달리 평시의 부역(普請役) 쪽에 집중한 것이다. 1603년 에도 시가지 조성을 위해 전국의 다이묘에게 부역이 할당된 이래 빈번하게 축성 부역 명령이 떨어졌다. 이를 뒷받침하기 위한 조치로서 1605년에는 각 다이묘의 영지와 고쿠다카를 조사하고 확정했다. 막부는 '공의公儀'로서 다이묘는 물론 조닌을 포함한 백성까지 동원 가능한 중앙 권력임을 지속적으로 각인시키고자 했다.

그뿐 아니라 도요토미 히데요리를 멸망시킨 직후 막부는 '법도法度'의 발포를 단행했다. 무가 정권의 통치 방침을 천명한 것으로, 사실상의 승리 선언이기도 했다.

먼저 무가 통제의 원칙을 밝힌 '무가제법도武家諸法度'는 다이묘 간의 제휴, 성의 축조, 막부 법규 위반자의 비호, 막부의 승인 없는 결혼 등을 금한 것이 주요 내용이다. 초점은 막부의 장래에 위협이 될 유력 다이묘의 세력 삭감에 맞춰져 있었으며, 도쿠가와 이에미쓰 이후 쇼군이 바뀔 때마다 약간씩 수정되었다. 예컨대 이에미쓰는 산킨코타이參勤交代를 의

산킨코타이 행렬 도쿠가와 이에야스는 지방의 다이묘들을 통제하기 위해 격년으로 에도에 불러들여 강제로 머물게 했다. 위 그림은 교토 남부 소노베(園部) 번의 산킨코타이 행렬도 중 일부이다.

에도 성에 모인 다이묘들

무화했는데, 이는 모든 다이묘를 번과 에도에 1년씩 교대로 거주케 하고 그들의 처자는 에도에 살도록 하는 것이다. 과거 히데요시 때부터 자발적으로 운용되던 것을 강제화한 것이다. 이렇게 만들어진 막번제 국가 일본에서 쇼군의 권력은 막강했다. 영주권이 상속에 의해 승계되고 혼인으로 이동되기도 하는 유럽의 봉건제와 달리, 언제나 쇼군의 의사 결정이 필수적이고 절대적이었기 때문이다.

천황과 공가의 통제를 위해서는 17개조에 이르는 '금중 및 공가제법도禁中並公家諸法度'를 마련했다. 그중 널리 알려진 1조 '천황이 닦아야 할 으뜸은 학문이다'는 흔히 조정을 정치에서 떼 놓기 위한 것이라 해석되곤 한다. 하지만 가마쿠라 막부 이래 400년의 역사를 통해 천황과 공가가 정치에 관여하지 않는 것은 이미 전통으로 굳어진 상태였다. 따라서 이 법도 제정의 의의는 천황과 공가가 무가(=쇼군)의 국가 지배를 보완하는 존재임을 처음으로 성문화했다는 점과 함께, 조정의 행동을 제약하는 법적 근거를 마련했다는 데서 찾아야 한다. 사찰과 신사에 대해서도 전담 부서를 두고 법도를 발하여 천황 대신 막부가 통제한다는 사실을 명문화했다. 이후 사찰과 신사는 기독교 금제(후술 046)와 연동되면서 민중 지배의 말단 기관으로 자리매김되었다. 이렇듯 이에야스가 생존한 동안 막부의 정치적 경쟁자를 규율하고 억제하는 큰 틀은 완비되었다.

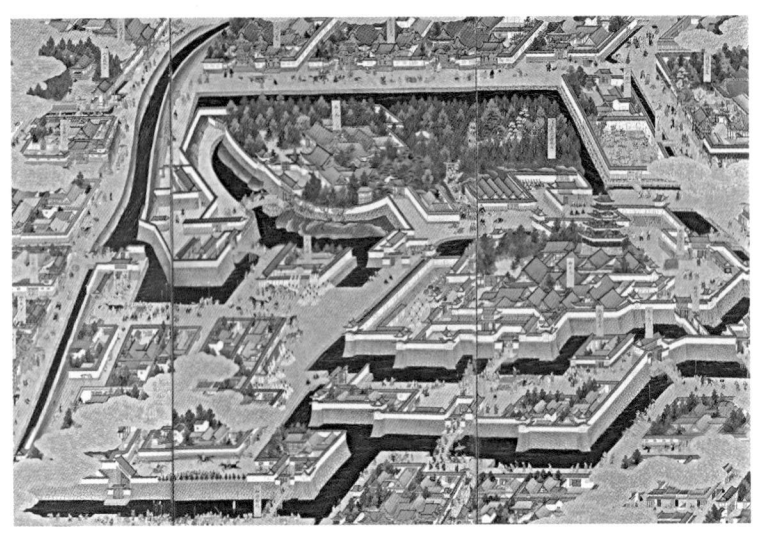

에도 성 〈에도도병풍(江戸図屏風)〉에 보이는 초기의 에도 성 모습이다.

히데타다 이후 막부는 제반 법도를 앞세워 조정과 사원, 다이묘의 내부 문제에 적극적으로 개입했다. 먼저 다이묘를 어떻게 통제했는지 그 구체적인 실례를 살펴보자. 이에야스가 사망한 직후 1619년 2대 쇼군 히데타다는 세키가하라 싸움에서 큰 공을 세운 후쿠시마 마사노리를 가이에키(영지 몰수)에 처했다. 태풍으로 무너진 성벽을 무단으로 수리한 것이 무가제법도의 성 개축 금지 조항을 위반했다는 이유였다. 쇼군보다 연배가 높은 다이묘를 처분함으로써 쇼군의 권위와 법령 준수를 각인시킨 효과는 충분했을 터다. 1604년 출생하여 '날 때부터 쇼군'이라 불리던 이에미쓰도 1632년 모반 음모를 구실로 구마모토 번(번주는 가토 기요마사의 후손)에 가이에키 처분을 내렸다. 이렇듯 강권적인 '무단정치'를 펴는 한편 산킨코타이의 의무화와 같이 통치의 제도적 완비도 게을리하지 않았다.

다이묘는 1만석 이상의 영지를 소유한 무사에 해당하며, 대체로 신판親藩, 후다이譜代, 도자마外様의 셋으로 나뉜다. 신판은 오와리·기슈紀州·미토水戸의 고산케御三家와 같이 도쿠가와 성을 잇거나 그 일족(성은 다양함)에 해당하는 다이묘이고, 일찍부터 도쿠가와 씨의 가신인 경우는 후다이, 그리고 도자마는 세키가하라 결전 이후 도쿠가와 씨에게 복속한 그룹이다. 다이묘의 지역적 안배는 군사적인 측면이 우선시되었다. 신판과 후다이는 관동 일대와 전국 요소요소에, 도자마는 되도록 에도에서 멀리 배치했다.

쇼군 직속의 가신단인 하타모토旗本와 고케닌御家人은 막부 군사력의 핵심이었다. 둘 다 1만 석 미만의 가신이었지만, 하타모토는 쇼군을 알현할 수 있는 특권을 지녔다. 1722년의 조사에 따르면 하타모토는 5,205명, 고케닌은 17,399명이었다. 이들은 에도에 살면서 고쿠다카와 재능에 따라 관직에 임명되고 군역을 부담했다.

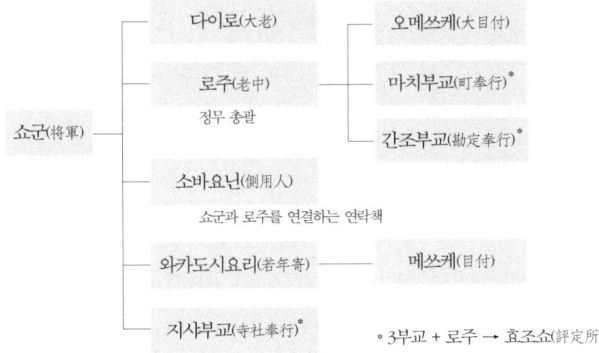

에도 막부의 정치 기구

이어서 막부의 기구를 살펴보자. 이에야스 이후 친정을 폈다고 평가되는 일부 쇼군을 제외하면 정무 수행은 대개 로주老中를 비롯한 관료들에게 위임되었다. 이에미쓰 때 다듬어진 막부의 직제 및 주요 관료는 다음과 같다. 로주가 전국 지배를 총괄한다면 막부의 내정은 와카도시요리若年寄의 담당이었다. 로주 밑의 오메쓰케大目付는 다이묘를 감찰하고, 메쓰케目付는 와카도시요리의 아래서 눈과 귀가 되어 하타모토·고케닌을 감찰했다. 행정 실무에 관해서는 사찰과 신사를 담당하는 지샤부교寺社奉行, 도시의 행정과 사법을 관장하는 마치부교町奉行, 재정과 지방관 통제를 맡는 간조부교勘定奉行의 세 부교가 중요하다. 이상의 직위에는 복수의 다이묘·하타모토가 임명되어 교대로 업무를 챙기도록 했다. 그리고 효조쇼評定所는 로주와 3부교로 구성되어 주요 정무와 소송의 최고 의결 기관으로 기능했다.

번과 다이묘도 막부와 쇼군을 배경으로 삼아 통치 주체로서 면모를 갖춰 나갔다. 유력 무사는 가신단에 편성하여 번주가 사는 조카마치城下町에 집결시키고, 가로家老와 부교 등의 직위에 앉혀 번의 정무를 맡겼다. 그리고 다이묘가 직접 지배하는 직할령에서 연공을 징수하고, 그 일부를 가신들에게 지급하는 봉록俸祿 제도를 시행했다. 다이묘의 영지·영민 장악이 강화되고 직제가 정비됨에 따라 번의 위상은 기틀을 잡게 된다.

그러면 각 다이묘가 관할하던 땅과 인민은 최고 권력자인 쇼군과 어떤 관계를 갖는가? 결론부터 말하면, 전국의 모든 땅과 인민의 궁극적인 지배자는 쇼군이고, 다이묘는 지배를 '위임'받은 데 지나지 않았다. 이것을 정립한 선구자는 이른바 '태합 검지'를 통해 전 국토의 지배권을 확립한 도요토미 히데요시였고, 도쿠가와 이에야스는 그 충실한 승계자였다. 따라서 근세 다이묘의 영지는 쇼군이 중앙 권력임을 확인하는 검지가 이루어진 뒤 다시금 다이묘에게 주는 형식을 취했다. 토지에 얽매인 신분인 농민의 처지도 이와 맞물린다.

농민과 농촌

중세의 완성이 근세라고 한다면 피지배층의 주축인 농민·농촌에는 어떤 변화가 닥쳤을까? 이를 확인하면 근세 신분제의 이해도 수월해진다. 즉 병농 분리를 거쳐 태동한 사농공상士農工商의 내용과 의미가 그것이다. 결론부터 말하면 앞서 검지와 백성 신분의 결정, 가타나가리, 무사의 조카마치 강제 거주 등의 시책은 근세적 군대의 창설을 지향하는 병농 분리의 과정이며, 그와 결부되어 농민과 농촌의 존재 의의도 새롭게 재구성되었다.

근세의 다이묘는 군사적 봉공 의무를 진 가신들에게 무기는 물론 비전투원까지 포함하는 인원의 규모를 지정했다. 17세기 말 후다이 번 중의 하나인 마에바시前橋(군마 현 마에바시 시) 번의 사료를 보자. 전투원은 무사 518명과 아시가루(보병) 1,129명 등을 합쳐 1,953명이며, 병참을 담당하는 마바리꾼 573명을 포함한 각종 비전투원은 3,485명이었다. 양자를 망라한 총인원 5,438명과 말 920필의 동원 내역이 가신별로 밝혀져 있다.

반면 센고쿠 다이묘는 가신들이 군역으로 내놓은 무기와 소유자를 차출하여 창·철포·활 등의 아시가루 부대를 편성해서 전투에 임했다. 호조 씨 휘하의 한 가신의 경우 창·철포·활과 같은 아시가루 부대는 무기별로 동원수를 추정치로만 표시했을 따름이며, 마바리꾼에 대해서는 아무런 언급이 없다.

양자는 분명 다르다. 센고쿠 다이묘의 군역은 가신 개개인이 출진할 때 거느리는 병사와 무기의 수만 규정하지만, 근세 다이묘가 부과하는 군역은 가신이 인솔하는 모든 인원에다 말의 수까지 명기했다. 이 차이는 이하 제반 사항의 상호작용에서 비롯되는데, 바로 거기에 근세는 센고쿠 시대의 지양이라는 함의가 오롯이 녹아 있다.

먼저 지적할 것은 동원 기간에 소요되는 군량을 누가 부담할 것인가의 문제이다. 근세에는 군역을 부과하는 다이묘가 부담했으므로 평시에 동원 가능한 인마人馬의 총원을 미리 파악해두는 것이 당연했다. 이에 비해 센고쿠 시대에는 동원되는 측이 자체 조달했다. 센고쿠 다이묘의 관심은 직접적인 전투력을 구성하는 무기와 장비에만 쏠렸던 것이다.

두 번째로 군량 보급, 즉 병참의 차이로부터 근세적 군대가 태동했다. 센고쿠 시대의 군대에서 기마 무사를 제외한 아시가루는 사실상 임시로 모은 오합지졸에 지나지 않았다. 게다가 군량을 스스로 챙겨야 하므로 다이묘나 가신은 아시가루 부대의 집단 훈련을 엄두도 내지 못했다. 하지만 근세 다이묘는 아시가루와 병참 요원(마바리꾼)을 직할 부대로 거느리고 아시가루의 훈련을 일상적으로 실시했다. 근세의 군대는 상비군이었던 셈이다.

세 번째는 검지, 즉 토지 조사가 근세적 군대를 지탱한 기초였다는 점이다. 검지에 의해 근세 다이묘는 센고쿠 다이묘에 비해 광대한 직할지를 확보했으며, 거기서 나는 소출로써 아시가루에게 급여를 지불하고 군량미로 비축하기도 했다. 조카마치에 집결한 무사와 아시가루는 비축미에 더해 농촌에서 징발된 인력과 말 등의 병참 부대와 결

검지 토지 측량을 하고 있는 모습

합함으로써 센고쿠 다이묘를 능가하는 기동성과 지구력을 겸비할 수 있었다.

병농 분리와 신분제 구축도 이런 시스템과 연계된다. 센고쿠 시대에는 원활하지 못한 병참으로 인해 군사작전의 일환으로 적지의 인마를 약탈하고 매매까지 했으며, 백성들은 살기 위해 정든 마을을 등지곤 했다. 검지는 백성의 생존을 위협하는 치안 부재를 해소해주는 대신 그들을 토지와 마을에 긴박시키고 연공 납입의 의무를 지웠던 것이다. 동시에 '역'으로서 병참의 사역도 부과되었다.

이로써 근세의 시대적 특징이 분명해진다. 근세에 접어들어 백성의 동원은 가신→다이묘→쇼군이라는 지배 체계와 결합하면서 최고 권력자인 쇼군(=공의)에 의해 궁극적으로 '보증'되었다. 마바리꾼은 개별 다이묘의 차원이 아니라 쇼군이 하사한 영지의 백성 중에서 '국역國役'으로 동원되었던 것이다. 사농공상은 근세국가를 규율하는 근본 원리로 편제되었고, 자율적으로 보이는 개별 다이묘의 지배도 신분 법령을 비롯한 중앙 권력의 뒷받침 없이는 성립되기 어려웠다.

이상의 내용을 정리하면 근세의 사회 체계 내에서 재편된 촌락과 백성의 새로움이 부각된다. 중세의 농촌은 자연적 입지에 따라 구분된 영역별로 장원을 비롯한 각종 토지 소유가 중첩적으로 존재하고, 무사와 농민이 신분의 분리가 거의 없이 정주하며 혈연적 결합이 강한 반면, 지연적 연대는 결여된 촌락이다. 반면 근세의 농촌은 전체 영지의 일부로서 자연의 입지를 전제로 한 행정구역인 향촌을 단위로 하며, 병농 분리의 결과로 농민만 정주하므로 강한 지연적 결합을 토대로 공동생활을 영위했다. 17세기 말에는 전국에 촌락 수가 6만 정도, 총 고쿠다카는 약 2,500만 석이었으며 촌락 평균은 약 400석 정도였다.

농촌의 존재 의의는 연공의 납부로 집약된다. 연공은 검지 후에 확정된 고쿠다카를 기준으로 전답과 가옥에 부과되었으며, 촌락별로 할당된 연공의 미납분은 전체가 연대책임을 졌다(村請制). 흔히 4공公 6민民 혹은 5공 5민이라 칭해지는데, 고쿠다카의 40~50%를 영주에게 바쳐야 했다. 연공만 납부한다면 백성만큼 마음 편한 사람이 없다고 막부는 선전했지만

신분제 신분에 따라 의복과 상차림이 다름을 알 수 있다. 맨 왼쪽은 공가, 그 오른쪽은 무사, 아래는 농민이며, 오른쪽 무리는 왼쪽부터 상인, 승려, 직인의 모습이다.

마을 내에서 연공 납부의 집행은 가혹했다. 17세기 말만 해도 연공 체납자의 부인과 딸을 강제로 범하는 사태가 벌어졌다고 얘기될 정도였다.

촌락의 정규 구성원인 혼뱌쿠쇼本百姓는 검지 장부에 경지·가옥과 함께 기재된 연공 납부의 주체로서 각종 부역까지 짊어졌다. 전시에 물자를 보급하는 마바리꾼의 임무도 그중 하나였다. 전답에 대해서는 매매는 물론 상속 등에 따른 세분화가 금지되었으며, 담배·목화·채종유 같은 상품작물의 재배도 금지되었다. 혼뱌쿠쇼 경영을 유지하는 일은 영주의 재정 상태를 좌우하는 중차대한 현안이었고, 개개의 촌락을 통제의 기본 단위로 삼아 농업 중심의 자립 경제를 유지하는 것은 막번 체제의 명운과 직결되었다. 에도 막부의 창업자 도쿠가와 이에야스가 "향촌의 백성들은 죽지도 살지도 않을 만큼" 다스리라고 명령했다는 데서 잘 드러나듯이, 근세는 '농업 본위'이긴 했지만 결코 '농민 본위'는 아니었다.

무사-백성-조닌의 신분제는 천민을 포함하여 제도적인 완성에 이른다. 이미 도요토미 히데요시 정권하에서 피혁 관련 종사자에게 '가와타かわた'라는 신분을 부여했는데, 근세에 들어와 최종적으로 에타穢多라는 천민 신분으로 고착되었다. 중세부터 존재가 확인되는 다양한 하층민도 히닌非人이라는 천민으로 신분제의 말단에 배치, 고정되었다. 그 시기는 늦어도 17세기 후반으로 추정된다. 이들은 거주와 의복, 두발 등에서 다른 피지배 신분과 구별되는 멸시의 대상이 됨과 동시에, 신분 질서의 유지에 교묘하게 이용되기도 했다. 예컨대 농민 봉기인 잇키一揆가 일어나면 천민들이 진압에 동원되었다. 잇키는 영주와 농민 간의 모순 구조에서 터져 나오지만, 이를 천민과 농민의 대결로 바꿔치기 함으로써 영주 지배의 온존을 획책했던 것이다. 피지배 신분 간의 분할 지배는 동서고금을 막론하고 지배 집단이 가진 만능열쇠 중의 하나였다.

무사와 무사도

앞서 근세적 군대의 메커니즘을 해부한 결과 번의 본질은 군대이며 전투원과 그들을 유지하는 조직임이 확인되었다. 달리 말하면 번은 전투 조직과 그 유지에 소요되는 연공 및 물자를 조달하는 기구이며, 이는 근세 일본이 '병영국가'라고 정의되는 이유와도 일맥상통한다. 무사는 지배계급으로서 전투원인 동시에 정치의 주체가 된다. 반면 백성과 조닌, 즉 서민은 가타나가리에 의해 무장이 해제되었으며, 전쟁에 동원되지만 비전투원인 탓에 정치의 주체가 되지 못하고 지배의 대상으로 규정되었다. 이것이 일본의 근세를 지탱한 신분제의 원리였다.

피지배인인 서민은 무력, 특히 집단 무력에 의거하여 자신의 권리를 실현할 수 없었다. 분쟁의 해결은 어디까지나 막부나 다이묘의 판단에 따라야 했다. 예를 들면 에도 초기 어떤 번의 부교는 자신을 때린 사람을 공격하여 상해를 가한 조닌에게 벌금을 부과했다. '선악의 판단을 하기 위해 부교가 임명되어 있는데도, 그것을 무시하고 스스로 선악을 판단하여 보복한 것은 신분을 뛰어넘는 행위'라는 것이 평결의 근거였다. 에도 시대는 선악을 스스로 판단하는 자질과 실력 행사를 할 수 있는 자격이 분리된 사회였던 것이다. 신분에 따라 행동의 자율성에 차이를 부여했기에 '같은 인간'이라는 말은 상상조차 불가능했다.

그에 비해 무사는 정치와 군사의 주체로서 성姓을 쓰고(苗字) 칼을 차는(帶刀) 등 배타적 특권이 부여된 지배 신분이다. 무사의 무장은 스스로 판단하고 이를 행동으로 표출할 수 있는 자질을 갖췄다는 표식이었다. 따라서 자신에게 닥친 일은 스스로 해결하는 것이 무사다운 태도였다. 분쟁이 발생했을 때는 겐카喧嘩(사적인 싸움)를 무릅쓰더라도 자기의 명예를 자력으로 지키는 것이 무사의 덕목, 무사도로 여겨졌다.

하지만 근세에는 '겐카료세이바이喧嘩兩成敗'라는 법령이 작동했다. 무사 간에 발생한 분쟁을 해결하기 위해 무력·폭력을 행사하는 것을 금지하며, 겐카를 벌인 경우에는 옳고 그름에 상관없이 쌍방을 처벌한다는 내용이다. 따라서 겐카는 무사다움을 증명하는 필수적인 수단이었음에도 불구하고 겐카료세이바이라는 법령에 저촉되는 불법 행위였다.

기성 권력이 해체되는 중세에는 무사를 포함하여 사회 전반에 '자력구제'의 기풍이 만연했다. 그러나 센고쿠 시대에 접어들면서 군대 통제라는 관점에서 출발한 겐카료세이바이의 논리가 센고쿠 다이묘의 법령에 도입되어 퍼져갔다. 어떤 면에서 도요토미 히데요시의 전국 통일은 겐카료세이바이를 앞세워 센고쿠 다이묘 간의 겐카를 종식시킨 것이라는 해

무사의 할복 무사도는 메이지 유신으로 무사가 사라진 뒤에도 일본의 전통이자 상징으로 추어올려졌다.

석도 가능해진다. 요컨대 무사 간의 사투를 금지한 법령과 무사도의 이상 사이에는 명백한 불일치와 모순이 존재했고, 에도 시대 내내 무사의 고뇌와 혼란은 해소되지 못했다.

17세기 중반 오카야마岡山 번주 이케다 미쓰마사池田光政(1609~1682)는 명군으로 이름이 높다. 그의 일기는 어느 해 정월, 자신의 성에서 진행된 의식 도중에 일어난 무사 간의 겐카를 다음과 같이 전한다.

3대 쇼군 도쿠가와 이에미쓰가 하사한 학을 공개하던 중 한 무사가 다른 무사를 힐책하며 겐카를 걸었다. 하지만 상대방은 엄숙한 의식 중이므로 응할 수 없다고 거부하여 소란이 일었다. 사건을 조사한 뒤 미쓰마사는 겐카를 건 쪽을 죽임으로 다스렸다. 겐카 소동의 원인은 그 당시의 알력이 아니라 과거의 원한에 있었다. 그렇다면 학을 공개하는 의식에서가 아닌 다른 장을 택했어야 하며, 게다가 많은 사람이 모인 장소라서 싸움이 만류될 것을 기대한 것이므로 '비겁'하다는 설명이 붙여졌다. 한편 겐카를 거부한 쪽에게는 영지 몰수, 곧 가이에키의 명을 내렸다. 겐카에 응하지 않은 것은 장소를 헤아린 행위로 어느 정도 납득이 가지만, 후일 시간과 장소를 정해서 결투를 해야 했는데 그러지 않은 것은 너무 '온순한 처사'라는 것이었다. 그런 무사는 전쟁에서 아무런 쓸모가 없으므로 다른 무사에 대한 본보기로 영지를 몰수한다는 것이 이유였다.

'온순하게' 겐카를 회피하면 비겁자로 낙인찍혀 실업자 신세가 되고, 겐카에 응하는 것은 곧 죽음에 이르는 길이다. 도대체 가신의 입장에서는 어떻게 행동해야 하는 것일까?

그에 대한 결론 중 하나는 사가佐賀 번의 무사 야마모토 쓰네토모山本常朝(1659~1719)가 18세기 초 완성한 저서 『하가쿠레葉隱』에서 찾을 수 있을 것 같다. 이 하급 가신은 "무사도는 죽는 것임을 깨쳤노라"라고 갈파했다. 그의 논지는 이렇다. 선택의 장에 처했을 때는 죽을 가능성이 더 높은 쪽을 택하라, 그러면 살아서 치욕을 당하고 비겁자로 욕먹는 것은 피할 수 있다.

쓰네토모는 교토에 체재하던 돗토리鳥取 번의 무사 얘기를 다루었다. 그는 다른 번사藩士(번에 출사한 무사)가 거리에서 겐카를 벌인다는 말을 듣고 가세하여 접전 끝에 상대를 두 명 벤 뒤 관청에 출두했다. 스케다치助太刀(결투에 조력함)를 금한 법령을 어겼다는 관리의 심문에 그는 이렇게 답했다. "동료가 겐카를 벌인다는 얘기를 못 들은 채 지나쳤다면 목숨은 연명하겠지만, 무사도는 땅에 떨어지고 만다. 무사도를 지키고 귀중한 목숨을 버리니 속히 처벌해주시기 바란다."

무사는 동료가 겐카를 한다는 것을 흘려듣지 않고 스케다치에 나선 순간 이미 죽음을 선택한 것이나 다름없었다. 운 좋게 겐카에는 이겨서 상대를 죽일 수 있었지만, 겐카가 끝난 뒤 '법' 앞에 자신의 목숨을 내놓아야 했다. '목숨을 연명'하는 대신 '무사도를 지키'는 것은 그가 포착한 명분의 최대치였다. 앞서 오카야마 번의 사례와 연결해서 생각하면, 어느 쪽을 선택해도 가이에키나 죽음이 기다린다면 차라리 명예를 지킬 수 있는 쪽을 택하자는 것이었다.

그러나 당대에 쓰네토모의 주장과 저서는 그다지 알려지지 않았고, 현실 세계에서 법령과 무사도의 딜레마는 지속적으로 분출했다. 우회로의 설정은 자연스럽고도 절실한 요구였다. 폭력 수단을 독점한 무사의 자율성과 법적 틀을 훼손하지 않는 방안, 그것이 바로 부모와 주군을 비롯한 윗사람의 원수를 갚는 복수극 '가타키우치敵討'의 공인이다. 겐카가 아니라 에도와 교토의 정해진 관청에 신청하여 허가를 받은 합법적 복수극은 무사로서 마땅히 수행해야 할 미덕으로 추어올려졌다.

가타키우치의 범위는 협소하다. 윗사람이 아랫사람의 복수를 할 수 없으며, 자식이 있는데도 사촌이 먼저 칼을 드는 일은 살인 혹은 겐카로 규정되었다. 또한 관청에 가타키우치를 신청한 이후 실제로 성공까지 이른 사례도 매우 적었다고 추측된다. 그런 면에서 가타키우치의 주안점은 복수의 장려가 아니라, 제한적이나마 이상적인 무사도의 모델을 창출함으로써 지배계급인 무사의 위상과 체면을 제고하는 데 있었다고 봐야 한다.

이렇듯 무사도는 법적으로도 도덕률로서도 결함이 적지 않았으며, 그나마도 점차 형식화되어갔다. 할복(일본어는 셋푸쿠切腹가 일반적임)이 대표적이다. 에도 시대 중기 이후에는 단도 대신 부채로 배를 긋는 시늉만 하는 경우가 많았으며, 할복이 어려운 무사에게는 음독자살이 허용되기도 했다.

메이지 유신 이후 무사는 사라졌지만 무사도는 일본의 전통이자 상징으로 높이 평가되었다. 그리고 격화되는 군국주의와 침략 전쟁은 역사가 아닌 상상 속의 무사도를 불러내고 선전했다. 2차 세계대전 말기 가미카제神風(자살 공격)에 나선 젊은이들은 '무사도는 죽는 것'이라는 구절을 암송하며 미군 함선으로 돌진했다.

막번제와 유학

에도 막부는 병농 분리를 토대로 한 무사의 지배계급화와 권력 집중에 성공하면서 닻을 올렸다. 그러나 막번제의 안정적인 지속을 도모하기 위해서는 지배와 피지배의 관계를 합리적으로 설명하는 사상의 정립 또한 절실해진다. 유학, 특히 주자학은 그런 요청에 부응했다. 상하의 신분 질서를 중시하고 예절을 존중하는 주자학은 봉건 체제 유지를 위한 교학敎學으로서 막부와 번의 지지와 환영을 받았다. 하지만 조선이 그랬듯이 외래 사상인 주자학은 막번제 사회의 현실과 충돌하면서 일정 정도 변용과 수정을 동반할 수밖에 없었다. 여기에서는 지배 이데올로기라는 측면에 초점을 맞춰 주자학의 전개 양태를 훑어보자.

일본의 유학은 오랜 역사를 지녔지만, 근세 이전에는 불교와 융합된 학문이라는 성격이 농후했다. 이는 근세 유학의 선구자로 지목되는 후지와라 세이카藤原惺窩(1561~1619)가 선승이라는 데서도 확인 가능하다. 세이카는 선승의 교양이라는 기왕의 틀에서 벗어나 경세제민經世濟民의 실현을 위정자의 덕정에서 찾았다. 그는 대권을 꿈꾸는 도쿠가와 이에야스에게 큰 감화를 주었으며, 일본에 끌려왔던 조선의 성리학자 강항과도 깊은 친교를 나눴다.

세이카를 스승으로 모신 하야시 라잔林羅山(1583~1657)은 23세의 젊은 나이에 이에야스의 브레인으로 촉망을 받았다. 이에야스부터 이에쓰나家綱(1651~1680)까지 4대에 걸쳐 쇼군을 보좌하면서 공문서와 무가제법도의 기초 등을 담당하고 역사서를 편찬했다. 이런 실무적인 작업과 더불어, 라잔은 막번제를 떠받치는 신분 질서와 그 속에서 실천 도덕을 형이상학적으로 이론화함으로써 지배 이데올로기의 형성에 기여했다.

하야시 라잔 도쿠가와 이에야스의 브레인 라잔은 유학의 이론과 신분 질서를 결합해 지배 이데올로기를 체계화했다. 그림은 막부 직할의 교학 기관에서 유학을 공부하는 무사의 모습이다. 원 안의 초상화가 하야시 라잔.

이를테면 우주의 원리인 '리理'는 인간관계에서 신분으로 나타난다고 설명함으로써(上下定 分의 理) 사농공상의 신분제를 정당화했다. 1614년 도요토미 히데요시의 적자 히데요리를 공격하는 구실이 된 호코 사의 종에 새겨진 국가안강國家安康의 해석도 사실상 라잔의 작품이었다. 이후 라잔의 자손들은 대대로 막부의 교학을 담당했다. 이에쓰나를 포함하여 5명의 쇼군을 섬긴 하야시 노부아쓰林信篤(1645~1732)는 라잔의 손자였다.

이와 같이 에도 초기의 주자학에는 정치에 의해 창출된 현실을 자연의 존재 원리에 근거하여 미화하고 이념화하는 역할이 부여되었고, 원리를 바탕으로 현실을 객관적으로 인식하려는 지향은 미약했다. 이 때문에 주자학의 이념과 현실의 막번 체제 간에는 명백한 차이가 엄존한다('수신제가치국평천하'를 읊어도 일본에 과거제는 없으며, 학문에 의한 정치 참가도 불가능했다). 그런 사상적 긴장 속에서 유학의 이념에 기초를 둘 것인가, 아니면 현실 인식을 중시할 것인가의 선택지가 자연스레 제기되었다. 새로운 유학의 싹이 튼 것이다.

번사 출신 나카에 도주中江藤樹(1608~1648)는 사상과 현실 사이의 모순 때문에 번민하다가 스스로 낭인이 되는 탈번脫藩을 결행했다. 귀향해서 학문에 전념하는 길을 택한 것이다. 애초 그는 '유도儒道가 곧 사도士道'라는 신념을 지녔지만, 일본의 무사는 중국의 성인들과 처지가 다르므로 현상에 적합한 실천이 필요하다는 논지를 폈다. 이런 주자학 비판은 양명학을 접하면서 깊이가 더해졌다. 하지만 '지행합일知行合一'을 주축으로 한 양명학의 강한 실용성보다는 살아가기 위한 '도道' 혹은 삶의 윤리를 구하고자 했다. 사회 또는 사회적 규범에서 벗어난 '심心'의 내면적 요구를 학문의 주안점으로 삼았던 것이다.

나카에 도주의 제자 구마자와 반잔熊澤蕃山(1619~1691)은 유학을 '사士의 학'으로 파악했다. '사도'는 사람을 사랑하는 것이 천직이며, '사람은 모두 천지의 자손'이라는 일종의 평등관과 '천지에 나 혼자 살고 있다'는 독립자존의 정신을 세웠다. 또한 무사의 각성에 의한 '사도'의 확립이 이루어져야 백성의 행복이 실현된다는 이상 사회를 설파했다.

이렇듯 도주와 반잔은 주자학과 현실의 괴리를 자각하면서도 그것을 내면화하는 데서 해법을 모색했다. 하지만 현실(산킨코타이, 병농 분리 등)에 대한 반잔의 비판은 막부로서 용인할 수 없는 불온한 언설이었다. 그의 저서는 출판이 금지되었으며, 생의 절반을 추방과 유폐에 시달려야 했다. 그러나 19세기에 들어와 쇠락하는 막부와 대조적으로 반잔의 반골 사상은 재조명 받게 된다.

야마자키 안자이山崎闇齋(1619~1682)는 주자를 존경하고 주자학의 충실한 신봉자임을 자인했지만, 정작 사상 체계는 주자학과 거리가 멀었다. 사상과 현실의 모순에 대한 처방으로 '의義'를 앞세워 사회를 바로잡아야 하며, 개인의 도덕적 수양이 아니라 규범에 의한 제어를 강조했다. 대의명분론에 깊숙이 경도된 그의 출구는 강렬한 '일본주의'였다. 만약 공자·맹자와 전쟁을 하게 된다면, 우리는 갑옷을 입고 칼을 들어 두 사람을 사로잡음으로써 일본을 위해 은혜를 갚는 것이 '공맹의 도의 참뜻'이라고 가르쳤다. 만년에는 신토와 주자학

오규 소라이 정치 개혁에 큰 관심을 가진 소라이는 자신의 개혁론이 담긴 『정담(政談)』을 도쿠가와 요시무네에게 제출했다.

을 결합한 이론으로 일파를 이루었고, 뒷날 존왕양이尊王攘夷 사상에도 영향을 미쳤다.

이상의 사상 체계와 결을 달리하는 흐름도 모습을 드러냈다. 이들은 주자학·양명학과 같은 후세의 해석에 의거하지 않고 논어 등의 경전을 직접 실증적으로 연구함으로써 고유의 논리를 창출하고자 했다. 야마가 소코山鹿素行(1622~1685)와 이토 진사이伊藤仁齋(1627~1705)로부터 시작된 고학古學이 그것이다.

고학을 집대성한 것은 오규 소라이荻生徂徠(1666~1728)였다. 먼저 그는 학문 정진을 통해 자신의 기질을 변화시켜 성인이 될 수 있다는 주자학적 사고를 정면으로 부정했다. '쌀은 언제까지나 쌀, 콩은 아무리 시간이 흘러도 콩'이듯이 사람의 기질은 바꿀 수 없으므로 '각자의 기질을 충분히 활용할 수 있도록 하는 것이 학문'이라는 논리를 이끌어낸다. 여기서 그는 '직분'을 강조한다. 나아가 도덕과 정치를 일체시하는 주자학적 통치관을 부정했다. '도道'는 도덕의 규범이 아니라 정치 방법이므로 '치국평천하'와 '수신'은 분리되어야 했다.

따라서 소라이의 경세론은 무사, 농민, 조닌 모두 각자의 직분에 전념하고 노력하는 사회가 실현되어야 한다는 데 주안점을 둔다. 그는 주자학을 비판함으로써 당시의 정치체제에 부합되는 정치사상을 창안하고자 했으며, 정치 개혁에도 의욕적으로 임했다. 5대 쇼군 도쿠가와 쓰나요시德川綱吉(1680~1709)의 최측근 야나기사와 요시야스柳澤吉保에게 발탁된 데 이어 8대 쇼군 도쿠가와 요시무네德川吉宗(1716~1745)의 신임을 얻어 정치 자문을 담당했다.

이상에서 알 수 있듯이, 근세 일본의 유학은 막번제와 무사를 어떻게 자신의 틀 내에서 자리매김할 것인가와 깊숙이 결부된다. 그렇다면 이들은 1703년 벽두에 일본 열도를 떠들썩하게 만든 47인 무사의 복수극을 향해서는 어떤 견해를 나타냈을까?

사건의 개요는 다음과 같다. 1701년에 억울하게 할복한 주군의 한을 풀기 위해 47명의 가신들은 2년을 절치부심한 끝에 원수를 갚은 뒤 자수했다.(☞ 제1부 066 참조) 무리를 지어 습격한 행위는 분명 사형감이다. 하지만 때마침 충의를 장려한 쇼군 쓰나요시의 치세이기도 해서 막부 내에서는 호의적인 평판도 적지 않았다.

주자학의 정통을 잇는 하야시 노부아쓰는 의로운 거사라며 그들을 살려줘야 한다는 논지를 편 반면, 오규 소라이는 '의義'이기는 하지만 '사론私論'이므로 '공론公論'을 해쳐서는 안 된다며 처벌을 주장했다. 많은 논란이 일었지만, 결론은 전원 할복이었다. 주자학적인 대의명분론이 아니라 도덕과 정치의 분리가 '현실론'으로서 채택되었던 것이다.

조선통신사

　7년에 이르는 일본의 조선 침략은 양국 관계에 씻을 수 없는 상처를 남겼다. 따라서 도쿠가와 이에야스에게 전쟁의 마무리는 대외 관계의 차원에서 도요토미 히데요시와 다른 차별성을 부각할 수 있는 중요한 기회였다. 무로마치 시대 말기부터 각지의 다이묘가 독자적으로 무역을 비롯한 대외 교섭을 관장하던 상황에도 손질이 필요했다. 새롭게 출범할 중앙 권력은 외교 부문까지 통합적으로 운용할 수 있어야 했기 때문이다. 일찍이 1599년 쓰시마의 소 씨를 통해 조선이 사절을 파견하도록 꾀한 것은 그런 포석의 일환이었다.

　3년의 억류 끝에 1600년 귀국한 강항은 조선 정부에 이에야스가 재침의 의사를 갖고 있지 않다고 전했다. 이어서 1604년 조선이 쓰시마에 '탐적사探賊使'를 파견함으로써 강화의 물꼬가 트였다. 소 씨의 보고를 접한 이에야스는 사절을 대동하고 교토에 올 것을 명했고, 이듬해 교토에서 직접 사절을 접견했다. 이로써 조·일 간에 강화가 성립되었다고 본 이에야스는 소 씨를 통해 조선에게 통신사를 보내도록 요청했다.

　한편 말 그대로 일본을 탐색하는 차원에서 탐적사를 파견했던 조선은 국교 성립의 조건으로 이에야스의 국서와 함께 왕릉을 손상한 범인의 인도를 요구했다. 여기서 쓰시마 번의 '국서 개작'이 감행되었다. 경제력이 취약한 쓰시마 번에게 조선과의 통교 회복은 사활이 걸린 중대사였으므로 국서 위조와 범인 날조라는 무리수를 둔 것이다(1617년과 1624년의 사절 파견 때도 국서를 위조했음). 조선 측도 정황을 간파했지만 사실상 묵인했다. 1607년 조선은 이에야스의 국서에 대한 회답과 납치된 조선인의 송환을 목적으로 한 '회답 겸 쇄환사'를 파견했고, 에도에서 2대 쇼군 히데타다의 답서를 받은 다음 슨푸에 들러 이에야스를 방문했다. 그리고 1609년 부산에서 쓰시마와 조선 간에 기유약조己酉約條가 체결되었다.

　이렇듯 조일전쟁의 마무리 국면에서는 명분을 중시한 '동상이몽'이 효능을 발휘했다. 무엇보다 1607년에 일본을 방문한 사절이 전형적이다. 조선은 의도적으로 통신사가 아닌 '회답 겸 쇄환사'라는 명칭을 사용했고, 일본은 국서 전달을 위한 사절이라는 데 강조점을 두어 조선이 복속하는 형식으로 강화가 성립되었다고 간주했다. 또한 기유약조의 형식은 광해군이 소 씨에게 내린 상명하달의 문서로서, 소 씨를 통해 '야만국' 일본을 길들이려던 속셈이 엿보인다.

　더욱 극적인 것은 국서 위조 사건의 결말이다. 쓰시마 번주와 대립하던 한 가신은 1633년 막부에 국서 위조 사실을 폭로했다. 하지만 2년 뒤 도쿠가와 이에미쓰는 사실을 폭로한

조선통신사 행렬도 1711년(숙종 37)에 파견된 통신사 행렬도의 정사(正使) 행렬 부분이다.

가신 쪽을 유배하는 정치적 판결을 내렸다. 막부로서는 조선과 외교 관계를 유지하고 후금의 대두에 따른 북방 정세 파악을 위한 창구로 소 씨를 존속시켜야 했기 때문이다.

이 사건을 계기로 막부는 조선과의 외교를 직접 관장하기 시작했고, 외교 문서 관리는 교토에서 파견된 승려에게 전담케 했다. 아울러 사절의 성격에 관해 세 가지 변화를 시도했다. 위조 국서에서 사용된 '일본 국왕' 호칭은 '일본국 대군(大君)'으로 바꾸고, 일본 측 국서에는 일본 연호를 사용하며, 통신사 명칭을 재개하는 것이었다. 1627년에 정묘호란을 겪은 조선은 일본과 제휴 강화가 필요함을 감안하여 그러한 내용을 수용하는 쪽으로 돌아섰다. 그 결과 1636년의 제4차 사절부터 통신사라는 명칭이 공식화되었다. 하지만 첫 통신사 일행이 귀로에 올랐을 때 조선은 이미 청에 굴복한 뒤였다(병자호란).

통신사는 총 12회 확인되는데(마지막은 쓰시마에서 귀환), 통신사라는 이름을 띤 9회는 쇼군의 교체에 즈음하여 파견되었다. 일행은 정사를 비롯하여 유수한 유학자·의원·화가 등 300~500명 규모였다. 6척의 배에 나눠 타고 쓰시마 번주 이하 800명의 호위를 받으면서 이키·후쿠오카·시모노세키(下關)를 거쳐 세토 내해를 통과하여 오사카의 요도가와(淀川) 하구에 닻을 내렸다. 거기서부터는 육로를 선택하여 가마와 도보로 교토, 에도에 이르렀다.

막부는 통신사의 방일에 100만 냥(100만 석에 해당)이라는 거금을 쏟아부으며 극진히 환대했다. 강을 건너기 위한 임시 배다리를 놓고, 숙사와 휴게소는 물론 가로수까지 정비했다. 통과하기까지 5시간이나 걸리는 통신사 행렬을 보려고 거리는 인산인해를 이뤘다. 그들의 눈에 비친 통신사는 다이묘의 산킨코타이와 마찬가지로 조공을 바치러 온 외국 사절이었다. '쇼군 일생일대의 화려한 의식'을 연출하는 막부의 정치적 셈법 또한 거기에 있었다.

하지만 통신사가 귀중한 문화 교류 사절단이었다는 의미는 결코 간과할 수 없다. 일행이 머무는 연도의 숙사에는 각 번의 유학자·의원·화가가 앞을 다투어 찾아와서 술을 마시며 친교를 가졌다. 이를 통해 간행된 문집만 100권이 넘는다고 한다. 통신사로 조성된 선린 우호 관계는 양국의 경제·문화 발전에도 크게 기여했다. 17세기 초 담배와 고추가 일본에서 전해짐에 따라 18세기부터 조선의 김치에 고추가 첨가되고 조미료로 애용되었다. 17세기 규슈에서 재배되던 고구마는 18세기 초 쓰시마에 전해졌고, 1764년 11회 정사 조엄이 고구마 재배법을 배워 귀국했다. 19세기 조선에 기근이 빈발하는 상황에서 수많은 백성의 목숨을 구한 것은 바로 고구마였다.

조·일 간에는 조선과 쓰시마 간의 외교, 조선 왕조와 에도 막부 간의 통신사 외교라는 이중의 교류가 개시되었고, 실무는 동래 부사와 쓰시마 번주가 담당했다. 쓰시마 번주는 정기 사절 외에 막부의 요청을 받아 임시 사절을 부산포에 빈번히 파견했다. 통신사에 관한 사전 교섭도 이 임시 사절의 몫이었다. 조선 측에서는 경조나 큰 사건을 알리기 위한 사절, 일본 사절에 대한 답례 사절을 보냈다. 또 조선은 베이징에 보낸 사절을 통해 입수한 중국의 정치 정세와 학술 문화, 외국의 동정에 관한 정보를 일본에 알렸다. 17세기 후반 명에서 청으로 교체되는 시기의 중국 정세, 하멜의 조선 표착과 탈출, 18세기의 이인좌의 반란, 1866년의 프랑스 함대의 강화도 침입 등이 그러하다.

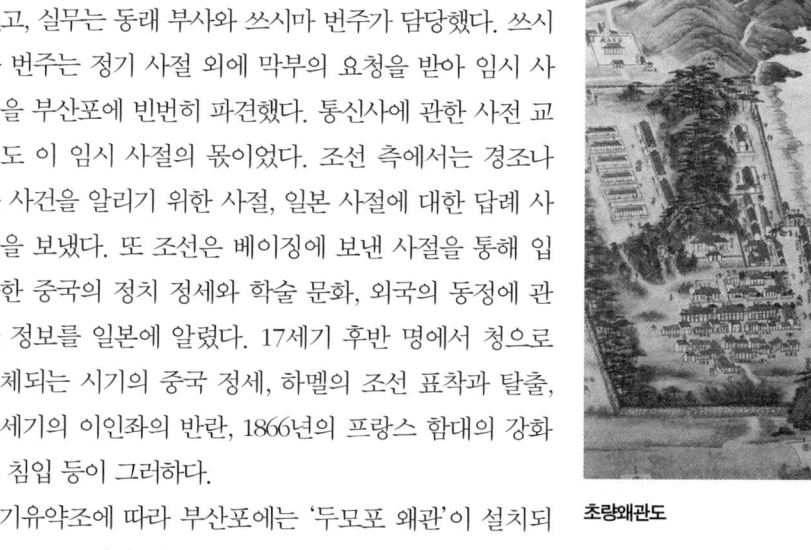

초량왜관도

기유약조에 따라 부산포에는 '두모포 왜관'이 설치되어 500~600명의 일본인이 2, 3년씩 교대로 상주했다. 이는 쓰시마 번의 남자 3~4%에 해당한다. 1678년부터는 30만m²를 넘는 '초량 왜관'으로 옮겼다. 새 왜관은 용두산을 에워싸는 형태로 자리 잡았는데, 서편에는 사절의 응접 시설이, 동편에는 무역관·외교관 숙사 등이 배치되었다. 왜관 주위는 1.8m 높이의 돌담으로 둘러쳐졌고, 출입구는 두 곳으로 조선의 관리가 엄중히 경비했다. 왜관 안에는 두부 장수와 술집, 다타미疊(일본 가옥의 방에 까는 돗자리)까지 갖춘 집이 있었다고 한다.

부산포에는 연간 50척이 넘는 일본의 무역선이 왕래했다. 일본에서는 남방의 후추와 각종 염료, 구리와 주석을 수출했고, 17세기 후반에 이르러서는 은이 더해졌다. 조선의 경우는 면포와 인삼 등의 약재, 중국산 생사가 주요 수출품이었다.

쓰시마 번은 나가사키에 출장소를 두어 남방의 후추 등을 조달하고, 오사카와 교토에서는 생사와 면포·약재를 팔아 조선에 수출할 구리와 은을 조달했다. 교토의 긴자銀座(은화를 주조하는 곳)에서 특별히 주조한 '특주은特鑄銀(품위 80%)'을 쓰시마 상인이 부산포에 운반하면, 조선의 상인은 그것을 북경까지 갖고 가서 생사와 교환했다. 그 생사는 부산포에서 쓰시마 상인에게 건네져 교토로 운반된 뒤 니시진오리西陣織(최고급 비단)로 탈바꿈했다. 에도 시대 동안 일본·조선·청의 경제는 은과 생사의 교역 루트로 밀접하게 연결되어 있었다.

쇄국

쇄국鎖國은 나라의 문을 닫는다는 뜻이다. 교과서적인 설명으로는 에도 막부가 기독교의 전파를 막기 위해 조선·중국·네덜란드를 제외한 외국인의 내왕과 무역은 물론 일본인의 해외 도항마저 금지한 것을 말한다. 하지만 막부가 최종적으로 쇄국을 선택하기까지는 단순히 문호 폐쇄를 넘어 통일 권력으로서 해외를 향해 자기주장을 폈다는 함의가 더 컸다고 봐야 한다. 말하자면 대외 관계의 틀, 즉 센고쿠 시대 내내 각 지역 세력이 대외 교류를 장악하던 상황을 타파하고 막부 스스로 통제권을 쥐겠다는 의도와 의지의 산물이었다.

도쿠가와 이에야스는 조일 수교에 이어 명과 국교를 회복하는 데 힘을 쏟았다. 목표는 과거 임진왜란의 강화 교섭에서 도요토미 히데요시가 요구하기도 했던 감합 무역의 부활이었다. 당시 동아시아 무역의 주축은 일본의 은과 중국의 생사였다. 생사는 다이묘의 선물로 애용되는 사실상의 필수품이었지만, 후기 왜구를 낳은 명의 해금 정책으로 인해 일본은 포르투갈을 통한 삼각 무역에 의존하여 간신히 수요를 충당하는 상황이었다. 따라서 중국과 직거래 성사는 포르투갈과 같은 중개자를 배제하고 막부가 직접 생사 무역을 독점하는 지름길이었다.

히데요시 정권이 성립된 이후부터 일본의 대외 무역은 주인선朱印船이 이끌었다. 주인선은 붉은 도장이 찍힌 도항허가증을 지닌 일본 상선을 말한다. 세키가하라 결전에서 승리한 이에야스도 무역에 열을 올려 1601년 베트남과 필리핀에 서한을 보내 주인선의 보호를 요청했다. 막부 개설 이듬해인 1604년 주인선 제도의 틀이 갖춰졌으며, 1635년 금지될 때까지 총 356척의 주인선이 해외로 나갔다고 한다. 은을 만재한 주인선은 동남아 각지에서 중국 상선과 조우하여 생사나 견직물을 구입했다. 이렇게 왕성해진 주인선 무역에 힘입어 동남아 각지에 거주하는 일본인도 상당수에 이르렀다. 에도 시대 초기에는 무역을 앞세운 선린외교가 막부의 정책으로 추진되었던 것이다.

한편 센고쿠 시대부터 일본 열도에는 유럽의 상인들이 내왕했는데, 포르투갈이 제일 빨랐다. 1543년 다네가 섬에 표착한 이래 매년 규슈의 각 항구에 닻을 내리고 교역을 했다. 에스파냐도 1584년 히라도平戶(나가사키 현)에 내항하여 무역을 개시했다. 포르투갈인과 에스파냐인을 합쳐 남만인南蠻人이라 불렀으며, '남만 무역'은 히데요시 치세에 왕성하게 이루어졌다. 에도 막부 개설 이후에는 네덜란드가 1609년에, 영국은 1613년에 각각 무역 허가를 얻어 히라도에 상관商館을 열었다. 이들은 홍모인紅毛人이라 불렀다.

쇄국의 시발점은 기독교의 금압에서 비롯된다. 일본 열도에 기독교가 전래된 것은 1549년이었다. 예수회의 프란시스코 사비에르가 가고시마에 발을 디딘 이후 규슈에서 긴키에 이르는 서일본을 중심으로 많은 신도가 생겨났다. 다이묘 중에는 무역을 위해 포교에 협력한 이도 있었으며, 고니시 유키나가처럼 세례를 받은 경우도 적지 않았다.

히데요시와 마찬가지로 이에야스도 당초에는 기독교에 관대했다. 하지만 대외 무역을 둘러싸고 예수회 선교사의 영향력이 크다는 사실이 알려지자 1612년 탄압 쪽으로 급선회했다. 에스파냐·포르투갈의 침략을 초래할지 모르는 기독교의 포교는 물론이고 신앙심이 강한 신도의 존재도 경계의 대상이었다. 먼저 막부의 직할령에 포교 금지가 내려졌고, 이듬해에는 선교사의 추방과 동시에 포교 금지가 전국으로 확대되었다. 이에야스가 죽은 뒤 선교사와 신자에 대한 박해는 더욱 혹독해졌고, 순교자가 줄을 이었다. 1622년 나가사키에서는 이탈리아인 선교사와 신자 55명이 화형과 참수형에 처해졌다.

기독교 탄압은 무역과 문호의 봉쇄로 파급되었다. 1616년 막부는 각 다이묘에게 영내의 신도를 단속하고 유럽 선박의 기항지를 나가사키와 히라도로 제한하라는 명령을 내렸다. 막부에 위협이 될 수도 있는 각 번의 자유로운 무역에 제동을 건 것이다. 1624년 에스파냐 선박의 내항을 금지했고, 이어 1633년에는 5년 이상 해외 거주 일본인의 귀국 금지, 기독교 금지, 외국선 무역의 규제 등을 담은 쇄국의 기본 얼개가 만들어졌다. 그리고 1635년 일본인의 해외 도항과 귀국 일체를 금하면서 32년간 운용되던 주인선 제도는 막을 내린다.

쇄국의 과정은 명과 외교를 복원하려던 일이 좌절된 것과도 연동된다. 막부가 요망했던 감합 무역은 끝내 결실을 맺지 못한 데다 중국 대륙의 패권은 여진족의 손으로 옮아갔다. 그리하여 명·청의 교체와 기독교 금지가 맞물리면서 주인선 무역은 급속히 폐지 쪽으로 기울었다. 외국 선박의 기항을 한 곳으로 제한하고 사람과 물자의 출입을 통제하는 것 외에는 선택의 여지가 없었.

때마침 발발한 '시마바라島原의 난'은 쇄국 강행이라는 방향을 결정지었다. 1637년부터 이듬해에 걸쳐 규슈 남부의 시마바라 반도와 아마쿠사天草 섬의 농민과 무사들은 잇키一揆, 즉 무력 봉기를 감행했다. 난을 추동한 것은 영주의 가혹한 연공 부과와 기독교도 탄압이었다. 근세 최대 규모의 이 민중 반란은 막번 체제의 농민 지배와 쇄국 정책의 모순이 뒤얽힌 피지배자의 절규이자 내전이었다. 막부 측의 진압은 철저했고 무자비했다. 37,000여 명의 잇키 세력은 몇몇 변절자 외에는 모조리 죽음을 당했고, 시신은 수년간 방치되었다.

시마바라의 난에 경악한 막부는 기독교 근절을 강화하고 쇄국에 박차를 가했다. 후미에踏繪(예수나 십자가 그림을 밟게 함)를 전국적으로 실시했고, 모든 사람은 결백을

시마바라의 난에서 사용된 깃발

증명하기 위해 사찰의 신도가 되어야 했다. 그리고 쇄국의 마무리 작업으로서 1639년 포르투갈 선박의 내항을 금지하고, 1641년 히라도의 네덜란드 상관은 인공섬인 데지마出島(나가사키 현)로 옮겼으며 일본인과 교류를 엄금했다.

쇄국의 단행 이후 200년 넘게 일본은 조선·중국·네덜란드 이외의 나라와는 통교를 갖지 않았다. 이는 막부의 기반이 구축되면서 무역의 계속이라는 경제적 효과보다 정치적 사상적 통일 쪽에 무게를 두었음을 의미한다. 쇄국의 주안점은 기독교의 근절에 있었던 것이다. 네덜란드가 살아남은 것은 오로지 무역에 따른 실리만 추구했기 때문이다.

후미에 막부는 기독교 신자로 하여금 성화를 밟게 하는 등 기독교를 탄압했다.

막번제의 성립과 궤를 같이하는 쇄국은 막부의 존속을 떠받친 요소로 기능했다. 대외 문호를 봉쇄함으로써 무엇보다 기독교 포교를 앞세운 서구의 압박이 사라졌다. 또한 대내적으로는 무역을 바탕으로 부를 축적하는 유력 번의 탄생을 늦추거나 막은 것은 물론, 화폐 주조에 필수적인 금은과 구리의 산출을 틀어쥔 막부가 경제력에서 우위를 점할 수 있었다.

데지마에서 네덜란드와 이루어진 교역 규모는 주인선 제도와 비교할 수 없을 정도로 제한적이었다. 그래도 무역선이 입항할 때마다 제출했던 '풍설서風說書'는 유럽의 동향을 알려주는 귀중한 정보원이었다. 막부는 이 풍설서를 통해 1853년 쇄국 정책을 종식시킨 페리 제독의 내항을 미리 탐지할 수 있었다. 아울러 1633년부터 정기적으로 네덜란드 상관장은 에도에 와서 쇼군을 알현했는데, 무릎으로 기고(膝行) 납작 엎드리는(平伏) 광경은 완전히 신하 그 자체였다. 상관장도 조선통신사와 마찬가지로 쇼군의 위상을 국민들에게 각인시키는 기제로 활용되었던 것이다(류큐의 사절도 마찬가지).

 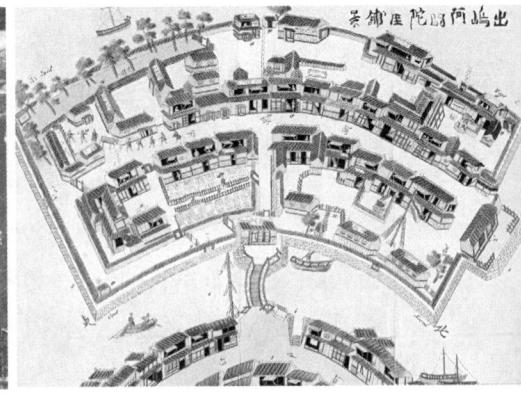

데지마 막부는 나가사키 현 앞바다를 매립하여 만든 인공 섬에 네덜란드 상관을 옮겨 일본인과의 교류를 금지했다. 왼쪽 그림의 □ 표시한 곳이 데지마이며, 오른쪽은 데지마 조감도이다.

무사는 샐러리맨

1651년 6월 3대 쇼군 도쿠가와 이에미쓰가 48세를 일기로 세상을 떴다. 진작 후계자로 내정된 장남 이에쓰나家綱(1651~1680)의 승계 준비가 진행되던 9월, 난데없이 에도의 병법학자 유이 쇼세쓰由井正雪(1605~1651)가 2천 명의 낭인浪人(실직 무사)을 모아 막부 전복을 꾀한다는 밀고가 날아들었다. 에도에 불을 질러 혼란을 조성한 뒤 천황을 옹립하여 막부를 친다는 각본이었다. 막부는 곧바로 진압에 나서 연루자를 체포하고, 미리 슨푸에 가 있던 유이 일행의 숙소에도 군사들을 보냈다. 실패를 깨달은 유이는 할복했고, 체포된 일당은 극형에 처해졌다. 이것이 '유이 쇼세쓰의 난'(1651)의 전말이다.

이 소동을 두고 막부 전복 시도라고 한다면 분명 과장이다. 하지만 유이의 거사가 에도 초기부터 증폭된 사회 모순의 발로라는 데는 이론의 여지가 없다. 이에미쓰에 이르는 막부 초기에는 쇼군의 권위를 세우고 막번 체제를 정착시키기 위해 이른바 '무단정치'가 취해졌다. 유력 다이묘를 통제하는 수단으로 가이에키와 감봉·전봉 처분이 빈번하게 발동되었다. 그 결과 이에미쓰의 치세까지 약 40만 명의 무사가 낭인으로 전락했고, 이로 인한 사회 불안이 여러 곳에서 어른거리고 있었다(이듬해에도 낭인들의 모의가 발각됨). 그런 시대적 상황을 염두에 둔다면, 유이의 의도는 막부의 전복이 아니라 비판에 있었다고 봐야 한다.

막부 측은 후속 대책 마련을 서둘렀다. 애초 낭인을 에도에서 내쫓는 방안이 논의되었지만, 그들이 에도에 몰려드는 이유가 일자리 때문이라는 의견이 나오자 추방 계획은 중지되었다. 구체적으로 실행에 옮겨진 정책은 죽음을 앞두고 급히 양자를 정하는 '말기 양자'의 금지를 완화하는 동시에 각 번에 낭인의 채용을 독려한 것이다. 원래 양자를 들이는 것은 사전에 쇼군(혹은 주군)의 허가를 받은 경우에만 유효했으므로, 후계자가 정해지지 않은 다이묘가 사고나 병으로 급사한 경우 가이에키 처분이 내려지고 번사들은 실직할 수밖에 없었다. 그래서 17세부터 50세 이하의 다이묘와 하타모토에 한해 말기 양자를 허용한 것이다(전 연령에 허용한 것은 1683년).

사실 낭인은 어떤 면에서 새 시대에 적응하지 못한 부류이다. 오랜 전란이 수습되고 반세기가 지나자 법과 질서는 자리를 잡고 무사의 격과 신분제가 다듬어졌다. 유이 쇼세쓰와 그 추종자들은 그런 변화에 뒤처진 낙오자였으며, 에도 시대 초기부터 출현한 '가부키모노 かぶき者'와 같이 규범 안의 삶을 거부한 사람들과도 상통한다. 가부키모노란 이상한 머리 모양과 옷차림으로 거리를 활보하며 행패를 부리는 무리를 가리킨다. 주로 하층 무사이거

가부키모노들이 벌이는 겐카

나 무사의 종자 출신인 그들에게 전쟁이 사라진 에도 시대는 답답하기 그지없었고, 찰나적이고 분방한 풍조는 강렬한 자기주장이었다. 하지만 이들의 '퇴폐'적인 자의식은 기성 막번제의 틀에 대한 저항성을 띠고 있었으므로 막부는 기회 있을 때마다 단속했다. 유이 쇼세쓰의 난 직후 대대적인 가부키모노 소탕령이 내려진 것도 이 때문이다.

낭인이나 가부키모노가 평화로운 세태와 충돌했듯이, 근세 초기 유행병처럼 번졌던 순사殉死에 대한 인식도 180도 바뀌었다. 센고쿠 시대의 종언은 무사들에게 충성심을 증명할 출전의 기회 자체가 봉쇄되었다는 것을 의미했고, 자연스레 순사가 주목을 받았다. 1636년 센고쿠 다이묘의 산증인 다테 마사무네가 죽자 15명의 가신에다 그 가신의 가신 5명이 주군의 뒤를 따랐으며, 1651년 이에미쓰가 죽었을 때도 로주 2명을 포함한 11명이 자진했다.

그러나 4대 쇼군 도쿠가와 이에쓰나는 1663년 발표한 무가제법도에 순사 금지를 첨가했다. 주군이 죽은 뒤 '불의무익不義無益'한 순사를 하지 말고 후계자인 새 주군을 섬길 것이며, 순사를 결행하면 주군과 순사자의 유족까지 같이 처벌한다는 강경책이었다. 1668년 우쓰노미야宇都宮 번주가 사망하고 나서 가신이 순사하자 막부는 가신의 아들을 엄벌하는 동시에 새 번주에게 2만 석 감봉과 전봉을 명령했다. 이후 순사는 거의 종적을 감추었다. 낭인과 가부키모노가 그랬듯 순사도 구시대의 유물로 전락하고 만 것이다.

이렇듯 낭인, 가부키모노, 순사를 둘러싼 변화는 새로운 무사상의 모색과 재구축으로 파급되었다. 현실을 살아가는 생활인일 수밖에 없던 무사는 이제 샐러리맨으로 변신을 강요당했다.

센고쿠 시대의 쌍무적인 주종제는 주군 개인의 인품과 기량을 매개로 한 일대일 관계였다. 순사는 가신의 무사다운 미덕으로 칭송되었으며, 순사한 가신의 수는 주군의 위신이 걸린 일대 관심사였다. 하지만 순사를 금지한 것에서 확인되었듯이, 근세의 가신에게는 주군 개인이 아니라 주군의 '가문'이 충성의 대상이어야 했다. 주종제가 일방적인 예속 관계로 이행함에 따라 가신의 처지도 탈바꿈했다. 주군을 모시는 번사는 이제 관료, 아니 샐러리맨이나 다름없었다. 가신에게 주어지는 봉록은 샐러리맨의 봉급과 다름없었으며, 샐러리맨의 지위 수당과 같이 가신은 봉록에 더해 직책에 따른 봉록을 받았다.

에도 시대를 대표하는 병법학자이자 고학의 창시자인 야마가 소코는 싸움이 사라진 시대에도 무사가 존재할 이유를 학문을 통해 재확인하고자 노력했다. 그는 무사의 직분을 "주인을 얻어 봉공에 충忠을 다하고, 벗과 교제하여 신信을 두텁게 하며, 몸을 조심하여 의義를 관철"하는 것으로 풀었다. 또한 주군과 부모 등 윗사람에게 해가 있을 때는 설령 그곳이 사지死地라도 달려가야 하며, 윗사람에게 해가 없다면 자중하고 자신의 목숨을 지켜야 한다고 설파했다. 봉건적인 상하 관계를 절대시하는 동시에 전통적인 무사의 발상법과는 다른 현실 감각이 반영된 무사도의 이론화였던 것이다.

야마가 소코

소코에게 병학을 배운 다이도지 유잔大導寺友山(1639~1730)은 한 걸음 더 나아간다. "쓸모없는 유람이나 구경을 가서 사람 사이를 부주의하게 지나다가 누군지도 모르는 얼간이를 만나 겐카를 벌여 목숨을 잃음으로써 주군의 이름이 들먹여지고 부모 형제에게 폐를 끼치는 것은, 모두가 죽음을 마음에 새기지 않은 방심에서 생기는 재난"이라고 풀어냈다. 즉 무사로서 죽어야 할 때를 위해 함부로 칼을 뽑지 말라는 훈계이다. 그래서 주군의 은혜 쪽에 굵은 방점이 찍히며, 인생의 궁극적 목표는 "태평한 시절이므로 다타미 위에서 병사하는 것이 제일"이라고 썼다. 무사로서는 죽음을 각오하고 가신으로서는 주군의 은혜를 생각하라는 처세술로서 무사도였다.

무사의 관료화가 진전됨에 따라 선물의 의미가 변질되는 점도 흥미롭다. 에도 시대 초기에는 쇼군이나 유력자에 대한 선물은 충성의 증표라는 인식이 지배적이었다. 그러나 17세기 말이 되면 윗사람의 눈에 띄기 위한 손쉬운 수단으로 선물이 건네지니, 바로 뇌물의 탄생이다. 어느 지위에 앉고 싶다든지, 수입이 더 많은 번으로 옮겨달라든지, 재판을 유리하게 이끌고 싶다든지 등등이 주된 이유였다. 당시의 뇌물로는 말린 도미와 각설탕이 애용되었다. 두 물건이 희소성이 높은 귀중품이었기 때문은 절대 아니다. 상자를 열어서 말린 도미이면 그 밑에 금화가 있다는 뜻이고, 각설탕이면 백은白銀(흰 종이에 싸서 선물용으로 쓰임)이라는 암시였다.

개를 사랑한 전제 쇼군

도쿠가와 쓰나요시

1680년 병치레가 잦던 쇼군 도쿠가와 이에쓰나가 위독해졌다. 아들이 없어 고민거리이던 후사 문제가 전면에 떠올랐다. 배다른 동생에게 쇼군을 승계할 것인가를 놓고 여러 술수와 억측이 난무했다. 문벌 가신 그룹의 수장이자 다이로인 사카이 다다키요酒井忠清(1624~1681)는 황족 쇼군의 영입을 시도했다. 이에쓰나의 치세 동안 자택의 지명인 게바후다下馬札를 본떠 '게바下馬 쇼군'이라 불릴 정도의 권력자 다다키요에 맞선 이는 로주 홋타 마사토시堀田正俊(1634~1684)였다. 결국 이에쓰나는 동생 도쿠가와 쓰나요시德川綱吉(1680~1709)를 5대 쇼군으로 선택한 뒤 숨을 거뒀다.

신임 쇼군 쓰나요시의 첫 행보는 당연히 다이로의 교체였다. 다다키요는 파면된 지 반 년도 지나지 않아 병사했고, 마사토시는 다이로 자리와 다다키요의 저택까지 차지했다. 그리고 정국 운영의 기조는 유력 가신의 합의에서 쇼군 친재 쪽으로 급커브를 틀었다.

대표적인 사건이 '에치고 소동'이다. 에치고 다카다高田 번은 도쿠가와 이에야스의 차남 후손이 통치했다. 1674년부터 번주의 후사를 둘러싸고 격화된 내분에 대해 1679년 막부의 심판이 내려졌는데, 새 쇼군이 취임한 직후 재심이 개시되었다. 심의를 직접 챙긴 쓰나요시는 1681년 다다키요가 관여했던 이전의 판정을 뒤집어 내분에 관련된 양쪽을 처벌한 것도 모자라 번마저 가이에키에 처했다. 막부 관리에게까지 책임을 물을 정도의 엄격한 처결은 새 쇼군의 존재감을 과시하기에 충분했다.

쓰나요시의 재위 동안 다이묘의 가이에키·감봉이 46건 발생했는데, 도자마가 17건인 데 비해 일족과 후다이는 29건에 달했다. 하타모토에 대한 처분은 100여 차례를 헤아린다. 이렇듯 일족과 후다이 다이묘를 억압하는 동시에 41가의 일족·후다이 다이묘를 다시 새롭게 발탁했다. 압박과 은총의 양날을 앞세워 막번제에 기반한 주종 관계를 강화하고 쇼군 전제의 기틀을 다지고자 한 것이다.

1683년 발포된 쓰나요시의 무가제법도 1조는 "문무 충효를 장려하고 예의를 바로 할 것"으로 바뀌었다. 기존의 '궁마弓馬의 길', 즉 무도 대신에 주군과 부모에 대한 충효·예의를 바탕으로 한 질서 확립을 내건 것이다. 근세의 전개에 발맞춘 무사와 무사도의 재정의가

유시마 성당 도쿠가와 쓰나요시는 하야시 라잔의 손자 하야시 노부아쓰를 후대하여 공자를 기리는 유교 사당인 유시마 성당을 세웠다. 사진은 대성전이며, 성당 안에는 공자 상도 있다.
나카노 구청 앞의 개 동상 도쿄 나카노 구청 앞에는 쓰나요시가 만든 개 수용소 터를 알리는 조각상과 안내판이 있다.

쇼군의 이름을 걸고 이루어진 셈이며, 동시에 유학의 숭상에 따른 '문치주의'의 도입과도 연결된다. 학문을 좋아했던 쓰나요시는 하야시 노부아쓰를 후대하여 유학의 전당으로 유시마湯島(도쿄 소재) 성당을 세웠고, 논어를 비롯한 경서의 강의를 경청했다(또한 불교를 깊이 신봉하여 많은 절을 지었다). 요컨대 무가제법도에서 충효 장려를 전면에 내세운 것은 유교에 의한 인심 교화를 노린 조치였다.

초기에 쓰나요시의 정무를 보좌한 이는 홋타 마사토시였다. 하지만 그가 1684년 성내에서 칼을 맞고 쓰러지자 쇼군은 다이로를 비워둔 채 친정을 실시했다. 마사토시가 죽은 뒤 쓰나요시의 손발이 된 것은 소바요닌側用人이라는 자리였다. 원래의 임무는 쇼군과 로주를 연결하는 연락책 정도에 지나지 않지만, 쇼군의 신임 여하에 따라 로주를 능가하는 정치력을 갖게 된다. 이른바 '소바요닌 정치'라는 측근 정치의 대두이며, 가장 대표적인 인물이 160석 정도의 일개 가신에서 1704년 15만 석의 다이묘로 대변신을 이룬 야나기사와 요시야스柳澤吉保(1658-1714)이다. 하지만 그는 스스로의 결단으로 정책을 추진한 적이 없었다. 즉 소바요닌 정치의 실질은 쓰나요시 독재였으며, 이는 정권 후반기로 갈수록 강화되었다.

이와 같이 쇼군 전제를 향해 질주했던 쓰나요시 정권은 후반부에 이르러 결정적으로 부정적인 이미지를 덮어쓰게 된다. 바로 일련의 동물보호령(生類憐みの令)이다. 쓰나요시에게는 '개 쇼군(犬公方)'라는 오명이 씌워졌고, 관련 법령들은 '천하의 악법'으로 치부되었다.

쓰나요시 치세 기간 중 20년 이상 전대미문의 동물 보호가 기승을 부렸다. 취임 직후 말의 꼬리를 자르지 못하게 한 데서 시작하여 1687년 개에 대한 보호령이 나온 뒤로 보호 대상 동물은 계속 확대되었다. 매매를 목적으로 생선과 닭을 키워도 안 되고, 병든 말을 버려서도 안 되며, 도마뱀 구이의 판매까지 금지되었다. 특히 개의 경우 보호령 위반자에 대해 초기에는 권고 정도에 머물렀으나 위반자가 늘자 특단의 대책이 내려졌다. 개의 색깔·특징

등을 기록한 장부를 만들고 사망 신고서 제출을 의무화했으며, 위반자는 할복이나 유배에 처해졌고 신고자에게는 포상했다. 에도 초기에 식탁에 오르기도 했던 개는 순식간에 아무도 건드리지 못하는 공포로 바뀌었다.

에도 시내에 들개가 횡행하자 막부는 교외 각지에 수용소를 만들었다. 나카노中野의 경우 50만m²가 넘는 부지에 울타리를 치고 60m²짜리 숙사 290동을 지었다. 이 숙사에 최고 10만 마리가 수용되었다고 한다. 그 관리 비용은 에도 서민과 관동 인근의 번에 부과되었으니, 동물보다 사람이 살기 힘들다는 원성이 자자했다.

이에쓰나 정권에 대해서는 초기의 유학을 숭상한 문치주의 정치와 대조적으로 후반의 경우 동물보호령 등에서 비롯된 악평이 많다. 그런 평가가 고착화된 데는 재정 문제도 한몫했다. 에도 초기 막부의 재정은 탄탄했다. 400만 석에 이르는 광대한 직할령에다 주요 광산의 직할을 통해 확보한 대량의 금은은 든든한 버팀목이었다. 하지만 1657년의 대화재(후술☞ 051) 이후 에도 성을 재건하는 데만 100만 냥이 소요되었으며 각종 지출은 눈덩이처럼 불어났다. 반면에 수입은 무역 이익의 상실과 광산 채굴의 격감 등으로 감소로 돌아섰다. 쓰나요시 시대에 이르러서는 사치스런 생활과 잦은 사원 조성이 재정에 깊은 주름을 안겼다. 재정 파탄을 막기 위해 금은화의 품위를 떨어뜨리는 악화까지 주조했으나, 그에 따른 500만 냥의 이익마저도 순식간에 동났다. 반면 통화의 신용이 실추되면서 초래된 경제 혼란은 심각했다. 이렇게 막부의 곳간이 고갈된 채 후임 쇼군을 맞게 된다.

세기가 바뀌는 즈음 천재지변이 빈발한 것도 쓰나요시에게는 악재로 작용했다. 1695년과 이듬해의 동북 지방 기근으로 인한 대량 아사(이때도 동물보호령은 발동되었음), 3천 명 이상이 사망한 1698년의 화재, 그리고 1707년의 후지富士 산 분화와 이듬해의 교토 화재 등으로 사회불안이 극도로 고조되었다. 그 와중에 쓰나요시 자신도 1709년 홍역으로 죽었다.

전제 쇼군 쓰나요시가 사망한 뒤 옹립된 6대 쇼군 도쿠가와 이에노부德川家宣(1709~1712), 7대 쇼군 도쿠가와 이에쓰구德川家継(1713~1716)의 재위 기간은 합쳐서 고작 7년이다. 이 시기는 쇼군보다 유학자 아라이 하쿠세키新井白石(1657~1725)의 영향력이 더 컸다. 그의 정치는 쓰나요시 시정의 부정으로 요약된다. 쓰나요시가 임종 직전까지 신신당부했다는 동물보호령은 폐지되었고, 소바요닌으로 쇼군의 측근에서 정치를 도운 야나기사와는 제 발로 물러났다. 또 악평이 자자하던 악화 주조를 정지시켰으며, 연공 증징이 재정 개선의 지름길이라는 인식하에 지방관의 부패 척결에 힘을 쏟았다. 금은 유출의 방지를 위해 나가사키 무역을 제한했고, 조선통신사 접대 경비도 40%나 줄였다.

이에노부는 정력적으로 정치 쇄신에 매달렸지만 재위 3년 만에 병으로 쓰러졌다. 이에쓰구가 4세에 아버지를 이어 쇼군에 올랐지만, 그 역시 겨우 3년의 재임에 그쳤다. 이로써 3대 쇼군 이에미쓰의 직계는 한 사람도 남지 않았다. 방계 쇼군이 이끌어갈 막번 체제에서 필연적으로 변화가 생길 수밖에 없는 시점이었다.

도시와 상업

도시로 본 근세는 조카마치城下町의 대두 및 정착과 직결된다. 그 직접적인 계기는 병농 분리와 상농 분리, 즉 영주에 의해 농업 생산에서 분리된 가신단과 상공업자가 영주의 성을 에워싸듯 모여 살게 된 데서 기인한다. 무사, 백성과 함께 근세 신분제를 구성하는 도시 거주자 조닌町人의 탄생이다. 막부의 사령탑 에도는 근세 도시의 가장 전형적인 사례다.

1590년 도쿠가와 이에야스는 에도를 개척하라는 도요토미 히데요시의 명에 따라 슨푸에서 이삿짐을 꾸렸다. 이후 에도 막부 성립에 이르는 역사는 행정수도 에도의 건설 과정이기도 했다. 오사카·교토를 합친 3도都 중에서 가장 최신의 계획도시가 바로 에도였다.

현존하는 가장 오래된 에도 지도를 통해 근세 도시의 특징을 짚어보기로 하자. 다음의 세 가지 사실이 핵심적이다.

무엇보다 무가 주거(武家屋敷), 사찰(寺町), 상업지(町屋)의 구분이 확연했다. 신분과 격에 따라 거주지가 편성되었다는 점에서 근세 도시가 갖는 신분적 성격이 첨예하게 드러난다.

두 번째 특징은 상업지의 구획이 사각형으로 정연하게 시행되어 이른바 고초300초古町三百町라 불리는 다수의 마치町가 도로를 끼고 양쪽에 배치되었다는 점이다. 각 마치는 긴 직사각형의 상가(町屋敷)로 이루어져 독자적으로 경제 활동과 경비를 맡았다. 이런 모습은 이미 16세기 말부터 17세기 초에 갖춰졌다고 여겨진다.

마지막으로, 고초의 거주자는 대부분 막부와 깊은 관련을 맺고 있었다. 역참(伝馬), 염색, 철포, 대장장이, 칼갈이, 석공, 나무통 제조 등 다양한 역의 담당자들이 할당된 마치를 분할하여 자리 잡은 것이다. 예컨대 1612년 긴자銀座 4개의 마치는 슨푸에서 옮겨온 은화 관련 장인들에게 주어졌고, 그 안에서 은화의 제조와 환전이 이루어졌다. 긴자라는 지명이 생긴 유래이기도 하다.

이처럼 근세의 조카마치는 막부나 영주 권력이 거주자들에게 역의 부담과 함께 일정 구역을 배당함으로써 모습을 갖췄고, 이를 바탕으로 해당 직역의 거주자는 개발의 주도권을 갖고 발전시켜 나갔다. 에도는 전국 조카마치의 이른바 표준 모델이었다. 에도의 빈번한 화재는 도리어 도시 공간의 확대와 계획 개발로 이어졌으며, 18세기 초에 이르러서는 거주자가 무려 100만을 헤아리게 된다.

조카마치 이외의 근세 도시로는 전통적인 사하촌(寺内町)뿐만 아니라, 교통과 교역의 발달에 따라 새롭게 슈쿠바宿場(슈쿠라고도 불리며 역참 시설을 갖추고 휴식과 숙박이 가능했음)가 대거

에도 마치 왼쪽 그림은 〈에도도병풍(江戶圖屛風)〉의 일부로, 당시 번성한 상업을 보여준다. 그림 왼쪽의 강 하안에서 쌀을 하역하는 모습이 보인다. 오른쪽 그림은 니혼바시 주변의 상업을 묘사한 것이다.

생겨났다. 슈쿠바는 중세 후반부터 형성되기 시작했으며, 막번 체제의 정비와 운용에 즈음하여 재편과 확대를 거듭했다. 주요 가도 주변의 슈쿠바는 촌락으로 간주되었기 때문에 주민의 대부분에게 백성 신분이 부여되었다. 그러나 주민은 역참의 역을 부담하는 대신 지대와 각종 역을 면제받았다는 측면에서 조카마치의 조닌과 동등한 처지였다.

막번제 아래 사회경제는 연공으로 징수하는 쌀의 유통을 바탕으로 순환을 시작한다. 당연히 쌀의 환금을 위한 전국 시장의 성립은 필수 요건이다. 농민도 재생산에 소요되는 물자(소금, 농기구, 옷감 등)를 구해야 했으므로 조카마치와 각지에 시장이 들어섰다. 연공미의 반 이상은 대개 에도·오사카·교토의 중앙 시장에서 판매되었고, 상품작물과 특산물도 중앙 시장에 운반되었다. 이 과정에서 각 번은 막부가 발행한 통일 화폐를 획득했고, 그 결과 17세기 후반 일본 열도에서는 연공미의 유통을 둘러싼 통일된 경제권이 형성되었다.

오사카는 상업과 수공업을 함께 아우르는 '천하의 부엌'이었다. 연공미의 거대 집하장인 동시에 기름 짜기, 구리 제련, 양조, 조선 및 가구·식기·면직물 등의 생산에 종사하는 수공업자의 메카로서, 생산된 제품을 각지에 출하했다. 다소 과장이 있기는 하지만, 쌀의 경우 1688년의 어느 날 단 2시간에 125만 석의 거래가 성사되었다는 기록이 남아 있다. 가히 근세의 경제 수도라 불러도 손색이 없을 오사카에는 18세기 초 38만의 인구로 북적였다.

천년 도읍 교토는 얼핏 소비도시로 비치기 쉽지만, 중앙 시장의 기능을 톡톡히 짚어지고 있었다. 고급 견직물과 염색 기술은 타의 추종을 불허했고, 무구와 도자기 등의 공예품도 뛰어났다. 교토의 조닌은 수입품 취급과 금융에서 탁월한 능력을 발휘했다. 오사카와 마찬가지로 18세기 초 38만이 사는 대도시였다.

근세의 출범과 전국 지배의 공고화는 화폐의 장악과 표리를 이룬다. 1595년 금화 주조를 지시하기도 했던 도쿠가와 이에야스는 세키가하라의 결전(1600) 이듬해부터 금화·은화의 주조에 나섰다. 동전의 발행은 이보다 조금 뒤처져 1636년부터 활발해졌다. 그리하여 17세기 후반이 되면 상품 유통을 매개하는 금은화와 일상 통화인 동전의 일원화가 거의 완성되었다. 전국의 미곡과 특산품의 집중을 성사시키는 화폐유통경제가 창출되었으며, 그 덕에 도쿠가와 쓰나요시의 악화 주조가 이윤을 낼 수 있었다.

화폐 유통을 촉진시킨 것은 에도·오사카·교토의 3도와 각 조카마치의 환전상(兩替商)인 료가에兩替였다. 료가에라는 명칭은 1냥 금화를 은화나 동전으로 바꿔주면서 수수료를 떼는 데서 유래한다. 오사카와 에도의 유력한 환전상은 공금의 출납과 어음 교환, 대부 등의 업무를 겸하면서 막부와 번의 재정을 뒷받침하기도 했다.

천칭 환전상이 금화 등을 바꿔주기 위해 사용한 저울

3도와 조카마치에서는 돈야問屋(도매상)가 상업과 유통을 견인해갔다. 17세기 초엽에는 만물상과 같은 형태가 일반적이었지만, 후반에는 점차 특정 상품을 전문적으로 취급하는 상점이 늘어났다. 1697년의 기록에 따르면 돈야(술집 제외)의 수가 826개, 62 업종에 이른다.

이 무렵에는 장사 기법도 확연히 달라졌다. 각지의 화주貨主가 보내는 위탁 하물을 인수·보관·판매하는 방식에서 자기 판단에 따라 물건을 생산지에 발주하여 구입에 나서는 돈야가 늘어난 것이다.

기름 돈야를 예로 들어보자. 농촌에서 모아진 원료는 유채나 목화씨 등으로 나뉜 돈야를 거친 뒤 착유 돈야에게 보내진다. 거기서 일부 판매되기도 하지만 대부분은 기름 돈야의 손에 의해 전국 유통망을 거쳐 소비자의 손에 닿는다. 유통의 최대 거점인 오사카에는 각지에서 기름 상인이 모여들었는데, 특히 교토와 오쓰大津(시가 현) 상인이 많았다.

이렇게 거래의 양과 방식이 거대화·체계화를 더해가자 돈야들은 나카마仲間라는 동업자 단체를 만들어 독자적인 규칙을 정하고 영업권의 독점을 도모했다. 대표적으로 에도의 도쿠미十組 돈야와 오사카의 니주시쿠미二十四組 돈야를 들 수 있다. 1694년에 결성된 도쿠미 돈야는 오사카에서 에도로 운반되는 목화, 종이, 술 등 10가지 주요 물자의 독점적 확보 외에 에도 운송 전담 선박의 장악을 노리고 가동되었다. 해난 사고로 인해 화물이 없어지는 사례로 골머리를 앓았기 때문이다. 도쿠미 돈야와 보조를 맞춰 출범한 니주시쿠미 돈야는 오사카·교토와 에도 간의 물품 발송을 독점했다.

애초 막부는 나카마를 공식적으로 인정하기를 꺼렸지만, 18세기에 들어와 실용주의로 돌아서 상업·수공업의 통제와 물가조절을 위해 영업세 부담을 조건으로 나카마를 공인하기 시작했다. 이렇게 인정된 영업 독점권을 가부株라 하며, 그들을 가부나카마라고 부른다.

겐로쿠 문화

일본사에서 겐로쿠元祿(1688~1704)라는 연호는 독특한 울림을 지닌다. '개 쇼군' 도쿠가와 쓰나요시의 동물 보호라는 해프닝이 있었지만, 전체적으로는 정치 안정과 축적된 경제력을 바탕으로 조닌은 물론 무사와 민중에 이르기까지 다채로운 문화를 꽃피운 시기였다. 교토와 오사카를 중심으로 특히 조닌이 주체가 되어 발전시킨 문화를 겐로쿠 문화라 한다.

겐로쿠 문화는 여러 분야에 걸쳐 있다. 이하라 사이카쿠井原西鶴(1642~1693)의 우키요조시浮世草子, 마쓰오 바쇼松尾芭蕉(1644~1694)의 하이카이俳諧, 지카마쓰 몬자에몬近松門左衛門(1653~1725)의 조루리淨瑠璃, 그리고 가부키歌舞伎뿐만 아니라 다양한 공예품, 겐로쿠 문양을 대표하는 유젠 염색友禪染(다채로운 색을 사용한 회화 풍의 염색법) 등이 유명하다. 일본 전통문화의 대표 주자들이 이 시기에 집중되어 있는 셈이다.

사이카쿠가 창시한 우키요조시는 겐로쿠 문화의 화려함을 장식하는 가장 근세적인 문학이라 평가된다('우키요'는 세상을, '조시'는 이야기를 의미). 오사카의 조닌 집안에서 태어난 사이카쿠는 일찍이 하이카이 가인으로 주목 받았으며, 중년 이후에는 우키요조시의 직업 작가로 살아갔다. 1682년에 나온 첫 작품이자 대표작인 『호색일대남好色一代男』은 고전 『겐지모노가타리』의 줄거리를 차용하여 호색에다 자유분방한 삶을 살아가는 한 남성을 통해 서민 남성이 추구하는 생의 모델을 제시함으로써 대단한 인기를 누렸다. 조닌 출신답게 그는 작품에서 금전金錢에 집착했는데, 거기에는 현실주의와 향락적인 인생관이 짙게 배어 있다.

중세에 발달한 렌가連歌는 일종의 연작시로, 와카의 상구(5·7·5)와 하구(7·7)를 여럿이 번갈아 노래하여 연대감을 추구했다. 근세가 시작되면서 렌가의 첫구(發口) 5·7·5의 17자가 독립한 하이카이가 태동하여 유희성과 서민성을 뚜렷이 드러내며 독자적인 작품 세계와 작가를 확보하는 데 성공했다. 사이카쿠의 문학 여정이 그랬듯이, 하이카이는 운문의 독특한 형식이라는 차원을 넘어 우키요조시와 같은 산문의 뼈대까지 채움으로써 근세 문예 전반의 공통분모로 기능했다. 바쇼는 예술성을 높인 쇼후蕉風 하이카

마쓰오 바쇼

가부키 극장 겐로쿠 시대에는 가부키나 조루리가 폭넓은 사랑을 받았다. 위 그림은 1858년 우키요에 화가인 3대 우타가와 도요쿠니(歌川豊国)의 작품이다.

이를 정립하여 자연과 인생에 대한 깊은 성찰을 노래했다. 열도 곳곳을 여행하면서 수많은 시가를 읊었기에 지금도 각지에서 심심찮게 그의 동상이나 시비를 발견할 수 있다. 오늘날 세계에서 가장 짧은 시로 주목받는 하이쿠俳句는 하이카이의 별칭이다.

근세의 여러 시스템이 자리를 잡으면서 서민에게도 시간적 경제적 여력이 생겨났다. 센고쿠 시대에는 무사조차 1일 2식이었으나, 3대 쇼군 도쿠가와 이에미쓰 대에 이르면 1일 3식이 되었다고 한다. 일본 여성의 전통 복장에서 빼놓을 수 없는 오비帶(띠)의 경우 근세 초기에는 폭이 6cm 정도였으나, 17세기 후반에 접어들면 기존 오비 폭의 5~6배로 늘어나고 화려한 장식과 색이 가미되었다. 이렇듯 생활이 향상된 서민들이 즐겼던 양대 오락으로 흔히 연극과 유곽이 거론된다.

연극에서는 가부키가 등장하여 선풍적 인기를 끌었다. 1603년 한 무녀가 교토의 절에서 춘 염불 춤이 기원이라고 하며, 이후 유녀遊女들이 간단한 동작을 더한 온나카부키女歌舞伎가 생겨났다. 중세 이래의 각종 예능을 바탕으로 남장 연기에다 매춘까지 결부해서 유명세를 끌었지만, 막부는 1629년 풍기 문란을 이유로 금지했다. 소년이 연기하는 와카슈카부키若衆歌舞伎가 뒤를 이었으나 1652년 같은 운명에 처해졌다. 그 결과 성인 남자가 여장하여 연극적인 요소를 강화하는 오늘날의 형태로 정착되었다.

겐로쿠 시대에는 저명한 가부키 각본들이 완성되고 체계가 잡혔으며, 에도와 교토 등의 대도시에서는 가부키를 공연하는 상설 무대가 들어섰다. 당시 '서쪽의 도주로, 동쪽의 단주로'라는 말로 표현되었듯이, 교토·오사카에서는 연애담이 장기였던 배우 사카타 도주로坂田藤十郎(1647~1709)가, 에도에서는 웅장한 연기로 호평을 얻은 배우 이치카와 단주로市川團

十郎(1660-1704)가 인기를 끌었다. 두 거성은 아들 혹은 양자에게 이름을 물려주는 슈메이襲名 형태로 지금까지 명맥을 잇고 있다. 사카타 도주로의 경우 3대가 객사하고 231년 만인 2005년 가부키 흥행의 일환으로 4대 슈메이가 거행된 데 비해 이치카와 단주로는 단절 없이 12대째를 맞고 있다.

조루리도 폭넓은 인기를 누렸다. 류큐(지금의 오키나와)에서 건너온 샤미센三味線(3줄의 현악기)의 반주를 곁들여 노래와 대사를 풀어내는 형식이다. 겐로쿠 시대에 들어와 음악 쪽의 완성도를 높여간 조루리는 지카마쓰의 각본과 결합하면서 예술성을 한껏 끌어올렸다. 교토 부근의 무사 출신인 지카마쓰는 한때 가부키의 각본을 쓰기도 했지만 조루리 전문 작가로 되돌아가 『소네자키의 동반 자살(曾根崎心中)』을 비롯하여 탁월한 작품을 잇달아 내놓았다. 조루리는 인형극과 결합되어 공연되기도 했는데, 이를 흔히 '인형 조루리'라 부른다. 분라쿠文樂는 원래 인형 조루리 전문 극장을 가리켰지만, 현재는 사실상 인형 조루리의 대명사로 통용된다. 노, 가부키, 분라쿠 모두 유네스코 세계무형문화유산에 등록되어 있다.

유곽은 본래 유녀가 매춘하는 특정 구역이다. 하지만 근세 문화사에서 살펴보면 일종의 사교장으로서 기능했다. 문학·음악·연극·회화 그 어느 것도 유곽과 무관한 분야가 없었기 때문이다. 사이카쿠의 『호색일대남』에는 요시노吉野라는 유녀가 묘사되어 있다. 요시노는 남자 주인공이 몸값을 치러 풀려났지만, 그녀를 바라보는 친척들의 시선은 싸늘했다. 그런 친척을 모아 거문고를 연주하고 노래를 부르며, 차를 내고 꽃꽂이를 선보이며, 시계를 고치고 바둑을 두며, 생황을 불면서 접대하니 모두 경탄을 금치 못했다. 다유太夫라 불린 그러한 유녀는 공가나 무가에서도 쉽게 만나기 어려울 정도로 수준 높은 교양의 소유자였다.

이렇듯 시간과 재력에서 능력을 겸비한 조닌은 문화의 주체로 도약하여 겐로쿠 문화의 번영을 이룩했다. 그런데 조닌의 문화적 자립화는 막부의 관점에서 보면 체제의 근간인 신분제를 뒤흔드는 불편한 변화이기도 했다. 이 때문에 막부는 신분을 벗어난 사치에 대해 기회 있을 때마다 검약령을 발포하고 제재를 가했다. 실제로 1705년 오사카 굴지의 호상 요도야淀屋는 조닌의 본분을 넘은 사치스런 생활로 인해 막부로부터 재산을 몰수당했다.

하지만 이런 막부의 조치마저 겐로쿠 문화의 소재로 이용되었다. 요도야의 몰락은 1708년 지카마쓰에 의해 조루리로 그려졌고, 무사 47인의 복수극 소동도 전원 할복한 직후 조루리 공연으로 꾸려졌으나 3일 만에 막부의 지시로 중지되었다고 한다. 지카마쓰의 대표작 『소네자키의 동반 자살』은 한 달 전에 실제 일어난 사건을 각색한 것인데, 거기에는 봉건적 신분제 아래에서 신음하는 젊은 연인의 고뇌가 담겨 있다. 작품에 대한 세인의 공감이 너무 컸던 나머지 얼마간 동반 자살 붐까지 일었을 정도였다.

1657년 이후 종종 취해진 막부의 출판 규제, 즉 금서 정책은 지배 이데올로기의 와해를 방지하기 위한 조치였다. 1703년에는 '최근의 기이한 일(異事)'을 다룬 출판과 공연의 금령이 내려졌고, 이후 통제는 더욱 광범위하고 혹독해져 작가에게까지 탄압의 손길이 뻗쳤다.

에도 시대의 화재와 일상

일본의 화재는 가히 세계 정상급이었다. 소실 면적의 넓이로 매긴 순위에서 1~3위를 독차지하기 때문이다. 1위는 1923년 관동대지진의 3,465ha, 2위는 1657년 메이레키明曆(1655~1657) 대화재의 2,574ha, 3위는 1772년 메이와明和(1764~1772) 대화재의 1,551ha라고 한다. 인구가 많고 목조 가옥이 밀집했던 에도는 특히 화재가 빈번하여 '화재와 싸움은 에도의 꽃'이라는 얘기까지 회자될 정도였다(에도 시대의 대화재는 에도가 49회, 교토 9회, 오사카 6회였음).

그중에서 메이레키 대화재 당시의 상황을 살펴보자. 1657년 3월 2일 강한 북서풍이 부는 가운데 북쪽의 혼묘本妙 사에서 최초로 화재가 발생했고, 이 불은 저녁 무렵 진화되었다. 그러나 다음 날 강풍이 일자 재차 불씨가 살아났고, 급기야 에도 성까지 화염에 휩싸였다. 결국 3일 밤낮으로 계속된 대화재는 에도 전 시가지의 55%를 잿더미로 만들었다. 전년 11월부터 이어진 가뭄으로 우물까지 말라버려 어떻게 손을 쓸 수도 없는 상황이었다.

기록에 따르면 사망자만 10만 명을 넘었으며, 다이묘의 저택만 해도 500여 채가 소실되었고, 전체 다리 60개 중 겨우 2개만 남았다. 에도 성의 천수각마저 소실되는, 그야말로 대참사였다. 악재는 겹치는 법. 대화재 뒤에는 폭설이 내려 화마에서 살아남은 사람들을 덮쳤고 결국 많은 동사자를 냈다. 피해 수습 및 에도 성과 시가지의 복구에는 막대한 재원이 소요되었다. 막부 초기부터 축적해왔던 600만 냥은 순식간에 바닥을 드러냈으며, 에도 성의 천수각 재건은 유보되었다.

화재가 발생하면 좀도둑이 활개를 친다. '불난 집에 도둑'이라는 표현이 생겨난 연유이다. 한편 복구 사업이 본격화되면 건축 분야의 일자리가 늘고 거금을 쥐는 재목상도 생겨

메이레키 대화재 인구가 많고 목조가옥이 밀집해 있는 에도는 특히 화재가 많이 발생했다.

난다. 화재가 에도의 꽃이라는 말은 경제적 동기와도 무관하지 않았다. 이 때문일까. 생활이 곤궁한 사람은 방화의 사주를 받기도 했다. 방화의 금령은 빈번하게 내려졌고, 방화자는 화형 등의 엄벌에 처해졌다. 하지만 소방 대책은 미비했다. 신분과 주거지가 달랐던 무사와 조닌은 불을 끄는 일조차 서로 관여하지 못했을 정도였다.

메이레키 대화재는 방화 체계를 일신하는 전환점이 되었다. 불길 주변의 건물을 부수는 파괴적 소화 방식은 근대까지 이어졌어도 다양한 예방책이 강구되었다. 불길의 확산을 막기 위해 방화용 공터나 히로코지廣小路와 같은 넓은 도로를 새로 조성했고(도쿄의 우에노上野 히로코지 등 각지에 잔존), 다이묘와 하타모토에게 부과된 소방의 역을 조직화해 나갔으며, 미약하나마 조닌에게도 소방의 의무를 지웠다. 뒤이어 18세기 초 도쿠가와 요시무네 치세에는 전면적인 소방 개혁이 이루어졌다. 조닌을 방화 작업에 새로이 가세시켜 스미다隅田 강을 경계로 동서 64조의 의용소방대가 창설되었다. 이후 화재 진압의 주체는 점차 무가 대신 조닌 쪽으로 옮아갔다.

의용소방대

방재 작업조차 신분제에 따라 규율된 사회에서 최고 권력자 쇼군의 일상은 어떠했을까? 사료를 토대로 그려본 쇼군의 일과는 화려함이나 분주함과는 다소 거리가 있어 보인다.

아침 기상 시간은 새벽 6시였다. 일어나서 세수하고 옷을 입은 뒤 제일 먼저 불단에 가서 절을 한다. 머리를 묶고 사카야키月代(이마 언저리부터 정수리까지 반달형으로 머리카락을 깎은 부분)와 수염을 손질한다. 물론 손수 하는 것은 아니며 5~6명의 시종이 담당한다. 그동안 건강 체크도 이루어진다. 아침 식사는 8시쯤으로, 보통 국 하나 반찬 둘로 검소하다. 식사가 끝나면 숙직 관리, 경우에 따라서는 로주와 와카도시요리가 인사를 하러 온다. 9시 무렵에는 다시 신전에 참례하며, 이후 편한 옷으로 갈아입고 쉬기도 하지만 대개는 학습을 한다. 유학과 전기戰記·기록 등의 독서를 하고 나면 검술·활쏘기·창술과 승마 훈련이 실시된다.

정오의 식사가 끝난 뒤 오후에는 정무를 돌본다. 서류는 로주가 결정을 내려 공람만 하면 되는 것과 쇼군이 직접 결재하는 두 종류로 나뉜다. 시간은 통상 두세 시간이지만 바쁘면 저녁까지 이어진다. 시간이 남으면 시종들과 여흥을 즐긴다. 저녁 무렵에는 목욕을 한다. 쌀겨 주머니로 몸을 씻은 뒤 유카타浴衣로 물기를 몇 번이나 훔쳐낸다. 수건으로 몸을 닦지는 않으므로 한 번에 10벌 정도의 유카타를 사용한다. 저녁 식사는 6시쯤에 먹으며, 10시쯤에 잠자리에 든다. 이불은 남쪽으로 머리를 두게 깔려 있고, 양 옆에 시종이 같이 잔다. 전제 군주인 쇼군의 하루가 끝나는 것이다.

이제 무사의 생활을 들여다보자. 에도 시대가 깊어갈수록 화폐경제의 여파는 거세졌다. 1825년의 자료에서 집계된 1,000석 영지 하타모토의 가계부는 다음과 같다. 영지의 연공 수입은 최종적으로 대략 350석 정도이다. 화폐로 따지면 300냥이다. 먼저 부하와 하녀 23

명의 비용으로 117냥, 말먹이로 17냥, 식료품을 비롯한 생활비 63냥, 본인과 가족의 의복·용돈·교제 등으로 83냥이 나갔다. 총 지출이 280냥이니, 1825년에는 20냥 정도의 흑자 운영에 성공한 것이다. 1,000석은 중간 정도의 하타모토이며, 번사라면 상층에 해당한다. 그런데도 한 해에 겨우 20냥을 남겼을 뿐이다. 화재나 질병 등 불의의 사고가 일어난다면 적잖은 타격이 될 수밖에 없다.

하급 무사의 경우는 더 힘들었다. 근세 말기 한 고케닌은 30섬의 봉록에 3명의 부하를 거느렸다. 30섬의 절반은 식량으로 소비하고, 나머지를 판 대금 5냥과 기타로 잡비를 지출하지만 부족하기 짝이 없었다. 무사의 본분인 충효무비忠孝武備에 마음을 쏟기 전에 부업부터 전념해야 할 지경이라는 개탄이 나올 법하다. 실제로 우산·등롱·짚신 제작은 하급 무사의 단골 부업이었다.

마쓰오 바쇼의 여행기에서도 볼 수 있듯이, 에도 시대에는 여행이 왕성했다. 물론 지배계급에 한정된 얘기다. 서민에게는 일생에 한 번 있을까 말까로 최고의 도락이었다.

해가 뜨기도 전에 길을 나서 하루에 족히 8~10리(1리는 4km)를 움직이는데, 125리인 에도-교토 간은 편도만도 12~13일이나 걸린다. 물론 주로 걸어서 다닌 여행이었다. 가마의 경우 19세기 초엽 4리에 6,000엔(한화 6만 원)이었으니 서민에게는 어림도 없다. 말은 가마의 1/3 이하 비용이 들었으므로 가끔 이용했을 듯하다. 숙소에는 저녁 6시 무렵 당도한다. 호객꾼에게 이끌려 발을 씻고 방에 들어가는데, 1인당 약 5m²를 차지하는 합숙이 보통이다. 길동무라는 말이 무색하게 안전이 최우선이었다. 수면제나 독을 탔을지 모르니까 절대로 남의 약을 먹어서는 안 되고, 목욕을 할 때는 돈지갑을 보이는 데 두는 것이 기본이었다. 숙박료는 1박 2식에 약 2,000엔이 시세였다. 싸다고 볼 수도 있겠지만 기타 여러 비용도 있는 데다 서민의 낮은 경제 수준까지 감안하면 만만찮은 금액이었다.

근세에는 이동의 자유가 제약되었다. 따라서 여행을 하기 위해서는 이세 신사 등의 참배를 구실로 발급받는 통행증(通行手形)이 필수였다. 거주지의 관청이나 사찰이 창구 역할을 했으며, 세키쇼関所(관문)를 통과할 때 제시했다. 참고로 당시 세키쇼는 여성과 철포의 이동에 대단히 민감했다. 여성, 특히 산킨코타이로 인해 에도 거주가 의무화된(☞ 041 참조) 다이묘 처자들의 이동은 매우 엄격하게 관리되었다. 이에 비해 철포의 에도 반입은 치안 문제 때문에 통제되었다. 온천 휴양지로 유명한 하코네箱根는 에도의 관문 격인 세키쇼였다.

숙박업소 우다가와 히로시게(歌川廣重)가 그린 우키요에로, 아카사카(赤坂)의 숙박업소에서 손님과 시중드는 여성을 묘사했다.

명군(?) 요시무네

도쿠가와 요시무네 와카야마 현 와카야마 시 현립근대미술관 앞에 있는 요시무네 동상. 무예를 장려한 쇼군답게 동상도 말을 타고 있는 모습이다.

1716년 만 7세도 채우지 못한 채 7대 쇼군 도쿠가와 이에쓰구가 요절했다. 이로써 3대 쇼군 도쿠가와 요시미쓰의 후손들이 이어온 도쿠가와 직계는 단절되었다. 방계 중 누구를 후계로 삼을 것인가에 이목이 쏠렸지만, 결국 낙점된 이는 고산케 기슈紀州 번의 당주 도쿠가와 요시무네德川吉宗(1716~1745)였다. 도쿠가와 이에야스의 열 번째 아들의 후손인 요시무네가 이에쓰구의 양자가 되는 형식으로 8대 쇼군을 계승한 것이다.

증조부 이에야스와 마찬가지로 요시무네는 30년 가까이 쇼군으로 있다가 1745년 장남에게 쇼군을 물려준 뒤 6년을 오고쇼로서 후계 기반 다지기에 만반을 기했다. 혈통 단절의 대비책도 세웠다. 차남에게는 다야스田安 가를, 삼남에게는 히토쓰바시一橋 가를 세우게 했다. 또한 요시무네가 죽은 뒤 9대 쇼군 도쿠가와 이에시게德川家重(1745~1760)는 자신의 차남을 시미즈清水 가의 시조로 만들었다. 다야스, 히토쓰바시, 시미즈 이 셋을 합쳐 고산쿄御三卿라 부르며, 이후의 막부는 마지막 쇼군을 제외하곤 모두 요시무네의 자손이 이끌었다.

도쿠가와 종가가 아닌 사람이 쇼군이 된 것은 초유의 사태였지만, 이 시기 연호에서 딴 이른바 '교호享保(1716~1735)의 개혁'은 효율적으로 추진되어 소기의 목표를 달성했다. 요시무네의 정치적 연착륙은 다음의 두 요인으로 뒷받침되었다. 하나는 유능한 보좌진을 이끌고 에도에 입성했으면서도 도쿠가와 쓰나요시 이래 측근 정치와 충돌해온 후다이 문벌과 조화를 이뤘다는 점이며, 다른 하나는 민정과 재정에 걸쳐 봉건적인 관료제를 확립하고 인재를 등용함으로써 정책 수행력을 높였다는 점이다. 이런 점 때문에 260년 근세사의 반환점에서 요시무네는 '막부 중흥의 시조'로 일컬어진다. 늘 명군이라는 평가가 따라다녔고, 지금도 사극의 주인공에 단골로 등장한다. 그렇지만 무릇 명군과 폭군의 평가에는 지배자의 관점이 반영되기 마련이므로, 백성들의 눈에 비친 요시무네를 톺아볼 필요가 있다.

요시무네의 개혁은 크게 농정과 도시 정책으로 나뉜다. 그 지향점은 17세기 말 이래 지속된 극단적 재정난의 타개였다. 재정 담당자의 진언은 3도(교토, 오사카, 에도)의 상인들로부터 자금을 조달하는 것이었지만, 방계 쇼군은 쌀에 의존하는 전통적인 정공법을 택했다.

오사카 도지마(堂島)의 쌀 시장 쌀값 문제로 고민한 요시무네는 한때 폐쇄시키기도 했던 도지마의 쌀 시장을 공인했다. 이를 통해 쌀 가격을 조절하려 했던 것이다.

우선 급한 불을 끄기 위해 1722년 '치욕을 무릅쓰고' 아게마이上げ米령을 내렸다. 매년 다이묘에게 1만 석당 100석의 쌀을 상납하는 조건으로 산킨코타이에 따른 에도 거주를 1년에서 6개월로 줄여주었다. 막부 권위 저하의 대가는 연공 수입의 10% 증대였다(1730년에 폐지).

농정의 측면에서는 구체적으로 두 가지 방향이 모색되었다. 연공 증징 및 과세 대상의 확대를 위한 개간지 증대이다. 그 내용은 다음과 같다.

연공 증징의 핵심은 연공 징수법의 개선이었다. 원래는 검지 결과를 토대로 한 과세 기준에 수확량을 감안하여 정하는 방식이었다(檢見法). 하지만 수확량 조사는 소요 비용이 만만치 않고, 뇌물로 인해 정확한 조사가 어려웠다. 그래서 대신 도입한 것이 일정 기간 동일한 징수율을 적용하는 방식이다(定免法). 집권 후반기에는 과세 기준을 없애고 매년 수확량을 근거로 연공을 징수하는 아리게케미법有毛檢見法을 강행했다. 연공 비율도 1725년 기존의 4공 6민에서 5공 5민으로 10% 인상했다.

개간지의 증대를 위해서도 여러 방안이 강구되었다. 말단 지방관 다이칸代官에게는 개간지 연공의 10%를 포상으로 지급하고, 소요 자본의 조달을 위해 조닌까지 끌어들였다.

결과는 나쁘지 않았다. 무엇보다 막부 영지의 총 고쿠다카는 400만 석에서 450만 석으로 10% 이상 증가했고, 통상 130만~140만 석 정도이던 연공 수입은 1744년 180만 1천 석이라는 전무후무한 기록을 수립했다. 그에 따라 막부 재정은 호전되어 1735년의 경우 쌀 18만 석에 금 3만 냥의 흑자를 내기에 이른다.

개혁의 제2막은 100만 인구가 사는 도시 에도에 대한 정책이었다. 거대 도시의 화재는 막부 재정에까지 큰 시름을 안기는 골칫거리였다. 앞서 소개했듯이 각종 방화 시설을 설치하고 지붕에는 나무 대신 기와를 사용하게 했으며, 조닌에게도 소방대를 구성하게 했다. 계속 수가 늘어나는 도시 저변의 빈민에 대해서는 의료 서비스를 제공했는데, 한 의사가 신문고 격인 메야스바코目安箱(메야스는 투서를 가리킴)에 투서한 의견을 받아들여 실행에 옮긴 것이다. 쌀값 하락과 치솟는 물가를 바로잡기 위해 상인과 수공업자의 나카마(동업자 단체)를 공인하여 물류와 이윤의 통제에도 나섰다.

제반 개혁을 위해 앞장서서 검약을 실천했던 요시무네는 겐로쿠 문화의 화려함과 서민의 대두에 대한 점검도 게을리하지 않았다. 피지배계급의 문화적 독립은 신분제라는 근간을 무너뜨릴 수 있다고 판단했기에 체제 수호의 차원에서 잇달아 규제 법령을 내놓았다. 개혁의 함성이 막 터져 나오려던 1721년과 그 이듬해, 사치품의 제조와 판매를 금지하고 동반 자살의 내용을 담은 출판물을 엄하게 규제했다.

분명 요시무네는 명군이라 불러도 손색이 없는 공적을 남겼다. 하지만 이것은 어디까지나 막부를 비롯한 봉건 지배자의 관점이 우선시된 평가이다. 과연 일반 민중은 명군을 어떻게 바라보았을까?

낙서에 그려진 이미지부터 보자. 집권 초기 "가미上(쇼군)가 좋아하시는 것, 매잡이와 시모下(백성)의 어려움"에 보이듯 요시무네의 매사냥부터 도마에 올랐다. 쓰나요시가 금지했던 매사냥을 부활해서는 자주 에도 근교에 행차하곤 했다. 논밭은 망가지고 새는 내쫓지 못하며, 짐승몰이와 접대는 큰 짐이었다. 매사냥은 메야스바코의 투서에서 비판의 대상에 오르기도 했지만, 투서자만 은화를 받았을 뿐 계속되었다. "즉위하시면서 연호 바뀌고 돈 바뀌는데 에도의 늙은이는 왜 안 바뀌나"라는 1736년의 낙서도 통렬하다. 교토에서 새 천황이 즉위함에 따라 연호가 바뀌고 때마침 화폐도 바뀌는 등 만사가 변화는 시절이었다. '에도의 늙은이', 즉 요시무네도 재위 20년이나 됐으니 빨리 바꾸라는 것이다.

하지만 민중이 품었던 불만의 뿌리는 낙서로 표출된 내용보다 훨씬 깊고 구조적이었다. 막부 재정이 호전된 것은 아게마이령의 중지 이후부터는 전적으로 연공 증징에 힘입어 성사될 수 있었고, 그 여파는 고스란히 농민의 어깨를 짓눌렀기 때문이다.

본디 화폐 유통량이 그대로이면 쌀의 증산은 쌀값 하락으로 이어진다. 이는 정액 급료를 받는 무사와 농민에게 불리하며, 쌀의 환금이 기본 재원인 막부와 다이묘에게도 큰 타격을 입힌다. 따라서 낙서에도 나왔듯이 1736년 금은화의 품위를 낮추고 양을 늘리는 시책은 불가피한 선택이었다. 수입의 증대는 지상 목표였으며, 연공의 증징은 노골화되었다. 1737년 '참기름과 백성은 쥐어짜면 짤수록 나온다'라는 유명한 말을 남긴 간오 하루히데神尾春央(1687~1753)가 간조부교에 취임했다. 아리게케미법을 효과적으로 활용한 간오 덕분에 1744년 근세 최고의 연공 징수 기록이 창출되었다. 다음 해 그가 막부 영지를 순회하러 갔을 때, 농민들은 '들도 산도 파헤치겠지'라며 두려워했다고 한다.

요시무네의 재정 개선 방식은 이렇게 정리할 수 있다. 화폐유통량을 늘림으로써 쌀값을 상대적으로 올리고, 오른 쌀값을 노려 쌀의 수탈을 강화함으로써 막부의 수입을 호전시키는 것이다. 잉여 생산을 빼앗긴 농민과 농촌은 활기를 잃어갔고, 자연재해나 기근이라도 생길라치면 다시 일어서지 못했다. 18세기 중반 이후 잦은 농민 잇키와 도시 폭동인 우치코와시打ちこわし는 피폐한 농업이 쏟아내는 단말마의 비명이었다.

민초의 반란

도쿠가와 요시무네의 치세 동안 교호의 개혁은 나름의 성과를 거두었지만, 시대의 조류를 거스를 수는 없었다. 18세기 후반에 접어들면서 막번 체제는 커다란 전환점에 봉착했다. 농촌과 도시의 변화는 막번 체제에 심각한 내상을 입혔고, 현실에서는 잇키와 우치코와시로 대표되는 민초들의 저항이 속출했다. 역사의 말발굽 소리는 다시금 높아졌다.

농촌의 경우, 자립적 소농 경영의 유지라는 대전제의 변질이 뚜렷하게 감지된다. 재정 악화에 따른 농민 수탈의 강화, 즉 연공 증징과 상품경제의 침투로 인해 농촌 내부에는 양극화가 초래되었다. 당연히 촌락의 자립 경제적 공동체 성격은 약화될 수밖에 없었다.

상품경제라면 각종 특산물이 먼저 연상되지만, 규모와 파급력을 고려하면 목화와 양잠이 절대적이었다. 근세 초에 삼베 중심에서 목화를 이용한 의복으로 혁명적 변화가 나타났는데, 겐로쿠 전후의 경제성장은 목화 수요를 한껏 드높였다. 거대 소비지인 오사카·교토 인근의 농촌에서는 전 경지의 60~70%가 목화 재배로 전환했을 정도였다. 또한 비단 수요가 지속적으로 증가하자 각 번은 양잠업 장려에 발 벗고 나섰다. 목화와 양잠의 확산은 염료 수요를 끌어올렸으며, 시코쿠 소재 도쿠시마德島 번의 상인이 활발하게 움직였다.

부농은 고리대와 상품작물의 재배를 통해 자본을 축적했다. 이를 바탕으로 토지 소유를 확대하여 지주로 성장했으며, 확보한 전답은 소작인에게 경작시켰다. 이들 지주가 바로 호농豪農이다. 한편 돈야(도매상) 상인들은 농촌의 상품생산 과정까지 잠식해서 호농을 통해 자금과 원료를 공급했고, 농촌의 공업을 돈야제 가내공업으로 조직할 만큼 기세를 올렸다.

이에 반해 연공 부담에 허덕이던 백성들은 경지를 담보로 빚을 내는 경우가 많아 고리대 착취에 시달려야 했다. 남은 길은 소작인이 되든지 고용살이나 일용 잡일에 종사하면서 화폐경제에 예속되어가는 것뿐이었다. 이렇게 소작농화가 촉진된 결과, 19세기 중엽 전국 토지의 25% 가량이 소작지로 탈바꿈했다.

촌락 공동체의 균열과 농촌의 양극화는 농민 저항의 증대와 짝을 이룬다. 농민들은 촌락 지도자의 부정을 규탄하고 민주적 경영의 실현을 영주 등에게 호소했다(村方騷動). 그런데 이런 합법적 투쟁을 뛰어넘어 요구를 관철하기 위해 전 촌락이 뭉쳐 영주를 상대로 직접 행동에 나서기도 했는데, 이 같은 백성들의 집단 봉기를 '백성 잇키'라 한다. 근세 후반은 잇키의 격증으로 점철된다.

도시에서는 상인과 고리대자본의 활약이 두드러진다. 17세기 후반 교토에서 이름을 날

우치코와시 쌀가마니를 집어던지며 쌀을 흩뜨리는 모습이 묘사되어 있다. 먹고살기 힘들어진 도시 하층민은 이렇게 쌀 도매상을 습격하기도 했다.

린 유력 조닌에 관한 기록을 보면, 금 20~30만 냥을 지니고 거대한 저택에 살면서 다이묘 못지않은 호사를 누리는 모습이 그려져 있다. 나가사키 무역과 연결되는 생사나 견직물을 주력으로 삼는 상업, 그리고 다이묘에게까지 대부를 하는 금융업이 축재의 원동력이었다. 17세기 후반 포목점에서 출발한 미쓰이三# 가문도 환전상을 겸하면서 막부의 재정 운영에까지 관여할 정도로 성장했다. 오사카나 에도의 경우는 더 말할 나위도 없었다.

아울러 도시에는 본격적으로 하층 사회가 형성되기 시작했다. 에도의 사례에 따르면, 하층 사회는 두 층으로 나뉜다. 하나는 소상인이나 도제, 하층 직인 등과 같이 영세하지만 가족을 구성하고 있는 그룹이다. 다른 하나는 뒷골목과 변두리에서 광범위하게 존재하는 행상·소매·직인·잡일 등에 종사하는 단신의 일용 노동자이다. 이들 도시 민중은 좁은 나가야 長屋(긴 건물을 수평으로 구분하여 각각 출입문을 만든 다세대 주거)에 살면서 쥐꼬리만 한 화폐 수입으로 연명해야 했다. 따라서 물가 상승과 기근·재해에 직면하게 되면 일상의 먹거리마저 조달할 수 없는 지경에 빠졌다.

이제 도시는 상인·고리대자본, 나카마나 조합의 구성원, 도시 하층민 등 세 부류가 혼거하는 양상으로 바뀌었다. 신분에 따라 주거가 나뉜 초기와는 판이하게 달라졌고, 경제적 이해관계의 충돌은 돌이킬 수 없게 되었다. 먹고살기가 힘들어진 도시 하층민은 쌀 도매상을 습격하고 약탈을 벌이는 우치코와시를 벌이기도 했다. 현재적인 도시 문제의 출현인 셈이다. 에도 시대에는 백성 잇키가 끊이지 않았다. 약 3,200건에 이르는 잇키는 후기로 갈수록 규모가 커졌다. 발생 빈도 또한 막번 체제의 재편이 시도된 18세기 이후 폭증한다. 요컨대 잇키의 빈발과 광역화는 막번 체제가 직면했던 모순의 정도를 알려주는 지표이다.

농민은 소정의 절차를 밟아 소송에 들어갈 수 있었지만, 승소는 거의 불가능했다. 무엇보다 막부의 재판 청구에 필수적인 영주의 서한 입수부터 난관이었다. 이 때문에 17세기 중반부터는 쇼군이나 막부 고관에게 직접 소송을 제기하는 직소直訴가 속출했다. 직소 자체가 불법은 아니었지만 성공한 이후에도 대가는 혹독했다. 1653년 에도 인근의 한 농민은 예불하러 행차한 4대 쇼군 도쿠가와 이에쓰나에게 번주의 폭정을 다스려 달라고 호소했다. 이윽고 3년의 연공 면제를 얻어냈지만, 본인은 책형磔刑(기둥에 묶고 창으로 찔러 죽이는 공개 처형)에 처해졌고 처자까지 형장의 이슬로 사라졌다.

구조 잇키 현창비 기후 현 구조하치만(郡上八幡) 성내에 있는 구조 의민(義民) 현창비

도쿠가와 요시무네의 개혁이 한창이던 시기, 잇키의 격랑은 막부 직할령에까지 미쳤다. 무리한 연공 증징이 원인이었다. 참가자는 수천 명을 넘어섰다. 18세기 후반에 접어들면 번 단위의 잇키 발발 소식이 잇달았다. 대표적인 것이 1754~1758년까지 벌어진 구조郡上(기후 현) 번의 잇키이다. 4년이라는 기간도 그렇거니와 사건의 처리 결과는 충격적이었다.

재정 개선을 꾀하려던 번에서 연공 부과 방식을 바꿔 매년 수확량에 따라 연공을 징수하는 아리게케미법을 밀어붙인 것이 봉기의 불씨였다. 농민들의 반발은 강경책과 막부 관리의 개입으로 억눌렸다. 영내 투쟁과 에도 청원을 곁들인 4년의 싸움 끝에 막부의 효조쇼(소송의 최고 의결 기관)에서 판결이 내려졌다. 농민 측에서는 13명의 사형수가 나왔으며, 번주도 가이에키(영지 몰수)에 처해졌다. 게다가 번의 청탁을 받았다는 이유로 로주와 와카도시요리 등에게까지 처벌이 내려졌다. 사태의 뿌리는 그만큼 깊고 심각했다.

1761년의 우에다上田(나가노 현) 소동에서는 잇키가 새로운 양상을 보였다. 이 역시 농민들이 연공 확대를 노린 아리게케미법의 도입과 관리의 부패를 참다못해 들고일어선 것이며, 번주가 사는 조카마치에 들이닥친 잇키 측 무리는 부패 관리를 거명하며 처벌을 부르짖었다. 이와는 별도로 우치코와시도 벌어졌다. 농민의 동정을 밀고했던 촌락 지도자뿐 아니라 번과 결탁하여 사익을 채운 번의 부유층까지 습격을 받았다. 영주에 대한 잇키의 불길이 부유층을 겨냥한 우치코와시까지 옮겨붙은 것이다.

잇키는 차츰 막번 체제에 이의를 제기하는 불온 행위로 간주되어갔다. 1721년 도당 결성과 불법적인 호소를 금지하고 메야스바코 즉 투서함을 통해 의견을 개진하도록 했으며, 1741년에는 집단 호소나 도망에 대한 처벌 수위를 높였다. 1750년에는 일체의 잇키를 금하는 법령이 반포되었고, 1769년에는 급기야 잇키 진압에 철포를 사용할 수 있도록 허용했다. 그러나 총칼로 시대의 흐름을 막을 수는 없는 법이다. 잇키의 점증과 거대화는 바야흐로 근세 일본의 궤도 수정을 압박했다.

중상주의냐 중농주의냐

근세 인물 가운데 다누마 오키쓰구田沼意次(1719~1788)만큼 평가가 엇갈리는 사람도 드물다. 9대 도쿠가와 이에시게와 10대 도쿠가와 이에하루德川家治(1760~1786) 두 쇼군 밑에서 기적적인 출세담의 주인공으로 이름을 날렸지만, 악덕 정치가의 표본으로 손가락질을 받았다. 600석의 하타모토에서 57,000석의 다이묘로 승진한 부분은 야나기사와 요시야스(160석 가신에서 15만 석의 다이묘가 됨)에게 뒤지지만, 그의 손에 쥐어진 권세는 무지막지했다. 그러나 뇌물, 물가 폭등, 잇키로 인해 그는 후대 역사가로부터 심한 악평을 받았다.

30년에 걸친 다누마 정권에는 분명 새로움과 과격함이 있었다. 특히 고질적인 막부 재정 문제를 타개하기 위해 중상주의 정책을 채택한 점이다. 그 출발은 1758년 평결이 내려진 구조 잇키와 깊은 관련이 있다. 도쿠가와 요시무네 시절의 재정 타개책은 시종일관 연공 증징이었고, 구조 잇키는 그런 연장선에서 터졌다. 하지만 결과적으로 구조 번주뿐 아니라 직접 증세, 즉 연공 증징을 추진했던 일파까지 치명상을 입었다. 때마침 구조 잇키에 대한 효조쇼의 심리 과정에 입회했던 다누마는 재정 정책의 전환이 불가피하다고 판단했다.

재원을 농업에 의존하던 문벌 관료층과 달리 다누마는 상업 이윤의 일부를 세금으로 걷는 간접세 방식을 추진했다. 구체적으로 상인과 수공업자의 나카마를 가부나카마로 공인하거나, 전매권을 내주는 대신에 세금(冥加金, 運上金)을 징수했다. 교호의 개혁 당시 물가 조절을 위해 공인했던 가부나카마를 과세의 차원에서 재활용한 것이다.

통화 제도도 면모를 일신했다. 원래 에도에서는 금, 오사카에서는 은이 주로 통용되었는데, 은은 독자적인 화폐가 없이 무게에 따라 거래되었다. 번주의 경우 오사카에서 연공미를 팔아 조달한 은을 에도의 생활비로 충당하기 위해 금으로 바꿨다. 환전과 관련해서 막부가 정한 비율이 있었으나 실제는 제각각이었다. 그래서 1765년 이후 은화를 발행·유통시킴으로써 통화 시스템의 안정화를 추구했다. 소요되는 은은 나가사키 무역의 장려를 통해 충당했는데, 해산물과 구리를 수출하고 네덜란드와 중국에서 은을 수입하는 방식이다.

막부의 재원 마련에 대한 다누마의 아이디어는 여기서 그치지 않았다. 그동안 계속 방치된 에조치(아이누의 거주지, 홋카이도를 가리킴) 개발을 추진하

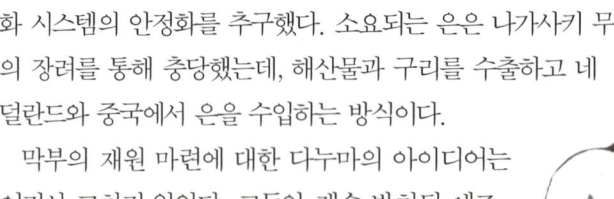

다누마 오키쓰구

여 농업 발전을 구상하는 한편, 러시아와의 무역을 계획했다. 또 에도와 오사카 상인의 자금을 끌어들여 에도 인근 늪지대의 간척 사업을 벌였으나, 완성 직전에 홍수로 인해 수포로 돌아갔다. 실각하기 직전에는 농민, 조닌, 사원 등으로부터 출자를 받아 일종의 은행(貸金會所)을 운영하는 계획까지 세웠다.

다누마 정권의 특징은 중상주의를 정책 기조로 삼았던 데 있다. 농업 본위에서 상업으로 눈을 돌린 정책은 현실의 변화를 반영하려는 유연하고 파격적인 정치가로서 다누마의 기량이 엿보이는 지점이다. 그는 기존의 틀도 서슴없이 바꿨다. 구리와 고려 인삼의 전매를 실시하여 막부가 직접 장사에 나섰으며, 러시아 교역을 계획했던 것처럼 막부의 국시인 쇄국마저도 손을 대려고 했다. 또한 출신을 따지지 않는 실용적인 인사는 참신한 방안 창출과 정책 실행 추진의 숨은 원동력이 되었다.

덴메이 대기근 1782~1788년에 일어난 대기근은 아사마 산의 분화와 겹쳐 엄청난 사상자를 냈다.

하지만 이런 급격한 개혁은 신분제와 주자학, 그리고 농본주의를 신봉하던 보수파의 반발을 살 수밖에 없다. 인사 관련자나 상인으로부터 뇌물을 받았다는 소문이 여기저기서 떠돌았다. 경제통 다누마에게 가해진 1차 타격은 천재지변이었다. 1783년 아사마浅間 산의 분화는 지진과 겹쳐 적게는 10만에서 많게는 20만 명의 인명을 앗아간 덴메이天明(1781~1788)의 대기근을 초래했다. 기근은 잇키와 우치코와시까지 촉발하여 민심이 흉흉해졌다. 이어 1784년 와카도시요리로서 후계자 격인 아들이 암살된 데다, 1786년 쇼군 이에하루의 죽음은 다누마 정권의 숨통을 끊어버렸다. 다누마의 로주직 해임을 시작으로 정책 전반에서 재검토가 실시되었고, 그에게는 '부패 정치가'라는 오명이 뒤집어씌워졌다. 영지도 대폭 삭감되어 다누마가 손자에게 물려준 영지는 겨우 1만 석에 지나지 않았다.

불운한 경제 선각자 다누마의 시대가 막을 내린 뒤, 요시무네의 손자이자 시라카와白河(후쿠시마 현 소재) 번주인 마쓰다이라 사다노부松平定信(1759~1829)가 막부의 새 조타수로서 수석 로주에 앉았다. 사다노부는 다누마와 대조적으로 명문 출신이면서 시라카와 번주 시절에 덴메이 기근을 원만히 수습하여 호평을 받은 터였다. 새로운 쇼군 도쿠가와 이에나리德川家齊(1787~1837) 치하에서 '간세이寬政(1789~1800) 개혁'의 봉화가 올랐다(사다노부 자신은 1793년 은퇴).

사다노부 정권의 모토는 할아버지 요시무네 시대로의 복귀였다. 그 배경에는 다누마 정권이 교호의 정치(☞ 052 참조)를 충실히 따르지 않았기 때문에 부패가 만연하고 우치코와시가

격화되었다는 인식이 자리한다. 뇌물 배격의 구호는 정치 형태의 변화와도 연동되었다. 즉 능력 위주로 인재를 기용했던 다누마 정권과 달리, 막부에 관여하지 않았던 고산케·고산쿄까지 끌어들이는 문벌 중심의 정치 시스템으로 되돌아간 것이다. 간세이 개혁의 진수는 중상주의 노선의 폐기와 농촌 부흥이다. 사다노부가 보기에 '귀금천곡貴金賤穀'은 본말이 전도된 현상이기 때문이다.

사다노부의 농촌 정책은 농업 인구와 경지 면적의 회복을 통한 '혼뱌쿠쇼 경영'의 재건으로 집약된다. 농민의 부담을 경감시키고 기근에 대비하여 곡식을 저장하도록 했다. 농정의 집행관인 다이칸

마쓰다이라 사다노부

의 부정과 무능에는 단호한 태도로 임했다. 전대의 농민 투쟁이 뇌리에 새겨져 있었을 것이다. 중농 정책으로 회귀한 데는 상업 자본에 대한 정치의 우월성을 확보하려는 의도도 있었다. 가부나카마의 존재야말로 물가 등귀의 원인이라 판단하여 폐지했으며, 각종 전매 사업도 같은 운명에 처해졌다. 수입은 줄더라도 물가가 내려갈 것이라 판단한 것이다. 그러나 기대했던 물가 하락이 이루어지지 않자 19세기에 들어선 뒤 되려 가부나카마의 강화로 복귀했다.

도시의 재건 방책에서는 악몽 같은 우치코와시의 재발을 막고 농촌 정책과 보조를 맞추려는 의도가 엿보인다. 도시의 하층민을 강제 수용하여 예방 구금과 노동 능력 배양을 달성하며(人足寄場), 일부는 개간 사업에 투입했다. 세 차례나 발령된 귀농 장려는 도시 하층민의 감소와 농촌 인구의 증대를 한꺼번에 겨냥한 조치였으나 실효성은 크지 않았다. 그리고 마치町 운용비의 70%를 적립하게 해서 기근과 재해 시에 식량을 방출하고 빈민 구제에 충당하도록 했다. 같은 도시 거주자인 하타모토나 고케닌의 궁핍에 대해서는 적극적이고 과격한 대책으로 임했다. 기연령棄捐令(기연은 재물을 내놓는다는 뜻)의 등장이다. 무사들이 봉록으로 받은 쌀은 후다사시札差(금융상인)를 통해 현금화되는데, 생활고 때문에 후다사시에게 채무를 졌을 경우 그것의 탕감과 이자 경감을 강제한 것이 기연령이다. 그러나 중세의 덕정령이 그랬듯(☞ 027 참조) 기연령도 무사들에게 실질적인 도움을 주지 못했다. 후다사시의 폐업으로 무사들이 곤란을 겪자 막부는 후다사시에게 구제 금융을 내주는 형국이었다.

일찍부터 간세이 개혁은 다누마 시대에 비견되곤 하여 "시라카와의 깨끗함에 고기도 살 수 없어, 옛날의 혼탁한 다누마가 그립구나"와 같은 풍자시까지 유행했다.

조금 더 균형 잡힌 관점으로 비교하자면, 다누마가 자유주의 경제론자라면 사다노부는 복지주의 우선론자로 정의할 수 있을 것 같다.

요동치는 대외 관계

18세기 후반에 이르면 대외 관계 전반에서도 변화의 조짐이 나타난다. 먼저 조선의 경우 도쿠가와 이에나리의 11대 쇼군 취임에 즈음한 통신사 초빙이 막부의 취약한 재정으로 인해 연기되었다. 전대 도쿠가와 이에하루 쇼군 시절 막부와 번들이 지출한 경비는 총 87만 냥이었다. 금액도 금액이지만, 일본의 지리나 성쇠를 외국이 알게 하는 것은 국가적 손실이라는 반발도 만만찮았다. 논의 끝에 막부를 이끌던 마쓰다이라 사다노부는 에도 성이 아닌 쓰시마에서 통신사를 영접하는 것으로 결론지었다. 그나마도 통신사의 내왕이 실현된 것은 1811년, 즉 이에나리의 쇼군 취임 이후 25년째 되는 해였고, 23만 냥을 들여 마지막 통신사를 맞이했다. 이후 양국 모두 격동기에 들어가면서 관계가 소원해졌다. 그러다가 1875년 강화도에 개국을 강요하는 일본 군함이 모습을 드러냈다.

쇄국을 뒤흔드는 바람은 북방에서 몰아쳤다. 캄차카 반도를 거쳐 남하한 러시아는 18세기 후반 일본에 교역과 개항을 압박해왔다. 1792년 라스크만이 통상을 요구하며 홋카이도의 네무로根室에 내항한 것도 그 일환이었다. 라스크만은 별 잡음 없이 물러갔지만 해안 방비(당시 표현으로는 海防)라는 난제를 막부에 떠안겼다. 쇄국과 해안 방비는 어떤 정치적 함의를 갖고 있을까?

1791년 하야시 시헤이林子平(1738~1793)는 『해국병담海國兵談』을 자비로 출판하여 러시아와 이국선의 위협에 대한 막부의 방책이 안이하다고 비판하면서 해안 방비의 필요성을 역설했다. "에도의 니혼바시日本橋에서 중국과 네덜란드까지는 국경 없는 수로"이므로 "에도 만灣을 해국무비海國武備의 초석으로 만들"자는 것이었다. 그의 말은 지당한 주장이었음에도 이듬해 막부의 실력자 사다노부는 저서의 판매 금지와 칩거를 명령했다. "외국이 일본을 습격한다는 기괴한 설을 퍼뜨리고 실제의 지리와 상이한 지도를 실은 책을 간행한 것은 매우 괘씸"하다는 것이 죄목이었다. 실의에 빠진 걸출한 경세가는 2년 뒤 세상을 떴다.

다누마 오키쓰구와 달리 마쓰다이라 사다노부는 에조치를 개발하지 않고 완충 지대로 두는 것이 러시아의 남하 저지에 도움이 된다고 판단했다. 동시에 라스크만 사건 이후 에도 만의 방비 강화에 나서기도 했다(사다노부의 실각으로 중지됨). 그런데 사다노부는 또 다른 관점을 갖고 있었다. 즉 당대의 권력자로서 해외 정보를 관리해야 한다는 인식이다. 외국의 서책은 "천문·지리·병기 혹은 내·외과의 치료 지식 등 도움이 되는 것이 적지 않"지만 "불순한 자의 손에 넘어가서는 안 되"기에, "내 수중에 있으면 세간에 악용되지 않고 필요

러시아 선박의 내항 일본 측 기록에 보이는 그림으로, 레자노프가 타고 온 선박과 러시아 병사의 모습이다.

할 때는 즉시 이용할 수 있다"는 생각이었다.

여기서 쇄국이 막번 체제의 수호천사인 이유가 밝혀진다. 정치적 민감성을 띠는 해외 정보를 막부가 직접 관리함으로써 피지배자의 접근을 통제하려는 것이다. 해외에 관한 정보가 당시 분출하는 잇키와 우치코와시 같은 민중의 반체제적 에너지와 결합하는 사태는 최악의 파국이다. 내우외환의 단초라고나 할까. 따라서 "쇄국이란 일본을 세계로부터 봉쇄하는 것이 아니라, 세계를 향해 열린 나가사키의 창을 막부만이 독점하는 것을 의미한다"는 한 연구자의 지적은 정곡을 꿰뚫는다. 마쓰다이라 사다노부는 하야시 시헤이의 주장이 옳고 그름과 상관없이 민심을 어지럽힐지도 모르기에 탄압했던 것이다.

일본 내에서 쇄국을 관철하는 일은 어렵지 않았지만, 이국선의 내왕까지 막을 수는 없었다. 에조치 문제는 사다노부의 실각 이후 막부가 손수 경영에 나섬으로써 매듭을 지었다. 하지만 러시아의 통상 요구는 라스크만이 물러간 뒤 1804년 레자노프의 나가사키 방문 이후에도 끊이지 않았고, 막부는 러시아 선박의 격퇴령打拂令으로 대처하고자 했다. 그러던 중 1808년 영국 군함 페이튼 호가 나가사키에 입항하여 소동을 벌였다. 허를 찔린 막부는 각지의 다이묘에게 해안 방비의 역을 부과하는 등 부산을 떨었다. 1811년에는 러시아 측량선 함장 고로브닌 일행이 쿠릴 열도의 남단인 구나시리 섬에 무단 상륙을 감행하다가 체포되었다. 러시아는 송환 카드로 쓰기 위해 일본 상인을 인질로 잡았다. 고조되던 양국의 갈등은 인질 석방과 연계지어 국경 획정 문제를 협상 테이블에 올림으로써 수습 국면을 맞는다. 최종적인 조인은 불발되었지만, 대러 경계경보 사이렌은 일단 고비를 넘겼다.

19세기 초반에 벌어진 일련의 대러 접촉은 대응법이라는 측면에서 40년 후의 페리 내항(1853)과 유사하다. 대외 관계의 긴박성이 낮아지면 쇄국의 실행이 강조되다가, 긴장이 팽배하면 전쟁 회피와 해안 방비가 부르짖어진다. 긴장이 최고조에 도달하면, 표면상으로는 강경한 쇄국을 선언하면서도 뒤에서는 전쟁을 피하기 위해 한정적인 통상의 허용, 즉 쇄국의 부분적 완화가 검토되는 식으로 분열상을 보인다. 일본으로서는 사태 수습의 주도권을 잡기보다는 상황 변화에 맞춰 수동적으로 대응하겠다는 발상으로 일관했던 것이다.

고로브닌 사건 이후 일본과 구미歐美의 공식적인 접촉은 잠시 뜸해졌다. 막부는 다이묘의 어깨를 짓누르는 해안 방비의 역을 경감해주고, 영국을 비롯한 각국 포경선의 출몰이 대폭 늘어나자 식량과 물, 장작 등을 제공했다. 그러나 점차 이들이 일본 어선과 물자를 교환하고 기독교 관련 서적을 나눠주는 사례가 확인되자, 막부는 심기가 불편해졌다. 1824년 영국 포경선이 미토 번 해안에서 상륙을 감행하는 등 잇달아 소동이 일자, 막부는 마침내 강경책으로 돌아섰다. 이듬해 전면적인 이국선 격퇴령(혹은 無二念打拂令)을 발포한 것이다. 나가사키 이외 지역에서는 유일한 무역 상대국인 네덜란드 선박마저 포격 대상이 되었다.

당연한 말이지만 이국선 격퇴 방침은 막부의 호전성과 무관하다. 이국선의 격파보다는 위협을 가하여 일본에 접근하지 않도록 하는 것이 주된 목적이었기 때문이다. 아울러 이국선 감시와 격퇴에 소요되는 바닷가 주변의 번들에게 부담을 덜어주는 효과도 기대했다.

1825년 이래 평온하던 대외 관계는 '모리슨 호 사건'으로 돌변했다. 1837년 에도 만에 나타난 미국 상선 모리슨 호는 대포 세례에 놀라 물러갔다. 그런데 이듬해 네덜란드 상관이 모리슨 호는 영국 군함이 아니라 비무장 상선이며 표류 일본인 7명의 송환과 통상 교섭을 위해 내항했다는 보고를 올렸다. 이국선 격퇴만 고집하던 막부의 대외 정책이 도마 위에 올랐다. 막부가 이런 기류에 얼마나 예민했는가는 1839년 모리슨 호의 처리 방식을 비판한 난학자蘭學者(네덜란드를 통해 들어온 유럽의 문물을 연구하는 학자) 그룹을 혹독하게 처벌한 데서도 확인된다(蠻社의 獄). 난학이 유용한 지식을 안겨주는 반면 외국에 대한 동경을 조장하고 국정을 비방하는 범법자를 낳는다는 사실에 촉각을 곤두세웠던 것이다.

뒤이은 아편전쟁(1840~1842)의 급보로 막부 수뇌부는 혼선을 거듭했다. 격퇴령의 존치 여부와 해안 방비의 구체적인 방안이 현안이었다. 전자는 1842년 격퇴령의 철폐와 긴급 물자 제공의 재개로 가닥이 잡혔지만, 후자는 취약한 재정과 국내 정치가 걸림돌이었다. 서양식 포술을 도입하여 주요 번에 전수하는 것은 막부의 군사적 우위를 무너뜨릴 수도 있으며, 그렇게 하려고 해도 각 번의 재정 또한 여의치 못했다. 해안 방비, 즉 국방을 놓고 막부와 번이 공조 체제를 구축하는 일은 체제의 근간과 맞닿는 중대사였기에 해법은 쉽지 않았다.

1844년 네덜란드 국왕이 개국과 통상을 권해왔다. 일본은 '조법祖法'으로 조선과 류큐에게 통신을, 네덜란드와 중국에는 통상을 각각 허용하고 있을 뿐이라고 답변했다. 개국까지 딱 10년 남은 시점이었다.

난학자들의 모임 1795년 난학을 공부하는 사람들이 모여 신년을 축하하는 모습이다.

존왕양이 사상의 대두

근세가 반환점을 돌던 무렵 정치 부문에 개혁의 바람이 일었듯이 사상의 영역에서도 새 흐름이 조성되고 있었다. 일본적인 것 혹은 고대에 대한 강한 관심과 동경, 그리고 존왕양이尊王攘夷의 맹아를 품은 국학國學과 미토水戸학이 대표적이다. 이러한 학문적 사상적 활동은 곧 불어닥친 내우외환의 위기와 맞물리면서 현실의 세파에 휩쓸려 갔고, 막번 체제의 현실과 미래에 대한 나름의 인식과 전망을 다듬어갔다.

먼저 국학에 대해 살펴보자. 이름에서 분명히 알 수 있듯이 국학은 유교나 불교와 무관한 일본 고유의 문화와 사상, 정신세계를 궁구하려는 학문이다. 특히 일본의 고전과 고대사를 소재로 삼았다. 국학의 갈래는 다양하고 여러 장르에 걸쳐 있지만, 여기서는 모토리 노리나가本居宣長(1730~1801)와 히라타 아쓰타네平田篤胤(1776~1843)를 중심으로 알아보자.

상인 집안에서 태어난 모토리 노리나가는 낮에는 의술을 펼치다가 밤이 되면 국학 연구와 후진 양성에 몰두했다. 그에게 국학은 '도道의 학문'으로 정의된다. 도는 '신神의 도'이며, 그 정수는 8세기 초에 완성된 『고사기』와 『일본서기』에 담겨 있다. 그러므로 도는 일본의 유구한 습속으로서 종교적 권위에 의해 뒷받침되며 천황이 통치하는 국가의 정치적 질서와 맞닿는다. 이로써 그는 황국皇國 일본이 "세계 만국의 근원이며 만국보다 훌륭하다"는 결론을 이끌어낸다. 또한 도를 아는 것은 일본 고유의 정서 '모노노아와레もののあはれ(사물의 본질에 공감하는 능력)'의 이해와 연동되므로 와카和歌를 읽고 『겐지모노가타리』와 같은 고전을 가까이하라고 주문했다.

히라타 아쓰타네는 스스로 노리나가 학통의 정통 후계자임을 자부하지만 차이점도 적지 않다. 무엇보다 자신의 관심을 사후 영혼의 해방과 구제에 집중시킴으로써 노리나가의 실증주의와는 대조적으로 복잡하고 난해한 '유명幽冥 사상'을 전개했다. 그의 사상을 '히라타 신토'라 부르는 연유가 여기에 있다. 실제로 아쓰타네는 불교·유교와 습합된 신토를 비판하고 독자적인 신토 체계를 수립했다. 현실에 던지는 메시지로서 천하의 대군인 천황을 존경하고 충성을 다하는 것이 도의 근본이라고 강조하면서도, 아마테라스오미카미 → 천황 → 쇼군 → 다이묘의 순으로 통치 형태의 현상을 정당화했으며, 피지배자에게는 현실 정치에 복종하라고 요구했다.

미토학은 에도 막부를 떠받치는 고산케의 하나인 미토 번에서 발화했다. 본래 다양한 분야를 망라하는 학문 체계였으나, 전기와 후기로 나눠 이해하는 것이 효율적이다. 전기 미

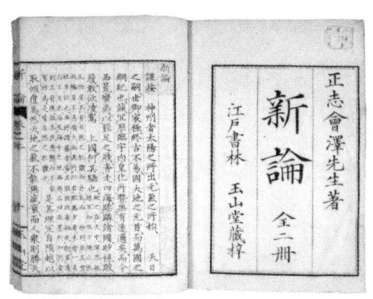

아이자와 세이시사이와 『신론』 아이자와가 저술한 『신론』은 존왕양이 사상의 출발이라고 평가된다.

토학은 17세기 중반 『대일본사』의 편찬 사업과 더불어 주자학을 바탕으로 황실 존중과 봉건적 질서의 확립을 주창했다. 사실상 천황·막부의 이원론이다. 이에 비해 후기 미토학은 18세기 말부터 본격화하는 내우외환의 국가적 위기에 대한 나름의 진단과 해법을 마련하고자 했다. 그런 문제의식과 실천은 에도 시대 말기까지 이어졌고, 그럼으로써 미토학은 메이지 유신의 사상적 원동력이 되었다는 평가를 획득한다.

어려서부터 문재를 날린 후지타 유코쿠藤田幽谷(1774~1826)는 후기 미토학의 시조라 불러 마땅하다. 1791년에 저술한 『정명론正名論』의 '정명'은 명분을 바로 세운다는 뜻이다. 17세 청년 유코쿠는 역성혁명이 없는 일본의 황실은 중국보다 우월하며, 군신 상하의 명분을 엄격히 유지하여 사회질서를 안정시켜야 한다고 주장했다. 그는 두 명의 걸출한 후학을 배출했는데, 아이자와 세이시사이会沢正志斎(1782~1863)와 아들 후지타 도코藤田東湖(1806~1855)이다.

아이자와 세이시사이는 열 살의 나이에 여덟 살 위인 유코쿠 문하에 들어갔고, 스승의 뒤를 이어 번의 수사 편찬을 이끌었다. 그런 아이자와가 전국적으로 이름을 날리게 된 것은 1825년에 펴낸 『신론新論』이 일으킨 파문 때문이었다.

1824년 미토 번의 해안에 영국 포경선 선원 12명이 무단 상륙한 일을 계기로 막부는 이국선 격퇴령을 발포했다. 아이자와 역시 영국 선원을 심문하면서 위기를 절감했던 터이기에, 이국선 격퇴령은 국가의 통일성을 다지는 호기로 판단했다. 그래서 『신론』은 단순 명쾌한 제목만큼이나 내용도 명료하여 신국神国 일본에 대한 외국의 침략 행위를 반드시 저지해야 한다고 부르짖는다. 존왕과 양이를 결합한 존왕양이 사상의 출발이며, 일본의 건국 원리와 그에 바탕을 둔 국가 체제라는 의미에서 '국체國體' 개념이 처음으로 등장했다.

아이자와가 『신론』에서 정치론을 폈다면, 후지타 도코는 일본 사회에서 살아가는 사람들의 '도', 즉 도덕론을 파고들었다. 군신 상하가 각자의 사회적 책임을 다하면서 충애로 뭉친 국가 체제를 '국체'라고 봤으며, 이를 바탕으로 자신의 직분을 완수함으로써 국가의 통일성을 높이고 내우외환의 위기를 타개해 나가자고 역설했다. 아버지가 이론가였다면, 아들은 행동가로서 널리 교유하며 존왕양이 사상을 펼쳤다.

이렇듯 19세기를 전후로 첨예화된 안팎의 위기는 사상의 측면에서 천황을 애타게 불렀다. 그러나 현실 정치 속의 천황은 여전히 도쿠가와 이에야스 시절에 제정된 '금중 및 공가 제법도'(☞041 참조)의 울타리 안에 갇힌 신세였다.

1758년 교토의 조정에서 소장파 귀족 일부가 야마자키 안사이로부터 유래한 대의명분론(☞044 참조)에 근거해 막부의 조정 지배를 비판하는 논지를 펼치다가 처벌 받았다(호레키宝暦 사건). 이어 1767년에는 유학자로서 존왕 사상을 펼친 야마가타 다이니山県大弐(1725~1767) 일파가 에도에서 잡혀 극형에 처해졌다(메이와明和 사건). 그는 저서에서, 행차를 금지당하고 궁궐 내에 머물러야 하는 천황이 "수인囚人이나 다름없"다고 표현했다. 적확한 지적이긴 하다.

하지만 천황이 결코 무기력한 존재가 아니라는 것은 이어지는 '존호尊號 사건'에서 짐작할 수 있다. 양자의 형식으로 즉위한 고카쿠光格(1780~1817, 메이지 천황의 증조부) 천황은 1788년 자신의 친아버지에게 태상천황의 존호를 수여하려 했다가 막부의 로주 마쓰다이라 사다노부의 반대에 부딪쳤다. 하지만 1791년 천황은 공가의 결집과 지지에 힘입어 존호 수여를 강행했다. 사다노부는 막부가 천황으로부터 국정을 위임받아 통치한다는 이른바 '대정위임론'에 입각하여 존호 수여를 주도한 공가의 처벌을 관철했다. 거기에는 점증하는 존왕론의 싹을 자르려는 의도도 있었다. 결국 천황이 마지못해 존호 수여를 물림으로써 사태는 봉합되었지만, 조정과 막부의 협조 체제에는 미세하나마 균열이 생기고 있었다.

아이자와와 도코가 정립한 미토학도 이와 같은 정치 상황을 반영할 수밖에 없었다. 『신론』은 그 과격성으로 인해 발매 금지에 처해졌지만, 어디까지나 위정자의 입장에서 막번 체제라는 봉건적 질서를 강화하려는 개혁론의 범주에 속했다. 일본의 독립과 안전은 천황의 전통적 권위를 바탕으로 삼으면서도 막부가 주축이 되는 국가 체제를 강화함으로써 확보할 수 있다고 보았다. 개국이 성사된 뒤 아이자와는 과격한 존왕양이파와 충돌했고, 개국론을 저술하는 현실주의자로 생을 마감했다.

하지만 말기로 내닫는 근세의 대안을 꿈꾸는 사람들에게 『신론』은 '성전'으로 여겨졌다. 국가 목표 달성의 유일무이한 주체여야 할 막부의 능력에 의구심이 들기 시작할 때 국학·미토학에서 연원하는 존왕양이 사상은 반反막부적인 색채를 띠기 마련이다. 그 작업을 누구보다도 앞서 정연화한 사람이 바로 메이지 유신의 이데올로그 요시다 쇼인吉田松陰이다. 개국으로 기운 막부를 공격하는 최대의 명분은, 만세일계의 존재 덕분에 천하에서 가장 존귀한 일본이라는 자기 인식과 논리였다.

오시오 헤이하치로의 난

다누마 오키쓰구를 권좌에서 내몬 덴메이의 대기근(1782~1788) 이후 50년 남짓 농업 생산 자체는 비교적 순탄했다. 그러나 1833년 동북 지방을 중심으로 한 기상이변은 쌀 수확량을 절반 이하로 떨어뜨렸다. 이 흉작으로 많은 지역에서 쌀 부족이 심각해졌고, 1836년의 기근은 더욱 격심하여 전국적인 피해로 번졌다. 막부 영지의 연공만 봐도 약 30%가 감소했다. 1833년부터 1837년까지 이어진 근세 3대 기근의 마지막인 '덴포天保(1830~1843)의 기근'이 도래한 것이다.

사실 흉작에 따른 피해는 간세이 개혁(1787~1793) 이래 준비된 시책의 가동으로 어느 정도 경감시킬 수 있었다. 그런데 변화된 사회경제적 상황은 일본 열도를 대기근의 벼랑 끝으로 몰아갔다. 먼저 상품경제의 침투가 자급자족 시스템을 붕괴시킨 결과 쌀 등의 주식까지 구매하는 농민이 늘어났고, 이 때문에 기근에 대한 하층 농민의 저항력도 크게 약해졌다. 또한 기근 대책의 일환으로 강화된 미곡 유통에 대한 통제는 오히려 쌀 구매의 편중과 분배의 불평등을 가속화했다.

기근의 조짐이 나타난 1833년부터 막부는 쌀값 앙등을 막기 위해 에도로 쌀이 유입되도록 장려했고, 각 번도 쌀의 확보에 온 힘을 쏟았다. 유통 제한 때문에 쌀값이 높아지자 이번에는 쌀의 유통을 촉진하는 명령을 내렸다. 하지만 1836년에 다시금 발생한 흉작은 쌀은 물론 잡곡까지 에도에 집중시켜야 할 만큼 극심했다. 쌀값의 안정화를 최우선 과제로 설정한 막부의 노력은 효과를 발휘하여 에도 시내는 비교적 평온함을 유지했다.

그러나 지방의 실정은 에도와 사뭇 달랐다. 잇키의 발생을 보면 1833년 183건을 정점으로 약간 줄다가 1836년 205건으로 가장 많은 건수를 기록했다. 지역도 북쪽의 에조치(홋카이도)부터 남쪽의 사쓰마(가고시마 현)까지 폭넓게 걸쳐 있다. 그중 1836년의 군나이郡內(야마나시 현) 소동과 가모加茂(아이치 현) 잇키는 기존의 양상과는 판이하게 전개되었다. 거기에는 막번 체제의 공적 구성원인 '백성'의 존립을 가능하게 하는 공의公儀와 '인정仁政'에 대한 기대감이 존재하지 않는다. 세상을 뒤엎자는 구호가 출현한 것이다.

막부 직할령인 군나이 지방은 산간 지대였다. 농가 부업으로 견직물 생산이 이루어졌으며, 쌀의 자급은 구조적으로 불가능했다. 그에 비해 이웃한 구니나카國中 지방은 미곡 지대이다. 두 차례의 흉작으로 군나이 지방은 쌀값 폭등과 비단 가격의 하락, 미곡 유통의 통제까지 겹쳐 대량의 아사자를 낳았다. 탄원을 반복해도 개선되지 않자 군나이의 농민들이

실력 행동에 나섰다. 구니나카 지방의 쌀 상인과 호농을 습격한 것이다. 쌀을 놓고 벌어진 지역적 대립에 촉발되어 이번에는 구니나카 지방의 빈농들이 궐기했다. 이들은 쌀을 내놓으라는 요구로 그치지 않고 지주나 전당포에게 '각 장부와 문서의 소각'까지 강제했다. 세상을 바꾼다는 뜻의 요나오시世直し 잇키로서의 특징이 나타난 것이다.

군나이 소동이 진정된 지 1개월 뒤, 가모 군에서 대규모 잇키가 발발했다. 가모 군은 막부를 비롯하여 여러 번과 하타모토까지 영주로 군림하는 등 지배자가 복잡한 지역인 탓에 광범위한 잇키가 발생하기 어려웠다. 그렇지만 수탈이 강화되는 반면 구휼 기능의 결여는 복잡한 지배의 장벽을 뛰어넘는 대동단결을 일궈냈다. 나아가 초기 단계에서 잇키를 이끌었던 지도자가 다소 타협적인 태도를 보이자, 도중에 참가한 빈농들이 강경 기조를 이어갔다. 이들은 타협적인 지도자를 내쫓은 뒤 격렬한 우치코와시를 벌이고 차용증을 불태웠다. 쌀집을 습격하는 잇키 참가자의 입에서 "오늘 바로 지금 요나오시 신들이 와서 엄벌을 줄 것이다. 포기해라"라는 표현이 나왔다. 바야흐로 '요나오시의 신'을 빌려 자신들의 행동을 정당화하는 막부 말기의 잇키가 역사의 전면에 모습을 드러냈다.

덴포의 기근은 1837년 봉기를 절정으로 치닫게 했다. 시마바라의 난(1637) 이후 200년 만에 오사카에서 하타모토가 막부를 향해 칼을 휘두른 것이다. '오시오 헤이하치로大鹽平八郎(1793~1837)의 난'이다.

대기근의 위세는 오사카라고 해서 비껴가지 않았다. 굶어 죽는 사람이 줄을 이었고, 소규모의 우치코와시가 일어나기도 했다. 아랫사람들의 참상에는 아랑곳없이 에도의 어용상인들이 쌀 확보에 분주하자, 오사카의 유력 상인들도 쌀의 매점으로 폭리를 취했다. 게다가 궁민 구제책을 내놓아야 할 마치부교町奉行(행정과 사법을 총괄)는 에도에 쌀을 보내는 데만 급급했다.

부교쇼奉行所의 관리직에서 물러난 오시오 헤이하치로는 오사카에서 양명학 강의를 하며

오시오의 난과 기림비 왼쪽 그림은 1837년 일어난 오시오의 난을 그린 것이며, 오른쪽은 오시오의 난에 참가했다가 죽은 이들을 기린 비로 오사카 조쇼成正 사에 있다. 그림과 기림비에 모두 이들이 내건 구호인 '구민救民'이라는 글자가 보인다.

소일하던 차였다. 덴포의 기근이 닥치자 그는 마치부교에게 대책 실행을 건의했지만 받아들여지지 않았다. 스스로 장서를 팔아 구제 활동에 나서기도 했으나, 이윽고 백성을 덮친 불행이 천재인 동시에 인재임을 간파하게 된다. 군나이의 소동 소식을 접하고는 대포와 화약을 조달하고 가족과도 절연했다.

1837년 3월 25일 오시오는 마치부교를 칠 계획을 짰다. 그러나 거병 직전에 밀고자가 나오는 바람에 예정보다 일찍 아침 8시 무렵 '구민救民'이라 쓴 깃발을 선두로 20여 명의 문도와 함께 궐기했다. 정오가 되자 농민들이 가세한 300명의 봉기군은 오사카 시내에서 우치코와시와 방화를 거듭하며 부교쇼로 향했다. 급보를 접한 부교쇼가 대비하고 있었던 터라 전투는 싱겁게 끝났고, 애꿎은 불길만 계속 타올라 이틀 내내 가옥 3,300채를 잿더미로 만들었다. 군중 속에 섞여 도주했던 오시오 부자는 시내 조닌의 집에 40일을 숨어 지내며 반격의 기회를 엿보았으나, 밀고를 받은 막부의 오랏줄이 조여오자 스스로 목숨을 끊었다.

오시오 헤이하치로

오시오의 난 자체는 반나절의 해프닝으로 끝났지만 후유증은 엄청났다. 우선 '천하의 부엌'인 대도시 오사카에서 발생했기에 사건의 전말은 즉각 전국으로 퍼져 나갔다. 또한 은퇴한 하급 관리라 해도 엄연한 무사가 막부에 반기를 들었다는 사실은 잇키나 우치코와시와 질적으로 다른 충격을 사회 각층에 안겼다. 마지막으로 봉기에 앞서 오시오가 배포한 '격문'이 지배자의 학문인 유학의 논리를 바탕으로 봉기의 정당성을 주장했다는 점이다.

오시오는 격문에서 『논어』와 『대학』의 가르침을 인용하여 기근의 재해가 실은 위정자의 책임이라는 점을 강조했다. 인정仁政을 행하지 않고 백성을 괴롭히는 관리, 그리고 이들과 결탁한 돈 많은 조닌들이 비난의 대상이었다. 쉬운 문장을 사용하여 주변 마을의 모든 농민을 향해 "천명을 받들어 천주天誅(천벌을 내림)를 해야 한다"고 호소했다. 요나오시 잇키로 옮아가던 민중의 참여를 계산에 넣은 사실상의 혁명 선언문이었다.

오시오가 남긴 격문은 막부의 엄금에도 불구하고 비밀리에 인쇄되어 농민뿐만 아니라 지식인에게도 널리 유포되었다. 그해 7월, 한 국학자가 몇 명의 동조자와 함께 '오시오 문도'를 자처하며 관아를 습격하는 소동이 벌어졌고(生田万의 난), 8월에는 오시오의 이름을 깃발에 새긴 2,000명의 성난 백성이 우치코와시를 감행하여 호농과 호상을 공격했다.

막번 체제하에서 잇키나 우치코와시와 같은 피지배자의 실력 행동은 유학에 근거한 정치 비판의 언설과 분명 결이 달랐다. 그러나 오시오의 난은 마침내 양자의 결합을 잉태해 냈다. 그로부터 30년 뒤 철옹성 같던 막부가 무너졌다.

덴포 개혁과 웅번

기근으로 민심이 흉흉해지고 잇키가 속출하던 1837년에는 굵직굵직한 사건들도 연이어 일어났다. 오시오의 난이 터지고 얼마 뒤 미국 상선 모리슨 호가 에도 만에서 포탄 세례를 받고 되돌아갔으며, 50년이나 권세를 떨치던 도쿠가와 이에나리가 은퇴하고 차남 도쿠가와 이에요시德川家慶(1837~1853)가 쇼군을 이었다.

쇼군 교체에 발맞춰 미토 번주 도쿠가와 나리아키德川齋昭(1800~1860)는 13개조의 의견서를 작성해서 1839년 정식으로 올렸다. 시국에 대한 그의 인식은 한마디로 내우외환이었다. 잇키와 같이 "아랫사람들이 윗사람을 원망하며 두려워하지 않는 데서 일어나는" 막번 체제의 동요를 '내우内憂'라 했고, 이의 대책으로 검약, 금은화 품위의 회복, 뇌물 근절, 네덜란드 무역 폐지, 무비 강화 등을 건의했다. '외환外患'은 "해외의 오랑캐가 일본을 노리는" 상황으로서, 기독교 엄금, 난학 금지, 양이 배척 강화, 에조치 개척 등을 진언했다. 그가 내놓은 복고적이고 보수적인 대응책은 미토 번이 고산케이자 존왕양이 사상의 본산이라는 점과 결부되지만, "내우가 일어나 외환을 초래하고, 외환이 닥쳐 내우를 끌어낸"다는 구절은 통찰력이 번득이는 예리한 분석이 아닐 수 없다.

이런 안팎의 위기 국면에서 막번 체제 유지의 중책을 맡은 사람이 로주 미즈노 다다쿠니水野忠邦(1794~1851, 오시오의 난을 촉발한 오사카 마치부교의 형)였다. 취임 초기에는 이에나리의 측근들에게 눌려 운신의 폭이 좁았으나, 1841년 이에나리의 사망 이후 새 쇼군 이에요시와 함께 본격적인 개혁 작업에 착수했다. '덴포의 개혁'(주로 1841~1843)이 시작된 것이다.

다다쿠니는 교호·간세이의 개혁을 모델로 삼았으며, 검약과 기강 단속이 정책 전반을 관통하는 키워드였다. 무사는 물론 조닌의 사치까지 엄금하고자 요리·과자·의복 등의 일상용품에도 제약을 가했고, 거리에서는 정탐꾼인 온미쓰隱密가 감시의 눈을 희번덕거렸다. 출판 검열을 강화하여 서민이 애독하던 오락 서적 간행을 금지하는 한편, 가부키 극장은 풍속 문란을 구실 삼아 변두리로 내쫓았다(메이지 유신 후인 1872년이 되어서야 시내로 복귀).

화급을 다투는 농정과 관련해서는 연공

미즈노 다다쿠니

징수의 적정화나 개간 장려 등이 주축인 데서 알 수 있듯이 간세이 개혁의 재탕이었다. 당시 농촌이 직면한 상품작물의 재배라든가 호농의 토지 겸병에 대한 문제의식은 찾아보기 어렵다. 각국의 강력한 호적 조사와 연계하여 도시 빈민을 고향으로 돌려보내 농업에 복귀시키는 히토카에시人返し령도 실시했다. 에도의 부랑인 추방과 인구 유입을 어느 정도 제한하긴 했지만, 농촌의 재건에는 그다지 효과가 없었다.

상업 부문에서는 가부나카마(영업 독점권을 가진 동업 조합)를 해산시키고 물가 인하를 명령하는 시대착오적인 조치가 실시되었다. 잇키와 우치코와시를 유발하는 물가 등귀는 가부나카마의 독점 영업이 원인이므로 많은 상인들이 에도로 진입하도록 허락함으로써 물가 하락을 유도하겠다는 심산이었다. 그러나 물가 오름세는 좀 더 구조적인 문제에서 빚어진 현상이었다. 즉 1820년대부터 악화 주조에 수반하여 화폐유통량이 증가한 데다 중앙 시장에 반입되는 상품이 감소한 것 등이 주된 요인이었다. 결국 물가 하락의 기미가 없자 막부가 직접 가격 통제에 나섰고, 이마저도 실질적인 효과를 거두지 못한 채 혼란만 가중시켰다.

덴포 개혁은 정책 방향도 구체적인 조치도 현실과 유리되어 있었다. 게다가 개혁의 주체인 막부의 정치적 추진력도 예전 같지 않았다. 다음의 두 사건이 이를 말해준다.

1840년 말 막부는 가와고에川越, 쇼나이庄內, 나가오카長岡 세 번에게 영지를 서로 바꾸라는 명령을 내렸다. 이에나리의 아들을 양자로 맞았던 가와고에 번의 읍소가 받아들여진 것이다. 그런데 쇼나이 번주와 영민들은 탄원과 집회를 반복하며 집요하게 반대 운동을 폈고, 이듬해 결국 철회시켰다. 영지 교체는 쇼군의 절대 권한인데도 관철되지 않은 것이다.

막번 관계의 변질은 1843년의 '조치上知령'에서 재확인된다. 에도, 오사카 주위의 다이묘와 하타모토의 영지를 각자의 본거지에 가까운 막부 직할령과 바꾸라는 것이었는데, 이 조치령의 의도는 거점 도시의 방어력 정비와 더불어 막부 지배력까지 다지려는 데 있었다. 그러나 이번에도 다이묘와 하타모토는 물론 백성들의 엄청난 반발에 직면했다. 결국 다다쿠니는 로주직을 내놓았고, 조치령도 곧바로 철회되었다.

다다쿠니의 실각 소식을 접한 수많은 군중은 저택에 몰려가서 돌을 던지고 소동을 일으켰다. 생활고와 물가고에 시달려야 했던 울분이 터져 나온 것이다. 덴포 기근에서 발현한 사회 모순의 표출을 복고주의적 개혁으로 무마하려던 다다쿠니의 시도는 그 자체가 가시밭길이었고, 나아가 개혁의 실패는 막부 권력의 쇠락마저 노출하고 말았다.

한편 막번 체제하에서 각 번은 연공미를 바탕으로 산킨코타이와 에도 체류 비용을 염출하는 구조적 특질을 공유한다. 따라서 지출의 증대가 불가피한 이상, 재정은 만성 적자에서 벗어나지 못했고, 막부와 마찬가지로 각 번 또한 재정 재건이 절체절명의 과제였다. 이에 대한 타개책은 주로 소농 경영의 안정화와 연공 증징 쪽에 쏠렸지만, 식산 정책과 전매제의 적절한 운용, 유능한 인재의 등용 등이 명암을 가르는 변수로 떠올랐다. 사쓰마薩摩와 조슈長州 양 번은 이러한 상황에서 번의 체질을 탈바꿈시키는 개혁에 성공함으로써 이른바

사가(히젠) 번의 쓰이지(築地) **반사로** 그림의 왼쪽 상단에 보이는 것이 반사로이다. 이를 통해 사가 번은 대포를 주조할 수 있었다.

'웅번雄藩'으로서 개국 이후 정국의 최대 복병으로 등장했다.

혼슈 서쪽 끝의 조슈 번은 원래 종이와 밀랍 등의 특산물에 대해 전매제를 실시하고 있었다. 하지만 1831년 대규모 잇키가 일어나자 전면적인 재편 작업에 들어갔고, 밀랍의 경우는 자유 거래를 허용하는 대신 세금을 부과했다. 또한 시모노세키가 각국의 물산이 통과하는 요충지임을 활용하여 번이 직접 금융업과 창고업에 손을 대서 번의 곳간을 윤택하게 했다. 이에 더해 교육기관을 확충하고 능력 있는 하급 무사를 적극적으로 발탁했다.

규슈 남단의 사쓰마 번에서는 막부와 절충을 거듭하여 류큐와 무역을 확대했고, 아마미 오시마奄美大島에서 생산되는 설탕의 전면적인 전매를 통해 유통량을 조절하여 막대한 이익을 남겼다. 프랑스의 군선이 류큐에 내항하여 통상을 요구하는 일이 잦아지자 군사력 강화에도 힘을 기울였다. 무기와 군사 조직에 서양식을 도입하여 효율성을 높이는 한편, 대포 주조에 빼놓을 수 없는 반사로反射爐(천장의 열 반사를 이용하여 가열하는 형식의 노)를 축조하고 조선소, 유리 제조소, 방직 공장 등을 건설하기도 했다. 메이지 유신의 성공은 실질적으로 사쓰마 번의 근대적인 군사력에 힘입은 바 컸다.

막부 타도의 주축 세력은 흔히 삿초도히薩長土肥로 지칭된다. 사쓰마, 조슈 번과 함께 고치高知(시코쿠) 현의 도사土佐 번, 사가佐賀(규슈) 현의 히젠肥前 번을 포함한 네 번을 통칭하는 말이다. 삿초도히는 모두 에도에서 멀리 떨어진 도자마 번(☞ 041 참조)이었지만, 변모하는 사회경제와 대외 관계의 추세에 발맞춰 새로운 시책을 마련함으로써 번의 일대 개혁에 성공했다. 이렇게 축적한 힘을 바탕으로 서남 웅번들은 막부 말기의 정국에서 강력한 발언권을 휘둘렀으며, 그 과정에서 메이지 유신의 지도자들이 하나둘씩 두각을 나타냈다.

4장 | 근대

개국과 막부의 붕괴

메이지 유신과 근대화

자유민권의 향배

헌법과 의회

제국 일본

산업혁명과 사회운동

다이쇼 데모크라시의 서막

다이쇼 데모크라시의 빛과 어둠

다시 침략 전쟁으로

엇나가는 정치와 사회

아시아·태평양전쟁과 패전

연표	
1853	페리, 우라가에 내항
1854	미일화친조약
1858~1859	안세이의 대옥
1867	대정봉환
1868	왕정복고의 대호령, 메이지 연호 사용
1868~1869	무진전쟁
1871	폐번치현
1874	민찬의원 설립 건백서 제출
1877	서남전쟁
1884	지치부 사건
1889	대일본제국헌법 발포
1890	제1회 중의원 총선거, 제국의회 개원
1894	일영통상조약, 청일전쟁(~1895)
1895	삼국간섭
1904~1905	러일전쟁
1910	한국 병합, 대역 사건
1913	다이쇼 정변

미국의 페리가 이끄는 흑선의 위협으로 막번 체제의 한 축을 이루던 쇄국 정책이 붕괴했다. 이어진 혼란기를 수습하는 데 한계를 드러낸 막부는 무너지고 왕정복고의 쿠데타인 메이지明治 유신에 의해 새로운 시대, 근대가 시작되었다. 이제 부국강병의 기치 아래 근대화와 산업화가 신생 일본의 국가 목표가 된 것이다.

메이지 신정부는 국가 운영의 청사진을 놓고 시행착오를 거듭했다. 사쓰마薩摩와 조슈長州 양 번을 주축으로 한 번벌 권력이 성립되어 각종 개혁 조치를 시행해 나갔지만, 권력의 중추에서 밀려난 각 세력은 번벌의 권력 독점을 규탄하며 국회 개설을 요구하는 자유민권운동으로 결집했다. 이런 재야의 움직임에 자극을 받으면서 번벌 정부도 새 영수 이토 히로부미伊藤博文의 진두지휘하에 새로운 헌정 체제를 수립하는 데 진력하게 된다.

1890년의 첫 총선거에서 승리한 민당은 예산심의를 놓고 정부와 격렬한 공방전을 벌였다. 초기 의회에서 민당 대 정부의 공방전은 조약 개정과 함께 대두된 조선 문제로 인해 대외 강경파가 주도하게 되었다. 정부는 영국과 조약 개정을 마무리하는 것과 민당의 대정부 압박에 대해 청과 전쟁하는 것으로 회피하고자 했다.

청일전쟁은 일본의 승리로 끝났지만, 삼국 간섭은 일본에게 제국주의 도약이라는 새로운 국가 목표를 제시했다. 이후의 정치는 비중을 확대한 정당 세력과 번벌 권력이 공통의 이해관계를 모색해가는 과정이었다. 이토와 야마가타 아리토모山縣有朋의 대립, 정당 세력의 이합집산이 반복된 끝에 이토가 입헌정우회를 창당하면서 정당의 위상과 역할은 새로운 단계로 접어든다. 한편 러시아와의 관계는 20세기에 들어와 계속 악화되다가 급기야 러일전쟁으로 비화되었지만, 일본은 간신히 승리를 거두고 제국주의 국가로 변신하는 데 성공했다.

청일·러일전쟁으로 한반도를 강점한 일본 제국주의는 제1차 세계대전을 계기로 중국 침략을 가속화하며 대외 팽창의 열기를 이어 나갔다. 하지만 이런 조류는 국내외적으로 궤도 수정을 요구받는 상황에 이른다. 다이쇼大正 데모크라시와 더불어 워싱턴 체제의 성립에 따른 긴장 완화 무드가 그러하다.

근대사 개관

다이쇼라는 시대는 대표적 번벌 내각인 가쓰라 다로桂太郎 내각이 성난 민중의 기세에 떠밀려 하야하는 다이쇼 정변으로부터 시작되었다. 최초의 세계대전은 일본에 엄청난 호경기를 가져다주었지만, 그 혜택에서 소외된 사람들은 점차 목소리를 크게 내기 시작했다. 이런 사회 분위기를 상징하는 사건이 '쌀 소동'이며, 이후 노동운동, 농민운동, 부락해방운동, 여성운동 등 각종 사회운동이 봇물 터지듯 발흥했다.

아래로부터의 변혁 에너지가 분출하면서 1920년대를 전후로 일본 사회는 역동적인 모습을 나타낸다. 사회적 조류와 민심의 수용에 인색했던 정치권도 마침내 보통선거법의 도입을 결단하기에 이르렀다. 하지만 정치적 자유의 진전은 남성에게만 국한되었으며, 과격한 사회운동의 압살을 위해 제정된 치안유지법은 군국주의 파시즘의 그림자를 잉태하고 있었다.

1920년대 동안 다이쇼 데모크라시로 불리는 민주화가 발전했지만, 대륙 침략의 열기는 수그러들지 않았다. 장쭤린 폭살로 물꼬가 트인 군부의 독주는 결국 1931년의 만주사변으로 이어졌다. 경제 불황에 신음하던 일본 국민들은 만주에서 들려오는 승전보에 열광했다. 이를 저지할 무산정당을 비롯한 사회운동은 치안유지법으로 대표되는 탄압 체제로 차츰 힘을 잃어갔다.

만주사변을 전후로 군부와 민간에서 우익 테러와 파시즘이 맹위를 떨치기 시작했다. 공황에 따른 실업 증대와 농촌의 피폐는 부패한 정부와 재벌을 타도하자는 이들의 언행이 힘을 얻는 결정적 계기로 작용했다. 옥중 공산주의자들의 대거 전향은 이 같은 군국주의의 고양과 표리 관계에 있었으며, 군부가 정치를 주도하는 가운데 침략 전쟁으로 가는 길은 누구도 막을 수 없는 지경에 이르렀다.

만주사변 이후 일본은 15년 동안의 기나긴 침략 전쟁이라는 터널로 내달았고, 그 과정에서 반대자의 목소리를 압살하는 군국주의는 기세를 올렸다. 그들이 내세웠던 대동아공영권의 실상은 '미·영 격멸'과 '아시아 해방'의 미사여구와는 대조적으로, 일본 스스로 지배자로 군림했던 조선과 타이완의 해방을 외면한 데서 숨김없이 드러난다.

- 1914
  독일에 선전포고
  (1차 세계대전 참전)
- 1918
  쌀 소동,
  시베리아 출병(~1922)
- 1921~1922
  워싱턴 회의
- 1922
  일본공산당,
  일본농민조합,
  전국수평사 결성
- 1923
  관동대지진
- 1925
  보통선거법과
  치안유지법 공포
- 1927
  금융공황
- 1928
  제1회 보통선거,
  3·15 사건,
  장쭤린 폭사 사건
- 1930
  쇼와 공황, 금 해금
- 1931
  만주사변
- 1932
  혈맹단 사건,
  5·15 사건
- 1933
  국제연맹 탈퇴
- 1936
  2·26 사건
- 1937
  중일전쟁, 난징대학살
- 1941
  아시아·태평양전쟁 개시
- 1943
  대동아 회의
- 1945
  일본 항복

M. 페리와 개국

나가사키 한구석의 매립지 데지마出島는 근세 시기 내내 세계를 향해 열린 유일한 창이었다. 바로 풍설서風說書 때문이다. 네덜란드 상관장은 이 인공섬에 무역선이 들어올 때마다 해외의 최신 정황을 담은 정보지를 만들었고, 이는 일본어로 번역되어 막부 수뇌부까지 전달되었다. 그리고 아편전쟁이 끝난 1842년부터 바타비아(지금의 자카르타)의 총독부는 매년 '별단別段 풍설서'를 직접 작성하여 일본에 넘겨줬다.

1852년 7월 새로 부임한 상관장은 별단 풍설서를 지참했다. 거기에는 미국이 일본과 무역 관계를 맺기 위해 사절단을 파견할 것이라는 범상치 않은 내용이 기재되어 있었다. 미국에서 파견할 함선 4척의 이름과 종류는 물론이고, 원정대 지휘관이 M. 페리(1794~1858) 제독이라는 등의 자세한 정보가 담겨 있었다. 따로 첨부한 서한에서 네덜란드는 전쟁 회피를 위해 미국의 제안을 수용할 것을 일본에 권고했다.

당시 로주로 있던 아베 마사히로阿部正弘(1819~1857)는 중신들을 모아 협의를 거듭했지만 국시인 쇄국의 변경 없이 뾰족한 묘수가 있을 리 없었다. 해안 방비의 강화는 풍설서를 받기 직전에 발발한 에도 성 화재의 수리비(100만 냥)로 인해 엄두조차 내지를 못했다. 결국 쇄국의 유지를 갈망하면서도 불가피하게 통상을 허용해야 할지 모른다는 것이 중론이었다.

1852년 11월 미국 버지니아 주 노퍽에서 출항하여 대서양을 건넌 페리 함대는 아프리카 최남단의 희망봉, 싱가포르, 상하이를 거쳐 류큐를 중간 기지로 삼았다. 1853년 7월 8일, 4척의 흑선黑船은 에도의 해상 관문인 우라가浦賀(가나가와 현 요코스카橫須賀 시 동부)에 위용을 드러냈다. 선체의 방수를 위해 콜타르 피치로 검게 칠한 흑선은 16세기부터 출몰했지만 전부 범선이었다. 처음 보는 증기선 2척의 무시무시함은 사태의 심각성을 더욱 증폭시켰.

절차에 따라 우라가 부교의 부하는 페리 함대에게 나가사키 회항을 요구했다. 하지만 페리는 필모어 대통령의 국서를 지참했다면서 일본 정부와 직접 접촉하겠다는 의사를 굽히지 않았다. 급보는 이튿날 막부에 전해졌다.

흑선의 출현 직후 공황 상태에 빠졌던 사람들은 차츰 안정을 되찾았고, 이윽고 우라가 주변은 구경꾼으로 장사진을 이뤘다. 이에 비해 쇼군 도쿠가와 이에요시가 병석(7월 27일 사망)에 있던 막부는 당혹감이 쉬 가라앉지 않았다. 도쿠가와 나리아키의 말처럼 "무력으로 물리치면 전쟁이 날 것이고, 미국의 서한을 접수해도 그 조건은 열이면 열, 다 수용할 수 없을 것"이라는 상황이니, 우문에 현답이 나올 리 만무했다. 7월 10일 저녁 미국 함선이 에

흑선과 페리의 내항 왼쪽 그림은 1853년에 그려진 흑선의 모습이며, 오른쪽은 1854년 가나가와에 상륙한 페리 일행을 묘사한 그림이다. 원 안의 인물은 1855~1856년 무렵의 M. 페리.

도 만 깊숙이 침입하여 측량을 한다는 보고가 전해지자, 막부의 결론은 미국 국서를 수리하는 쪽으로 기울었다. 이튿날 막부는 쇼군의 병을 핑계로 답신의 1년 유예를 요청했고, 페리 함대는 류큐의 나하那覇를 거쳐 홍콩으로 돌아갔다.

　1854년 2월 페리는 예정보다 일찍 군함 7척(3월에 2척 가세)으로 내항하여 조약 체결을 강압했다. 영국·러시아와 경합하던 정황을 염두에 둔 조치였다. 에도와 우라가의 중간 지점인 가나가와(실제 요코하마)에서 1개월에 걸친 협상 끝에 막부는 미일화친조약을 맺었다. 시모다下田·하코다테箱館의 개항과 영사 주재, 최혜국대우 등을 허락한 것이다. 이로써 200년간 계속된 쇄국의 깃발은 내려졌고, 이어 영국·러시아·네덜란드와 동일한 조약을 체결했다. 개국의 소용돌이는 막부의 쇄국 정책을 집어삼키는 데서 끝나지 않았다. 다음의 두 가지 사항에 입각하여 새 시대를 지향하는 지각 변동이 시작되었기 때문이다.

　먼저 페리 함대의 내항이 국가적 중대사라고 인식한 아베 마사히로는 대응책 강구를 위해 막부 독재의 원칙을 축소하여 거국 체제로 전환하고자 했다. 구체적으로는 사쓰마 번주 시마즈 나리아키라島津齊彬(1809~1858)를 비롯한 유력 다이묘를 정무에 끌어들이는 한편, 교토의 조정에도 전말을 보고하고 협조를 구했다. 외교와 국방을 전결하던 막부 스스로 자기부정을 선택한 것이다. 철옹성 같던 막부 지배력의 쇠퇴는 사실상 막번 체제의 붕괴로 나아가는 첫 관문이 열린 것이나 다름없었다.

　또한 중요한 것은 '우리나라' 일본을 의식하게 되었다는 사실이다. 개국을 전후로 격동하던 국내외의 정세는 자신의 삶과 시야를 옥죄던 '우리 번'을 뛰어넘는 자극제와 원동력을 제공했다. 개국과 양이를 놓고 일본의 진로를 고민하고 행동으로 옮기는 이른바 '지사志士'가 역사의 전면에 등장했다. 이들은 자유로운 활동을 위해 탈번脫藩(낭인으로 취급되고 원칙적으로 처벌의 대상이었음)을 감행했고, 외국인이나 통역 등의 수행원에 대한 직접 테러도 개의치 않았다. 이렇게 칼로써 양이를 결행하는 움직임은 막부가 무너진 직후까지 이어졌다.

1856년 일본에 초대 미국 총영사로 부임한 T. 해리스(1804~1878)는 화친조약을 통상조약으로 바꾸는 데 진력했다. 줄곧 소극적이던 막부는 1857년 10월 해리스의 에도 방문과 쇼군 도쿠가와 이에사다德川家定(1853~1858) 알현을 허락하고 태도를 바꿨다. 12차례나 교섭한 결과 영사재판권 인정과 관세자주권 포기를 담은 전형적인 불평등조약이 성안되었다. 막부는 조약안을 들고 고메이孝明(1846~1867) 천황에게 칙허를 구했다. 하지만 조정 내에는 여전히 양이의 분위기가 팽배했다. 결국 막부는 새 다이로 이이 나오스케井伊直弼(1815~1860)의 주도하에 칙허 없이 조약을 조인하는 강공책을 선택했다. 1858년 7월의 일이다.

이 무렵 쇼군 후사를 둘러싼 내부 분란도 정국의 경색을 가중했다. 후계자로 거론된 인물은 도쿠가와 이에사다의 사촌 도쿠가와 요시토미德川慶福와 나리아키의 아들 도쿠가와 요시노부德川慶喜였는데, 각각 혈통을 중시하는 보수파와 영명한 인물을 뽑으려는 개혁파가 뒤를 밀었다. 보수파는 이이 나오스케를 다이로에 앉힘으로써 전권을 쥐었고, 요시토미는 쇼군의 양자로 들어갔다. 이와 맞물리듯 나오스케의 표현대로 외압의 위기에 따른 '임기의 권도權道', 즉 임기응변으로 조약 조인이 강행되었다.

격노한 천황은 양위의 뜻까지 내비쳤고, 교토에 운집해 있는 지사들의 언동은 살벌해졌다. 에도에서는 요시노부와 개혁파가 연일 다이로 성토의 목소리를 높였다. 여기서 나오스케가 꺼낸 처방은 공포 정치였다. 조정 내의 반反막부파 공경公卿(최상층 공가), 고산케를 비롯한 다이묘, 그리고 요시다 쇼인 등 이름난 지사까지 포함하는 반대파 전체를 철저히 탄압했다. 1858년부터 이듬해까지 이어진 '안세이安政(1854~1859)의 대옥大獄'이다. 그 와중에 요시토미는 개명하여 새 쇼군 도쿠가와 이에모치德川家茂(1858~1866)가 되었다.

그러나 권력 회복을 향한 막부의 몸부림은 오래가지 못했다. 때늦은 눈발이 날리던 1860년 3월 24일 미토의 탈번 무사 등 18명의 지사가 에도 성 코앞에서 나오스케의 가마를 덮쳤다. 참극의 충격은, 선혈에 물든 눈까지 치워가며 함구령을 내린 막부를 비웃기나 하듯 순식간에 에도 성내에 퍼졌다.

적귀赤鬼라 불리며 지사들에게 증오의 대상이 되었던 이이 나오스케의 비명횡사는 다이로 한 사람의 죽음을 넘어 시대의 변곡점으로 평가될 만하다. 존왕양이의 구호와 그 주창자들은 본격적으로 정치 무대에 얼굴을 내밀었고, 그들의 일거수일투족은 혼미한 정국을 뒤흔드는 변수가 되었다. 존왕양이를 부르짖던 지사들이 처음부터 막부에 적대적이지는 않았지만, 천황의 칙허 없이 강행한 통상조약 조인은 결정적으로 막부에 등을 돌리게 만들었다. 천황(조정)과 막부의 대립이 불거지면 개국론은 막부 옹호를 의미할 수밖에 없다. 따라서 지사들이 외국인 살상을 통해 양이를 실천하는 행위는 존왕론이 배경에 깔리면서 막부 반대라는 정치적 함의가 좀 더 짙게 담겨 있는 것이다.

메이지 유신의 주역들

페리의 내항과 개국(1853~1854), 안세이의 대옥(1858~1859), 이이 나오스케의 암살(1860)은 메이지 유신의 전주곡에 해당한다. 뒤이어 1860년대 계속해서 숨 가쁘게 이어지는 격동의 드라마는 반전에 반전을 거듭하며 막부의 멸망이자 근세의 종언으로 내닫게 된다. 그 본격적인 드라마의 시작에 앞서 중심인물의 면면을 확인해두면 도움이 될 것이다.

첫 번째 인물은 조슈長州 번의 하급 무사 요시다 쇼인(1830~1859)이다. 서른이라는 짧은 생을 누렸지만, 그야말로 메이지 유신의 감독 자리에 앉힐 만한 인물이다. 앞서 보았듯 그는, 1858년 천황의 칙허 없이 미국과 통상조약에 조인한 막부를 비판했다가 목숨을 잃었다.

일찍이 쇼인은 1854년 페리의 2차 내항 때 해외 사정을 살피고자 밀항을 기도했다가 붙잡혀서 이듬해부터 번에서 연금 상태에 처해졌다. 비록 죄수의 처지로 운신의 폭은 제약되었지만 그의 인생은 극적인 전환점을 맞는다. 유폐된 곳에서 존왕양이 사상을 체계화했으며, 손수 사설 학당인 쇼카손주쿠松下村塾를 세우고 후학을 키운 것이 그 요체였다.

밀항을 시도하는 과정에서 쇼인은 대포를 만재한 페리의 군함을 보고 친구에게 "배도 포砲도 대적이 안 된다"고 편지에 썼듯이 흑선의 군사력을 절감했다. 일본을 지키기 위해서는 번으로 단절되어 신분제를 근간으로 삼는 막번제가 아니라 신분에 상관없이 누구나 참여 가능한 통일적인 정치체제로 바꾸어야 한다는 생각을 굳혔다. 그 결과 낡고 무능한 막부 대신에 천황 또는 조정을 상징으로 앞세워야 한다는 전략이 자리를 잡았다. 메이지 유신의 뼈대를 이루는 일군만민一君萬民, 그 만민이 떨쳐 일어나 막부를 무너뜨려야 한다는

쇼카손주쿠와 요시다 쇼인 고향 조슈 번에 유폐된 쇼인은 숙부가 경영하던 사설 학당인 쇼카손주쿠를 이어받아 신분을 불문하고 문하생을 받아 훈육했다. 왼쪽은 야마구치 현 하기시에 복원된 쇼카손주쿠이고, 오른쪽은 요시다 쇼인이다.

초망굴기草莽崛起(초망은 궁벽한 시골을 뜻하지만 일반 대중을 가리키며, 그들이 궐기해야 한다는 말)의 이론적 기틀이 완성된 것이다.

쇼카손주쿠는 존왕양이를 갈고닦는 총본산이 되었다. 그리하여 80여 문하생 중에는 메이지 유신의 주역들이 즐비하다. 쇼인의 비유를 빌려 재才의 구사카 겐즈이久坂玄瑞(1840~1864)와 식識의 다카스기 신사쿠高杉晋作(1839~1867)가 '쇼카손주쿠의 쌍벽'으로 메이지 유신의 초기 국면을 이끌었다면, 막부를 쓰러뜨린 뒤에는 이토 히로부미伊藤博文(1841~1909)와 야마가타 아리토모山県有朋(1838~1922)가 앞장서서 새 나라 만들기에 마침표를 찍었다. 존왕양이 사상을 훈육하는 와중에 요시다 쇼인은 러시아와 미국의 압박을 물리치고 일본이 독립하기 위해서는 조선을 수중에 넣어야 한다고 가르쳤고, 제자들은 그 유지를 충실히 받들었다. 이른바 정한론征韓論의 책임을 쇼인에게 전부 지울 수는 없겠지만, 근대 초입에서 빚어진 한일 관계의 악연은 분명 그의 언행에서 말미암은 바가 작지 않다.

기도 다카요시木戸孝允(1833~1877)는 조슈 번에서 의사의 아들로 태어났다. 가쓰라桂 가의 양자로 들어가서 고고로小五郎라는 이름으로 무사의 삶을 걸었고, 1866년부터 번주가 하사한 기도木戸를 성으로 썼다. 1849년 쇼인에게서 병학을 배웠고, 1852년에는 에도에 가서 검술로 이름을 날리며 지사들과 교분을 쌓았다. 1863년부터는 교토를 무대로 다카스기 신사쿠 등과 함께 번의 방침을 존왕양이에서 막부 타도로 바꾸는 데 매진했다.

사쓰마 번 출신의 지사로는 도쿄의 우에노上野 공원에 동상이 세워져 있는 사이고 다카모리西郷隆盛(1827~1877)부터 살펴보자. 하급 무사의 아들로 태어난 사이고는 1854년부터 번주 시마즈 나리아키라의 측근으로 두각을 드러냈다. 하지만 나리아키라의 급사와 안세이의 대옥은 그에게 추스르기조차 힘든 타격을 입혔고, 동지와 함께 투신자살을 기도했다가 홀로 살아남았다. 2년 넘게 칩거를 하다가 1862년부터 사쓰마 지사의 맏형 격으로 여타 번과 공조 체제를 구축하고자 격동기를 누비고 다녔다.

오쿠보 도시미치大久保利通(1830~1878)도 하급 무사 출신이다. 사이고 다카모리와 죽마고우로서 막부 타도를 같이 이뤄낸 동지였지만, 메이지 유신이 성공한 뒤에는 정한론을 놓고 다른 길을 선택했다(후술☞ 064). 1859년부터 오쿠보는 본격적으로 정치에 뛰어들었다. 그는 존왕양이를 표방하면서도 이이 나오스케 암살과 같은 과격 테러보다는 활동 근거지로서 번을 장악하는 일에 진력했다. 사쓰마의 새 번주의 친부이자 후견인으로서 정치적 영향력이 컸던 시마즈 히사미쓰島津久光(1817~1887)는 그에게 날개를 달아줬다. 실각한 죽마고우의 공백기에 입지를 확보한 오쿠보는 1862년 이후 히사미쓰의 참모로서 교토를 무대로 한 난세의 정치판에 자신의 이름을 또렷이 새겨 넣었다.

흔히 사이고 다카모리와 오쿠보 도시미치에 기도 다카요시를 포함해서 메이지 유신의 3걸로 부르곤 한다. '지인智人'은 지혜로웠던 기도를 지칭한 말이며, 정이 깊은 사이고는 '정인情人', 의지가 강한 오쿠보는 '의지인意志人'으로 묘사된다. 유신 초기의 정국은 세 사람에

유신 3걸 메이지 유신을 이끈 3걸로서, 위 왼쪽부터 기도 다카요시, 사이고 다카모리, 오쿠보 도시미치이다. 아래는 각각 그들의 동상이다. 맨 왼쪽부터 교토에 세워진 기도, 도쿄 우에노 공원에 세워진 사이고, 가고시마 시에 세워진 오쿠보이다.

사카모토 료마 메이지 유신의 아이콘이라고 부를 만한 삶을 산 료마는 1866년 사쓰마와 조슈의 동맹을 성사시켰다. 오른쪽 위의 사진은 그가 책임자로 있던 고베 해군 훈련소의 유적비이고, 아래는 삿초 동맹 문서(복제품)이다.

의해 움직여졌다고 해도 과언이 아니며, 그 과정에서 지인·정인·의지인의 진면목은 유감없이 발현되었다.

사카모토 료마坂本龍馬(1835~1867)는 일본인이 존경하는 인물 중 부동의 1위를 차지하고 있다. 도사土佐 번 출신으로 1853년 에도에 나가 검술을 배우면서 해외에 관심을 갖기 시작했다. 1861년부터는 탈번 지사의 길을 걸었는데, 다음 해부터는 막부 해군의 창시자 가쓰 가이슈勝海舟(1823~1899)의 문하에 들어가는 이례적인 행동을 보인다. 무력 봉기를 계획하고 실행하기보다는 '시대를 바꾸는 것은 해운이고 해군이다'라는 신념을 바탕으로 번과 막부 너머 세계 속의 일본을 꿈꾸었다.

료마는 1865년 나가사키의 가메야마龜山에 무역상사를 세워 무역과 해군력을 배양하는 한편, 만국공법(미국의 국제법학자이자 외교관인 H. 휘튼의 저서 "Elements of International Law"를 저본으로 1864년 중국에 있던 미국 선교사 윌리엄 마틴이 한문으로 번역 출간한 『만국공법』을 가리킴)에 심취하기도 했다. 이듬해에는 서로 친분이 있던 기도 다카요시와 사이고 다카모리를 연결하여, 정국 주도권을 놓고 앙숙이던 조슈와 사쓰마 간의 군사동맹인 '삿초薩長 동맹'을 성사시켰다. 또 그는 도사 번주에서 은퇴한 야마우치 도요시게山內豊信(1827~1872)를 움직여 무력 대결이 없는 평화적 정권 교체를 쇼군에게 권고했다. 하지만 한 달 뒤 막부가 보낸 자객의 손에 생을 마감하고 말았다. 료마 암살이 도리어 막부의 멸망을 재촉했으니, 이것이야말로 역사의 아이러니일 듯하다.

왕정복고라는 정치 변혁에 다다르는 여정에서 조정 측에 주역이 없을 리 없다. 유신 직후 구미를 시찰했던 이와쿠라 사절단(1871~1873) 덕분에 한국사에도 이름을 알린 이와쿠라 도모미岩倉具視(1825~1883)가 조정의 핵심 인물이다. 이와쿠라는 공경 출신으로 1854년부터 고메이 천황의 측근으로 행보를 시작했다. 앞서 확인했듯이 막부가 페리 내항을 조정에 보고하면서 천황의 권위는 부활했고, 교토는 각 정치 세력의 이목이 집중되는 정치 1번지로 탈바꿈했다. 그 상징적인 사건이 1858년의 미일수호통상조약의 칙허 저지였고, 이와쿠라는 그 중심에 서 있었다. 이후 그는 공무합체파(후술☞061)의 조정 쪽 창구로 활약하지만, 그로 인해 1862년부터 5년 동안 유폐당하는 시련을 겪어야 했다. 1867년 1월 고메이 천황이 병으로 쓰러진 뒤, 12월에는 염원하던 사면이 성취되었다. 정계 복귀와 더불어 조정의 중추에 선 이와쿠라는 어린 메이지 천황을 조종하여 왕정복고를 향한 마지막 포석을 깔았고, 1868년 1월 마침내 쿠데타를 일으켰다.

이와쿠라 도모미

공무합체와 존왕양이의 경합

1860년대에 접어들면서 막부의 위세는 빛이 바랬다. 반면에 미일수호통상조약의 무단 조인(1858) → 안세이의 대옥(1858-1859) → 이이 나오스케의 암살(1860)에 이르는 사태는 천황의 격노가 갖는 정치적 파급력을 각인시키기에 충분했다. 이이 나오스케의 뒤를 이은 로주 안도 노부마사安藤信正(1820~1871)가 전임자와 선을 그은 것은 자연스런 귀결이었다. 혼란을 수습하기 위한 막부의 새 기조는 조정과 공존을 꾀하는 공무합체公武合体로 정해졌다. 외국인의 눈에 비친 일본의 정국은 Tycoon(大君, 쇼군)과 Mikado(帝, 천황)의 이중 정치였고, 반反막부 세력을 억제하자면 공(=조정)과 무(=막부)의 제휴가 필수적이었기 때문이다.

이 무렵 대외적으로는 통상조약의 이행이 여러 문제점을 양산했다. 1859년 7월 세 곳의 항구(요코하마, 나가사키, 하코다테)가 개항되고, 무역이 개시되자마자 경제적 혼란이 격심해졌다. 생사 등의 수출 격증으로 인해 관동 일대의 시장은 큰 혼란에 빠졌고, 각종 물가는 연일 폭등하여 하급 무사와 서민의 가계를 압박했다. 이런 개항의 부작용이 양이 쪽에 힘을 실어준 것은 물론이다. 요코하마와 에도에서는 외국인 살상이 줄을 이었다. 1861년 1월 미국 공사관 통역이 존왕양이를 주창한 지사에게 살해당하자 외국 공관은 황급히 에도에서 철수했다. 공무합체는 안팎의 안정을 기할 수 있는 기초적인 공감대였다.

공무합체의 실현 여부는 이이 나오스케 정권 때부터 모색되어온 고메이 천황의 여동생과 쇼군 도쿠가와 이에모치의 혼담이 관건이었다. 고메이 천황은 애초 이 혼담에 소극적이었지만 공무합체의 주체적인 활용이라는 견지에서 이와쿠라 도모미의 건의를 받아들여 승낙했다. 막부가 장차 양이를 결행한다는 것이 조건이었고, 1861년 말 쇼군과 로주의 자필 서약서가 천황에게 건네졌다(결혼은 이듬해 3월 거행).

그러나 이 정략결혼은 존왕양이파의 대대적인 반발을 불러일으켰고, 급기야 안도 노부마사는 1862년 2월 에도 성 밖에서 미토 탈번 지사들의 습격을 받았다. 상처는 경미했지만 이 사건이 초래한 정치적 후폭풍은 안도의 실각에서 멈추지 않았다. 막부 최고 책임자에 대한 연이은 테러는 실추된 막부의 위상과 정치 공백을 여지없이 드러냈다. 그로 인한 최대 수혜자는 새로이 중앙 정계에 진출한 사쓰마와 조슈, 양 웅번이었다.

이로써 앞서 소개한 메이지 유신의 중심인물들이 전면에 등장했고, 동시에 정치 세력으로서 막부, 천황과 조정, 그리고 사쓰마·조슈 등의 진용까지 갖춰졌다. 돌이킬 수 없는 격변기에 들어선 일본 열도를 이끌어갈 사상 혹은 이상으로 존왕양이와 공무합체가 정립되었다. 천황과 조정이 정치 전면에 등장함에 따라 교토는 에도를 능가하는 정치 공간으로 부상했고, 유력 번들은 존왕을 내걸고 앞서거니 뒤서거니 교토로 향했다. 공무의 주선은 최대의 정치 과제로 여겨졌다.

쇼군의 결혼 직후 사쓰마 번의 시마즈 히사미쓰는 공무합체의 기치를 내걸며 병력을 이끌고 상경하여 정국 장악에 나섰다. 한편 주도권을 놓고 사쓰마와 경합하던 조슈 번은 통상을 통해 국력을 신장하여 장기적으로 양이를 결행하자는 공무 주선 방책을 내밀며 막부와 협의에 들어갔다. 하지만 막부에 건의가 받아들여지지 않자 구사카 겐즈이 등 쇼카손주쿠 지사의 주도하에 존왕양이 쪽으로 방향을 틀었다. 1862년 후반 교토에서는 양이의 광풍이 세차게 일었고, 막부의 관리나 그 옹호자를 살해하는 천주天誅가 속출했다.

1863년 3월 공무합체 실현을 위해 교토에 행차한 쇼군 이에모치는 양이 결행의 압박에 밀려 천황에게 서약했다. 양이의 통첩을 받은 각 번에는 낭패한 기색이 역력했다. 6월 25일 머뭇거리는 다른 번을 비웃거나 하듯 시모노세키 인근에 있는 조슈 번의 대포는 홀로 미국 상선을 향해 불을 뿜었다.

라이벌 사쓰마 번이 이를 수수방관할 리 없었다. 9월 사쓰마 번은 군사를 동원하여 공무합체파 공경과 합세하여 조정의 실권을 빼앗은 다음, 조슈 번 세력과 산조 사네토미三條実美(1837~1891)를 비롯한 급진파 공경들을 교토에서 추방했다. 1864년 2월 두 번째로 상경한 이에모치에게 천황은 "무모한 정이征夷는 실로 짐이 원하는 바가 아니다"는 서한을 건넸다.

교토 복귀를 위해 조슈 번은 읍소와 무력의 양동 작전을 폈다. 탄원서 불발이 확인되자 1864년 8월 병력을 교토로 투입했다. 하지만 사쓰마 번의 가세에 밀려 퇴각했고, 구사카는 자살했다. 이에 천황은 조슈 번을 '조적朝敵'으로 규정하고 막부로 하여금 토벌에 나서게 하니, 이것이 1차 조슈 정벌이다.

한편 무역의 방해자 존왕양이 세력에게 일격을 가하려던 서구 열강도 군사작전에 들어갔다. 영국·프랑스·미국·네덜란드 4국은 함대를 편성하여 1864년 9월 17척의 군함과 5,000여 병력으로 시모노세키를 급습했다. 빗발치는 포탄 속에서 조슈 번은 무력감과 근대 무기의 위력을 처절하게 맛보았다.

조슈 정벌의 칙명을 거머쥔 막부는 곧바로 행동으로 옮겼다. 1864년 12월 각 번에서 차출한 15만의 대병력은 조슈 번을 포위하고 항복을 요구했다. 4국 연합함대의 공격을 받은 뒤 번의 실권을 잡은 조슈 번의 보수 온건파는 존왕양이파 가신을 축출했고, 정벌군에게는 공순恭順의 태도로 임했다. 당시 조슈 번을 공략하는 정벌군의 참모로 사쓰마 번의 사이고 다카모리가 참전한 것도 기억해둘 필요가 있다.

이상의 경과는 중요한 변화를 추동했다. 서구에 비해 군사력의 열세가 절대적이었던 만큼, 양이론은 현실적으로 불가능하다는 것이 확인되었다. 또 양이로 막부를 괴롭히는 전술도 더 이상 먹혀들지 않게 되었다. 공무합체 쪽으로 자기변신을 도모한 막부와 사쓰마 번

시모노세키 전쟁 영국·프랑스·미국·네덜란드 4개국은 상선을 포격하며 무역을 방해하는 조슈 번을 치기 위해 연합함대를 꾸려 공격했다. 사진은 프랑스 해병대에 점거된 조슈 번의 포대.

등 공무합체파가 존왕의 명분을 차지하고 만 것이다. 게다가 4국 함대의 위력 시위에 굴한 천황은 1865년 11월 통상조약을 칙허했다. 이렇게 막다른 골목에 부딪힌 존왕양이파로서는 최후의 수순인 토막討幕, 즉 막부 타도 외에 출구가 없었다. 공무합체파도 정쟁에서 승리하긴 했지만, 이미 전제적인 막부의 존재는 정치 통합을 저해하는 구체제 이상도 이하도 아니었다. 새로운 시대의 수레바퀴는 서서히 결승점을 향해 내달았다.

조슈 번의 존왕양이파에게 더 이상의 퇴로는 없었다. 다카스기 신사쿠, 기도 다카요시 등의 혁신파는 1865년 1월 군사를 일으켜 2개월의 내전 끝에 번의 주도권을 완전히 장악했다. 대열 중에는 영국 유학에서 돌아온 이토 히로부미도 있었다. 양이의 비현실성을 체득한 이들은 기도의 지도 아래, 특히 군사력의 근대화에 박차를 가했다. 그리고 새롭게 올린 기치에는 토막의 그림자가 어른거렸다.

이 무렵 사쓰마 번에서도 사이고 다카모리와 오쿠보 도시미치 등의 혁신파가 주도권을 잡았다. 그들은 군사를 지휘하여 조슈 세력과 전투를 벌이긴 했지만, 애초부터 막부를 옹호할 마음은 추호도 없었다. 조슈의 굴복을 목도하고 나서 두 사람은 번의 여론을 공무합체에서 서서히 토막으로 유도해 나갔다.

앙숙 같던 사쓰마 번과 조슈 번의 대립이 국면 타개의 장애물이었지만, 1차 조슈 정벌을 계기로 개선이 이루어졌다. 사이고는 조슈 번에 대한 막부의 처벌을 완화하는 조정자로 나서면서 분위기가 많이 호전되었고, 사카모토 료마 그룹은 양 번의 중개인 역할을 자처하고 나섰다. 그 결과 1866년 3월 교토에서 사쓰마 번과 조슈 번이 연합하여 막부와 대결한다는 내용을 담은 6개항의 삿초 동맹이 비밀리에 맺어졌다. 이로써 토막이라는 구호의 창출과 이를 실행할 주체 세력이 결집되었다. 메이지 유신은 최후의 반환점을 돌았다.

존왕양이에서 토막으로

이제 막부 쪽의 동향을 살펴보자. 1864년의 1차 조슈 정벌은 마무리가 순탄치 못했다. 막부는 정벌 당시 항복 조건이었던 조슈 번주 부자의 에도 구인 등을 요구했지만, 토막으로 말을 갈아탄 조슈 번은 차일피일했다. 1866년 3월 막부는 영지 10만 석 삭감 등 조슈 번의 처분에 관한 고메이 천황의 칙허를 얻어냈다. 공교롭게도 삿초 동맹의 체결은 바로 전날이었다. 히로시마広島에서 열린 막부와 조슈의 마지막 담판은 결렬되었고, 막부는 2차 조슈 정벌을 추진했다. 그러나 조슈와 비밀 동맹을 맺은 사쓰마는 결국 출병을 거부했다.

1866년 7월 쇼군 도쿠가와 이에모치는 친히 병력을 이끌고 출전했으나 모든 전선에서 패배를 거듭했다. 삿초 동맹의 효력이 즉각 발휘된 것이다. 사쓰마의 은밀한 도움에 힘입어 조슈는 막부군보다 근대적인 무기를 더 많이 갖추고 있었다. 전쟁의 장기화에 대비하여 비축한 군량미로 인해 쌀값은 앙등했고, 각지에서는 잇키와 우치코와시가 발발했다. 설상가상으로 8월에는 쇼군마저 오사카 성에서 병으로 쓰러졌다. 후계 쇼군으로 내정된 도쿠가와 요시노부德川慶喜(1867~1868)의 주도하에 10월 양측은 정전에 합의했다. 막부의 위신은 땅에 떨어졌다. 요시노부가 정식으로 쇼군에 앉은 것은 1867년 1월의 일이다.

15대이자 마지막 쇼군의 어깨에는 막부의 재정비라는 막중한 책무가 지워졌다. 이 무렵의 객관적인 정세로 보건대 공무합체는 사실상 용도 폐기에 처해졌고, 대신 공의정체론公議政體論이 정국 수습의 유일하고도 현실적인 방안으로 떠올랐다. 개명적인 번주, 막부 관계자, 막부 밖의 지식인(사카모토 료마까지 포함하기도 함) 등 다양한 그룹에 의해 제기된 공의정체 구상은 크게 두 개의 범주로 나눌 수 있다. 하나는 유력 번주의 연합에 의한 제후회의의 구성이고, 다른 하나는 막부의 중신과 번주를 구성원으로 하는 상원 및 번사·서민으로 구성되는 하원이라는 양원제의 창출이었다. 하지만 그 어느 쪽도 막부의 정치 독점 철폐가 전제 조건이라는 면에서 의견의 결집과 통일이 쉽지 않은 상황이었다.

쇼군의 교체에 꼬리를 물듯 교토의 조정에서 날아든 급보가 긴장감을 더했다. 고메이 천황이 36세의 나이에 천연두(공식 발표)로 갑작스럽게 세상을 떴고, 14세의 어린 메이지明治(1867~1912) 천황이 뒤를 이은 것이다. 고메이 천황은 양이파이긴 했지만 공무합체 노선을 걸어왔기 때문에 그의 죽음으로 막부가 입은 타격은 작지 않았다. 당시 토막파 및 이와쿠라 도모미가 천황을 독살했다는 소문이 나돌았으며, 지금까지도 역사 연구자 간에 논란이 끊이지 않는다(여담이지만 안중근은 이토 히로부미를 사살한 이유 중 하나로 고메이 천황의 독살을 들었음).

도쿠가와 요시노부와 대정봉환 에도 막부의 마지막 쇼군 도쿠가와 요시노부는 정치 대권을 조정에 반납하는 대정봉환을 실행하여 실권을 장악하려 했으나, 현실은 그렇게 되지 않았다.

사실 천황 암살극의 실체는 메이지 유신으로 토막파와 이와쿠라 쪽이 승리자가 되었으므로 영원히 봉인될 수밖에 없다. 따라서 천황 사망의 진상을 캐기보다는 사건 전후의 역관계 변화와 그 함의를 짚어보는 것이 합리적이며 시사점도 풍부하다. 고메이 천황은 죽기 3개월 전인 1866년 10월 공무합체파 공경의 퇴진과 이와쿠라 등의 사면을 촉구하는 공가들의 집단행동을 처벌했다. 이후 새 천황의 즉위에 발맞춰 공무합체파 공경의 조정 장악력은 점차 약해진 반면 토막파 공경의 영향력은 커져갔다. 다만 이와쿠라 등 토막파 공경의 사면은 1867년 12월에 가서 이루어졌다.

쇼군과 천황이 바뀐 1867년 한 해 내내 메이지 유신의 막바지 장면들이 긴박하게 펼쳐졌다. 조슈 정벌의 뒤처리를 둘러싸고 막부와 충돌을 거듭하던 사쓰마는 유력 번의 연합체를 통해 막부를 견제하기보다 조슈와 연합한 무력 토막 쪽으로 노선을 바꿨다. 그러나 막부 쪽도 가만있지는 않았다. 사쓰마 번의 주도권 장악을 경계하며 줄곧 공무합체를 주장해온 도사 번을 앞세워 평화적인 정권 이양, 즉 대정봉환大政奉還을 도모한 것이다. 참고로 뒷날 자유민권운동을 이끈 이타가키 다이스케板垣退助(1837~1919)는 도사 번사이지만 일관되게 무력 토막을 주창했다.

7월, 사카모토 료마로부터 대정봉환의 아이디어(船中八策)를 듣고 탄복한 도사 번의 고토 쇼지로後藤象二郎(1838~1897)는 전 번주 야마우치 도요시게를 통해 실행에 들어갔다. 대정, 즉 정치 대권을 조정에 반납하고 막부의 주도하에 각 번이 참가하는 연합 정권을 만들려는 구상은 많은 지지자를 모았고, 10월 30일 쇼군 요시노부에게 관련 건의서가 제출되었다. 이 구상을 수용한 요시노부는 11월 9일 대정봉환의 상소를 조정에 제출하여 다음 날 조정의 허락을 얻어냈다. 이로써 공의정체에 입각한 신정권의 구축은 무난히 요시노부가 주도할 것으로 예상되었으며, 막부나 쇼군의 정국 장악력에는 변화가 없는 듯 보였다.

평화적 정권 교체를 지향한 대정봉환과는 별도로 토막파는 쿠데타의 결행을 구체화해 나갔다. 그 결과 대정봉환의 상소가 제출되는 11월 9일 아침 일찍 '적신賊臣 요시노부'의 처단을 명하는 '토막의 밀칙'이 사쓰마, 조슈 양 번에 내려졌다. 이는 조정 내의 이와쿠라 등이 자신들에게 동조하는 일부 공경을 동원하여 진행한 일이었으나, 실행 가능성은 미지수였다. 밀칙에 천황의 친필이 없다는 형식상 하자도 문제였지만, 대정봉환의 수용에 따라 조정은 같은 달 17일 삿초 양 번에게 토막 실행을 연기하라는 칙명을 따로 내렸기 때문이다. 하지만 이를 통해 삿초 양 번은 무력 사용의 전제 조건이자 비상수단이 확보된 셈이고, 실제 오쿠보 도시미치 등은 위 17일의 칙명을 묵살한 채 거병 채비를 착착 진행해갔다.

막부는 대정봉환을 통해 토막파의 기선을 제압하는 데는 성공했지만, 다음 단계로의 진척이 여의치 않았다. 섭정 니조 나리유키二條齊敬(1816~1878) 등 친막부파 유력 공경들이 조정에 포진했으므로 쇼군과 막부의 위상 유지는 어렵지 않았다. 그러나 연합 정권의 구성은 전인미답의 과제였고, 번의 합의를 도출하는 일부터 난관이 산재했다.

그렇게 막부가 시간을 허비하는 사이에 토막파는 이와쿠라 도모미 등의 공경과 모의하여 15세를 갓 넘긴 메이지 천황을 앞세워 조정을 장악하는 정변을 밀어붙였다. 12월 18일 사쓰마 번의 병력 3천이 교토에 입성한 것을 시작으로 조슈 번을 비롯한 토막파 병력들이 속속 집결했다. 이들 병력에게는 궁중 경호의 임무가 맡겨졌.

1868년 1월 3일 드디어 토막파의 번병들이 궁성을 봉쇄한 가운데 막부를 무너뜨리는 쿠데타가 단행되었다. 이것이 '왕정복고의 대호령大號令'이다. 신정부는 천황 친정을 기본 원칙으로 삼아 막부는 물론 섭정·관백도 폐지하고, 천황 밑에 총재總裁·의정議定·참여參與의 3 직을 두었다. 총재에는 일찍부터 조슈 측 지사들과 교분이 있는 아리스가와노미야 다루히토有栖川宮熾仁(1835~1895, 뒷날 육군참모총장) 친왕이 임명되었고, 참여에는 사쓰마 번을 비롯해 각 번의 대표적 인물을 망라한 웅번 연합의 형태를 취했다. 섭정 니조 등 막부를 옹호하던 공경들이 배제됨과 동시에 천황은 700여 년 만에 지배자로서 권좌에 복귀했다.

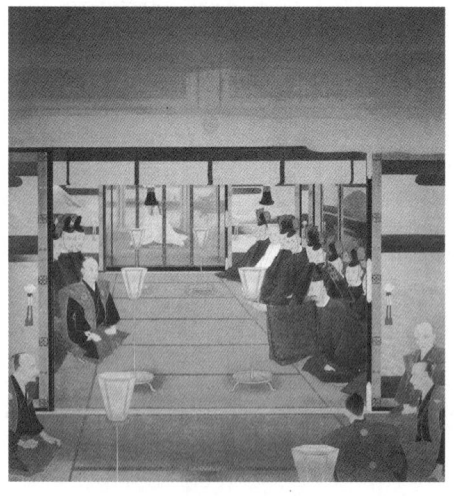

고고쇼 회의 철야로 진행된 이 회의에서 요시노부의 관직과 영지 반납이 결정되었다.

그날 심야부터 이튿날 새벽까지 첫 3직 회의가 열렸다. 장소를 따서 흔히 고고쇼小御所 회의라 불린다. 이 회의에서는 야마우치 도요시게 등 일부 공의정체파의 반대에도 불구하고 격론 끝에 요시노부에게 자발적으로 내대신 사직과 영지의 일부(400만 석에서 200만 석으로 경감) 반납을 실시하게 한다는 결정이 내려졌다. 이 시점에서 요시노부를 주축으로 평화리에 정국을 재편하려던 막부의 구상은 사실상 좌절되었다. 결정에 대한 회답을 연기해 달라고 요청한 요시노부는 교토에서 오사카 성으로 물러가 신정부와 대치 상태에 들어갔다.

메이지 시대 | 1860년대 말~1870년대 중반 ▶ 1부 002 **063** 메이지 유신과 근대화

내전과 새 나라 건설

마지막 쇼군 도쿠가와 요시노부는 스스로 260년 동안 이어온 막부의 깃발을 내리고 자발적인 정권 이양을 시도했지만, 고고쇼 회의에서 내려진 결정은 관직과 영지를 반납하라는 굴욕의 강요였다. 그러나 권력 교체에는 어느 정도의 시간이 필요하듯 막부와 쇼군의 위세가 하루아침에 사라질 수는 없는 법이다. 게다가 고고쇼 회의의 결정 자체도 공의정체파의 반격으로 시간이 갈수록 유명무실해져가는 형국이었다. 자칫하면 판세가 뒤집어질 조짐마저 보였다.

이때 사이고 다카모리가 전쟁에 의한 무력 해결을 모색했다. 에도에서 암약해온 토막파 지사들을 시켜 성내에 불을 지르고 약탈을 저지르면서 도발을 한 것이다. 격앙된 막부 가신이 당연히 사쓰마 번에 대한 응징을 외쳤다. 1868년 1월 27일 교토 외곽의 도바鳥羽·후시미伏見에서는 진격을 알리는 징이 울려 퍼졌다. 1월 30일까지 벌어진 서전에서 신정부군 5,000명은 막부군 15,000명을 압도했고, 막부는 이제 조적朝敵으로 내몰렸다.

이후 1년 이상의 전투가 일본 열도 각지에서 벌어졌다. 천황의 기치를 내건 신정부군의 기세에 눌려 막부군은 패주를 거듭했다. 1868년 5월에는 에도 성이 가쓰 가이슈와 사이고 다카모리 간의 담판으로 무혈점령되었고, 동북 지방 번들의 진압이 완료된 것이 11월이다. 그리고 에노모토 다케아키榎本武揚(1836~1908)의 지휘하에 홋카이도까지 퇴각하며 저항의 끈을 놓지 않던 막부의 잔존 세력도 1869년 6월에 무기를 내려놓았다. 이 싸움을 총칭해서

도바·후시미 전쟁 사이고 다카모리는 토막파 지사들을 시켜 에도 성내에 불을 지르며 막부를 타도하고자 전쟁을 일으켰다. 그림의 왼쪽은 막부군, 오른쪽은 사쓰마 군대이다. 위쪽 사진은 당시 신정부군이 사용한 깃발의 모사도이다.

메이지 천황의 도쿄 입성 교토에 기거하던 천황은 메이지 유신으로 친정을 선포하고 도쿄로 입성했다. 그림은 에도로 들어오는 천황 일행을 묘사한 것이다. 오른쪽 사진은 그림 속 니쥬바시(二重橋).

무진戊辰전쟁이라 부른다.

전쟁이 계속되는 와중에도 신정부는 국가 건설 준비에 박차를 가했다. 그 근본 원리는 두 가지다. 하나는 천황의 정치 무대 등단과 신격화이고, 다른 하나는 중앙집권화이다.

먼저 천황의 변화에 대해 알아보자. 신정부군과 막부군의 전투가 한창이던 4월 6일, 메이지 천황은 신정부의 국시 격인 '5개조의 서문誓文'을 공포했다. 공의세론公議世論의 존중과 개국 화친 등과 같이 정책의 기본 방향을 명시하고, 기도 다카요시의 제안에 따라 천황이 백관들을 거느리고 신들에게 서약하는 형태를 취함으로써 천황 친정을 강조했다. 아울러 전년 12월에 예정되었다가 어수선한 정국 상황으로 연기된 즉위식이 교토에서 1868년 10월에 거행되었는데, 종래의 중국식 의례 대신 고대 헤이안平安 양식이 부활했다. 6월에 발포된 정체서政体書는 새 시대를 반영하여 삼권분립의 형식을 취하면서도 고대 율령제의 태정관제를 통치 기구로 채택했다. 즉위식과 연결하여 생각하면 '복고'를 키워드로 삼아 천황의 정치적 위상을 강화하겠다는 의도가 엿보인다. 관동 지역이 평정된 뒤, 9월에 천황은 조서를 발표하여 에도를 도쿄東京로 개명했고(천도는 1869년), 10월에는 연호를 메이지明治로 바꾸었다.

이와 더불어 추진된 것이 천황의 지방 순행巡行이다. 메이지 천황은 1872년 시코쿠四国 순행을 시작으로 1885년의 산요도山陽道(오사카 서쪽) 순행까지 이른바 6대 순행을 각각 1~2개월에 걸쳐 실시했다. 천황의 행렬은 전국을 누비면서 왕정복고라는 정치 변혁이 이루어졌다는 사실과 함께 천황이 신정부의 대표라는 점을 민중에게 각인했다. 도쿄에 살고 있는 구 번주를 일부러 구 영지로 보내서 순행 중인 천황 앞에 머리를 조아리게 하는 깜짝쇼가

메이지 천황과 지방 순행 전국을 누비며 1~2개월에 걸쳐 실시한 지방 순행은 왕정복고를 알리는 동시에 천황의 권위를 드높였다. 오른쪽 사진이 메이지 천황.

지 연출했다. 또한 천황의 언동과 각지의 대응이 자세하게 실린 기사들이 연일 신문을 도배하다시피 했다.

순행이 거듭되면서 천황은 더 이상 구름 위의 머나먼 존재가 아니라 현인신現人神, 즉 민중에게 익숙한 생불生佛로서 형상화되었다. 이는 현실의 정치적 목적과도 맞물려 있었는데, 천황을 영접하는 지방관의 권위가 높아지는 동시에 천황이 휴식하고 숙박했던 지방 행정기관과 지방 명망가의 지배가 공고해졌다. 또한 육군의 대연습과 결부시킴으로써 천황과 군부를 연결하는 작용도 했다. 메이지 천황의 지방 순행이야말로 천황제의 연착륙을 매개로 근대국가 일본을 창출하는 대규모 이벤트였던 것이다.

이뿐만 아니라 다양한 영역에서 천황을 현인신으로 받드는 신격화 작업이 추진되었다. 1870년 2월의 대교大敎 선포는 천황에게 신격을 부여하고 신토神道를 국교로 정한 시발점인데, 서민들에게 오이세상お伊勢さん이라는 애칭으로 불리던 이세 신궁의 성역화가 이후의 변화를 잘 말해준다. 이세 신궁은 에도 시대에 매년 수백만 민중이 참배하는 신앙의 대상인 동시에, 내궁과 외궁 사이에 1천여 명의 유녀와 각종 가게가 즐비한 유흥의 장소이기도 했다. 하지만 왕정복고 이후 이들은 대부분 내쫓겼고, 이세 신궁은 황조皇祖 아마테라스오미카미天照大神를 모시는 성지로 탈바꿈되었다. 천황가의 능도 대대적으로 정비되었다. 전통은 창조된다고 하는데, 천황제도 예외가 아니었다.

막부를 무너뜨리고 새 시대를 열어갈 천황에게는 '군인 천황'의 이미지가 부가되었다. 1869년 야스쿠니靖國 신사의 전신인 도쿄초혼사招魂社가 세워져 메이지 유신과 무진전쟁에서 천황을 위해 죽은 사람들의 혼백이 모셔졌으며, 잇단 순행에서 천황은 서양식 군복을 입고 군함을 타고 이동했다. 징병령(1873), 군인칙유(1882) 등으로 이어지는 '군국 일본'의 구축을 위한 정지 작업이었던 셈이다.

중앙집권화와 함께 근대 국민국가를 만드는 작업도 활발히 추진되었다. 번을 없애고 부

폐번치현 메이지 천황이 지켜보는 가운데 오른쪽에서 산조 사네토미가 폐번치현의 조서를 읽고 있다.

현을 설치하는 폐번치현廢藩置縣(1871), 호적법 제정(1871)을 통해 사농공상과 천민의 신분 차별을 없애는 대신 화족華族(상층 귀족)과 사족士族(무사), 평민으로 나눠 호적에 기재하는 사민평등이 시발점이었다(1872년의 첫 호적 조사에서 3,311만 명의 인구가 집계됨). 안정된 재원 확보를 위한 지조地租 개정(1873~1880), 근대산업의 육성을 도모한 식산흥업殖産興業은 재정과 경제의 기초 다지기였다. 사민평등에 이어 1876년 폐도령廢刀令과 질록秩祿(무사와 메이지 유신 공로자의 녹) 처분으로 구시대의 유물로 전락한 무사계급을 해체했으며, 의무교육을 천명한 학제(1872), 징병령(1873) 등도 근대 국민국가의 창설로 나아가는 데 빼놓을 수 없는 포석이다.

그러나 이상의 모든 작업이 아무런 저항 없이 순조롭게 진행되었던 것은 아니다. 첫 번째이자 최대의 고비는 폐번치현이었다. 쿠데타 직후인 1869년 번의 토지와 인민을 형식적으로 천황에게 반환하는 판적봉환版籍奉還을 했지만, 정부 직할지에 부현府縣이 설치된 것 외에 실질적인 변화는 없었다. 번의 폐지는 번주의 실직뿐만 아니라 200만을 상회하는 번사의 해고를 의미하는 민감한 현안이었다. 신정부의 권력 구도가 아직은 유동적인 상황도 결단을 지체시켰다(후술 064). 우여곡절 끝에 1871년 8월에야 번을 없애고 3부 302현을 두는 폐번치현이 전격 단행되었다. 큰 반발이 일어날 것이라 예상한 신정부는 사쓰마·조슈·도사 번에서 1만 명의 군대를 동원하는 등 사실상 왕정복고 쿠데타에 버금가는 기세로 임했으나, 의외로 저항은 미미했다. 그 해 말에 3부 72현으로 대폭 조정된 뒤 최종적으로 1889년 홋카이도를 제외하고 3부 43현으로 재편되어 지금에 이른다.

하지만 이외에 다른 제반 조치의 단행에는 예외 없이 피비린내가 진동했다. 지조 개정과 학제, 징병령의 실시는 세금 증징이나 일손 징발의 강요였으므로, 이에 반대하는 민중봉기가 속출했다. 1873년 시코쿠의 가가와香川 현 일대에서 일어난 소요 사태의 경우 농민 측에서 50명의 사망자가 나왔고, 7명은 형장의 이슬로 사라졌다. 잇단 봉기로 말미암아 당초의 지조 3%는 1877년에 2.5%로 인하되었으니, 그야말로 '죽창으로 쟁취한 2푼 5리'였다. 질록 처분과 폐도령으로 신분상의 특권을 빼앗긴 사족들도 마찬가지였다. 관리나 경찰과 같이 안정된 새 직업을 얻지 못한 하급 사족들은 곤궁한 생활을 면치 못했으며, 그중 일부는 무력 반란에 동참하여 녹슨 칼을 빼들었다.

신정부의 분열과 정한론

신정부 초기의 권력 형태는 1869년 전반기에 일단 가닥이 잡혔다. "신들이 있는 곳은 천자의 땅, 신들이 다스리는 곳은 천자의 민民"이라 애써 강조한 사쓰마·조슈·도사·히젠(이하 삿초도히) 네 번주의 판적봉환 건의는 그해 5월까지 모든 번주가 답습했다. 천황과 조정이 정치체제의 기본임을 공고히 한 셈이며, 신정부는 모든 번 위에 초월적으로 존재했다.

하지만 내부에는 풀어야 할 난제가 산적했다. 먼저 신정부를 구성하는 정치 집단이 복잡했다. 삿초도히 등의 유력 번과 궁정·공경, 각 번, 지역의 명망가 집단 등으로 나뉘었는데, 이들을 통합할 수 있는 중심은 어디에도 없었다. 게다가 초기의 잇단 정책들이 막번제의 급격한 변혁을 목표로 한 탓에 구 지배층과 민중의 혼란·불만은 물론이고 정권 내부의 알력도 점차 증폭되어갔다. 예컨대 천황과 신정부의 도쿄 천도를 둘러싸고 공경·다이묘·번사뿐만 아니라 교토 시민들까지 가세한 대대적인 반대 캠페인이 전개되었고, 이는 곧바로 정부 내의 대립으로 옮겨붙었다.

군제 개혁은 가장 치열한 분야였다. 무진전쟁에서 지역의 민병과 번의 부대 등이 크게 활약했음에도, 신정부는 이들을 해체하고 근대적인 상비군 조직을 위에서부터 창설하고자 했다. 개혁을 주도한 근대 육군의 창시자 오무라 마스지로大村益次郎(1824~1869)는 급진적인 변화에 반감을 품은 조슈 번사의 습격으로 목숨을 잃었다(후속 작업은 야마가타 아리토모가 마무리함). 신정부 수립 후에도 번 중심의 의식과 사회관계는 쉽사리 해체되지 않았다.

이런 긴박한 상황 아래 1871년 8월 단행한 폐번치현은 국정의 혼돈을 수습하고 삿초도히 중심의 번벌藩閥 권력을 확립하고자 했던 이와쿠라 도모미, 기도 다카요시, 오쿠보 도시미치 등의 비책이었다. 제번 연합이라는 얼개 위에 세워진 신정부의 기조, 즉 천하공론天下公論은 폐기되고 3부 72현을 통치하는 중앙집권국가가 탄생했다. 흔들림 없이 개혁을 밀고 나가는 국가의 새 목표는 만국대치万国対峙였다. 일본에게 민족적 굴욕감을 안겨준 불평등 조약을 타파하고 서구 열강과 어깨를 나란히 하겠다는 것이다.

첫 단추는 조약 개정이었다(후술▶068). 이를 위해 1871년 12월 이와쿠라를 수석으로 한 107명의 대규모 사절단이 구미로 파견되었다. 사절단의 임무 중 하나인 서구 문물에 대한 시찰은 조약 개정을 뒷받침할 국내 체제의 정비와 깊이 관련되었다. 앞서 말했듯이 사민평등, 토지제도와 조세 개혁 외에 학제·징병령의 공포, 문명개화 운동이 강력하게 추진된 것은 서구와 대등한 조약을 누릴 만큼 일본이 문명국이 되었음을 과시하기 위해서였다.

폐번치현과 동시에 중앙행정 기구인 태정관의 구성이 개편되었다. 태정대신은 산조 사네토미, 우대신은 이와쿠라 도모미, 참의는 기도 다카요시와 사이고 다카모리 외에 오쿠마 시게노부大隈重信(1838~1922, 히젠), 이타가키 다이스케(도사) 등이었다. 행정 실무를 관장하는 8성의 장차관은 대부분 삿초도히 출신자로 채워졌다. 실체화된 번벌 권력의 등장이었다.

그러나 폐번치현 이후의 성급하고 강압적인 개화 정책은 농민을 비롯하여 아래로부터의 반발에 부딪쳤다. 1873년에 들어와 학제·징병령에 반대하는 혈세血稅 잇키가 줄을 잇자, 지역에서 불만을 품은 사족들까지 신정부의 정책에 곱지 않은 눈길을 보내는 판국이었다. 신정부는 출범 이후 중대한 위기에 봉착했다.

이렇게 쌓인 불협화음은 동년 10월에 이르러 이른바 정한론征韓論 논쟁으로 파국을 맞게 된다. 먼저 사이고 등은 중앙정부의 강화와 국가 기초의 확립이라는 목표를 대외적 군사행동으로 달성하자는 견해를 정립하고, 농민 잇키와 결합할지도 모르는 사족을 부분적으로 국가 군사력에 수용하고자 했다. 그 돌파구로 사이고는 자신을 조선에 파병시켜 줄 것을 요청했다. 국내의 불평 사족이나 농민의 반정부 움직임을 외부로 돌림으로써 조선을 손에 넣고 일본의 국권을 신장시키려는 의도였다. 이와쿠라, 기도, 오쿠보 측은 정한론 반대를 표명했다. 사이고의 방식은 징병제에 기반한 군대 편성에 지장을 초래하며, 지금은 국내 개혁에 주력해야 할 때라는 것이 이유였다.

정한론 논쟁의 핵심은 조선과의 관계가 아니라 전적으로 국내 문제였으며, 정부 수뇌부인 삿초도히 내부에 팽배한 정론의 다른 갈래들이 정쟁의 형태로 수면 위에 떠올랐던 것이다. 논쟁의 향방은 메이지 천황이 이와쿠라의 의견을 받아들여 사신 파견을 무기한 연기하면서 매듭이 지어졌다. 천황 친정의 발동으로 완패를 당한 정한파는 줄줄이 정계를 떠났다. 사이고를 비롯하여 이타가키 다이스케, 고토 쇼지로, 에토 신페이江藤新平(1834~1874) 등의 참의가 그들이다.

재야로 돌아간 정한파는 두 부류로 갈라진다. 한쪽은 사족의 불만을 등에 업고 정부를 비판하는 정치운동을 시작했다. 이타가키와 고토 등이 이끈 자유민권운동의 발흥이다.

다른 한편에서는 직접적인 반정부 폭동이 일어났다. 고향 사가로 내려간 에토 신페이는 1874년 지역의 불평 사족들의 추대를 받아 반란을 일으켰다(사가의 난). 정부는 오쿠보의 진두지휘로 무자비한 진압 작전을 전개했고, 체포된 에토는 본보기로 효수형에 처했다. 1876년에 들어서서 폐도령과 질록 처분이 강제되자 사족들의 불만은 극에 달했으며, 사족들의 난은 각지로 확산되었다.

그런 와중에 무력 봉기파와 정부 모두 관심이 온통 가고시마鹿兒島로 쏠렸다. 낙향한 사이고가 정한의 실행에 대비하여 독자적으로 군사력을 키워왔기 때문이다. 메이지 천황의 신임이 두터웠던 사이고마저 거병한다면 20여 현의 사족이 호응할 것이라 예측되어 정부로서도 버거웠다. 그렇다고 정부의 통제가 전혀 먹히지 않는 '사이고 왕국'을 마냥 내버려

서남전쟁 정한론 논쟁에서 완패당한 사이고 다카모리는 가고시마로 낙향한 뒤 군사를 키워 반란을 일으켰다. 정부군에 밀려 사이고는 결국 자결하고, 이후 사족들의 반란은 자취를 감추었다. 그림 가운데 있는 이가 사이고 다카모리.

둘 수도 없었다. 사이고 측도 운신의 폭이 좁긴 마찬가지였다. 사가의 난으로 분출된 정계 불안의 해소책으로 오쿠보는 1874년 5월 타이완 침공을 감행했고, 이듬해에는 운요雲揚 호 사건을 일으킨 뒤 이를 빌미로 1876년 강화도조약 체결을 성사시켰다. 대외 전쟁 대신 외교 교섭으로 사태가 타결되자, 사이고의 출진 기회도 사라졌다.

1877년 2월 사이고는 2만 3천의 병력을 이끌고 구마모토熊本 성 공략에 나섰다. 서남西南 전쟁의 화약고가 터진 것이다. 정부군의 주축인 징집병은 예상 밖으로 직업군인인 사족에 못지않은 전투력을 발휘했고, 가고시마로 후퇴한 사이고는 9월에 할복으로 생을 마감했다. 서남전쟁을 끝으로 사족 반란은 종지부를 찍었고, 중세 이래의 무사는 이제 역사의 무대에서 내려가야 했다. 이로써 봉건 복고의 가능성은 완전히 차단되었으며, 동시에 유신의 제1단계가 막을 내렸다.

메이지 유신의 3걸(오쿠보 도시미치, 기도 다카요시, 사이고 다카모리) 또한 서남전쟁을 전후로 잇달아 세상을 떠났으며, 지도자 그룹은 2세대로 교체되기 시작했다. 기도 다카요시는 서남전쟁이 한창일 때 '사이고, 이제 그만하지'라는 유언을 남기고 병사했다. 사이고는 싸움터에서 유명을 달리했다. 서남전쟁 이듬해인 1878년 5월 사이고를 흠모한 사족들이 칼을 들고 홀로 남은 오쿠보의 마차를 에워쌌다. 오쿠보가 암살되던 날 아침, 그는 지인에게 식산흥업의 증진과 국내 체제의 정비를 위해 10년 정도는 권좌에 있고 싶다고 말했지만, 참간장斬奸狀은 오쿠보가 이끌던 정치에 대해 "위로 천황 폐하의 성지에서 나오지 않고, 아래로 여러 인민의 공의에 따르지 않으며, 단지 핵심 관리 몇 명이 마음대로 처결"한다며 분노를 퍼부었다. 이는 다음 주제에서 서술할 자유민권운동의 주장과도 울림이 같은 대목이다.

자유민권운동의 고양

민선의원 설립 건백서를 전하는 당시 신문 기사

1877년 5월이 되자 서남전쟁의 승패는 확연해졌다. 그 즈음 시즈오카静岡 현에서 발행된 〈시즈오카신문〉에는 "정부를 위해서도 인민을 위해서도" "지금이야말로 국회 설립의 호기"라는 내용을 담은 기사가 실렸다. '내란'으로 인해 발생한 전비戰費를 인민에게 부담시키고자 한다면 국회를 열어 인민의 동의를 얻어야 한다는 것이 골자였다. 또한 기사에는 독단적인 국정 운영 끝에 청교도혁명으로 "단두대의 이슬로 화"한 영국의 찰스 1세를 같이 거론했는데, 이는 사실상 궐기 선언이나 다름없었다. 메이지 신정부 수뇌부에게 서남전쟁은 반정부 사족이 무력으로 정권을 뒤엎을 가능성을 최종적으로 차단한 '대승리'였으나, 한 지방지의 정세 분석에서도 드러났듯이 후유증 또한 만만찮았다. 이후의 심각한 재정난은 의회 개설을 주장하는 재야 정치운동의 재흥에 물꼬를 터주고 말았기 때문이다.

앞서 언급했듯이 정한론 정변으로 하야한 분파 중에서 도사 번 출신의 이타가키 다이스케와 고토 쇼지로 등은 영국 유학에서 돌아온 지식인들과 접촉하면서 합법적인 정치운동 쪽으로 방향을 잡았다. 정부 내의 권력 구도에서 삿초보다 열세이던 도사 번 그룹은 아래로부터의 지지를 바탕으로 새롭게 정치판을 짜는 쪽이 유리하다고 판단했던 것이다. 1874년 1월 천부인권론을 기축으로 애국공당愛国公党(도쿄 소재)을 결성하고 닷새 뒤에는 민찬의원民撰議院 설립을 위한 건백서를 이타가키 다이스케, 고토 쇼지로, 에토 신페이 등 8명의 명의로 정부에 제출했다. 이것이 자유민권운동의 출범 선언문이다.

건백서는 "지금의 정권은 위로는 황실에 있지도 않고 아래로는 인민에게 있지도 않으며,

민찬의원 설립 건백서 1874년 이타가키 다이스케 등이 민찬의원 설립을 주장하며 정부에 제출한 건백서이다.

오로지 유사有司(관료)에게 귀속된다"는 비판으로 시작한다. 정부의 일부 관료가 국가 붕괴의 위기를 초래하고 있으며, 이를 구할 수 있는 방법으로서 "천하의 공의公議를 펴는 것은 민찬의원을 세우는 데 있다"고 주장한 것이다. 게다가 "정부에 대해 조세를 낼 의무가 있는 자는 곧 그 정부의 일을 알고 가부를 말할 권리를 지닌다"는 부분은 글머리에서 인용한 〈시즈오카신문〉 기사와 같은 맥락이다. 조세의 부담에 관해 국민적 동의를 묻는 일이야말로 근대 의회제 도입의 주요한 전거로 인식되었던 것이다.

이 건백서가 일간신문에 전재되자 큰 반향이 일었다. 유사한 건백서가 속속 제출되었고, 언론에서는 찬반 논쟁이 가열되었다. 하지만 인민 일반이 아닌 사족과 호농·호상에게만 선거권을 주자는 주장은 초기 자유민권운동의 시대적 한계를 드러낸다. 요컨대 자유민권의 창끝은 지도자급 인물들이 정한론 정변에서 밀려났던 경험을 공유한다는 점까지 감안하면 삿초를 주축으로 한 번벌 관료의 정치 독점을 최우선적으로 비판했던 것이다.

그럼에도 불구하고 민찬의원 설립 건의와 애국공당 결성의 의의는 결코 가벼이 다룰 수 없다. 일본 역사상 처음으로 인민의 천부인권이 주장되었다. 아울러 인민의 결사는 모두 도당徒党이라고 금지하고 불온하게 여겨지던 일본에서 공공연히 정치 결사체가 조직된 것은 그 자체만으로도 혁명적이었기 때문이다. 정부 측도 민찬의원 설립이라는 대원칙을 정면으로 부정하지는 않았던 만큼, 아직 때가 이르며 인민의 개명화가 우선이라는 수세적인 문구 뒤에 황급히 숨었을 따름이다.

1874년 건백서 제출 이후 이타가키는 고향 고치 현에 돌아가 입지사立志社를 세우고(1883년 해산), 이듬해 2월에는 오사카에서 서일본의 사족들을 모아 애국사를 결성했다. 이에 더해 사가의 난을 시작으로 고삐가 풀린 불평 사족의 봉기까지 겹치면서 정부 관계자의 위기의식은 한층 높아졌다. 게다가 기도 다카요시는 타이완 침공에 대한 항의 표시로 낙향 중이었으니, 정한론 정변으로 촉발된 정부의 분열상은 어느 때보다 극심했다.

어떻게든 정국 타개의 길을 마련하고자 1875년 2월 오사카에서 오쿠보 도시미치, 이타가키 다이스케, 기도 다카요시 등이 회동했다(오사카 회의). 이 회의에서 입헌정체의 수립이라는 큰 방향에 대한 공감대가 확인되자 이타가키와 기도는 참의로 복귀했고, 4월 점진적으로 헌법을 제정한다는 입헌정체立憲政体 조서의 발표로 확정되었다.

오쿠보의 의도대로 이타가키의 참의 복귀는 자유민권운동의 고양에 찬물을 끼얹은 격이 되었다. 애국사의 전국적인 확대는 지도자의 '배신'으로 인해 시도 직전에 좌절되고 말았다. 동시에 정부는 자유민권운동의 숨통을 조이는 직접 탄압에 나섰다. 6

오사카 회의 회의가 열렸던 곳에 세워진 주요 인물 부조. 위 왼쪽부터 시계 방향으로 오쿠보 도시미치, 기도 다카요시, 이타가키 다이스케, 이노우에 가오루, 이토 히로부미.

월에 들어 천황 이하 관리를 비난한 자를 처벌하는 참방률讒謗律을 제정하고 정부 비방과 무허가 건백서의 게재를 금지하는 등의 신문지 조례를 제정했다.

한편 서남전쟁의 경과와 결말은 번벌 독재에 불만을 품은 사족들에게 인식의 전환을 재촉했다. 즉 이제는 무력 봉기에 의존하여 자신들의 요구를 관철하는 것이 불가능하다는 점, 그리고 전국적인 정치 결사를 만들어 전제적인 정부를 추궁하기 위해서는 명확한 정치 슬로건이 절실하다는 사실을 체득하게 된 것이다. 규슈 남부에서 서남전쟁의 일진일퇴 공방전이 치열하던 1877년 6월, 도사 입지사의 총대 가타오카 겐키치片岡健吉(1844~1903, 뒷날 중의원 의장)가 '사족, 징병, 지조 개정, 조약 개정, 조선·대만·사할린에 대한 정부 조치는 인민의 공론을 억압하게 되어 바람직하지 않으므로, 한시바삐 민선의원을 설립해서 헌법의 기초를 세워야 한다'고 건의한 것은 그 좋은 예다.

이처럼 사이고 다카모리의 죽음으로 마감되는 내전의 경과와 맞물리듯, 자유민권운동의 부활로 이어지는 새로운 국면이 창출되었다. 호농을 주축으로 전국의 농민들도 국회개설 운동에 적극적으로 가담하기 시작한 것이다. 폐번치현 이후 민중의 합의를 끌어내기 위해 각지에 설립된 민회民會를 통해 호농들은 기초적인 정치 학습을 거쳤고, 전국적으로 지조 개정에 반대하는 운동이 고양되면서 호농들은 정치 참여의 욕구와 필요성을 체감했다. 그리고 1879년에 설립된 부현회府県会(지방의회가 아니라 자문기관)의 활동 속에서 호농들은 조세 결정 과정에 참가할 수 없는 한계를 자각하며 국회 개설의 구호 아래 결집하게 되었다.

자유민권운동의 전국화는 1878년 9월 오사카에서 열린 애국사 재흥 제1회 대회가 분기점이었다. 1회 대회는 각지의 사족 결사가 얼굴을 내미는 정도였으나, 다음 해 11월의 제3회 대회는 고노 히로나카河野広中(1849-1923, 뒷날 중의원 의장) 등 호농 민권가가 다수 참가하여 성황을 이루었다. 이 대회에서 운동의 핵심은 국회 개설을 위한 청원 활동으로 설정되었다. 1880년 3월의 애국사 제4회 대회에서는 동북의 이와테岩手에서 규슈의 구마모토熊本에 이르기까지 2부 22현 87,000여 명의 대표 114명이 참가하여 이름을 국회기성동맹으로 고치고, 국회 개설 청원을 천황과 정부에 제출하기로 결의했다(4월에 제출했으나 각하됨). 1880년 1년간 제출된 85건의 청원서에서 공통적으로 언급된 것은 국회 개설 요구였고, 그 근거로는 파탄 상태인 재정 대책과 불평등조약의 개정(후술☞ 068)이었다.

자유민권운동의 분위기가 점차 고조되어갔음에도 불구하고 정부의 대책은 여전히 강경 일변도였다. 1879년 관리의 정담政談 연설을 금지하고, 다음 해 4월에는 정치 집회·결사의 허가제, 경찰관의 집회 해산권, 군인·교원·학생의 집회 참가와 단체 상호 간의 연락 및 대중의 유도 등을 금지한 집회 조례를 제정하여 운동 탄압의 고삐를 조였다.

생활 속에 침투한 '자유' 자유민권운동이 고조되면서 도자기나 옷 등에 자유라는 글자를 새겨넣기도 했다.

갈림길에 선 민권

국회개설운동 과정에서 민권파가 날카롭게 들추었던 정부의 재정 문제로부터 이야기를 풀어가보자. 재정 파탄을 낳은 인플레 악화의 주원인은 서남전쟁을 치르는 과정에서 남발된 지폐였다. 4,157만 엔의 전체 전비 중 정부가 지폐를 더 찍어 마련한 2,700만 엔이 주범이었다. 여러 분야에서 서남전쟁은 메이지 유신의 크나큰 분기점이었던 셈이다.

당시 정부의 세수는 1877년 3%에서 0.5% 인하된 2.5%의 정액 지조에만 의존하고 있었다. 1880년에는 인플레에 따른 지폐의 실제 가치 하락으로 정부 수입이 2/3로 감소했다. 불환 지폐의 정리와 세수 증가, 그리고 관영 공장의 민영화와 관련 기구의 통폐합을 실행해 나갔지만 성과는 지지부진했다. 총체적인 전망 없이 실시된 정책의 잇단 실패는 오히려 오쿠보 도시미치의 사망 이후 조타수를 잃어버린 정부 수뇌부의 혼란만 부각한 꼴이었다.

자유민권운동의 고양은 이런 정국의 혼미를 부채질했다. 민권운동 측의 국회 개설 청원을 전후로 정부 내에서 입헌정체에 관한 논의가 활발히 이루어졌으나, 의견 합치에는 쉽사리 이르지 못했다. 시기상조를 고집한 사쓰마의 실력자 구로다 기요타카黑田淸隆(1840~1900)를 제외하면 국회 개설의 취지에는 대체적으로 공감하고 있었다. 다만 그 추진 방향과 주도권을 누가 잡느냐가 관건이었다. 결론의 도출에는 또 다른 정치적 격변이 필요했던 것이다.

먼저 움직인 것은 정부 내의 비주류이자 일찍부터 민권운동에 선이 닿아 있던 오쿠마 시게노부였다. 1881년 3월 오쿠마는 영국식 의회정치를 모델로 하여 연내에 헌법을 제정할 것과 1883년 초에 국회를 개설한다는 등의 내용을 담은 의견서를 좌대신에게 비밀리에 제출했다. 민권운동의 확산과 이에 공감하는 일부 관료 집단을 배경으로 혼란스런 정국과 정권 다툼에 종지부를 찍고자 했던 것이다.

오쿠마의 의견서 제출은 삿초가 주축인 번벌 세력을 경악시키기에 충분했다. 내용의 급진성도 그러했지만, 자신들이 입헌제 도입이라는 대사업의 방관자가 될 수 없다는 위기감 또는 배신감이 더 컸다고 여겨진다. 내부의 논의 끝에 영국식이 아니라 프러시아식의 군권주의적 입헌정치가 일본에 더 적합하다는 결론이 내려졌다. 이로써 오쿠마 일파와 삿초 중심의 번벌 세력 간 일전은 불가피해졌다.

그 즈음 개척사의 관유물을 구로다가 헐값으로 불하한 것을 놓고 각 신문에서는 번벌과 정상政商(정부와 유착된 기업가)이 결탁한 것이라는 비난이 쏟아졌다. 개척사는 홋카이도를 비롯한 북방 개발을 위해 설치된 관청이며, 구로다는 1,400만 엔이 투자된 관유물을 동향 출신의 실업가에게 39만 엔(30년 무이자)에 팔아넘기려고 했다. 비판 수위는 점차 높아져 번벌 정부에 대한 비판과 국회 즉시 개설을 요구하는 민권운동의 기세마저 왕성해졌다.

이렇게 여론이 들끓자 이와쿠라 도모미와 이토 히로부미는 오쿠마 일파가 정국 주도권 장악을 꾀하고자 고의로 정보를 흘렸다고 보고 역공에 나섰다. 구체적인 조치는 다음과 같다. 우선 비난의 표적이 된 개척사 관유물의 불하를 취소하고 사태를 진정시키는 동시에 오쿠마를 참의에서 면직하고 그의 추종자들을 정부에서 내쫓았다. 이어 10년 뒤 국회를 개설하고 그때까지 헌법을 제정한다는 천황의 조칙을 발표했다. 이것이 1881년의 정변이다.

결과는 기대 이상이었다. 한편으로 정부 내에서 이토를 중심으로 한 삿초 정권의 기반이 한층 공고해졌다. 오쿠마 일파는 물론이고 번벌

정부의 언론 탄압 정담(政談) 연설회가 열리면 정부는 경찰을 투입해 연설을 저지시켰다.

의 전횡에 적대적인 관료들까지 일소되었기 때문이다. 동시에 10년 뒤 입헌제를 시행하겠다는 선언은 민권파에게 승리가 아니라 숙제를 떠안긴 절묘한 노림수였다. 국회 개설 요구를 대신하는 새로운 전망을 창출하고 동력을 이끌어내지 못한다면 운동은 가라앉을 수밖에 없기 때문이다.

정변 직후 민권파는 의회 개설에 대비하여 이타가키 다이스케를 총재로 자유당을 결성했고, 1882년 6월부터 기관지 〈자유신문〉을 창간했다. 1882년 전반기만 하더라도 전국에 32개의 지부가 결성될 정도로 성황을 누렸다. 그리고 1882년 4월에는 오쿠마 시게노부를 당수로 하는 입헌개진당(이하 개진당)이 결성되었다.

이런 상황을 정부가 좌시할 리 없다. 헌법 제정과 의회 개설 계획의 발표와 동시에 정부는 자유당과 개진당의 세력을 꺾기 위해 전력을 기울였다. 1882년 6월 집회 조례를 개정하여 정당의 지부 설치를 금지했고, 12월에는 부현회 규칙을 개정하여 부현회 의원들의 연합 집회와 왕복 통신을 금지했다. 손발을 묶은 셈이니 민권파가 입은 타격의 정도는 짐작할 만하다. 다음 해 4월에는 신문지 조례까지 개정하여 민권파의 최대 무기인 언론의 활동에 쐐기를 박았다.

한편 정변을 전후로 본격화한 정부의 인플레 억제 정책은 자유민권운동에도 새로운 양상을 초래했다. 강력한 긴축정책의 실시는 쌀값의 폭락으로 이어졌고, 농촌은 심각한 타격

을 입었다. 그 결과 한 신문의 사설에 "자가의 생계에 쫓겨 심신에 여유를 갖지 못함으로써 공공의 일을 경영할 틈이 없"다고 묘사된 농민의 열악한 상황은 정부의 탄압과 맞물려 부현회에 팽배하던 반정부 분위기를 격감시키고 자유당의 자금원까지 고갈시켰다.

지부 해산이나 연설회 금지와 같이 정당으로서 수족을 절단당한 자유당 내에서 직접행동으로 전제 정부를 무너뜨리자는 활동가가 태동한 것은 자연스런 흐름일지도 모른다. 거기에 피폐한 농민이 가세하면서 전국적으로 동시다발적인 정부 전복의 기도로 나아갈 기세마저 보였다. 자유민권운동의 마지막 봉화가 올랐던 것이다.

1882년 12월 후쿠시마 현에서는 자유당원과 농민들이 지사의 압정에 맞서 일어섰다(후쿠시마 사건). 이에 정부는 1883년 3월 정부 전복을 꾀했다는 다카다高田(니가타 현) 사건을 날조하여 활동가 탄압에 나섰지만, 저항은 더욱 고조되었다. 1884년 5월 군마群馬 현에서는 고리대업자와 정부 고관 암살을 외치는 사건이 터졌고(군마 사건), 9월에는 후쿠시마 사건의 관련자 일부가 '전제 정부 타도'를 외치며 지사를 암살하려다 미수에 그친 사건도 벌어졌다(가바산加波山 사건). 숨 돌릴 틈도 없이 11월 1일 사이타마埼玉 현의 지치부秩父에서는 수만 명의 농민이 부채 감면 등을 내걸고 봉기하는 지치부 사건이 터졌다. 정부는 '전전戰前 최대의 계급투쟁'이자 서남전쟁에 준하는 '반란'을 진압하기 위해 군대까지 동원했고, 처벌자는 사형 7명 등 14,000명에 이르렀다.

이들 봉기 모두를 자유당원이 지도한 것은 아니었지만, 당황한 지도부는 이타가키의 주도하에 지치부 사건 이틀 전인 1884년 10월 29일 당의 해체를 선언했다. 12월에는 개진당도 오쿠마 이하 정부 고관 출신자들이 탈당하는 사태가 벌어지면서 공황 상태에 빠졌다. 급진성을 증폭시켜간 운동과 이에 대한 탄압의 반복은 운동의 계급적 한계 노정과 활동 무대의 상실로 이어졌다. 이렇게 예봉이 완전히 꺾인 자유민권운동은 1884년 말 무렵부터 사실상 동면에 들어갔다.

이와 같이 메이지 유신을 휘감으며 태동한 자유민권운동은 좌우를 망라하는 변혁의 에너지원으로 기능했다. 세포 분열이 진화의 원천이듯이 자유와 민권의 외침은 지도부의 경우에 현실적인 정치론으로, 아래에서는 혁명적 집단행동으로 양분되어갔다. 그래도 역사와 근대는 앞으로 나아간다.

지치부 곤민당 무명전사의 묘 1884년 11월 1일 지치부 농민들이 '자유자치 원년'을 외치며 봉기했다. 사진은 사이타마 현 지치부 시에 있는 무명전사의 묘.

헌법의 탄생

자유민권운동의 고양은 국가 건설의 청사진을 온전히 갖추지 못한 정부 수뇌부의 빈틈을 통렬히 가격했다. 주류파인 삿초 세력은 일단 1881년의 정변으로 10년 후의 국회 개설과 헌법 제정을 천명하고, 경쟁 상대인 오쿠마 시게노부 일파를 제거했다. 이로써 자유민권운동의 고양과 번벌 권력의 유지 및 재생산은 서로 공존할 수 없다는 점이 명백해졌다.

이제 헌법 제정은 삿초 정권의 사활은 물론 근대 일본의 진로까지 결부된 중차대한 과제로 자리매김되었다. 그런 중책을 떠맡고 번벌의 일인자로 떠오른 사람이 바로 이토 히로부미였다. 정변이 수습되자마자 이토는 1882년 4월부터 다음 해 6월까지 1년 3개월 동안 유럽 각지를 다니며 헌법 조사에 나섰다.

헌법 제정 및 국회 개설의 천명과 병행하여 입헌정체의 운용에 필요한 제도적 장치 마련에도 박차가 가해졌다. 이에 따른 각 조치의 공통분모는 의회 세력의 대두에 필적하기 위한 천황제의 보강이었고, 그 목적은 의회 개설 뒤에도 번벌 권력을 유지하는 것이었다. 먼저 1882년 1월 군인칙유軍人勅諭가 발포되었다. 제1조 "우리나라의 군대는 대대로 천황이 통치하신다"로 시작되는 군인칙유는 의회가 개설되어 어떤 격론이 일더라도 군대는 정치의 영역에서 독립시켜 천황에 직속하도록 명문화했다. 황실 재산의 확보도 추진되어 1882년부터 일본은행 주식을 비롯하여 정부가 보유한 재산과 국유지가 황실의 곳간으로 옮겨졌다. 예산을 둘러싸고 의회가 분란에 휘말릴 경우에 대비하여 황실을 지키는 동시에 의회의 감독을 받게 될 국가 예산의 틀 밖에 정부의 자금원을 따로 확보해 두고자 한 것이다.

이토는 유럽에서 돌아온 뒤 화족령華族令의 제정에 착수했다. 화족과 사족으로 채워지는 특권적인 상원을 만들어 급진적인 하원을 견제한다는 의도와 함께, 천황과 국가에 대한 공헌도를 기준으로 사회적 위계를 설정하려 했다. 공작부터 남작까지 5종류의 작위는 500여 명에게 나눠졌다.

교육은 천황제의 기반을 최고로 확대할 수 있는 수단으로 여기고 그 일환으로 1886년 각급 학교령을 공포했다. 초·중학교 교육에서는 유교적인 도덕 교육과 군대식 체조가 중시되었고, 사범학교는 충군애국주의로 완전무장한 교사의 양성을 목표로 삼았다. 천황에 대한 충성을 지고의 가치로 떠받드는 교육칙어가 발표된 것은 1890년 10월이었다.

지방 제도 정비의 목표는 자유민권운동의 지역 기반 약화에 맞춰졌다. 1878년 정촌町村에 민선인 호장戶長을 두어 행정 사무를 맡겼는데, 사실 이들이야말로 자유민권운동의 확

대일본제국헌법 발포식 이토 히로부미 등이 초안을 다듬은 헌법이 1889년 2월에 반포되었다. 이 헌법에 만세일계의 천황이 국가 원수로서 통치권을 총람한다고 규정해 놓았다.

산을 견인한 지역 일꾼이었다. 이 때문에 1884년 호장은 지사가 임명하는 관선 방식으로 바뀌었다. 1888년 시제와 정촌제 공포를 계기로 대대적인 재편에 들어갔으며, 새롭게 구성될 시회와 정촌회의 의원은 납세액을 기준으로 차등적인 선거를 실시하여 자산가이자 '착실하고 온건한' 지역의 명망가를 등용하고자 했다.

1885년 12월에는 기존의 태정관 제도를 폐지하고 내각 제도 수립에 착수했다. 의회에 맞설 수 있는 행정부를 사전에 조직하고 예습하기 위해서이다. 초대 총리대신은 이토 자신이 맡았다. 전체 각료 10명의 면면을 보면, 이토를 포함하여 조슈와 사쓰마 출신이 각각 4명이고, 도사와 막부 출신이 각 1명씩이었다. 삿초 중심의 번벌 내각이 재생산된 셈이다.

1886년 가을부터 이토는 법제국 장관 이노우에 고와시井上毅(1844~1895) 등과 함께 극비리에 헌법 초안의 기초에 들어갔다. 이토의 별장 나쓰시마夏島(요코하마 시)에서 합숙 작업을 강행한 끝에 완성된 나쓰시마 초안은 1888년 4월 천황에게 제출되었고, 이를 심의하는 천황의 자문기관으로 추밀원이 신설되었다. 천황은 추밀원의 심의에 하루도 빠지지 않고 참석하여 헌법 만들기에 권위를 부여했다. 드디어 1889년 2월 11일 대대적인 축제 분위기 속에서 7장 76조의 대일본제국헌법(메이지 헌법)이 발포되었다.

헌법 제정에 즈음하여 이토 등이 가장 고심한 부분은 천황의 위상이었다. 유럽의 입헌군주제는 절대왕권의 제한을 기조로 삼았지만, 일본은 허수아비나 다름없던 천황을 단숨에 국가의 중추로 정립했다. 그 결과 제1조에서 만세일계萬世一系의 천황이 일본을 통치한다고 하면서도, 제4조에서는 "천황은 국가의 원수로서 통치권을 총람總攬하고, 헌법의 조규에 의해 이를 행사한다"고 밝혀 놓았다. 통수권의 총람자인 천황은 헌법의 규정에 따라 통치권을 행사한다는 입헌주의의 원칙이 명기된 것이다.

하지만 유럽이 그랬듯이 천황의 헌법적 지위·권능과 의회정치의 충돌은 필연적이다. 제헌 작업의 쌍두마차 이토와 이노우에 사이에도 심각한 견해차가 존재했다. 그 결과 내각의 위상 혹은 각료와 천황의 관계를 규정한 제55조에는 대일본제국의 본질과 모순이 그대로 녹아 있다. 구체적으로는 내각의 단독책임 혹은 연대책임에 관한 논란인데, 중요 쟁점은 영국처럼 수상이 각료 임면권을 갖고 내각은 의회에 대해 연대책임을 지는 방식의 채택 여부이다.

내각중심주의에 입각한 이토는 의회를 압도하는 초연내각超然內閣이 일신동체로서 천황을 보필해야 한다고 보았다. 이에 비해 천황 친정親政의 신봉자인 이노우에는 연대책임이 천황의 통치권을 침범하거나 정당내각의 대두로 이어질 수 있으므로 각료는 천황에게 개별적으로 책임을 져야 한다고 주장했다. 그러나 단독책임의 경우 천황이 국정에 관해 최종적인 책임 주체라는 논리로 귀결된다. 즉 천황의 책임 문제가 불거질 수 있는 것이다.

논란 끝에 제55조는 "국무 각 대신은 천황을 보필하고 그 책임을 진다"고 최종 정해졌다. 외견상으로는 단독책임의 채택으로 비친다. 그러나 이토의 헌법 해설서는 이중적이다. 연대책임을 배격하면서도 '나라 안팎의 대사'는 내각의 '전체 책임'이라는 상충된 해석도 담았다. 내각의 통일성을 위해 제한된 연대책임을 존치시킨 셈이다. 물론 내각의 전체 책임은 의회가 아니라 천황에 대한 것임을 분명히 했다.

이런 대립은 천황의 전쟁 책임 논의와 직결된다. 한쪽에서 유일한 주권자인 천황이 전쟁 반대를 관철할 수 있었다고 책임을 거론하면, 다른 쪽에서는 입헌제하의 천황은 내각이 만장일치로 의결한 개전을 거부할 권한이 없었다고 반박했다. 현실에서 대일본제국의 헌법적 모순은 입헌정치의 발전이 아니라 전쟁과 패망에 떠밀려 상징 천황제가 창출되면서 '타율적으로' 종결되었을 따름이다. 천황과 민주주의가 공존 가능한 황금 비율의 확정은 아직도 실험 중이다.

또 육해군은 천황에 의해 통수되며, 군사에 관한 의회의 관여는 차단되었다. 이 부분은 나중에 더욱 강화되어 내각조차 군령(작전과 용병)에 개입할 수 없게 된다. 의회와 내각의 견제로부터 자유로운 군부의 성립, 이는 1930년대 군부 파시즘의 출현과 연결되는 대목이다.

양원제를 채택한 의회는 형식적으로 거의 대등한 중의원과 귀족원으로 구성되었다. 하지만 화족, 칙임, 고액 납세자 등으로 채워지는 귀족원으로 인해 중의원의 입법권은 근본적으로 한계를 지닐 수밖에 없었다. 애초부터 귀족원은 정당정치의 방파제로 구상되었던 것이다. 반면 의회의 예산심의권은 민주적으로 명문화되어 중의원의 유력한 무기로 활용되었다. 즉 의회가 반대한다면 정부는 예산의 증액, 신규 사업의 시행, 증세 등을 일체 추진하지 못했다. 하지만 예산안이 부결되면 전년도의 예산을 집행할 수 있도록 하는 보완 장치 또한 빠뜨리지 않았다.

조약 개정의 정치학

페리 제독의 내항(1853) 이후 일본이 서구 열강과 맺어야 했던 제반 조약은 하나같이 전형적인 불평등조약이었다. 폐번치현을 단행하며 중앙집권화에 나선 일본은 새 국가의 기치로 만국대치万国対峙를 내걸었고, 이에 따라 불평등조약을 타파하는 조약 개정은 구체적이고 절실한 과제였다. 헌법 제정에 버금가는 이 사안에는 신정부의 외교 역량이 총동원되었으며, 반정부를 표방한 민권파에게도 지대한 관심사였다.

유신 직후인 1871년 이와쿠라 사절단은 서구 각국을 순방하며 조약 개정을 타진했다. 하지만 근대적인 법과 사회제도의 미비가 곧 한계로 떠올랐다. 이 때문에 조약 개정의 본격적인 시도는 미뤄질 수밖에 없었고, 조약 개정의 기반을 마련한다는 취지에서 근대화를 지향하는 각종 개혁 시책이 정력적으로 실행에 옮겨졌다.

1876년 외무경 데라시마 무네노리寺島宗則(1832~1893, 사쓰마 출신)는 무역 수지 개선과 식산흥업을 뒷받침하기 위해 관세 자주권 획득에 초점을 맞췄다. 이후 서남전쟁으로 재정난이 심화됨에 따라 데라시마의 노선에 더욱 힘이 실렸다. 그러나 때마침 발발한 두 개의 사건으로 여론의 관심은 치외법권의 회복 쪽으로만 쏠렸다. 1877년 아편을 밀수한 영국 상인이 영사 법정에서 무죄를 선고받더니, 1879년에는 전국을 강타한 콜레라 예방을 위해 독일 선박을 검역하려 했으나 거부당하고 말았다. 국가가 국민의 안전과 생명도 지키지 못하느냐는 비판과 더불어 치외법권 철폐 요구가 일본 열도를 뜨겁게 달구었다.

1879년 외교의 지휘권을 넘겨받은 이노우에 가오루井上馨(1836~1915, 조슈 출신)는 전임자의 실패를 거울삼아 신중히 접근했다. 1882년 관련국의 대표들을 도쿄에 소집하여 탐색전을 펼쳤으며, 1883년 완공된 국립 사교장 로쿠메이칸鹿鳴館에서 무도회를 열어 문명국 일본을 과시하고자 했다. 이른바 제2전선으로서의 로쿠메이칸 외교였다. 이를 바탕으로 1886년부터 정식 교섭에 나섰으며, 교섭은 헌법 제정과 마찬가지로 철저히 비밀리에 진행되었다.

특히 초대 총리대신(1885~1888) 이토 히로부미는 헌법의 발포에 맞춰 조약 개정을 이룩해낸다면 정권의 위상을 높일 수 있다는 판단하에 총력을 기울였다. 그러나 조약 개정을 향한 두 차례의 도전은 모두 실패로 돌아갔다. 심지어 이 과정에서 외상 오쿠마 시게노부에게 날아든 폭탄은 그의 한쪽 다리를 앗아갔다. 그 경과는 다음과 같다.

조약 개정의 핵심은 치외법권(영사 재판권)과 관세 자주권의 회복이었다. 이노우에의 전략은 관세 자주권을 세율의 인상 정도로 타협하는 대신 영사 재판권 문제에 집중하는 것이

로쿠메이칸 외교 왼쪽은 낙성 당시의 로쿠메이칸이고, 오른쪽은 로쿠메이칸에서 열린 댄스 파티이다. 이노우에 가오루는 국립 사교장 로쿠메이칸에서 무도회를 열며 조약 개정을 위한 탐색전을 펼쳤다.

었다. 그의 노력으로 1887년 4월에 들어와 대략의 합의를 이끌어내는 데 성공했다. 외국인의 국내 거주를 완전히 허용하고 외국인 재판관을 임용함으로써 영사 재판권을 철폐하기로 한 것이다. 교섭을 측면에서 지원하기 위해 정부는 대대적인 서구화 캠페인을 벌였는데, 1887년 4월 20일 총리 관저에서 열린 화려한 가장무도회는 그 절정이었다.

그러나 막상 각국 대표들이 본국의 승인을 기다리고 있던 중 일본 정부 내에서 불만이 터져 나왔다. 선봉장 격의 농상무대신 다니 간조谷干城(1837~1911, 도사 출신의 군인·정치가)는 1890년 의회를 개설한 뒤 조약 개정을 논의하자는 의견서와 함께 사직을 감행했다. 다니의 의견서가 민간에 유포되자 반대 운동의 여론이 들끓기 시작했다. 낮은 관세율과 치외법권의 해악은 이미 국민적인 관심사였다. 조약 개정 반대의 건의서가 전국 각지에서 쇄도했으며, 신문은 연일 정부의 유약 외교를 질타했다.

시기도 좋지 않았다. 헌법 제정이 마무리되면 총선거가 실시되고 의회가 구성될 것이기에, 조약 개정 반대를 발판으로 삼아 구 민권파가 뭉치려는 움직임이 포착된 것이다. 의회 구성 전에 조약 개정의 매듭을 짓겠다는 것이 이토의 복안이었지만, 그렇다고 이노우에의 조약 개정안 성사를 고집할 경우 현 정국의 운영조차 여의치 않은 판국이었다. 9월이 되어 이노우에를 사직시키는 선에서 진화에 나섰다.

그러나 민권파는 공격의 고삐를 바짝 조였다. 조약 개정의 쟁점화는 지치부 사건(1884) 이후 민권파의 침체기를 타파하는 반격의 기회로 여겨졌다. 부현의 대표들이 상경해서 연일 각종 집회를 조직하고 목소리를 높였다. 가타오카 겐키치가 언론의 자유, 지조 경감, 외교의 회복을 부르짖는 '3대 사건 건백서'를 올린 이후 유사한 건백서가 정부 관계자의 저택 앞에 쌓였다. 1887년 12월 말까지 2부 18현에서 건백서를 들고 상경했는데, 이런 운동을 주도한 것은 주로 구 자유당의 급진파였다.

다른 한편에서는 1887년 10월 이후 구 자유당과 입헌개진당(이하 개진당)을 불문하고 번벌 반대파의 결집과 단결을 부르짖는 목소리가 강해졌다. 1890년의 제1회 총선거까지 이어지는 이른바 대동단결운동의 개시였다. 고토 쇼지로가 온건 민권파를 규합하여 주창한 이 운동의 주안점은 오쿠마 시게노부가 내걸었던 영국식 의원내각제의 수립이었다. 이들은 곧 도래할 총선거 대비가 우선이므로 지역을 팽개친 채 중앙의 반정부 운동에만 몰두해서는 안 된다는 주장을 폈다. 두 개의 노선이 민권파의 운동 방향으로 제기되었지만, 현실에서는 조약 개정 반대가 더 뜨겁게 달아올랐다.

오쿠마 시게노부

정부는 대책을 서둘렀다. 건백서 제출 운동에 과거 법규를 적용할 수 없다는 것을 인식한 정부는 서둘러 12월에 보안조례를 제정하여 시행에 들어갔다. '내란을 음모하고 치안을 방해하는 자'는 궁성 12km 밖으로 내쫓을 수 있도록 한 것이다. 이로 인해 호시 도루星亨(1850~1901), 나카에 조민中江兆民(1847~1901), 오자키 유키오尾崎行雄(1858~1954) 등 570여 명의 활동가가 추방되었고, 퇴거를 거부한 가타오카는 금고형에 처해졌다.

물리적 탄압에 곁들여 회유를 통한 분열 공작도 실시되었다. 1888년 2월 수상 이토가 나서서 오쿠마를 외상으로 입각시킨 것이다. 개진당 그룹을 우군으로 영입함으로써 반대 진영에 내분을 조장하는 동시에 조약 개정의 매듭을 지으려는 의도임이 분명했다.

헌법 제정에 전념하려던 이토는 내각의 바통을 구로다 기요타카에게 넘겼다. 의회 개설 이전에 조약 개정을 타결하겠다는 목표로 구로다 내각은 오쿠마를 외상으로 유임시켜 교섭을 재개했다. 아울러 1889년 3월에는 대동단결운동 측의 지도자 고토 쇼지로를 체신대신으로 영입하여 민권파의 약체화를 꾀했다.

협상 결과는 외국인 재판관의 임용을 대법원에만 한정하는 등 이노우에의 안보다는 전향적이었다. 하지만 1889년 여름, 교섭 내용이 실린 영국의 신문 기사가 일본에 전해지면서 반대 운동에 다시금 불이 붙었다. 대법원으로 제한하더라도 외국인을 판사로 임용한다는 사실 자체가 반대론자를 격앙시킨 것이다. 그해 10월, 오쿠마는 후쿠오카의 우익 단체인 현양사玄洋社 사원이 투척한 폭탄을 맞고 오른쪽 다리를 절단해야 했다. 이 폭탄은 오쿠마의 다리와 조약 개정뿐만 아니라 구로다 내각마저 날려버렸다. 다음 날 열린 임시 각의에서 구로다 수상은 교섭 중지와 총사직을 결정했다.

이후 역대 내각에서도 외교 담당자가 진두지휘하여 교섭에 나섰지만 민권파를 주축으로 한 반대 세력의 저항에 부딪쳐 번번이 무산되었다. 조약 개정이라는 난제는 의회 개설 이후 민권파가 정부를 공격하는 절호의 구실을 제공했다. 대외 강경 노선은 민권파의 최종 병기였던 셈이다.

초기 의회의 실태

제1회 중의원 선거 때 사용된 투표함

헌법 제정과 동시에 중의원의원선거법이 공포되었다. 중의원의 유권자 자격은 25세 이상의 남자로서 직접 국세(대부분이 지조) 15엔 이상을 납입하는 사람으로 한정되었다. 대개 2~3ha 이상의 지주에 해당하는 유권자의 총수는 전체 인구의 1.1%에 불과했으며, 25세 이상의 남자 100명 중에서도 겨우 4명꼴 정도밖에 선거권이 없었다. 피선거인의 자격으로는 30세 이상의 남자로, 역시 국세 15엔 이상을 납부하는 자로 정해졌다.

12만 명당 1명꼴의 기준으로 257개 소선거구(2인 선거구 43)가 설정되었다. 유권자는 거의 지주였으므로 12명을 뽑는 도쿄 부에서는 유권자가 5,715명인데 비해, 5명을 뽑는 시가 현의 유권자는 15,456명으로 격차가 매우 컸다. 피선거인의 거주지 제한이 없어 복수 선거구의 입후보가 가능했으며, 실제로 2개의 선거구에서 당선된 사람도 있어 보궐선거가 치러졌다. 단기 기명 방식으로 유권자는 자신의 주소와 이름을 적고 도장까지 찍어야 했다(비밀선거는 1902년부터 도입). 선거 과정에서는 협박과 매수가 공공연하게 이루어졌다.

1890년 7월 1일 실시된 역사적인 제1회 중의원 총선거에서는 총 300개의 의석을 놓고 7개의 정파가 선거전을 치렀다. 결과는 자유당 계열이 106석, 입헌개진당(이하 개진당)을 포함한 광의의 민권파가 173석을 차지했다. 민권파의 대승이었다. 9월 이타가키 다이스케를 비롯한 구 자유당의 각파를 중심으로 130명의 의원을 보유한 입헌자유당(이듬해 자유당으로 개명, 이하 자유당)이 탄생했다. 개진당도 자유당과 제휴를 거절하지 않는다는 방침을 정했다. 이로써 동년 11월 말에 개원될 예정인 제국의회의 앞에는 번벌 정부와 자유당·개진당을 양대 축으로 하는 '민당(民黨)' 간에 팽팽한 대결 구도가 기다리고 있었다.

민권파의 우세를 예견했을 리는 없겠지만, 정부 측은 이미 1년 반이나 앞서 의회에 대한 입장을 밝힌 바 있다. 이른바 초연주의이다. 헌법 발포 다음 날인 1889년 2월 12일 구로다 기요타카 수상은 로쿠메이칸에서 지방장관을 앞에 놓고 "정부는 항상 일정한 방향을 취하고 초연히 정당 밖에 서"겠다고 밝혔다. 그 이튿날 추밀원 의장 이토 히로부미도 같은 연설을 했다.

1890년 11월 29일 제1회 제국의회가 열리자 야마가타 아리토모 수상은 개회 연설에서 일국의 독립은 주권선(=국경)의 '수호'와 더불어 이익선(=한반도)의 '방어'를 통해 완수된다

제국의회 1890년 7월 1일 제1회 중의원 총선거가 실시된 뒤 11월 29일 제국의회가 열렸다. 왼쪽 그림〈大日本国会議事堂会議之図〉은 회의 장면을 묘사한 것이고, 오른쪽 사진은 제국의회 의사당이다.

면서 군비의 확장과 부국강병의 의지를 강조했다. 이에 대해 민당은 1880년대 이후 가중되어온 농촌의 피폐를 감안하여 정비政費 절감, 민력휴양民力休養을 슬로건으로 내걸었다. 행정 정리, 즉 인건비 삭감을 통해 지조를 경감시키자는 요구는 유권자 대부분이 지주라는 사실을 떠올린다면 당연한 선택이었다. 충돌은 도저히 피할 수 없었다.

민당은 의회의 예산심의권을 십분 활용했다. 야마가타 내각이 제출한 9,400만 엔에 이르는 1891년도 예산안에 대해 약 800만 엔의 삭감을 주장한 것이다. 정부가 이를 수용할 리 만무했다. 예산심의를 놓고 의사당 밖에서는 테러가 난무하는 그야말로 혈투가 이어졌다. 정부는 자유당 의원 일부를 회유하여 최종적으로 당초 안에서 650만 엔의 삭감을 인정하는 선에서 타협했고, 다음 해 3월 수정된 예산안은 간신히 본회의를 통과했다. 야마가타 내각은 의회를 해산하지 않고 첫 회기를 버텨냈다. 무엇보다 조약 개정 문제를 고려한다면 일본도 입헌제를 훌륭하게 운용할 수 있는 문명국임을 드러내야 했기 때문이다.

첫 예산심의를 둘러싼 난항은 적잖은 후폭풍으로 이어졌다. 찬성표를 던진 자유당 의원들은 탈당하여 '자유클럽'을 결성했고, 강골 민권파 나카에 조민은 의회가 '무혈충無血虫의 진열장'이라고 통렬한 일갈을 남기고선 의원직을 내던졌다. 번벌 정부로서도 의회에 대한 근원적인 대책을 강구해야 할 필요성을 절감했다. 결국 야마가타 수상은 의회 종료 뒤 1891년 4월 사임했고, 5월에 마쓰카타 마사요시松方正義(1835~1924, 조슈 출신) 내각이 성립했다.

자유당의 분열에도 불구하고 정비를 절감시켜 민력을 휴양하자는 민당의 요구는 수그러들지 않았다. 1891년 12월부터 시작된 예산안 심의에서는 군함 제조비와 제강소 설립비 등에서 900만 엔의 삭감이 시도되었다. 마쓰카타 내각은 사전에 의원 매수를 시도했지만 수포로 돌아갔다. 이에 마쓰카타 내각은 강경 자세로 바꿔 민당 연합과 격돌을 불사했고, 끝내 의회를 해산시켰다.

1892년 2월의 제2회 총선거에서 정부는 시나가와 야지로品川弥二郎(1843~1900, 조슈 출신) 내무대신이 진두지휘하며 노골적인 선거간섭을 감행했다. 경찰과 관리뿐만 아니라 폭력배까지 동원하여 친정부적인 '이당吏黨(민당과 그 지지자의 표현)' 후보의 지지와 민당 후보의 낙선을 꾀했다. 이 과정에서 전국적으로 25명이 사망했는데, 자유당 세력이 강한 고치 현에서는 10명의 사망자와 66명이 부상하는 유혈 참극이 벌어졌다. 자유당과 개진당은 의석을 꽤 잃긴 했지만, 여전히 40%를 넘는 의석을 점유했다.

3월에 선거간섭의 문책 차원에서 시나가와가 사표를 제출했지만, 민당은 정부의 선거간섭에 대한 쟁점화에 돌입했다. 먼저 5월에 열린 특별의회에서 내각 탄핵 상주안을 제출했으나 겨우 3표 차로 부결되었다. 이틀 뒤에는 선거간섭 사실의 인정과 내각의 처결을 요구하는 문책 결의안을 제출하여 가결시켰다.

정부와 민당의 충돌이 난투극 양상을 보이자 번벌 정부 내에서도 마쓰카타 내각을 성토하는 목소리가 높아졌다. 시나가와 등의 노골적인 민당 혐오와 이당 육성을 비판한 농상무대신 무쓰 무네미쓰陸奥宗光(1844~1897)가 그 중심에 있었다. 이토 히로부미의 측근으로 알려진 무쓰의 주장은 한마디로 관민 협조로 정의된다. 번벌 정부가 한 발 물러섬으로써 민당 내부를 교란하고, '번벌 좌파'와 '민당 우파'의 제휴를 통해 국정 운영의 원활화를 꾀하고자 했던 것이다. 민당 우파의 핵심 인물은 공개적으로 "민당이라는 글자는 싫"다고 발언한 자유당의 호시 도루였고, 그는 무쓰의 평생지기였다.

결국 마쓰카타 내각은 1892년 7월 말 퇴진을 결정했다. 대신 헌법 제정의 산파역 이토가 의회 운영의 모범을 보이고자 손수 내각을 이어받았다. 제2차 이토 내각의 출범이다. 그에 맞춰 자유당 내에서는 민력휴양 주장을 다소 누그러뜨리고 공공사업을 통한 지방 개발을 노선으로 앞세우려는 분위기가 일어났다. 1892년 11월에 개회된 제4의회는 분명 이토 내각과 자유당의 제휴가 성사되는 무대여야 했다. 그러나 번벌 좌파와 민당 우파의 협조는 작동하지 않았다. 호시의 설득이 자유당 내에서 먹히지 않은 탓도 있겠지만, 민력휴양과 부국강병의 간극이 결코 작지 않다는 점이 본질에 가깝다. 민당 연합은 지조 경감을 위한 행정 정리 요구가 수용되지 않자 군함 건조비 전액인 332만 엔을 예산에서 삭제했다. 이에 더해 정부의 결단을 촉구하고자 내각 탄핵 상주안을 가결시켰다.

조각 첫 해부터 중의원을 해산할 수는 없는 노릇이므로 이토는 천황의 개입이라는 비상수단에 의지했다. 마침내 1893년 2월 천황은 '화협和協의 조칙'을 내렸다. 거기에는 군함 건조를 위해 6년 동안 궁정 예산에서 매년 30만 엔을 염출하고 관리 봉급의 10%를 헌금하라는 내용이 들어 있었다. 천황의 조칙에 부응하는 형태로 각 정파는 함정 건조를 용인하고 260만 엔을 감축한 예산안을 통과시켰지만, 민당의 공동전선에는 금이 가기 시작했다. 지조 경감, 즉 민력휴양과는 무관했음에도 자유당은 인건비 삭감으로 정비 절감을 실현했다고 흡족해 했으며, 이후 번벌 정권에 협조하더라도 정책 실현과 정권 획득을 노리는 노선으로 선회했다. 반면 개진당은 조약 개정 반대의 기치하에 번벌 정권과 각을 세웠다.

청일전쟁

    천황을 앞세워 민당의 파상 공세를 막아낸 이토 히로부미는 외상 무쓰 무네미쓰에게 1893년 7월부터 조약 개정 교섭에 들어가도록 지시했다. 당시 러시아의 남진에 촉각을 곤두세운 영국은 일본의 협력이 필요하다고 판단하여 조약 개정 교섭에 긍정적인 신호를 보냈다. 이에 따라 11월 말부터 정식 교섭에 돌입했다.

    그러나 일본 내 분위기는 험악했다. 여론은 외국인의 자유 거주 반대와 현행 조약(개항장에서만 거주)의 고수 쪽이 지배적이었고, 의회에서는 대외 강경파가 득세했다. 여기에 이당吏黨이면서도 이토 내각의 자유당 비호로 인해 찬밥 신세로 전락한 국민협회(1892~1899)가 가세했고, 개진당은 자유당과 차별화를 노리고자 동참했다. 민당과 이당의 이종 결합인 이른바 '경硬 6파'의 탄생이다. 12월에 들어서자 이들은 현행 조약의 준수를 요구하는 건의를 제출했다. 정부는 중의원 해산이라는 카드로 맞받아쳤다.

    1894년 3월의 총선거에서 자유당이 과반을 밑도는 120석 획득에 그침에 따라 이토의 의회 대책은 차질을 빚을 수밖에 없었다. 귀족원으로부터 전년의 중의원 해산을 책망하는 '충고서'가 날아들었고, 현행 조약을 유지하자는 기류는 한층 강해졌다. 5월에 들어와 영국과 교섭이 본격화되자, 자유당을 제외한 경6파는 합심하여 내각불신임 상주안을 가결시키고 말았다. 이토 내각은 벼랑 끝으로 내몰렸다.

    이즈음 5월의 한반도는 동학의 봉기로 정세가 급변하던 차였다. 영국과 교섭 체결을 목전에 둔 상황에서 이토 내각 불신임안이 가결된 5월 31일, 청이 조선에 군대를 파견할 것이라는 정보를 입수한 이토와 야마가타 아리토모는 쾌재를 불렀다. 조선과 청을 정치 쟁점으로 끌어들임으로써 경6파의 공세를 무마할 수 있다고 판단했기 때문이다. 6월 2일 청의 파병에 맞춰 각의閣議는 조선 파병을 결정했다. 여기서부터 정국의 흐름이 180도 뒤바뀐다. 파병 결정과 함께 이토 수상은 3개월 만에 재차 중의원을 해산한다는 각의 결정을 갖고 천황을 배알했다. 곧바로 천황은 중의원의 내각 탄핵 상소를 물리치고 해산을 명하는 조칙을 내렸다. 전쟁에 돌입하려는 중차대한 순간에 의회 문을 걸어 잠갔던 것이다.

    6월 5일 군의 최고통수기관으로 대본영大本營이 처음 신설되었고, 곧이어 9일 일본군이 인천에 상륙했다. 다음 날 대외 강경파의 입장을 대변하던 한 신문은 정부의 조치를 지지하며 "우리는 대외 강경파로서, 또 현행 조약 준수파로서 이번 조치에 찬성한다"는 사설을 게재했다. 일본은 전쟁 준비를 완료했다.

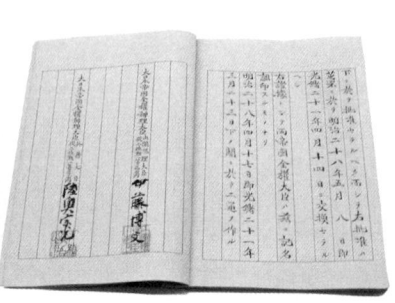

청일전쟁 일본은 1894년 7월 29일 한반도의 성환을 점령하고 승리를 기념하기 위해 8월 5일 서울 용산 만리창에서 성대한 열병식을 했다. 오른쪽 사진은 시모노세키 조약문이다. 이토 히로부미와 무쓰 무네미쓰의 서명이 보인다.

6월 11일 동학군 지도자 전봉준은 자신들의 거사가 청일 양군으로 하여금 조선 출병의 빌미를 준다는 것을 알고 조선 정부와 휴전하고 퇴각했다. 의외의 사태 전개에 이토 내각은 당황했다. 하지만 무쓰가 말한 대로 "이미 주사위는 던져졌으니 중도에 그만둘 수 없다"는 국내 정세로 인해 청을 도발해서라도 일전을 불사할 수밖에 없었다.

6월 16일 일본은 청에 제안서를 보냈다. 양국 군대가 공동으로 동학도 봉기를 진압할 것, 양국이 조선 내정 개혁을 실시할 것, 그리고 개혁의 결과가 있을 때까지 주둔할 것 등이 골자였다. 역시 무쓰의 표현을 빌리자면 "십중팔구는 우리 제안에 동의하지 않을 것이다"라는 관측을 바탕으로 개전의 구실을 찾기 위함이었다.

일본의 제안을 청이 거절했음은 물론이다. 하지만 일본 쪽도 곧바로 전쟁에 돌입하기는 어려웠다. 조약 개정 교섭 중이던 영국이 청일 양국의 조정에 나설 낌새를 보였으며, 열강의 개입을 두려워한 천황이 전쟁에 반대했기 때문이다. 해결책은 조약 개정의 신속한 성사밖에 없었다. 개전으로 정쟁이 중지되었을 때 조약이 조인된다면 뒷날 화근이 될 것이기 때문이다. 더구나 훼방꾼 경6파는 의회 해산으로 활동 무대를 상실한 터였다.

7월 16일 런던 교외에서 드디어 일영통상조약이 조인되었다. 영사 재판권의 철폐와 관세율 인상, 상호 최혜국대우가 주요 내용이다. 이어 다른 구미 제국과도 개정 조약이 조인되어 1899년부터 동시에 시행되었고, 마지막 남은 관세 자주권 문제는 1911년에 처리되었다.

통상조약의 타결과 함께 영국의 불개입을 확인한 뒤, 7월 20일 조선 정부에 청과의 종속 관계 파기와 청군 철병 등을 요구하는 사실상의 최후통첩을 전달했다. 23일에는 경복궁을 점령하여 명성황후를 내쫓고 흥선대원군을 집정으로 앉혔다. 25일에는 아산만 앞의 풍도에서 청의 수송선을 공격하고, 29일에는 성환을 점령하는 등 군사작전이 개시되었다. 그리고 8월 1일 최초로 선전포고의 조서를 발표했다. 그 직후 도쿄와 오사카의 주가는 대폭락을 기록했지만, 1895년 3월 강화 회의가 시작될 때까지 일본군은 거의 연전연승이었다.

9월에 실시된 총선거에서 대외 강경파는 147석으로 다수를 점했고, 여당으로 돌아선 자유당은 106석에 그쳤다. 그렇지만 대외 강경파의 최대 목표였던 조약 개정은 이미 사라졌으며, 군수 경기의 활성화와 쌀값 상승은 지주(=유권자)에게 웃음을 안겼다. 정당과 정부 간에는 아무런 이견이나 쟁점도 남지 않았고, 전쟁 준비는 정당의 전폭적인 협조 분위기 속에서 추진되었다. 10월, 히로시마에서 열린 임시 의회는 공채 1억 엔을 포함한 임시 군사비 1억 5,000만 엔을 즉각 승인했다.

이렇듯 조약 개정을 매개로 1894년 3월 총선거부터 청일전쟁에 이르는 과정은 근대 일본 정치의 변곡점 중 하나였다. 부국강병을 내건 번벌 정부와 민력휴양을 주장하는 민당의 대립은 막을 내렸다. '안으로는 데모크라시, 밖으로는 제국주의'라는 일본 근대의 특징이 잘 드러나는 대목이기도 하다.

메이지 천황이 첫 대외 전쟁을 손수 지휘한 사실도 기억해야 한다. 메이지 천황은 9월 히로시마로 옮겨진 대본영에서 기거하며 다음 해 5월 말까지 대원수의 면모를 과시했다. 국민들 속에는 천황을 필두로 한 거국일치擧國一致 체제와 교육칙어에서 명시된 충군애국 의식이 뿌리를 내려갔다. '쳐부수자! 응징하자! 청국을'이라는 적개심이 맹위를 떨쳤고, 전쟁 반대의 목소리는 그 어디에서도 나오지 않았다.

국가 예산의 2배 이상인 2억 엔과 17만 명의 병력을 투입하여 일본은 청일전쟁에서 승리를 거머쥐었다. 1895년 4월 17일 양국은 시모노세키에서 강화조약을 체결했다. 강화 조건은 "조선은 제국이 처음으로 계유啓誘하여 열국의 대열에 들게 한 독립된 일국"이라는 선전포고 조서의 문구를 반영한 청의 조선 '독립' 인정, 랴오둥遼東 반도 및 타이완과 펑후澎湖 제도의 할양, 배상금 2억 냥 등이었다.

그런데 여기서 별안간 러시아가 프랑스·독일과 결탁하여 랴오둥 반도의 중국 반환을 들고 나왔다. 바로 삼국간섭이다. 청의 수도 위협과 조선 독립의 유명무실을 운운했지만, 일본의 랴오둥 반도 차지로 인해 남진 정책이 봉쇄될까봐 러시아가 취한 술책이었다. 동맹국 영국에다 미국까지 중립을 선언하자 일본은 기댈 곳이 없어졌다. 결국 일본은 5월 랴오둥 반도를 반환한다는 조칙을 발표했고, 대신 3,000만 냥의 배상금을 추가로 받았다.

정부는 와신상담을 외치며 러시아에 대한 국민의 증오심을 부채질하는 한편, 배상금 2억 3,000만 냥의 대부분을 군비 확장에 투입했다. 배상금은 3년에 걸쳐 영국 파운드로 받았는데, 엔으로 환산해 국가 예산의 4배를 넘는 거금 3억 6,450만 엔(3억 5,600만 엔에다 운용 이익금 850만 엔을 합친 액수)의 80% 이상은 군대가 차지했다. 전체 내역을 보면 군비 확장비 62.8%, 임시 군사비 21.9%, 황실 비용 5.5%, 교육기금과 재해 준비금 각 2.8%, 기타 4.2% 등이다. 국민들로부터 공채 강매와 증세로 전비를 조달한 것도 모자라 소중한 목숨까지 앗아가며 전쟁을 뒷받침했건만, 정작 국민들에게 할당된 돈은 겨우 2,000만 엔에 지나지 않았다.

민당의 종언

청일전쟁을 치르면서 민당 대 번벌 정부의 대결 구도는 사라졌다. 앞서 확인했듯이 예산안 삭감을 앞세운 민당의 공세는 최악의 경우 전년도 예산을 집행함으로써 파국을 모면할 수 있다. 그러나 전비 조달에 필수적인 조세 인상은 의회의 동의 없이는 불가능하다. 이 때문에 정부도 어느 정도 정당 세력에 양보하고 동의를 구해야 했다. 전쟁이 끝나더라도 군비 증강의 고삐는 늦출 수 없고, 재원은 증세 이외에 다른 방법이 없다. 요컨대 청일전쟁 이후 정부와 정당의 협조 체제는 더욱 긴밀해지고 구조화된 것이다.

정당 세력의 행보도 이와 연동된다. 민당 시절 민력휴양의 구호는 자취를 감추고 군비 증강과 대륙 팽창이 공통 관심사로 대두했다. 아울러 번벌 정부와 제휴·협조를 통한 관직 획득이 정당의 역량을 높인다는 판단에 이르렀다. 이른바 엽관獵官 풍토의 본격화였다.

이런 변화는 자유당의 행보에서 선명하게 드러난다. 1895년 11월 자유당은 이토 히로부미 내각과 제휴 선언서를 발표했고, 이어진 의회에서 전폭적인 지지와 협조를 아끼지 않았다. 삼국간섭으로 재차 꼬투리를 잡은 대외 강경파는 개회 벽두부터 이토 내각의 탄핵안을 제출했지만 자유당에 의해 부결되었다. 증세를 포함하는 정부 예산안과 관련 법안은 1896년 2월 자유당의 협력에 힘입어 무사히 통과되었다. 그 대가로 자유당 당수 이타가키 다이스케에게는 내무대신의 자리가 배당되었다.

물론 번벌 세력 모두가 정당과 적극적으로 제휴하려는 이토의 행보를 수긍한 것은 아니다. 특히 당리당략의 속성을 적대시하던 관료층의 반발이 컸다. 이들은 육군의 거두 야마가타 아리토모를 우두머리로 삼아 보수적인 야마가타계 관료 그룹을 형성해갔고, 귀족원에도 동조자를 부식했다. 참고로 야마가타의 정당 혐오는 죽을 때까지 이어진다.

1896년 8월 이토 내각이 퇴진하고 후임 내각은 마쓰카타 마사요시에게 돌아갔다. 마쓰카타 수상은 새로이 진보당(1896년 개진당과 대외 강경파가 모여 결성)과 제휴했다. 외상으로 입각한 오쿠마 시게노부를 비롯하여 농상무성 차관 이하 각종 주요 자리가 진보당 몫으로 할당되었다. 순항하는 듯 보이던 내각과 진보당의 연대는 재정난 해소를 위해 마쓰카타 수상이 지조 증징을 끄집어냄으로써 깨졌다. 오쿠마와 진보당은 내각에서 떨어져 나갔고, 의회에서 불신임안까지 가결될 듯하자 마쓰카타 내각은 의회 해산과 총사직을 선택했다.

1898년 1월 갑작스럽게 조직된 제3차 이토 내각은 지조 문제로 인해 정당의 협조를 얻지 못한 채 야마가타 그룹과 공조하는 초연주의로 회귀했다. 지조 증징 방침이 의회에서 압도적 표차로 부결되자 이토는 6월에 들어가 의회를 해산했다. 총선거가 실시된 지 3개월만의 해산은 자유당과 진보당의 위기의식을 고조했고, 앙숙이던 오쿠마 시게노부와 이타가키 다이스케는 '정당정치의 수립'을 함께 외치며 200석을 넘는 헌정당을 탄생시켰다. 정국 운영의 한계를 절감한 이토는 자신이 직접 정당을 설립하고자 사직서를 제출했고, 6월 마지막 날 오쿠마 수상(외상 겸임)에 이타가키가 내무상을 맡는 최초의 정당내각이 출현했다.

8월의 총선거에서 헌정당은 87%의 의석을 확보했다. 하지만 첫 정당내각은 출범한 지 겨우 4개월 만에 좌초하고 말았다. 문부상 오자키 유키오(진보당 출신)가 연설에서 공화정치를 언급한 것이 빌미를 제공했으며, 오쿠마의 거부로 외상 입각이 좌절된 자유당계의 호시 도루가 오자키 제거에 나섬으로써 양 정파의 반목은 돌이킬 수 없는 지경에 이르렀다. 내각은 총사퇴로 내몰렸고 헌정당은 둘로 쪼개졌다. 자유당계는 잔류하여 헌정당을 꿰찼고, 내쫓긴 진보당계는 헌정본당을 칭했다.

후임 수상 야마가타 아리토모는 헌정당과 국민협회를 파트너로 삼았다. 조각 직후의 의회에서는 현안인 지조 인상법(2.5→3.3%)이 호시가 이끌던 헌정당의 '배신'으로 통과되었다. 정당의 지지 기반은 이제 지주가 아니라 도시 상공업자로 이동했고, 상공업자의 이해관계와 직결되는 각종 인·허가권의 획득은 번벌 세력과 제휴 없이 불가능했기 때문이다. 바꿔 말하면 사적 이해의 추구와 이권 산포로 부패가 재생산되는 전전 일본 정치의 폐해가 이 시점에서 뿌리를 내리기 시작한 것이다.

야마가타 내각은 번벌 세력과 보수 관료층의 대변자라는 이름에 손색이 없는 두 가지 조치를 실행에 옮겼다. 1899년 문관임용령을 개정하여 대신이 칙임관(1~2급에 해당)을 자유롭게 임명하던 것을 없애고 임용 시험 합격을 조건에 첨가했다. 정당원의 관료 진입을 막는 장벽이 설치된 셈이며, 이로써 지조 증징에 협조적이었던 호시의 헌정당은 헌신짝처럼 버려졌다. 이듬해에는 육해군대신을 현역 장성으로 한정하는 군부대신 현역무관제를 신설했다. 명실상부한 군부 최고의 실력자 야마가타에게 내각의 생사여탈권이 쥐어진 거나 다름없고, 그 효력은 곧 확인할 수 있다. 또한 사회운동 탄압을 위해 치안경찰법도 신설되었다.

이토는 야마가타와 달리 대외 팽창의 추진을 위해서라도 정국 혼란과 내각 와해 등은 피해야 한다는 정치관을 갖고 있었다. 정당과 연계해서라도 안정된 정치체제와 의회 운영이 확립되어야 하며, 그래야만 국민 통합의 구심점이라는 정치 본연의 역할을 다할 수 있다고 본 것이다. 동시에 국가의 기간 부문으로 급성장한 상공업자의 조직화를 위해서도 정당의 존재는 반드시 필요하다고 여겼다.

1900년 9월, 드디어 이토를 총재로 하는 입헌정우회(이하 정우회)가 결성되었다. 번벌 세력과 민당 일부가 손을 잡고 152석의 의원을 거느린 정치결사체를 구성한 것이다. 민권파에서 사회주의로 말을 갈아탄 고토쿠 슈스이 幸德秋水(1871~1911)는 '자유당 조위 제문'이라는 신문 칼럼에서 자유민권에 생명과 재산을 바치며 헌신했던 민당의 맥이 끊어졌다며 신랄히

입헌정우회 1900년 9월 창립 당시 입헌정우회의 인물들이다. 사진에서 ● 표시한 사람이 이토 히로부미이며, 왼쪽 상단은 입헌정우회 회칙 초안이다.

비판했다. 입당하고자 정우회 당사 앞에 장사진을 친 사람들은 문관임용령 개정으로 엽관의 길이 막힌 이토계의 관료에다 호시를 비롯한 헌정당 지도부의 '위장 전향'으로밖에 비치지 않았다. 창당 직후 정우회를 기반으로 제4차 이토 내각이 출범했다.

정우회 내각의 발족은 흔히 관료와 정당의 제휴 관계가 고착화되었다는 의미에서 '1900년 체제'의 확립이라 평가되기도 한다. 문관임용령의 개정에 따라 권력은 관료에게, 정당내각제의 가동에 따라 이익은 정당에게 각각 분배되는 정치 시스템이었다. 그 산파역은 초연주의의 고수에 집착한 야마가타 아리토모와 의회의 이익 정치화를 주창한 이토 히로부미, 두 거두였다.

이즈음 일본은 중국의 의화단 사건(1900)을 계기로 다시금 제국주의의 길로 나섰다(후술 072). 헌정본당이 미약하나마 간직해온 민당 색채도 한계에 다다랐다. 의화단 사건 출병에 소요된 군사비를 보전하기 위한 증세 요구에 처음으로 찬성표를 던진 것이다. 민력휴양은 이제 박물관으로 가야 할 지경이었다. 그런데 중의원을 통과한 증세 법안에 대해 공교롭게도 귀족원이 반대로 돌아섰다. 이토 내각에 대한 불신이 빚어낸 후과였다. 사태는 천황이 귀족원에 칙어를 내림으로써 수습되었다. 천황의 정치적 통합력은 아직 녹슬지 않았다.

제4차 이토 내각은 군부대신과 외상을 제외한 각료 전원을 정우회가 차지한 정당내각이었으나, 고토쿠가 예고했듯이 엽관과 부패의 연쇄만 불거졌을 뿐이다. 1902년도 예산안 심의로 각료 간의 충돌이 반복되자, 1901년 5월 이토는 사표를 던졌다. 뒤를 이은 것은 야마가타의 후계자이자 육군대장 출신인 가쓰라 다로桂太郎(1848-1913, 조슈 출신)였다. 각료 중에 한 사람의 정당원도 없이 야마가타계 관료 그룹만으로 채워진 전형적인 초연내각이었다.

러일전쟁

청일전쟁 이후 한반도와 만주에서는 단연 러시아의 그림자가 짙어졌다. 일본의 명성황후 시해를 계기로 친러 정책을 취한 고종은 1896년 2월 러시아 공사관으로 처소를 옮겨 1년간 머물렀다(아관파천). 러시아는 1891년 블라디보스토크와 내륙을 연결하는 시베리아 철도를 기공(1904년 완공)한 데 이어, 삼국간섭을 활용해 그토록 염원해온 부동항 뤼순旅順과 다롄大連의 조차권을 1898년 손에 넣었다. 러시아는 피 한 방울 흘리지 않고 남진 정책의 결정적인 교두보를 확보했으며, 의화단 사건이 수습되고 난 뒤에도 만주에 눌러앉으려는 기색을 노골화했다.

일본은 중국의 의화단을 진압했던 8개국(영국·러시아·독일·프랑스·미국·이탈리아·오스트리아·일본) 연합군 2만 명 가운데 절반을 동원하면서 사실상 '극동의 헌병'으로서 주도적 자세를 과시했다. 독자적으로 세력 범위를 확대할 수 있다는 자신감까지 얻었다. 그렇지만 만주에 주둔하던 러시아의 군대 철수 거부 문제는 혼자서 감당하기 어려운 난제였다.

이 무렵 일본에서는 대러 정책의 방향을 놓고 두 가지 노선이 경합을 벌이고 있었다. 하나는 이토 히로부미를 주축으로 하는 '만한교환론滿韓交換論'이며, 이는 러시아에게 만주를 주는 대신 한국에 대한 일본의 독점적 지위를 인정받자는 주장이다. 그 연장선에서 포괄적인 동맹 관계인 일러협상으로 나아가자는 복안이었다. 반면에 야마가타 아리토모, 외상 고무라 주타로小村壽太郎(1855~1911) 등은 러시아와 전쟁이 불가피하므로 영국과 동맹을 맺어 한국에 대한 권익을 확보하자는 것이었다. 당시 보어전쟁(1899~1902)으로 아시아를 돌아볼 겨를이 없던 영국이 적극적으로 응대하면서 1902년 1월 영일동맹이 체결되었다.

의화단 사건에 출병한 연합군 왼쪽부터 영국, 미국, 러시아, 인도(영국령), 독일, 프랑스, 오스트리아, 이탈리아, 일본군이다. 일본은 연합군 2만 명 가운데 절반을 동원했다.

영일동맹 풍자 만평 일본·영국의 밀월 관계에 러시아가 질시하는 모습이다.

청일전쟁에서 일영통상조약이 그랬듯이(☞ 070 참조) 영일동맹도 결과적으로 러일전쟁을 앞당기는 촉매제 역할을 했다. 영일동맹이 체결되자 러시아는 일본과 교섭을 통한 해결에 성의를 보이는 듯 했지만, 내부에서는 점차 강경론이 득세하여 한국에까지 손을 뻗쳤다. 일본은 1903년 6월의 어전회의에서 한국에 대한 일본의 독점권 등을 조건으로 대러 교섭에 임할 것을 결의했다. 러시아가 받아들일 리 없는 제안이었으므로 러·일 간에 논의의 진전은 거의 없었다. 동년 말 일본은 협상장을 먼저 박차고 나오지는 않으면서도 전쟁 준비에 돌입했다. 결과적으로 대러 교섭은 개전에 대비해 군사적 외교적 준비를 갖추기 위한 시간 벌기에 지나지 않았다.

러시아와 전쟁을 앞두고 소수이기는 했지만 비전론·반전론이 적극적으로 일어났다. 기독교도 우치무라 간조內村鑑三(1861~1930)의 경우 청일전쟁 초기에는 중국을 '경성警醒'하기 위한 '의전義戰'을 주창했으나, 이 전쟁이 패권 전쟁과 하등의 차이가 없음을 자각하자 비전론자로 돌아섰다. 1903년 그는 주전론자를 향해 "만약 세상에 가장 어리석은 것이 있다면, 그것은 칼로써 국운의 진보를 꾀하려는 일이다"라고 신랄히 꼬집었다. 고토쿠 슈스이는 사카이 도시히코堺利彦(1871~1933, 뒷날 공산당 결성에 참가)와 더불어 〈평민신문〉('평민平民'은 프롤레타리아를 지칭)을 창간하여, 전쟁 발발 후에도 "붓이 있고 종이가 있는 한 전쟁 반대를 절규"한다고 부르짖었다. 그러나 대부분의 언론과 단체들은 '전쟁 불사'를 선동했고, 여론은 급속도로 주전론으로 기울었다.

정부도 여론도 전쟁 개시를 부르짖었지만 세계 최강의 육군을 보유한 러시아와 싸워 이길 보장은 어디에도 없었다. 1904년 2월 4일 어전회의에서 개전이 결정되고 난 뒤 이토는 러시아와의 조기 강화 주선을 미국에 부탁하고자 심복인 가네코 겐타로金子堅太郎(1853~1942)를 미국에 보냈다. 가네코는 하버드대학 유학 시절에 미국 대통령 T. 루스벨트(1858~1919)와 면식이 있었기 때문이다. 이토 자신조차 "이번 전쟁은 육해군 둘 다 성공할 가망이 없다. 일본은 국운을 걸고 싸워야 하므로 승패는 안중에도 없다"며 비관론을 떨쳐버리지 못했다. 육해군의 수뇌부라고 뾰족한 수가 있는 것은 아니었다. 초전의 승리로 러시아를 강화 테이블로 끌어내야 하며 장기전은 절대로 불리하다, 이것이 일본 정부의 일치된 견해였다. 군사력뿐만 아니라 재정적으로도 일본은 오래 버티기 힘들었다.

2월 8일 일본의 연합함대는 뤼순의 러시아 함대에 기습 공격을 가했고, 육군 선발대가 인천에 상륙했다. 9일에는 인천 근해에서 러시아 군함 2척을 폭침했으며, 일본군은 경인선

《평민신문》 고토쿠 슈스이(위 사진)는 《평민신문》을 창간하여 "붓이 있고 종이가 있는 한 전쟁 반대를 절규"한다고 부르짖었다. 왼쪽 사진의 가운데 기모노 차림으로 서 있는 이가 고토쿠이다.

러일전쟁 위 왼쪽 만평은 거인 러시아에 도전하는 일본인을 풍자한 것이다. 세계 최강의 육군을 보유한 러시아였기에 전 세계는 당연히 일본이 전쟁에 패배하리라고 생각했다. 위 오른쪽 사진은 랴오둥 반도에 상륙하는 일본군, 아래는 포츠머스 회담 장면이다.

계엄령이 내려진 도쿄 포츠머스 강화조약에 대한 반대 궐기 집회가 폭동으로 번지자, 가쓰라 다로 수상은 도쿄 시내에 계엄령을 선포했다. 사진은 군인이 점령한 도쿄의 모습.

을 타고 서울에 입성했다. 그리고 10일 천황은 선전포고를 내렸다. 인천에 정박해 있던 대한제국 첫 신식 군함 양무楊武는 일본군에 징발되는 수모를 겪었다.

육군의 주력은 한반도를 거쳐 남만주로 진격해 나갔다. 노기 마레스케乃木希典(1849~1912)가 이끄는 제3군은 1905년 1월 많은 희생을 치른 끝에 난공불락을 자랑하던 뤼순 요새를 함락했고, 이어 펑톈奉天(선양의 옛 이름)을 점령하여 승세를 굳혔다. 도고 헤이하치로東鄕平八郞(1848~1934, 사쓰마 출신)가 지휘하는 해군은 아프리카의 희망봉을 돌아오는 머나먼 여정에 지친 러시아의 발틱 함대를 5월에 대한해협에서 격파하는 전과를 올렸다.

이로써 유리한 고지를 점했다고 판단한 일본은 예정대로 루스벨트에게 러시아와의 강화를 의뢰했다. 일본으로서도 더 이상 전쟁을 계속할 수 없는 상황이었다. 6년의 국가 예산에 육박하는 17억 엔이 넘는 전비를 다 쓴 데다 증세와 국채 발행, 외채 모집까지 한계에 달했으며, 총병력의 40%가 죽거나 부상을 입었다. 러시아로서는 주력을 북만주에 온존해 두기는 했으나, '2월 혁명'의 발발로 국내 정치가 위태로운 국면이었으므로 민심 수습책이 절실했다. 구미 열강은 일본이 러시아를 완패시키면 극동의 균형이 깨어질까 두려워했다. 이 모든 조건이 일본과 러시아로 하여금 협상 테이블에 앉게 했다.

1905년 9월 5일 미국 동부의 포츠머스에서 체결된 강화조약의 내용은 다음과 같다. ① 한국에 대한 일본의 '지도·감독권'을 인정하고, ② 뤼순·다롄의 조차권과 남만주의 철도를 양도하며, ③ 사할린의 남부를 할양하고, ④ 연해주와 캄차카의 어업권을 인정한다는 것이다. 일본 정부조차 '세 치 혀가 10만의 병사에 필적한다'고 고백했을 정도로 러시아의 전권 S. 비테(1849~1915)가 포츠머스에서 발휘한 외교 수완은 탁월했다. 결국 비테가 니콜라이 황제의 훈령을 넘어 일본에 양보한 것은 회의 최종일에 제시한 사할린 남부 할양뿐이었다. 일본은 배상금으로 애초 요구한 12억 엔은커녕 단 1엔도 받아내지 못했고, 전쟁 중에 진주했던 사할린마저 북쪽 반을 러시아에 내주어야 했다.

연이은 승전보로 흥분의 도가니이던 국민들에게 8월 말부터 보도된 강화조약의 내용은 청천벽력이었다. 전시체제 아래 징병, 증세, 국채 모집과 헌금 등을 비롯한 물적 인적 희생을 강요당하면서도 전쟁이 싫다는 의식을 애써 떨쳐버려야 했던 국민들이었다. 17억 엔의 전비를 8억 엔의 외채와 6억 엔의 공채 및 3억 엔의 증세로 조달했건만, 러시아로부터 한 푼의 배상금도 받지 못한다는 소식은 그들의 인내심을 넘어서는 폭탄선언이었다. 9월 1일자 〈아사히朝日신문〉은 '가쓰라 내각이 국민과 군대를 팔았다'고 썼다.

9월 5일 강화조약 조인에 맞춰 도쿄 도심의 히비야日比谷 공원에서 열린 강화조약 반대 궐기 집회는 폭동으로 번졌다(히비야 소요 사건). 경찰서를 비롯한 관공서와 신문사가 습격당했고, 고베에서는 이토 히로부미의 동상이 땅바닥에 내동댕이쳐졌다. 가쓰라 다로 수상은 황급히 도쿄 시내에 계엄령을 선포하여 진압을 서둘렀다. 각지의 소요는 강화조약이 추밀원에서 가결된 10월 초까지 한 달을 끌었다. 청일전쟁과는 사뭇 다른 결말이었다.

한국 강점의 관계자들

러일전쟁 직전인 1904년 1월 21일, 한국 정부는 전시 국외중립을 선언했다. 청을 비롯하여 영국·프랑스·독일이 승인했으나 일본은 무시했다. 2월 8일 인천에 상륙한 일본군은 서울로 진주했고, 23일 한일의정서가 체결되었다. 핵심 조항인 한국 '방위'의 의무화는 전쟁 보급로의 요충인 한반도에서 군사작전의 자유를 확보하는 것과 직결된다. 이 시점에서 한국은 사실상 일본의 보호국으로 전락했다. 8월에는 제1차 한일협약이 조인되었다. 일본이 추천하는 재정·외교 고문을 두고, 주요 외교 안건은 사전에 일본과 협의하도록 강제했다. 동시에 일본군은 한반도를 '강점'해 나갔다. 4월, 서울에 설치된 한국주차군韓国駐箚軍은 1차 한일협약 추진을 앞두고 병력을 증강했으며, '치안 유지'를 명분으로 서울과 함경도 등에서 '군정'을 실시했다. 10월, 하세가와 요시미치長谷川好道(1850~1924, 뒷날 조선 총독)가 사령관으로 부임해 와 1905년 10월부터 13·15사단을 을사조약 체결 때 무력 시위로 활용했다.

1904년 10월, 일본의 산업자본을 대변하던 〈동양경제신보〉는 영국이 이집트를 '영국화' 한 것처럼 일본도 조선을 '일본화'해야 한다고 썼다. 다음 해에는 조선 경영이 '외관의 허식'뿐이기 때문에 '실익'을 챙기자고 촉구했다. 산업혁명의 진전에 따라 일본 자본주의는 한반도 침략과 지배를 적극적으로 요구하고 나섰던 것이다.

실익 구현을 위한 사전 준비 작업으로 일본 정부는 영국과 미국의 양해부터 구했다. 미국과는 1905년 7월 29일 가쓰라·태프트 밀약으로 매듭이 지어졌다. 가쓰라 다로는 일본을 방문한 루스벨트 대통령의 특사 겸 육군장관 W. 태프트(1857~1930)와 논의한 끝에 필리핀에 대한 일본의 불간섭과 한국의 자유 처분권을 일본에게 인정한다는 내용을 비밀리에 '교환'했다. 1924년 공개된 문서에서 가쓰라는 한국 정부가 러일전쟁의 '직접적 원인'이며, 한국이 '방치'되면 타국과 조약을 맺어 일본이 '전쟁에 말려들'게 되기에, 이를 막아야 한다고 주장했고, 태프트는 한국이 일본의 보호국이 됨으로써 동아시아의 '안정'에 공헌할 수 있다고 맞장구를 쳤다. 이 내용에 동의한다는 루스벨트의 전문이 가쓰라에게 송부되었고, 이는 8월 8일 포츠머스에서 협상 중이던 외상 고무라 주타로에게 전달되었다.

러일전쟁이 유리하게 전개되던 4월 8일, 일본은 "한국에 대해 보호권 확보를 기하"기 위해 "영국 정부의 찬조를 얻"도록 한다는 내용을 각의에서 결정했다. 그 결과 8월 12일 제2차 영일동맹이 런던에서 조인되었다. 일본은 영국의 인도 지배를 인정하는 대신, 영국으로부터 한국에 대한 일본의 '탁월한 이익'과 감리 보호권의 승인을 얻어내는 데 성공했다.

이런 사전 준비 끝에 포츠머스 강화조약 제2조의 틀이 갖춰졌다. 즉 "러시아 제국 정부는 일본국이 한국에 대해 정치상, 군사상 및 경제상으로 탁월한 이익을 가진다는 것을 승인하고, 일본 제국 정부가 한국에 대해 필요하다고 인정하는 시도, 보호 및 감리 조치를 취하는 것을 방해하거나 간섭하지 않을 것을 약속한다"는 조항이다. 엄연한 독립국인 한국을 일본에 넘기는 데 영국과 미국이 개입했다는 사실을 결코 간과해서는 안 된다. 더구나 포츠머스조약 조인으로 루스벨트는 1906년 노벨평화상을 수상했다. 파나마 운하 장악과 쿠바 점령과 같이 제국주의적 '곤봉 외교(Big Stick Diplomacy)'의 장본인 루스벨트가 어떤 '평화'를 주선했는지 의아스럽기 그지없다.

영미 제국주의의 승인은 떨어졌다. 남은 것은 밀사 파견 등을 통해 독립국을 유지하려는 한국 정부의 활로 차단이었다. 이를 위해 파견된 이가 이토 히로부미였고, 1905년 11월 17일 한국의 외교권을 박탈한 제2차 한일협약, 즉 을사조약이 맺어졌다. 12월 을사조약에 따라 서울에 천황 직속의 통감을 두었고, 이듬해 3월 초대 통감으로 이토가 부임했다.

1907년 6월의 헤이그 밀사 사건은 일본에 적지 않은 충격을 주었다. 일본 정부는 이 기회에 한국 내의 전권을 장악할 것, 혹시 그것이 여의치 않으면 내각과 중요 관직 임명은 통감의 동의를 거치도록 결의하여 이토에게 전달했다. 그러나 이토는 그보다 먼저 움직여 밀사 파견이 한일협약 위반이므로 일본은 선전포고할 권리가 있다고 한국 정부를 위협하면서, 일진회의 송병준을 통해 7월에 고종의 퇴위를 성사시켰다. 바로 이어 내정의 전권 장악을 규정한 제3차 한일협약(한일신협약, 정미7조약)을 맺고, 8월에 군대마저 해산시켰다.

1909년 2월 일본으로 귀국한 이토는 통감 사직을 결심하고 5월 하순에 사표를 제출했다. 이토의 통감직 사임 소식은 한편에서 한국 정책의 전환으로 받아들여지기도 했다. 왜냐하면 그는 병합의 실행보다 지배의 정당성 확보에 중점을 두는 '점진설'을 견지한다고 여겨졌기 때문이다. 이 점은 안중근의 이토 암살이 병합을 앞당겼다는 평가와 짝을 이루기 때문에 조금 자세히 검토할 필요가 있다.

먼저 통감 사임에 즈음한 병합 논의의 경과이다. 이토의 사임에 즈음하여 외상 고무라는 정무국장 구라치 데쓰키치倉知鉄吉(1871~1944)에게 한국 정책 방침의 기안을 명했다. '대한對韓 방침안'은 3월에 만들어져 가쓰라 수상에게 제출되었고, 거기에는 "적당한 시기에 한국의 병합을 단행할 것"이 명기되었다. 이 방침은 7월 6일 각의에서 결정되었고, 곧바로 메이지 천황의 재가까지 얻었다. 일본 권부의 최고 책임자까지 병합의 단행을 결단한 것이다.

이토의 경우는 어떤가? 4월 10일 자신을 찾아온 가쓰라와 고무라가 병합 외에 다른 방책이 없다고 하자 이토는 이견이 없다고 피력했고, 위 방침에 대해서도 "그 대강을 승인"했다. 이어 통감을 물러나 추밀원 의장으로 옮긴 이토는 7월 5일 사무 인계를 위해 한국으로 건너갔고, 가쓰라는 병합의 각의 결정에 이어 이토와 후임 2대 통감 소네 아라스케曾禰荒助(1849~1910)에게 한국의 사법과 감옥 사무에 대한 일본 위탁과 군부 폐지의 실행을 지시했다. 이에 이토는 "한국의 국가적 강제 장치의 거의 모든 것을 빼앗고 병합으로 가는 길을 깨끗이 청소하"고 한국을 떠났다.

분명 이토는 한국 병합을 적극적으로 조기에 실행하자는 의견을 갖고 있지는 않았다. 그렇다고 암살 직전까지 병합 반대를 관철하고자 노력한 흔적이나 개연성도 없다. 이토가 신경을 쓴 부분은 병합의 실행 여부가 아니라 서구 열강과의 관계와 간섭의 향배였다. 그리고 각의 결정 후 80여 일이 지난 10월 26일 안중근의 총에 쓰러진 것은 역사적 사실이다.

1910년은 각의 결정에서 언급한 '적당한 시기'였다. 병으로 1월에 귀국한 소네의 뒤를 이어 5월 30일 데라우치 마사타케寺内正毅(1852~1919, 사쓰마 출신) 육군대신의 3대 통감 겸임이 정해졌다. 6월 3일의 각의에서는 병합 후에 한국에서는 헌법을 시행하지 않고 총독이 정무 일체를 통괄하는 방식이 확정되었다. 이어 실무 관료를 중심으로 병합준비위원회가 설치되고, 7월 8일 21개의 주요 항목이 각의의 승인을 거쳤다. 병합 준비를 마친 데라우치는 7월 15일 도쿄를 출발하여 23일 인천에 입항했다. 그리고 8월 22일 이완용과 맺은 '한국병합에 관한 조약'은 동 29일 메이지 천황의 재가를 받고 공포되었다.

8월 22일 밤 병합 조인을 축하하는 연회에서 데라우치는 다음과 같은 와카를 지었다.

고바야카와 / 가토, 고니시가 / 살아 있다면 / 오늘 밤 달을 보고 / 무슨 생각을 할까

고바야카와 히데아키, 가토 기요마사, 고니시 유키나가가 모두 임진왜란 때의 일본군 장수였다는 데서 자명하듯이 한국병합은 임진왜란의 '재판再版'으로 비쳤다. 반면 저항 시인 이시카와 다쿠보쿠石川啄木(1886~1912)는 이듬해 이렇게 읊으며 조선 침략을 비판했다.

지도 위에서 / 조선이란 나라에 / 검게 / 먹을 칠하며 가을 / 바람 소릴 듣노라

일제의 병합 기념 화보 대한제국 병합을 기념하여 일본 〈오사카신문〉이 특별부록으로 제작한 화보이다. 메이지 천황 아래 고종과 순종을 배치하고, 병합에 관련된 일본 공로자들, 대한제국의 종친과 주요 관리들을 소개하고 있다. 하단에는 각 지역 인구와 물산 정보를 표시했다.

산업혁명과 노동자

해발 1,672m의 험준한 노무기野麦 고개는 나가노長野 현과 기후岐阜 현의 경계에 있다. 주변은 3,000m나 되는 높은 봉우리들이 도열하듯 늘어서 있어 경관이 수려하다. 도야마富山 현의 노토能登에서 잡힌 방어가 나가노 쪽으로 운반되는 통로이기도 했다. 지금은 도로가 뚫려 있으나, 겨울에는 통행이 금지될 정도로 적설량도 많은 곳이다.

1884년 무렵부터 1930년대까지 반세기 동안 기후의 히다飛驒 지역과 도야마 현 일부 농촌의 딸들은 이 고개를 넘어 나가노의 스와諏訪, 오카야岡谷의 제사製絲 공장에 일하러 다녔다. 그들의 손으로 뽑아낸 생사는 개항 이후 일본 경제의 주춧돌이었다. 국내 생산량의 대부분은 해외로 수출되었으며, 제1차 세계대전 때까지 전체 수출액의 1/3 이상을 차지했다.

생사는 누에고치에서 빼낸 섬유를 몇 가닥씩 합쳐 꼬아서 만들어진다. 몇 개의 누에고치에서 동시에 섬유를 뽑아내야 하는데, 누에고치 하나에서도 섬유의 굵기는 제각각이기 마련이다. 이 때문에 실이 항상 적당한 굵기가 되도록 누에고치의 수를 조절하면서, 삶은 누에고치에서 실 끝을 찾아 계속 잇는 작업이 중요하다. 이 일을 맡은 이들이 시력이 좋고 손놀림이 빠른 10대 소녀나 젊은 여성이었다.

히다에서 노무기 고개를 넘어 스와에 이르는 거리는 140km에 달한다. 도야마의 야오八尾에서는 7일, 눈이 많이 쌓이면 10일이나 걸렸다. 11~12세 무렵부터 소녀들은 1년에 네 차례 제사 공장의 모집원을 따라 이 고개를 넘었다. 눈 때문에 걸음조차 옮기기 어려운 2, 3월에도 생명의 위험을 무릅쓰고 공장에 가서 일을 하고는 5월에 일단 모내기를 돕기 위해 귀성했다. 모내기가 끝나면 다시 공장에 가서 연말 귀성 때까지 지내는 일정이었다.

오카야 제사 공장 여성 노동자들이 누에고치에서 일일이 생사를 뽑아내고 있다. 이들의 노동력은 일본 산업혁명을 견인해 나간 주춧돌이었다.

하루 노동시간은 14~17시간에 이르지만 휴일은 한 달에 고작 이틀뿐이다. 누에고치를 찌는 증기가 가득한 실내에서 일하기 때문에 폐결핵 등의 병에 걸리기도 쉬웠다. 임금은 성과급이므로 병에 걸려도 충분히 쉴 수가 없다. 1년에 100엔을 버는 '100엔 공녀工女'가 최대의 목표였기 때문이다(100엔은 집을 지을 정도의 거금이었음). 도망이나 자살을 방지하기 위해 기숙사의 문은 밖에서 잠그는 경우가 많았다. 공장 측은 계약을 할 때 부모에게 이미 선금을 지불했으므로 여공의 도망과 자살은 손해로 직결되기 때문이다.

1905년 무렵 이바라키 현의 히타치(日立) 광산 산업혁명을 이끌었던 탄광이나 광산의 노동자들은 매우 열악한 생활환경에 시달리며 작업했다.

공업화 시작 이전부터 일본의 인구밀도는 대단히 높았다. 특히 경지가 부족한 산간부의 사람들과 전답을 소유하지 못한 소작인들의 생활은 상상을 초월할 정도로 곤궁했다. 당시 소작인의 농업 소득은 도시의 날품팔이 인부에 견줘도 절반 정도에 지나지 않았다. 제사 공장에 나가는 딸은 그야말로 한집안의 기둥이었던 셈이다. 제사업은 이런 사람들의 팍팍한 생활 형편을 바탕으로 몸집을 키워서 일본의 공업화와 산업혁명을 견인해 나갔다.

가난한 농가의 딸들이 제사 공장으로 내몰렸다면 아들들은 탄광으로 향했다. 탄광의 노동환경은 제사 공장 이상으로 열악했다. 특히 채탄부의 경우가 그러했다. 운신조차 불편한 어둡고 좁은 갱도에서 칸델라(휴대용 석유등)의 침침한 불빛에 의지하여 하루 12시간씩 석탄을 캐야 했다. 조금이라도 게으름을 피울라치면 현장감독의 무자비한 몽둥이세례가 날아들곤 했다. 너무 힘들어 도망쳤다가 잡히기라도 하면 처참한 매질이 기다리고 있었다. 이런 탄광에도 여성 노동자가 존재했다. 캐낸 석탄을 운반하는 일이다. 1928년 여성의 막장 노동이 금지될 때까지 대략 탄광 노동자 넷 중 하나는 여성이었다.

제사업이 일본의 산업혁명을 대표하는 것처럼 여겨진 데는 나름의 이유가 있다. 그것은 한마디로 말해서 일본 자본주의의 '특수성'이다. 그 특수성은 공업과 농업의 특수한 관계에서 기인한다. 서양의 농촌은 지주가 토지를 집적하고 경영을 확대하여 부농 혹은 농업 자본가로 발전하지만, 일본의 경우는 대부분의 토지를 소작으로 주는 기생지주제의 강화로 이어졌다. 소작료 수입을 주식과 채권에 투자한 대지주는 상업·금융·공업에도 진출했다. 기생지주제는 자본주의 산업자금의 주요 공급원으로도 기능했던 것이다.

소작인은 대부분 빚을 떠안은 데다 공장에서 일할 기회도 적었기 때문에 생활이 힘들어도 쉽사리 농촌을 떠나지 못했다. 이 때문에 자녀를 일시적인 부업의 형태로 공장이나 탄광으로 날품을 팔게 했다. 즉 노동자가 농촌에서 완전히 분리되지 못한 것이다. 이런 현실을 바탕으로 저임금과 장시간 노동은 뿌리를 내려갔고, 자본가에게는 높은 이윤을 보장해 주었다.

반면에 극단적인 저임금과 열악한 노동조건으로 인해 여공이나 청년 노동자의 자립은 저지되었다. 가부장제로 옥죈 그들의 송금에 힘입어 농민은 겨우 소작료를 납부할 수 있었기 때문에 도시 공장의 저임금과 열악한 노동조건은 지주제에게도 든든한 원군이었다.

이러한 눈물겨운 희생을 도약대로 삼아 대도시 여기저기에서는 높은 굴뚝이 들어서고 산업혁명이 진전되었다. 농업국에서 공업국으로 변모를 선도한 면방적업은 방적기와 함께 원료인 면화를 수입에 의존하면서도 1890년대에 들어서면 기계제 공업으로 자립을 달성했다. 거기에 소요되는 외화는 바로 제사업, 아니 제사 여공들의 손끝에서 나왔다. 방적 공장에서도 방적 여공이라 불린 여성 노동자들이 저임금과 장시간 노동에 시달리면서 생산에 임했다. 일본의 산업혁명은 여성 노동자들의 손으로 달성되었다고 해도 과언이 아니다.

면방적업을 필두로 한 대공업의 확립은 필연적으로 해외시장 의존도를 높이는 결과를 초래했다. 일본이 면제품을 수출하고 조선과 중국에서 쌀·콩을 수입하는 무역 형태가 산업혁명으로 창출되었다. 시장의 측면에서 조선·중국에 쏠리는 일본 자본주의의 강한 관심, 바로 이 점에서 러일전쟁은 청일전쟁과 결정적으로 달랐다. 그 사이 진전된 산업혁명이 아시아 침략을 가속화한 것이다.

이 당시 자본가의 동향은 어떠했을까? 1880년대를 전후로 식산흥업에 관여하여 특혜를 입은 일군의 자본가 집단, 곧 정상政商이 생겨났다. 그중에서 근세에 뿌리를 둔 미쓰이三井(☞053 참조)는 메이지 유신 이후 두각을 드러낸 미쓰비시三菱와 함께 정상의 양대 산맥이었다. 이들은 관영 공장 불하 등의 호조건과 산업혁명의 태동에 발맞춰 광공업을 포함하여 사업 분야의 다각화를 이뤄 나갔다. 미쓰이가 미쓰이 은행(1876), 미쓰이 광산(1889), 미쓰이 물산(무역, 1876)이 삼두마차였다면, 미쓰비시는 미쓰비시 광업(1871)과 나가사키 조선소(1887)가 주력 기업이었다. 그 외에도 광업을 주축으로 제강과 은행까지 몸집을 불린 스미토모住友를 합쳐 3대 재벌이라 부른다. 미쓰이보다 기원이 앞서는 스미토모는 에도 시대부터 에히메愛媛 현의 벳시동산別子銅山에서 캔 구리로 부를 쌓았다.

재벌은 1900년 전후로 등장한 신조어이며, 원래 동향의 부호를 의미하다가 부호 일반을 지칭하게 되었다고 한다. 재벌은 정당과도 밀접하게 연계되었는데, 정우회는 미쓰이, 정우회의 라이벌 헌정회(후일 민정당)는 미쓰비시로부터 각각 정치자금을 조달했다. 일찍부터 조슈 벌과 각별했던 미쓰이는 이토 히로부미가 만든 정우회 쪽을 지원했고, 미쓰비시 창업자 이와사키 야타로岩崎弥太郎(1835~1885)와 오쿠마 시게노부의 친교는 이후 미쓰비시와 헌정회의 제휴를 낳았다. 실제로 이와사키의 두 사위인 가토 다카아키加藤高明(1860~1926, 헌정회 총재)와 시데하라 기주로幣原喜重郎(1872~1951)는 나란히 외상을 지낸 뒤 수상에까지 올랐다.

사회운동과 대역 사건

1884년의 지치부 사건을 계기로 근세적 농민 봉기는 종말을 고했다. 그 뒤를 이은 것은 산업혁명과 자본주의의 현실에서 발출한 각종 사회운동이고 중심은 역시 노동운동이었다.

1886년 야마나시山梨 현 고후甲府의 제사 공장 여성 노동자의 쟁의는 일본 최초의 쟁의로 일컬어진다. 이후 청일전쟁을 전후로 한 산업혁명 단계에 이르면 각지에서 처우 개선과 임금 인상을 요구하는 공장 노동자의 파업이 본격화하여 1897년에는 전국에서 약 40건 정도 발생했다. 미국 노동운동의 영향을 받은 다카노 후사타로高野房太郎(1869~1904), 가타야마 센片山潛(1859~1933) 등의 노력으로 같은 해 노동조합기성회가 조직되었고, 철공조합이나 일본철도교정회와 같이 숙련공이 단결하여 자본가에 대항하는 움직임이 나타났다.

이런 기류에 맞서기 위해 제2차 야마가타 아리토모 내각은 1900년 치안경찰법을 제정했다. 단결권·파업권을 제한하고 내무대신에게 단체해산권을 부여하는 등 노동운동을 초기 단계부터 탄압하려 했던 것이다. 이로 인해 1901년 노동조합기성회도 간판을 내려야 했다.

사회주의는 노동운동의 전개에 힘입어 활력을 더해갔다. 1898년 아베 이소오安部磯雄(1865~1949), 가타야마 센, 고토쿠 슈스이 등은 사회주의연구회를 만들었고, 1901년에는 기노시타 나오에木下尙江(1869~1937)가 가세하여 최초의 사회주의 정당인 사회민주당을 결성했다. 제국주의에 대항하여 사회주의와 민주주의에 입각한 사회제도 개혁을 정당운동으로 추진한다는 방침을 결정했지만, 치안경찰법에 의해 끝내 해산되고 말았다. 러일전쟁이 끝난 1906년에는 일본사회당이 결성되었다. '국법의 범위 내에서 사회주의를 주장한다'며 자세를 낮추었지만, 다음 해에 해산명령이 내려졌다. 그래도 운동의 열기는 식지 않았다.

1908년 무렵부터 일본 경제에 적신호가 연발했다. 러일전쟁으로 힘겨운 부담을 져야 했던 농촌에는 근세 이래 최악의 불황이 덮쳤고, 사람들은 피폐한 논밭을 뒤로 하고 도시로 몰려들었다. 또한 도시에서는 파업 등의 노동운동과 사회주의가 목청을 높였다. 고토쿠 슈스이를 비롯한 직접행동파는 의회주의를 배격하고 '무정부 공산共産'을 주창하며 언론 활동을 왕성하게 벌여 나갔다.

사회주의자들의 적극적인 움직임은 원로(메이지 유신의 원훈으로 천황을 보좌하여 내각 구성에 관여한 9인을 일컬음) 야마가타의 위기감을 부채질했다. 1908년 7월 성립된 제2차 가쓰라 다로 내각은 사회주의 '절멸'을 주요 공약 중 하나로 내걸었고, 10월에는 천황이 직접 나서서 '상하' 인심의 일체를 호소하고 국민정신을 진작시키는 무신戊申 조서를 발표했다. 그 연장선

대역 사건 100주년 기념 그림 2011년 화가들이 대역 사건 100주년을 맞아 희생자들을 추모하는 그림을 공동 제작했다. 이 그림은 마루키(丸木) 미술관에서 전시되었다.

에서 터진 것이 1910년의 대역 사건이다. 누적된 체제의 위기를 타파하고자 제국은 교수대의 밧줄을 팽팽하게 조였다.

대역 사건을 정의하자면, 천황 암살을 기도했다는 혐의를 씌워 고토쿠 슈스이를 포함한 26명의 무정부주의자와 사회주의자를 체포·기소하여 그중 12명을 사형에 처한 사건이다. 이는 모든 반체제 세력을 말살하기 위해 3개의 사실 관계를 대역죄에 결부해 대대적인 음모 사건으로 조작한 뒤 관련자들을 처벌한 계획적 국가 폭력이었다. 형법 73조에 근거한 대역죄는 천황과 직계에 대해 위해를 모의하는 것으로도 처벌하며 형량은 사형뿐이다.

첫 번째 사실 관계는 나가노 현의 무정부주의자 3명이 천황 암살을 공모했다는 것이며, 이것이 유일한 사실이자 단서였다. 두 번째로 한 승려가 '천황보다 황태자를 죽인다'고 한 말을 들었다는 것을 꼬투리로 4명이 연루되었다. 세 번째는 '11월 모의'라는 것을 날조했는데, 내용인즉 1909년 11월 고토쿠를 포함한 4명이 폭발물과 흉기로 폭력혁명을 기도해 대역죄를 범했다는 것이다(실제는 파리 코뮌에 관한 얘기를 나눴음). 11월 모의를 각각 다른 경로로 전해 들었다는 것 때문에 10명이 체포되었고, 고토쿠의 서생을 포함한 5명이 이런저런 구실로 포박되었다. 총 26명이다.

사건의 경과를 보면, 먼저 첫 번째 천황 암살 계획이 1910년 5월에 발각되었다. 이에 충격을 받은 정부는 전국적으로 고토쿠를 비롯하여 수백 명의 사회주의자를 검거하여 가혹하게 취조했다. 이 과정에서 유도신문, 공갈, 협박, 고문이 자행되었음은 물론이다. 그 결과 26명의 '대역 죄인'이 모습을 드러내게 된다. 유일한 여성 사형수 간노 스가管野スガ(1881~1911)는 수기에서 "이번 사건은 무정부주의자의 음모라기보다 오히려 검사의 손에 의해 만들어진 음모라는 편이 적당하다"라고 썼는데, 사건의 정곡을 찌르고 있다.

재판은 1910년 12월 1일부터 29일까지 초스피드로 끝이 났다. 변호인 측의 증인 소환은 한 건도 허용되지 않은 비공개 재판이었다. 사법대신이 전 인사권을 장악했으며, 대역죄는 3심제가 아니라 1심제였다. 1911년 1월 18일 언도된 형량은 26명 전원 유죄에 24명은 사형, 2명은 유기징역이었으나, 이튿날 천황의 '은사'로 12명이 무기징역으로 감형되었다. 1월 24일 고토쿠 등 11명이, 다음 날에는 간노가 형장의 이슬로 사라졌다. 판결이 선고된 지 일주일만의 일이다. 무기징역으로 복역하던 12명 중 5명은 병 혹은 정신착란으로 생을 접었고, 남은 7명은 1934년까지 차례로 가석방되었다.

정부는 대역 사건을 "천황을 암살하여 일본 제국의 태양을 없애고 6,000만 국민을 암흑으로 몰아넣는 미치광이 짓"으로 규정했다. 그래서 제2차 세계대전에서 패망할 때까지 "일본 역사가 시작된 이래의 불상사"의 진상에 대해 언급하는 것조차 금기시되었고, 사건의 정확한 진상과 경과는 패전 뒤에야 밝혀졌다. 이 사건이 일어난 뒤 도쿄를

간노 스가

관할하는 경시청 내에 사상경찰로 악명을 날리는 특별고등경찰, 즉 특고가 설치되었다.

사건의 후폭풍을 우려해서인지 가쓰라 내각은 민심을 봉합하는 유화적인 대책도 내놓았다. 사형 집행 직후 기원절(2월 11일, 초대 진무 천황이 즉위한 날)에 천황은 조칙을 통해 궁민에게 의약을 제공하는 '제생濟生의 길'을 거론했고, 곧바로 가쓰라 수상은 천황 하사금 150만 엔으로 은사재단 제생회를 만들었다. 자비로운 군주의 상을 창출하여 인심 무마를 노린 것이다. 제생회 설립이 추진되는 가운데, 자본가 단체가 한사코 거부했던 공장법도 1911년 3월 제정되었다. 러일전쟁 전에는 공장법 반대의 선봉에 섰던 시부사와 에이이치渋沢栄一(1840-1931)조차 "이제 지금은 이르다고 하지 않아도 될 것 같다"며 법안 통과에 협조했다. 역사 속에서 군주의 자혜慈惠는 정치 경제의 모순을 가리는 기제로 종종 동원된다.

대역 사건에 관한 재판 경과는 연일 신문을 도배하다시피 했다. 공교롭게도 이 시기는 한국병합이 본격적으로 추진되는 시기와 맞물린다. 사실 양자 간에 직접적인 인과관계는 확인된 바 없다. 하지만 대역 사건이 없었다면 고토쿠는 러일전쟁에 반대했듯이 병합에도 '안 된다'를 외쳤을 것이다. 병합 추진 과정에서 일본 열도에 살던 조선인 유학생에게는 철저한 감시가 가해졌다. 일본은 '밖'으로는 제국주의의 제단에 한국의 피눈물을 바쳤고, '안'으로는 천황을 앞세워 자유와 양심을 압살했다. 서슬 퍼런 대역 사건의 광풍에 숨을 죽이며 제국의 신민들은 이웃나라의 침탈에 환호했다.

끝난 듯 보였던 대역 사건의 드라마는 일본의 패전으로 다시금 이어졌다. 1947~1948년 사이에 생존한 4명의 복권이 이루어진 것이다. 그리고 1961년에 유일한 생존자가 재심 청구서를 제출했다. 하지만 1965년 재판장은 다른 재판관과 합의도 없이 일방적으로 재심 청구를 기각해버렸다. 같은 해 특별 항고 절차를 밟아 일단 인정을 받게 되지만, 1967년 최종적으로 기각되고 만다. 이것으로 대역 사건의 법적인 모든 절차는 막을 내렸다.

민중의 분노와 다이쇼 정변

(…) 국무에 관한 칙어에 만약 잘못이 있다면 그 책임은 누가 지는 것인가. (…) 그들(가쓰라 다로와 번벌—인용자)이 하는 짓을 보면 항상 옥좌의 그늘에 숨어 정적을 저격하는 식의 망동을 취하고 있습니다. (박수) 그들은 옥좌로써 방벽을 삼고 조칙으로써 탄환을 대신하여 정적을 쓰러뜨리고 있지 않은가.

입헌정우회(이하 정우회) 소속의 오자키 유키오가 1913년 2월 5일 제3차 가쓰라 다로 내각 불신임안을 제출할 때 토했던 사자후의 일부분이다. 오자키의 일갈은 가쓰라 내각을 향해 날린 비수와 같았고, 뒤이어 민중의 함성 속에서 최초의 정권 교체인 다이쇼大正(1912~1925) 정변이 현실에서 벌어졌다. 그 경과를 살펴보면 다음과 같다.

조각 당시 공약으로 내걸었던 관세 자주권 회복이 1911년에 들어 타결될 기미를 보이자 가쓰라 수상은 정우회 쪽에 정권을 넘기겠다고 했다. 예정대로 가쓰라 내각은 8월 25일 총사직했고, 곧바로 정우회 총재 사이온지 긴모치西園寺公望(1849~1940)가 두 번째로 내각을 이었다. 이로써 게이엔桂園 시대, 즉 군부·관료와 정우회 간에 구축된 협조 관계를 바탕으로 가쓰라와 사이온지가 교대로 정권을 맡는 정국 운영 방식은 원활하게 작동하는 듯 보였다.

2차 사이온지 내각에게는 러일전쟁 이후 불황으로 신음하던 경제를 회복하는 일이 시급한 현안이었다. 전임 내각과 마찬가지로 사이온지 내각도 긴축재정을 천명했고, 1912년도 예산안 작성도 그런 기조로 추진했다. 이 때문에 육해군에서 강력하게 요구하는 군비 증강 예산의 염출은 크나큰 난관이었다.

육군은 1907년 제정된 '제국 국방 방침'(한국과 만주에 대한 이권 확보가 골간)에 따라 러시아와의 전쟁에 대비하여 조선에 배치할 2개 사단의 증설에 큰 관심을 기울였다. 특히 1911년 10월 신해혁명의 발발은 야마가타 아리토모를 비롯한 육군에게 남만주 장악의 시급함을 부추겼고, 2개 사단의 증설 요구는 더욱 거세졌다. 러일전쟁의 승전으로 발언권이 강해진 해군도 함선 건조 예산의 배당을 거론했다. 결국 사이온지 수상 취임 첫 해의 예산 쟁탈전은 해군 쪽에 약간의 예산을 배당한 것 외에는 일단 연기로 가닥이 잡혔다. 육군도 사단 증설 논의를 1년 유보하는 데 동의했다.

1912년 5월 총선거에서 정우회는 압승을 거뒀다. 이에 힘입어 사이온지 내각은 1913년도 예산을 긴축 편성으로 정하고 육군 예산도 감축 대상에 포함했다. 그러나 육군성은 2개

의회에 몰려든 민중 러일전쟁 뒤의 경제 불황과 증세로 민중의 불만이 누적되는 가운데 정당, 언론계, 도시 민중이 중심이 되어 헌정옹호운동을 전개했다. 1913년 2월 가쓰라 내각이 내각불신임안을 막기 위해 정회를 명하자, 2월 13일 성난 민중이 국회로 몰려 갔다.

사단 증설을 전혀 포기하려 하지 않았다. 사이온지는 계속 난색을 표명했다. 7월 메이지 천황의 죽음은 최종 조정자의 부재와 더불어 예산 논의에 소요되는 시간적 여유마저 앗아갔다. 급기야 12월 2일 우에하라 유사쿠上原勇作(1856~1933) 육군상은 군비 증강의 필요성을 새 천황에서 호소한 다음, 단독으로 사표를 제출했다. 사이온지 내각은 후임 육군상의 추천을 야마가타와 가쓰라에게 부탁했으나 거절당하자 사흘 뒤 총사직을 택할 수밖에 없었다. 1900년 야마가타가 도입한 군부대신 현역무관제가 처음으로 효력을 발휘한 사례였으며, 당시에도 '육군의 독살'이라 불렸다.

육군대신의 사직이라는 극약으로 사이온지 내각을 쓰러뜨린 육군 측의 각본은 야마가타와 가쓰라를 움직여 조선 총독이던 데라우치 마사타케를 차기 수상으로 옹립하는 것이었다. 이와 함께 정우회에 밀려 만년 야당으로 전락한 입헌국민당(헌정본당의 후신으로 1910년 창당)을 여당으로 끌어들이는 방안도 포함되어 있었다.

그러나 실제로는 내대신과 시종장을 겸임하며 즉위 직후의 다이쇼 천황을 보좌하던 가쓰라가 세 번째로 수상에 취임했다. 조칙의 기안이 내대신의 임무이므로 가쓰라가 자신의 이름을 적어 정권을 이어받은 것이나 다름없는 듯 비쳤다. 이로 인해 가쓰라와 그 배후 조종자인 야마가타계의 군벌과 관료 그룹을 비판하는 목소리가 들끓었다. 해군 측도 해군대신을 천거하지 않으면서 반발했다. 그러자 제3차 가쓰라 내각은 천황의 칙어를 받아 기존 해군대신을 유임하는 무리수를 두어 간신히 조각에 성공했다.

내각이 정식으로 출범하기 3일 전에 도쿄에서는 벌족 타파와 헌정 옹호를 요구하는 대회가 열렸다. 이후 정당, 언론계, 도시 민중이 중심이 되어 의회 안팎에서 헌정옹호운동이 급속도로 고조되었다. 1913년 1월이 되자 가쓰라는 신당 창립 추진으로 맞불을 놓았다. 의회는 1월 21일 천황의 칙어로 인해 보름 동안 정회해야 했다. 2월 5일 의회가 재개되자 정우회와 국민당은 내각불신임안을 제출했다. 앞에 제시한 연설과 함께.

가쓰라는 2월 7일 신당의 명칭이 입헌동지회라고 발표하며 정면 돌파를 시도했다. 그러나 불신임안을 심의하기 위해 열린 2월 10일, 의회 밖에는 수만의 민중이 쇄도했다. 가쓰라 수상이 불신임안의 가결을 막고자 사흘간 정회를 재차 명하자, 민중은 의사당 주위의 친정부계 신문사와 파출소를 습격하는 소동을 일으켰다. 이날 전소된 파출소만 52곳이었다. 각계의 반발이 예상을 초월하자 이튿날 가쓰라는 퇴진을 선택했다(8개월 뒤 가쓰라는 병사).

오자키 연설과 정우회의 행보는 정당정치의 획기적인 진전과 직결된다. 내각 구성 과정은 물론 의회에서 공방전이 벌어질 때마다 가쓰라는 다이쇼 천황을 빈번하게 끌어들였다. 따라서 내각불신임안의 제출은 천황의 칙어를 무시한다는 의미를 띨 수밖에 없다. 초기 의회와 사뭇 다른 이런 사태와 관련하여 두 가지 점이 지적된다. 하나는 정당정치 안착에 걸림돌이 되곤 하던 절대군주 메이지 천황이 사라졌다는 점이다. 또한 오자키의 연설에서 알 수 있듯이, 대신이 의회에 대해 정치적 책임을 지는 것은 헌법적 대전제라는 미노베 다쓰키치美濃部達吉(1873~1948)의 학설(천황기관설, 후술 086)이 배출되고 활용되었다는 점이다. 이노우에 고와시가 두려워했던 정당내각의 출현(☞ 067 참조)은 헌법 해석에 따라 근거를 구축할 수 있게 되었다. 위칙違勅의 죄는 사이온지가 짊어졌다. 정우회 총재에서 물러나고 정계를 은퇴한 것이다. 하지만 정당내각제의 길에 공헌함으로써 의회와 정당의 절대적 신임을 받는 원로로서 부활했다.

후계 내각은 사쓰마 출신의 해군대장 야마모토 곤베山本權兵衛(1852~1933)가 정우회를 여당으로 조직했다. 야마모토 내각은 공무원 감축과 같은 행정개혁을 실시하는 한편, 문관임용령을 일부 개정하고 군부대신 현역무관제를 고쳐 퇴역 장성까지 육해군대신을 맡을 수 있도록 자격을 넓혔다. 야마가타 내각이 정당 세력의 진출을 저지하고자 둘러쳤던 철조망은 높이만 다소 낮아졌다.

그러나 야마모토 내각은 1914년 초 지멘스 사건(군함 도입을 둘러싸고 해군 고관이 독일 기업 지멘스의 뇌물을 받음)이 폭로되면서 암초에 봉착했다. 1년 전 '가쓰라 신당'이라 불리며 혹평을 받았던 입헌동지회가 야마모토 내각을 비판하는 선두에 섰고, 언론계와 민중이 가세했다. 가쓰라 내각에 치명타를 안겼던 바로 똑같은 2월 10일, 3만 혹은 10만이라 얘기되는 민중이 의사당을 포위한 가운데 야당은 내각불신임안을 중의원에 제출했다. 불신임안 자체는 정우회가 다수당인 탓에 부결되었지만, 민의에 떼밀린 귀족원이 해군 예산 7,000만 엔 전액을 삭감하며 퇴진을 압박했다. 3월 말 야마모토 내각은 총사직했고, 후임으로 입헌동지회 등의 정당을 파트너로 삼은 제2차 오쿠마 내각이 성립했다.

다이쇼 천황은 1912년 7월 즉위했고, 정권 교체의 주요 동력으로 성장한 민중운동은 1913년과 1914년에 잇달아 터졌다. 다이쇼라는 연호는 민중운동과 함께 시작된 것이나 다름없었다. 이 무렵부터 1925년 5월 보통선거법(남자만)이 성립된 시기까지를 흔히 '다이쇼 데모크라시'라고 부른다.

다이쇼 시대 | 1910년대 중반~1920년대 초 ▶ 1부 014 **077** 다이쇼 데모크라시의 서막

제1차 세계대전과 쌀 소동

1914년 6월 28일 사라예보에서 세르비아의 청년이 오스트리아 황태자 부부를 암살했다. 세르비아와 오스트리아의 충돌은 러시아, 독일, 프랑스, 영국까지 가세하면서 순식간에 전 세계적 규모의 제1차 세계대전(1914~1918)으로 확대되었다. 급박하게 돌아가는 유럽 정세를 보면서 원로 이노우에 가오루는 병중이었음에도 불구하고(이듬해 사망) 오쿠마 시게노부 수상과 원로 야마가타 아리토모에게 의견서를 제출했다.

유럽의 대화란大禍亂은 하늘의 보살핌이라고 해야 할 국운 발전의 호기, 즉 다이쇼 신시대의 천우天佑이다. 안으로는 거국일치, 밖으로는 전황의 추이를 보면서 영·프·러 3국과 일치단결해 중국에서 일본 이권을 확립해야 할 때이다.

일본 정부의 대처도 이런 방향에서 마련되었다. 영일동맹에 의거하여 8월 참전을 결정한 뒤 곧바로 독일에 선전포고를 했다. 일본이 노린 것은 동아시아에 대한 독일의 권익을 탈취하는 것이었다. 먼저 중국 내의 독일 근거지 칭다오靑島를 점령하고 적도 이북의 독일령 남양군도(현재의 팔라우, 사이판 등)를 손에 넣었다. 그리고 정권 붕괴까지 초래했던 2개 사단 증설이 결정되어 제19사단이 나남에, 제20사단이 서울의 용산에 각각 배치되었다.

이어 1915년 5월 7일 위안스카이袁世凱(1859~1916)에게 '21개조 요구'를 들이밀어 대부분 승인을 얻어냈다. 유럽 각국이 전쟁 때문에 중국 문제에 개입할 여력이 없는 점을 틈탄 조치였다. 그리고 이상의 권익들을 지키기 위해 1916~1917년에 걸쳐 러시아·영국·미국과 협정을 체결했지만, 치러야 할 대가는 만만찮았다. 위안스카이가 일본의 요구에 굴복한 5월 9일은 중국에서 국치일이 되었고, 중국인의 반일 감정은 급속도로 고조되었다.

경제의 측면에서 제1차 세계대전은 러일전쟁 후 만성적인 경기 침체에 시달리던 일본에게 둘도 없는 천우신조였다. 교전국으로부터 군수물자의 주문이 쇄도했고, 유럽 열강이 물러간 아시아 시장에는 면직물 등이, 군수경기로 후끈 달아오른 미국 시장에는 생사 등의 수출이 급신장했다. 선박 수요의 급증으로 해운업과 조선업은 공전의 호황을 누렸다. 철강업은 수입 두절과 함께 조선업을 비롯한 각 산업의 성장을 발판으로 눈부시게 도약하여 중화학공업의 본격화를 이끌었다. 그 결과 일본은 1914년 11억 엔의 채무국에서 1920년에는 27억 엔 이상의 채권국으로 면모를 일신하기에 이르렀다. 이를 흔히 '대전 경기'라 부르

지만, 호경기의 혜택은 결코 모두에게 골고루 돌아가지 않았다.

신문에는 연일 나리킨成金에 관한 소식이 실렸다. 일본 장기에서는 보병步兵과 같은 낮은 말이 살아서 적진에 들어가면 금장金將으로 승격되는데, 에도 시대 후기부터 벼락부자를 뜻하는 관용구가 되었다고 한다. 예컨대 야마모토 다다사부로山本唯三郎(1873~1927)는 전쟁 발발을 계기로 선박운송업에 뛰어들어 거부를 축적했다. 호화로운 씀씀이로도 이름을 떨친 그는 1917년 기자 등과 함께 조선에 건너가 호랑이 사냥을 벌여 도라다이진虎大尽(호랑이를 많이 잡았다는 의미이나 실제로는 2마리였음)이라는 별칭을 얻었다. 요정 현관의 조명이 어두워 100엔 다발을 태워 주위를 밝혔다는 일화도 남겼다(1918년 공무원 초봉이 70엔 정도였음).

재벌을 중심으로 자본의 집적과 집중이 강화되어 독점자본주의의 형태가 드러나는 것도 이 무렵이다. 이들 자본가와 경영자를 망라한 단체로서 일본공업클럽(1917)과 일본경제연맹회(1922)가 결성되어 정부의 경제정책에 영향력을 행사하기 시작했다.

미증유의 호황 이면에는 어두운 현실이 도사리고 있었다. 다수의 민중은 물가고, 특히 쌀값 앙등으로 고초를 겪었다. 또 공업에 비해 농업의 발전은 지지부진했다. 빈부 격차의 확대와 나리킨 등장에 따른 상대적 박탈감이 증폭되면서 다이쇼 정변(1913)에서 드러난 민중의 에너지가 꿈틀거리기 시작했다. 1917년의 러시아혁명의 뉴스 또한 일본의 사회운동을 한껏 고무했다.

도야마 현의 어촌에서 터진 쌀 소동에는 시대의 제반 모순이 응축되어 있었다. 1918년 7월 일단의 주부들이 쌀의 반출 중지와 염가 판매를 요구하는 목소리를 높였고, 이 소식은 순식간에 전국으로 확산되었다. 이미 상승 곡선을 그리던 쌀값은 1918년에 들어와 시베리아 출병(1918~1922년 일본과 구미 열강이 벌인 러시아혁명 간섭 전쟁)으로 한몫 보려는 미곡상의 매점 매석으로 천정부지로 치솟았다. 이해 8월의 쌀값은 2년 전보다 무려 3배나 올랐다. 전국 각지 약 500곳에서 50여 일에 걸쳐 70만~100만이 참가한 자연 발생적인 민중의 시위와 폭동이 속출했다. 당황한 정부는 군대까지 출동시켜서야 소요를 겨우 진정시킬 수 있었다.

쌀 소동은 돌발적이었으며, 전체를 계획하고 지도하는 조직이 없었지만 신문·잡지를 비롯한 언론계의 보도와 후원으로 계속 확대되었고, 지배층에 엄청난 충격을 안겨주었다. 쌀 소동에서 힘을 얻은 사회운동과 사회주의도 서서히 세력을 확장해 나갔다.

민중 봉기의 기세는 병마에 시달리던 데라우치 마사타케 수상의 숨통을 조였고, 9월 말 총사직이 결정되었다. 후임으로는 중의원 제1당 정우회의 총재 하라 다카시原敬(1856~1921)

쌀 소동 발상지 도야마 현 우오즈魚津 시에는 쌀 소동이 처음 시작된 창고 앞에 발상지를 알리는 비석과 안내판이 세워져 있다.

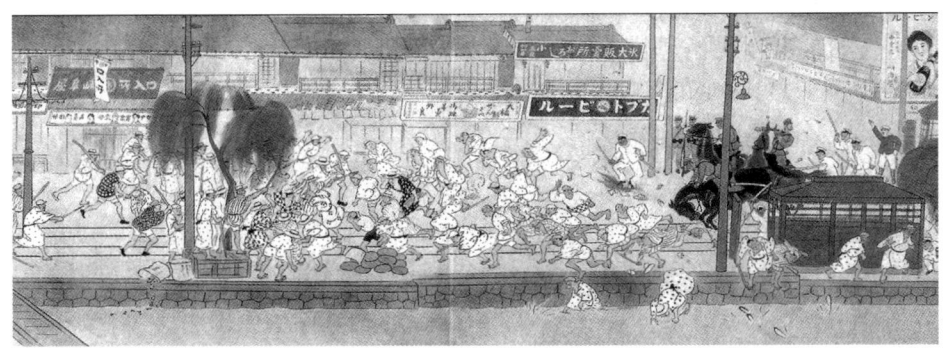

나고야의 쌀 소동 도야마 현에서 시작된 쌀 소동은 전국적으로 70만~100만이 참가하는 시위로 확산되었다. 그림은 나고야의 쌀 소동을 묘사한 것이다.

가 임명되어 내각을 조직했다. 정당 혐오증을 지닌 야마가타조차 어쩔 수 없이 작위도 없고 번벌 출신자도 아닌 하라를 선택할 수밖에 없는 상황이었다. '평민 재상'이라는 애칭이 그에 대한 기대감을 상징했다(사족 집안에서 태어났지만 분가하여 호적상으로는 평민이었음). 중의원 의원으로서 처음으로 수상에 오른 하라는 육해군대신을 제외한 모든 각료를 정우회와 그 지지자로 선발하면서 정당내각제의 외형을 본격화했다.

그러나 하라 내각과 정우회의 정국 운영은 구태의연 그 자체였다. 각종 사회정책은 물론이고 시대적 대세로 인식된 보통선거의 실시에도 냉담했다. 다만 1919년 3월 선거법을 개정하여 유권자의 납세 자격을 3엔으로 낮추었을 뿐이다. 1920년 수만 명의 대규모 시위를 배경으로 헌정회(입헌동지회의 후신으로 1916년 결성) 등의 야당이 중의원에 남자 보통선거 법안을 제출했지만, 하라 내각은 시기상조라면서 거부하고 중의원을 해산했다.

1920년 5월 치러진 선거에서 정우회는 경제 호황을 바탕으로 철도·도로·항만 등 사회기간산업의 확충과 고등교육기관의 증설 등 이른바 '적극 정책'을 공약으로 내걸어 지방 유권자의 지지를 확보함으로써 압승을 거두었다. 전년의 선거법 개정으로 늘어난 150만의 유권자 대부분은 소지주 또는 자작농이었고, 공무원·교원·회사원 등 좀 더 진보적인 도시 중간층은 배제되었다. 지방의 교통과 교육의 충실은 정우회 집권 연장의 묘수였던 셈이다.

하지만 적극 정책의 핵심인 철도 건설은 아전인철我田引鐵이라는 조롱과 함께 당리당략의 특혜 시비가 일면서 약효가 떨어졌고, 1920년 3월 도쿄 주식시장이 폭락하면서 촉발된 공황으로 국정 전반에 돈 가뭄이 닥쳤다. 여기에다 정우회가 연루된 부패 사건의 빈발, 사회운동의 탄압, 시베리아 출병의 장기화 등 강경 노선 견지는 평민 재상의 주가를 곤두박질치게 만들었다. 여론은 점점 더 악화되었다.

1921년 11월 하라 수상은 도쿄 역 앞에서 정당정치의 부패에 격분한 19세 철도 노동자의 칼에 찔려 절명했다. 정치적 암살자가 노동자에서 나온 첫 사례이며, 현역 수상 암살도 처음이었다. 다수당에 의한 '힘의 정치'를 표방하던 하라의 죽음으로 내각은 구심점을 잃고 퇴진했다.

워싱턴 체제와 협조 외교

제1차 세계대전은 1917년 4월 미국의 참전을 거쳐 연합국의 승리로 끝났다. 1919년 1월에는 파리 베르사유 궁전에서 강화 회의가 열려 6월 조인에 이른다. 하라 다카시 내각은 사이온지 긴모치를 전권으로 파리에 파견했고, 일본은 미국·영국·프랑스·이탈리아와 함께 5대 강국의 일원으로서 최고위원회에 참가했다. 강화조약에 따라 일본은 산둥 반도에 대한 독일 권익을 계승하고, 적도 이북의 독일령 남양 제도는 신설될 국제연맹의 위임통치(군사기지 건설의 금지)라는 형식으로 획득했다.

이 밖에 베르사유 회의에서는 국제 평화와 민족자결을 주창한 미국 대통령 W. 윌슨(1856~1924)의 주도로 국제연맹의 설립이 의결되었다. 일본은 1920년에 발족한 국제연맹의 상임이사국 자리를 꿰찼다(미국은 공화당이 주도한 상원에서 가맹이 부결). 그러나 민족자결의 원칙은 동유럽 식민지의 독립에만 인정되고 아시아에는 적용되지 않았다. 평화적인 시위로 일관했던 3·1운동은 일제가 동원한 헌병·경찰·군대에 의해 무자비하게 진압되었다. 중국 정부는 산둥 반도의 반환을 요구하는 5·4운동에 힘입어 강화조약의 조인을 거부했다. 결국 산둥 반도 문제는 미국 상원에서 비준을 거부당했고, 사실상 미해결 상태로 남았다.

국제 평화와 민족자결의 대원칙은 전투원 900만과 비전투원 1,000만이 죽어간 제단 위에서 제창되었다. 또한 그 대원칙은 아시아의 식민 지배 해소에는 미풍조차 일으키지 않았다. 오히려 강대국의 일원으로 부상한 일본과 미국·영국 등 제국주의 간의 알력이 표면화되었다. 특히 전쟁이 끝난 뒤 국제정치의 주도권을 쥐게 된 미국은 후발 주자인 일본의 팽창주의적 태도에 경계의 눈초리를 늦추지 않았다.

1921년 미국은 일본·영국·프랑스·이탈리아와 함께 군비 제한과 동아시아 문제를 논의할 국제회의를 제의했다. 회의는 동년 11월부터 다음 해 2월까지 워싱턴에서 개최되었고, 일본은 전권으로 가토 도모사부로加藤友三郞(1861~1923) 해군상을 파견했다. 참고로 하라 수상은 워싱턴 회의 대표단을 환송하러 도쿄 역에 갔다가 피습을 당했으며, 제국주의의 화신으로 지목되곤 하는 야마가타 아리토모도 워싱턴 회의가 종료된 직후 숨을 거뒀다.

미국이 워싱턴 회의를 제안한 목적은 두 가지였다. 첫째, 군축협정을 맺음으로써 미국·영국·일본 등의 건함 경쟁을 종식시키고 재정 부담을 줄이자는 것, 둘째 중국과 시베리아에 대한 일본의 독점을 저지하고 안정된 미일 관계를 구축하는 것이었다. 일본으로서도 전후 공황으로 인한 경기 침체와 재정 압박이 예상되었던 만큼 대미 관계 악화의 저지는 시

워싱턴 회의 미국의 제안으로 1921년 11월부터 다음 해 2월까지 워싱턴에서 국제회의가 개최되었다. 이 회의는 미국의 주도하에 태평양과 동아시아를 둘러싼 분쟁 가능성을 제거하고 국제 협조를 지향했으나, 실상 제국주의 지배 체제의 존속을 꾀했다.

급한 현안이었다.

워싱턴 회의에서는 먼저 미·영·프·이·일의 5대국 간에 해군군축조약이 맺어졌다. 주요 내용은 미국과 영국이 각 5, 일본이 3, 프랑스와 이탈리아가 각 1.67의 비율로 주력함(전함, 순양 전함)과 항공모함을 보유하며, 더불어 10년 동안의 건조 금지 등이다. 일본 내에서는 해군, 특히 군령부(육군의 참모본부 격)를 중심으로 미국·영국과 대비하여 70% 확보가 강하게 요구되었으나, 가토가 해군의 반대를 누르고 조인을 단행했다.

새롭게 일본 외교의 향방을 결정한 '4개국 조약'과 '9개국 조약'도 맺어졌다. 1921년 12월에 체결된 4개국 조약은 일·미·영·프 4개국 간에 태평양의 영토와 섬에 관한 현상 유지를 천명했는데, 핵심은 일본의 식민지적 권익을 보장하고 동시에 외교 관계를 규율하던 영일동맹의 폐기 선언이었다. 일본은 영일동맹 대신 다자 협정 체제에 입각해서 국제 관계 조율에 임해야 했다.

또한 이 회의에서 중국과 이탈리아 등의 5개국을 포함한 9개국 간에 중국 문제에 관한 조약이 1922년 2월 조인되었다. 이에 따라 일본은 중국과 교섭을 통해 산둥 반도 권익을 반환했고, 21개조 요구 중 일부도 철회했다. 그리고 조약의 실질적인 책임자는 미국이라고 명기되었다. 미국의 기침 소리에 세계가 놀라도 전혀 이상하지 않게 된 상황이었다.

일련의 국제협정은 미국의 주도하에 태평양과 동아시아, 특히 중국을 둘러싼 분쟁 가능성을 제거하고 열국 간의 협조 체제 구축을 지향했다. 바꿔 말하면 소련의 대두와 연동하는 중국의 반제 내셔널리즘에 공동으로 대응함으로써 제국주의 지배 체제의 존속을 꾀한 것이며, 이렇게 재편된 국제 질서를 흔히 '워싱턴 체제'라 부른다. 일본이 중국 침략을 강행하려면 미국을 비롯하여 열강의 감시와 압력을 뛰어넘어야 했고, 군부와 같은 일부 집단의 독단적 행동에 대해서도 견제 장치가 만들어진 셈이었다.

쌀 소동의 원인이 되었던 시베리아 출병의 뒷수습도 워싱턴 체제의 성립과 궤를 같이한다. 유럽에서 전쟁이 끝나고 다른 열강들은 잇달아 철군했지만, 일본은 홀로 1922년까지 버티며 영토 욕심을 노골화했다. 그러나 워싱턴 회의에서 열강의 비난이 쏟아지자 가토 해군상은 마침내 병력 철수를 피력했고, 1922년 6월 각의는 10월 말까지 철군을 결정했다. 전비로 9억 엔을 퍼부었지만, 3천 명 이상의 전사자를 냈을 뿐이다(북사할린 철수는 1925년).

이렇듯 워싱턴 체제에 근거하여 책정된 일본의 외교 방침이 '협조 외교'이다. 이렇게 해서 안정화된 대외 관계는 정당정치의 발전을 포함하여 사회 전반적으로 민주적 풍토의 확산에 유리하게 작용했다. 다이쇼 데모크라시 전개의 국제적 조건이 갖춰졌던 것이다.

하라 다카시의 뒤를 이은 다카하시 고레키요高橋是清(1854~1936) 내각 이후 후속 내각들은 협조 외교를 노선으로 채택했다. 특히 1924년에 집권한 가토 다카아키加藤高明(1860~1926) 내각의 시데하라 기주로幣原喜重郎(1872~1951, 1930년대 초까지 거의 계속 외상을 역임) 외상은 대미 협조를 바탕으로 경제 외교를 펼쳤고, 중국 문제에 대해서는 불간섭주의, 특히 무력간섭을 회피하는 이른바 '시데하라 외교'를 모토로 삼았다. 1927년부터 중국에서 장제스蔣介石(1887~1975)가 이끄는 국민당이 북벌에 나서자, 일본 군부 일각에서 파병론이 일었지만 시데하라 외상은 불간섭을 견지했다.

하지만 협조 외교로 중국 문제가 해결될 리는 만무하다. 무엇보다 시데하라는 중국에 대한 제국주의적 침략 자체에 이의를 제기한 적이 없다. 그는 외교관으로서 미국·영국과 협조를 바탕으로 어디까지나 외교 교섭을 통해 일본의 이익을 수호하고 팽창을 실현하려고 했을 뿐이다. 예컨대 1925년 상하이의 일본인 방적 공장에서 중국인 노동자가 벌인 파업을 계기로 확산된 반제 투쟁(5·30 사건)에 직면해서는 영미의 협조 아래 군대 출동도 불사했다. 그런 면에서 일본의 제국주의적 속성이 바뀌지 않는 한 중국과의 관계는 결코 '협조적'일 수 없었다. 시데하라의 협조 외교의 한계이자 맹점은 얼마 안 있어 표출된다.

군축의 파고는 육군에도 밀어닥쳤다. 대세에 순응하여 1922, 1923, 1925년 세 차례에 걸쳐 시도된 군축으로 육군의 경우 평시 병력의 1/3을 삭감했다. 하지만 실제로는 '체질 개선'을 통해 내실을 다져 나갔다. 먼저, 삭감한 재원으로 군 장비의 개선과 기계화를 추진했다. 제1차 세계대전을 거치며 대두된 총력전 사상에 근거하여 평시의 군비를 줄이고, 그만큼의 비용을 군수산업 확충 쪽으로 돌려 군비의 근대화를 노린 것이다. 동시에 중학교 이상의 학교에 현역 장교를 배치하여 군사교련을 의무화하고 중학교 미진학자를 위해 청년훈련소를 설치했다. 이로써 사단 감축에 따른 현역 장교의 일자리를 확보했고, 유사시에 동원할 예비 병력을 모든 청년에게까지 확대할 수 있게 되었다.

사회운동과 사회주의

대역 사건(1911)으로 사회주의 운동은 엄동설한에 떨어야 했지만, 노동자의 경제투쟁까지 사라진 것은 아니었다. 1911년 12월 31일 도쿄 시영 전철의 퇴직금 배분을 놓고 차장과 운전사 6,000여 명이 파업에 돌입했다. 이틀 뒤 시 측이 타협에 나서 수습되었지만, 파업을 '교사敎唆'한 가타야마 센 등과 파업 주동자는 치안경찰법에 의해 투옥되었다.

1912년 8월에는 기독교 인도주의의 관점에서 노동문제에 관심을 가졌던 스즈키 분지鈴木文治(1885~1946) 등의 주도로 우애회友愛會가 만들어졌다. 노사 협조주의에 입각하여 노동자의 지위 향상과 노동조합의 결성을 목적으로 삼았다. 애초 15명으로 출발한 우애회는 1916년 9월 2만 명, 1918년 4월에는 회원 3만 명에 지부 120곳을 거느릴 정도로 성장했다.

우애회의 성장에는 1차 세계대전으로 조성된 사회경제 상황이 유리하게 작용했다. 전쟁기간 지속된 경제성장으로 노동자의 수는 크게 늘어났지만, 물가고로 인해 그들의 생활 형편은 그리 나아지지 않았다. 관료 집단 내에서조차 사회정책이라는 단어가 생경하게 여겨진 시절이었던 만큼, 사회운동의 고양은 거부할 수 없는 대세였다. 특히 노동쟁의의 경우 1917년에 건수는 108건에서 398건으로 전년의 4배 가까이, 참가자는 8,413명에서 57,309명으로 6배를 훌쩍 넘겼다. 긴 잠에서 깨어난 노동운동이 기지개를 켜기 시작한 것이다.

러시아혁명은 이러한 움직임에 박차를 가했다. 1918년 5월 데라우치 마사타케 수상은 도부현 지사 회의에서 민중의 생활고가 극심하고 "자본가와 노동자의 격차가 심하"기 때문에, 외국의 영향을 받아 "국체에 어울리지 않는 국민사상의 변화"가 일어나는 것을 경계하자고 훈시했는데, 2개월 후 쌀 소동이 터졌다. 쌀 소동은 노동자를 포함한 일반 민중들로 하여금 자신들의 정치적 역량을 자각하게 했다. 스즈키 분지는 이렇게 말했다. "쌀 소동은 무산계급의 자비심自卑心을 일소했다. 자굴심自屈心을 불식했다. 그리고 강한 자신감과 자존심을 가져다주었다." 다이쇼 정변(1913)에서 기성정당에 이끌려갔던 노동자와 민중은 이제 독자적인 조직과 이론으로 걸음마를 시작했다.

각지에서 쟁의를 지도하며 전투성을 키우던 우애회는 1919년 8월 직업별 노동조합의 전국 조직으로서 대일본노동총동맹 우애회로 변신했다. 1920년에 들어와 엄습한 전후戰後 공황으로 하라 다카시 내각과 자본가의 공세가 심해진 탓에 쟁의 건수는 감소했지만 양상은 격렬해졌다. 5월 2일에는 도쿄에서 1만 명이 운집한 가운데 일본 최초의 메이데이 시위행진이 이루어졌다. 이 무렵 도시 중간층과 노동자가 결합한 형태로 보통선거 운동이 고조되었다는 점도 특기할 만하다.

대일본노동총동맹 우애회는 1921년 10월 창립 10주년 대회에서 일본노동총동맹(총동맹)으로 개칭하는 동시에 노자 협조에서 계급투쟁으로 노선을 전환했다. 총동맹의 출현은 바야흐로 새로운 단계에 돌입하려는 노동운동의 힘찬 도약을 암시했다.

변화를 갈망하는 민중의 에너지는 분명 쌀 소동을 통해 역사의 전면에 부상했다. 그러나 평민 재상 하라 다카시의 실망스런 정국 운영은 민중으로 하여금 기성정당의 한계를 절감케 했다. 그리하여 새로운 이론적 지주로서 사회주의와 민본주의가 주목을 받기 시작했다.

요시노 사쿠조

민본주의를 체계화한 사람은 정치학자 요시노 사쿠조吉野作造(1878~1933)였다. 1916년 요시노는 데모크라시를 민본주의로 번역하면서 헌정의 근본은 "정치상 일반 민중을 중시하고 그 사이에 귀천상하의 구별을 두지 않으며, 국체가 군주제이건 공화제이건 상관없이 널리 통용될 수 있는 주의"에 있다고 설파했다. 요컨대 민주주의의 근본 원리인 '주권재민主權在民'에다 일본의 현실인 천황의 존재를 감안하여 '주권재군主權在君'이 절충된 것이다. 그 실현을 위해 요시노는 1918년 12월 여명회黎明會를 조직했다. 전제주의·보수주의·군국주의에 대응하여 자유주의·진보주의·민본주의를 천명한 여명회는 1920년 4월에 해산될 때까지 강연회와 팸플릿을 통해 다이쇼 데모크라시의 확산에 뚜렷한 족적을 남겼다.

이러한 변혁의 풍조 속에서 과거의 사회주의자들도 활동을 재개했다. 1920년 12월 사카이 도시히코와 야마카와 히토시山川均(1880~1958) 등의 마르크스주의자, 오스기 사카에大杉榮 등의 무정부주의자가 주도하여 일본사회주의동맹을 결성했다. 그러나 '과격' 세력의 정치화를 절대로 용납하지 않던 하라 내각은 치안경찰법을 근거로 이듬해 해산을 강행했다.

일본공산당의 창당은 어쩌면 자연스런 귀결이었다. 혁명적 마르크스주의를 견지한 세력은 비합법적 혁명 정당 건설이 시급하다는 결론에 도달했고, 1922년 7월 코민테른의 지부로 일본공산당을 결성해 사카이 도시히코를 위원장으로 세웠다. 1923년 3월 임시 당대회에서는 천황제 폐지, 보통선거, 노동조합과 노동자 정당의 결사 자유 등을 내걸었으며, 비록 결정에는 이르지 못한 강령 초안에는 조선과 타이완의 식민지 해방 등도 들어 있었다.

사실 공산당은 서로 연락을 취해온 60명 정도의 몇 그룹이 모인 데 지나지 않았다. 그나마 대중 활동의 실마리를 잡으려던 1923년 6월에 당원 대부분이 검거되는 타격을 입고(제1차 공산당 사건), 다음 해 3월 해당을 결의했다. 1926년 12월 재차 결성되었지만 1928, 1929년의 연이은 탄압(후술☞ 081)으로 사실상 괴멸했다. 이런 한계에도 불구하고 지배층에게는 공산당의 존재 자체가 커다란 위협으로 비쳤다.

쌀 소동과 노동운동의 고양에 발맞춰 농민운동 쪽도 활기를 띠어갔다. 특히 전후 공황으

전국수평사 왼쪽은 수평사 창립 선언 50주년을 맞이해 나라 현 고세(御所) 시에 세운 기념비이고, 오른쪽은 1935년 제13회 수평사 전국대회 포스터이다. 수평사의 상징은 가시관으로, 깃발이나 포스터 등에 그려 넣었다. 기념비와 포스터에도 가시관이 보인다.

로 생사·쌀의 가격 폭락과 소작농의 몰락은 농민운동의 대두를 가속화했다. 소작료의 인하를 요구하는 소작쟁의는 1920년의 408건에서 1921년에는 무려 1,640건으로 크게 늘어났고, 1922년 4월 전국 조직의 일본농민조합(이하 일농)이 결성되었다. "농업은 국가의 기초이고 농민은 국가의 보물"이라는 창립 선언문에서 나타나듯이 초기에는 지주와 소작인의 공존을 모색하는 농본주의적 성격이 강했지만, 그런 일농도 농민들에게는 소작쟁의의 대변자와 후원자로 비쳤다. 그 결과 창립 당시 15개 지부와 280명의 조합원으로 시작한 일농은 다음 해 말 304개 지부에 26,000여 명의 조합원을 거느린 단체로 성장했다.

민주화와 사회운동의 열기는 부락해방운동에까지 옮겨붙었다. 전근대 이래 천민의 주거지를 가리키던 '피차별부락'의 약칭이 부락이다. 사민평등에서 동떨어진 음성적이고 노골적인 차별을 철폐하기 위해 부락 주민들은 1922년 3월 교토에서 전국수평사全國水平社를 결성했다. 전국 6,000여 부락, 300만 명의 자주적인 해방이 처음으로 일본 열도에 울려 퍼졌다. 수평사라는 이름은 17세기 영국의 청교도혁명 때 공화주의를 주창한 수평파(levelers)에서 따온 것이다.

여성운동에서는 여성 지위의 향상이 신부인협회新婦人協會(1920) 등에 의해 추진되었다. 주된 목표는 여성 참정권의 요구(정치운동 참가만 1922년부터 가능)와 함께 성병 보균자 남성의 결혼을 제한하는 법의 청원 등이었다. 하지만 이런 신부인협회의 운동을 의회주의라 비판하며 사회주의에 기반한 노동 여성의 해방을 앞세우는 움직임도 나타났다.

학생운동의 경우 1918년 도쿄대학에서 아카마쓰 가쓰마로赤松克麿(1894~1955, 요시노 사쿠조의 사위이며 공산당을 거쳐 국가사회주의자로 전향) 등을 중심으로 신인회新人會가 결성되자 유사한 움직임이 잇따랐다. 사회의 '개조'를 내건 이들의 이념적 성향은 마르크스주의에서 국가사회주의까지 다양했다. 그런 이념적 격차는 실천 활동이 노동운동과 농민운동으로 옮아감에 따라 더욱 벌어졌다.

보통선거법과 치안유지법

1924년 1월 신임 기요우라 게이고淸浦奎吾(1850~1942) 수상은 조각에 앞서 정우회와 헌정회에 협조를 구했으나 거절당했다. 전임 야마모토 곤베 내각이 관동대지진(1923)의 참사에다 섭정(뒤에 쇼와昭和 천황) 암살 미수 사건까지 터져 4개월 만에 물러나자 내각 구성의 대임을 떠맡은 터였다. 결국 각료는 외무와 육해군 3명을 제외하고 전부 귀족원 의원으로 채워졌다. 조각 직후 정우본당(정권 참가에 적극적인 정우회 내의 그룹이 결성)이 기요우라 내각의 여당으로 가세했지만, 야마가타 아리토모의 측근으로서 정당 혐오의 기색을 감추지 않던 76세의 기요우라였기에 여론도 호의적이지 않았다. 내각의 단명은 예고된 바나 다름없었다.

1924년 1월 18일 헌정회·정우회·혁신클럽(1922년 해체된 입헌국민당의 후신)의 세 당수가 회동을 가졌다. 그 자리에서 헌정 옹호를 위해 '시대착오의 특권계급 내각'인 기요우라 내각을 타도하기로 결의하고, 보통선거 실시, 귀족원 개혁, 행정 재정의 정리 등을 내걸고 협조 체제를 구축했다. '호헌 3파'의 태동이다. 이에 맞서 기요우라 수상은 1월 31일 중의원 해산을 결정했다. 각 정파는 이후 선거 준비에 들어갔다. 5월의 총선거에서 호헌 3파는 승리를 거뒀고, 6월 기요우라 내각이 총사직했다.

선거 결과에 따라 원로 사이온지 긴모치는 헌정회 총재 가토 다카아키를 후계 수반으로 추천했다. 가토 내각은 다음 해에 남성 보통선거법을 실현하고, 미온적이기는 하지만 귀족원의 개혁과 더불어 행정 재정 개혁을 실행에 옮겼다. 그러나 다른 한편에서는 사회운동을 탄압하는 전가의 보도 치안유지법도 제정했다. 다이쇼 데모크라시의 마지막 광채와 긴 어둠의 씨앗은 동시에 뿌려졌다.

가토 내각의 으뜸 과제는 보통선거법의 성립이었다. 헌법 부속의 법전인 선거법의 개정이므로 보수파의 온상인 추밀원이 최초이자 최대의 난관이었다. 내무대신 와카쓰키 레이지로若槻礼次郎(1866~1949)는 '보통선거를 위해서'라며 만성 맹장염을 참고 추밀원 고문관 예방을 이어갔다. 그런 노력 덕분인지 일부 문구 수정을 거쳐 무사히 의회에 제출되었다. 하지만 예기치 않게 중의원에서 제동이 걸렸다. 그것도 여당인 정우회 때문에. 하라 내각 때 확인했듯이 정우회 내에는 보통선거 반대의 분위기가 만만찮았으며, 그 이면에는 내각 타도와 정권 획득의 야심이 도사리고 있었다. 마지막 관문인 귀족원에서는 자구 수정을 놓고 제동이 걸렸지만, 3차례의 회기 연기로 버텼다. 1925년 4월 말 비록 25세 이상의 남성으로 한정되기는 했지만 보통선거법이 드디어 햇빛을 보게 되었다.

치안유지법 반대 집회 1925년 보통선거법과 같이 가결된 법이 치안유지법이다. 이 법안으로 정부는 사회운동을 철저히 규제할 수 있었다. 사진은 1925년 2월 7일 도쿄에서 벌어진 치안유지법 반대 집회이다. 악법(惡法)이라 쓴 깃발이 보인다.

보통선거법의 가결로 유권자 수는 1,241만 명으로 종전에 비해 4배가 증가했다. 그러나 남성 보선법의 성립이 호헌 3파에 꼭 유리한 것은 아니었다. 이 점은 정우회 내의 보선 소극론과 맥을 같이한다. 즉 노동자와 소작인의 표가 무산정당에 흡수되면 기성정당인 호헌 3파의 정치적 지반은 약해질 수밖에 없다. 결국 헌정회와 같은 자유주의적 정당이 신흥 유권자의 지지를 확보할 가능성은 그들을 겨냥한 민주화의 확대와 심화를 이룩할 수 있는가에 달려 있었다.

호헌 3파 중 헌정회는 보선 성립 전후로 노동조합과 소작권의 법적 승인을 비롯하여 사회정책의 실현을 강조하면서 국민 하층과 온건 사회주의자의 지지를 얻는 데 힘썼다. 헌정회 기관지 『헌정공론』 1926년 12월호의 간사장 논문에는 "솔직히 노골적으로 언명하자면 소수의 유산계급과 소수의 특권계급의 생활을 끌어내리는 동시에 최대 다수의 계급, 특히 빈민 계급의 생활을 향상하는 것이 정치의 전부라고 믿는다"라는 주목할 만한 구절이 실렸다. 현대식으로 얘기하면 남성 보선이라는 정치적 평등을 바탕으로 복지국가를 수립하는 일이 헌정회의 임무라고 단언한 것이다. 이것이 바로 보선의 역사적 의의이다.

그런데 보선과 함께 가결된 법안에는 치안유지법도 있다. 의회에서 치안유지법의 내용에 관한 설명을 한 사람은 다름 아닌 내무대신 와카쓰키 레이지로였다. 즉 와카쓰키는 보통선거법과 치안유지법을 동시에 제출하여 의회의 찬동을 얻고자 했던 것이다.

사실 1920년대에 들어와 정치권에서 보선이 논의될 때마다 새 치안 입법의 필요성이 거론되고 입법화가 시도되었다. 1921년 8월 사법성이 긴급 칙령으로 추진했던 '치안 유지에 관한 건'을 원안으로 1922년 2월 과격사회운동취체법안이 의회에 제출되었지만 폐안되었다. 그 때문에 1923년 6월 제1차 공산당 사건으로 검거된 지도부에게는 치안경찰법에 따른 금고 1년이 최고형이었다. 그래서 가토 도모사부로 내각은 야당이 제출한 보선 법안은 부결시키면서도 '과격' 사회운동을 규제하는 법안을 추진했다. 이어진 제2차 야마모토 곤베 내각에서도 보선 실시와 공산당의 결사 자체를 금지하는 법안의 제정에 합의했으나 내각의 붕괴로 성사되지 못했다.

이로써 공은 호헌 3파의 연립으로 탄생한 가토 다카아키 내각으로 넘어갔다. 그 즈음은 협조 외교의 일환으로 일소기본조약이 조인되어 1925년 2월에 양국의 국교가 회복될 예정이었다. 코민테른의 원조로 공산당 활동이 왕성해질 것을 우려한 추밀원도 대책 수립을 재촉했다. 그 결과 제1조 "국체를 변혁하거나 사유재산제도를 부인하는 것을 목적으로 하여 결사를 조직하거나 사정을 알고 이에 가입한 자는 10년 이하의 징역 또는 금고에 처한다"는 조문을 필두로 한 치안유지법이 1925년 3월 가결되었다. 보선 반대자는 82명이나 나왔지만 치안유지법은 겨우 18명만 반대표를 던졌다.

의회에서 답변을 통해 와카쓰키는 "언론 문장의 자유는 어디까지나 존중합니다만, 그 해독이 극심한 것은 단속해야 한다"는 것이 치안유지법의 취지이며, "사상적으로 아무런 저촉되는 바가 없다고 믿는"다고 발언했다. 즉 치안유지법에 따른 언론통제는 사상의 자유를 침범하지 않는다고 분명히 밝힌 것이다. 교토대학의 형법학자 다키카와 유키토키滝川幸辰(1891~1962)는 1928년 대학신문에 발표한 글에서 치안유지법이 '악법'이라 단언했는데, 그 이유를 "규정 내용이 지극히 막연하여 법률 전문가로서도 어떤 행위를 하면 치안유지법으로 처벌받는지가 불확실하다"는 데서 찾았다. 바로 이 점에서 다이쇼 데모크라시의 한계와 더불어 민본주의적 데모크라시의 저변이 취약했다는 평가가 뒤따를 수밖에 없다.

역사에서 사상의 탄압이라는 수레바퀴는 한번 구르기 시작하면 끊임없이 무고한 희생자를 만들어내는 법이다. 효력이 없으니 내팽개쳐지는 것을 막으려는 듯. 다키카와 자신도 1933년 재판에 회부되지는 않았으나 '자유주의적'이라는 낙인이 찍히면서 대학에서 쫓겨나야 했다. '국체'를 앞세운 치안유지법은, 파시즘을 비판하고 전쟁으로 가는 길에 의문을 품는 것마저 처벌하는 광기를 휘둘렀다. 이 법의 제정 이후 검찰에 송치된 사람이 75,000명을 넘었으며, 식민지 조선에서는 독립운동 탄압에 적용되어 23,000명 이상이 검거되었다.

치안유지법이 패전 후 2개월 만에 폐기되었다. 그런데 유사한 법률이 해방된 한반도 남쪽에서 새로 탄생했다. 1948년 12월 신생 대한민국의 법률 제10호로 제정된 국가보안법이다. 국회에서 다음과 같은 발언을 했던 제헌의원 노일환은 1949년 국가보안법을 적용한 이른바 '국회 프락치 사건'으로 체포되어 10년 형을 선고받았다.

> 좌익이 조직적인 투쟁 세력을 가지고 호수를 이루듯이 밀려오면, 이것을 막기 위해 좌익에 지지 않는 민주주의적 입법을 해가지고 민족적 정기를 살려야만 우리 대한민국이 발전해 나갈 줄 압니다. 이 법률(국가보안법—인용자)이야말로 히틀러의 유태인 학살을 위한 법률이나 진시황의 분서 사건이나 일제의 치안유지법과 무엇이 다르겠습니까?

보선 후의 정국과 사회

데모크라시 제도의 발달이 무산계급의 향상을 위해 불가결한 단계라는 것을 굳게 믿는 나는 금후 보선 실시를 중심으로 전개될 기회가 타당하게 이용되리라 빌어 마지않는다. 그런 의미에서 보선이 실시된다고 하는 1925년 벽두에 잠시 우리나라의 논단에서 망각되고 인기 없던 데모크라시론을 끄집어내어 그 장래를 생각하는 글을 남기는 바이다.

사회민주주의를 신조로 품었던 정치학자 로야마 마사미치蠟山政道(1895~1980)의 저서에 나온다. 로야마가 그랬듯이 보선 성립을 계기로 진정한 의미의 의회주의와 민주주의를 재구성하고 실천 기반을 구축하는 작업은 새로운 구름판 위에 섰다. 과연 실제는 어떠했을까?

보통선거를 전후하여 사회운동과 정치의 관계는 긴밀해지고 의미도 커졌다. 질적 양적으로 성장했던 사회운동은 보통선거 실시를 토대로 조성된 무산정당의 건설이라는 과제에 어떤 대응을 보였을까? 이 물음은 정당정치와 민주주의의 향배를 진단하는 작업에서 결정적인 변수가 된다.

다이쇼 데모크라시에 풍조에 힘입어 노동운동은 착실히 힘을 키워갔다. 그런 와중에 일본노동총동맹(총동맹)은 노선을 둘러싸고 좌우의 대립이 격화되어갔다. 1924년 2월의 대회에서 총동맹은 이른바 사회민주주의 노선을 명확히 했고, 이듬해에는 23개의 좌파 조합을 제명했다. 제명된 좌파 조합은 즉시 일본노동조합평의회(평의회)를 발족하고, 운동의 목적을 "노동계급의 완전한 해방과 합리 공정한 사회의 실현"에 둠으로써 '전투성'을 선명히 내세웠다.

총동맹과 달리 주로 중소 공장에 뿌리를 내렸던 평의회의 조합원은 출범 당시 8,000명 정도에서 1927년에는 35,000여 명으로 급성장했다. 평의회의 배후에는 1925년 1월 코민테른으로부터 재건 방침이 결정된 일본공산당이 자리했고(1926년 12월 재건), 노동자뿐만 아니라 농민층 사이에서도 지지 기반을 넓혀갔다. 농민운동도 일본농민조합(일농)을 중심으로 커다란 진전을 이룩했다. 1922년부터는 3할 소작료를 투쟁 목표로 내걸면서 조직의 확대·강화를 도모했고, 그 결과 1926년에는 소작쟁의 2,751건에 조합원 수는 8만 명을 돌파했다.

보통선거법의 통과로 보선 실시가 현실화되자, 무산정당의 결성 움직임도 활기를 띠었다. 지식인 그룹, 총동맹, 평의회, 일농 등의 간부들이 모여 무산정당조직준비회를 발족한 것은 1925년 8월이었다. 하지만 노선 대립으로 11월 총동맹이 탈퇴했고, 일농을 중심으로

12월 깃발을 세운 농민노동당에는 당일로 정부의 해산명령이 떨어졌다.

궁여지책 끝에 당국의 탄압을 피하고자 좌파 단체를 배제한 뒤 1926년 3월 노동농민당이 조직되었지만, 이 역시 좌우 대립으로 노동농민당(좌파), 일본노농당(중도), 사회민중당(총동맹)으로 삼분되었다. 데모크라시를 전파한 핵심 논객들의 행보도 이 시점에서 갈라졌다. 요시노 사쿠조가 사회민중당의 산파역을 짊어졌다면, 마르크스주의 경제학자 가와카미 하지메河上肇(1879~1946)는 노동농민당 지지를 표명했다. 보선 직전까지 일본농민당을 포함하는 무산정당 넷과 지역의 많은 정파가 각각 모습을 드러냈다.

무산정당 창립 대회(1925년)

다나카 기이치田中義一(1864~1929) 내각 때인 1928년 2월 실시된 제1회 보선에서 무산정당 세력은 8명의 당선자를 냈다. '군주제 폐지, 제국주의 전쟁 반대, 식민지 독립' 등의 구호를 부르짖으며 공산당원이 공공연히 선거운동을 펼친 노동농민당은 연설회가 해산당하고 연사가 구속되는 탄압에도 불구하고 18만 7,000표의 득표와 2명의 당선자를 냈다.

예상 밖의 결과에 경악한 다나카 내각은 선거 직후인 3월 15일 전국적으로 1,600명의 공산당원과 지지자를 체포했으며(3·15 사건), 이어 4월에는 노동농민당과 평의회 등 좌파 세 개 단체를 해산하는 탄압을 강행했다. 심의 부족으로 폐기되었던 치안유지법 개정안은 6월에 긴급 칙령으로 통과되었다. 이제 치안유지법 위반의 최고형은 10년에서 사형으로 무거워졌고, 협력자를 처벌하는 규정까지 신설되었다. 7월에는 '적화에 대한 공포'를 구실로 특별고등경찰이 47개의 모든 도道(홋카이도)·부府·현県에 배치되었다.

강화된 탄압 체제에 따라 1929년 재차 대규모 검거를 실시했고(4·16 사건), 그 결과 공산당은 3·15 사건에 더해 괴멸적인 타격을 입었다. 이미 3월에는 노동농민당 국회의원으로서 치안유지법 긴급 칙령의 사후승인을 성토한 야마모토 센지山本宣治(1889~1929)가 우익의 칼에 쓰러졌다(사후승인은 가결).

기성 정치의 동향으로 눈을 돌려보자. 보선 실현 후 헌정회와 정우회, 혁신클럽은 보선이라는 새로운 환경과 사회운동의 발전을 배경으로 각기 다른 정치적 행보를 보였다. 다시 말해 세 그룹은 정당정치의 내실을 갖추기 위한 과제의 설정과 실천을 놓고 독자화의 길을 걸어간 것이다.

먼저 단독 정권을 노린 정우회는 1925년 4월 다나카 기이치를 총재로 영입했다. 다나카는 군부를 비롯하여 정·재계와도 두터운 인맥을 지녔으며 정치자금 동원도 가능한 예비역

보통선거 실시 1928년 2월 20일 최초의 보통선거가 실시되었다. 단, 남성에게만 투표권이 주어졌다. 사진은 선거 벽보가 붙은 거리.

육군대장이었다. 정우회다운 선택이었으며, 동시에 3파 협조 파탄의 전조이기도 했다.

5월, 혁신클럽은 정우회와 합병을 선택했다. 치안유지법을 놓고 체신 대신이자 총재 이누카이 쓰요시犬養毅(1855~1932, 뒷날 수상)가 이끌던 우파는 찬성한 데 비해 오자키 유키오를 비롯한 좌파는 반대함으로써 내부에 틈이 벌어졌다. 급기야 보선 이후 소규모 정파의 존재감이 미력해질 것이라 본 우파는 정우회의 합병 제안을 받아들였고, 이누카이는 각료를 사임했다.

임전 태세를 정비한 뒤 정우회는 본격적으로 내각 와해 공작에 나섰지만 성과를 거두지는 못했다. 해가 바뀌어 1926년 1월 가토 다카아키가 병사하자 와카쓰키 레이지로가 헌정회 단독 내각을 이어 나갔다. 가토와 와카쓰키로 이어지는 헌정회 내각의 정책 성향은 보선의 의의가 어떻게 살려졌는가를 알려주는 가늠자이다. 특히 사회정책에 관한 두 가지 경과가 좋은 참조가 된다.

먼저 1925년 말 열린 정기국회에서는 치안경찰법 조항 중 파업 '선동'에 대한 벌칙 조항을 삭제하여 노동쟁의에 합법성을 부여했다. 그와 동시에 '폭력행위 등 처벌법'과 '노동쟁의조정법'을 제정하여 노동쟁의에 법적인 테두리를 만들었다. 반면에 노동조합을 법제화하는 노동조합법은 자본가 단체들의 반발에 부딪쳐 무산되었고, 소작법 역시 마찬가지 운명에 처해졌다. 그것이 '민본적 정치'의 이상을 준비했다는 헌정회 내각의 현주소였다.

이에 비해 사회운동을 향해서는 좌파 세력의 고립과 억제에 진력했다. 1925년 12월 농민노동당을 결성 당일에 해산한 것은 이런 맥락에서 짚어야 한다. 특히 마르크스주의에 경도되던 학생운동에 대해서는 처음으로 치안유지법의 칼날마저 휘둘렀다. 1926년 1월 교토 지역의 사회과학 동아리 학생들이 특별고등경찰에 검거되어 38명이 기소되었다(18명 유죄). 교토가쿠렌京都学連 사건이다.

외교정책에서는 협조 외교의 기조가 지속되었다. 1926년 7월 중국에서 국민혁명군의 북벌이 개시되자 시데하라 기주로 외상은 북벌과 중국 통일의 필연성을 인식하고 무력 개입을 억제했다. 그러나 이 같은 정책에 대해 귀족원, 추밀원, 육군은 '연약 외교'라며 맹비난했다. 사회운동 탄압과 사상 대책을 앞세워 정권을 탈환하려던 정우회는 거류민 보호를 구실로 '무력 외교'를 주장하며 와카쓰키 내각 이후를 획책했다.

중국 침략의 서곡

1926년 12월 병마에 시달리던 다이쇼 천황이 사망하고 섭정 히로히토裕仁가 정식으로 옥좌에 올랐다. 대일본제국의 성쇠가 어우러지는 쇼와昭和(1926~1988) 시대의 문이 활짝 열렸다.

1927년에 들어와 헌정회 단독의 와카쓰키 레이지로 내각 앞에 큰 시련이 닥쳤다. 금융공황의 발생과 추밀원의 파상 공세가 겹치면서 소수당에 머물렀던 헌정회의 방어선은 간단히 뚫렸다. 그 결과 정우회는 그토록 염원해 마지않던 정권 탈환을 쟁취했다. 보선 성립 이후의 정치를 상징하는 '헌정의 상도常道', 즉 헌정회와 정우회가 주도적으로 내각을 구성하고 국정을 운영해 나가는 형국이지만, 내실은 사뭇 달랐다.

와카쓰키 내각의 붕괴 경위부터 살펴보자. 발단은 관동대지진(1923)으로 인해 지불이 어려워진 부실 어음의 처리 법안을 놓고 1927년에 일어난 소동이었다. 의회 심의 과정에서 일부 은행의 부실 양상이 폭로되자 예금을 찾으려는 군중이 쇄도하고 휴업이 속출했다.

여기에 추밀원이 결정타를 날렸다. 부실 채권에 허덕이던 타이완은행을 긴급 칙령으로 구제하려고 했는데 부결되고 만 것이다. 추밀원은 의회에서 법안으로 처리하지 않고 긴급 칙령을 발하는 것은 헌법 위반이라며 제동을 거는 동시에 대對중국 외교가 연약하다는 비난을 퍼부었다. 정책 실행의 전망을 상실한 와카쓰키 내각은 4월 총사직했고, 정우회의 다나카 기이치에게 조각 명령이 내려졌다. 정우회 내각의 임무는 이미 예시된 터였다. 예비역 육군대장 다나카가 진두지휘하여 무력을 개의치 않고 중국 혁명에 간섭하는 일이었다.

정권 교체 직전에 이미 크고 작은 은행과 회사들이 줄도산하면서 금융공황이 기승을 부렸다. 와카쓰키 내각이 사직한 이튿날 타이완은행은 휴업을 발표했고, 뒤이어 타이완은행의 부실 채권 80%를 점했던 스즈키鈴木 상점마저 문을 닫았다. 임명장의 잉크가 마르기도 전에 다나카 내각은 황급히 3주간의 지불유예(모라토리엄)를 실시하고 22억 엔에 가까운 구제 융자를 냄으로써 파국을 모면했다. 하지만 이런 미봉책으로는 공황 탈출의 근본적인 방책이 될 수 없었으므로 경제 전반에는 어두운 기색이 맴돌았다.

반면에 중국 문제 쪽으로는 신속하고 적극적인 태세로 임했다. 1927년 5월 말 중국의 북벌과 민족 해방의 기운을 무산시키기 위해 일본 거류민 보호를 명분으로 관동군에 출동 명령을 내렸다. 이어 6월 말에는 중국 관계 부처와 남만주철도주식회사(이하 만철) 수뇌부를 도쿄에 불러들여 동방회의를 개최했다. "만몽滿蒙(만주와 몽골)은 중국의 본토가 아니"므로 중국의 동북 지방을 분리시켜 일본이 지배해야 하며, 이를 위해서 때를 놓치지 않고 "적당한

장쭤린 폭사 사건 1928년 6월, 친일 군벌 펑톈파의 장쭤린이 탄 열차가 폭발했다. 국민당 군인이 꾸민 일처럼 사건을 조작했지만, 실상은 관동군 참모가 만주 지배의 포석을 마련하고자 계획적으로 저지른 사건이었다.

조치"를 취할 것이라고 분명히 밝혔다. 시데하라 기주로의 협조 외교는 너무나 간단히 휴지통에 버려졌다. 이듬해 1928년 4월 장제스의 북벌이 재개되자 일본군은 지난濟南에 병력을 파견했고, 급기야 5월에는 양군 간에 유혈 충돌이 벌어졌다. 일본은 2개 사단을 파견하여 북벌군에 대한 적대감을 노골화했다.

다나카 내각의 이 같은 강경 외교는 군부의 폭주를 자극하기에 충분했다. 6월 북벌군에 밀려 만주로 복귀하던 친일 군벌 펑톈파의 영수 장쭤린張作霖(1875~1928)이 탄 열차를 펑톈 교외의 철교 위에서 폭파한 것이다. 그러고는 주변의 아편 중독자 3명을 살해하고 국민당 군인이 벌인 일처럼 꾸민 뒤 내외 언론에 공개했다. 당시 표현으로는 '만주 모 중대 사건'의 발발이다(☞ 084 참조). 주모자는 관동군의 고급 참모 고모토 다이사쿠河本大作(1883~1955)였으며, 목적은 장쭤린을 제거함으로써 북벌의 기세를 차단하고 만주 지배의 포석을 마련하는 데 있었다. 그러나 이후의 전개는 고모토와 관동군의 의향을 한참 비켜갔다. 3년 뒤의 만주사변과는 전개 양상이 다른 지점이다.

다나카의 정우회는 국내 문제에서도 강경 매파로 일관했다. 3·15 사건(1928)과 같은 좌파 사회운동에 대한 혹독한 탄압이 전형적이다. 이런 정우회의 노골적인 보수·반동화는 한편에서는 입헌민정당(헌정회와 정우본당이 합당하여 1927년 6월에 탄생. 이하 민정당)의 민주화 노선과 거리를 두려는 데서 비롯되었다. 1928년 정우회 기관지는 "민정당, 특히 그 중견을 이루는 국회의원 제군의 논조는 이미 좌경하여 사회주의자 또는 노동운동가 등의 논조와 거의 구별할 수 없는 상태에 빠졌다"는 비판과 더불어 "우리 정우회의 행보는 오히려 보수적이지 않으면 안 된다"는 인식을 당당히 표출했다. 그 연장선에서 정우회는 정당정치의 근본을 허물어뜨리는 시각까지 거리낌 없이 드러냈다. 1928년 첫 보선 총선거 전날, 다나카 내각의 내무대신은 "의회 중심주의 등의 사상은 민주주의의 조류에 편승한 영미 식의 사상으로, 우리 국체와는 맞지 않는다"는 성명을 발표했다. 원조 민본주의자 요시노 사쿠조의 표현을 빌리면 "정우회는 옛날에도 그랬지만 이번은 더욱 심하여 정권의 유지 확장을 위해서는 아무것도 개의치 않는다는 재래의 특색을 발휘하고 있"었던 것이다.

강공 일변도의 대중국 외교는 결국 부메랑처럼 다나카 내각을 통타했다. 애초 중국 국민당 쪽에 장쭤린 폭살의 혐의를 뒤집어씌우려 한 시도부터 어설프기 짝이 없었다. 현지를 찾았던 민정당 의원은 펑톈파 측으로부터 열차 폭파에 사용된 전선이 교각에서 일본군 감시소까지 이어져 있었다는 지적을 받았다고 술회했다. 일찌감치 폭살의 진상을 감지한 원로 사이온지 긴모치는 다나카 수상에게 사건의 공표와 관계자의 엄벌을 요구하고 나섰다. 12월, 다나카는 천황에게 고모토의 계획하에 소수 인원이 범행에 가담했다고 보고하면서 관계자를 처벌하겠다는 의견을 올렸다. 그러나 관동군과 군 수뇌부는 물론이고 각료들도 대부분 진상 공개에 회의적이었다.

공방전은 이제 의회로 옮아갔다. 해가 바뀌어 1929년 1월 국회에서 민정당 의원들은 강력하게 다나카 내각을 추궁했지만, 정부 관계자는 '조사 중'이라며 버텼다. 민정당 측은 공격의 세기를 조절하면서 내각 타도로 몰고 갔고 각 방면에서는 비난 여론이 들끓었다. 육군대신 시라카와 요시노리白川義則(1869~1932, 윤봉길의 의거로 폭사)는 관동군이 사건과 무관하다고 세 차례나 상주했고, 육군 측은 고모토를 예비역으로 편입시켜 처벌을 모면하고자 했다. 6월 말 다나카 수상도 태도를 바꿔 장쭤린 사건을 비공개로 하겠다고 쇼와 천황에게 상신했다가, 전과 다르다는 질책을 받았다. 천황의 불신이 전해지자, 바로 다음 날 다나카 내각은 총사직했다.

사이온지는 곧바로 민정당 총재 하마구치 오사치浜口雄幸(1870~1931)를 내각 수반으로 천거했다. 조각 직후인 7월 17일 〈도쿄아사히신문〉에는 "이미 전 내각에서 책임자를 처벌했으므로 그 처벌 이유를 뒤늦게 발표하는 것은 마땅치 않다는 의견이 많아, 대체로 본 사건의 조사에 대해서는 일절 발표하지 않기로 결정했다"는 기사가 실렸다. 새 내각은 진상 공개 대신 정권 획득을 택했다. 다나카 내각이 중국 문제로 발목이 잡혀 퇴진한 것은 아이러니지만, 동시에 중국 문제가 정당내각의 아킬레스건이 될 수 있다는 사실 또한 명백해졌다.

한편 장쭤린 사건의 주모자 고모토는 군복을 벗었지만 얼마 뒤 만철의 이사가 되어 만주 침략을 측면에서 지원했다. 만주, 나아가 중국의 지배라는 국익을 위해서라면 어떤 일을 저질러도 처벌을 받지 않는다는 선례가 이로써 굳어졌다. 그리고 기성정당은 그 흐름을 저지할 소중한 기회를 당리당략에 집착하여 저버리고 말았다. 그 어리석음은 만주사변에서 재차 반복된다.

대공황과 협조 외교의 명암

1929년 7월, 장쭤린 폭살 사건의 수습을 놓고 혼선을 빚던 다나카 기이치 정우회 내각은 쇼와 천황의 질책을 받고 사직서를 제출했다. 민정당의 하마구치 오사치 후계 내각은 출범 선언과 더불어 10대 정강을 의욕적으로 공개했다. 정치의 공명公明, 국민정신 작흥, 강기의 숙정, 대중 외교 쇄신, 군비 축소의 완성, 재정의 정리·긴축, 국채 총액의 체감, 금 해금의 단행, 사회정책의 수립 등이다. 그중에서 특히 1917년부터 중단된 금 수출의 해금, 즉 금본위제 복귀가 천명되었다는 사실이 주의를 끈다. 10여 년에 걸친 공황, '잃어버린 10년'의 종지부를 찍는 긴축정책의 봉화가 올랐던 것이다.

대중 외교의 쇄신이라는 정책 방향은 전임 다나카 내각에서 시도되었던 군사적 팽창주의를 수정하고 영국·미국과 협조를 지향하는 시데하라 외교(☞ 078 참조)를 재가동한다는 의미에서 긍정적으로 평가할 만하다. 또한 사회정책의 수립은 노동조합법의 제정 시도로 구현되기도 했다. 이런 정책 방향 덕에 1930년 2월 총선거에서 민정당은 그동안의 열세를 만회하여 전체 466 의석 중 과반수를 훌쩍 넘긴 273석을 획득했다. 그야말로 압승이었다.

여세를 몰아 4월에는 해군의 저항을 누르고 런던해군군축조약의 조인에 성공했다. 보수파의 아성인 추밀원과 민간 우익은 물론이고 정우회마저 '통수권의 간범干犯'이라며 비난을 퍼부었으나, 하마구치 수상은 비준까지 밀고 나갔다. 이런 하마구치 내각을 향해 일본 정치사 연구자는 "대외 정책에서도 국내 정치에서도 전전戰前 일본에서 가장 민주적인 내각이었다"는 평가를 내렸다.

그러나 가장 민주적이라는 하마구치 내각의 일본은 미증유의 대불황과 침략 전쟁으로의 길을 '선택'하고 말았다. 왜 그랬을까?

1929년 10월 24일의 뉴욕 주식시장의 대폭락 이후 미국발 세계공황의 쓰나미는 바다 건너 일본에도 심대한 타격을 주었다. 경제는 물론이고 정치 사회 전반에 심각한 생채기를 남겼다. 쇼와 공황이라고도 불리는 대불황은 국내와 해외의 두 요인으로 촉발되었다.

먼저 국내적 요인으로는 금 해금이 불황의 불쏘시개 역할을 했다. 사실 금 해금을 통한 금본위제 복귀는 사회적으로는 충분한 공감대를 얻고 있었다. 제1차 세계대전 직후부터 미국과 유럽 각국은 잇달아 금본위제 복귀를 단행했고, 일본에게도 선택을 재촉하는 형국이었다. 국가 예산과 경제정책을 총괄하는 대장성大藏省 관료를 역임하기도 했던 하마구치는 재계의 신임이 두텁고 대장대신의 경험도 있는 이노우에 준노스케井上準之助(1869~1932)를 경제 부처의 수장으로 영입하여 지휘봉을 맡겼다. 세계 통화인 금의 유통을 자유화하여 국제 협조와 국제수지의 균형이라는 두 마리 토끼를 잡겠다는 의도였다. 디데이는 1930년 1월 11일이었다.

그러나 금제(禁制)에서 풀린 금본위제는 출발부터 삐걱거렸다. 국제적 위신과 산업구조 조정을 노려 시세보다 높게 책정된 금은 빗장을 열자마자 예상을 뛰어넘는 속도로 한꺼번에 빠져나갔다. 주가와

금 해금 금본위제를 실시하는 날, 이노우에 준노스케는 금 해금(金解禁)이라는 글씨를 썼다.

물가는 줄곧 내림세를 기록했고 불황 기미가 어른거렸다. 여기에 미국발 악재가 더해지고, 수출은 곤두박질쳤다. 일본 경제는 국내에서 금 해금으로 인한 불황과 해외로부터 세계대공황이라는 협공을 당하면서 혹독한 불경기의 나락으로 떨어졌다.

불황의 골은 농촌 쪽이 넓고 깊었다. 1920년대 내내 가격 하락에 허덕이던 농산물은 1930년 가을의 풍작을 계기로 급전직하 폭락을 거듭했다. 1931년에는 기록적인 흉작이 농촌의 참상을 더욱 악화시켰다. 특히 동북 지방의 기근은 극심하여, 도시락 지참이 불가능한 결식아동과 장기 결석, 나아가 딸의 인신매매와 초등학교 교원의 급료 체불 소식이 신문을 장식했다. 기업은 도산하고, 거리로 내몰리는 실업자가 속출했다.

대부분의 경우 불황은 수량적인 측면보다 사회적 불안과 긴장의 고조가 피해를 더욱 악화시키게 마련인데, 일본도 예외가 아니었다. 예를 들어 실업자의 수가 미국보다 많았던 것은 아니지만, 근대적 생산 부분에서 배제되어 도시 하층으로 내몰렸던 집단의 불만은 하마구치 내각(혹은 이노우에 재정)의 냉혹한 무책임 혹은 '포악한' 금융자본 쪽에 쏟아졌다.

사실 하마구치 내각에 관한 혹평의 뿌리는 훨씬 깊고 구조적이었다. 다시 말하면 기근, 인신매매, 실업 등과 같은 자극적인 뉴스를 넘어서는 사회경제적인 측면을 짚어야 한다는 의미이다. 다음의 세 가지 사항이 핵심적이다.

먼저 하마구치 내각은 불황을 타개하기 위한 문제의식이나 실행력이 부족했다. 군부와 우익에 맞선 정당정치의 승리로 구가되었던 군축조약 조인의 관철을 위해 해군 측에 보강 계획을 약속했다. 군축의 결과로 1931~1936년까지 총 5억여 엔의 절감이 예상되었는데, 그 재원의 용처로서 해군 보강과 감세를 놓고 대장성과 해군성의 줄다리기가 거듭되었다. 결과적으로 당초 요구보다는 줄었지만 절감된 재원의 2/3를 해군 쪽에 투입하는 계획이 승인되었다. 군축을 통해 국민 부담을 경감하겠다는 하마구치 내각의 주장은 색이 바랬다. 여기에다 불황이 이미 표면화된 1930년 여름부터는 세수의 감소가 예상되었다. 적극적인 불황 대책의 도입은 재원의 측면에서 한계가 자명했고, 1931년도 예산 편성에서 실업 구제

동북 지방의 참상 금 해금으로 인한 불황과 흉작에 따른 기근이 겹치면서 결식아동이 생겨났고, 심지어 인신매매 상담소도 나타났다.

사업은 후순위로 밀렸다. 하마구치 내각에게 금본위제로의 복귀는 절대명제였으며, 금 해금을 위해서는 재정 지출을 억제하는 긴축정책이 불가결했기 때문이다.

금 해금과 함께 강구된 산업합리화는 재계를 정리함으로써 약소 자본을 도태시키고 국제경쟁력을 강화하려는 목적이었으나, 불황의 골이 깊어지면서 폐해의 측면이 더욱 부각되고 말았다. 불황으로 인해 거의 모든 분야에서 카르텔이 추진되었고, 그 결과 중소 자본은 몰락하고 재벌 자본의 영향력이 현저해졌다. 또한 공황으로 신음하던 산업 부문에 대해 거대 은행자본이 일방적으로 지배권을 휘두르자, 금융기관 자체를 가리켜 금융자본의 횡포라는 비난의 목소리가 일었다.

사회정책의 측면에서는 노동조합법 제정의 무산이 치명적이었다. 의회의 심의 과정에서 드러났듯이 산업합리화를 한 축으로 삼았던 이노우에 재정으로서는 아무리 계급 유화적인 노동조합법이라도 합리화에 저항하는 노동운동을 조장하게 될 거라는 자본가 측의 공세를 막아내기가 어려웠다. 불행히도 이는 노동조합의 법제화를 매개로 양대 기성정당 중에서 비교적 진보적인 민정당과 온건 노동자 세력의 '연대'가 성사될 가능성이 사라졌다는 것을 의미했다.

금 해금 정책은 일본 경제 경쟁력의 과대평가에서 비롯되었다. 아울러 민정당이 정강의 실현을 서두르고 성급한 긴축정책을 펴는 바람에 불황을 가속화했다는 점에서 무리한 선택이었고, 실패할 수밖에 없었다. 불황에 즈음한 '사회적 안전망' 확충의 실패, 즉 정치적 통합력의 상실은 국민 생활의 파탄을 가져왔고 급기야 민주주의마저 붕괴시키고 말았다.

1930년 11월 후쿠오카의 우익 단체인 현양사 계열의 애국사 단원 사고야 도메오佐鄕屋留雄(1908~1972)가 하마구치 수상을 저격했다(중상을 입고 이듬해 사망). 와카쓰키 레이지로가 뒤를 이었지만, 내각은 중심을 잃고 동요를 거듭했다. 뒤이어 1931년에는 일련의 군부 쿠데타가 시도되었고, 9월에는 만주사변이 발발하면서 일본은 장장 15년에 걸친 기나긴 전쟁의 터널로 돌진해갔다.

만주사변

우익의 저격으로 와병 중인 하마구치 오사치를 보좌하여 수상 대리를 맡았던 와카쓰키 레이지로는 1931년 4월 두 번째로 내각을 조직했다. 대부분의 각료가 유임된 하마구치 내각의 연장이었다. 시급한 현안을 처리하고 여름휴가를 마친 뒤 본격적으로 가을 정국에 임하려던 차에 만주에서 급보가 날아들었다. 9월 18일 밤 10시가 조금 지난 시각, 만주 펑톈 교외의 류타오거우柳條溝에서 남만주 철도의 일부가 폭파된 것이다. 만주사변의 개시다.

1928년 말 장쭤린의 동북 군벌을 이어받은 그의 아들 장쉐량張学良(1901~2001)은 장제스의 국민정부에 가담했다. 만주 전역에 청천백일기青天白日旗가 휘날리게 되면서 국민정부의 중국 통일은 거의 완성에 이른 듯이 보였다. 중국 전역에서는 불평등조약의 철폐와 권익 회수를 요구하는 운동이 대대적으로 전개되었고, 이에 힘입어 국민정부도 공식적으로 만주에서 일본 권익을 회수하겠다는 의향을 표명하고 나섰다.

하마구치 내각은 초기에는 협조 외교를 기반으로 임했지만 해결의 전망이 생길 리 없었다. 정부 안팎에서 강경론이 점차 세를 얻어갔다. 특히 장쉐량이 만철을 포위하는 형태의 철도 노선 계획을 세우자, 1930년 12월 시데하라 기주로 외상은 이를 저지하기 위해 "모든 수단을 다 취할 것"을 훈령했다. 야당인 정우회는 물론 두말할 필요도 없다.

육군, 특히 관동군은 훨씬 이전부터 만주 침략을 획책하고 있었다. 장쭤린 폭살 4개월 뒤인 1928년 10월 이시하라 간지石原莞爾(1889~1949)가 관동군 참모로 부임했고, 이듬해 5월에는 이타가키 세이시로板垣征四郎(1885~1948, 후에 조선군사령관이며 A급 전범으로 사형)가 고모토 다이사쿠의 후임으로 가세했다. 두 사람은 '만몽滿蒙 영유 계획'을 입안했고, 관동군 내부에서는 검토가 거듭되었다. 그 결과 "군사 점령 후 만주에 우리가 조종하기 편한 독립국을 건설하여 보호국으로 한다"는 만주사변의 기본 골격이 완성되었으며, 이는 육군 참모본부의 요인들에게도 전달되었다. 참고로 이시하라는 이후 육군을 장악하고 권력자의 길을 걸은 도조 히데키東条英機(1884~1948, A급 전범으로 사형)와 충돌하여 예편당한 데다 병 때문에 전범 소추에서 제외되었다.

1931년 5월에서 6월에 걸쳐 '몽골 독립운동'과 '간도 폭동 계획'을 추진하지만 불발로 끝났다. 7월에는 수리 시설을 놓고 조선과 중국의 농민이 충돌한 완바오산萬寶山 사건에다 정탐 중이던 일본군 장교의 피살 등을 구실로 군사행동 결행이 주장되었지만 성사되지는 못했다. 결국 이시하라 일당은 만철 폭파라는 자작극을 연출하는 동시에 주변의 중국군에 공격을 가하니, 이로써 15년에 걸친 침략 전쟁의 서막이 열린다(중국 측은 9·18 사변으로 부름).

장쭤린 폭살 때와 달리 만주사변의 전개는 주도면밀했다. 혼조 시게루本庄繁(1876~1945, 전범 체포 직전에 자살) 관동군 사령관은 군사행동을 적극적으로 제지하지 않았다. 게다가 사건 발발 사흘 후인 9월 21일, 조선군 사령관 하야시 센주로林銑十郎(1876~1943, 후에 수상)는 상부의 명령 없이 독단으로 국경을 넘어 휘하 부대를 출병시켜 후방을 지원했다.

만주사변 만철을 고의적으로 폭파시켜 만주사변을 일으킨 일본군은 정전협정이 체결되기 전까지 만주의 주요 지역을 점령했다. 사진은 하얼빈에 입성하는 관동군.

이것이야말로 사전 모의된 명백한 통수권 간범이다.

내각은 계속 동요했다. 만철 폭파 사건 다음 날인 9월 19일 아침 육군대신 미나미 지로南次郎(1874~1955, 후에 조선 총독이며 A급 전범)의 보고를 받은 와카쓰키 수상이 각의를 열어 사건의 '불확대'를 결의했음에도 불구하고, 23일의 각의에서는 육군의 요구에 밀려 출병을 승인하고 그 경비를 인정하고 말았다. 내각의 이런 태도로 말미암아 관동군은 자신들의 정당성을 강화하기 위해서도 더욱더 군사작전을 성공시키려 했다. 시데하라 외상 등의 후일담을 빌리면, 정면으로 군부에 반대해도 효과가 없기 때문에 군에 일단 동조하면서 제동을 걸려고 했다는 것이다.

중국 정부는 국제연맹에 제소하는 길을 택했다. 10월 1일의 각의에서 시데하라 외상은 국제연맹 이사회 개최 전에 병력을 철수하도록 요구했지만, 미나미 육군대신은 이를 반대하면서 국제연맹 탈퇴 주장마저 서슴지 않았다. 국제연맹 이사회는 거듭 일본군의 철퇴를 결의하여 압박했으나, '자위'를 앞세운 현지의 군 작전은 확대일로로 치달을 뿐이었다.

국제 관계에서 고조되는 긴장 국면과 연동하듯 국내 상황도 소란스럽기 그지없었다. 3월에 이어 10월에도 육군의 중견 장교와 민간 우익이 주도한 쿠데타 음모가 발각되었다(후술 ☞ 085). 이런 군부를 견제하고자 민정당과 정우회의 거국연립내각 구상이 일었지만, 와카쓰키 내각의 각료들은 정우회와의 제휴를 놓고 의견 충돌을 거듭하면서 정치적 무능함을 노출했다. 게다가 경제정책의 핵심인 금본위제 쪽으로 밀려드는 파고도 위험 수위에 육박했다. 9월 21일 독일의 금융공황으로 인해 영국이 금본위제 대열에서 이탈하면서 국제 금본위제는 이후 4년에 걸쳐 완전 붕괴의 길을 걸어갔다. 하지만 이노우에 준노스케 대장상은 결단을 내리지 못했다.

거국연립내각 구성을 둘러싼 불협화음이 극에 달하자 12월에 와카쓰키는 사직서를 제출했고, 새 내각의 지휘권은 정우회 총재 이누카이 쓰요시에게 돌아갔다. 이누카이는 1929년 9월 조슈 번벌의 마지막 후계자인 다나카 기이치가 병사한 후 정우회의 수장이 되었다. 이누카이 내각의 대장대신으로 기용된 다카하시 고레키요는 곧바로 금 수출과 금 태환을 정지했다. 일본의 금본위제 복귀는 약 2년 만에 막을 내리고 관리통화제도로 이행했다.

한편 중국에서 벌어진 전쟁은 반일 폭동 진압, 철교 수리 등 갖가지 구실을 빙자해 계속 확산되었다. 일본군은 1933년 5월 정전협정이 맺어지기 전까지 만주의 주요 지역을 점령했다. 전쟁 발발 직후부터 관동군 특무기관장 도이하라 겐지土肥原賢二(1883~1948, A급 전범으로 사형)는 친일 괴뢰정권 수립에 공을 들였다. 청조 최후의 선통제宣統帝 푸이溥儀(1906~1967)를 설득하는 공작을 추진한 결과, 11월에 푸이가 톈진天津에서 관동군 진영으로 탈출했다. 그리고 1932년 3월 1일 국제연맹 리튼 조사단의 도착에 앞서 푸이를 집정執政으로 하는 만주국 건국이 선언되었다.

이후 경과는 다음과 같이 전개된다. 1932년 6월 중의원에서는 만주국 승인 결의안이 만장일치로 가결되었고, 9월 사이토 마코토斎藤実(1858~1936, 조선 총독 역임) 내각은 일만의정서 조인을 통해 만주국 성립을 승인했다. 만주국의 기정사실화를 노린 것으로서, 일본의 기득 권익 승인과 관동군 주둔 등이 명기되었다. 만주국에서는 1934년 3월부터 푸이를 황제로 받드는 제정이 실시되었으나, 관동군이 인사와 정책을 포함하여 각 부처의 실권을 장악한, 말 그대로 '괴뢰국'이었다.

그러나 국제연맹은 리튼 조사단의 보고에 의거하여 만주에 대한 중국의 주권을 인정하고 일본의 점령을 부당하다고 규정했으며, 일본군으로 하여금 만철 부속지 내로 퇴각하도록 요구하는 권고안을 1933년 2월 임시총회에 제출했다. 이것이 채택되자 일본 전권 마쓰오카 요스케松岡洋右(1880~1946, 후에 외상 역임, A급 전범)는 "국제연맹의 권고가 극동 지역의 평화를 보장한다고 생각되지 않는다"는 선언서를 낭독한 뒤 퇴장했고, 같은 해 3월 국제연맹 탈퇴를 정식으로 통고했다(1935년 발효). 나아가 1936년에는 런던군축회의(런던군축조약의 개정을 위해 열렸음)에서 탈퇴함으로써 워싱턴·런던 양 해군조약이 파기되었다. 만주 침략으로 촉발된 일본의 국제적 고립은 돌이킬 수 없는 지경에 이르고 말았다.

일만의정서 조인 일본 측 전권은 무토 노부요시(武藤信義) 육군대장(관동군 사령관), 만주 측은 정샤오쉬(鄭孝胥) 국무총리이다.

쇼와 시대 | 1920~1930년대 중반 ▶ 1부 024 **085** 엇나가는 정치와 사회

테러와 전향

미약하나마 진보적 경향을 유지하던 민정당 내각의 약체화와 붕괴는 정당정치의 기반을 송두리째 뒤흔들었다. 만주사변(1931)이라는 대외 관계의 악재에 더해 국내에서 정당내각을 무너뜨리려는 움직임이 고개를 쳐들기 시작했다. 정치화한 군인과 민간 우익이 결탁하여 쿠데타로 군사정권을 수립하려고 한 것이다. 당시 표현으로 '국가개조운동'의 출현이다.

앞서 보통선거가 실현된 이후의 정치사회 상황에 대해 무산정당과 사회운동을 중심으로 언급했지만(☞ 081 참조), 한편에서는 우익 운동도 활발하게 전개되었다. 공안 당국이 파악한 국가주의 단체 수만 하더라도 1926년 23개에서 1931년과 이듬해에는 각각 87개, 196개로 급증했다. 운동 방침도 진화해 나갔다. 1918년에 토건청부업자가 만든 단체는 "국체의 존엄을 위태롭게 하는 모든 사상에 박멸을 기한다"고 외쳤다(大正赤心団). 1920년대 초의 우익은 이렇듯 데모크라시와 사회주의에 대한 반발이라는 측면이 강했으며, 각종 파업 현장에서 폭력을 행사하는 정도에 지나지 않았다. 하지만 1919년 결성된 유존사猶存社는 우익 운동에 사상을 채색했다. 일본의 '개조'와 아시아 민족의 '해방'이라는 구호를 내건 것이다.

우익 사상의 기초를 제공한 사람은 중국 혁명에 가담하여 이름을 날린 기타 잇키北一輝(1883~1937)이다. 기타는 『일본개조법안대강』(1919)에서 "천황을 받들어 신속히 국가 개조의 근본을 세운다"고 함으로써 천황 친정의 발동을 통한 정부의 전복과 국가사회주의적인 개혁을 역설했다.

1920년대를 지나면서 기타 잇키, 오카와 슈메이大川周明(1886~1957, A급 전범이었으나 정신이상으로 면소) 등의 우익 이데올로그는 군부와 긴밀히 접촉했다. 군축과 협조 외교 등은 중견·청년 장교들에게 정치 개입을 자극하는 요인으로 비쳤다. 민간 우익과 정치군인이 가세한 우익 진영은 '대일본제국'의 위기가 원로·중신·재벌·정당 등 지배층의 무능과 부패에서 기인한다고 규정했고, 현 체제를 타도하고 군 중심의 강력한 내각을 만들어 대내외 정책의 일대 전환을 이룩하고자 꾀했다.

첫 시도는 만주사변이 발발하기 6개월 전인 1931년 3월에 일어났다. 하시모토 긴고로橋本欣五郎(1890~1957, A급 전범)를 지도자로 하는 육군의 비밀결사 사쿠라회桜会(1930년 9월 결성)는 오카와 슈메이 등이 이끄는 민간 우익과 제휴하여 하마구치 내각을 무너뜨리고 군사정권을 수립하는 쿠데타를 3월 17일 결행하고자 했다(3월 사건). 우가키 가즈시게宇垣一成(1868~1956, 조선 총독 역임) 육군대신을 포함한 군 수뇌부의 동의를 얻은 이 음모는 우가키 등

401

이누카이 수상과 이노우에 전 대장상의 암살을 보도한 신문 1932년 5월 15일 이누카이 쓰요시 수상이 해군 장교들에게 살해되었다. 신문은 병원에 실려 나가는 수상의 사진과 함께 급박한 상황을 전하고 있다. 임시 수상을 다카하시 고레키요가 맡았다는 기사도 눈에 띈다. 이누카이 수상의 암살 전 2월 9일에는 대장상을 지냈던 이노우에 준노스케가 총탄 3발을 맞고 절명했다.

의 변심으로 성사 직전에 중지되었다. 10월에도 하시모토와 오카와 일파는 만주사변 발발에 호응하여 와카쓰키 내각을 무너뜨리고 자신들에게 우호적이던 아라키 사다오荒木貞夫(1877~1966, A급 전범) 육군 중장을 수상으로 옹립하는 쿠데타를 획책했다(10월 사건). 하지만 이 역시 사전에 계획이 누설되어 관련자들이 헌병대에 검거되면서 미수로 끝났다.

쿠데타 음모는 불발에 그쳤지만 후유증은 심각했다. 정우회의 일부 인사들은 사건이 발각되기 전부터 '와카쓰키 내각하에서는 군사 쿠데타가 일어날지 모른다'는 식으로 위기를 부채질하고 이용했다. 청년 장교들의 잇단 '폭주'를 염려한 나머지 원로 사이온지 긴모치는 물론 와카쓰키 내각도 주모자들의 처벌에 소극적이었다. 하시모토는 겨우 근신 20일에 처해졌다.

이런 미봉책은 외려 군부와 우익의 과격 행동 조장이라는 역효과를 낳았다. 1932년 2월에는 대장상을 지냈던 이노우에 준노스케가 암살되었다. 미역 행상을 하면서 이노우에의 금 해금으로 초래된 농촌과 도쿄의 참상을 목도한 20세 청년 오누마 쇼小沼正(1911~1978)는 그 '원흉'의 제거를 위해 테러리즘을 결행했다고 법정에서 진술했다. 3월에 일어난 재벌 미쓰이의 총수 단 다쿠마團琢磨(1858~1932)의 암살까지 묶어 '혈맹단 사건'이라 불린다. 나아가 5월 15일에는 이누카이 쓰요시 수상이 백주 대낮에 관저에서 정복 차림의 해군 장교들에게 살해되었으며, 경시청, 일본은행, 내대신 관저 등이 습격을 받았다(5·15 사건).

3개월 전인 2월의 총선거에서 정우회는 사상 최대의 승리를 거두었다. 압승의 배경은 다카하시 고레키요 대장상이 주도했던 금본위제 폐기와 경기 부양책이었고, 이는 불황 탈출을 염원하는 국민의 기대에 부응하기에 충분했다. 반면 외교 분야에서는 선거 기간 중 계속 "가자! 일하자! 아시아의 맹주, 넓은 만몽이 기다린다"는 구호를 외쳐 관동군을 방불케 했다. 또한 육군의 파쇼 세력이 떠받드는 아라키 사다오를 육군상으로 영입했다. 이런 상황으로 말미암아 이누카이 수상은 영미 협조주의로 군부와 우익의 분노를 샀던 민정당과 무관했는데도 군부 파시즘의 흉탄에 쓰러진 것이다.

현역 장교의 수상 살해 소식은 지배층을 경악시켰다. 천황의 측근들이 직접 후계 내각 구성에 개입했을 정도였다. 내대신 마키노 노부아키牧野伸顯(1861~1949, 오쿠보 도시미치의 차남)가 꺼내 든 카드는 조선 총독을 지낸 해군대장 사이토 마코토를 수상에 천거한 것이었다. 정당내각의 지속을 기대한 정우회는 스즈키 기사부로鈴木喜三郎(1867~1940)를 새 총재로 선출한 터였지만, 사이온지 긴모치도 '폐하의 희망'을 따를 수밖에 없었다. 이에 따라 1924년 이래 이어온 정당내각의 명맥은 끊어지고 그 자리를 '거국일치'가 대체했다.

우익 테러와 침략 전쟁 개시는 무산운동에도 큰 파장을 불러일으켰다. 특히 만주사변의 후유증이 너무 커서 무산정당의 양대 산맥인 사회민중당과 전국노농대중당(일본노농당을 중심으로 1931년 7월 결성)의 행보가 어긋나기 시작했다. 1930년 무렵부터 육군, 민간 우익과 교류하던 사회민중당의 서기장 아카마쓰 가쓰마로는 나치즘적인 국가사회주의로 돌아서 만주사변을 지지했다. 노자 협조를 부르짖던 총동맹도 마찬가지였다. 이에 반해 전국노농대중당은 '제국주의 전쟁 반대'를 외치며 만주사변에 반대했지만, 조직 내부에서는 국가사회주의자와 격론을 벌여야 했다.

이제 무산정당과 국가사회주의자는 공존이 불가능해졌다. 1932년 5월 아카마쓰 등의 사회민중당 탈당파는 일본국가사회당을 결성했다. 강령에는 황도皇道 정치의 철저, 합법적 수단을 통한 자본주의 타파와 국가통제경제의 실현, 아시아 민족의 해방 등이 담겼다. 사회민중당 잔류파와 다른 무산정당 세력들은 7월 사회대중당을 결성하여 재정비에 들어갔다.

그런데 이보다 더 충격적인 사태는 잇단 탄압으로 옥중에 있던 일본공산당 지도자들이 낸 전향 성명이었다. 1933년 6월 중앙위원장 사노 마나부佐野学(1892~1953, 신인회 출신)와 중앙위원 나베야마 사다치카鍋山貞親(1901~1979, 노동자 출신)는 코민테른의 획일적인 지도에 반기를 들었다. '민족적 통일의 중심'인 천황제를 타도하자는 구호는 오류이며, 천황 아래 일국사회주의혁명을 이룩하는 것이 필요하다고 주장했다. 공산당은 기관지 『아카하타赤旗』를 통해 "천황주의적 파시스트, 몰락 전향자, 사노·나베야마 일파를 혁명적 분쇄의 제단에 바치자"고 외쳤지만, 전향자는 속출했다. 1933년 7월까지 옥중의 당원 1/3이, 1936년 5월 말까지 치안유지법 위반자 중 74%가 전향했다.

전향과 탄압은 공산당을 궁지로 몰아넣었다. 1933년 12월 중앙 책임자 미야모토 겐지宮本顯治(1908~2007, 전후 서기장)가 검거되었고, 1935년 남은 지도부가 체포되면서 조직과 활동은 사실상 궤멸했다.

엇나가는 정치와 사회 086 쇼와 시대 | 1932~1936년 ▶ 1부 004

천황기관설 사건

예상을 뒤엎고 사이토 마코토 내각은 1932년부터 1934년까지 2년이나 유지되었다. 사이토 내각의 만주국 승인과 국제적 고립화는 분명 중일전쟁(1937)과 태평양전쟁(1941~1945)이라는 화근을 남겼지만, 정당정치를 종식시킨 만주사변(1931)이라는 충격파는 진정 국면으로 돌아섰다. 경제 불황도 다카하시 고레키요의 재정 정책이 본격화함에 따라 조금씩 안정을 되찾아갔다. 금 수출 금지에 따른 환율 하락은 수출 신장을 자극했다. 만주사변 이후의 군사비 지출은 일시적으로 경기회복을 자극했으며, 뉴딜 정책의 일본판인 각종 토목 사업에 재정이 투입되어 유효수요의 창출에도 기여했다.

'슬로모션 내각'이라 불리며 담담하게 국정을 처리하던 사이토 내각은 각료까지 연루된 뇌물 사건으로 총사직했다. 이 뇌물 사건 자체는 호시탐탐 수상을 넘보던 히라누마 기이치로平沼騏一郎(1867~1952, A급 전범)와 정우회 일부가 결탁한 날조극이라 한다(판결도 무죄). 히라누마는 대역 사건(1910, ☞ 075 참조)에서 사형을 구형한 검사이며, 1924년 국수주의 단체 국본사國本社를 설립한 우익 정치가의 거두였다.

1934년 7월, 정권은 사이토 내각의 첫 해군대신 오카다 게이스케岡田啓介(1868~1952)에게 넘어갔다. 전직 수상, 추밀원 의장, 내대신이 참가한 중신 회의가 처음 열려 일찍이 런던해군군축조약의 조인(1930)에 헌신했던 영미 협조주의자에게 힘을 실어주었다. 천황의 의중이 실린 모양새로 출발한 새 내각에게는 거국일치 제2막을 열어젖히는 임무가 부여되었다.

정당 세력의 반응은 양분되었다. 먼저 중의원의 다수파 정우회는 이른바 헌정의 상도를 앞세워 각료 파견을 거부하고, 입각한 각료 3명은 제명했다. 스즈키 기사부로 정우회 총재는 단독내각 수립이 목표임을 명확히 선언했던 것이다. 민정당 쪽에서는 군부와 우익의 득세를 저지하고자 1933년 말부터 정우회와 '협력내각'을 추진하려는 기류가 여전했다. 그러나 1935년 1월 정우회가 전당대회에서 단독내각을 천명함에 따라 정당내각 부활을 향한 양대 정당의 직접적인 공조 체제 구축은 사실상 불가능해졌다.

거국일치를 향한 오카다 호의 엔진은 정우회의 비협조로 인해 연료 공급이 원활하게 이루어지지 못했다. 여기에 두 가지 결정적인 악재가 겹쳤다. 내각심의회와 내각조사국의 부실화, 그리고 천황기관설 배격 운동이다. 사투를 거듭하던 2기 거국일치 내각은 급기야 1936년 2·26 사건으로 무너지고 말았다.

1935년 5월 오카다 내각은 내각심의회와 내각조사국을 신설하며 거국일치 구현에 나섰다. 정당내각 붕괴를 감안하여 정국 안정을 위한 새로운 틀이 필요하다는 판단에서였다. 내각심의회는 각료 전원과 재계와 각 정당의 인사들로 구성되어 주요 국책의 조사와 심의, 건의를 목적으로 삼았고, 내각조사국은 각 부처의 관계자와 학계 전문가들이 참가하여 조사 업무를 담당했다.

1935년 5월에 오카다 내각이 신설한 내각조사국

의회를 초월하는 국책 통합 기관의 창출은 지원 세력의 측면에서도 거국일치였다. 육군 내부에서는 아라키 사다오를 앞세운 직접행동 그룹인 '황도파'와 대립하던 '통제파'가 적극 가세했다(후술 087). 육군성 군무국장 나가타 데쓰잔永田鉄山(1884~1935)이 이끈 통제파는 쿠데타에 의한 정변을 부정하는 한편, 내각조사국에 통제경제 확립과 '고도 국방국가' 건설을 주문했다. 군부와 공존을 모색하던 사회대중당도 노동조합 법제화와 같은 정책 입안을 기대하며 지지를 표명했다. 그리고 '신관료'라 불린 정치화한 관료 그룹(주로 내무성 경보국과 사회국)도 동참했다. 이들은 자본가와 지주가 노동자와 소작인의 문제 해결에 부정적이라고 비판하는 면에서는 사회주의적 색채를 띠었지만, 그런 현안 해결의 주체는 정당이나 의회가 아니라 관료라고 주장함으로써 국가주의적 성격을 지녔다.

민정당은 내각심의회에 참가한 반면, 정우회는 국책 통합 기관이 중의원을 경시하고 의회정치를 부정한다면서 내각심의회 위원으로 참가한 2명을 제명했다. 정우회의 불참이 최종적으로 확인되자 민정당 간사장은 양당의 제휴 노선을 포기한다고 통고했다. 그러자 정우회 총재 스즈키는 오카다 수상에게 내각심의회 불참을 전하면서 "정부는 단지 미노베 씨의 저서에 대한 사무적 처리에 그치고 아무런 적극적 처치를 강구하지 않았으며, 지방장관 회의에서도 태도를 표명하지 않은 것은 유감이다"는 토를 달았다.

스즈키 총재가 운운한 '미노베 씨의 저서에 대한 사무적 처리'란 천황기관설 사건을 가리킨다. 1935년 2월 귀족원에서 한 의원이 천황기관설은 '완만한 모반'이고 '명백한 반역'이며 미노베 다쓰키치는 '학비學匪(학문을 사칭한 비적匪賊이라는 의미)'라고 비난한 것이 사건의 계기였다. 정작 문제를 제기한 의원은 미노베의 설명을 듣고 납득했지만, 정우회를 비롯하여 우익과 황도파, 재향군인회 등이 대거 달려들어 국체에 반하는 학설의 배격을 부르짖는 동시에, 이를 방치하는 오카다 내각에 대해 성토를 개시했다.

천황기관설은 메이지 헌법하에서도 정당내각이 가능하다는 견해를 중심으로 통수권 이외의 군 관련 사항은 정당내각이 관할할 수 있다고 보았다. 그 연장선에서 미노베는 하마

미노베의 설명 귀족원의 한 의원이 미노베 다쓰키치의 천황기관설이 모반이자 반역이라고 비난하자, 1935년 2월 25일 미노베가 직접 그에 대한 설명을 하는 모습이다.

구치 내각이 1930년 런던해군군축조약에 조인했을 때도 천황의 통수권을 침범하지 않았다고 주장했다. 그러나 군부와 우익은 천황의 권한을 절대적이라 해석하는 천황주권설을 앞세워 하마구치 내각과 미노베를 비난했고, 정우회는 그것을 정치 쟁점으로 몰고 갔다. 5년 뒤의 천황기관설 사건도 이와 유사한 과정으로 진행되었다. 헌정의 상도를 철석같이 신봉한다던 정우회는 미노베의 헌법 해석을 힐난하는 목소리를 높였고, 정부를 향해서는 천황기관설을 분명하게 부인하라고 압박했다.

결국 미노베의 저서는 발매금지되었고, 미노베 자신은 귀족원 의원에서 물러나야 했으며 불경죄로 검찰 조사까지 받아야 했다(결국 기소유예 됨). 이듬해에는 우익의 습격을 받고 중상을 입는 사태까지 벌어졌다. 그리고 오카다 내각은 8월과 10월 두 차례에 걸쳐 천황기관설은 국체에 반하며 제거되어야 한다는 내용의 국체명징国体明徵 성명을 발표했다.

정우회의 목표는 황도파 및 우익 단체와 연계를 강화하여 국체명징운동을 정쟁으로 유도함으로써 오카다 내각을 붕괴시키는 데 있었다. 말하자면 천황기관설 공격은 이듬해인 1936년 2월로 예정된 총선거에 대비하여 오카다 내각을 무너뜨리고, 최소한 차기 내각의 여당 자격으로 선거를 치른다는 전략의 일환이었다. 하지만 오카다 내각은 버텨냈고, 2월 20일 시작된 총선에서 정우회는 71석을 잃고 제2당으로 전락하고 말았다. 6일 뒤 황도파는 쿠데타 2·26 사건을 일으켰다.

1930년대 초반의 세 가지 위기, 즉 경제 불황, 대외 관계 경색, 군부의 직접행동은 사이토·오카다 두 내각을 거치면서 수습되는 듯 보였다. 그런데 왜 정당정치는 무너지고 의회정치의 형해화는 더욱 가속화되었을까? 위에서 검토한 내용을 떠올리면 이렇게 질문을 바꿀 수 있다. 의회정치를 부정하는 내각심의회 구상이 파시즘으로 나아가는 제1보인가? 아니면 천황기관설을 배격하는 헌정상도론이 파시즘에 가까운가? 하지만 1935년 중반 일본의 정치권이 창안해낸 두 개의 선택지 모두 정당정치의 부활을 담보할 수 없는 역사의 퇴행이었다. 빈사 상태의 민주주 위에 세울 수 있는 정치적 전망은 없다.

참고로 내각심의회는 1936년 5월 폐지되었고, 이듬해 중일전쟁이 터졌다. 내각조사국은 기획청→기획원으로 계보를 이어가며 전시체제 구축에 매진했다.

2·26 사건

```
下士官兵ニ告グ
一、今カラデモ遲クナイカラ原隊ヘ歸レ
二、抵抗スル者ハ全部逆賊デアルカラ射殺スル
三、オ前達ノ父母兄弟ハ國賊トナルノデ皆泣イ
  テオルゾ
  二月二十九日
          戒嚴司令部
```

하사관 병사에게 고한다.
1. 지금부터라도 늦지 않으니 원대로 돌아가라.
2. 저항하는 자는 전부 역적이므로 사살한다.
3. 너희들의 부모형제는 국적國賊이 되기에 모두 울고 있다.

'역적'과 '국적'이라는 무시무시한 단어가 보이는 위 사료는 1936년 2월 29일 계엄사령부가 뿌린 포고문이다. 군사 쿠데타 2·26 사건을 진압하는 공격 명령을 앞두고 시도된 설득 작업의 일환이었다. 오후 2시 반란 부대의 하사관과 사병은 원대로 복귀했고, 5시에는 일부 장교가 자결하고 주모자 체포가 이루어졌다. 당시 제국의 심장부 도쿄는 온 시내가 폭설로 뒤덮였는데, 대단히 드문 2월의 설경만큼이나 충격적인 사건의 막바지 장면이다.

2월 26일 새벽, 육군 대위 노나카 시로野中四郎(1903~1936) 이하 청년 장교들은 도쿄 도심 롯폰기六本木 인근에 주둔하던 근위사단과 제1사단 병력 약 1,400명을 이끌고 봉기했다. 쿠데타 군은 근처의 수상 관저와 경시청 등의 기간 시설을 습격·장악했고, 내대신 사이토 마코토, 대장상 다카하시 고레키요, 육군교육총감 등 요인을 차례로 살해했다. 오카다 게이스케 수상의 부고도 보도되었으나 실제 희생자는 얼굴이 닮은 그의 조카였다. 존황간토尊皇奸討를 내걸으며 부패한 정치가를 내쫓고 '쇼와 유신'을 단행하여 곤궁한 농촌을 구하겠다는 것이 쿠데타 군의 목표였다. 1930년대 이후 빈발한 일련의 우익 테러와 쿠데타 시도는 정점을 맞이했다.

쿠데타의 배경으로 육군 내의 파벌 싸움을 빼놓을 수 없다. 건군 이래 육군의 주류는 조슈 출신의 야마가타 아리토모와 그 후계자들이었다. 1921년 독일의 바덴바덴에 모인 나가타 데쓰잔 등 육사 16기 그룹은 제1차 세계대전의 교훈으로 총력전 체제의 준비와 함께 파벌 해소, 인사 쇄신 등을 합의했다. 이른바 '바덴바덴의 맹약'이다. 1929년에는 잇세키회一夕会가 만몽滿蒙 문제의 해결과 반反조슈를 내걸고 닻을 올렸다. 나가타의 동기인 이타가키 세이시로 외에 도조 히데키, 이시하라 간지 등 이후 육군과 정부를 움직이는 중견 장교가 핵심이었다. 이들은 만주사변 발발 때까지 육군 내의 핵심 요직에 속속 자리를 잡았다.

1931년의 만주사변은 바로 잇세키회 관련자들이 추진한 것으로, 그들은 이를 통해 대륙 침략의 돌파구를 마련함으로써 영향력이 더욱 강해졌다. 1932년 이후 그들은 육군대신 아

2·26 사건 1936년 2월 26일 노나카 시로 대위가 이끄는 1,400여 청년 장교들이 도쿄 시내에서 쿠데타를 일으켰다. 봉기의 이유는 부패 정치가를 내쫓고 곤궁한 농촌을 구하겠다는 것인데, 실상 육군 내부의 파벌 대립이 주요 요인으로 작용했다. 이 사건은 아이러니하게도 군부의 정치적 위상을 확립하는 계기가 되었다.

라키 사다오를 앞세워 조슈 파벌의 후계자 우가키 가즈시게 그룹을 내쫓고 군의 인사권을 장악했다. 육사 9기 동기인 아라키와 마사키 진자부로真崎甚三郎(1876~1956, A급 전범으로 체포되었으나 불기소 처분)를 지도자로 받들었던 집단이 2·26 사건을 일으킨 황도파이다. 명칭은 그들이 천황·황국·황군 등으로 상징되는 정신주의를 기본으로 삼은 데서 연유한다. 주로 일선 부대 장교의 지지를 받았으며, 강력한 반공·반소와 농본주의를 표방했다.

통제파는 황도파에서 갈라졌다. 10월 사건(1931, ☞ 085 참조) 이후 비합법적인 쿠데타를 도모하는 운동 방식과 결별하고 통제된 군을 지향하는 중앙 막료의 결속체가 통제파였다. '장래의 육군대신'으로 명성이 자자한 나가타를 비롯하여 도조 등이 모여 궁리한 것은 '합법적인 혁신'이었다. 이들은 직접행동주의를 버리고 정·재계와 연합하여 합법적인 고도 국방국가 건설을 목표로 삼았다. 일선 부대 장교들의 돌발적인 움직임은 억눌러야 하는 대상이었고, 황도파의 사실상 지도자인 아라키와 마사키를 노골적으로 견제했다.

황도파와 통제파 양파는 사사건건 격돌했다. 1934년 11월, 뒷날 2·26 사건에 참가하는 황도파 청년 장교들의 쿠데타 계획이 발각되어 처벌을 받았는데, 황도파는 이를 통제파의 음모로 간주했다. 1935년 7월에는 마사키가 교육총감에서 밀려났다. 보복에 나선 황도파는 8월 나가타를 대낮에 집무실에서 살해했다. 2·26 사건의 발발에는 살벌한 군부 내의 파벌 투쟁이 뇌관으로 작용했음을 알 수 있는 대목이다.

일본군 역사상 유례없는 쿠데타로 비화되는 또 하나의 동력은 기타 잇키의 우익 사상(☞ 085 참조)으로부터 제공되었다. 쿠데타에 이은 천황 친정으로 기성 체제를 무너뜨리고 국가

사회주의에 기반한 개혁을 실시한다는 시나리오였고, 청년 장교는 국가 개조의 고지로 달려드는 선봉대로 자리매김되었다. 기타 잇키와 청년 장교를 연결한 주선자는 퇴역 소위 니시다 미쓰기西田稅(1901~1937)였는데, 나가타의 살해범은 사건 전날 니시다의 집에 머물렀다.

쿠데타 직후 육군대신을 비롯한 수뇌부는 청년 장교의 '충정'을 평가하는 태도를 취하며 진압에 소극적이었다. 그 틈을 타서 아라키와 마사키는 내각 개조와 쇼와 유신 조칙의 발포를 단행함으로써 사태의 '원만한 해결'을 설득하고 다녔다. 그러나 천황의 의중은 처음부터 진압 쪽이었고, 해군도 오카다 게이스케 수상과 사이토 마코토 내대신은 물론이고 시종장 스즈키 간타로鈴木貫太郎(1869~1948)까지 해군 출신이라서 냉랭했다.

결국 29일에 이르러 황군 간의 정면충돌이 회피되면서 사태는 일단락되었다. 이어진 특설 군법회의에서 장교들과 기타, 니시다 등 19명에게 사형 판결이 내려졌다. 그리고 아라키, 마사키를 비롯하여 쿠데타에 동정적이던 장성들은 예비역에 편입되었으며, 이후 실시된 숙군 작업에서 황도파는 완전히 궤멸되었다. 바야흐로 통제파의 독무대가 펼쳐졌으며, 도조 히데키가 새 지도자로 부상했다.

2·26 사건은 분명히 군사 쿠데타였지만, 군부의 정치적 입김은 오히려 세졌다. "군부에게 끌려다니지 않을 인물"을 희망한 천황의 의사에 따라 오카다 내각의 외상이던 히로타 고키廣田弘毅(1878~1948, 난징 대학살의 A급 전범으로 사형)가 수상에 올랐으나, 육군은 각료 인선까지 간섭하여 성사시켰다. 데라우치 히사이치寺内寿一(1879~1946, 데라우치 마사타케의 장남) 육군대신의 지휘 아래 숙군과 함께 황도파 퇴역 장성의 복귀 저지를 구실로 군부대신 현역무관제(육해군대신을 현역 장성으로 한정)의 부활을 관철했으며, '광의 국방', 즉 총력전 체제의 구축을 위해 군비 확장과 통제경제 등의 정책을 '서정庶政 쇄신'의 이름으로 성사시켰다.

6월, 군은 13년 만에 '제국 국방 방침'을 개정했고, 이를 바탕으로 8월에 히로타 내각은 '국책의 기준'을 결정했다. "동아시아 대륙에서 제국의 지위를 확보함과 동시에 남방 해양으로 진출·발전"한다는 국책하에 외교 쇄신과 국내 개혁을 실시한다고 밝혔다. 대외적으로는 국제적 고립을 면하기 위해 반공을 구실로 일독방공협정을 맺고 중국 북부를 식민지화했으며, 대규모의 군비 확장을 추진했다. 군부 파시즘이 본격적으로 가동된 형국이었다.

히로타 내각은 1937년 1월 이른바 '할복 문답'으로 인해 사직했다. "독재 강화의 정치적 이데올로기가 도도히 군의 저변을 흐른"다며 하마다 구니마쓰浜田国松(1868~1939, 정우회) 의원이 군의 정치 간여를 통박하자, 데라우치 육군대신이 이에 반박하며 언쟁을 벌였다. 연설의 시비를 가린 뒤 할복하자는 하마다의 주장에 발끈한 데라우치는 의회를 해산하거나 아니면 단독으로 사직하겠다며 압박했고, 결국 내각은 열흘 만에 총사직을 선택했다.

쇼와 천황은 온건파로 여겨지던 우가키 가즈시게를 후임 수상으로 지명했지만, 우가키를 탐탁지 않게 여긴 육군이 육군대신 천거를 거부함에 따라 무산되었다. 이제 군은 정치 개입을 넘어서서 대원수인 천황의 명령마저 무시하는 지경이었다.

중일전쟁

1933년 5월 정전협정으로 만주사변(1931)의 전투는 일단 종료되었다. 하지만 그 이후에도 관동군은 독자적으로 화북華北(중국 북부) 점령을 획책하고 국지적인 군사행동을 벌여 나갔다. 1935년부터는 부일附日 협력자들을 동원하여 화북 지방에 차례로 괴뢰정권을 세웠다. 다음 해 1월 오카다 게이스케 내각은 화북에 분리 정권을 수립하는 것을 국책으로 결정했고, 4월 이후 베이징 등 중국 각지에 배치할 주둔군을 늘려갔으며, 8월에는 화북 5개성을 일본의 세력 아래 둔다는 방침을 결정했다.

일본의 총성 없는 중국 침략이 면면히 이어졌지만, 장제스가 이끄는 국민정부는 오로지 공산당 섬멸에 전력을 집중했다. 1934년 10월, 마오쩌둥毛沢東(1893~1976)의 홍군은 장장 1만 km를 넘는 이른바 대장정에 들어갔다. 일본의 노골적인 정복욕은 중국의 항일구국운동을 고조했고, 상황은 급반전하게 된다. 바로 1936년 12월의 '시안西安 사건'이다. 홍군 토벌을 위해 시안에 주둔하던 장쉐량은 독전하러 온 장제스를 연금하고 내전 중지 등을 요구했다. 이를 계기로 국민정부는 서서히 일본 쪽으로 총구를 돌렸다.

일본에서는 1937년 5월 정권 교체가 일어났다. 히로타 고키 내각을 좌초시키고 군부 파시즘 실현을 추진했던 하야시 센주로 내각이 의회와 정당 세력의 포섭에 실패하자 하야한 것이다. 후임은 45세의 귀족원 의장으로 천황의 신임이 두터웠던 화족 정치가 고노에 후미마로近衛文麿(1891~1945)가 이어받았다. 6월에 발족한 고노에 내각은 정우회와 민정당에서 각료 1명씩 선임하면서, 당시 표현으로 '준전시' 시국하에서 거국일치의 강력한 정권 수립을 부르짖었다. 그러나 화려하게 출범한 고노에 내각도 구체적인 정책 제안에는 이르지 못한 채 1개월 만에 중일전쟁의 거센 폭풍 속으로 휩쓸려 들어갔다.

7월 7일 밤, 베이징 서남방 교외의 루거우차오盧溝橋 부근에서 일본군 중대가 야간 연습을 하고 있던 중 총성이 울렸다. 곧 점호를 했고, 병사 한 명의 행방불명이 파악되자 전투 태세에 돌입했다. 해당 병사는 곧 복귀했지만, 대대장이 연대장과 연락을 취한 결과 '단호히 전투를 개시해도 좋다'는 명령이 떨어졌다. 8일 새벽부터 중일 양군 사이에 격렬한 전투가 벌어졌지만, 사태 수습을 위한 교섭 끝에 일단 9일 새벽 총성이 멎었다. 만주사변과 달리 최초 발포자가 어느 쪽인지는 불확실하다. 다만 고노에 내각이 보여준 대처가 만주사변에 대한 와카쓰키 레이지로 내각의 행보와 흡사했다는 점은 엄연한 사실이다.

9일 임시 각의에서 스기야마 하지메杉山元(1880~1945) 육군상은 '현지 해결'의 결의를 표명하지만, 군 중앙에서는 이 기회에 화북의 산적한 현안을 일거에 해결하자는 기운이 팽배했다. 11일의 각의에서는 불확대, 현지 해결 방침을 재확인하면서도 3개 사단의 파병과 소요 예산 3억 엔을 결정하는 엇박자가 연출되었다. 이에 따라 17일 장제스도 철저 항전을 선언했다. 27일 일본은 사단을 증파했고, 8월에 들어가자 전투는 상하이까지 번졌다. 난징, 상하이 등 주요 도시는 일본 폭격기의 공습으로 불바다가 되었으며, 9월 28일 국제연맹은 일본의 도시 폭격을 비난하는 결의문을 채택했다.

장제스의 국민정부와 마오쩌둥의 공산당은 9월 말 '제2차 국공합작'을 맺고 항일민족통일전선을 본격적으로 가동했다. 일본은 조기에 대군을 투입하여 중국의 저항 의지를 꺾겠다는 전략을 세워 실행에 옮겼다. 3개월에 걸친 전투 끝에 상하이를 점령한 뒤 국민정부의 수도 난징南京 공략에 나섰다. 12월 일본군은 난징 함락에 성공했지만, 입성을 전후하여 '난징 대학살'을 일으켰다(패전 후 극동군사재판은 이때 포로와 민간인을 합쳐 20만 명 이상이 살해되었음을 발표). 국민정부는 우한武漢, 충칭重慶으로 후퇴하면서 항전을 이어 나갔다. 당초 일본군의 전략인 속전속결은 이미 물 건너갔으며, 장기전의 양상이 역력해졌다.

베이징에 입성하는 일본군 1937년 7월 루거우차오 사건으로 중일 양군의 격돌이 일어나면서 중일전쟁이 시작되었다. 사진은 총공격을 시작한 뒤 8월에 베이징을 점령하고 입성하는 장면.

1938년 1월, 일본 정부는 '국민정부를 상대하지 않겠다'는 유명한 성명을 발표했다. "진정으로 제국과 제휴하기에 충분한 신흥 지나支那(중국의 멸칭) 정권의 성립·발전을 기대하며, 그와 양국의 국교를 조정하여 갱생 신 지나의 건설에 협력할 것이다"라고 호도했지만, 새로운 괴뢰정권을 수립하여 중국 전토를 제2의 만주국으로 삼겠다는 말이나 진배없었다.

11월, 고노에는 다시금 성명 형식으로 전쟁의 의미를 밝혔다. 구미 제국주의의 지배로부터 아시아를 해방시키고, 반공의 깃발 아래 일본·만주·지나 3국의 연대로 '동아 신질서'를 건설하는 데 전쟁의 의미가 있다고 강변한 것이다. 이를 장식하기 위해 꾸며진 모략이 12월에 국민정부의 2인자 왕징웨이汪精衛(1883~1944, 일본에서는 汪兆銘이 일반적)를 충칭에서 탈출시키는 작업이었다. 대일 항전은 공산당만 이롭게 한다는 인식을 지녔던 왕징웨이를 움직여 국민정부를 협상 테이블로 끌어내려는 노림수였다. 그러나 최종적으로는 1940년 3월에 각지의 괴뢰정권을 통합하여 난징에 '신 국민정부'를 수립시킨 것이 유일한 성과였다. 중국의 국민정부와 공산당은 미국과 소련의 지원 아래 정규전과 게릴라전을 펼치며 일본군에 맞서 싸웠다.

이 시점에서 고노에 내각의 카드는 소진되었다. 1939년 1월 고노에 내각은 총사직하고,

난징 대학살 왼쪽은 일본군의 난징 공략으로 폐허가 된 시내 모습이고, 오른쪽은 학살한 시신을 양쯔강 변에 방치해 놓은 모습이다.

검찰 출신의 우익 정치가 히라누마 기이치로가 내각을 조직했다.

중일전쟁은 이제 해결은커녕 본격화와 장기화라는 돌아올 수 없는 길로 내달았다. 이와 맞물리듯 전쟁 수행을 뒷받침하는 전시체제 구축에 박차가 가해졌다.

먼저 전면전쟁의 고착화로 인해 사상의 탄압은 한층 격심해졌다. 치안유지법으로 검거되어 검찰에 송치된 건수가 1937년 640건에서 계속 증가하여 1941~1942년에는 1,000건을 넘은 데서도 알 수 있다. 이렇듯 모든 국민에게 전쟁 협력을 고취하기 위해 전개된 것이 국민정신 총동원 운동이었다. 노동계에서는 관제 노동조직인 산업보국회가 결성되어 노동조합과 노동자를 장악하고 통제해 나갔으며, 1940년 말에는 일본노동총동맹이 자발적으로 해산하고 대신 대일본산업보국회로 확대해갔다.

전시체제 구축의 출발점은 1938년 4월의 국가총동원법 제정에서 찾을 수 있다. 이 법은 "인적 및 물적 자원의 통제 운용"을 위한 모범으로 작성된 광범위한 위임 입법이다. 즉 의회의 동의 없이 전쟁 수행에 필요한 모든 조치를 취할 수 있도록 한 무소불위의 법이 탄생한 것이다. 실제로 전시기 통제 법령의 대부분은 국가총동원법을 근거로 삼아 발포되고 시행에 옮겨졌다. 이로써 메이지 헌법에서 의회가 정부를 견제할 수 있는 유일한 장치인 예산과 법령의 심의권은 유명무실해지고 말았다. 총력전에 대비한 국가총동원 체제의 구축, 이것은 군부가 오랫동안 심혈을 기울여 준비해온 집권 시나리오였다. 앞서 바덴바덴의 맹약(1921)에서 언급된 총력전 태세는 17년이 지나 핵심 진지 확보에 성공했다.

이런 시국 속에서 의회는 본래의 존재감과 활력을 잃어버렸다. 1938년 3월 국가총동원법 심의가 진행되던 때의 일화가 있다. 육군성의 사토 겐료佐藤賢了(1895~1975, 최연소 A급 전범) 중령이 법안 설명을 하는 중에 의석에서 야유가 일자 '입 다물어'라고 외치는 소동이 벌어졌다. 스기야마 육군상이 나서서 사과하는 선에서 봉합은 됐지만, 육군을 비롯한 군부가 의회에 대해 어떤 인식과 자세를 지니고 있었는가를 보여주는 서글픈 역사의 단면이다.

아시아·태평양전쟁

중국 전선이 교착 상태에 빠진 데 비해 유럽 쪽에서는 상황이 급박하게 돌아갔다. 1938년 11월, 독일은 일본에게 방공협정의 가상 적국을 소련 외에 영국·프랑스로 확대하는 군사동맹을 제의해왔다. 고노에 후미마로의 뒤를 이은 히라누마 기이치로 내각이 논의에 들어갔다.

육군은 독일을 중시하여 제안 수용을 주장했지만, 영미 협조 노선이 강했던 해군을 비롯하여 다른 각료들은 회의적인 반응이었다. 그러던 1939년 8월, 돌연 히틀러가 스탈린과 손을 잡고 독소불가침조약을 체결하여 세계를 놀라게 했다. 이는 9월에 시작된 독일의 폴란드 침공, 즉 제2차 세계대전의 사전 작업이었던 셈이지만, 히라누마 내각은 일독 동맹 교섭 중지를 선언하고 총사직했다. "유럽의 천지는 복잡괴기하다"는 수상의 퇴진 담화가 충격의 정도를 짐작케 한다.

히라누마 내각 이후 성립된 아베 노부유키阿部信行(1875~1953, 육군대장이자 마지막 조선 총독), 요나이 미쓰마사米內光政(1880~1948, 해군) 양 내각은 독일과의 군사동맹 강화에 소극적이었고, 유럽의 전쟁에도 개입하지 않는다는 방침을 유지했다. 하지만 1940년 6월 파리가 함락되는 등 유럽 전선에서 독일이 파죽지세의 우세를 보이자, 육군을 중심으로 미국·영국과 전쟁을 각오하더라도 독일과 동맹하여 남방에 진출하자는 의견이 급속히 우세해졌다. '버스를 놓치지 말자'가 그들의 구호였다.

이런 모든 움직임의 중심에는 추밀원 의장 고노에 후미마로가 있었다. 고노에는 나치스와 소련 공산당을 모델로 삼은 일국일당주의를 바탕으로 강력한 독재 정당을 결성하는 '신체제 운동'을 천명하며 정계 공작에 나섰다. 7월에 들어와 사회대중당의 해산을 시작으로 정우회를 비롯한 각 정당과 정파는 속속 신체제 운동의 격랑에 휩쓸려 들어갔고, 8월에는 민정당의 잔존 세력마저 당의 간판을 내렸다. 10월에는 국민동원체제의 총사령부로서 대정익찬회大政翼贊会(수상이 총재를 겸임)가 출범했다. 정당정치에 사형선고가 내려진 것이다.

1940년 7월, 군사동맹 강화에 소극적이던 요나이 내각이 총사직하고 다시금 고노에에게 내각 구성의 칙명이 내려졌다. 요나이의 하야와 고노에 옹립을 위해 움직인 것은 육군인데, 육군상의 사표 제출과 후임 천거의 거부라는 군부대신 현역무관제를 발동했다.

제2차 고노에 내각의 육군대신은 도조 히데키, 외무대신은 대외 강경론자로 알려진 마쓰오카 요스케였다. 조각 전에 고노에와 육해군상 및 외상 예정자는 회합을 갖고, 유럽 전쟁

삼국동맹 체결 1940년 9월, 제2차 세계대전에서 추축국을 형성하는 세 나라가 군사동맹인 삼국동맹을 체결했다. 왼쪽 사진은 9월 27일 조인식 장면으로, 왼쪽에서부터 이탈리아, 독일, 일본 대표이다. 오른쪽 사진은 삼국동맹 체결을 축하하며 세 나라 국기를 도쿄 긴자 거리에 걸어 놓은 모습이다.

불개입 방침의 전환, 독일·이탈리아·소련과 제휴 강화, 남방으로 적극 진출 등의 방침을 정했다. 이 내용은 조각된 뒤 정식 국책으로 승인되었다.

9월 23일, 고노에 내각은 국민정부 원조 루트의 차단과 남방 진출의 거점 확보를 위해 북부 프랑스령 인도차이나를 침공했고, 나흘 뒤 독일·이탈리아와 삼국동맹을 체결했다. 육군과 고노에, 그리고 마쓰오카는 삼국동맹 결성과 단결력 과시를 통해 영국의 전쟁 의지를 약화시키고 미국의 고립주의적인 성향을 자극할 수 있다는 허황된 전망에 사로잡혔다.

전쟁을 회피할 마지막 기회는 미국과 직접 담판을 하는 것이었다. 1941년 4월, C. 헐 (1871~1955) 국무장관과 주미 일본 대사가 회동하여 일본군의 중국 본토 철수, 중국의 만주국 승인 등을 조건으로 미일 간의 통상 관계 회복 등을 담은 시안을 마련함으로써 양국은 교섭에 들어갔다. 그러나 5월에 마쓰오카 외상이 주도한 일본의 안은 삼국동맹 견지와 대對중국 지원 중단 등을 포함한 강경론이었다. 이미 삼국동맹에 이어 일소중립조약 체결(1941. 4)까지 성공한 마쓰오카로서는 미국의 양보를 이끌어낼 수 있다고 여겨 교섭 타결에 적극적이지 않았던 것이다. 게다가 6월 22일 독일이 불가침조약을 깨고 전차 부대에 소련 국경 돌파를 명령하자, 일본의 오판은 더욱 굳어졌다. 독일의 승리를 확신한 육군은 소련과의 전쟁 및 남진의 촉진이라는 강경론을 전면화 했고, 이는 7월 2일의 어전회의에서 정식으로 결정되었다.

하지만 미국과 파국으로 치닫는 것만은 면하고 싶었던 고노에는 7월 16일 마쓰오카를 경질하기 위해 총사직을 감행했고, 이틀 후 외상을 교체한 뒤 제3차 고노에 내각을 출범했다. 7월 2일의 어전회의에 따라 28일 일본군은 남부 프랑스령 인도차이나를 점령했으나,

아시아·태평양전쟁 개시 1941년 12월 1일의 어전회의에서 개전이 결의된 결과, 8일 진주만 기습과 말레이 반도 침공을 감행했다. 왼쪽은 진주만에서 폭침당한 미군 전함이고, 오른쪽은 말레이 반도에 상륙한 일본 육군이다.

미국은 자산 동결과 석유 수출 금지를 발동하여 일본의 행보를 견제했다. 외상을 교체했음에도 불구하고 대미 교섭은 아무런 진전이 없었다.

석유 수급이 끊어지자 해군에서도 대미 강경론이 거세졌다. 이렇듯 점증하는 군부의 압력하에 9월 6일의 어전회의는 10월 상순까지 대미 교섭이 마무리되지 않으면 미국(영국·네덜란드 포함)과 개전에 돌입한다는 결정을 내렸다. 전력을 기울였지만 1개월 안에 합의안을 도출하기란 애초부터 무리였다. 결국 10월 14일의 각의에서 고노에 수상과 육군대신 도조 히데키는 격돌했다. 도조는 타협의 관건인 중국 전선에 있는 일본군의 철수를 끝까지 거부했고, 결국 고노에는 내각을 포기했다.

10월 17일, 일단 9월의 어전회의 결정을 백지화하는 것을 조건으로 도조 내각이 닻을 올렸다. 9월 어전회의 결정의 재검토 작업을 거쳐 11월 5일의 어전회의에서는 11월 말을 기한으로 대미 교섭을 진행하고 12월 초에는 무력을 발동한다는 방침이 확정되었다. 11월 26일 일본 측에 제시된 이른바 '헐 노트'는 군대 철수는 물론 만주국과 삼국동맹의 부인까지 포함하는 강경한 내용이었다. 이미 미국으로서도 전쟁이 불가피함을 감지한 상태였다. 사실상 만주사변 이전의 상태로 되돌리겠다는 미국의 요구를 일본이 수용할 리 만무했다.

12월 1일의 어전회의에서는 개전이 결의되었고, 다음 날 말레이 반도에 상륙할 육군과 하와이의 진주만을 급습할 연합함대에 12월 8일 오전 0시 이후 개전한다는 것을 알리는 비밀 전문을 보냈다. 운명의 12월 8일(미국 시간 12월 7일) 진주만 기습과 말레이 반도 침공을 기점으로 아시아·태평양전쟁이 개시되었다. 미국 대통령 F. 루스벨트(1882~1945)는 소아마비로 아픈 다리를 끌고 의회에 나와 선전포고 승인을 요청했다.

개전 전에 연합함대 사령관 야마모토 이소로쿠山本五十六(1884~1943)는 처음 1년은 견딜 수 있지만 2년째부터는 가망이 없다고 말했는데, 실제 전황도 그의 예상대로 전개되었다. 태

1943년 11월 5일 대동아 회의에 참석한 각국 수뇌(제국의사당 앞)

평양과 남방에서 초전의 우세를 점했지만, 1942년 6월 미드웨이 해전에서 주력 항공모함 4척을 잃은 것은 뼈아픈 손실이었다. 1943년 2월, 기울어가는 전세를 만회하고자 총력을 투입한 과달카날 전투에서 일본군은 패퇴하고 말았다. 이제 미국이 반격에 나설 차례였다.

일본은 구미 열강의 지배에서 아시아를 해방시켜 '대동아공영권'을 건설하는 것이 전쟁 목표라고 주장했다. 중일전쟁을 호도했던 '동아 신질서 건설'의 구호가 아시아·태평양전쟁 개시 후에 전쟁의 목적으로 둔갑한 것이다. 1943년 11월 5~6일 일본은 만주국·중국(왕징웨이)·필리핀·태국·버마·인도(찬드라 보스)의 대표를 도쿄에 불러 모아 대동아 회의를 개최했다. 대동아공동선언을 채택하여 "미영은 자국의 번영을 위해 타 국가와 타 민족을 억압하여, 특히 대동아에 대해 끊임없이 침략 착취를 행하고 대동아 예속화의 야망을 드높이며 대동아의 안정을 근저에서 뒤흔들고 있다. 대동아전쟁의 원인은 여기에 있다"고 외쳤지만, '미영'을 '일본'으로 바꾸기만 해도 일본의 실체는 여지없이 폭로되고 만다.

쇼와 시대 | 1943~1945년 ▶ 1부 092, 093　**090**　아시아·태평양 전쟁과 패전

패전과 천황제

　1943년 9월 30일, 어전회의가 열렸다. 숙의 끝에 수세에 몰린 일본군이 본토 방위와 전쟁 계속을 위해 확보해야 할 '절대 국방권'이 설정되었다. 남태평양에서 핵심 거점은 마리아나 제도와 사이판 섬이었다. 마리아나 제도에서 발진한 미국의 전략폭격기 B-29의 항속거리는 일본 본토까지 닿는다. 미국의 일본 본토 공습은 패전을 가시화할 수밖에 없으므로 반드시 저지해야 했다.

　1944년 6월부터 시작된 사이판 공방전은 문자 그대로 혈전이었다. 바다와 육지에서 벌어진 전투에 일본은 동원 가능한 전력의 전부를 쏟아부었다. 그러나 제해권과 제공권을 상실한 일본은 항공모함 3척을 잃는 대패를 당했고, 7월 3만의 사이판 수비대가 많은 비전투원의 목숨까지 앗아가면서 '옥쇄'했다. 마리아나 제도의 비행장을 이륙한 B-29의 공습은 1944년 말부터 개시되었으며, 일본의 민간인 전몰자 대부분은 이후에 가해진 공습으로 초래되었다. 예컨대 1945년 3월 10일 실시된 미군의 전략폭격 '도쿄 대공습'으로 무려 10만 명 이상이 사망했다.

　사이판 함락의 책임을 지고 도조 히데키 내각이 사퇴했다. 후임으로는 조선 총독을 맡고 있는 고이소 구니아키小磯国昭(1880~1950, A급 전범)가 수상이 되어 내각을 이끌었다.

　일본 본토로 밀려오는 미군의 공격은 계속 이어져 10월에는 필리핀의 레이테 섬에 상륙했다. 일본군은 자살 공격대인 가미카제神風를 대거 투입하며 저항했으나, 중과부적이었다. 1945년에 들어와서는 2월 19일 이오硫黄 섬에(3월 26일 전투 종료), 3월 26일에는 오키나와에

417

가미카제 공격 가미카제는 이른바 자살 공격대로, 이들은 천황을 위해 죽는 것을 명예롭게 여기며 전투기에 폭탄을 싣고 연합군 군함에 돌진했다.

각각 미군이 상륙했다(6월 23일 전투 종료).

패전은 이제 시간 문제였다. 기울어가는 전황의 책임을 묻는 형식으로 고이소 내각이 총사직했고, 곧바로 스즈키 간타로가 전쟁 종결의 임무를 지고 내각의 지휘권을 넘겨받았다. 2·26 사건 때 시종장으로서 5발의 총탄을 맞고도 기적적으로 목숨을 건진 스즈키의 행운을 기대했던 것일까. 패전이 현실화된 이 시점에서 일본의 지배층은 과연 어떤 생각을 하고 있었을까? 이 부분은 일본 제국주의에게 패전이란 무엇이며, 패전 이후 일본의 재출발은 누가 어떤 구상과 전망을 갖고 이루어갔는가를 고찰하는 데 빼놓을 수 없는 중요한 논점을 제공한다.

먼저, 1944년에 들어서 불리한 전황에 대한 우려와 함께 도조 내각을 비판하는 목소리가 거세지기 시작했다. 이런 분위기 속에서 4월 11일, 공작이자 수상을 세 차례나 역임한 고노에 후미마로는 황족인 히가시쿠니노미야 나루히코東久邇宮稔彦(1887~1990, 패전 직후 수상)에게 이런 편지를 보냈다.

> 나로서는 이대로 도조에게 맡기는 게 좋다고 생각한다. (…) 그것은 혹시 역으로 전쟁이 원활하게 이루어진다면 당연히 바꾸는 게 좋지만, 만약 바꿔도 나빠진다면 마침 도조가 히틀러와 더불어 세계의 증오를 받고 있으므로 그에게 모든 책임을 지게 하는 편이 좋다고 생각한다. 미국은 우리 황실에 대해 어떤 태도로 나올 것인지가 불명확하지만, (…) 개인의 책임, 즉 폐하의 책임을 운운할지도 모르나 황실과 같은 관념은 그들에게 별로 없으며, 게다가 도조에게 모든 책임을 전가한다면 어느 정도는 그쪽(천황 및 황실의 책임—인용자)을 완화할 수 있을지도 모른다. 하지만 도중에 2~3명 교체한다면 누가 책임자인지가 불확실해진다.

이 편지의 핵심은 두 가지다. 첫째는 도조로 대표되는 '군벌', 특히 육군에게 모든 책임을 전가함으로써 보수 지배층 전체가 받을 정치적 타격을 조금이라도 경감하자는 발상이

폐허가 된 히로시마 1945년 8월 6일 히로시마에 투하된 원자폭탄으로 인해 도시 전체가 폐허로 변해버린 모습이다. 사흘 뒤 8월 9일에는 나가사키에 또다시 원자폭탄이 투하되었다. 사진 오른쪽에 보이는 건물이 유일하게 남겨졌는데, 현재 히로시마 평화기념관(원폭 돔)으로 사용되고 있다. 1996년 유네스코 세계유산으로 지정되었다.

포츠담 회의 1945년 7월 26일 미국, 영국, 중국 등의 수뇌부가 독일 포츠담에 모여 일본의 무조건 항복을 요구하는 선언을 발표했다. 그러나 스즈키 수상은 이를 거부했고, 결국 원자폭탄이 투하된 뒤에야 항복했다.

다. 둘째는 미국은 천황 개인의 전쟁 책임은 문제시할지도 모르지만 황실 제도의 폐지까지는 요구하지 않을 것이라는 취지의 발언에서 보이듯이, '국체'(=천황제)의 존폐와 천황 개인의 처우를 엄밀히 구분해서 대처하려는 발상이다.

이로써 연합국 측에 의한 전쟁 책임 추궁이 천황제 폐지론으로 비화되는 것을 저지하기 위해 모든 전쟁 책임을 군부 쪽에 떠넘기는 한편, 최악의 경우에는 퇴위라는 형태로 천황 개인에게 책임을 지움으로써 '국체 호지護持'를 도모하는 냉혹한 정치 방침이 탄생하게 된다. 이후 절망적인 전황을 배경으로 1년 이상이나 국민들의 목숨을 담보로 지배 체제의 온존을 도모하는 이른바 '종전 공작'이 계속되었다.

1945년 2월, 고노에는 유명한 '고노에 상소문'을 올렸다. 그는 "패전은 유감이지만 바야흐로 필지의 사실이라고 생각된다"고 단언했다. 이어 "국체의 호지라는 목표에서 볼 때 무엇보다도 우려되는 것은 패전보다 패전에 수반하여 일어날 수 있는 공산혁명이다"라는 생각을 바탕으로, 혁명에 의한 천황제의 붕괴라는 최악의 사태를 피하기 위해서도 즉각 전쟁의 종결에 돌입해야 한다고 주장했다.

4월 7일에 성립한 스즈키 내각의 임무는 본토 결전의 준비와 '명예로운 강화'라는 두 마리의 토끼였다. 종전 공작의 핵심 대상은 도고 시게노리東鄕茂德(1882~1950, A급 전범) 외상의 계획에 따라 소련에 집중되었다. 하지만 소련은 이미 2월의 얄타회담에서 대일전 참전을 확약해 둔 상태였으니, 진전이 있을 턱이 없다. 그 시각에 오키나와에서는 94,000여 전투원과 9만~15만에 이르는 민간인이 목숨을 잃었다. 거기에는 일본군에 의한 학살과 강요된 자결, 즉 '집단사'도 적지 않았다. 명예로운 강화에 필요한 시간을 벌기 위해 대본영은 오키나와 민간인까지 죽음으로 내몰았던 것이다.

7월 26일, 일본의 무조건 항복을 요구하는 포츠담 선언이 발표되었다. 논평을 회피하자는 일부의 주장에도 불구하고 스즈키 수상은 '선언 묵살과 전쟁 매진'을 발표했다. 8월 6일과 9일 히로시마와 나가사키에 떨어진 두 발의 원자폭탄은 일거에 20만여 명의 생명을 앗아갔다. 8일에는 소련군이 국경을 넘어 만주로 진격했다. 종전 공작도 물거품이 되었다.

9일 심야의 어전회의에서 이른바 화평파와 주전파가 격론을 거듭했다.

천황의 항복 방송을 듣고 비탄에 잠긴 일본인들

화평파는 국체 호지만을 조건으로 달자는 도고 외상이 주축이었으며, 군부를 중심으로 한 주전파는 자발적 무장해제, 최소한의 본토 점령, 자발적인 전범 재판을 첨가하자고 맞섰다. 요컨대 전쟁을 계속할 것인지의 여부를 놓고 대립한 것이 아니라, '연합국의 천황제 용인을 기대하여 1개의 조건으로 충분하다'는 화평파와 '그 점이 불안하니 최악의 경우를 상정하여 무력을 온존하는 것과 동시에 보증을 확실히 받자'는 주장이 갑론을박을 반복했던 것이다.

결국 화평파의 손을 들어준 천황 히로히토裕仁의 '성단聖斷'에 힘입어 국체 호지를 조건으로 항복을 요청했으나 거부당하자, 14일 무조건 항복이 결정되었다. 하루 전에 녹음된 4분 37초의 '종전의 조서'가 15일 라디오 방송에서 흘러나오면서 기나긴 침략 전쟁에 마침표가 찍혔다.

고노에 후미마로가 원하던 패전 처리의 포석은 종전의 조서에도 교묘하게 안배되었다. 쇼와 천황은 "제국의 자존과 동아의 안정"을 위해 전쟁을 했으며 "타국의 주권을 해치고 영토를 침략하는 것은 원래 짐의 뜻이 아니"라며 전쟁책임을 부정하는 논리를 내놓았다. 말미에는 "신주神州(일본—인용자)의 불멸"을 믿고 앞으로 "국체의 정화精華를 발양하고 세계의 진운進運에 뒤지지 않도록 하"라는 당부를 달았다.

이런 논리의 속내는 8월 9일의 어전회의에서 이미 드러났다. "삼국간섭 때의 메이지 천황의 심경을 생각"했다는 천황의 발언을 떠올리면 패전을 맞이하는 키워드는 삼국간섭 직후의 '와신상담'이었다고 봐야 한다. 종전의 조서 그 어디에도 아시아와 태평양의 각지를 전쟁터로 만들고 많은 생명과 재산을 앗아간 데 대한 애도와 사죄의 심정이 없었듯이, 천황과 일본 제국주의에게 8·15는 침략을 반성하는 날이 아니라 '대對미영 자위 전쟁'의 좌절이라는 굴욕의 기점이었던 것이다.

5장 | 현대

대일본제국에서 일본국으로
일본호의 정치와 경제
원근법으로 본 일본

현대사 개관

1946	제1회 총선거, 일본국헌법 공포
1950	경찰예비대 설치
1951	샌프란시스코 평화조약, 미일안전보장조약
1952	피의 메이데이 사건
1954	자위대 창설
1955	사회당 좌우 통합, 자유민주당 결성 → 55년 체제 성립
1956	UN 가입
1960	새 안보조약 비준안 통과, 안보 투쟁
1964	도쿄올림픽, 신칸센 개통
1965	한일협정
1971	오키나와 반환 협정 (1972년 반환)
1976	록히드 사건
1988	리쿠르트 사건
1993	호소카와 내각 출범 (→ 55년 체제 종언), 고노 담화
2004	이라크 전쟁에 자위대 파견

1945년 8월 15일의 무조건 항복은 식민 지배 및 침략 전쟁과 결별하는 새 나라 만들기의 시작이어야 했다. 패전 직후 일본은 점령 통치 아래 새로운 재생의 길을 모색했다. 점령 정책의 주도권을 쥔 미국도 초기에는 '민주화'와 '비군사화'의 방침으로 움직였으며, 국민주권과 전쟁 포기를 담은 일본국헌법도 공포되었다. 전전의 군국주의적 색채를 일소하고 정치·경제·사회·문화 전반에 걸쳐 민주적인 시책들이 고안되고 집행되었다. '전후 민주주의'는 조금씩 걸음마를 시작했다.

그러나 이런 일련의 민주화 조치는 미국과 소련을 주축으로 한 냉전 체제의 심화와 더불어 퇴보와 왜곡 쪽으로 급선회했다. 한국전쟁 발발 등의 상황을 빌미로 미국은 일본에 급속한 경제 재건과 반공의 교두보 역할을 강요했다. 이른바 '역코스'가 시작된 것이다. 그 결과 샌프란시스코 강화조약에서 잘 드러났듯이 불충분한 전후 청산으로 인한 대아시아 신뢰 구축의 실패와 정치적 보수화의 광풍이 일었다. 일본의 재무장과 개헌이 부르짖어지면서 A급 전범 용의자였던 기시 노부스케岸信介가 1957년 수상이 된 것은 그런 변화의 극적인 대목이다. 바로 그 기시의 손에 의해 신판 '탈아입구' 미일안보조약이 개정되었다. 거세게 들고일어선 국민적 저항인 안보 투쟁은 힘으로 억눌러졌다. 전후 일본은 그렇게 제1막을 넘겼다.

이후 일본은 미증유의 고도 경제성장을 이룩했다. 1980년대에 들어오면 '일본 주식회사'의 위세는 가히 미국을 능가할 정도의 기세를 올린다. 그러나 1990년대에 이르러 버블의 붕괴는 순항을 거듭하던 일본 경제에 치명타로 작용했고, 이후 '잃어버린 10년'이라는 긴 불황의 그늘이 열도에 드리워졌다. 이런 내부적 모순과 함께 냉전 체제의 와해가 잉태한 조류 중 하나가 네오내셔널리즘의 팽배, 즉 우리 귀에도 낯설지 않은 역사 왜곡과 우경화 문제이다.

21세기의 첫 장을 넘기려는 지금, 일본호의 방향은 우경화·군사대국화 쪽으로 향하고 있다. 바람직한 한일 관계의 구축이 한반도의 미래와도 밀접하게 연관된다는 점을 자각한다면, 이웃 나라 일본의 어제와 오늘을 그 어느 때보다 신중하고 기민하게 살펴야 할 터다.

군정기 | 1945~1946년 ▶ 1부 005 **091** 대일본제국에서 일본국으로

막카사 겐스이와 덴노헤이카

맥아더와 히로히토

여기 사진 한 장이 있다. 날짜는 1945년 9월 27일. 약간 구부정하게 편한 자세로 서 있는 사람은 180cm의 '막카사 겐스이(맥아더 元帥, 1880~1964)'이고, 그 옆에 부동자세의 키 작은 사람이 165cm의 '덴노헤이카天皇陛下(히로히토 천황)'이다. 일본의 패전과 연합군의 점령이라는 격동의 역사는 이 사진 한 컷에 오롯이 녹아 있다. 점령 정책의 기본 노선도 곁들여서.

일본이 항복한 지 보름째인 1945년 8월 30일, 연합군 최고사령관 D. 맥아더 원수를 태운 비행기가 가나가와 현의 아쓰기厚木 공항에 착륙했다. 그리고 9월 2일, 일기불순으로 이틀 연기되었던 항복 문서의 조인식이 도쿄 앞바다의 미주리 호 함상에서 열렸다. 천황과 일본 정부를 대표하는 시게미쓰 마모루重光葵(1887~1957, A급 전범이며 윤봉길의 의거로 부상) 외상, 일본군을 대표하는 우메즈 요시지로梅津美治郎(1882~1949, A급 전범) 육군 참모총장이 각각 서명했고, 이어 연합국을 대표하는 맥아더와 9개국 대표의 서명이 이어졌다.

연합국과 일본 대표 앞에는 두 개의 성조기가 펄럭이고 있었다. 하나는 1853년 가나가와 현의 우라가에 내항하여 200년의 쇄국을 종식시킨 페리 함대의 성조기, 다른 하나는 진주만 공격 때 백악관에 게양되었던 성조기였다. 90여 년 전 미국은 일본의 개국을 성사시켰으나 남북전쟁(1861~1865) 발발로 인해 다른 유럽 국가에 비해 대일 관계 설정에서 뒤처지고 말았다. 하지만 대일본제국의 항복을 받아낸 맥아더는 페리의 실수를 반복하지 않았다.

점령 정책의 기본 틀은 미국의 주도하에 갖춰졌다. 8월 12일 맥아더가 최고사령관에 임명되었고, 천황을 포함한 통치 기구의 존속을 확정하는 간접 통치 방침이 정해졌다. 8월 26일 선발대가 요코하마에 상륙한 이후 일본 열도 각지에 미군을 중심으로 편성된 점령군(최대 43만 명)이 진주하여 무장해제와 치안 유지에 나섰다. 10월 초에는 연합군총사령부(GHQ)와 최고사령관(SCAP)이 황거가 바로 보이는 다이이치第一 생명 빌딩에 자리를 잡았다.

항복 문서 조인 1945년 9월 2일 미주리 호 함상에서 항복 문서 조인식이 거행되었다. 사진에서 서명하고 있는 이가 우메즈 요시지로 육군 참모총장이고, 뒤쪽 왼손에 지팡이를 들고 있는 이가 시게미쓰 마모루 외상이다.

연합국 간의 점령 정책을 조정하기 위한 최고 기구로서 11개국으로 구성된 극동위원회가 워싱턴에, 그리고 최고사령관의 자문기관으로 대일이사회가 도쿄에 각각 1945년 9월과 12월에 설치되었다(이듬해부터 활동).

맥아더는 미국에서 작성된 지령에 따라 점령 정책을 펴 나갔지만, 때때로 자신이 연합국의 최고사령관이라는 점을 앞세워 독자적인 움직임을 보였다. 나름의 정책과 정치 감각을 지닌 65세의 전쟁 영웅을 제어하는 일은 미 본국으로서도 쉽지 않았다. 맥아더는 일본의 명실상부한 새 '지배자'였다.

구 지배자 히로히토 천황의 경우를 보자. 9월 11일 미군 헌병이 도조 히데키의 자택에 들이닥쳐 전범 용의자로서 체포하려 했다. 도조는 권총 자살에 실패하고 병원에 수용되었으며, 그날 밤 전범 39명의 체포 명령이 내려졌다. 급박한 정세 속에 천황과 측근들은 심각한 숙의에 들어갔다. 물론 미국을 비롯한 각국에서는 천황이 전쟁범죄인으로 재판에 회부되어야 한다는 의견이 지배적이었다. 이런 내외 정세 속에서 GHQ의 분위기 파악과 반전을 노려 천황과 맥아더의 회견이 추진되었다. 날짜는 9월 27일로 정해졌다.

27일 오전 10시, 천황은 미국 대사관에서 맥아더를 만나 37분간 대담했다. 이때 찍은 사진이 첫머리에 언급한 것이다. 내무성은 이 사진을 이미 실은 신문의 판매를 금지하고 이후에도 게재를 금지했지만, GHQ의 명령으로 29일자 신문에 일제히 실렸다.

회담에서는 어떤 말이 오갔을까? 맥아더는 원폭의 참상으로 미뤄 평화가 중요하며, 전쟁 종결에 임해 천황이 '영단'을 내렸다는 얘기 등을 20분에 걸쳐 했다. 그리고 히로히토 천황은 맥아더에게 공순의 뜻을 표하고 자신은 전쟁을 원하지 않았다는 것, 평화국가의 건설에 진력하겠다는 것, 포츠담 선언을 정확히 이행하겠다는 것, 맥아더의 '동아 부흥'의 사명이 성공할 것을 기원한다는 것, 점령이 불상사 없이 이루어진 것에 만족하고 있다는 것 등을 밝혔다.

역사적인 만남은 양쪽 모두 만족한 듯 보였지만, 낙관하기는 이른 상황이었다. 10월 1일 미국에서 작성된 보고서에는, 천황은 전범이며 그의 체포는 미국 정부가 결정한다고 명기되어 있었다. 이후 천황의 국제법 위반에 관한 조사와 증거 수집이 지시되기도 했다. 하지만 점령 정책이 본격화되는 10월 중순에 이르러 증거 조사는 맥아더의 재량에 맡긴다는 쪽으로 기울었다. 맥아더가 증거 수집에 노력한 흔적은 발견되지 않는다. 9월 27일의 회견은 천황의 '전후'를 결정지은 이벤트였던 셈이다.

12월에 들어와 황족과 천황 측근이 전범으로 체포되어 일순 긴장이 감돌았다. 하지만 이미 GHQ는 천황제의 탈정치화라는 변신을 통해 천황 개인을 옹호하는 작업을 진행하고 있었다. 첫 번째 조치는 황실 재산의 동결이었다. 황실에 대한 재정 상황 조사를 바탕으로 11월 20일 일상적인 지출을 제외한 전 재산의 동결 명령이 떨어졌다. 뒤이어 12월 15일에는 군국주의의 온상인 신토神道에 대한 지령이 발포되었다. 신사 지원 중지, 신토 교육 철폐, 공적 자격으로 신사 참배 금지 등이 주요 항목이다. 12월 29일 GHQ는 '천황제의 지주'가 파괴되었음을 선언했다.

1946년 1월 1일, 맥아더가 대단히 흡족해 했다는 천황의 '신일본 건설에 관한 조서'(이하 조서), 이른바 '인간 선언'이 발표되었다. 조서 첫머리에서 메이지 유신 직후의 '5개조의 서문'을 언급한 뒤 "짐과 이들 국민의 유대는 시종 상호 신뢰와 경애로써 맺어졌으며, 단순한 신화와 전설에 의해 생긴 것이 아니다"는 구절이 이어진다. 천황 스스로 신격을 부정했다는 것이 통상의 해석이다.

인간 선언을 발표한 뒤
전국을 순행하는 쇼와 천황(1947. 6)

하지만 조서의 초안은 GHQ가 마련한 것이다. 12월 11일 이후 미 국무성은 천황의 신격을 부정하는 문서를 일본 정부가 제출하도록 하는 것을 검토하기 시작했으며, 실무 작업은 GHQ 산하 민간정보교육국(CIE)의 관계자가 떠맡았다. 이를 꼬집어 미국의 한 언론은 조서 발표 다음 날 맥아더가 꾸민 '위로부터의 혁명'의 명백한 증거라고 특필했다.

조서의 의미는 신격 부정에 머무르지 않는다. 천황과 국민 간의 유대가 '신뢰와 경애'에 있다고 주장했듯이, 조서는 영욕의 과거를 딛고 새 천황이 출범한다는 적극적인 자기주장이었다. 아울러 1977년 천황은 기자회견에서 "그것(5개조 서문―인용자)이 실은 그 조칙의 첫 번째 목적입니다. 신격이라든가 하는 것은 부차적인 문제입니다. (…) 민주주의란 결코 수입품이 아니라는 점을 나타낼 필요가 있었습니다."라고 말했다. 천황은 '메이지 헌법하의 민주주의'에 다시금 일본의 미래를 의탁하려고 했으며, 이 때문에 조서 작성에 즈음하여 5개조 서문의 삽입을 강력하게 주문했다고 전한다. 메이지 헌법의 구조적 모순이 침략 전쟁을 낳았다는 인식이 그에게는 없었던 것이다.

1946년 1월 25일, 맥아더는 육군 참모총장 아이젠하워에게 '천황을 전범으로 재판하면 백만의 군대를 일본에 재투입해야 할 것이다'라는 기밀 전문을 보냈다. 맥아더는 천황을 점령 통치의 최대 협력자로 이용하겠다는 의사를 명백히 전했던 것이다. 이즈음 급부상한 헌법 개정 작업과 관련해서도 한시바삐 천황 문제를 매듭 지어야 했던 점을 상기할 필요가 있다. 동년 6월 12일, 정식으로 천황을 전범으로 고발하지 않는다는 결정이 내려졌다. 최고위의 전쟁범죄자 히로히토는 이렇게 살아남았다.

전후 개혁과 일본국헌법

GHQ가 추진한 점령 정책의 목표는 일본의 전쟁 도발을 봉쇄하는 '비군사화'였다. 그것을 철저화하기 위해 실시된 조치가 일련의 '민주화'였다. 헌법 개정에 이르는 민주적 개혁 조치는 흔히 '전후戰後 개혁'으로 통칭되며, '전후 민주주의'의 토대를 구축했다고 평가된다. 그 경과를 좇아가보자.

1945년 9월 22일 '항복 후 미국의 초기 대일 방침'이 발표되었다. 내용에는 간접 통치의 채용, 봉건적 권위주의적 통치 형태의 청산과 그 변화에 대한 지지, 정치·경제 등 각 분야에서 비군사화·민주화 등이 포함되었다. 그리고 일본에 또다시 미국이나 세계에 위협이 되지 않는 민주적이고 평화적인 정부가 탄생하는 것이 궁극의 목적이라고 천명되었다.

10월 4일, 패전 직후 조직된 히가시쿠니노미야 내각은 GHQ로부터 날아든 '인권 지령'으로 인해 총사직했다. 전날 내무대신은 기자회견에서 치안유지법에 따라 공산주의자 검거를 계속하겠다고 호언했지만, GHQ는 치안유지법을 비롯한 탄압 법규의 폐지와 정치범의 즉시 석방, 그리고 내무대신 및 특별고등경찰(특고) 책임자의 처분 등을 지시한 것이다. 이로써 천황제 국가를 뒷받침했던 치안유지법 체계와 기구는 구시대의 유물로 물러나게 되었다. 이미 급속도로 진행되던 육해군의 해체(10월 15일 제대 완료)와 병행하여 전범의 체포도 잇달았다. 10월 16일, 맥아더는 점령의 최초 과제인 무장해제가 끝났다는 성명을 발표했다.

이후 GHQ는 군국주의 세력을 일소하는 '정치적 비무장화'의 준비에 착수했다. 해가 바뀌어 1946년 1월 4일 GHQ는 그동안의 조사 결과를 토대로 바람직하지 못한 인물에 대한 공직추방령을 내렸다. 이는 당시의 신문들이 '무혈혁명'이라고 표현했을 정도로 이후의 정치·경제·사회의 지도층 구성에 지대한 영향을 미쳤다.

10월 9일 GHQ의 낙점을 받아 시데하라 기주로 내각이 출범했다. 이틀 뒤인 10월 11일 신임 인사차 찾아온 시데하라 수상에게 맥아더는 헌법 개정을 암시하면서 여성 해방, 노동조합 결성의 장려, 교육의 자유화, 압제적 제도(비밀경찰, 치안유지법)의 철폐, 경제의 민주화를 망라하는 '5대 개혁 지령'을 주문했다. 전후 개혁의 신호탄이 발사된 것이다.

먼저, 여성 참정권과 선거권 연령 인하(20세)를 포함한 중의원선거법 개정에 착수했다. 드디어 남녀 보통선거가 실현되었으며, 역사적인 첫 총선거는 1946년 4월에 치러졌다.

노동조합의 활동 보장을 위해서는 12월 18일 노동자의 단결권·단체교섭권·파업권 등을

전후 제1회 총선거 포스터 1946년 치러진 선거에서 처음으로 여성 참정권이 부여되었다.

보장한 노동조합법이 제정되었다. 노동조합이 속속 결성되면서 전전 최고 40만 명 수준이던 조합원은 1948년 660만 명에 달했다. 1946년에는 노동관계조정법이, 다음 해에는 노동기준법 제정과 노동성 설치가 이루어졌다. 노동조합의 전국 조직도 1946년에 닻을 올렸다. 전전 일본노동총동맹의 후신으로 일본노동조합총동맹(총동맹)이, 공산당의 영향하에 전일본산업별노동조합회의(산별회의)가 각각 결성되었다. 산별회의에는 86만 명의 총동맹보다 두 배나 많은 163만 명의 조합원이 가입했으나, 1947년 이후 탄압과 좌우 갈등으로 분열되고 말았다.

교육의 자유화를 위한 조치로는 군국주의적 교과서 폐기, 군국주의적 교원 추방, 국가와 신토의 분리, 그리고 수신修身, 일본 역사, 지리 과목의 교육 중지 등이 취해졌다. 1947년에는 새로운 교육 이념을 담은 교육기본법이 제정되었고, 의무교육이 6년에서 9년으로 연장되었다. 또한 이와 함께 제정된 학교교육법에 따라 4월부터 6·3·3·4의 신학제가 발족했다.

경제 민주화의 중심 과제는 군국주의의 기반으로 지목된 재벌과 기생지주제의 해체였다. 1945년 11월 GHQ는 미쓰이三井·미쓰비시三菱·스미토모住友·야스다安田 등 15개 재벌의 재산을 동결하고 해체를 명령했다. 다음 해에는 지주持株회사정리위원회가 발족해 주식의 민주화를 추진하고, 지정된 지주회사·재벌 가족이 소유한 유가증권을 양도받아 처분했다. 1947년에는 이른바 독점금지법에 따라 지주회사와 트러스트·카르텔 등이 금지되었다.

기생지주제 해소를 내걸고 1946년 제1차 농지개혁이 실시되었다. 하지만 미진하다는 GHQ의 권고에 따라 자작농창설특별조치법에 따른 제2차 농지개혁이 다음 해부터 실시되어 1950년에 완료되었다. 부재 지주와 재촌 지주의 소작지 중에서 일정 면적을 넘는 토지는 국가가 강제적으로 매입하여 소작인에게 우선적으로 싸게 배분했다.

헌법 개정 쪽도 속도를 올렸다. 1945년 10월 11일 시데하라 수상은 맥아더로부터 전통적 질서의 격변을 위한 '헌법의 자유주의화' 주문을 받았지만, 정작 본인은 만주사변 이전의

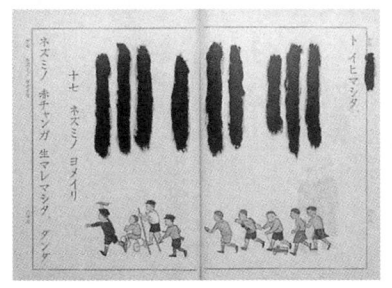

전후 교육개혁 GHQ의 초기 점령 정책인 '민주화' 방침에 따라 교과서의 군국주의적 내용은 삭제되거나 폐기되었다. 왼쪽 위 사진은 군국주의 내용이 삭제되기 전이고, 아래 사진은 그 부분이 먹으로 지워진 교과서이다.

헌법 9조의 전쟁 포기를 표현한 삽화 1947년 문부성에서 발행한 『새로운 헌법이야기(あたらしい憲法のはなし)』에 실린 삽화로, 헌법 9조의 내용을 설명하고 있다. 무기류를 녹여 기차, 항만, 자동차 등을 만들어내는 모습이다.

'일본적 데모크라시의 재생' 정도로 헌법 개정의 틀을 상정했다. 개헌을 위해 10월 말에 출범한 헌법조사위원회는 12월 중의원에서 헌법 개정의 4원칙을 밝혔는데, 천황이 통치권을 총람한다는 원칙에는 변경을 가하지 않는다고 했다. 메이지 헌법의 기본 원칙을 유지하면서 부분적인 수정만 하겠다는 자세였다. 게다가 구체적인 성안 작업은 비밀에 부쳐졌다.

하지만 1946년 2월에 들어 헌법 개정은 반전을 거듭했다. 우선 1일자 〈마이니치신문〉이 일본 정부의 개정안을 특종으로 보도해버렸다. 1조에서 '일본은 군주국'이라는 내용을 접한 GHQ는 일본 정부가 민주헌법을 만들 능력이 없다고 판단하여 직접 개정 작업에 나섰다. 3일 맥아더는 '천황이 국가를 대표하며, 전쟁을 포기하고, 봉건제도를 폐지한다'는 헌법 개정의 3원칙을 제시했다. 10일에 완성된 GHQ의 초안은 13일 일본 정부에 넘겨졌다.

GHQ 관계자는 천황을 전범 소추하는 것에 관한 국제 여론이 높아지고 있는데 이 헌법 개정안을 받아들이지 않으면 천황이 위태롭다는 설명을 덧붙였다. 또한 GHQ 초안을 받아들이는 것이 '반동적'이라고 여겨지는 보수파가 권력에 참여할 수 있는 최후의 기회라는 충고도 곁들였다. 미국으로서는 11개 연합국 대표로 구성되는 극동위원회가 천황제 폐지를 촉구할 가능성과 더불어 극동위원회의 활동 개시 전에 자신들의 의향에 맞는 헌법 제정이 완료될 필요성을 감안한 조치였다.

2월 22일에 GHQ 초안을 토대로 한 개정안 입안이 결정되었고, 일본 정부의 헌법 초안이 발표된 것은 4월 17일이었다. 초안은 의회에 제출되어 심의를 거쳐 10월 7일에 성립, 11월 3일에 공포되었고, 다음 해인 1947년 5월 3일부터 정식으로 시행되었다.

면모를 일신한 일본국헌법의 특징은 흔히 1조와 9조의 교환이라 얘기된다. 1조에서 유일한 주권자이던 천황을 새롭게 일본의 상징으로 규정하여 '상징 천황제'에 헌법적 근거를 부여했다면, 전쟁 포기를 명기한 9조를 신설함으로써 천황제를 온존시켜도 군국주의의 부활은 불가능하다는 점을 확고히 하고자 했다. 국권의 발동으로서 전쟁을 포기한다는 사상 초유의 평화헌법은 그렇게 전후 일본에 등장했다.

실상 헌법 제정의 경과는 9조 탄생의 '불편한 진실'을 보여주는 듯하다. 특히 보수정당과 우익들은 GHQ의 초안 전달이라는 과정에만 초점을 맞춰 '강요된 헌법'을 바꾸자는 주장을 끊임없이 내놓았다. 그러나 GHQ가 강요한 대상은 일본 국민이 아니라 국민의 정치적 요구에 귀를 기울이지 않는 일본 정부였다. 4월 17일의 초안에 대해 국민들은 상징 천황제에 대해 85%, 전쟁 포기에 대해 70%의 지지를 보냈기 때문이다. 이웃 나라는 물론 전 세계의 평화주의자 또한 평화헌법을 높이 평가한다.

냉전의 개시와 국내 정치

1947~1948년에 걸쳐 유럽에서 미국과 소련 양 진영 간의 패권 다툼은 점점 격화되었다. 냉전의 도래였다. 아시아의 정세도 급변했다. 중국 대륙에서는 공산당이 국민당과 벌인 내전에서 승리를 거두었고, 1949년 10월 중화인민공화국 건국이 선언되었다. 한반도의 남북 분단은 점점 고착화되고 있었다. 냉전의 격화, 특히 중국 국민당의 패배는 미국으로 하여금 일본의 역할을 제고하게 만들었다. 전후 미국의 극동 정책은 국민당 정권하에 중국의 협조를 주축으로 펼쳐 나갈 계획이었는데, 그 대전제가 무너져버렸기 때문이다. 따라서 중국을 대신할 거점은 사실상 일본뿐이었다.

1948년 1월 미 육군장관 K. 로열(1894~1971)은 샌프란시스코에서 대일 정책 기조의 변경을 촉구하는 연설을 했다. 독일과 마찬가지로 일본 점령도 미국에게는 예상 밖의 부담이 되므로, 일본에게는 비군사화와 민주화 대신에 공업 장려를 바탕으로 경제 자립을 촉진하여 '전체주의의 위협에 대한 요새'로서 구실을 할 수 있게 해야 한다는 것이 골자였다. 3월의 트루먼독트린과 6월의 마셜플랜을 거쳐 가다듬어지는 냉전의 틀은 이윽고 일본에까지 손을 뻗치게 된다.

냉전의 도래를 감안하면서 패전 후의 정국 흐름을 살펴보자. 먼저 전전戰前의 양대 정당 세력이 재차 결집했다. 1945년 10월 정우회의 중진 하토야마 이치로鳩山一郎(1883~1959, 2009~2010년에 수상을 지낸 하토야마 유키오鳩山由起夫의 조부)를 총재로 자유당이 결성되자, 11월 창당된 진보당은 민정당의 마지막 총재 마치다 주지町田忠治(1863~1946)가 1대 총재로 취임했다. 정강에는 '국체 호지'와 민주주의가 나란히 내걸렸다. 보수정당의 대극에 설 사회당과 공산당도 각각 11월과 12월에 닻을 올렸다. 하지만 두 당의 노선은 곧 일본의 미래와 천황제 존폐를 놓고 틈이 벌어진다.

1946년 벽두의 공직추방령은 의원내각제 국가 일본의 정치 지형도를 송두리째 바꿔놓았다. 274명의 국회의원을 거느렸던 진보당은 마치다를 포함한 260명이 정계에서 내쫓겼다. 그런 와중에서 4월에 실시된 첫 총선에서는 어느 정당도 과반을 넘지 못했다. 제1당 자유당 총재 하토야마 이치로는 자신의 수상 취임을 기대했지만, 1930년 런던해군군축조약의 통수권 간범 논란을 일으켰다는 사실을 들어 GHQ가 난색을 표하는 바람에 무산되었다. 대신 패전 직후부터 계속 외상을 맡았던 요시다 시게루吉田茂(1878~1967, 2008~2009년 수상을 역임한 아소 다로麻生太郎의 외조부)가 진보당과 꾸린 연립 정권의 지휘봉을 잡았다. 요시다는 메이지

요시다 시게루 1948년 아시다 히토시 수상이 물러나면서 같은 해 10월에 요시다 시게루가 수상으로 지명되었다. 이로써 제2차 요시다 내각이 출범했다.

유신 3걸 중 한 사람인 오쿠보 도시미치의 차남이자 쇼와 천황의 측근 마키노 노부아키의 사위였다. 장인이 그랬듯이, 그는 전전에도 전후에도 친미(영)파였다.

1947년 5월 요시다 내각의 항진은 멈췄다. 5월부터 시행될 새 헌법에 발맞춰 국민의 신임을 묻고자 3월 중의원이 해산되었고, 4월 25일 총선거가 실시되었다. 또한 새 헌법에 따라 귀족원 대신 신설된 참의원의 첫 선거도 4월 20일 치러졌다.

4월의 중의원 총선거에서는 노동·농민운동의 고양을 배경으로 사회당이 제1당을 거머쥐었다. 5월에 사회당의 가타야마 데쓰片山哲(1887~1978)는 민주당(진보당의 후신으로 1947년 3월 성립) 등과 연립이 성사되면서 수상으로 지명되었다. 하지만 최초의 사회당 정권은 연립의 취약성과 내부의 좌우 대립으로 1년을 채우지도 못했다. 이어 들어선 1948년 2월 민주당의 아시다 히토시芦田均(1887~1959, 외교관 출신) 연립 내각도 연이은 뇌물 사건으로 물러났다.

10월 민주자유당(민주당 탈당파를 합쳐 3월 결성)의 요시다 시게루가 두 번째로 내각 수반을 물려받았다. 요시다 내각은 초기 점령 정책의 실행은 물론 냉전에 따른 전환이 모색된 시기까지 GHQ와 미국의 지지에 힘입어 1954년 12월까지 6년여에 걸쳐 집권했다. 냉전 상황에서 '개혁' 대신 '부흥'을 추진하려던 미국의 구미에 꼭 맞는 정권이었기 때문이다.

요시다 내각의 첫 임무는 국가공무원법의 개정이었다. 이미 1948년 7월 맥아더는 아시다 수상에게 서한을 보내 국가공무원의 단체교섭권과 쟁의권 금지를 시사했다. 노동조합법에 따른 노조 결성은 점령 정책의 주요 성과였지만, 노조가 공산당과 연계되거나 점령 정책 집행의 훼방꾼 노릇을 하는 것은 결코 원하는 바가 아니었기 때문이다. 요시다 역시 1차 내각 때 노조를 향해 '불령不逞 무리'라는 비난을 퍼부었던 적이 있다. 11월 30일에 개정 국가공무원법은 가결되었고, 이후 노동운동 약체화를 노린 일련의 법규와 조치들이 보

공산당 세력에 대한 탄압의 빌미가 된 사건 왼쪽 위에서부터 시계 방향으로 시모야마 사건, 미타카 사건, 마쓰카와 사건이다.

강되었다. 12월에 맥아더는 예산 균형, 징세 강화, 임금 안정, 물가통제 등을 담은 '경제 안정 9원칙'을 지시했다. 경제 부흥에 필수적인 인플레 극복과 수출 촉진을 달성하기 위해 고정환율의 기반을 만들고자 한 것이다.

1949년 1월 총선거가 실시되었다. 소수 여당이던 민주자유당은 가타야마·아시다 양 정권에 실망한 표심을 끌어모아 압승을 거두었다. 공산당 의석이 4석에서 35석으로 늘어나기는 했지만 사회당의 참패로 혁신정당의 분위기는 가라앉았다. 맥아더는 "아시아의 역사적 위기에 즈음하여 보수적 정치의 사고방식에 대해 명확하고도 결정적인 위임을 부여한 것"이라며 결과에 흡족해 했다.

총선 결과는 경제 안정 9원칙 실행에 추진력이 되었다. 2월, 디트로이트 은행 총재 J. 도지(1890~1964)가 트루먼 대통령의 특사로 일본에 날아왔다. '도지 라인'의 엔진이 발동된 것이다. 균형 예산, 세제 개혁, 1$=360엔의 단일환율제가 설정되었고, 미국의 원조와 일본 정부에 대한 보조금이 중단되었다. 강력한 디플레이션 조치로 인플레의 고비는 꺾였으며 경제 재건의 기초가 다져졌다. 하지만 행정 정리와 기업 합리화가 초래한 불황의 골은 중소기업을 도산케 만들었고 노동자의 일자리를 앗아갔다.

노동자들은 거리로 나섰지만 줄곧 수세에 몰렸다. 7월 일본국유철도(국철, 1949년)의 인원 정리로 노동운동이 고조되었는데, 곧이어 8~9월에 걸쳐 국철 총재가 변사체로 발견된 시모야마下山 사건, 무인 열차 폭주로 6명이 목숨을 잃은 미타카三鷹 사건, 열차 전복으로 3명이 사망한 마쓰카와松川 사건 등이 연이어 터진 것이다. GHQ와 요시다 내각은 공산당원의 관여를 들먹이면서 인원 정리를 강행했고, 노조의 반발을 힘으로 눌렀다. 공산당계의 산별회의는 내부 분열을 드러내며 주도권을 상실했고, 대부분의 노조는 노자 협조 쪽으로 기울어갔다.

한국전쟁은 점령 정책 전환의 대미를 장식했다. 전쟁 발발 소식을 접한 요시다 수상의 '천우신조'라는 표현은 징·재계 전체의 공감대이기도 했다. 이미 1950년 6월 6일 공산당 중앙위원 24명을 공직에서 추방했던 GHQ와 요시다 내각은 26일 남한이 북한을 공격했다고 보도한 공산당 기관지『아카하타』를 정간시켰다. 전쟁의 본격화로 레드 퍼지red purge(공산주의자 추방)의 광풍은 정부 기관, 언론사, 민간 부문에까지 확대되었다.

군사력의 부활은 급물살을 탔다. 7월 8일 맥아더는 요시다 수상에게 서한을 보내 "일본의 양호한 질서를 유지하고 불법 소수인이 편승하는 틈을 주지 않기 위해" 75,000명의 경찰예비대 설치와 해상보안청(1948년 신설)의 8,000명 증원을 지시했다. 일본의 재무장에 대해서는 미국 내에서도 의견이 갈렸지만 미군의 한국전 투입으로 후방 기지 확보가 시급해졌다. 한반도의 전쟁을 틈타 창설된 군사력은 1954년 방위청 산하의 자위대로 개편·확대되어 지금에 이른다(2007년 방위성으로 승격).

서슬 퍼렇게 시행된 레드 퍼지와 대조적으로, 공직에서 내쫓겼던 정·재계의 거물과 군국주의자는 복귀했다. 구 군인의 추방 해제도 1950년 10월부터 개시되어 1951년 4월 이후 경찰예비대 간부로 채용되었다. 공산주의자의 추방은 전쟁 책임의 면책 및 재군비 강화의 연계 속에 추진되었던 것이다.

샌프란시스코 강화조약

민주화에서 부흥으로 말을 갈아탄 대일 점령 정책의 마지막 단계는 전쟁의 종결, 즉 강화講和였다. 여기에서도 한국전쟁 발발과 냉전 논리의 그림자가 짙게 어른거린다. 냉전의 심화와 한반도에서 벌어진 전쟁으로 미국은 대일 강화를 향해 재빠르게 움직였다. 강화로 가는 길은 일본의 재무장과 더불어 미군의 항구적 주둔을 노린 동맹조약의 체결과 긴밀하게 맞물려 있다. 일본 내에서 강화 논의는 1949년 가을부터 본격화했다. D. 애치슨(1893~1971) 미 국무장관 등이 대일 강화 검토에 들어갔다는 소식이 날아들자, 단독 강화냐 전면 강화를 놓고 열띤 논쟁이 벌어졌다.

먼저 일본 정부는 냉전이라는 현실을 직시하자면 자유주의 진영 국가와 조기에 강화를 실현해야 한다는 견해였다. 단독 강화 혹은 편면片面 강화로 불린다. 여당인 자유당(민주자유당의 후신)과 일본민주당 등의 보수·중도정당과 재계가 단독 강화를 지지했다. 반면에 사회당·일본노동조합총평의회(총평) 및 지식인·문화인 등 혁신 세력은 비무장·중립주의의 견지에서 다소 지체되더라도 소련 등 사회주의 각국도 참가하는 전면 강화를 주창했다.

특히 1950년 7월 총동맹 좌파를 중심으로 창립되어 397만 명의 노동자를 거느린 총평의 변화가 흥미롭다. 결성 초기에는 반공 기류가 강했는데, 1951년 이후 전면 강화와 재군비 반대 등을 외치면서 사회당과 공조하며 반전·평화운동을 견인해갔다. 참고로 일본 노동계는 총평—사회당, 전일본노동총동맹(동맹, 1964년 총동맹 우파 등이 결성)—민사당(1960년 사회당 우파가 결성)의 양대 구도가 이어지다가 1989년 공산당 계열의 전국노동조합총연합(전노련), 사회당(후신인 사민당 포함) 지지파인 전국노동조합연락협의회(전노협), 일본노동조합총연합회(렌고連合, 1996년 결성된 민주당 지지)으로 삼분되어 지금에 이른다.

미국은 독립 후의 일본을 서방 진영에 끌어들인다는 전제를 두고 강화조약의 내용을 일본에 유리하도록 안배할 예정이었다. 관건은 일본의 안전보장 방안이었으며, 필수적인 재무장에 더해 반미 감정을 자극하지 않는 미군 기지 설치 실현이 핵심 목표였다. 1950년 5월, 요시다 시게루 수상은 미군의 일본 주둔을 승낙하겠다는 의사를 미국에 내비치면서 단독 강화 움직임을 노골화했다. 6월 강화 문제 담당자인 국무성 고문 J. 덜레스(1888~1959)가 한국 시찰을 마치고 일본을 방문하던 중에 한국전쟁이 터졌다. 전면 강화의 길은 완전히 봉쇄되고, 재군비 추진에는 효과적인 엄호사격이 이루어진 격이었다.

실상 일반 국민들의 의식도 전면 강화 운동과 거리가 있었다. 조약 체결이 마무리된

1951년 9월의 여론조사에서 요시다 내각의 지지율은 58%에 달했고, 강화조약 체결은 높은 평가를 받았다. 즉 국민 대다수는 한시바삐 강화조약을 맺고 독립하고 싶어 했던 것이다.

1951년 9월 4일, 샌프란시스코의 오페라하우스에서 대일 강화 회의가 열렸다. 조약 원안을 기초하고 회의를 주최한 쪽은 미국이었다. 대일전에 참가한 54개국이 초청되었지만, 최대 피해국인 중국과 한국은 제외되었다. 홍콩을 비롯한 식민지 권익을 놓치지 않으려던 영국은 신속하게 중화인민공화국을 승인했던 데 비해, 미국은 중화민국(타이완)과의 국교를 포기하지 않았다. 미국과 영국의 의견 불일치에 따라 두 중국은 모두 초청되지 않았다. 한국의 참가에 대한 저지는 일본과 영국의 합작품이었다. 미국은 한국의 위상 강화와 국제적 인정을 노려 강화조약 참가를 타진했다. 그러나 일본은 한국이 국제법상의 교전 단체가 아니라는 점, 만약 한국이 서명국이 되면 공산주의자가 대부분인 100만 명의 '재일 코리안'(민단계와 조총련계를 합친 용어)이 재산권과 보상청구권을 행사한다는 구실을 들어 한국 제외를 고집했다. 최종적으로 일본은 강화조약의 혜택에서 재일 코리안을 배제한다는 조건을 달아 한국의 강화조약 참가를 용인했지만, 이번에는 영국이 한국 배제를 강경하게 요구했다. 영국으로서는 중국 참가를 자극하게 될 한국의 참가가 부정적으로 보였던 것이다.

강화를 주도한 미국은 일본의 재건과 부흥을 우선시하여 아시아 각국에 대한 일본의 전쟁 책임, 구체적으로는 배상의 경감에 적극적으로 나섰다. 당초 무배상 원칙을 각국에 강요했다가 필리핀 등의 격렬한 저항에 부딪혀 일본의 배상 의무를 원칙적으로 인정한다는 선으로 후퇴했다. 그러나 실제 조문은 거의 무배상에 가까웠다.

이렇게 성립된 강화조약으로 인해 아시아 각국은 일본과의 배상 교섭에서 활용할 핵심 무기를 빼앗긴 것이나 다름없었다. 가장 강경한 태도를 보였던 필리핀조차 8억 달러의 배상 및 경제협력을 받아내는 데 5년이나 씨름해야 했다. 전승국이지만 최대의 피해자인 타이완은 1952년 4월 미국의 '설득'에 떠밀려 협상 테이블에 앉은 일본과 평화조약을 맺고 배상 포기를 선언했다. 일본은 조약에서 중국에 대한 배상 의무를 명기하는 것조차 거부했다. 강화 회의에서는 일본의 중국 침략과 한반도 식민 지배라는 가장 근본적인 전쟁 책임의 문제가 불문에 부쳐졌고, 미얀마와 인도의 불참과 함께 아시아 각국에 대한 일본의 전쟁 책임을 유보한 상태로 매듭이 지어졌다. 단독 강화가 아니라 '불완전한' 강화였다.

9월 8일, 일본은 미·영을 포함한 48개국과 평화조약을 맺음으로써 일본과 연합국 사이의 전쟁 상태는 종결되었다. 소련, 체코, 폴란드는 조인 거부를 선택했다. 이어 1952년 4월 28일자로 평화조약이 발효되면서 연합군의 점령은 막을 내렸고, 일본은 주권을 회복하고 국제사회에 복귀했다.

9월 8일 밤, 요시다 수상은 샌프란시스코 소재 국립공원 내의 하사관용 클럽하우스에서 5개조의 미일안전보장조약(안보조약)에 서명했다. 점령군의 주축인 미군은 이제 동맹군으로서 일본에 계속 눌러앉을 수 있게 되었다. 그런 면에서 1951년 9월 8일은 일본의 주권이

샌프란시스코 강화조약 1951년 9월 8일 미국, 영국을 포함한 48개국과 평화조약을 맺음으로써 일본은 독립국으로 주권을 회복하고 국제사회에 복귀했다. 사진에서 서명하는 사람이 요시다 시게루 수상.

회복된 날인 동시에, 새로운 정치적 군사적 종속이 개시된 날이기도 하다. 안보조약에 근거한 미일행정협정(SOFA)은 1952년 2월 맺어졌고, 일본은 기지(시설, 구역 등)를 제공하고 주둔 비용을 분담하게 되었다.

강화조약 발효까지 남은 절차는 국회의 비준이었다. 1951년 10월 중의원에서 강화조약은 찬성 307표와 반대 47표로, 안보조약은 찬성 289표와 반대 71표로 승인되었다. 참의원의 승인은 11월에 이루어졌다. 찬반을 보면 강화조약이 174표와 45표, 안보조약이 147표와 76표였다. 안보조약에 대한 부정적 인식이 역력하다.

강화조약을 둘러싼 논란은 사회당 내부에 엄청난 충격파를 일으켰다. 국회의 조약 비준을 앞두고 10월 23일 열린 당대회는 난투극 소동까지 빚은 끝에 당의 분열을 낳고 말았다. 우파는 '강화 찬성, 안보 반대', 좌파는 모두 반대했다. 우파는 아사누마 이네지로浅沼稲次郎(1898~1960)를 서기장으로 옹립했고, 좌파는 스즈키 모사부로鈴木茂三郎(1893~1970)를 위원장으로 세웠다.

공산당 쪽은 더욱 심각했다. 1950년 1월 코민포름(코민테른의 후신)은 공산당의 지도자 노사카 산조野坂参三(1892~1993)의 평화혁명론(점령하에서 혁명이 가능)을 비판했다. 이를 계기로 노사카, 도쿠다 규이치德田球一(1894~1953) 등의 주류 소감파所感派와 시가 요시오志賀義雄(1901~1989), 미야모토 겐지가 이끄는 국제파 간에 내부 대립이 불거졌다. GHQ와 일본 정부의 탄압에 쫓겨 노사카와 도쿠다는 베이징으로 망명했고, 소감파 영향하의 지하 지도부는 10월 무장투쟁을 결정했다. 단독 강화는 식민지화라고 판단했던 것이다. 오사카에서는 스이타吹田·히라카타枚方 사건(1952) 같은 격렬한 반전 투쟁이 일어났으며, 농촌에서는 무장투쟁 근거지를 마련하고자 '산촌山村 공작대'가 조직되었다. 1952년 황궁 앞 메이데이 행진에서는 경찰의 권총 발포 등으로 2명이 사살되고 1,200명 넘게 검거되었다(피의 메이데이 사건).

55년 체제의 출범

경찰예비대의 설치는 물론 공산당과 노동운동에 대한 적대시는 점령 정책의 핵심으로 내건 비군사화·민주화에 역행하는 사태였다. 공직에서 추방되어야 할 대상은 어느새 군국주의자에서 공산주의자로 바뀌었다. 추방 해제자 중 아카오 빈赤尾敏(1899~1990)은 1951년 10월 전후 첫 우익 단체인 대일본애국당을 결성했고, 이후 우익 단체는 우후죽순처럼 설립되었다. 11월 〈요미우리신문〉의 연재 기사는 이러한 일련의 움직임을 '역코스'라 명명했다.

1951년 4월 맥아더는 만주 폭격과 핵 공격 불사 등의 과격 발언으로 GHQ 및 유엔군의 총사령관에서 경질되고 M. 리지웨이(1895~1993) 대장이 뒤를 이었다. 한국전쟁의 지휘권과 일본 점령의 최종 마무리를 맡은 그는 5월 점령하에 제정된 법규를 일본 정부가 재검토할 수 있다는 성명을 발표했다.

요시다 시게루는 정령자문위원회를 설치하여 전후 개혁의 내용을 수정하는 작업에 착수했다. 추방 해제, 독점금지법 완화, 총파업 금지, 행정 기구 개편과 인원 정리, 교육위원회의 임명제, 국가의 교과서 작성, 경찰 제도 개정 등이다. 재군비 및 안보조약 체제와 보조를 맞추는 역코스가 실행에 옮겨졌고, 아카오는 하토야마 이치로 등과 함께 추방 해제 명단에 이름을 올렸다.

강화 발효와 점령 종료 후의 '치안' 확보는 시급한 과제로 여겨져서 1952년 4월 파괴활동방지법(파방법) 제정이 추진되었다. '폭력주의적 파괴 활동'을 일으키는 단체, 즉 좌익 단체를 단속하는 법률적 근거를 확보하고, 그 전담 기관으로 공안조사청을 신설하겠다는 것이다. 구 치안유지법의 재등장이라며 파방법 반대 운동이 일었으나, 요시다 수상은 '법안의 반대자는 폭력 단체를 교사하고 선동하는 사람'이라며 밀어붙여 7월 성사시켰다. 또한 기업합리화법이 제정되고 독점금지법은 개정되었으며, 지방자치 경찰 대신 중앙의 경찰청이 지도하는 도道·부府·현県 경찰로 일원화했다. 교육 분야에서는 교육공무원의 정치적 의사 표현이 금지되고, 교과서 검정을 문부대신이 장악하도록 했다. 역코스를 비판하는 일본교직원조합(일교조, 1947년 6월 설립)을 억압하고 애국심 고취 등 전전의 교육체계를 부활했다.

한편, 점령 통치가 끝나고 독립 이후 최대의 정치 쟁점은 단연 개헌이었다. 선봉에 선 것은 여당인 자유당 내의 하토야마파와 개진당이었다. 1946년 수상 취임을 목전에 두고 눈물을 삼켰던 하토야마 이치로(☞093 참조)는 추방 해제 뒤 자유당에 복귀하여 권토중래를 노렸고, 1952년 2월 출범한 개진당은 요시다 시게루 타도가 강령이나 다름없었다.

55년 체제 왼쪽은 사회당 통일대회, 오른쪽은 자민당 창당대회이다. 자유당과 일본민주당을 합친 자유민주당은 중의원 298석 참의원 115석을 보유했지만, 일본사회당은 중의원 155석 참의원 69석을 차지하여 의석 비율이 2:1이었다. 55년 체제는, 국회의원 과반을 차지하고 정권을 재생산한 자민당과 사회당이 제1 야당을 점한 정치체제를 말한다.

    1953년 4월의 총선거는 '재무장' 논란을 둘러싸고 치러졌다. 자유당을 탈당하고 일본자유당을 창당한 하토야마는 헌법 9조를 개정하여 확실한 군대를 만들자고 주장했으며, 개진당도 일부 반대파를 제외하면 개헌과 재무장에 찬동했다. 하지만 좌파 사회당은 '청년이여, 총을 들지 말라! 부인들이여, 남편과 자식을 전쟁터로 보내지 말라!'며 호소했고, 여론도 근소하게 재무장 반대가 우세했다.
    총선 결과 요시다의 자유당은 과반에 미치지 못했지만, 개진당과 하토야마의 협력을 얻어내 집권 연장에 성공했다. 12월에는 하토야마가 자유당 내에 헌법개정조사회를 설치하는 것을 조건으로 복당했다. 1954년에 들어와 요시다 수상은 방위청 설치법과 자위대법, 경찰법 개정 등의 역코스 추진으로 보수 세력을 규합해 내각을 연명하고자 했지만, 조선업계의 뇌물 사건 무마를 위해 무리수를 거듭한 끝에 12월 총사직했다.
    사태 추이를 엿보던 하토야마는 11월 자유당을 다시 탈당하여 개진당과 함께 일본민주당(이하 민주당)을 창당했고, 12월에는 드디어 염원하던 수상 자리를 거머쥐었다. 하지만 민주당은 소수 여당이었으므로 총선을 통한 의석 확보가 절실했다. 1955년 2월의 총선에서 하토야마, 기시 노부스케岸信介(1896~1987)를 필두로 한 민주당은 헌법 개정과 자위군 창설을 정면에서 제기하며 '하토야마 붐'을 일으켜 제1당이 되었다. 하토야마의 약진을 우려한 좌우 사회당은 총선 뒤 통합하겠다는 결의와 함께 '평화헌법 옹호'를 구호로 채택했다. 그 결과, 민주당의 우세는 막지 못했지만 개헌 저지에 필요한 1/3 의석 확보에는 성공했다.
    이렇듯 독립 후의 일본 정계는 역코스의 지지 여부를 놓고 첨예하게 대치했다. 역코스를 지지한 보수정당과 역코스에 비판적인 혁신정당이 그러하다. 극좌적 무장투쟁으로 탄압을 받아 동력을 잃은 공산당 대신, 사회당이 혁신정당의 대표 주자로 올라섰다. 좌우 양 사회당은 총선에서 약진하며 통합에 박차를 가했고, 10월 13일 위원장에 좌파의 스즈키 모사부로를, 서기장에 우파의 아사누마 이네지로를 각각 선출하면서 다시 손을 잡았다.

사회당이 재통합하자 보수정당도 대책을 강구하지 않을 수 없었다. 보수정당 후보의 난립과 공멸이라는 위기의식에 더해 재계를 비롯한 보수 세력의 압박이 동력을 제공했다. 일본경영자단체연맹(1948년 발족, 노동문제 중심)과 경제동우회(1946년 발족) 등 재계 단체는 기회가 있을 때마다 사회당의 약진과 요시다 정권 말기의 혼미한 정국을 우려하고 성토했다. 1954년 10월 두 단체는 입을 맞춘 듯 '신속한 보수 합동'을 결의문에서 채택했다.

사회당 통합보다 한 달 늦은 11월 15일 자유당과 민주당을 합친 자유민주당(이하 자민당) 결성 대회가 개최되었다. 중의원에 298석, 참의원에 115석을 보유한 자민당은 미일 안보체제를 근간으로 '현행 헌법의 자주적 개정' 및 '국력과 국정에 상응하는 자위 군비'의 정비를 정책으로 내걸었다.

이로써 국회의원 과반 이상을 점하고 안정적으로 정권을 재생산해 나가는 자민당, 그리고 사회당이 야당 제1당을 점하는 정치체제, 즉 '55년 체제'가 막을 열었다. 자민당과 사회당은 의석수에서 거의 2 : 1을 유지했고, 이후 사회당의 정권 교체도 헌법 개정도 이루어지지 않았다. 55년 체제 위에 자리한 자민당의 장기 집권은 1993년까지 무려 38년 동안 지속되었다.

자민당 장기 집권의 비밀은 이른바 정·관·재의 삼위일체에서 찾을 수 있다. 재계는 경제단체연합회(게이단렌經団連, 1946년 설립되어 경제정책을 제안하며 2002년 일본경영자단체연맹을 통합)를 정점으로 자민당 및 당내 파벌에 정치자금을 제공하여 유력자와 관계를 맺고 정책 결정에 영향력을 행사했다. 관료와 재계의 유착도 대동소이하다. 각종 심의회나 정부 기관에 재계의 대표가 참석해 정책 결정에 관여하고, 관료는 이른바 '낙하산 인사'의 형태로 재계에 진출했다. 또 자민당은 관료를 이용해 지역구에서 득표력을 강화하고, 관료의 요구와 정책을 국회에서 대변하며, 관료가 퇴직하면 일자리도 제공했다. 통상 자민당 의원 중 관료 출신자는 1/4 정도였다. 관료 출신 국회의원은 이른바 '족의원族議員'으로 불리며, 자민당과 출신 부처를 잇는 고리 역할을 담당했다.

이에 반해 공산당은 혹독한 시련의 연속이었다. 1952년의 총선거에서는 후보 전원이 낙선했고, 1953년과 1955년에는 각각 1명과 2명의 당선에 만족해야 했다. 그러던 중 도쿠다 규이치는 병사했고, 한국전쟁은 휴전으로 끝이 났다. 1955년 공산당은 무장투쟁 노선의 포기를 선언했으며, 구 국제파였던 시가 요시오와 미야모토 겐지가 당권을 장악하면서 소감파의 노사카 산조와 화해하는 '재통일'을 추진했다. 아울러 냉전의 심화를 배경으로 타국, 특히 중국·소련의 공산당과 거리를 두는, 이른바 '자주독립 노선' 쪽으로 기울게 된다.

안보 투쟁의 격랑

하토야마 이치로 내각은 단독 강화에 매달렸던 정적 요시다 시게루와 차별성을 두고자 소련과 국교 회복에 총력을 기울였다. 정권을 잡은 뒤부터 정식 교섭이 개시되었는데, 가장 큰 장애는 '북방 영토' 문제였다. 쿠릴 열도 남단이자 홋카이도 옆구리의 네 섬(이투루프, 쿠나시르, 시코탄, 하보마이 군도)은 근세 이후 일본의 영토였다가 패전 직전 소련이 점령했다. 교섭 타결은 결국 영토 문제의 유보로 가닥이 잡혔다. 1956년 10월 양국은 공동선언에 조인했고, 12월에는 UN 가입이 성사되었다. 그 직후 하토야마 내각은 물러났다.

이시바시 단잔石橋湛山(1884~1973)이 내각을 넘겨받았으나, 발병으로 인해 2개월 만에 퇴진했다. 당시 외상 기시 노부스케가 자연스레 수상직을 꿰찼다. 1957년 2월의 일이다. 패전으로부터 12년, 샌프란시스코 강화조약 발효 후 5년이 되려는 시점에서 일본호는 새 선장으로 A급 전범 용의자를 선택했던 것이다. 기시는 아시아·태평양전쟁이라는 지옥문을 연 도조 히데키 내각의 상공대신이었기에 전범 용의자로 체포되어 스가모巢鴨 구치소에 수감되었다. 하지만 역코스는 그에게 부활의 미소를 보냈고, 불기소처분 뒤 공직에서 추방되었을 따름이다. 독립국 일본은 그에게 면죄부를 줬으며, 그는 친미와 반공을 앞세워 개헌과 재군비를 주창하는 '복고파' 강경 정치가로 변신했다.

수상으로 변신한 기시는 미일안전보장조약(안보조약)의 개정에 정치생명을 걸었다. 당시 안보조약은 사실상 미군의 일본 주둔에 대한 근거를 마련하는 정도에 지나지 않았고, 미군의 일본 방위 의무와 유효기한도 언급되지 않았다. 헌법 9조의 개정에 이은 안보조약 개정으로 상호 방위를 실현할 수 있겠지만, 개헌의 가능성은 희박했다. 그래서 기시는 '미일 신시대' 구호를 앞세워 안보조약을 개정함으로써 재군비의 불씨를 온존하고자 했다. 최근 그의 외손자 아베 신조安倍晉三는 집단적 자위권의 확보와 개헌으로 맞장구를 치고 있다.

1958년 5월의 총선거에서 자민당은 예상을 뒤엎고 기존 의석을 유지했다. 과반 의석과 정권 교체를 목표로 삼았던 사회당은 패배 선언을 했고, 기시는 정국 운영에 자신감을 얻었다. 6월부터 안보조약의 개정 작업이 시작되어 10월부터 미국과 교섭에 들어갔다. 1960년 1월 조인된 '미일 상호협력 및 안전보장조약'에는 분명 일본에 유리하도록 노력한 흔적이 엿보인다. 미군의 배치나 행동에 대한 사전 협의가 가능해졌고, 일본의 내란 시 미군이 출동하는 조항은 삭제되었다. 조약 기한은 10년으로 정해졌다. 그 대신 4조에 주일 미군이 일본 이외의 '극동 지역' 방위도 담당한다는 문구가 첨가되었다.

사회당을 비롯한 혁신 단체는 1958년 가을부터 안보조약 개정의 위험성을 호소했다. 본격적인 반대 운동은 1959년 3월 사회당, 일본노동조합총평의회(총평), 원수폭금지일본협의회(원수협, 1954년 결성) 등 134개 단체가 '미일 안보조약 개정 저지 국민회의(국민회의)'를 결성하면서부터이다. 반대 진영이 특히 문제시한 것은 4조에서 일본의 극동 방위 분담이 규정됨으로써 미국의 전략에 말려들어 냉전에 가담하게 되었다는 점이었다. 게다가 전전戰前으로 회귀하자는 식의 기시 발언과 강압적인 태도는 새 안보조약의 평판을 더욱 악화시켰다. 뜨거운 '안보 투쟁' 혹은 '60년 안보'의 불길이 타오르기 시작했다.

노동운동에서도 '기시 타도'의 봉화가 올랐다. 석유 전환의 에너지 혁명을 빌미로 1959년 12월 규슈 미이케三池 탄광은 노조 활동가 1,200여 명의 지명해고를 단행했는데, 노조는 파업으로 맞섰다. 미이케 쟁의는 급기야 유혈 사태로 치달았다. 1960년 11월 비록 전투적 노동운동의 패배로 막을 내리긴 했지만, 안보 투쟁의 열기를 높이는 데 크게 기여했다.

1960년 2월, 기시 내각은 새 안보조약을 국회에 제출했다. 조인 저지에서 비준 저지로 목표를 바꾼 반대 운동이 국회 안팎에서 열화와 같이 일었다. 때마침 한국에서 전해진 4·19혁명은 기시 내각에는 동요를, 반대 운동에는 활력을 더했다. 기시 내각이 택한 방법은 6월 19일의 D. 아이젠하워(1890~1969) 대통령 방일 이전에 전격적으로 비준을 완료한다는 계획이었다. 이를 위한 첫 수순은 5월 20일의 중의원 가결이었다. 전날 밤 500명의 경찰을 투입하여 사회당 의원들을 강제로 끌어낸 뒤, 제대로 된 심의조차 없이 날치기로 통과시켰다. 자민당 내에서도 이시바시 단잔과 같은 친중파와 비주류 28명이 불참하거나 기권했다.

날치기는 국민들에게 민주주의의 모독으로 비쳤고, 항의의 목소리는 여론을 움직였다. 5월 20일 10만 명이 넘는 시위가 벌어진 것을 시발점으로 국회, 수상 관저, 미 대사관 주변은 '격동의 1개월'을 보내게 된다. 참가자의 규모와 열의에 국민회의의 간부들도 놀랐다고 한다. 1994년 노벨문학상을 수상한 오에 겐자부로大江健三郎(1935~), 도쿄 도지사 시절부터 우익적 망언을 서슴지 않던 이시하라 신타로石原慎太郎(1932~) 등 젊은 작가들도 시위 대열에 동참했다.

6월 4일 국민회의가 제안한 '제1차 실력행사'에는 전국에서 560만 명이 참가하는 '6·4 파업'이 실행되었다. 6월 15일의 '제2차 실력행사'에는 1차를 능가하는 580만 명이 '안보 저지'를 외쳤다. 우익 단체와 폭력배는 주부 시위대를 습격하여 80명의 부상자를 낳는 최초의 유혈 사태가 발생했다. 그뿐만 아니라 국회 내에 진입한 전일본학생자치회총연합(전학련, 1948년 결성되었으며 공산당의 영향이 강함) 주류파 시위대와 경찰이 격돌하여 도쿄대 학생 간바 미치코樺美智子가 사망했다.

6·4 파업 이후 자민당 내부에서는 아이젠하워의 방일을 연기하자는 기류가 태동했으나, 기시는 자위대 출동까지 시도하는 강경책으로 맞서려 했다. 하지만 6월 15일의 유혈 사태는 기시의 고집을 꺾었다. 결국 16일, 기시 내각은 미국 측에 방문 중지를 요청했다. 19일

33만의 군중이 국회의사당을 에워쌌음에도 불구하고 신안보조약은 참의원에서 자동으로 승인되었다(중의원 통과 후 30일이 지나면 자동으로 의결됨). 23일, 외상 관저에서 거행된 미일 간의 비준서 교환은 10분 만에 끝나고 신안보조약은 정식으로 발효되었다. 그리고 기시 내각은 총사직을 표명했다.

안보 투쟁의 파고는 아이젠하워의 방일을 취소시키고 기시 내각을 삼키며 반전·평화와 민주주의의 기치를 드높였다. 비록 신안보조약의 조인과 비준의 저지를 성사시키지는 못했지만, 운동이 지속되면서 고양된 민중의 에너지는 의회 민주주의의 저변을 다지는 주춧돌이 되었다. 10월에 사회당 위원장 아사누마 이네지로가 17세의 우익 활동가에게 피살되고 이듬해 12월 구 일본군 장교가 중심이 된 쿠데타 음모(三無 사건, 파방법이 적용된 첫 사례)가 발각된 데서는 전후 민주주의의 고양을 '좌경화'로 오판한 우익의 위기감이 묻어난다.

안보조약 개정 반대 투쟁 개정된 새 안보조약이 1960년 5월 20일 국회에서 날치기로 가결되자, 전국 각지에서 안보 투쟁이 전개되었다. 사진은 1960년 6월 국회 앞에 30만 명이 운집하여 '안보 저지'를 외치며 시위하는 모습.

그렇지만 운동의 열기는 썰물처럼 사그라졌다. 1961년 7월에 치러진 세 곳의 현県 지사 선거는 사회당계 후보의 전패와 자민당계 후보의 승리였다. 11월의 총선거에서도 자민당은 9석이나 의석을 늘렸다. 이유는 무엇일까? 무엇보다 안보 투쟁의 양 날개인 국민회의와 전학련에 대한 국민의 신뢰가 두텁지 못했다. 일부 전학련은 평화적인 국회 청원을 '분향 데모'라며 야유했고, 국민회의는 전학련의 '과격 행동'에 곤혹스러워 했다. 이미 전학련 내부에서는 공산당계와 비공산당계의 틈이 벌어지고 있었으며, 비공산당계 내의 분파 형성도 이어졌다. 전학련을 '반혁명 도발자 집단'이라 혹평한 공산당은 더 이상 혁명의 유일한 전위가 아니었다. 바야흐로 신좌익은 '반일공反日共'을 도약대로 삼아 용틀임을 시작한다.

고도 경제성장과 신좌익

1960년 7월, 이케다 하야토池田勇人(1899~1965) 내각이 출범했다. 기시 노부스케를 권좌에서 끌어내리며 일본 열도를 뒤흔들었던 안보 투쟁의 함성이 채 가시지 않은 시점에서 이케다는 '정치에서 경제로'라는 보수 정치의 새로운 미래상을 성공리에 창출하고 실현했다. 대장성 관료로서 잔뼈가 굵은 수상의 이력과 '소득 배증'의 구호에는 일관성과 설득력이 있었다. 미일 안보와 '경무장輕武裝', 무역을 통한 경제성장, 개헌 유보의 '보수 본류' 노선이 본격적인 가동에 들어갔다.

1960년대 일본의 경제성장은 가히 경이적이라 할 만하다. 아시아·태평양전쟁의 패전국 일본은 20년 만에 세계의 경제 대국으로 탈바꿈했다. 그 여정을 개괄하면 다음과 같다.

먼저 살펴야 할 것은 한국전쟁으로 인한 '특수特需'이다. 특수는 미국에 조달하는 물자와 서비스 등을 가리키는 용어로, 1950년 7월 한 일간지에 처음으로 등장했다고 한다. 한국전쟁이 발발하던 무렵 일본 경제는 도지 라인(GHQ가 실시한 인플레 억제책 ☞ 093 참조)에 따른 구조조정하에 심각한 불황에 허덕였는데, 미국의 한국전 참전은 일본에 '조선 특수'라는 예상치 못한 호경기를 빚어냈다. 당시 요시다 시게루 수상의 '천우신조'라는 표현은 일본 지배층의 가감 없는 속내였다.

특수는 전투에 필요한 긴급 물자의 제조 또는 차량 수리에서 점차 트럭·기관차·선로 자재 등의 중공업 제품, 포탄·탄약이나 병기 수리 등의 군수산업 전반으로 확대되었다. 패전으로 뒤처졌던 일본 경제는 미국식의 대량생산방식을 익히는 절호의 기회를 얻었다. 많은 일자리가 생겨났으며, 대량의 외화를 획득하게 되었다. 금액상으로 보면 1950년 7월에서 1952년까지 3년 동안 11억 달러에 이르는데, 이는 당시 1년 수출 규모에 해당한다. 주둔군 유지비 등 간접 특수까지 합치면 전쟁 기간 중의 특수 총액은 24억 달러에 육박했다. 수출도 비약적으로 늘어 섬유와 기계 금속 분야가 호황을 맞았다. 1951년 이후에는 전력·조선·철강 등의 기간산업 부문에도 설비투자가 확대되었다.

1955년은 주요 경제지표가 전전 수준(1934~1936년)을 넘어선 획기적인 해로 기록된다. 이 해에 발족한 경제기획청은 각의에서 결정된 첫 장기 경제계획인 '경제자립 5개년 계획'을 입안했다. 1955년은 1970년대 초까지 이어지는 고도성장의 기점이기도 하다. 1955~1957년에는 초대 진무神武 천황 이래 호황이라는 뜻의 '진무 경기'로 일본 경제가 성장 궤도에 진입했다. 1956년의 경제백서는 '이제 전후가 아니다'고 호언할 정도였다.

가정용 전자제품의 확산도 1955년이 전환점이었다. 이 시기에는 세탁기·냉장고·흑백TV가 '3종의 신기'로 불렸다. NHK의 방송 시작은 1953년 2월이지만, 수신 계약자가 866명이듯 TV는 귀중품이었다. TV의 대량 보급은 프로레슬링 중계가 분기점이었다. 1954년 2월 벌어진 미일 간의 첫 국제 시합에서 역도산力道山(1924~1963, 한국 이름은 김신락이며 일본 씨름인 스모 출신의 프로레슬러) 등의 활약이 전파를 탐에 따라 TV 붐은 순식간에 퍼졌다. 개헌과 재무장을 놓고 벌어진 1955년 2월의 총선거는 처음으로 TV를 통해 개표 방송이 진행되었다는 점에서도 의미가 컸다. 1958년에는 인스턴트 라면이 시판되었다.

1950년대 말부터 1960년대에 걸쳐 철강·조선·석유화학·전기·자동차 등의 산업을 중심으로 설비투자와 기술혁신이 활발해졌다. 특히 소니와 마쓰시타松下(혹은 파나소닉) 등의 전기와 도요타·혼다本田가 이끈 자동차 산업의 성장이 두드러지면서 중화학공업을 근간으로 하는 경제 시스템이 구축되었다. 1960년대 초반의 성장으로 높아진 소득과 설비투자를 바탕으로 1965~1970년까지는 '이자나기(신화 속의 신) 경기'라는 호황이 꽃을 피웠다. 1960년대에는 컬러 TV(Color TV)·자동차(Car)·에어컨(Air Conditioner)의 3C가 소비생활을 대표했으며, 1967년 일본 열도를 달리는 자동차는 1,000만 대를 돌파했다. 1955년부터 1973년까지 일본의 실질적 경제성장률은 대략 연평균 10%에 달했다.

1952년 마쓰시타 전기에서 최초로 시판한 흑백 TV
17인치이며, 가격은 29만 엔이었다. 참고로 당시 초임 월급은 5,400엔이다.

향후 10년 안에 월급을 2배로 만들겠다는 이케다 수상의 공언은 이미 실현된 것이나 진배없었지만, 국민들은 그런 '정치'에 환호했다. 게다가 그는 전임자 기시와 달리 저자세, 관용과 인내를 전면에 내걸었다. 아사누마 이네지로 사회당 위원장의 추도식에서는 감성적인 추도사를 함으로써 호평을 얻었다. 안보 투쟁의 여운이 식는 가운데 사회당도 '4년 뒤에는 국민소득을 1.5배로'라는 슬로건을 내세웠지만, 이케다를 앞서기에는 역부족이었다.

고도 경제성장을 위해 이케다 수상은 '세일즈맨 이케다'라고 불렸을 정도로 경제에 전력투구했다. 1962년 11월 프랑스를 비롯한 서유럽 6개국을 순방했는데, 오로지 경제문제 해결을 읊어대는 이케다 수상을 향해 프랑스의 C. 드골(1890~1970) 대통령이 '트랜지스터 세일즈맨'이라 비꼰 것은 유명한 일화이다. 세일즈맨 이케다는 고도 경제성장의 길목에 있던 일본의 외교 자세와도 일맥상통한다.

1964년 10월에 개최된 도쿄올림픽은 고도성장을 자축하는 무대였다. 94개국 7,000여 명의 선수가 참가한 사상 최대의 올림픽에서 일본은 미국·소련에 이어 3위를 달성했다. 미·

소 양 대국과 어깨를 나란히 한 일본의 모습은 TV 영상을 통해 지구촌으로 전파되었다. 도쿄올림픽에 즈음하여 일본은 1조 엔(예산의 1/3 정도)이라는 엄청난 돈을 쏟아부었다. 그중 8,800억 엔은 신칸센·지하철·고속도로 건설 등에 투자되어 호경기 지속에 일조했다.

이케다 내각에서 고도 경제성장은 사실 안보 투쟁의 역설적인 포착, 혹은 반사이익이라는 함의가 적지 않다. 이에 반해 안보 투쟁의 주축 세력 쪽에서는 1960년대 내내 격렬한 여진이 거듭되었다. 1960년 안보 투쟁에서부터 1968년 베트남전 반대와 68혁명, 그리고 1970년 안보 투쟁 전후까지 신좌익은 최루탄 내음과 함께 일본 열도를 누볐다.

기본적으로 신좌익은 학생운동에서 출발하여 다양한 분파를 형성했지만, 반정부와 반제反帝, 반일공反日共과 스탈린주의 비판은 공통의 토대였다. 1958년 결성된 공산당 내의 공산주의자동맹(공산동, 통칭 분트)과 공산당 외부의 혁명적공산주의자동맹(혁공동)에서 신좌익의 빅뱅은 시작되었다. 신좌익의 주요 정파 태동에 관해 개략적으로 살펴보자.

먼저 학생운동의 색채가 강한 공산동은 1960년 안보 투쟁의 '패배'로 사분오열의 상태가 되었고, 혁공동은 1963년 분열을 일으켜 중핵中核과 혁마루革マル로 갈라졌다. 그리고 사회당에 뿌리를 둔 무장투쟁 그룹은 1969년 혁명적노동자협회(혁노협)를 조직했다. 중핵과 혁노협이 무장투쟁적인 가두 결전을 중시했다면, 혁마루는 조직 형성과 이론에 치중하는 자파 지상주의로 내달았다. 이 때문에 혁마루는 타 당파, 특히 중핵과 피비린내 나는 혈투, 즉 우치게바内ゲバ(게바는 폭력을 뜻하는 독일어 Gewalt의 줄임말)를 벌였다.

1968~1969년에는 각 대학 단위로 정파를 초월한 운동체가 만들어졌는데, 이것이 전학공투회의(전공투)이다. 이들은 '대학 해체'라는 구호를 내걸며 학내 쟁점에 보통 학생의 참가를 유도했다. 1969년 도쿄 대학의 야스다安田 강당 공방전은 전공투의 상징적인 사건이었다.

1970년 안보조약이 자동 갱신되자 분트 내에 적군파가 부상했다. 일부는 1970년 3월 항공기 요도淀 호를 납치하여 북한으로 망명했고, 연합적군은 '총괄總括'의 이름으로 동료 12명을 살해한 뒤 1972년 2월 아사마浅間 산장의 총격전 끝에 체포되었다. 이렇게 운동의 과격화와 우치게바로 인한 부정적 인식, 그리고 고도성장에 따른 보수화는 신좌익의 퇴조를 가져왔다.

도쿄 대학 야스다 강당 사건 1960년대 후반 전국의 국·공립, 사립대학의 수업료 인상 반대와 학원 민주화를 요구한 학생운동은 1969년 도쿄 대학 야스다 강당을 점거하며 농성을 전개했다. 사진은 경찰이 야스다 강당을 포위하고 물대포를 쏘는 모습.

55년 체제의 종언

55년 체제의 성립 이후 정국은 안정되었다. 안보조약에 기반한 미일 협조 체제 아래 고도 경제성장 정책이 결실을 맺으면서 국민소득이 늘고 경제 강국으로 발돋움했다. 그러나 55년 체제의 항해에는 부작용도 수반되었다. 자민당의 장기 집권에 따른 정·재계의 유착, 그리고 관료가 결부된 오직汚職 사건의 빈발이다. 55년 체제의 트로이카(정계·재계·관료)가 뒤얽힌 이른바 '금권·부패정치'이며, 자민당 내부에는 파벌 정치의 고착화를 낳았다.

금권·부패정치가 폭로되면서 1974년 수상 자리를 내놓은 사람이 다나카 가쿠에이田中角榮(1918~1993)이다. 다나카는 사토 에이사쿠佐藤榮作(1901~1975, 기시 노부스케의 친동생)의 뒤를 이어 1972년 '일본 열도 개조론'을 내걸고 자민당 총재와 수상직을 거머쥐었다. 초등학교 졸업의 학력에다 서민적인 행동과 과감한 추진력을 겸비한 그를 향해 매스컴은 '20세기의 도요토미 히데요시', '컴퓨터가 장착된 불도저'라고 추켜세웠다.

다나카는 일중 국교 정상화를 수상 취임 2개월 만인 1972년 9월에 성공시켜 사토와 분명히 다른 차별성을 보여주었다. 그러나 개발의 환상을 불러일으킨 일본 열도 개조론은 곧 국민들에게 엄청난 시름을 안기는 재앙으로 바뀌었다. 지가 폭등을 포함하여 '광란의 물가'라 불렸던 물가 상승, 1973년의 오일 쇼크에 따른 극심한 인플레이션을 유발한 것이다.

그 이면에서 다나카 자신은 토지 투기에다 유령 회사를 활용한 거액의 정치헌금으로 선거 때마다 거액을 뿌리고 표를 샀다. 1974년 7월의 참의원 선거에서는 최소 200억 엔 이상의 자금이 들어갔다고 얘기된다. 금권정치의 대부는 결국 10월, 월간지 『문예춘추』에 '다나카 금맥', 즉 정치자금 조성 실태를 폭로하는 기사가 실리면서 위기에 몰렸다. 미국에서 1972년 워터게이트 사건으로 R. 닉슨(1913~1994) 대통령이 사임한 지 2개월 뒤의 일이다. 1개월을 버티던 일본의 '서민 재상'도 끝내 사임 성명을 발표했다.

다나카의 오욕은 수상 퇴진으로 끝나지 않았다. 바로 록히드 사건이다. 1976년 2월 미 상원 청문회에서 판매 부진에 시달리던 군수업체 록히드 사가 일본에 여객기를 팔기 위해 우익의 거두 고다마 요시오兒玉譽士夫(1911~1984)와 마루베니丸紅 상사에게 1,000만 달러를 건넸다는 사실이 밝혀졌다. 이어 록히드 사 부사장은 마루베니를 통해 일본 고위 관료에게 200만 달러를 전달했다고 증언했다. 조사 결과 5억 엔을 받은 다나카와 함께 운수성 관계자들이 대거 기소되었다. 정치가·관료·대기업이 관여된 전형적인 정치 추문이었다.

뒤이은 12월의 총선거에서 자민당은 처음으로 과반수 획득에 실패했다(이후 무소속 입당으로 과반 회복). 다나카는 2억 엔이라는 거액의 보석금을 지불하여 풀려났고, 선거에서는 최다득표로 의원 배지를 유지했다. 재판을 치르는 동안에도 그는 다나카파의 영수이자 킹메이커로 군림하면서 녹슬지 않은 정치 역량을 과시했다. 지루하게 계속되던 재판은 결국 다나카의 죽음으로 매듭이 지어졌다.

록히드 사건의 교훈은 충분히 살려지지 못했다. 요지부동이던 금권·부패정치는 1988년 6월 〈아사히신문〉이 리쿠르트 사건의 특종을 보도함으로써 다시 한 번 국민적 관심을 끌었다. 리쿠르트 사의 창립자가 사업을 확대하려는 욕심으로 자회사의 미공개 주식을 정치가·관료·재계 관계자에게 양도한 것이다. 시세 차익은 당연히 뇌물이었다. 이듬해 4월 리쿠르트로부터 정치헌금을 받은 다케시타 노보루竹下登(1924~2000) 수상이 사직했다.

잇단 부패 사건으로 민심은 자민당에 등을 돌렸고, 그 결과는 선거에 반영되었다. 1989년 7월의 참의원 선거에서 사회당은 리쿠르트 사건과 소비세(3%) 신설, 농산물 개방에 따른 농민 표 이탈에 힘입어 대승을 거두었다. 참의원에서 자민당은 과반 확보에 실패했다.

이후의 자민당 내각들은 정치 개혁을 선전 구호로 내걸었다. 하지만 1990년 2월의 총선거에서 중의원 과반을 여유 있게 획득함에 따라 개혁의 의지는 희미해져갔다. 1991년 소선거구와 비례대표를 병립한다는 선거 개정의 요지가 마련되었지만, 중의원에서 폐기되고 말았다. 정치권을 바라보는 국민들의 시선은 싸늘해졌고, 1992년 7월의 참의원 선거는 50.6%라는 사상 최저의 투표율을 기록했다. 이듬해까지 사상 최저의 투표율 기록은 계속 갱신되었다. 정치 불신과 무관심이 팽배해진 것이다.

여기에 경제 불황의 골이 덮쳤다. 1980년대까지 호황으로 배태된 거품경제의 붕괴는 엄청난 충격과 후유증을 몰고 왔다. 1989년 12월 39,000엔까지 치솟던 주가는 불과 1년도 지나지 않은 1990년 10월에 1만 엔대로 폭락했고, 지가는 1991년 이후 10년 내내 하락을 거듭했다. 혼미한 정치권의 정책 오류까지 겹쳐 1990년대는 이른바 '잃어버린 10년'이라는 심각한 불황을 초래했다.

급기야 1992년 말 자민당의 최대 파벌 다케시타竹下파가 둘로 쪼개졌다. 사가와큐빈佐川急便 사건에다 다케시타파의 회장 가네마루 신金丸信(1914~1996)의 후임을 둘러싼 내분이 원인이었다. 사가와큐빈의 배임 사건을 다룬 공판에서는 다케시타파와 폭력 단체의 연결이 드러났고, 5억 엔의 비자금을 받은 가네마루는 국민들의 따가운 눈총에 못이겨 회장은 물론 의원직까지 내놓아야 했다. 다케시타파는 소수파로 전락했다. 가네마루는 이듬해 3월 탈세 혐의로 체포되었고, 그 과정에서 건설 회사로부터 흘러 들어온 불법 정치자금이 폭로되었다. 정치 개혁의 목소리가 다시금 높아졌다.

1993년 6월 미야자와 기이치宮沢喜一(1919-2007) 내각은 선거제도 개정의 유보를 선언했다. 야당은 물론 자민당의 개혁파도 대거 반발했고, 내각불신임안이 가결되었다. 미야자와는 중의원 해산으로 맞섰다. 하지만 자민당의 간판은 매력적이지 못했고, 앞다툰 탈당 행렬은

55년 체제의 종언 1993년 호소카와 모리히로를 수반으로 하는 연립 정권이 탄생함으로써 자민당과 사회당 중심으로 운영되던 55년 체제가 종말을 맞았다. 사진은 취임 후 첫 기자회견을 하는 호소카와(1993. 8. 10).

신생당과 신당 사키가케さきがけ(선구자를 뜻함)로 모였다. 7월 총선거에서 자민당은 해산 당시의 의석을 지켰지만, 과반에는 한참 모자랐다. '신新'을 앞에 단 정당들은 의석을 늘렸지만, 사회당의 의석만 절반 가까이 줄었다. 변화를 수렴하지 못하고 뒤처진 사회당의 단독 패배였다.

총선 후 비非자민 정권 창출의 깃발 아래 7개의 정당이 모였다. 그리고 제5당인 일본신당의 대표 호소카와 모리히로細川護熙(1938~)를 수반으로 하는 연립 정권이 탄생했다. 구마모토 번주인 호소카와 가의 18대 당주가 수상의 자리에 올랐고, 1955년부터 38년에 걸친 자민당의 1당 지배와 55년 체제는 이렇게 싱겁고 허무하게 막을 내렸다. 호소카와 내각에서 1994년 2월 '정치 개혁 4법'이 의회를 통과했다. 소선거구 300명과 비례대표 200명의 병립, 정당에 대한 약 300억 엔의 국고 지원이 확정되었다.

한편, 55년 체제의 붕괴로 일본 정계는 한 치 앞을 짐작하기 어려운 혼돈 속으로 빠져들었다. '정계 재편'은 일상사가 되었다. 정당의 이합집산이 반복되면서 자민당 대 야당이라는 구도는 자취를 감췄다. 결정판은 사회당과 자민당의 연합이었다. 1994년 6월 무라야마 도미이치村山富市(1924~) 사회당 위원장은 1947년 가타야마 데쓰 이래 47년 만에 수상에 취임했다(☞ 093 참조).

정권을 잡은 사회당은 미일 안보 체제, 자위대, 일장기와 기미가요君が代(일본 국가)를 용인했다. 냉전의 종언 및 소련·동구권의 붕괴와 같은 시대적 대세를 수용했다지만, 진지함도 심각함도 결여되었다는 의심을 지울 수 없다. '혁신'의 형해화는 '보수'의 애매함으로 이어졌다. 이념이 아닌 정책의 미세한 차이로 정당이 분화되는 정치의 총보수화가 굳어져갔다.

오키나와와 일본의 엇갈림

1995년 9월 일본 열도 최남단 오키나와에 주둔하던 3명의 미군이 12세 소녀를 납치하고 성폭행했다. 범죄 사실이 드러났으나, 기소 전의 단계에서 미군의 신병 확보, 즉 체포 영장 집행이 불가하다고 규정된 미일행정협정이 걸림돌이었다. 실효적인 조사 수단이 없다는 현실에 오키나와의 민심이 들끓었다. 10월 21일에 열린 현민 총궐기대회에는 주최 측 발표로 85,000명이 모였다.

2007년 9월 29일 오키나와가 다시금 들썩였

신문에 보도된 교과서 검정 철회 요구 집회
(《류큐신보琉球新報》 2007. 9. 30)

다. 이번에는 1945년 오키나와 전투에서 벌어진 이른바 '집단 자결'과 일본군의 관련 여부가 쟁점이었다. 2005년 오키나와 주민의 집단 자결에 군의 강제가 있었다고 서술한 오에 겐자부로의 저서 『오키나와 노트沖縄ノート』(1970년 간행)를 당시 군 관계자와 유족이 명예훼손으로 제소했고, 재판이 진행되는 와중인 2007년에는 문부과학성이 교과서 검정에서 군의 강제 부분을 삭제하라는 지시를 내렸다. 이에 항의한 현민 대회 참가자는 주최 측 추산 116,000명으로, 140만을 약간 밑도는 주민의 10%에 육박했다.

미군 기지와 집단 자결, 아니 정확히는 집단사(군의 강제성을 부각한 명칭)는 오키나와 근현대사의 비극을 관통하는 주제이다. 집단사는 천황제의 연명을 위한 사석捨石 작전인 오키나와 전투의 끝자락에서 발생했으며, 미군 기지 문제는 지금까지 계속되는 아픔이다.

수백의 섬으로 이루어진 오키나와 현은 47개 도도부현都道府県 중에서 마지막으로 설치되었다. 타이완 바로 옆에 위치하고 있으며, 중국과 마찰을 빚는 센카쿠尖閣 제도가 서쪽에 있다. 대대로 이어오던 류큐琉球 왕국은 메이지 유신 직후인 1872년 해체되었고, 1879년 대일본제국의 영토인 오키나와 현으로 명명되었다. 오키나와 현으로서 출발은 황민화 작업의 개시이기도 했다. 교사를 양성하는 오키나와 사범학교에 전국에서 처음으로 천황의 초상화인 고신에이御真影가 하사된 것은 1887년이었다. 오키나와 방언으로 표현하면 '야마톤추(=본토인)'는 '우치난추(=오키나와 인)'에게 충군애국 의식의 함양부터 철저히 요구했던 것이다. 야마톤추 식의 이름을 강요당한 우치난추는 일본의 '내부 식민지'였다.

아시아·태평양전쟁 말기의 오키나와 전투는 비극 그 자체였다. 패전이 임박한 1945년 3

월부터 6월까지 오키나와에서 벌어진 공방전으로 오키나와 인 4분의 1이 유명을 달리했다. 94,000명의 일본군 전사자에 비해 민간인 사망자는 최대 15만여 명으로 추산된다. 군인의 죽음이야 전쟁의 숙명이라고 하더라도 비전투원의 대량 희생은 한마디로 오키나와에 가해지던 차별과 냉대의 발로였다. 당시 대본영(군 최고 통수기관)은 오키나와 전투의 목표를 본토 결전에 대비할 시간을 버는 지구전 및 미군의 전력 삭감에 두었다. 오키나와는 '황토皇土', 즉 천황이 사는 본토를 지키기 위한 사석에 지나지 않았던 것이다. 이에 따라 미군의 상륙 직전에 일부 정예부대는 타이완 방어를 위해 빼돌렸다.

전투가 임박하자 일본군 수비대는 주민들에게 함께 행동할 것을 강요했다. 그 근저에는 우치난추에 대한 뿌리 깊은 불신이 자리했으며, 그 결과는 헤아리기조차 힘든 억울한 죽음이었다. 군대를 따라 움직이다가 미군의 공격을 받고 죽어간 사람들. 그저 오키나와 방언을 쓴다는 이유로 '아군'에게 스파이로 간주되어 학살된 사람들. 손을 들고 나가다가 저격을 받아 죽은 사람들. 그리고 끝내는 포로가 되느니 차라리 '자결하라'는 명령이 내려졌다. 자식을 죽인 뒤 부모가 뒤를 따르고 형제간에 서로 죽고 죽이는, 이루 형언할 수 없는 비극이 동굴에서 절벽에서 들판에서 빚어졌다.

항복과 동시에 미군이 오키나와에 진주했고, 미군 단독의 직접 지배가 실시되었다. 1951년 9월 본토는 점령 통치에서 벗어나 독립을 쟁취했지만, 오키나와는 류큐 정부(1952년 4월 성립되었으며 행정부의 장이 행정주석)라는 통치 조직을 앞세운 미국의 신탁통치 아래 들어갔다. 샌프란시스코 강화조약으로 오키나와는 다시 사석의 처지로 내던져졌다.

냉전의 기운이 짙어가는 1949년부터 미국은 오키나와의 전략적 가치에 주목하여 항구적인 기지 건설에 착수했다. 한국전쟁의 발발은 오키나와의 미군 기지화를 더욱 가속화했다. 주둔지는 물론, 사격장과 보급 창고 등의 용지 확보를 위해 마을과 농지를 강제로 접수했다. 주민들의 표현을 빌리면 '총검과 불도저에 의한 토지 접수'였다. 살인이나 성폭행과 같은 미군 병사의 범죄가 끊이지 않자 미군 기지에 대한 주민들의 반감이 높아졌다. 1956년 오키나와 전역에서 미군 기지 반대 운동이 대대적으로 터져 나온 것은 당연한 귀결이었다. 1960년 '오키나와 현 조국 복귀 협의회'(복귀협)가 조직되면서 운동 방향은 '조국 복귀' 쪽으로 무게가 실렸다. 복귀협의 활동에 호응하여 본토의 사회당, 공산당이 오키나와 반환 운동에 목소리를 냈고, 본토 내에서도 정치 쟁점으로 떠올랐다.

사실 패전 직후부터 오키나와에서는 독립의 기운이 일었다. 선두에 선 것은 1947년 발족한 오키나와 공산당(합법 조직은 오키나와 인민당)이다. '미군=해방군'이라는 인식을 갖고 신탁통치 후의 독립을 꿈꾸었지만, 미군 범죄가 빈발하는 데다 복귀를 희망하는 주민 감정을 무시할 수 없어 노선을 변경했다. '평화헌법 하의 일본 복귀' 쪽으로 방향을 튼 것이다.

베트남전쟁이 발발하자 오키나와의 군사적 가치는 한층 높아졌다. 오키나와의 B-52 폭격기는 연일 북베트남 폭격을 위해 출격했고, 1960년대의 가데나嘉手納 기지에는 1,200개의

오키나와 복귀 기념식 1972년 5월 15일 도쿄와 나하에서 동시에 오키나와 복귀 기념식이 열렸다. 왼쪽이 도쿄, 오른쪽이 나하의 기념식전 모습.

핵무기가 비치되었다. 복귀 운동에 더해 반전·반미의 구호가 새롭게 가세했다.

마침내 1969년 11월, 사토 에이사쿠와 닉슨의 정상회담에서 1972년에 오키나와를 반환한다는 내용이 발표되었다. 반환의 일정은 잡혔지만 구체적인 내실이 문제였다. 1970년에 안보조약의 연장과 오키나와의 반환을 과제로 설정한 사토 내각은 미군의 오키나와 기지 사용을 계속 인정하는 대신, 오키나와의 통치권을 돌려받는다는 '분리 반환론'을 폈다. 그 해 12월 총선에서 자민당은 20석을 늘리는 대승을 거뒀다.

1968년, 류큐 정부의 행정주석 야라 조뵤屋良朝苗(1902~1997, 첫 번째 공선에서 당선)를 비롯한 주민 대다수는 조기 복귀와 더불어 기지의 전면 반환을 희망했다. 반면, 본토의 선택은 기지 존치를 전제로 한 오키나와 현의 재탄생이었다. 이 때문에 잠잠했던 독립론이 '복귀 반대'를 주장하며 활발해지기도 했다.

1971년 6월에 조인된 오키나와 반환 협정은 이듬해 5월 15일 발효되었다. 이날 도쿄와 나하那覇(오키나와 현청 소재지)에서 열린 복귀 기념식은 사뭇 다른 분위기였다. 도쿄의 사토 수상은 만면에 미소를 머금은 채 만세 삼창을 외쳤지만, 나하의 야라는 표정뿐 아니라 "복귀 내용을 보자면 우리들의 절실한 바람이 받아들여졌다고 하기는 어려운 것도 사실입니다"라는 연설에서도 씁쓸함이 역력했다. 복귀 이후에도 '미군 기지 안에 오키나와가 있다'는 현실은 그대로였다. 국토의 0.6%에 불과한 오키나와에 미군 시설의 75%가 집중되었다. 유·무형의 인권 침해와 재산상의 손해에 대해서는 미국의 지배하에서도 오키나와 현으로 복귀한 뒤에도 그저 인내를 거듭해야 할 따름이었다.

1995년의 미군 성폭행 사건으로 2년 뒤 후텐마普天間 비행장의 전면 반환이 발표되었지만, 후텐마 기지의 헤노코辺野古 이전을 놓고 새롭게 논란이 증폭되고 있다. 그래도 오에 겐자부로는 승소했고, 오키나와 주민 집단사에 일본군의 '강제' 대신 '관여'를 나타내는 교과서 서술은 검정을 통과했다.

재일 코리안의 현대사

재일 코리안이 일본 열도에서 거주하는 법적 근거에는 세 번의 전환점이 있었다. 대일본 제국의 신민에서 외국인으로 바뀐 1945년의 해방, 그리고 1965년 한일협정 체결에 따른 한시적 영주권 부여, 마지막으로 1991년의 양해각서 체결 이후의 특별영주자가 그것이다.

1947년 5월의 외국인등록령에 따라 조선인과 타이완 인은 외국인으로 간주되고 외국인 등록증을 휴대하게 했다. 국적은 순전히 행정적인 편의상 '조선'으로 일원화되었다. 샌프란시스코 강화조약의 발효도 재일 코리안의 법적 신분에 영향을 미쳤다. 일본 국적은 박탈하고 거주 권리는 인정하는, 그야말로 완전한 외국인 취급이었다.

1965년 체결된 한일협정에 따라 협정 영주의 자격이 한국 국적자에 한해 도입되었다. 그리고 1982년에는 잠정적인 법적 지위의 조선적朝鮮籍 재일 코리안과 그 자손에 대해서도 신청에 따라 영주 자격이 일률적으로 부여되었다.

법적 지위의 최종 마무리는 1991년에 제정된, 통칭 출입국관리특례법으로 정리되었다. 한국적韓國籍이든 조선적이든 일괄적으로 특별영주자 자격을 취득하게 되었고, 재입국 허가의 5년 연장과 3세 이후의 지문 날인 면제 등과 같은 조치도 취해졌다.

이상의 과정을 종합하면 재일 코리안의 신분은 법적으로 볼 때 세 갈래로 나뉜다. 하나는 일본 국적 '부활'이라는 함의의 귀화이고, 나머지는 각각 외국인으로서 조선과 한국이다. 조선적과 한국적의 구성은 1965년의 한일협정 체결 전까지는 압도적으로 전자가 많았지만 체결 뒤에는 상황이 역전되었다. 2002년 현재 전체 625,422명 중 한국적이 411,711명으로 약 2/3를 차지하고 있으며, 조선적의 감소는 갈수록 심화될 것이다(일본 정부 통계는 한국적과 조선적을 묶어서 발표하므로 수치 확인은 어렵다).

분단과 한국전쟁은 재일 코리안 사회의 분열도 고착화했다. 한국을 지지하는 재일본대한민국민단(민단)이 있다면, 친북한 조직은 1951년 1월의 재일조선통일민주전선(민전) 결성에 이어 1955년 5월 재일본조선인총연합회(조총련)로 재결집하여 오늘에 이른다. 조총련의 출범은 일본 공산당의 지도에서 벗어나 북한의 해외 공민으로 살아가겠다는 방침 전환의 일환이었다. 이후 일본에 대한 내정간섭이라 지목될 정치 활동은 되도록 억제하고 생활과 인권 옹호, 평등한 권리를 주장하는 쪽으로 선회했다. 핵심은 민족 교육의 정비와 확충이었고, 각지에 초·중·고는 물론 대학(조선대학)까지 보유한 '조선학교'가 자리를 잡아갔다.

이후 조총련의 활동에서 특기할 것은 1959년부터 1984년까지 이어진 '북송 사업'이다.

북송 사업 1959년 12월 14일, 975명의 재일 코리안을 태우고 니가타 항에서 북한 청진 항을 향해 첫 북송선이 출발했다. 북송 사업으로 1984년까지 총 9만 3,000여 명이 북한으로 떠났다.

조총련 측 용어로는 '귀국 운동'이며, 약 93,000명의 재일 코리안이 차별이 없다는 '지상낙원'을 찾아서 북한으로 건너갔다. 하지만 북한의 현실은 귀국자들이 예상한 것과는 판이했고, 그로 인한 상흔은 지금까지도 재일 코리안의 생활 곳곳에 남아 있다.

재일 코리안에 대한 차별은 정주화의 경향이 강해지면서 증폭되었다. 그런 변화 때문에 재일 코리안의 운동은 주로 민단이나 조총련과 직접적인 관계가 없는 2세와 3세가 시도했다. 이들은 주위의 일본인과도 협력했고, 일본인들도 기존의 정당이나 노조 등의 조직적 틀에 얽매이지 않는 자주적인 결집체를 형성하면서 운동의 폭을 넓혀 나갔다. 때마침 각종 사회운동이 질풍노도의 시대를 맞고 있었다는 점도 유리하게 작용했다. 시발점은 박종석朴鐘碩 사건이었다.

1970년 박종석은 대기업 히타치日立 제작소를 상대로 회사가 국적을 구실 삼아 해고한 것이 부당하다며 재판(1970-1974)을 시작했다. 이를 계기로 취업을 둘러싸고 재일 코리안이 겪어야 했던 차별의 실상이 대대적으로 부각되었다. 재판이 원고의 승소로 끝났다는 사실도 중요하지만, 재판을 전후하여 재일 코리안에 대한 취업 차별의 현실을 자각하고 그것을 바로잡기 위해 다양한 운동이 전개된 점이 더 큰 의의를 지닌다. 예를 들어 '민족 차별과 싸우는 연락협의회'(약칭 민투련)와 같이, 당면한 차별과 맞서 싸우기 위해 민단과 조총련을 초월하는 제3의 조직체가 만들어졌다. 그리고 이후의 다른 재판 투쟁 과정에서는 지역의 일본인 노조 및 시민 단체와 협력체가 형성되어, 차별의 시정은 물론이고 재일 코리안의 현실을 일본인 자신의 문제로 인식하는 등 진전이 나타난다.

차별 철폐 운동의 1980년대는 지문 날인 문제가 핵심 쟁점이었으며, 이는 유례없이 재일 코리안 전체를 망라하는 운동으로 전개되었다. 1980년 한종석韓宗碩은 지문 날인을 거부했고, 당일로 고발당했다. 그 뒤 각지에서 지문 날인 거부와 이를 지원하는 운동체가 만들어졌고, 다른 외국인들도 이에 가세했다. 1983년에는 민단이 나섰고, 각 노조들도 인권 차원에서 참가했으며, 국제적인 지원 또한 쇄도했다. 애초 일본 정부는 강경책 일변도로 대응했지만, 여론의 악화가 분명해지자 외국인등록법의 개정으로 방향을 틀었다. 그 결과 1993년의 외국인등록법 개정으로 특별영주자 및 영주자의 지문 날인은 폐지되었다.

지문 날인이 철폐된 이후에는 공무원 채용에서 국적 제한이 쟁점으로 떠올랐다. 지역 차원에서 차별을 없애자는 목소리가 제기되어 일정 정도 성과를 거두었고, 많은 개선이 이루어진 것도 사실이다. 하지만 2005년 1월, 한 재일 코리안에게 관리직 승진 시험 자격을 박탈했던 도쿄 도都(당시 지사는 이시하라 신타로)의 결정은 대법원에서 번복되지 않았다. 국적 차별의 벽은 강고하게 면면히 존재하고 있다.

이상의 모든 운동은 기본적으로 재일 코리안의 일본 정주를 배경으로 한 시민운동의 특성을 지닌다. 즉 '조국 지향'을 우선시하는 민단이나 조총련과는 결을 달리하며, 일본 사회 내 공생이 운동의 출발점이다. 일본 사회에서 살아가는 주민이자 남북한에 걸쳐 있는 존재로서 '이중성'은 선택이 아니라 필수이다. 그 연장선에서 21세기 재일 코리안의 이미지는 "민족적 정체성을 확립하는 동시에, 일본 사회에서 사회적 지위를 확고하게 가지는 시민"으로 그려진다.

외국인등록법 개정을 요구하는 재일 코리안의 집회(1984. 10)

1990년대에 들어와 한국의 민주화가 진전되고 경제적 지위가 향상되면서 한일 간의 교류가 활발해졌다. 폭발적 붐을 일으키고 있는 '한류'는 대표적인 현상이다. 도쿄 도심의 신오쿠보新大久保는 한국의 도시를 그대로 옮겨온 듯한 착각을 불러일으킬 정도이다. 그런 한일 관계의 진전이 최근에는 재일 코리안 사회에 영향을 끼치는 새로운 변수가 되고 있다.

한류는 일본인이 한국 문화를 이해하는 데 도움을 주지만, 재일 코리안 사회의 내부로 눈을 돌리면 간과할 수 없는 미묘한 현상들과 조우하게 된다. 분명 한류는 한국 국적의 재일 코리안에게 민족적 자긍심을 북돋워준다. 그러나 같은 시기 일본인 '납치'나 '핵 개발' 등을 구실로 조선적 학생들의 치마저고리가 찢겨지는 사태가 벌어진다. 재일 코리안에 대한 배제와 폭력이 한국적과 조선적을 분단시키고 있으며, 여기에 남북 분단의 서글픔이 뼈아프게 겹쳐진다. "한일 관계가 가까워진 만큼 북일 관계는 멀어져, 동아시아의 뒤틀린 권력 구조가 미디어에 의해서도 고정화되고 있다"는 한 연구자의 지적은 우리가 재일 코리안에 대해 얼마나 단순하고 무지하게 생각해왔는지를 돌아보게 한다.

일본 내의 소수자이자 타자, 재일 코리안은 일본 사회의 건강성을 알려주는 카나리아일지 모른다. 그들이 시민으로서 인간적인 삶을 살아갈 수 있다면, 일본인의 삶도 마찬가지일 것이다. 재일 코리안과 한반도의 바람직한 관계 맺기도 원칙은 다르지 않을 터다.

동아시아 속의 일본

냉전 해체의 기운이 왕성하던 1990년의 걸프전은 일본에 엄청난 격랑을 몰고 왔다. 전쟁을 주도한 미국에 떠밀려 130억 달러라는 거금을 지원했지만, 정작 미국의 한쪽에서는 돈 외에 사람도 내야 한다는 냉소 어린 반응이 나왔다. 이른바 '국제 공헌'에 관한 논란이 촉발되었고, 자위대의 해외 파견은 일약 정치 쟁점으로 부각되었다. 전쟁 상황에 대처하기 위한 유사有事 법제의 제정, 헌법 개정 논란이 고조되었다. 1990년대에 접어들면서 평화국가 일본의 이미지에는 균열과 변질이 두드러졌다.

1990년대는 일본과 이웃 나라, 그리고 일본 내부의 역사 갈등이 본격화했다는 점에서도 전환기였다. 그 단초는 일본군 '위안부' 문제였다. 1991년 8월 자신이 일본군 '위안부'였다고 고백하는 김학순의 나지막한 외침은 한일 관계의 기저를 뒤흔드는 천둥소리였다. 1992년 1월 한국을 찾은 미야자와 기이치 수상은 일본군 '위안부' 문제를 포함한 과거사의 진상 규명과 응분의 조처를 언명했다. 다음 해 8월 고노 요헤이河野洋平(1937~) 관방장관은 일본 정부의 관여를 인정하고 사과와 반성을 담은 담화를 발표했다(고노 담화). 바로 뒤이어 호소카와 모리히로 수상의 입에서는 처음으로 침략 전쟁의 발언이 나왔다.

보수 우파 정치가는 즉각 맞대응에 나섰다. 호소카와 수상의 침략 전쟁 발언이 있자마자 자민당의 야스쿠니靖国 신사 참배 지지파는 "도쿄 재판으로 오염된 역사관을 바로 세우고 올바른 역사 인식을 확립"하겠다면서 역사·검토위원회를 설립하고 움직이기 시작했다. 이런 우파의 움직임에는 무라야마 도미이치 수상이 공약으로 '전후 50년의 국회결의', 즉 부전결의不戰決議의 채택 의사를 밝힌 것도 위기감을 부채질했다. 1994년 12월 '종전 50주년 국회의원 연맹'이 결성되었고, 망언으로 이름을 날린 오쿠노 세이스케奧野誠亮(1913~2016)가 회장에 앉았다. '종전 50주년 국회의원 연맹'은 역사·검토위원회의 행동대였다.

1995년 6월 중의원을 통과한 부전결의는 "아시아의 여러 국민에게 끼친 고통을 인식하며 깊은 반성의 염을 표명한다"고 되어 있지만, 당초의 사회당 문안에 비하면 확실한 퇴보였다. 식민 지배와 침략 전쟁에 대한 사죄를 살짝 비켜간 어정쩡한 문구조차 참의원의 문턱을 넘지 못했다. 결국 8월 15일에 즈음하여 발표된 '무라야마 담화'로 국내외의 우려는 파국 직전에 무마되었다.

1990년대 후반 우파는 세차게 반격을 가했다. 우경화 드라이브를 거는 작업에는 미국의 성원이 지대했고, 1994년 이후 터진 북한의 핵·미사일 소동도 예상 밖의 호재로 작용했다.

이라크 파병을 반대하는 시민들 고이즈미 정권이 자위대를 이라크에 파병하려 하자, 시민들은 헌법 9조를 위반하는 파병을 반대한다며 시위를 벌였다. 오른쪽 사진은 고이즈미 수상, 부시 미국 대통령, 토니 블레어 영국 수상을 3악인(惡人)이라고 풍자하며 파병 반대를 외치고 있다. 2003년 1월 히로시마에서 전개된 시위 행진.

'미일 방위 협력을 위한 지침', 즉 '가이드라인'을 개정하겠다는 방위청의 방침이 언론에 포착되기 시작한 것은 1995년 말부터였다. 2년여의 격렬한 논란 끝에 1997년 9월, 미일 양국은 '신 가이드라인'에 서명했다. 오부치 게이조小渕惠三(1937~2000) 내각은 통칭 주변사태법을 비롯한 관련법의 제정에 착수했으며, 최종적으로 1999년 5월 참의원까지 통과했다. 바야흐로 자위대는 걸프전 때와 달리 유사시에 미군과 협조 체제 아래 당당히 분쟁에 개입할 수 있게 되었다.

냉전의 종결과 함께 미일안전보장조약은 역사적 소명을 다했어야 마땅하다. 소련을 가상의 적으로 삼아 일본과 극동을 방어한다는 의미와 현실성이 퇴색했기 때문이다. 하지만 미국은 유일 초강대국으로서 군사력을 바탕으로 세계 각지에서 자국의 이익을 추구하는 데 일본과 자위대의 협력이 필요했고, 일본의 보수 정치는 여기에 보조를 맞추면서 '평화 국가 노(No)'를 부르짖었다. 이로써 전쟁에 관여하지 않는다는 헌법 9조는 사문화된 것이나 다름없다. 8월에는 국기·국가의 법제화, '도청법' 등이 국회를 통과했다. 가히 '99년의 반동'이라고 칭할 만한 격변이었다.

한편 잃어버린 10년 내내 전후 일본을 묶어내던 통합력은 와해되고 재편되었다. '사회의 액상화液狀化'라 일컬어지는 각종 일탈 행동이 범람하면서 사회 전반에 불안 심리가 퍼져갔다. 1995년 3월 옴진리교의 독가스 테러는 거품경제의 붕괴로 인한 암울한 현실에 절망한 젊은이들의 절규와 말세적 종교관이 빚어낸 참상이었다. 이를 해소하는 기제로써 애국주의가 들썩였고, 교과서를 앞세운 역사 왜곡, 독도와 센카쿠 열도에 대한 영토 분쟁 문제의 강경 반응에서 에너지를 얻은 네오내셔널리즘이 기승을 부리기 시작했다.

일본의 21세기는 잃어버린 10년의 연장선에서 불안하게 걸음마를 뗐다. 새 천년의 시작과 더불어 개혁을 합창하며 출범한 고이즈미 준이치로小泉純一郞(1942~) 내각은 9·11 테러와

이라크 전쟁을 발판으로 삼아 '전쟁을 할 수 있는 나라' 일본의 건설에 매진했다. 미국의 군사행동을 돕고자 제정된 '테러특별조치법'으로 자위대는 인도양에서 미군을 지원할 수 있었다. 2004년 2월 자위대는 이라크 땅을 밟았다. 걸프전 이래 보수파가 추진했던 자위대의 해외 파병, 미국과 군사 협력 강화는 고이즈미 정권에서 실현되었다. 2006년 12월 개정된 자위대법은 해외 파병을 '부수 임무'에서 '본래 임무'로 격상했다.

보수 우파의 다음 목표는 개헌이다. 즉 전쟁을 금지한 일본국헌법 9조를 개정하여 전쟁 수행에 필요한 시스템과 군사력을 갖추고 독자적으로 전쟁을 치를 수 있는 국가가 되겠다는 것이다. 개헌은 점령 종식과 독립 회복 뒤에 줄곧 시도해온 일본 보수파의 오랜 염원이기도 하다. 2000년 1월 처음으로 중의원·참의원 양원에 헌법조사회가 신설된 것은 개헌 쪽으로 저울추가 기울어지는 신호탄이었다. 2006년 9월 기시 노부스케의 외손자 아베 신조 신임 수상은 소신 표명 연설에서 하토야마 이치로 수상 이후 실로 51년 만에 개헌을 언급했고, 이듬해 개헌 작업의 전초전인 국민투표법이 국회에서 성립되었다. '보통의 나라' 일본의 건설은 시시각각 현실감을 더해가고 있다.

세기말을 사이에 두고 일본과 북한의 관계도 반전을 거듭했다. 북한의 잇단 핵·미사일 실험은 보수파에게 다시없는 호재였다. '김정일에게 감사해야 한다'는 보수 정치가의 말은 절대로 허언이 아니었다. 군사적 대미 추종 강화와 함께 우경화, 군사대국화를 향한 행보에 대한 국민의 저항감과 위화감을 상쇄하는 데 활용되었기 때문이다. 그 절정은 1970년대부터 1980년대에 걸쳐 북한이 다수의 일본인을 납치했다는 이른바 '납치 사건'이다.

괴짜라는 별명에 걸맞게 고이즈미 수상은 북한과의 국교 정상화에 정력적으로 임했다. 2002년 9월 평양에서 열린 정상회담에서 김정일 국방위원장은 납치를 인정하고 '사과'를 표명했다. 그에 힘입어 대북 배상을 포함한 조일공동선언이 조인되었다. 하지만 이런 움직임에 찬물을 끼얹으려는 듯 납치 사건에 대한 비난 여론이 들끓었다. 이후 핵과 미사일 문제까지 끼워 넣은 '북한 두들기기' 캠페인이 대대적으로 펼쳐졌다. 전후 역대 수상 중에서 가장 우파로 지목되는 아베 신조가 수상에 오른 데는 납치 문제에 대한 강경 발언도 큰 몫을 했다.

이제 일본호는 전쟁 혹은 평화의 갈림길에 서 있다. 경제성장에 힘입은 중국 쪽도 군사력 강화에 힘을 쏟고 있다. 일본의 보수파는 기회 있을 때마다 위험한 중국과 '악의 축' 북한을 끄집어내며 한·미·일 삼각동맹의 필요성을 역설한다. 그러나 근현대 일본사의 발자취를 더듬으며 우리는 평화국가 일본이야말로 21세기 동아시아의 평화 공존을 좌우하는 중대한 에너지원임을 절감한다. 100년 전의 동아시아가 식민 지배와 침략 전쟁의 참화 속에 시달렸던 역사를 떠올린다면 더욱더.

찾아보기

찾아보기

ㄱ

가마쿠라 막부　24, 33, 35, 42, 50, 51, 61, 89, 108, 167, 185, 186, 189, 196, 198, 201~205, 211, 212, 215, 217, 218, 221~224, 227, 233, 251, 263
가쓰라 다로　319, 360, 363, 364, 365, 371, 374
가쓰라·태프트 밀약　365
가이에키　26, 82, 260, 264, 270, 271, 281, 284, 301
가타나가리　250, 255, 266, 269
간다카제　246
간레이　228, 229, 241
간무 천황　162, 163, 164, 165, 166, 173, 179
간세이 개혁　251, 303, 304, 311, 314, 315
간전영년사재법　127, 158
감합 무역　89, 197, 233, 234, 278, 279
개발 영주　182, 183, 184, 185, 187
개진당　344, 345, 351, 352, 354, 355, 358, 438, 439
검지　246, 247, 250, 255, 262, 265, 266, 267, 268, 297
겐로쿠 문화　290, 292, 298
겐무시키모쿠　196, 223, 224, 237, 240
겐무의 신정　196, 222
겐카료세이바이　82, 84, 247, 269
겐페이 쟁란　196, 198, 199
견당사　86, 116, 126, 148, 150, 155, 160, 161, 168, 169, 175
견수사　116, 126, 148
고노에 후미마로　68, 410, 411, 413~415 418, 419, 420
고다이고 천황　77, 196, 197, 221~223, 228, 233
고메이 천황　326, 327, 330, 331
고분 시대　104, 140, 142, 143
고사기　110, 126, 137, 138, 143, 159, 160, 308
고세이바이시키모쿠　24, 196, 209, 211, 216, 217, 224
고시라카와 천황(상황)　191~194, 198~200, 203, 205

고케닌　35, 89, 108, 196, 202~217, 220~225, 229, 264, 265, 295, 304
고쿠다카제　255
고쿠시　20, 29, 76, 152, 154, 158, 163, 168, 174~183, 185, 186, 204
고쿠진　41, 87, 227, 231, 232, 242~247, 260
고토바 천황(상황)　205~207, 218
고토쿠 슈스이　36, 45, 71, 98, 359, 362, 363, 371, 372
공무합체　327~331
공영전　165, 174, 175
공의　247, 262, 267, 311, 341
공지공민제　154, 158, 174
관백　68, 166~168, 188, 189, 205, 245, 250, 255, 258, 332
교호의 개혁　251, 296, 299, 302, 314
구스노키 마사시게　77, 217, 222
국아　154, 163, 176, 180, 181, 183~185, 187, 190, 203, 204, 210, 211, 214, 227, 242
군부대신 현역무관제　359, 375, 376, 409, 413
군사귀족　179, 180, 181, 185~187, 191
군지　152, 163, 173, 174, 176, 177, 178, 180, 181, 204
규슈 설　141, 142
금융공황　103, 319, 392, 399
금인　126, 140, 141, 214, 233
기나이 설　141, 142
기도 다카요시　96, 324~326, 329, 334, 337~339, 341
기시 노부스케　91, 92, 422, 439, 441~445, 447, 458
기진지계 장원　182, 184

ㄴ

나리킨　378
나카노오에　149, 150
나카토미 가마타리　149~153

남만주철도주식회사 → 만철
남북조 시대 41, 70, 77, 145, 196, 224, 232, 243
낭인 273, 281, 282, 321
닛타 요시사다 33, 35, 222, 223

ㄷ

다누마 오키쓰구 14, 302~305, 311
다이라 기요모리 86, 88, 191~194, 198, 199, 202, 203
다이라 마사카도 35, 42, 61, 127, 179, 180, 181, 185, 187, 190
다이센 능 72, 143, 144
다이쇼 데모크라시 23, 319, 374, 376, 377, 380, 382, 383, 384, 386, 388, 389
다이카 개신 126, 148~151
다이카쿠지 계통 221
다이호 율령 151~153, 159, 160
다토 173, 176, 177, 182, 183, 184, 215, 216, 221
단독상속 215, 226, 232, 241
대동아공영권 319, 416
대동아 회의 319, 416
대역 사건 45, 71, 318, 371, 372, 373, 383, 404
대일본제국헌법(메이지 헌법) 318, 347, 405, 412, 426, 429
대전 경기 377
대정봉환 318, 331, 332
덕정(령) 196, 197, 216, 232, 240, 241, 245, 272, 304
데라우치 마사타케 27, 367, 375, 378, 383, 409
데지마 107, 250, 280, 320
덴치 천황 150, 151, 153, 155, 158, 163
덴포 개혁 314, 315
도래인 39, 63, 104, 136, 145, 146, 152, 163, 173
도요토미 히데요시 57, 58, 64, 72, 73, 76, 77, 80, 83, 84, 95, 121, 139, 235, 245, 247, 250, 253~258, 260~263, 265, 268, 269, 273, 275, 278, 279, 287, 447
도자마 264, 284, 316
도조 히데키 22, 48, 91, 112, 398, 407, 409, 413, 415, 417, 424, 441
도쿠가와 쓰나요시 43, 274, 284~286, 289, 290, 296, 298
도쿠가와 요시노부 70, 262, 322, 330~333

도쿠가와 요시무네 37, 80, 81, 274, 294, 296~299, 301~303
도쿠가와 이에미쓰 261, 262, 264, 265, 270, 275, 281, 282, 286, 291
도쿠가와 이에야스 36, 51, 57~59, 66, 70, 80, 95, 105, 106, 202, 245, 250, 252, 253, 255, 256, 258~265, 268, 272, 275, 278, 279, 284, 287, 288, 296, 310
도쿠소 210, 215, 216, 221

ㄹ

런던해군군축조약 395, 404, 406, 431
로주 263, 265, 282, 284, 285, 294, 301, 303, 310, 314, 315, 320, 327
로쿠메이칸 44, 349, 350, 352
로쿠하라탄다이 51, 203, 208, 209, 217, 222
루거우차오 410, 411
류큐 왕국 113, 114, 197, 235, 256

ㅁ

마쓰다이라 사다노부 14, 303~306, 310
막번 체제(막번제) 82, 250, 251, 262, 263, 268, 272~275, 278, 279~282, 284, 286, 288, 299, 300, 301, 306, 308, 310, 311, 313~315, 318, 321, 323, 337
만세일계 139, 145, 310, 347
만주국 118, 119, 400, 404, 411, 414, 415, 416
만주사변 22, 44, 103, 118, 119, 319, 393, 394, 397~399, 401~404, 407, 410, 415, 428
만철 118, 392, 394, 398, 399, 400
맥아더 25, 52, 423~429, 432~434, 438
메이레키 대화재 251, 293, 294
메이지 유신 11, 21, 25, 38, 42~44, 50, 52, 58, 63, 68, 70, 73, 77, 78, 82, 88, 90, 96, 98, 100, 105, 107, 110~112, 139, 152, 162, 163, 167, 202, 236, 254, 270, 271, 309, 310, 314, 316, 323~325, 327, 329~331, 333~337, 339, 343, 345, 370, 371, 425, 431, 450
메이지 헌법 → 대일본제국헌법
모노노베 146, 147, 149
묘덴 176, 177, 182, 184

무가제법도 262, 264, 272, 282, 284, 285
무라사키시키부 170, 171
무로마치 막부 33, 35, 66, 69, 77, 197, 221, 224, 226, 227, 229, 230, 231, 233, 240, 242, 246
무사도 82, 178, 269~271, 283, 284
무진전쟁 15, 26, 90, 318, 334, 335, 337
미나모토 요리토모 20, 33, 35, 41, 50, 51, 61, 88, 108, 185, 191~193, 196, 198~207, 211, 224
미나모토 요시토모 191~194
미노베 다쓰키치 376, 405, 406
미일안전보장조약(안보조약) 422, 436~438, 441~443, 446, 447, 452, 457
민정당 103, 370, 393~395, 397, 399, 401, 403~405, 410, 413, 431
민찬의원 설립 건백서 340

반전수수 150, 154, 158, 175, 177
반제령 227, 230
병농 분리 250, 255, 262, 266, 267, 272, 273, 287
보통선거(법) 23, 71, 93, 319, 376, 379, 383, 384, 386, 387, 389, 391, 401, 427
분구묘 104, 136
분할 상속 210, 216

사농공상 250, 255, 266, 267, 273, 336
사영전 (영주) 173, 174, 175, 178, 181, 183
사이고 다카모리 96, 102, 111, 324~326, 328, 329, 333, 338, 339, 342
사이온지 긴모치 54, 374~376, 380, 386, 394, 402, 403
사카모토 료마 96~98, 325, 326, 329~331
산나이마루야마 유적 16, 131, 132
산조 사네토미 328, 336, 338
산킨코타이 57, 250, 262, 264, 273, 276, 295, 297, 315
삼국동맹 414, 415
삼세일신법 127, 158, 160
3종의 신기 88, 138, 199, 200, 226, 445
삿초 동맹 96, 325, 326, 329, 330

샌프란시스코 강화조약 48, 422, 435, 437, 441, 451, 453
서남전쟁 102, 111, 318, 339, 340, 342, 343, 345, 349
섭관 정치 127, 166~171, 175, 176, 184, 188, 189, 192
세키가하라 결전(전투) 26, 57, 58, 84, 105, 250, 259, 260, 261, 264, 278
센고쿠 다이묘 80, 89, 197, 243~247, 252, 253, 255, 256, 266, 267, 269, 282
센고쿠 시대 26, 30, 35, 41, 50, 51, 56, 59, 64, 66, 72, 76, 80, 84, 94, 106, 121, 196, 197, 235, 240, 242~246, 250, 253~256, 259, 266, 267, 269, 278, 282, 291
소가 씨 126, 146, 147, 149, 150
소료(제) 210, 211, 215, 216, 226, 227, 232, 246
쇄국 52, 67, 86, 250, 278~280, 303, 305, 306, 318, 320, 321, 423
쇼와 공황 38, 103, 319, 395
쇼토쿠 태자 126, 146, 147~149
수령 29, 94, 176, 178, 181, 184, 185, 188~190
슈고 41, 87, 196, 200, 202~204, 206, 212, 214, 216, 224, 225, 227, 228, 231, 232, 240~246
슈고다이 41, 242, 243, 244
슈고 다이묘 196, 227, 228, 231, 240, 242
스사노오 85, 137, 138
스이코 천황 137, 146, 147
스즈키 간타로 112, 409, 418~420
시데하라 기주로 370, 382, 391, 393, 398, 399, 427, 428
시모노세키 강화조약 120
신불습합 21, 64, 76, 172, 220
신판 26, 264
싯켄 51, 203, 205, 206, 208, 209, 210, 211, 212, 214, 215, 216, 221, 222, 223, 224
쌀 소동 27, 78, 319, 377, 378, 379, 382, 383, 384
쓰치 잇키 197, 232, 237, 240
씨성 제도 126, 145

ㅇ

아마테라스오미카미 21, 85, 110, 137, 138, 142, 151, 308, 335
아스카 시대 146

아시카가 다카우지 33, 35, 77, 196, 197, 222~226, 228, 229, 240
아시카가 요시미쓰 69, 226~229, 233, 236, 237, 239, 240
아이누 10, 14, 130, 136, 235, 302
아이자와 다다히로 128, 129
아이자와 세이시사이 37, 309, 310
악당 216, 217, 222, 231
안보 투쟁 422, 441~446
야마가타 아리토모 36, 54, 318, 324, 337, 352, 353, 355, 358, 359, 360, 361, 371, 374~377, 379, 380, 386, 407
야마타이 국 140, 141, 142
야마토 정권 39, 63, 126, 142~146, 148, 153, 164
야스쿠니 신사 48, 49, 52
야요이 토기 134
에미시 19, 149, 164, 168, 179, 185, 235
역코스 74, 91, 422, 438, 439, 441
연합군총사령부(GHQ) 74, 423~432, 434, 437, 438, 444
영일동맹 361, 362, 365, 377, 381
오고쇼 58, 261, 296
오닌의 난 41, 69, 70, 72, 197, 234, 236, 240~243, 245, 255
오다 노부나가 56, 57, 59, 72, 76, 244, 245, 250, 252~255, 260
오시오 헤이하치로 73, 251, 311, 312, 313
55년 체제 34, 47, 422, 438~440, 447, 449
오쿠마 시게노부 44, 102, 105, 338, 343~346, 349, 351, 358, 359, 370, 377
오쿠보 도시미치 96, 111, 324, 325, 329, 332, 337~339, 341, 343, 403, 432
오키나와 전투 113, 450, 451
오키미 126, 145, 153
와카쓰키 레이지로 386~388, 391, 392, 397~400, 402, 410
왜 5왕 141, 145, 148
요로 율령 152, 153
요시노 사쿠조 23, 384, 385, 390, 394
요시다 쇼인 90, 139, 310, 322~324
요시다 시게루 54, 74, 431, 432, 434~441, 444
우치코와시 298~301, 303, 304, 306, 312, 313, 315, 330

워싱턴 회의 319, 380, 381, 382
원구 100, 101, 106, 108, 212, 213
원정 76, 100, 127, 154, 188, 189, 190, 191, 192, 193, 194, 199, 205, 206, 221, 222
율령제 10, 29, 75, 126, 127, 151, 152, 155, 158~160, 165, 167, 169, 172~176, 179, 181, 182, 220, 221, 237, 334
이세 신궁 138, 151, 183, 184, 214, 220, 335
이와쿠라 도모미 326, 327, 330, 332, 337, 338, 344
2·26 사건 44, 46, 319, 404, 406~409, 418
이타가키 다이스케 40, 44, 98, 331, 338, 340, 341, 344, 345, 352, 358, 359
이타즈케 유적 135
이토 히로부미 44, 51, 52, 54, 90, 139, 318, 324, 329, 330, 341, 344~352, 354~356, 358~362, 364, 366, 367, 370
일본국헌법 422, 427, 430, 458
일본서기 39, 63, 110, 126, 137, 139, 142, 143, 146, 150, 159, 169, 308
1881년의 정변 344, 346
임진왜란 11, 94, 105, 106, 108, 112, 121, 140, 204, 250, 257, 260, 278, 367
입헌개진당 → 개진당
입헌민정당 → 민정당
입헌자유당 → 자유당
입헌정우회 → 정우회
잇키 56, 94, 197, 231, 232, 237, 240, 241, 244, 245, 251, 268, 279, 298~303, 306, 311~316, 330, 338, 401, 408, 409

ㅈ

자민당 34, 38, 47, 48, 422, 439~443, 447~449, 452, 456
자위대 17, 52, 422, 434, 439, 442, 449, 456~458
자유당 40, 344, 345, 350~355, 357~359, 431~433, 435, 438~440
자유민권(운동) 23, 40, 53, 98, 102, 318, 331, 338~346, 359
자유민주당 → 자민당
장원공령제 184, 185, 187, 190, 204, 217, 227, 232
장원 영주 184, 187, 204, 209~211, 217, 230~232, 237, 239

장원정리령 127, 167, 175, 184, 188, 190
장제스 119, 382, 393, 398, 410, 411
재일 코리안 39, 60, 74, 436, 453~455
재지 영주 187, 196, 203, 210, 211, 217, 230~232, 237, 239, 243, 244, 246, 247
재청 관인 61, 86, 89, 177, 184, 198, 203, 204, 227
전방후원분 72, 126, 142, 143, 144
전후 개혁 25, 427, 438
정우회 71, 103, 318, 359, 360, 370, 374~376, 378, 379, 386, 387, 390~395, 398~400, 402~406, 409, 410, 413, 431
정이대장군 164, 197, 201, 205, 223, 224, 261
정한론 105, 111, 324, 337~341
제국의회 120, 318, 352, 353
조닌 73, 83, 250, 255, 262, 268, 269, 274, 287, 288, 290, 292, 294, 297, 300, 303, 313, 314
조몬 토기 131, 134
조선통신사 64, 275, 276, 280, 286
조약 개정 102, 318, 337, 342, 349~351, 353~357, 441~443
조카마치 26, 37, 57, 64, 80, 83, 90, 95, 98, 111, 250, 265~267, 287~289, 301
조큐의 난 196, 206~209, 211, 218, 222
존왕양이 37, 38, 90, 274, 308~310, 314, 322~324, 327~330
지묘인 계통 221~224
지토 108, 196, 200, 202~204, 206, 208~211, 216, 217, 224, 227, 243, 246
진구 황후 110, 139, 142
진무 천황 137~139, 373, 444

천황기관설 17, 376, 404~406
출거 154, 163, 173, 176, 183
치안경찰법 359, 371, 383, 384, 387, 391
치안유지법 71, 319, 386~388, 390, 391, 403, 412, 427, 438

태정관 152, 153, 158, 165, 167, 168, 177, 334, 338, 347

태정대신 157, 166, 193, 229, 233, 255, 338
통제파 405, 408, 409

ㅍ

페리 52, 90, 93, 107, 251, 280, 306, 318, 320, 321, 323, 326, 349, 423
폐번치현 318, 336~338, 342, 349
포츠머스 강화조약 363, 366

ㅎ

하라 다카시 378~380, 382, 383, 384
하마구치 오사치 103, 394~398
하시하카 고분 142, 143
하타모토 264, 265, 281, 284, 294, 295, 302, 304, 312, 315
헌정회 370, 379, 386, 387, 390~393
헤이안 시대 68, 79, 86, 106, 127, 162~164, 166, 169, 171, 174, 177, 178, 197, 210, 218~220
헤이안쿄 19, 20, 42, 70, 75, 127, 162, 163~165, 173
헤이조쿄 75, 126, 155, 156, 158~161, 163, 175
헤이지의 난 127, 193, 194, 198, 200
협조 외교 380, 382, 388, 391, 393, 395, 398, 401
호겐의 난 127, 191~193, 230
호조 도키무네 212, 215
호조 마사코 35, 61, 205, 207, 209
호조 요시토키 51, 205~209
환호취락 135, 141
황도파 405, 406, 408, 409
효조슈 209, 210, 215
후다이 26, 264, 266, 284, 296
후지와라 미치나가 68, 79, 167, 168, 170~172, 177, 188
후지와라 후히토 150, 152, 153, 155, 157
히미코 141, 142